J. von Staudingers
Kommentar zum Bürgerlichen Gesetzbuch
mit Einführungsgesetz und Nebengesetzen
EGBGB/IPR
Internationales Vertragsverfahrensrecht
(Brüssel Ia-VO, Internationales Schiedsverfahrensrecht)

Kommentatorinnen und Kommentatoren

Dr. Christoph Althammer
Professor an der Universität Regensburg

Dr. Georg Annuß, LL.M., M.A.
Rechtsanwalt in München, Außerplanmäßiger Professor an der Universität Regensburg

Dr. Christian Armbrüster
Professor an der Freien Universität Berlin, Richter am Kammergericht a. D.

Dr. Arnd Arnold
Professor an der Universität Trier, Dipl.-Volksw.

Dr. Karin Arnold
Wiss. Mitarbeiterin an der Universität Tübingen

Dr. Markus Artz
Professor an der Universität Bielefeld

Dr. Martin Avenarius
Professor an der Universität zu Köln

Dr. Ivo Bach
Professor an der Universität Göttingen

Dr. Christian Baldus
Professor an der Universität Heidelberg

Dr. Wolfgang Baumann
Rechtsanwalt und Notar a. D. in Wuppertal, Professor an der Bergischen Universität Wuppertal

Dr. Winfried Bausback
Professor a. D. an der Bergischen Universität Wuppertal, bayerischer Staatsminister der Justiz a. D., Mitglied des Bayerischen Landtags

Dr. Oliver Becker
Notarassessor Notarkammer Pfalz

Dr. Roland Michael Beckmann
Professor an der Universität des Saarlandes, Saarbrücken

Dr. Andreas Bergmann
Professor an der Fernuniversität in Hagen

Dr. Falk Bernau
Richter am Bundesgerichtshof, Karlsruhe

Dr. Felix Berner, M. Jur.
Akad. Rat a. Z., Privatdozent an der Universität Tübingen

Dr. Martin Bialluch, LL.M.
Rechtsanwalt in Hamburg

Dr. Stephanie Bialluch-von Allwörden
Notarin in Hamburg

Dr. Marcus Bieder
Professor an der Universität Osnabrück

Dr. Werner Bienwald †
Professor an der Evangelischen Fachhochschule Hannover, Rechtsanwalt in Oldenburg

Dr. Tom Billing
Rechtsanwalt in Berlin

Dr. Reinhard Bork
Professor (em.) an der Universität Hamburg

Dr. Jan Busche
Professor an der Universität Düsseldorf

Dr. Georg Caspers
Professor an der Universität Erlangen-Nürnberg

Dr. Dr. h. c. Tiziana Chiusi
Professorin an der Universität des Saarlandes, Saarbrücken

Dr. Michael Coester, LL.M.
Professor an der Universität München

Dr. Dr. h. c. Dagmar Coester-Waltjen, LL.M.
Professorin an der Universität Göttingen

Dr. Johanna Croon-Gestefeld, LL.M.
Professorin an der Universität Lüneburg

Dr. Thomas Diehn, LL.M.
Notar in Hamburg, Lehrbeauftragter an der Universität Hamburg

Dr. Katrin Dobler
Richterin am Oberlandesgericht Stuttgart

Dr. Heinrich Dörner
Professor an der Universität Münster

Dr. Werner Dürbeck
Vorsitzender Richter am Oberlandesgericht Frankfurt a. M., Honorarprofessor an der Universität Frankfurt a. M.

Dr. Anatol Dutta, M. Jur.
Professor an der Universität München

Dr. Christina Eberl-Borges
Professorin an der Universität Mainz

Dr. Dres. h. c. Werner F. Ebke, LL.M.
Professor an der Universität Heidelberg

Dr. Jan Eickelberg, LL.M. †
Professor an der Hochschule für Wirtschaft und Recht, Berlin

Jost Emmerich
Richter am Oberlandesgericht München

Dr. Volker Emmerich †
Professor an der Universität Bayreuth, Richter am Oberlandesgericht Nürnberg a. D.

Dr. Cornelia Feldmann
Rechtsanwältin in Freiburg i. Br.

Dr. Matthias Fervers
Professor an der Universität zu Kiel

Dr. Timo Fest, LL.M.
Professor an der Universität Erlangen-Nürnberg

Dr. Karl-Heinz Fezer
Professor em. an der Universität Konstanz, Honorarprofessor an der Universität Leipzig, Richter am Oberlandesgericht Stuttgart a. D.

Dr. Philipp S. Fischinger, LL.M.
Professor an der Universität Mannheim

Dr. Holger Fleischer
Direktor am Max-Planck-Institut für ausländisches und internationales Privatrecht in Hamburg, Professor an der Bucerius Law School, Hamburg

Dr. Robert Freitag, Maître en droit
Professor an der Universität Erlangen-Nürnberg

Dr. Jörg Fritzsche
Professor an der Universität Regensburg

Dr. Tobias Fröschle
Professor an der Universität Siegen

Dr. Susanne Lilian Gössl, LL.M.
Professorin an der Universität Bonn

Dr. Beate Gsell, Maître en droit
Professorin an der Universität München, Richterin am Oberlandesgericht München

Dr. Thomas Gutmann, M. A.
Professor an der Universität Münster

Dr. Martin Gutzeit
Professor an der Universität Gießen

Dr. Martin Häublein
Professor an der Universität Innsbruck

Dr. Johannes Hager
Professor an der Universität München

Dr. Felix Hartmann, LL.M.
Professor an der Freien Universität Berlin

Dr. Wolfgang Hau
Professor an der Universität München, Richter am Oberlandesgericht München a. D.

Dr. Rainer Hausmann
Professor an der Universität Konstanz

Dr. Stefan Heilmann
Vorsitzender Richter am Oberlandesgericht Frankfurt, Honorarprofessor an der Frankfurt University of Applied Sciences

Dr. Jan von Hein
Professor an der Universität Freiburg i. Br.

Dr. Jörn Heinemann
Notar a. D. in Neumarkt i.d. Opf., Professor an der Hochschule für Wirtschaft und Recht, Berlin

Dr. Christian Heinze
Professor an der Universität zu Köln

Dr. Stefan Heinze
Notar in Köln

Dr. Tobias Helms
Professor an der Universität Marburg

Dr. Silas Hengstberger, LL.B.
Wiss. Mitarbeiter an der Universität Mannheim

Dr. Dr. h. c. mult. Dieter Henrich
Professor an der Universität Regensburg

Dr. Carsten Herresthal, LL.M.
Professor an der Universität Regensburg

Christian Hertel, LL.M.
Notar in Weilheim i. OB.

Dr. Stephanie Herzog
Fachanwältin für Erbrecht in Würselen

Dr. Clemens Höpfner
Professor an der Universität zu Köln

Dr. Bernd von Hoffmann †
Professor an der Universität Trier

Dr. Rainer Hüttemann
Professor an der Universität Bonn

Dr. Martin Illmer, M. Jur.
Richter am Landgericht Hamburg, Privatdozent an der Bucerius Law School

Dr. Florian Jacoby
Professor an der Universität Bielefeld

Dr. Ulrich von Jeinsen
Rechtsanwalt und Notar in Hannover, Honorarprofessor an der Universität Hannover

Dr. Dagmar Kaiser †
Professorin an der Universität Mainz

Dr. Bernd Kannowski
Professor an der Universität Bayreuth

Dr. Christoph A. Kern, LL.M.
Professor an der Universität Heidelberg

Dr. Christian Kesseler
Notar in Düren, Honorarprofessor an der Universität Trier

Dr. Martin Kessen
Richter am Bundesgerichtshof, Honorarprofessor an der Universität zu Köln

Dr. Walter Klein
Rechtsanwalt in Köln

Dr. Fabian Klinck
Professor an der Universität Bochum

Dr. Frank Klinkhammer
Richter am Bundesgerichtshof a.D., Karlsruhe, Honorarprofessor an der Universität Marburg

Dr. Steffen Klumpp †
Professor an der Universität Erlangen-Nürnberg

Dr. Jürgen Kohler
Professor an der Universität Greifswald

Dr. Sebastian Kolbe
Professor an der Universität Bremen

Dr. Stefan Koos
Professor an der Universität der Bundeswehr München

Dr. Lena Kunz, LL.M.
Professorin an der Universität zu Kiel

Dr. Steffen Kurth, LL.M.
Rechtsanwalt, Fachanwalt für Erbrecht, Notar und Fachberater für Unternehmensnachfolge (DStV e.V.) in Bielefeld

Dr. Friederike Lang
Richterin am Oberlandesgericht Celle

Dr. Clemens Latzel
Privatdozent an der Universität München

Dr. Arnold Lehmann-Richter
Professor an der Hochschule für Wirtschaft und Recht Berlin

Dr. Saskia Lettmaier, B.A., LL.M.
Professorin an der Universität Hamburg, Richterin am Schleswig-Holsteinischen Oberlandesgericht in Schleswig

Stefan Leupertz
Richter a. D. am Bundesgerichtshof, Honorarprofessor an der TU Dortmund

Dr. Johannes Liebrecht
Professor an der Universität Zürich

Dr. Jan Lieder, LL.M.
Professor an der Universität Freiburg i. Br., Richter am Schleswig-Holsteinischen Oberlandesgericht

Dr. Dimitrios Linardatos
Professor an der Universität des Saarlandes, Saarbrücken

Dr. Martin Löhnig
Professor an der Universität Regensburg

Dr. Dirk Looschelders
Professor an der Universität Düsseldorf

Dr. Stephan Lorenz
Professor an der Universität München

Dr. Sigrid Lorz
Professorin an der Universität Greifswald

Dr. Katharina Lugani
Professorin an den Universitäten Düsseldorf und Linz

Dr. Tobias Lutzi, LL.M., M. Jur.
Professor an der Universität Augsburg

Dr. Gerald Mäsch
Professor an der Universität Münster, Richter am Oberlandesgericht Hamm a. D.

Dr. Robert Magnus
Professor an der Universität Bayreuth

Dr. Ulrich Magnus
Professor an der Universität Hamburg, Affiliate des MPI für ausländisches und internationales Privatrecht, Hamburg, Richter am Hanseatischen Oberlandesgericht zu Hamburg a. D.

Dr. Mark Makowsky
Professor an der Universität Mannheim

Dr. Peter Mankowski †
Professor an der Universität Hamburg

Dr. Dr. h. c. Heinz-Peter Mansel
Professor an der Universität zu Köln

Dr. Peter Marburger †
Professor an der Universität Trier

Dr. Wolfgang Marotzke
Professor an der Universität Tübingen

Dr. Sebastian A. E. Martens
Professor an der Universität Passau

Dr. Dr. Dr. h. c. mult. Michael Martinek, M.C.J.
Professor an der Universität des Saarlandes, Saarbrücken, Honorarprofessor an der Universität Johannesburg, Südafrika

Dr. Annemarie Matusche-Beckmann
Professorin an und Vizepräsidentin der Universität des Saarlandes, Saarbrücken, Stellv. Richterin am Verfassungsgerichtshof des Saarlandes

Dr. Felix Maultzsch, LL.M.
Professor an der Universität Frankfurt a. M.

Dr. Johannes Meier
Akad. Rat a. Z. an der Universität Marburg

Dr. Patrick Meier
Notar in Bischofsheim i.d. Rhön, Privatdozent an der Universität Würzburg

Dr. Dr. Detlef Merten
Professor an der Deutschen Universität für Verwaltungswissenschaften Speyer

Dr. Tanja Mešina
Staatsanwältin, Stuttgart

Dr. Rudolf Meyer-Pritzl †
Professor an der Universität zu Kiel, Richter am Schleswig-Holsteinischen Oberlandesgericht in Schleswig

Dr. Morten Mittelstädt
Notar in Hamburg

Dr. Oliver Moufang
Rechtsanwalt in Frankfurt a. M., Honorarprofessor an der Hochschule Wiesbaden

Dr. Peter O. Mülbert
Professor an der Universität Mainz

Dr. Hans-Heinrich Nöll
Rechtsanwalt in Hamburg

Dr. Jürgen Oechsler
Professor an der Universität Mainz

Dr. Hartmut Oetker
Professor an der Universität zu Kiel, Richter am Thüringer Oberlandesgericht in Jena a. D.

Wolfgang Olshausen
Notar a. D. in Rain am Lech

Dr. Dirk Olzen
Professor an der Universität Düsseldorf

Dr. Sebastian Omlor, LL.M., LL.M.
Professor an der Universität Marburg

Dr. Gerhard Otte
Professor an der Universität Bielefeld

Dr. Frank Peters †
Professor an der Universität Hamburg, Richter am Hanseatischen Oberlandesgericht zu Hamburg a. D.

Dr. Christian Picker
Professor an der Universität Tübingen

Dr. Andreas Piekenbrock
Professor an der Universität Heidelberg

Dr. Jörg Pirrung †
Richter am Gericht erster Instanz der Europäischen Gemeinschaften i. R., Honorarprofessor an der Universität Trier

Dr. Paul Popescu
Rechtsanwalt in Köln

Dr. Maximilian Freiherr von Proff zu Irnich
Notar in Köln

Dr. Lukas Rademacher M. Jur.
Professor an der Universität zu Kiel

Dr. Thomas Raff
Notar in Ludwigshafen

Dr. Manfred Rapp †
Notar a. D., Landsberg am Lech

Dr. Dr. h.c. Dipl. math. Thomas Rauscher
Professor a. D. an der Universität Leipzig, Professor h.c. an der Eötvös Loránd Universität Budapest

Dr. Peter Rawert, LL.M.
Notar in Hamburg, Honorarprofessor an der Universität zu Kiel

Dr. Wolfgang Reetz
Notar in Köln

Eckhard Rehme
Vorsitzender Richter am Oberlandesgericht Oldenburg i. R.

Dr. Moritz Renner
Professor an der Universität Mannheim

Dr. Tilman Repgen
Professor an der Universität Hamburg

Dr. Robin Repnow, M.A.
Akademischer Mitarbeiter an der Universität Heidelberg

Dr. Bettina Rentsch, LL.M.
Professorin an der Freien Universität Berlin

Dr. Philipp Reuß, M. Jur.
Professor an der Universität Göttingen

Dr. Christoph Reymann, LL.M. Eur.
Notar in Landsberg am Lech, Professor an der Privaten Universität Liechtenstein

Dr. Reinhard Richardi †
Professor an der Universität Regensburg, Präsident a. D. des Kirchlichen Arbeitsgerichtshofs der Deutschen Bischofskonferenz, Bonn

Dr. Volker Rieble
Professor an der Universität München, Direktor des Zentrums für Arbeitsbeziehungen und Arbeitsrecht

Dr. Daniel Rodi
Akad. Rat a. Z. an der Universität Heidelberg

Dr. Christian Rolfs
Professor an der Universität zu Köln

Dr. Dr. h. c. Herbert Roth
Professor an der Universität Regensburg

Dr. Ludwig Salgo
Apl. Professor an der Universität Frankfurt a. M.

Dr. Adam Sagan, M. Jur.
Professor an der Universität Bayreuth

Dr. Anne Sanders
Professorin an der Universität Bielefeld

Dr. Daniel Schäuble
Notar in Waldshut-Tiengen

Dr. Renate Schaub, LL.M.
Professorin an der Universität Bochum

Dr. Martin Josef Schermaier
Professor an der Universität Bonn

Dr. Gottfried Schiemann
Professor an der Universität Tübingen

Dr. Eberhard Schilken
Professor an der Universität Bonn

Dr. Martin Schmidt-Kessel
Professor an der Universität Bayreuth

Ulf Schönenberg-Wessel
Notar und Rechtsanwalt in Kiel

Dr. Günther Schotten
Notar a. D. in Köln, Honorarprofessor an der Universität Bielefeld

Dr. Andrea Schulz
Bundesministerium der Justiz und für Verbraucherschutz

Dr. Holger Schulz
Direktor des Amtsgerichts Meldorf

Dr. Roland Schwarze
Professor an der Universität Hannover

Dr. Andreas Schwennicke
Rechtsanwalt und Notar a. D. in Berlin

Dr. Stephan Seiwerth, LL.M.
Professor an der Universität Halle-Wittenberg

Dr. Stephan Serr
Notar in Ochsenfurt

Dr. Reinhard Singer
Professor an der Humboldt-Universität Berlin, Richter am Oberlandesgericht Rostock a. D.

Dr. Stephanie Sittmann-Haury, M.M.
Wiss. Mitarbeiterin an der Universität Mainz

Dr. Martin Soutier
Notar in Roth

Dr. Dr. h. c. Ulrich Spellenberg
Professor an der Universität Bayreuth

Dr. Ansgar Staudinger
Professor an der Universität Bielefeld

Dr. Björn Steinrötter
Professor an der Universität Potsdam

Dr. Malte Stieper
Professor an der Universität Halle-Wittenberg

Dr. Markus Stoffels
Professor an der Universität Heidelberg

Dr. Benedikt Strauß
Notar in Illertissen

Dr. Michael Stürner, M. Jur.
Professor an der Universität Konstanz, Richter am Oberlandesgericht Karlsruhe

Dr. Felipe Temming, LL.M.
Professor an der Universität Hannover

Burkhard Thiele
Präsident des Oberlandesgerichts Rostock a. D., Präsident des Landesverfassungsgerichts Mecklenburg-Vorpommern a. D.

Dr. Christoph Thole
Professor an der Universität zu Köln

Dr. Karsten Thorn
Professor an der Bucerius Law School, Hamburg

Dr. Gregor Thüsing, LL.M.
Professor an der Universität Bonn

Dr. Madeleine Tolani, LL.M.
Professorin an der Hochschule Wismar

Dr. Johannes Ungerer, LL.M. oec.
Senior Research Lecturer in Law an der University of Oxford, Global Associate Professor of Law an der University of Notre Dame (USA) in England

Dr. Barbara Veit
Professorin an der Universität Göttingen

Dr. Bea Verschraegen, LL.M., M.E.M.
Professorin an der Universität Wien, adjunct professor an der Universität Macao

Dr. Klaus Vieweg
Professor an der Universität Erlangen-Nürnberg

Dr. A. Olrik Vogel
Rechtsanwalt in München

Dr. Markus Voltz
Notar in Offenburg

Dr. Reinhard Voppel
Rechtsanwalt in Köln

Dr. Rolf Wagner
Professor an der Universität Potsdam, Ministerialrat im Bundesjustizministerium

Dr. Christoph Andreas Weber
Privatdozent an der Universität München

Gerd Weinreich
Vorsitzender Richter am Oberlandesgericht Oldenburg a. D., Rechtsanwalt in Oldenburg

Dr. Matthias Wendland, LL.M.
Professor an der Universität Oldenburg

Dr. Domenik H. Wendt, LL.M.
Professor an der Frankfurt University of Applied Sciences

Dr. Olaf Werner
Professor an der Universität Jena, Richter am Thüringer Oberlandesgericht Jena a. D.

Dr. Denise Wiedemann, LL.M.
Professorin an der Universität zu Kiel

Dr. Daniel Wiegand, LL.M.
Rechtsanwalt in München

Dr. Wolfgang Wiegand †
Professor an der Universität Bern

Dr. Peter Winkler von Mohrenfels †
Professor an der Universität Rostock, Richter am Oberlandesgericht Rostock a. D.

Dr. Felix Wobst
Notar in Gerolzhofen

Dr. Luitpold Graf Wolffskeel von Reichenberg, LL.M.
Notar in Bamberg

Dr. Hans Wolfsteiner †
Notar a. D., Rechtsanwalt in München

Dr. Anton S. Zimmermann, B.Sc.
Professor an der Universität Heidelberg

Dagmar Zorn
Dipl.-Rechtspflegerin, Großbeeren

J. von Staudingers
Kommentar zum Bürgerlichen Gesetzbuch
mit Einführungsgesetz und Nebengesetzen

Einführungsgesetz zum
Bürgerlichen Gesetzbuch/IPR
Internationales Vertragsverfahrensrecht
(Brüssel Ia-VO, Internationales Schiedsverfahrensrecht)

Neubearbeitung 2026
von
Rainer Hausmann

Redaktor
Heinz-Peter Mansel

ottoschmidt – De Gruyter · Berlin

Die Kommentatorinnen und Kommentatoren

Neubearbeitung 2026
IntVertrVerfR: RAINER HAUSMANN

Neubearbeitung 2021
Art 11 Rom I-VO: PETER WINKLER VON MOHRENFELS
Art 12, 17–19, 23–29 Rom I-VO: ULRICH MAGNUS
Art 46b und c EGBGB: ULRICH MAGNUS
Art 46d EGBGB: CHRISTIAN ARMBRÜSTER
Art 13–16, 20–22 Rom I-VO; IntVertrVerfR: RAINER HAUSMANN

Neubearbeitung 2016
Art 11 Rom I-VO: PETER WINKLER VON MOHRENFELS
Art 12, 17–19, 23–29 Rom I-VO: ULRICH MAGNUS
Art 46b EGBGB: ULRICH MAGNUS
Art 46c EGBGB: CHRISTIAN ARMBRÜSTER
Art 13–16, 20–22 Rom I-VO; IntVertrVerfR: RAINER HAUSMANN

Neubearbeitung 2011
Art 11 Rom I-VO: PETER WINKLER VON MOHRENFELS
Art 12, 17–19, 23–29 Rom I-VO: ULRICH MAGNUS
Art 46b EGBGB: ULRICH MAGNUS
Art 46c EGBGB: CHRISTIAN ARMBRÜSTER
Art 13–16, 20–22 Rom I-VO; IntVertrVerfR: RAINER HAUSMANN

Dreizehnte Bearbeitung 2002
Einl zu Art 27 ff, Vorbem zu Art 27 ff, Art 27–30, Art 32, Art 34, Art 36, Art 37 EGBGB: ULRICH MAGNUS
Art 31, Art 33, Anh zu Art 33, Art 35, Anh II zu Art 27–37 EGBGB: RAINER HAUSMANN
Anh zu Art 34 EGBGB: WERNER F. EBKE
Anh I zu Art 37 EGBGB: CHRISTIAN ARMBRÜSTER

Sachregister

Dr. MARTINA SCHULZ, Pohlheim

Zitierweise

STAUDINGER/HAUSMANN (2026) IntVertrVerfR Rn 1

Zitiert wird nach Paragraph bzw Artikel und Randnummer.

Hinweise

Der **Staudinger ist auf juris und Otto Schmidt online** abrufbar.
Nähere Angaben dazu finden Sie auf www.staudinger-bgb.de.

Der **Stand der Bearbeitung** ist April 2026.

Am Ende eines jeden Bandes befindet sich eine Übersicht über den aktuellen Stand des Gesamtwerks STAUDINGER.

Die Deutsche Nationalbibliothek verzeichnet diese Publikation in der Deutschen Nationalbibliografie; detaillierte bibliografische Daten sind im Internet über http://dnb.dnb.de abrufbar.

ISBN 978-3-8059-0030-0

Satz: jürgen ullrich typosatz, Nördlingen.

Druck und Bindearbeiten: CPI books GmbH, Leck.

Umschlaggestaltung: Bib Wies, München.

♾ Gedruckt auf säurefreiem Papier, das die DIN ISO 9706 über Haltbarkeit erfüllt.

Fragen zur allgemeinen Produktsicherheit: productsafety@degruyterbrill.com

Inhaltsübersicht

Seite*

* Zitiert wird nicht nach Seiten, sondern nach Paragraph bzw Artikel und Randnummer; siehe dazu auch „Zitierweise".

Internationales Vertragsverfahrensrecht (IntVertrVerfR) Internationale Zuständigkeit für Vertragsklagen; Gerichtsstands- und Schiedsvereinbarungen

Systematische Übersicht

Alphabetische Übersicht

Vorbemerkung

1 Karl Firsching hat in der 10./11. Auflage des Staudinger (1978) an dieser Stelle noch einen Kurzabriss über das gesamte internationale Verfahrensrecht geben können. In den seither vergangenen 45 Jahren hat sich das internationale Zivilverfahrensrecht zu einem dem IPR weithin ebenbürtigen eigenständigen Rechtsgebiet entwickelt. Dies wird nicht zuletzt dadurch dokumentiert, dass in diesem Zeitraum zahlreiche Lehr- und Handbücher erschienen sind, die sich ausschließlich der Behandlung von verfahrensrechtlichen Problemen im grenzüberschreitenden Rechtsverkehr widmen. Insbesondere aufgrund der Überlagerung des autonomen internationalen Zivilprozessrechts durch eine Vielzahl von Staatsverträgen und eine seit dem Jahr 2000 stetig wachsende Zahl von EG-/EU-Verordnungen kann eine für Praxis und Lehre hilfreiche Gesamtdarstellung des internationalen Zivilverfahrensrechts in dem hier zur Verfügung stehenden knappen Raum nicht geleistet werden. Die nachfolgende Darstellung beschränkt sich daher auf die – vor allem in der Praxis der Vertragsgestaltung bedeutsamen – Fragen der internationalen Zuständigkeit für Vertragsklagen, sowie auf internationale Gerichtsstands- und Schiedsvereinbarungen.

A. Grundlagen der internationalen Zuständigkeit für Vertragsklagen

Schrifttum

Schrifttum zum EuGVÜ und älteres Schrifttum zur EuGVVO bei Staudinger/Hausmann (2011), (2016) und (2021) unter IntVertrVerfR.

1. Allgemein

Adolphsen, Europäisches Zivilverfahrensrecht (3. Aufl 2023)
Anders/Gehle, Zivilprozessordnung (84. Aufl 2026)
Bachmann, Universalisierung des des Europäischen Zivilverfahrensrechts (2020)
Briggs, Civil Jurisdiction and Judgments (6. Aufl 2015)
Fasching/Konecny (Hrsg), Zivilprozessgesetze, Bd 5, 1. Teilbd (Simotta) (3. Aufl 2022)
Geimer, Internationales Zivilprozessrecht (9. Aufl 2024)
Geimer/Schütze, Europäisches Zivilverfahrensrecht (4. Aufl 2020)
Geimer/Schütze (Hrsg), Intrnationaler Rechtsverkehr in Zivil- und Handelssachen, 67. Aufl 2024
Grimm, Der Auslandsbezug im internationalen Privat- und Zivilverfahrensrecht (2021)
Herrmann, Europäisches Prozessrecht (2019)
Hess, Europäisches Zivilprozessrecht (2. Aufl 2021)
Kropholler/vHein, Europäisches Zivilprozessrecht (9. Aufl 2011)
Junker, Internationales Zivilprozessrecht (6. Aufl 2023)
Linke/Hau, Internationales Zivilprozessrecht (9. Aufl 2024)
Mayr (Hrsg), Handbuch des europäischen Zivilverfahrensrechts (2017)
Mayr, Europäisches Zivilprozessrecht (2. Aufl 2020)
Münchener Kommentar zur Zivilprozessordnung, Bd 3, IZPR (6. Aufl 2022)
Musielak/Voit, Zivilprozessordnung (22. Aufl 2025)
Nagel/Gottwald, Internationales Zivilprozessrecht (9. Aufl 2025)
Saenger (Hrsg), Handkommentar Zivilprozessordnung (10. Aufl 2023)
Schack, Internationales Zivilverfahrensrecht (9. Aufl 2025)

Schlosser/Hess, EU-Zivilprozessrecht (5. Aufl 2021)
Stein/Jonas (Hrsg), ZPO (23. Aufl 2014 ff)
Thomas/Putzo (Hrsg), Zivilprozessordnung (46. Aufl 2025)
Wieczorerk/Schütze, Zivilprozessordnung, Bd 14, Brüssel Ia-VO (5. Aufl 2022)
Zöller, Zivilprozessordnung (35. Aufl 2024).

2. Brüssel Ia-VO

Antomo/Burgschat, Das internationale Zivilverfahrensrecht ... und die revidierte EuGVVO, Jura 2015, 1143
Bach, Drei Entwicklungsschritte im europäischen Zivilprozessrecht, ZRP 2011, 97
Basedow, Zuständigkeitsderogation, Eingriffsnormen und ordre public, in: FS Magnus (2014) 337
Black/Pitel, Forum selection clauses: beyond the contracting parties, JPIL 12 (2016), 26
Bonomi/Schmid, Revision der Verordnung 44/2001 (Brüssel I) (2011)
Cadet, Main features of the Revised Brussels I Regulation, EuZW 2013, 218
Carbone/Tuo, Non-EU States and Brussels I: New Rules and Some Solutions for Old Problems, Riv dir int priv proc 2015, 5
Danelzik, Die Gerichtsstandsvereinbarung zwischen ZPO, EuGVVO und HGÜ (2019)
Dickinson/Briggs, The Revision of the Brussels I Regulation, Yearbook PIL 12 (2010) 247
Dickinson/Lein, The Brussels I Regulation Recast (2015)
Dittrich, Auswirkung der EuGVVO-Reform auf Gerichtsstandsklauseln und Schiedsverfahren, EWS 2014, 217
Domej, Die Neufassung der EuGVVO – Quantensprünge im europäischen Zivilprozessrecht, RabelsZ 78 (2014) 508
Gaudemet-Tallon, Compétence et exécution des jugements en Europe (6e éd 2018)
Geimer, Bemerkungen zur Brüssel I-Reform, in: FS Simotta (2012) 163
Geimer/Schütze (Hrsg), Internationaler Rechtsverkehr in Zivilsachen, Loseblatt, Brüssel Ia-VO (2017), bearbeitet von Paulus/E Peiffer/M Peiffer
Grohmann, Die Reform der EuGVVO, ZIP 2015, 16
Guinchard, Le nouveau Règlement Bruxelles I bis (2014)
Hausmann, The Impact of National Law of the Member States on the Brussels I Practice, EuLF 2011 I, 2
Hay, Notes on the European Union's Brussels I ‚Recast' regulation EuLF 2013, 1
vHein, Die Neufassung der Europäischen Gerichtsstands- und Vollstreckungsverordnung (EuGVVO), RIW 2013, 97
Hess, Die Reform der EuGVVO und die Zukunft des europäischen Zivilprozessrechts, IPRax 2011, 125
Kastanidis, Prozessrechtliche Behandlung der Feststellungsklage nach der EuGVVO, GPR 2022, 121
Kübler-Wachendorf, Das forum necessitatis im europäischen Zuständigkeitsrecht (2021)
Lazic/Mankowski, The Brussels I-bis Regulation (2023)
Lein, Drittstaaten im Kontext des Europäischen Zivilverfahrensrechts nach dem Brexit, ZVglRWiss 120 (2021) 1
Magnus/Mankowski, Brussels I on the Verge of Reform, ZVglRWiss 109 (2010) 1
dies, The Proposal for the Reform of Brussels I, ZVglRWiss 110 (2011) 252
dies (Hrsg), Brussels Ibis Regulation (2nd ed 2023)
Malatesta, La riforma del regolamento Bruxelles I (2016)
Nuyts, Study on Residual Jurisdiction (2007)
ders, La refonte du règlement Bruxelles I, Rev crit dip 2013, 1Pérez-Llorca, Comentario al reglamento (UE) No 1215/2012 relativo a la competencia judicial, el recononcimiento y la ejucución de resoluciones judiciales en materia civil y mercantil (2016)
Pfeiffer, Die Fortentwicklung des Europäischen Prozessrechts durch die neue EuGVO, ZZP 127 (2014) 409
Pohl, Die Neufassung der EuGVVO – im Spannungsfeld zwischen Vertrauen und Kontrolle, IPRax 2013, 109
Queirolo/de Maestri, The effects of the Proposal for a recast of the Brussels I Regulation on rules concerning prorogation of jurisdiction, EuLF 2-2011, 61
Rauscher (Hrsg), Europäisches Zivilprozess-

und Kollisionsrecht – EuZPR/EuIPR, Bd 1, Brüssel-Ia-VO (5. Aufl 2021)
Reinmüller, Neufassung der EuGVVO („Brüssel Ia-VO") seit 10. Januar 2015, IHR 2015, 1
Requejo Isidro, Brussels I Bis – A commentary on Regulation (EU) 1215/2012 (2022)
J Schmidt, Rechtssicherheit im europäischen ZVR (2015)
Simons/Hausmann (Hrsg), unalex-Kommentar zur Brüssel Ia-VO (online-Ausgabe, 2020 ff)
Stadler/Krüger/Klöpfer, Die Reform der EuGVVO – von Umwegen, Irrwegen und Sackgassen, ZEuP 2015, 732
Staudinger/Steinrötter, Neues Zuständigkeitsregime bei zivilrechtlichen Auslandssachverhalten, JuS 2015, 1
Takahashi, Review of the Brussels I Regulation: A comment from the perspectives of non-member states (Third States), JPIL 8 (2012) 1
Wagner, Internationale und örtliche Zuständigkeit nach der EuGVVO, EuZW 2021, 572
ders, Zum „Auslandsbezug" in der EuGH-Rechtsprechung zur EuGVVO, EuZW 2025, 64
Weller, Der Kommissionsentwurf zur Reform der Brüssel I-VO, GPR 2012, 34
Wieczorek/Schütze (Hrsg), Großkommentar zur Zivilprozessordnung, Bd. 14, Brüssel Ia-VO (5. Aufl 2022)
Wissling, Internationale Zuständikeit und Effizienz. Eine ökonomische Analyse der Brüssel Ia-VO (2021).

3. Brüssel I-VO

Alexandre/Huet, Règlement Bruxelles I, Rép intern Dalloz (2010)
Bertoli, La disciplina della giurisdizione civile nel regolamento n. 44/2001, Riv dir int priv proc 2002, 265
Bidell, Die Erstreckung der EuGVO auf Drittstaatensachverhalte (2014)
Bitter, Auslegungszusammenhang zwischen der Brüssel I-Verordnung und der künftigen Rom I-Verordnung, IPRax 2008, 96
Burgstaller/Neumayr (Hrsg), Europäischer Zivilprozess (2005)
Calvo Caravaca et al, Brussels I Regulation (2007)
ders (Hrsg), Comentario al Convenio de Bruselas relativo alla competencia judicial y a la ejecución de resoluciones judiciales en materia civil y mercanlil (6. Aufl 2009)
Carbone, Lo spazio giudiziario europeo in materia civile e commerciale – Da Bruxelles I al Regolamento CE n. 805/2004 (5. Aufl 2006)
Geimer, Einige Bemerkungen zur Zuständigkeitsordnung der Brüssel I-VO, in: FS Musielak (2004) 169
Hausmann, Die Revision des Brüsseler Übereinkommens von 1968, Teil I: Internationale Zuständigkeit, EuLF 2000/01, 40
Heinze/Dutta, Ungeschriebene Grenzen für europäische Zuständigkeiten bei Streitigkeiten mit Drittstaatenbezug, IPRax 2005, 224
Hess, Die allgemeinen Gerichtsstände der Brüssel I-VO, in: FS Lindacher (2007) 53
Hess/Pfeiffer/Schlosser, The Brussels I-Regulation(EC) No 44/2001 – The Heidelberg Report (2008)
Junker, Vom Brüsseler Übereinkommen zur Brüsseler Verordnung – Wandlungen des internationalen Zivilprozessrechts, RIW 2002, 569
Layton/Mercer, European Civil Practice, Bd 1/2 (2. Aufl 2004)
Leible/Freitag, Forderungsbeitreibung in der EU (2008)
Nuyts/Watté (Hrsg), International Civil Legislation in Europe and Relations with Third States (2005)
Pontier/Burg, EU Principles on Jurisdiction and Recognition and Enforcement of Judgements in Civil and Commercial Matters according to the Case Law of the European Court of Justice (2004)
Schack, Die Entwicklung des europäischen Internationalen Zivilverfahrensrechts, in: FS Leipold (2008) 317
Simons/Hausmann (Hrsg), unalex-Kommentar zur Brüssel I-VO (2012)
Stadler/Krüger, Vertraglicher und deliktischer Gerichtsstand im europäischen Zivilprozessrecht, in: FS Musielak (2004) 569.

4. Luganer Übereinkommen

Acocella/Schnyder, Lugano-Übereinkommen (2. Aufl 2022)
Bucher, Commentaire Romand (LDJP/CL) (2011)

DASSER/OBERHAMMER (Hrsg), Kommentar zum Lugano-Übereinkommen (3. Aufl 2021)
DONZALLAS, La Convention de Lugano, 3 Bde (1996/98)
LECHNER/MAYR, Das Übereinkommen von Lugano (1996)
OETIKER/WEIBEL, LugÜ (Basler Kommentar – BSK) (2. Aufl 2016)
SCHMIDT-PARZEFALL, Die Auslegung des Parallelübereinkommens von Lugano (1995)
SCHNYDER, Lugano-Übereinkommen (LugÜ) zum internationalen Zivilverfahrensrecht (2011)
WAGNER/JANZEN, Das Lugano-Übereinkommen vom 30. 10. 2007, IPRax 2010, 298
WALTER/DOMEJ, IZPR der Schweiz (5. Aufl 2012).

I. Rechtsquellen

Die von den deutschen Gerichten zu beachtenden Regeln über die internationale Zuständigkeit in vertraglichen Streitigkeiten ergeben sich vorrangig aus sekundärem EU-Recht und völkerrechtlichen Verträgen, hilfsweise aus dem autonomen Zivilverfahrensrechts, insbesondere der Zivilprozessordnung. 2

1. Europäisches Gerichtsstands- und Vollstreckungsübereinkommen von 1968

Wichtigste Rechtsquelle der internationalen Zuständigkeit deutscher Gerichte war für einen Zeitraum von fast 30 Jahren das Brüsseler Übereinkommen über die gerichtliche Zuständigkeit und die Vollstreckung gerichtlicher Entscheidungen in Zivil- und Handelssachen vom 27. 9. 1968 (**EuGVÜ**, BGBl 1972 II 774), das am 1. 2. 1973 für die ursprünglichen Mitgliedstaaten der EG, also für Belgien, die Bundesrepublik Deutschland, Frankreich, Italien, Luxemburg und die Niederlande in Kraft trat (BGBl 1973 II 60). Der Beitritt stand nach Art 63 EuGVÜ nur Mitgliedstaaten der Europäischen Gemeinschaft offen. Das EuGVÜ 1968 wird erläutert in einem Bericht von JENARD (ABl EG 1979 C 59, 1 ff). Mit den neu hinzutretenden Mitgliedstaaten der EG wurden zwischen 1978 und 1996 insgesamt vier Beitrittsübereinkommen abgeschlossen, die teilweise auch zu weitreichenden Änderungen des ursprünglichen Vertragstextes geführt haben. Das EuGVÜ galt zuletzt für die 15 Mitgliedstaaten der EG idF des 4. Beitrittsübereinkommens vom 29. 11. 1996 (BGBl 1998 II 1412). Es wurde ergänzt durch ein Zusatzprotokoll vom 27. 9. 1968, sowie durch das **Auslegungsprotokoll** vom 3. 6. 1971 (BGBl 1972 II 846), das die einheitliche Auslegung des Übereinkommens durch den EuGH sicherstellte und die Vorlagemodalitäten regelte. 3

2. Europäische Gerichtsstands- und Vollstreckungsverordnung von 2001

Im Rahmen des angestrebten Aufbaus eines Raumes der Freiheit, der Sicherheit und des Rechts ermächtigte Art 65 EG idF des Vertrags von Amsterdam die Organe der Gemeinschaft zum Erlass von Maßnahmen auf dem Gebiet der justiziellen Zusammenarbeit in Zivilsachen mit grenzüberschreitenden Bezügen, soweit sie für das Funktionieren des Binnenmarkts erforderlich waren. Die Kompetenz der Europäischen Gemeinschaft umfasste nach Art 65 lit a EG (jetzt: Art 81 AEUV) auch die Verbesserung und Vereinfachung der Anerkennung und Vollstreckung gerichtlicher Entscheidungen in Zivil- und Handelssachen (vgl dazu JAYME/KOHLER IPRax 1999, 401 ff; HESS NJW 2000, 23 ff). Gestützt auf diese Kompetenz hat die Kommission am 22. 12. 2000 die Verordnung (EG) Nr 44/2001 über die gerichtliche Zuständigkeit und die 4

Anerkennung und Vollstreckung von Entscheidungen in Zivil- und Handelssachen (Brüssel I-VO) erlassen (**Brüssel I-VO**, ABl 2001 Nr L 12, 1 ff; dazu näher unalexKomm/Hausmann Brüssel Ia-VO [2. Aufl 2020 Einl Rn 31 ff). Sie ist nach Art 76 für die Bundesrepublik Deutschland und die übrigen damaligen Mitgliedstaaten der EU – mit Ausnahme Dänemarks – am 1. 3. 2002 in Kraft getreten. Für die zehn neuen Mitgliedstaaten galt die Brüssel I-VO seit dem 1. 5. 2004, für Bulgarien und Rumänien seit dem 1. 1. 2007 sowie für Kroatien seit dem 1. 7. 2013. Sie hat gemäß Art 68 im Verhältnis der Mitgliedstaaten zueinander das Brüsseler Übereinkommen ersetzt. Inhaltlich hat die Verordnung das EuGVÜ in seinen wesentlichen Strukturen aufrecht erhalten und versucht, die bei der praktischen Anwendung einzelner Vorschriften aufgetretenen Probleme durch eine vorsichtige Weiterentwicklung des europäischen Zivilprozessrechts zu lösen (vgl dazu näher Hausmann EuLF 2000, 40 ff; Kohler und Stadler/Krüger, in: Gottwald [Hrsg], Revision des EuGVÜ [1999] 1 ff, 37 ff).

5 **Dänemark** hat sich aufgrund eines Protokolls zum Amsterdamer Vertrag nicht an der Annahme dieser Verordnung beteiligt, sodass im Verhältnis zu Dänemark zunächst weiterhin das EuGVÜ und das Auslegungsprotokoll von 1971 maßgebend blieben (BGH GRUR 2005, 431). Am 19. 10. 2005 ist jedoch zwischen Dänemark und der EG ein bilaterales Übereinkommen geschlossen worden, mit dem der Inhalt der Brüssel I-VO auf das Verhältnis zu Dänemark erstreckt und die Kompetenz des EuGH für die Auslegung dieses Übereinkommens begründet wurde (ABl 2005 L 299, 62); dieses Übereinkommen ist am 1. 7. 2007 in Kraft getreten (Text im ABl 2007 L 94, 70 ff).

3. Europäische Gerichtsstands- und Vollstreckungsverordnung von 2012

6 Am 12. 12. 2012 haben das Europäische Parlament und der Rat als VO (EU) Nr 1215/2012 eine Neufassung der Brüssel I-VO beschlossen (**Brüssel Ia-VO**, ABl 2012 L 351, 18; Jayme/Hausmann [22. Aufl 2024] Nr 160; zur Entstehungsgeschichte Rauscher/Staudinger, Brüssel Ia-VO [5. Aufl 2021] Einl Rn 7 ff; unalexKomm/Hausmann Brüssel Ia-VO [2. Aufl 2020] Einl Rn 43 ff). Diese gilt für alle Mitgliedstaaten der EU mit Ausnahme Dänemarks (vgl ErwG 41 zur Brüssel Ia-VO) seit dem 10. 1. 2015 und löst von diesem Tag an die Brüssel I-VO ab. Im Verhältnis zwischen der EU und **Dänemark** findet die Brüssel Ia-VO aufgrund einer entsprechenden Erklärung des Königreichs Dänemark ebenfalls Anwendung (ABl 2013 L 79, 4; BGH NJW 2016, 409; Schnichels/Stege EuZW 2016, 728).

6a Mit Abschluss des Austrittsverfahren nach Art 50 EUV am 31. 1. 2020 ist das **Vereinigte Königreich** im Verhältnis zu den EU-Mitgliedstaaten **Drittstaat** geworden (BGH WM 2021, 1444 Rn 42). Seither findet im Vereinigten Königreich grundsätzlich weder europäisches Primär- noch Sekundärrecht Anwendung. Zu beachten ist allerdings das Übergangsrecht im **Brexit-Abkommen** v 24. 1. 2020 (ABl 2020 I, 29 S 7 = Jayme/Hausmann [22. Aufl 2024] Nr 0–3). Denn nach Art 67 Abs 1 dieses Abkommens sind in Verfahren, die einen Bezug zum Vereingten Königreich aufweisen, weil zB der Kläger oder der Beklagte dort seinen Wohnsitz hat, die Vorschriften der Art 4 ff Brüssel Ia-VO zur internationalen Zuständigkeit weiter anzuwenden, wenn das Verfahren bis zum Ablauf der Übergangsfrist am 31. 12. 2020 vor einem Gericht des Vereinigten Königreichs oder eines EU-Mitgliedstaats eingeleitet worden ist. Dies gilt unabhängig davon, wann die Entscheidung in diesem Verfahren ergeht (EuGH Rs C-358/21 – *Tilman*, NJW 2023, 33 Rn 28 mAnm Finkelmeier; EuGH Rs C-345/22 – *Maersk/Allianz*,

IPRax 2025, 262 Rn 42 mAnm KRANZHÖFER 231; BGH WM 2021, 1444 Rn 42; OLG Köln IPRax 2023, 477 Rn 38; WAGNER IPRax 2021, 2 [6]). Beruht die internationale Zuständigkeit auf einer Gerichtsstandsvereinbarung, so ist es auch unerheblich, wann diese geschlossen worden ist (EuGH Rs C-358/21 – *Tilman SA*, NJW 2023, 33 Rn 30). Aus deutscher Sicht gelten die Art 4 ff Brüssel Ia-VO hingegen im Verhältnis zum Vereinigten Königreich auch nach dem 31. 12. 2020 weiter, weil deren Anwendung keinen Bezug zu einem weiteren EU-Mitgliedstaat erfordert (Rn 39). Auch das Brexit-Abkommen steht allerdings einer Weiteranwendung der Art 4 ff Brüssel Ia-VO im Verhältnis zum Vereinigten Königreich vor deutschen Gerichten nicht entgegen (OLG Frankfurt WM 2025, 1604 Rn 15 f; OLG Düsseldorf BeckRS 2024, 25588 Rn 17; **aA** OLG München IWRZ 2025, 98 m zust Anm PÖRNBACHER). Hat der Beklagte seinen Wohnsitz im Vereinigten Königreich, so haben deutsche Gerichte ihre internationale Zuständigkeit gemäß Art 6 Brüssel Ia-VO nach dem autonomen deutschen Verfahrensrecht zu beurteilen (OLG Schleswig BeckRS 2025, 3155 Rn 45 f; OLG Düsseldorf NZG 2025, 234 Rn 17; HAU MDR 2021, 521 [523]; STEINBRÜCK/LIEBERKNECHT EuZW 2021, 517 [518]). Für Gerichtsstandsvereinbarungen ist das HGÜ zu beachten (dazu Rn 11).

Die Neufassung bringt auf dem Gebiet der internationalen Gerichtszuständigkeit **6b** nur wenige Änderungen. Verbesserungen betreffen vor allem das Verhältnis der Verordnung zur Schiedsgerichtsbarkeit und die Stärkung der Wirkungen von Gerichtsstandsvereinbarungen. Das Schwergewicht der Reform liegt in der **Erleichterung der Vollstreckung von Urteilen** im Verhältnis der Mitgliedstaaten zueinander durch die weitgehende Beseitigung des Exequaturverfahrens (vgl Art 39 ff Brüssel Ia-VO).

Die nachfolgenden Ausführungen basieren auf der Brüssel Ia-VO, die auf alle ab **7** dem 10. 1. 2015 eingeleiteten Verfahren anzuwenden ist. Die Regeln der Verordnung über die internationale Zuständigkeit sind nach der Rechtsprechung des EuGH jedenfalls seit Geltung der Brüssel I-VO auch nicht mehr auf EU-Binnensachverhalte beschränkt, sondern können auch in Sachverhalten mit bloßem Bezug zu Drittstaaten zur Anwendung kommen (Rn 39); sie verdrängen deshalb das autonome Zuständigkeitsrecht der Mitgliedstaaten weitgehend. Für die **Auslegung** der Brüssel Ia-VO gelten im Wesentlichen die vom EuGH zum EuGVÜ und zur Brüssel I-VO entwickelten Grundsätze weiter, sofern die Vorschriften – wie insbesondere die nachfolgend behandelten zur internationalen Zuständigkeit für Vertragsklagen – im Zuge der Reform keine oder nur unwesentliche Änderungen erfahren haben (vgl zu diesem Prinzip der **Auslegungskontinuität** ErwG 19 zur Brüssel I-VO; ferner EuGH Rs C-180/06 – *Ilsinger*, Slg 2009 I 3998 Rn 41 = IHR 2010, 36; EuGH Rs C-11/08 – *SCT/Alpenblume*, Slg 2009 I 5657 Rn 24 = IPRax 2010, 353; EuGH Rs C-189/09 – *Zuid-Chemie*, Slg 2009 I 6917 Rn 17 ff = IPRax 2010, 330; EuGH Rs C-302/13 – *flyLAL*, EuZW 2015, 76 Rn 25 mAnm LANDBRECHT; unalex-Komm/HAUSMANN Brüssel Ia-VO [2. Aufl 2020] Einl Rn 75 mwNw).

4. Luganer Übereinkommen von 1988 und 2007

Auf Initiative Schwedens und der Schweiz wurde seit 1985 zwischen den Mitglied- **8** staaten der Europäischen Gemeinschaft und der Europäischen Freihandelsassoziation (EFTA) über ein Parallel-Übk zum EuGVÜ mit dem Ziel verhandelt, die wesentlichen Errungenschaften des EuGVÜ, nämlich eine einheitliche europäische Zuständigkeitsordnung und ein beschleunigtes Anerkennungs- und Vollstreckungsverfahren, auf den gesamten europäischen Wirtschaftsraum zu erstrecken. Das

Übereinkommen wurde am 16. 9. 1988 in Lugano unterzeichnet (BGBl 1994 II 2660). Es ist seit dem 1. 1. 1992 schrittweise für die Mitgliedstaaten der EG und der EFTA in Kraft getreten; für die Bundesrepublik Deutschland galt es seit dem 1. 3. 1995 (BGBl 1995 II 221). Der Beitritt stand auch den Staaten Mittel- und Osteuropas offen. Von dieser Möglichkeit hatte allerdings nur Polen Gebrauch gemacht, wo das Übk seit dem 1. 2. 2000 galt (BGBl 2000 II 1246; dazu WAGNER WiRO 2000, 47 ff; MARTINY/ERNST IPRax 2001, 29 ff). Das Übk wurde erläutert in einem Bericht von JENARD und MÖLLER (ABl EG 1990 C 189, 57 ff). Es stimmte – von wenigen Abweichungen abgesehen – inhaltlich mit dem EuGVÜ idF des 3. Beitrittsübk mit Portugal und Spanien v 26. 5. 1989 wörtlich überein.

9 Am 30. 10. 2007 hat sich die Europäische Gemeinschaft mit Dänemark, Island, Norwegen und der Schweiz auf ein **Nachfolge-Übereinkommen (LugÜ 2007)** geeinigt, mit dem der Text des LugÜ 1988 weitgehend an die Brüssel I-VO angeglichen wurde (Text im ABl EU 2009 Nr L 147, 5 ff; JAYME/HAUSMANN [22. Aufl 2024] Nr 152). Das neue Lugano-Übk ist nach seinem Art 69 Abs 4 am 1. 1. 2010 für die Mitgliedstaaten der Brüssel I-VO sowie für Dänemark und Norwegen in Kraft treten (**LugÜ**, ABl EU 2010 L 140, 1; dazu WAGNER NJW 2009, 1911 [1913]; allg zum LugÜ 2007 unalexKomm/HAUSMANN Brüssel Ia-VO [2. Aufl 2020] Einl Rn 110 ff). Die Schweiz und Island sind dem Übk mit Wirkung vom 1.1. bzw 1. 5. 2011 beigetreten (WAGNER NJW 2011, 1404 [1406]). Für Kroatien gilt es seit dem Beitritt des Landes zur EU am 1. 7. 2013; es gilt hingegen nicht für Liechtenstein (BGHZ 173, 57 Rn 22 = NJW-RR 2008, 57 mAnm REICHARDT IPRax 2008, 330; dazu FRICK ZvglRW 2012, 442) und seit dem Brexit auch nicht mehr im Verhältnis zum Vereinigten Königreich (OLG Schleswig BeckRS 2025, 3155 Rn 47). Das Übk ersetzt nach Art 69 Abs 6 das LugÜ 1988. Eine Anpassung des LugÜ 2007 an die Brüssel Ia-VO steht noch aus.

10 Obwohl für das LugÜ 1988 noch **keine Auslegungskompetenz des EuGH** bestand, wurde dessen Rechtsprechung zur Auslegung des EuGVÜ und der Brüssel I-VO jedoch – entsprechend den bei der Unterzeichnung abgegebenen Erklärungen – auch von den Gerichten der Vertragsstaaten des LugÜ 1988 zugrunde gelegt (vgl in Deutschland BGH RIW 2011, 73 Rn 10; BGH IHR 2010, 212 [213]; BGH WM 2009, 766 [767]; BAG NZA 2004, 58 [61]; in der Schweiz BG 26. 9. 1997, BGE 123 III 414 [421]; BG 9. 3. 1998, BGE 124 III 188 [191]; SCHMIDT-PARZEFALL 89 mwNw). Demgegenüber ist der EuGH nunmehr auf Vorlage von Gerichten der EU-Mitgliedstaaten auch zur Auslegung des LugÜ 2007 zuständig, weil dieses Bestandteil des Unionsrechts ist (vgl die Präambel zum Protokoll Nr 2/LugÜ 2007; EuGH Rs C-467/16 – *Schlömp*, FamRZ 2018, 286 mAnm HAU ZEuP 2019, 384; BGH WM 2014, 1614; MARKUS GPR 2019, 60; ZÖLLER/GEIMER, ZPO [35. Aufl 2024] Art 1 Rn 6, 13; unalexKomm/HAUSMANN Brüssel Ia-VO [2. Aufl 2020] Einl Rn 116 mwNw). Die EuGH-Rechtsprechung zur Auslegung des EuGVÜ bzw der Brüssel I-VO ist ferner auch bei der Auslegung des LugÜ 2007 zu berücksichtigen (vgl zu Art 23 LugÜ 2007 EuGH Rs C-62/2013 – *Refcomp*, EuZW 2013, 316 Rn 18 f; EuGH Rs C-334/2015 – *El Majdoub*, NJW 2015, 2171 Rn 27 f; ferner BGH WM 2012, 852 Rn 17; OLG Karlsruhe BeckRS 2017, 130011 Rn 16; OLG München WM 2012, 1863 Rn 11; THOMAS/PUTZO/NORDMEIER, ZPO [46. Aufl 2025] vor Art 1 Rn 5; MARKUS GPR 2019, 60; STREICHER FamRB 2018, 57), und zwar nach Art 1 Abs 1 des Protokolls Nr 2 zum LugÜ 2007 auch von den Gerichten derjenigen Vertragsstaaten, die nicht der EU angehören. Dies gilt heute entsprechend für die EuGH-Rechtsprechung zur Brüssel Ia-VO (vgl EuGH Rs C-357/21 – *Tilman SA*, NJW 2023, 33 Rn 24). Außerdem ist von *Pocar* ein erläuternder Bericht zum LugÜ 2007 verfasst worden (ABl 2009 C 319, S 1).

5. Haager Übereinkommen über Gerichtsstandsvereinbarungen von 2005

Am 30. 6. 2005 wurde in Den Haag ein neues Übk über Gerichtsstandsvereinbarungen (HGÜ) abgeschlossen (ABl 2009 L 133, 3 = Jayme/Hausmann [22. Aufl 2024] Nr 151), das am 1. 10. 2015 für die Mitgliedstaaten der Europäischen Union im Verhältnis zu Mexiko in Kraft getreten ist (vgl dazu das deutsche AusführungsG v 10. 12. 2014, BGBl I 2082; ferner Wagner NJW 2016, 1774 [1776]; Antomo NJW 2015, 2919 f). Es gilt inzwischen auch für Albanien (seit 1. 10. 2024), Bahrain (seit 1. 7. 2025), Dänemark (seit 1. 9. 2018), die Republik Moldau (seit 1. 7. 2024), Monaco (seit 1. 3. 2026); Montenegro (seit 1. 8. 2018), Nordmazedonien (seit 1. 3. 2025), die Schweiz (seit 1. 1. 2025), Singapur (seit 1. 10. 2016) und die Ukraine (seit1. 8. 2023). Das Vereinigte Königreich ist dem Übk inzwischen auch als souveräner Staat beigetreten und hat erklärt, dass es sich an das Übk seit dem 1. 10. 2015 ohne Unterbrechung durch den Brexit gebunden fühlt. Die VR China und die Vereinigten Staaten haben das HGÜ zwar gezeichnet, aber bisher nicht ratifiziert. Ziel dieses Übereinkommens ist die Anerkennung von Vereinbarungen eines ausschließlichen Gerichtsstands in Zivil- und Handelssachen in allen Vertragsstaaten (vgl R Wagner RabelsZ 73 [2009] 100 ff). Geregelt werden insbesondere die Voraussetzungen für die Gültigkeit und die wesentlichen Wirkungen einer Gerichtsstandsvereinbarung (dazu näher Rn 373). Ferner verpflichtet das Haager Übk die Gerichte der übrigen Vertragsstaaten zur Anerkennung und Vollstreckung der im vereinbarten Gerichtsstand ergangenen Entscheidungen (Art 8 ff HGÜ). **11**

6. Übereinkommen auf besonderen Rechtsgebieten

Vorschriften über die internationale Zuständigkeit enthalten ferner zahlreiche Staatsverträge auf besonderen Rechtsgebieten, insbesondere zum Transport- und Schifffahrtsrecht, sowie zum Haftungs- und Patentrecht. Für Rechtsstreitigkeiten aus internationalen Schuldverträgen sind insbesondere folgende Staatsverträge zu nennen: **12**

- *Revidierte Mannheimer Rheinschiffahrtsakte* vom 17. 10. 1868 (Art 34 II a) mit Zusatzprotokoll vom 25. 10. 1962 (Art 34-bis ff; PrGS 1869, 798; BGBl 1966 II 561);

- *Vertrag über die Schiffahrt auf der Mosel* vom 27. 10. 1956 (Art 34 f; BGBl 1956 II 1838);

- *Warschauer Abkommen zur Vereinheitlichung von Regeln über die Beförderung im internationalen Luftverkehr* vom 12. 10. 1929 (Art 28, 32) mit Zusatzabkommen von Guadalajara vom 18. 9. 1961 (Art VIII, IX; BGBl 1958 II 312; 1963 II 1160);

- *Montrealer Übereinkommen zur Vereinheitlichung bestimmter Vorschriften über die Beförderung im internationalen Luftverkehr* (MÜ) vom 28. 5. 1999 (Art 33, BGBl 2004 II 459; dazu Rn 303 ff);

- *Genfer Übereinkommen über den Beförderungsvertrag im internationalen Straßengüterverkehr* (CMR) vom 19. 5. 1956 (Art 31, 41; BGBl 1961 II 1120; dazu Rn 294 ff);

- *Übereinkommen über den internationalen Eisenbahnverkehr* (COTIF) vom 3. 6. 1999 (BGBl 2002 II 2149). Die Vorschriften zur internationalen Zuständigkeit finden sich in Art 57 CIV (Anh A zum Übk, BGBl 2002 II 2190) und in Art 46 CIM (Anh B zum Übk, BGBl 2002 II 2221).

7. Autonomes deutsches Verfahrensrecht

13 Soweit keine vorrangigen EU-Verordnungen oder Staatsverträge eingreifen, ergibt sich die internationale Zuständigkeit der deutschen Gerichte für Vertragsklagen aus dem autonomen staatlichen Verfahrensrecht. Das deutsche Recht kennt Vorschriften, die ausdrücklich die internationale Zuständigkeit regeln, bisher im Wesentlichen nur im Familien- und Erbrecht (§§ 98 ff FamFG). Für Rechtsstreitigkeiten aus *Schuldverträgen* regelt die ZPO die internationale Zuständigkeit hingegen nicht ausdrücklich, sondern nur mittelbar durch stillschweigende Verweisung auf die Vorschriften der §§ 12 ff ZPO über den Gerichtsstand. Deren Wortlaut bezieht sich zwar nur auf die örtliche Zuständigkeit; doch zeigen einige dieser Vorschriften deutlich, dass es dem Gesetzgeber zugleich auch um die Abgrenzung gegenüber der Zuständigkeit ausländischer Gerichte ging (vgl zB §§ 15, 16, 23, 38 Abs 2 ZPO). Grundsätzlich darf man deshalb aus der örtlichen zugleich auf die internationale Zuständigkeit eines deutschen Gerichts schließen. Man spricht insoweit von der **Doppelfunktionalität der Gerichtsstandsnormen**: die örtliche indiziert die internationale Zuständigkeit (allgM, vgl grundlegend BGHZ 44, 46 [47 f] = JZ 1966, 237 mAnm Neuhaus; seither st Rspr, vgl BGHZ 63, 219 [220]; 94, 156 [157]; 115, 90 [91 f] = NJW 1991, 3092; BGHZ 120, 334 [337] = NJW 1993, 1073; BGHZ 134, 116 [117]; BGHZ 157, 224 [227]; BGHZ 188, 85 Rn 13; OLG Düsseldorf IPRax 1999, 38 [39]; Geimer, IZPR [9. Aufl 2024] Rn 946 ff; Schack, IZVR [9. Aufl 2025] Rn 288; Linke/Hau, IZPR [9. Aufl 2024] Rn 4.2, jeweils mwNw). Dieser Grundsatz gilt insbesondere auch für den vertraglichen Gerichtsstand des Erfüllungsorts (§ 29 ZPO; dazu Rn 168 ff); eingeschränkt ist er lediglich für die internationale Zuständigkeit, die allein auf die Belegenheit von Vermögen des Beklagten im Inland gestützt wird (§ 23 ZPO; dazu Rn 361 ff).

II. Der Anwendungsbereich der europäischen Zuständigkeitsordnung

14 Wegen des Vorrangs der Brüssel Ia-VO vor dem autonomen Verfahrensrecht der Mitgliedstaaten bedarf es der Bestimmung ihres Anwendungsbereichs in sachlicher, räumlicher und zeitlicher Hinsicht.

1. Sachlicher Anwendungsbereich*

a) Zivil- und Handelssachen

15 Die Brüssel Ia-VO ist (ebenso wie das LugÜ 2007) nach Art 1 Abs 1 nur auf „Zivil- und Handelssachen" anzuwenden. Um sicherzustellen, dass sich aus der Verordnung

* **Schrifttum: 1. Allgemein**: Basedow, Civil and Commercial Matters – A New Key Concept of Community Law, in: FS Thue (2007) 151; Conrad, Qualifikationsfragen des Trust im Europäischen Zivilprozessrecht (2001); Dutta, Die Durchsetzung öffentlich-rechtlicher Forderungen ausländischer Staaten durch deutsche Gerichte (2006); Dutta/Heinze, Anti-suit injunctions zum Schutz von Schiedsvereinbarungen, RIW 2007, 411; Freitag, Anwendung von EuGVÜ, EuGVO und LugÜ auf öffentlichrechtliche Forderungen?, IPRax 2004, 334; Geimer, Öf-

für die Mitgliedstaaten und die betroffenen Personen soweit wie möglich gleiche und einheitliche Rechte und Pflichten ergeben, kann der Begriff der „Zivil- und Handelssachen" nicht als bloße Verweisung auf das innerstaatliche Recht eines der beteiligten Staaten verstanden werden, sondern ist im Wege **autonomer Qualifikation** zu bestimmen (vgl zum EuGVÜ grundlegend EuGH Rs 29/76 – *LTU/Eurocontrol*, Slg 1976, 1541 Rn 3 = NJW 1977, 489 mAnm GEIMER = RIW 1977, 40 mAnm LINKE; ferner EuGH Rs 814/79 – *Niederlan-*

---

fentlich-rechtliche Streitgegenstände – Zur Beschränkung des Anwendungsbereichs der EuGVVO bzw des EuGVÜ/LugÜ auf Zivil- und Handelssachen, IPRax 2003, 512; HAUSMANN, The Scope of Application of the Brussels I Regulation, in: POCAR/VIARENGO/VILLATA (eds), Recasting Brussels I (2012) 3; ders, EG-Gerichtsstands- und Vollstreckungsübereinkommen und Familienrecht, FamRZ 1980, 418; JUNKER, Grenzen der Staatsimmunität und europäische Gerichtsstände bei arbeitsrechtlichen Streitigkeiten von Botschaftsangestellten, EuZA 2013, 83; KOHLER, Abschied von der autonomen Auslegung des Begriffs „Zivil und Handelsachen" in Art 1 EuGVVO, IPRax 2015, 52; KONDRING, Die Bestimmung des sachlichen Anwendungsbereichs des EuGVÜ im Urteils- und Vollstreckungsverfahren, EWS 1995, 217; LORENZ/UNBERATH, Der Bürgenregress im Vertragsgerichtsstand – „Mutation" durch Gläubigerwechsel?, IPRax 2004, 298; MÄSCH/FOUNTOULAKIS, Die Geltendmachung öffentlich-rechtlicher Forderungen durch den privaten Bürger im System des Europäischen Zivilprozessrechts, GPR 2005, 98; MAGNUS, Anmerkungen zum sachlichen Anwendungsbereich der Rom I-VO, in: FS Kühne (2009) 779; MANKOWSKI, Zivilsachen vor Strafgerichten und die EuGVVO, in: FS Machacek/Matscher (2008) 785; MARTINY, Deutscher Kündigungsschutz für das Personal ausländischer Botschaften?, IPRax 2013, 536; MUIR WATT/PATAUT, Les actes iure imperii et le Règlement Bruxelles 1, Rev crit 97 (2008) 61; SCHLOSSER, Zum Begriff „Zivil- und Handelssache" in Art 1 Abs 1 EuGVÜ, IPRax 1981, 154; SOLTÉSZ, Der Begriff der Zivilsache im Europäischen Zivilprozessrecht (1998); STOLZ, Zur Anwendbarkeit des EuGVÜ auf familienrechtliche Ansprüche (Diss Konstanz 1995); M STÜRNER, Staatenimmunität und Brüssel I-VO, IPRax 2008, 197; R WAGNER, Staatenimmunität in zivilrechtlichen Verfahren, RIW 2013, 851; ders, Staatenimmunität und internationale Zuständigkeit nach der EuGVVO, RIW 2014, 260.

2. Insolvenzverfahren (lit b): BRINKMANN, Der Aussonderungsstreit im internationalen Insolvenzrecht – zur Abgrenzung zwischen EuGVVO und EuInsVO, IPRax 2010, 324; FEHRENBACH, Die Zuständigkeit für insolvenzrechtliche Annexverfahren, IPRax 2009, 492; GRUBER, Sind französische Urteile über die Haftung von Gesellschaftsorganen im Konkurs nach dem EuGVÜ anerkennungsfähig?, EWS 1994, 190; HAAS, Insolvenzrechtliche Annexverfahren und internationale Zuständigkeit, ZIP 2013, 2381; ders, Insolvenzverwalterklagen und EuGVÜ, NZG 1999, 1148; HAUBOLD, Europäisches Zivilverfahrensrecht und Ansprüche im Zusammenhang mit Insolvenzverfahren – Zur Abgrenzung zwischen Europäischer Insolvenzverordnung und EuGVO, EuGVÜ und LugÜ, IPRax 2002, 157; HESS, Amtshaftung als „Zivilsache" iSv Art 1 Abs 1 EuGVÜ, IPRax 1994, 10; LEIPOLD, Zuständigkeitslücken im neuen Europäischen Insolvenzrecht, in: FS Ishikawa (2001) 221; LIENHARD, Convention de Bruxelles: exclusion des actions dérivant directement de la faillite, D 2005, 1553; LORENZ, Annexverfahren bei internationalen Insolvenzen (2005); LÜKE, Europäisches Zivilverfahrensrecht – das Problem der Abstimmung zwischen EuInsÜ und EuGVÜ, in: FS Schütze (1999) 467; LAUKEMANN, Die Absonderungsklage im Europäischen Zuständigkeitsrecht, IPRax 2013, 150; LÜTTRINGHAUS/WEBER, Aussonderungsklagen an der Schnittstelle zwischen EuGVVO und EuInsVO, RIW 2010, 45; MANKOWSKI, EuGVÜ-Gerichtsstand für Gesellschafterhaftungsklagen des Insolvenzverwalters, NZI 999, 56; ders, Insolvenznahe Verfahren und Sicherung eines Eigentumsvorbehalts im Grenzbereich zwischen EuInsVO und EuGVVO, NZI 2008, 604; MANKOWSKI/WILLEMER, Die internationale Zuständigkeit für Insolvenzanfechtungsklagen, RIW 2009, 669; MÖRSDORF-

de/Rüffer, Slg 1980, 3807 Rn 7 = IPRax 1981, 169 mAnm Schlosser 154; EuGH Rs C-172/91 – *Sonntag*, Slg 1993 I 1963 Rn 18 = IPRax 1994, 37 mAnm Hess 10; EuGH Rs C-266/01 – *Préservatrice foncière TIARD*, Slg 2003 I 4867 Rn 20 = IPRax 2003, 528 mAnm Geimer 512; zur Brüssel I-VO EuGH Rs C-343/04 – *Oberösterreich/ČEZ*, Slg 2006 I 4586 Rn 22 = RIW 2006, 624; EuGH C-420/07 – *Apostolides*, Slg 2009 I 3609 Rn 41 = EuGRZ 2009, 210; EuGH Rs C-226/13 – *Fahnenbrock*, EuZW 2015, 633 Rn 34 ff = RIW 2015, 499 mAnm Knöfel; EuGH Rs C-645 – *Sapir*, NJW 2013, 1661 Rn 42 ff, 67

Schulte, Internationaler Gerichtsstand für Insolvenzanfechtungsklagen im Spannungsfeld von EuInsO, EuGVÜ/O und autonomem Recht und seine Überprüfbarkeit durch den BGH, IPRax 2004, 31; dies, Geschlossene europäische Zuständigkeitsordnung und die Frage der vis attractiva concursus, NZI 2008, 282; Piekenbrock, Klagen und Entscheidungen über Insolvenzforderungen zwischen LugÜb, EuGVVO und EuInsVO, ZIP 2014, 2067; H Schmidt, Anfechtungsklage des Konkursverwalters und Anwendbarkeit des EuGVÜ, EuZW 1990, 219; M Stürner, Gerichtsstandsvereinbarungen und Internationales Insolvenzrecht – Zugleich ein Beitrag zur internationalen Zuständigkeit bei insolvenzbezogenen Annexverfahren, IPRax 2005, 416; ders, Staatenimmunität und Brüssel I-VO, IPRax 2008, 197; Thole, Die internationale Zuständigkeit für insolvenzrechtliche Anfechtungsklagen, ZIP 2006, 1383; ders, Die Abgrenzung von EuGVVO und EuInsVO bei Annex-Klagen des Insolvenzverwalters, IPRax 2015, 396; Zeuner/Elsner, Die internationale Zuständigkeit der Anfechtungsklage oder die Auslegung des Art 1 Abs 2 lit b EuGVVO, DZWiR 2008, 1.

3. Schiedsgerichtsbarkeit (lit d): Audit, Arbitration and the Brussels Convention, ArbInt 9 (1993) 1; Bälz/Marienfeld, Missachtung einer Schiedsklausel als Anerkennungshindernis iSv Art 34–35 EuGVVO und § 328 ZPO?, RIW 2003, 51; Baumann, Schiedsgerichtsbarkeit und EuGVVO: Löst die Novelle die problematischen Abgrenzungsfragen?, in: FS Ahrens (2016) 467; Beraudo, The Arbitration Exception of the Brussels and Lugano Conventions: Jurisdiction, Recognition and Enforcement of Judgments, 18 (1) J Int Arb 13 (2001); Berti, Zum Ausschluss der Schiedsgerichtsbarkeit aus dem sachlichen Anwendungsbereich des Luganer Übereinkommens, in: FS Vogel (1991) 337; Bollée, L'arbitrage et le nouveau Règlement Bruxelles I, Rev Arb 2013, 979; Breder, Die Verzahnung der Brüssel Ia-VO mit der Schiedsgerichtsbarkeit bei Parallelverfahren (2020); Briggs, Arbitration and the Brussels Regulation. Again, Lloyds MCLQ 2015, 284; Brunner, The Arbitration Exclusion under the Brussels I Regime, JIntArb 41 (2024) 51; Carbone, Gli accordi di proroga della giurisdizione e le convenzioni arbitrali della nuova disciplina del regolamento (UE) 1215/2012, Dir comm int 2013, 651; Carducci, The New EU Regulation 1215/2012 of 12 December 2012 and International Arbitration (2013) 29 Arb Int 467; Clavel, Anti-suit injunctions et arbitrage, Rev arb 2001, 669; Consolo/Stella, Brussels I Regulation Amendment Proposals and Arbitration, in: Pocar/Viarengo/Villata (Hrsg), Recasting Brussels I (2012) 37; Dickler, Schiedsgerichtsbarkeit und die Reform der EuGVVO (2015); Dittrich, Auswirkungen der EuGVVO-Reform auf Gerichtsstandsvereinbarungen und Schiedsverfahren; EWS 2014, 217; Domej, Alles klar? – Bemerkungen zum Verhältnis zwischen staatlichen Gerichten und Schiedsgerichten unter der neu gefassten EuGVVO, in: FS Gottwald (2014) 97; Draetta/Santini, Arbitration Exception and Brussels I Regulation: No Need for Change, Dir comm int 2009, 547; Dutta/Heinze, Anti-Sui Injunctions zum Schutz von Schiedsvereinbarungen, RIW 2007, 411; Fentiman, Arbitration and the Brussels Regulation (2007) CLJ 493; Geimer, Die Bereichsausnahme zu Gunsten der Schiedsgerichtsbarkeit in Art 1 Abs 2 lit d EuGVVO nF, in: FS Ahrens (2016) 501; Haas, Der Ausschluss der Schiedsgerichtsbarkeit vom Anwendungsbereich des EuGVÜ, IPRax 1992, 292; J Harris, Arbitration clause and the restraint of proceedings in another Member State of the European Union, Lloyds MCLQ 2005 159; Hartley, The Brussels Regulation and Arbitration, ICLQ 63 (2014), 843; ders, Arbitration and the Brussels I Regulation Before and After Brexit JPIL 17 (2021) 53; Hess, Die Reform der Verordnung

= IPRax 2014, 167 mAnm LUND 140; EuGH Rs C-196/15 – *Granarolo/Ambrosi*, NJW 2016, 3087 Rn 19 = IPRax 2017, 96 mAnm P HUBER 356 = JZ 2017, 96 mAnm KLÖPFER/WENDELSTEIN; zur Brüssel Ia-VO EuGH Rs C-551/15 – *Pula Parking*, EuZW 2017, 686 mAnm WOLBER = IPRax 2018, 79 Rn 33 mAnm ROTH 41; EuGH Rs C-579/17 – *BUAK/Gradbeništvo Korana*, RIW 2019, 213 Rn 46; EuGH Rs C- 641/18 – *LG ua/Rina SpA ua*, EuZW 2020, 898 Rn 30; BGH WM 2012, 852 Rn 17; BGH NZI 2012, 572 mAnm BUNTENBROICH 547; GEIMER/SCHÜTZE/GEIMER, EuZVR [4. Aufl 2020] Art 1 Rn 5 ff; RAUSCHER/MANKOWSKI, Brüssel Ia-VO [5. Aufl 2021] Art 1 Rn 5; krit SCHLOSSER/HESS/SCHLOSSER, EuZPR [5. Aufl 2021] Art 1 Rn 10; unalexKomm/HAUSMANN, Brüssel Ia-VO [2. Aufl 2020] Art 1 Rn 3 f, jeweils mwNw).

Um den sachlichen Anwendungsbereich der Verordnung nicht allzu sehr ein- **16**
zuschränken, ist der Begriff der „Zivil- und Handelssachen" *weit* auszulegen (EuGH Rs C- 641/18 – *Rina SpA*, EuZW 2020, 898 Rn 31 mAnm RENTSCH/WOLLENSCHLÄGER 902; s a MANKOWSKI EWiR 2020, 541; ALBRECHT GPR 2020, 222). Dies gilt insbesondere für die **Abgrenzung zu öffentlich-rechtlichen Streitigkeiten**, die in den einzelnen Mitgliedstaaten sehr unterschiedlich und zT – namentlich in den Common Law-Staaten – überhaupt nicht scharf gezogen wird (vgl LEHMANN ZZP Int 9 [2004] 172 [174]; MAGNUS/MANKOWSKI/ROGERSON, Brussels Ibis Art 1 Rn 13; SCHLOSSER/HESS/SCHLOSSER, EuZPR [5. Aufl 2021] Art 1 Rn 3). Als Orientierung haben dabei die Zielsetzung und Systematik der Verordnung sowie die sich übereinstimmend aus den Rechtsordnungen der Mitgliedstaaten ergebenden Abgrenzungskriterien zu dienen (LORENZ/UNBERATH IPRax 2004, 298 [299]; RAUSCHER/MANKOWSKI, Brüssel Ia-VO [5. Aufl 2021] Art 1 Rn 6). Danach ist die Anwendung der Brüssel Ia-VO nicht schon deshalb ausgeschlossen, weil sich in einem Rechtsstreit eine staatliche Behörde und eine Privatperson gegenüber stehen. Maßgebend ist vielmehr „die Natur der zwischen den Parteien bestehenden Rechtsbeziehungen" und der „Gegenstand des Rechtsstreits" (EuGH Rs C- 641/18 – *Rina SpA*, EuZW 2020, 898 Rn 32 mAnm

---

Brüssel I und die Schiedsgerichtsbarkeit, in: FS vHoffmann (2011) 648; ders, Schiedsgerichtsbarkeit und europäisches Zivilprozessrecht, JZ 2014, 539; HILL, Anti-Suit Injunctions and Arbitration (2006) LMCLQ 166; ILLMER, Brussels I and Arbitration Revisited, RabelsZ 75 (2011) 645; ders, Der Kommissionsvorschlag zur Reform der Schnittstelle der EuGVO mit der Schiedsgerichtsbarkeit, SchiedsVZ 2011, 248; KERSTING/KLEINE, Der Schutz von Schiedsverfahren gegen Italian Torpedoes, in: FS Elsing (2015) 217; LEHMANN, Anti-suit injunctions zum Schutz internationaler Schiedsvereinbarungen und die EuGVVO, NJW 2009, 1645; LINNA, The protection of arbitration agreements and the Brussels I Regulation, Int Arb L Rev 2016, 70; MALATESTA, Il nuovo Regolamento Bruxelles I-bis e l'arbitrato: verso un ampliamento dell'arbitration exclusion Riv dir int priv proc 2014, 5; MANKOWSKI, Die Schiedsausnahme des Art 1 Abs 2 lit d Brüssel Ia-VO, IHR 2015, 189; MARUFFI, Il regolamento (UE) n 1215/2012 e l'arbitrato, Riv dir proc 2014, 1416; MERRETT, To what extent does an agreement to arbitrate exclude the Brussels Regulation?, (2005) 64 Cambridge LJ 308; MULCACY, The Impact of the Brussels Convention on Anti-Suit Injunctions in Aid of Arbitration Agreements (2005) 71 Arb 211; NIGGEMANN, West Tankers, die „exception française" und die Reform der EuGVVO, SchiedsVZ 2010, 67; SCHLOSSER, Anti-suit injunctions zur Unterstützung von internationalen Schiedsverfahren, RIW 2006, 486; ders, Brüssel I und die Schiedsgerichtsbarkeit, SchiedsVZ 2009, 129; STEINBRÜCK, Prozessführungsverbote zum Schutz von Schiedsvereinbarungen im europäischen Zivilprozessrecht, ZEuP 2010, 168; THORN/REIBETANZ, Die Stellung der Schiedsgerichtsbarkeit im Rechtsschutzsystem der Euroäischen Union, in: GS Mankowski (2014) 531; WEIGAND, Die internationale Schiedsgerichtsbarkeit und das EuGVÜ, EuZW 1992, 529; WILLEMSEN/HAUBERG, International commercial arbitration .and the Brussels I Regulation (2018).

Rentsch/Wollenschläger 902; ferner EuGH Rs C-645/11 – *Sapir*, NJW 2013, 1661 Rn 32 = IPRax 2014, 167 mAnm Lund 140). Eine Zivil- und Handelssache liegt jedoch dann nicht vor, wenn die streitgegenständliche Tätigkeit der Behörde im Zusammenhang mit der **Ausübung hoheitlicher Befugnisse** steht. Die Wahrnehmung von Hoheitsrechten durch eine der Parteien des Rechtsstreits schließt einen solchen Rechtsstreit nämlich von den „Zivil- und Handelssachen" iSv Art 1 Abs 1 dieser Verordnung aus, da diese Partei Befugnisse ausübt, die von den im Verhältnis zwischen Privatpersonen geltenden Regeln abweichen (EuGH C-421/18 – Ordre des avocats du barreau, NJW 2020, 449 Rn 22 mAnm Rieländer EuZW 2020, 104; EuGH Rs C-302/13 – *flyLAL*, EuZW 2015, 76 mAnm Landbrecht; vgl dazu EuGH Rs 9 und 10/77 – *Bavaria/Eurocontrol*, Slg 1977, 1517 Rn 2: Flugsicherung; EuGH Rs 814/79 – *Niederlande/Rüffer*, Slg 1980, 3807 Rn 10 ff: Strompolizei; EuGH Rs C-271/00 – *Steenbergen*, Slg 2002 I, 10489 Rn 30 = IPRax 2004, 237 mAnm Martiny 195: Sozialhilfe; EuGH Rs C-292/05 – *Lechouritou*, Slg 2007 I, 1519 Rn 31 = EuZW 2007, 252: Kriegsverbrechen von Streitkräften; unalexKomm/Hausmann, Brüssel Ia-VO [2. Aufl 2020] Art 1 Rn 19 ff mwNw).

17 Dies stellt Art 1 Abs 1 S 2 Brüssel Ia-VO dadurch klar, dass er „die Haftung des Staates für Handlungen oder Unterlassungen im Rahmen der Ausübung hoheitlicher Rechte *(acta iure imperii)*" ausdrücklich aus dem Anwendungsbereich der Verordnung ausschließt. Diesbezüglich kommt es auf die **Grundlage der erhobenen Klage** und die Modalitäten ihrer Erhebung an (EuGH Rs C-645/11 – *Sapir*, NJW 2013, 1661 Rn 34 ff mAnm Dietze 506 und Lund IPRax 2014, 140; EuGH Rs C-49/12 – *The Comissioners/Sunico ua*, EuZW 2013, 828 mAnm Dietze Rn 35 = IPRax 2015, 84 m krit Anm Kohler 52; EuGH Rs C-551/15 – *Pula Parking*, EuZW 2017, 686 Rn 34 mAnm Wolber = IPRax 2018, 79 mAnm H Roth 41; EuGH Rs C-579/17 – *BUAK/Gradbeništvo Korana*, RIW 2019, 213 Rn 48 mwNw). Die bloße Tatsache, dass bestimmte Befugnisse durch einen Hoheitsakt übertragen werden, bedeutet nicht, dass diese Befugnisse auch *iure imperii* ausgeübt werden; ebenso wenig reicht das Handeln im Interesse eines Staates oder in Verfolgung öffentlicher Zwecke für sich genommen für eine Qualifikation als Tätigkeit *iure imperii* aus (EuGH C-581/230 – *Skarb/Toto SpA*, RIW 2021, 808 Rn 39 mAnm Hau IPRax 2022, 232; EuGH Rs C- 641/18 – *Rina*, EuZW 2020, 898 Rn 35 ff). Die Klage vor einem Zivilgericht auf Rückforderung einer ohne Rechtsgrund geleisteten Zahlung nach den Vorschriften über eine ungerechtfertigte Bereicherung ist daher auch dann eine Zivilsache, wenn der Anspruch von einer staatlichen Behörde erhoben wird (EuGH Rs C-579/17 – *BUAK/Gradbeništvo Korana*, RIW 2019, 213 Rn 48 mwNw).

17a Entsprechendes gilt für Schadensersatzansprüche der Steuerbehörde eines Mitgliedstaats wegen unerlaubter Verabredung zur Hinterziehung von Mehrwertsteuer (EuGH Rs C-49/12 – *The Comissioners/Sunico ua*, EuZW 2013, 828 Rn 34, 39 mAnm Dietze) oder für Schadensersatzansprüche einer zu 100 % im Staatsbesitz befindlichen Gesellschaft wegen wettbewerbsrechtlicher Verstöße (EuGH Rs C-302/13 – *flyLAL*, EuZW 2015, 76 Rn 30 ff mAnm Landbrecht = IPRax 2015, 543 mAnm Kohler 500). Auch bei Klagen auf *Erfüllung* der ursprünglichen Anleihebedingungen und/oder auf Schadensersatz wegen des **Zwangsumtauschs von Staatsanleihen** durch einen Mitgliedstaat handelt es sich um Zivil- und Handelssachen (so zu Recht Arnold/Garber IPRax 2019, 385 ff gegen EuGH Rs C-308/17 – *Hellenische Republik/Kuhn*, IPRax 2019, 417 Rn 37 ff). Nach der deutschen Rechtsprechung sind hingegen nur Rückzahlungsansprüche der Gläubiger aus den ursprünglichen Staatsanleihen als Zivil- und Handelssache iSv Art 1 Brüssel Ia-VO zu werten, während der Geltendmachung von Schadensersatzansprüchen wegen des Zwangsumtauschs von ausländischen Staatsanleihen vor deutschen Gerichten der

Grundsatz der Staatenimmunität entgegensteht (BGHZ 209/3, 191 Rn 11 ff = IPRax 2017, 344, OLG Schleswig IPRax 2017, 386 und OLG Köln IPRax 2017, 378, jeweils mAnm Geimer 344; OLG Oldenburg RIW 2016, 459 mAnm Müller).

Soweit staatliche Stellen **Dienstleistungen** anbieten, kommt es maßgeblich darauf an, ob sie sich hoheitlicher Gestaltungsformen (zB Verwaltungsakt, öffentlich-rechtlicher Vertrag) bedienen oder auf der Ebene der Gleichordnung (Schuld-)Verträge mit Privatpersonen abschließen. Im ersteren Fall liegt regelmäßig eine öffentlich-rechtliche Streitigkeit vor; dies gilt insbesondere dann, wenn die Inanspruchnahme der öffentlichen Leistungen zwingend ist und die Gebührensätze von der Behörde einseitig gegenüber den Benutzern festgesetzt werden (so EuGH Rs 29/76 – *LTU/Eurocontrol*, Slg 1976, 1541 Rn 4; VG Schleswig NJW 1991, 1129 [Baugenehmigungsgebühr]; AG Münster DAR 1995, 165 mAnm Schulte [gemeindliche Parkgebühr]). Im Lichte der EuGH-Entscheidung zur zivilrechtlichen Qualifikation der Lehrer-Schüler-Beziehung an einem deutschen staatlichen Gymnasium (EuGH Rs C-172/91 – *Sonntag*, Slg 1993 I 1963 Rn 21 ff = IPRax 1994, 37 mAnm Hess 10; BGHZ 123, 268 = IPRax 1994, 118 mAnm Basedow 85 = ZZP 108 [1995] 241 mAnm Haas 219; vgl auch BAG NJW 2013, 2461 = NZA 2013, 1102) kann es auch bei der **Vergabe von öffentlichen Aufträgen** nicht darauf ankommen, ob diese von dem anwendbaren nationalen Recht öffentlich-rechtlich oder privatrechtlich eingeordnet wird (so Schlosser-Bericht Rn 26); entscheiden muss vielmehr auch hier eine verordnungsautonome Qualifikation (unalexKomm/Hausmann [2. Aufl 2020] Brüssel Ia-VO Art 1 Rn 28 ff; offenlassend Kropholler/vHein, EuZPR [9.Aufl 2011] Art 1 Brüssel I-VO Rn 9). Insoweit sind allein *materiell-rechtliche* Kriterien maßgebend; danach gilt die Brüssel Ia-VO, wenn der öffentliche Auftrag in Gestalt eines privatrechtlichen Vertrages vergeben wird (BGE 124 III 436 [440 f]; Rauscher/Mankowski, Brüssel Ia-VO [5. Aufl 2021] Art 1 Rn 37; Schlosser/Hess/Schlosser, EuZPR [5. Aufl 2021] Art 1 Rn 12 für die *„marchés publics"* des französischen Rechts). Zivilsachen sind auch Streitigkeiten über eine Parkgebühr (EuGH Rs C 193/2017 – *Pula Parking*, IPRax 2018, 79 Rn 33 ff) oder über die Forderung von **Mautgebühren** für die Benutzung von Straßen (EuGH Rs C-753/2021 – *Nemzeti* Rn 29 f; BGH NJW 2022, 3644). 18

Unerheblich ist nach Art 1 Abs 1 S 1 Brüssel Ia-VO hingegen die **Art der Gerichtsbarkeit** nach dem autonomen Verfahrensrecht der Mitgliedstaaten (Zöller/Geimer, ZPO [35. Aufl 2024] Art 1 Brüssel Ia-VO Rn 17; unalexKomm/Hausmann [2. Aufl 2020] Brüssel Ia-VO Art 1 Rn 8 ff; dazu Lehmann ZZP Int 9 [2004] 172 [175 f]). Aus diesem Grunde wird etwa die Annahme einer zivilrechtlichen Streitigkeit nicht dadurch ausgeschlossen, dass arbeitsrechtliche Streitigkeiten zwischen den Beschäftigten des öffentlichen Dienstes und ihrem Dienstherrn nach nationalem Verfahrensrecht im Verwaltungsrechtsweg auszutragen sind (LAG München IPRax 1992, 97 mAnm Däubler 82) oder dass Schadensersatz im Adhäsionsverfahren von einem Strafgericht zugesprochen wird (EuGH Rs C-172/91 – *Sonntag*, Slg 1993 I 1963 Rn 16, 19). Ferner werden auch Antragsverfahren erfasst, in denen keine streitige Entscheidung ergeht (BGH ZIP 2020, 219; Thomas/Putzo/Nordmeier, ZPO [46. Aufl 2025] Art 1 Rn 2 aE). 19

Dementsprechend ist die Klage, mit der ein Mitgliedstaat von einer Privatperson die Erfüllung eines privatrechtlichen **Bürgschaftsvertrags** verlangt, auch dann eine Zivil- und Handelssache iSv Art 1 Abs 1 Brüssel Ia-VO, wenn es sich bei der durch die Bürgschaft gesicherten Forderung um eine aus dem Anwendungsbereich der Verordnung ausgeschlossene **Zollschuld** gegenüber dem Gläubiger-Staat handelt. Dies gilt 20 auch dann, wenn der Bürge Verteidigungsmittel geltend machen kann, die eine Prüfung des Bestehens und des Inhalts der Zollschuld erforderlich machen, sofern die vertragliche Rechtsbeziehung zwischen dem Staat und dem Bürgen dem Privatrecht unterliegt und keine Ausübung hoheitlicher Befugnisse durch den Staat darstellt (EuGH Rs C 266-01 – *Préservatrice foncière TIARD*, Slg 2003 I 4867 Rn 15 ff, 37 ff = IPRax 2002, 528 mAnm Geimer 512; OLG Frankfurt IPRspr 1999 Nr 153). Nichts anderes gilt dann, wenn der Bürge die Zollschuld für den Hauptschuldner bereits an die Zollbehörde entrichtet hat und nunmehr aufgrund übergegangenen Rechts der Zollverwaltung im Wege des Regresses gegen den am Bürgschaftsvertrag nicht beteiligten Eigentümer der eingeführten Waren klagt, sofern die Legalzession ihre Grundlage im Zivilrecht hat. Denn Streitigkeiten zwischen Privaten fallen nach Ansicht des EuGH auch dann in den sachlichen Anwendungsbereich der Brüssel Ia-VO, wenn der Klageanspruch seine Grundlage im öffentlichen Recht hat (EuGH Rs C-265/02 – *Frahuil*, Slg 2004 I 1543 Rn 18 ff; Lorenz/Unberath IPRax 2004, 298 [299 f]; Mäsch/Fountoulakis GPR 2005, 98 f; Hess EuZVR § 6 Rn 11; krit unalexKomm/Hausmann [2. Aufl 2020] Brüssel Ia-VO Art 1 Rn 42 ff; Rauscher/Mankowski, Brüssel Ia-VO [5. Aufl 2021] Art 1 Rn 60).

b) Ausgeschlossene Rechtsgebiete

aa) Allgemeines

21 Die Brüssel Ia-VO regelt die internationale Zuständigkeit auch nicht für alle Zivil- und Handelssachen; vielmehr sind nach Art 1 Abs 2 Brüssel Ia-VO Personenstands- und Güterrechtssachen sowie Fragen der Rechts- und Handlungsfähigkeit und der gesetzlichen Vertretung natürlicher Personen (lit a), Insolvenzverfahren (lit b), Fragen der sozialen Sicherheit (lit c), die Schiedsgerichtsbarkeit (lit d), familienrechtliche Unterhaltspflichten (lit e) sowie das gesamte Gebiet des Testaments- und Erbrechts (lit f) aus dem sachlichen Anwendungsbereich der Verordnung ausdrücklich ausgenommen. Auch die Reichweite dieser Ausnahmetatbestände ist *autonom* (EuGH Rs 133/178 – *Gourdain/Nadler*, Slg 1979, 733 Rn 3 = RIW 1979, 273; EuGH Rs C-386/12 – *Schneider*, RIW 2014, 76 Rn 18 f = IPRax 2015, 235 mAnm vHein 198; Kropholler/vHein, EuZPR [9. Aufl 2011] Art 1 Brüssel I-VO Rn 16) und grundsätzlich *eng* (ErwG 10; Geimer/Schütze/Geimer, EuZVR [4. Aufl 2020] Art 1 Rn 49; unalexKomm/Hausmann [2. Aufl 2020] Brüssel Ia-VO Art 1 Rn 54; zust zum Verhältnis Brüssel Ia-VO/EuInsVO EuGH Rs C-292/08 – *German Graphics*, Slg 2010 I 8421 Rn 24 f = IPRax 2010, 355 Rn 24 f mAnm Brinkmann 324) auszulegen. Sie greifen insbesondere nur dann ein, wenn der Gegenstand des Rechtsstreits selbst in eines der ausgeschlossenen Gebiete fällt. **Präjudizialität** genügt hingegen nicht, mag auch die außerhalb des sachlichen Anwendungsbereichs der Verordnung liegende Vorfrage für den Ausgang des anhängigen Verfahrens eine wesentliche Rolle spielen (EuGH Rs C-417/15 – *W Schmidt/C Schnmidt*, NJW 2017, 315 Rn 25 = EuZW 2017, 36 mAnm Klöpfer; EuGH Rs C-185/07 – *Allianz/West Tankers*, Slg 2009 I 658 Rn 26 = NJW 2009, 1655; EuGH Rs 190/89 – *Mark Rich/Impianti*, Slg 1991 I 3855 Rn 26 ff = IPRax 1992, 312 mAnm Haas 292; OLG Stuttgart IPRax 2001, 152; Mankowski JZ 1998, 898 [900]; Kropholler/vHein, EuZPR [9. Aufl 2011] Art 1 Brüssel I-VO Rn 17). Wurde ein Staatsbürger eines Mitgliedstaats von dessen Gerichten für partiell geschäftsunfähig erklärt und unter Betreuung gestellt, so bildet seine Geschäftsfähigkeit nach Ansicht des EuGH in einem Rechtsstreit, in dem dieser Betreute in einem anderen Mitgliedstaat die gerichtliche Genehmigung zum Verkauf eines ihm gehörenden Miteigentumsanteils an einer dort belegenen Immobilie begehrt, nicht eine bloße Vorfrage; vielmehr sei seine nach Art 1 Abs 2 lit a Brüssel Ia-VO aus dem Anwendungsbereich der Verordnung ausgeschlossene „Rechts- und Handlungsfähigkeit" der eigentliche Gegenstand des Rechtsstreits; denn die be-

antragte gerichtliche Genehmigung sei eine unmittelbare Folge seiner mangelnden Geschäftsfähigkeit (EuGH Rs C-386/12 – *Schneider*, RIW 2014, 76 Rn 24 ff).

Mehrere Streitgegenstände eines Verfahrens sind im Hinblick auf Art 1 Abs 2 Brüssel Ia-VO isoliert zu betrachten. Im Falle der *Anspruchskonkurrenz* kann das nach Art 4 ff Brüssel Ia-VO international zuständige Gericht nur über diejenigen Ansprüche entscheiden, die in den sachlichen Anwendungsbereich der Brüssel Ia-VO fallen (unalexKomm/Hausmann [2. Aufl 2020] Brüssel Ia-VO Art 1 Rn 57 f; Rauscher/Mankowski, Brüssel Ia-VO [5. Aufl 2021] Art 1 Rn 74; **aA** Schlosser/Hess/Schlosser, EuZPR [5. Aufl 2021] Art 1 Rn 13). Zu beachten ist freilich, dass zahlreiche der in Art 1 Abs 2 Brüssel Ia-VO ausgeschlossenen Rechtsgebiete zwischenzeitlich ebenfalls durch EU-Verordnungen (zB Brüssel IIa-VO, EuInsVO, EuUntVO, EuErbVO, EuGüVO, EuPartVO) geregelt worden sind, sodass es häufig nicht mehr um die Abgrenzung des sachlichen Anwendungsbereichs der Brüssel Ia-VO gegenüber dem nationalen Recht der Mitgliedstaaten, sondern um die Grenzziehung zwischen den verschiedenen Rechtsakten des Unionsrechts geht (Hess EuZPR [2. Aufl 2021] § 6 Rn 11, 15). 22

bb) Insolvenzrecht

Der Ausschlusstatbestand des Art 1 Abs 2 lit b Brüssel Ia-VO für **Konkurse, Vergleiche und ähnliche Verfahren** gilt nicht nur für entsprechende *Gesamtverfahren*, die seit dem 31. 5. 2005 von der Verordnung (EG) Nr 1346/2000 über Insolvenzverfahren (EuInsVO) vom 29. 5. 2000 (ABl 2000 L 160, 1 ff) erfasst wurden und in ab dem 26. 6. 2017 eröffneten Verfahren von der Verordnung (EU) Nr 848/2015 über Insolvenzverfahren (EuInsVO) vom 20. 5. 2015 (ABl 2015 L 141, 19 ff; Jayme/Hausmann [22. Aufl 2024] Nr 260) erfasst werden, sondern auch für solche *Einzelverfahren*, die sich **unmittelbar aus dem Insolvenzverfahren** ergeben und sich eng innerhalb eines solchen Verfahrens halten (grundlegend EuGH Rs 133/178 – *Gourdain/Nadler*, Slg 1979, 733 Rn 4 f; ebenso zur Brüssel I-VO EuGH Rs C-111/08 – *SCT Industri/Alpenblume*, NZI 2009, 570 Rn 21 mAnm Mankowski; EuGH Rs C-292/08 – *German Graphics*, Slg 2009 I 8421 Rn 26 ff = IPRax 2010, 355 mAnm Brinkmann 324; EuGH Rs C-641/16 – *Tünkers France*, NZI 2018, 45 Rn 19 mAnm Mankowski; EuGH Rs C-535/17 – *NK-BGB/BNP Paribas Fortis NV*, NJW 2019, 1791 Rn 26; EuGH Rs C.-994/22 – *Oilchart*, ZIP 2024, 2830 Rn 34 f; ausf dazu unalexKomm/Hausmann [2. Aufl 2020] Brüssel Ia-VO Art 1 Rn 89 ff). Dabei gilt der Grundsatz, dass die Brüssel Ia-VO auch im Verhältnis zur EuInsVO 2015 tendenziell *weit* auszulegen ist, während der Begriff der Insolvenzsachen in der EuInsVO eher eng verstanden wird (EuGH Rs C-292/08 – *German Graphics* Slg 2010 I 8421 Rn 23 ff; EuGH Rs C-157/13 – *Nickel & Goeldner*, RIW 2014, 673 Rn 22; EuGH Rs C-649/13 – *Comité d'entreprise de Nortel Networks/Rogeau ua*, NZI 2015, 663 Rn 27 mAnm Fehrenbach; EuGH Rs C-535/17 – *NK-BGB/BNP Paribas Fortis NV*, NJW 2019, 1791 Rn 25; dazu Hübler NZI 2019, 155; BGH ZIP 2021, 1514 Rn 21). 23

Eine Klage ist daher nur dann eine Konkurssache, wenn die beiden vorgenannten Voraussetzungen der Gourdain-Formel kumulativ vorliegen und jede von ihnen bei getrennter Prüfung positiv zu beantworten ist (EuGH Rs C-213/10 – *F-Tex*, EuZW 2012, 427 Rn 28, 30 mAnm Sujecki). Danach ist **jede Regelungslücke oder Überschneidung zwischen der Brüssel Ia-VO einerseits und den Insolvenzverordnungen andererseits zu vermeiden** (EuGH Rs C-994/22 – *Oilchart*, ZIP 2024, 2830 Rn 32; EuGH Rs C-47/18 – *Riel*, EuZW 2019, 879 Rn 33; EuGH Rs C-535/17 – *NK-BGB/BNP Paribas Fortis NV*, NJW 2019, 1791 Rn 24; EuGH Rs C-337/17, NZI 2019, 134 Rn 30 – *Feniks*; EuGH Rs C-157/13 – *Nickel & Goeldner*, RIW 2014, 673 Rn 21; dazu Thole IPRax 2015, 386 und Mankowski NZI 2014, 919; BGH ZIP 2021, 1514 24

Rn 21; KG ZIP 2021, 308; WIECZOREK/SCHÜTZE/SCHULZE, ZPO [4. Aufl 2015] Art 1 Rn 72 f; THOMAS/PUTZO/NORDMEIER, ZPO [46. Aufl 2025] Art 1 Rn 14). Dementsprechend sind die von den Insolvenzverordnungen erfassten Klagen aus dem Anwendungsbereich der Brüssel Ia-VO ausgenommen, während alle anderen Klagen unter die letztere fallen, auch wenn ein gewisser Bezug zur Insolvenz einer Partei des Verfahrens besteht. Aus der Brüssel Ia-VO ausgeschlossen sind danach also nur solche Streitigkeiten, die mit dem gleichen Verfahrensziel ohne die Insolvenzeröffnung nicht entstehen könnten und die unmittelbar der Verwirklichung des Insolvenzverfahrens dienen (EuGH Rs C-994/22 – *Oilchart*, ZIP 2024, 2830 Rn 34; EuGH Rs C-649/13 – *Comité d'entreprise de Nortel Networks/Rogeau ua*, NZI 2015, 663 Rn 27 mAnm FEHRENBACH; dazu THOMALE IPRax 2016, 558; EuGH Rs C-641/16 – *Tünkers France*, NZI 2018, 45 Rn 17 mAnm MANKOWSKI; EuGH Rs C-649/16 – *Valach/Waldviertler Sparkasse*, NJW 2018, 843 Rn 24 f = NZI 2018, 232 mAnm MANKOWSKI; EuGH Rs C-47/18 – *Riel*, NZI 2019, 861 Rn 33 f mAnm MANKOWSKI).

25 Zur Beantwortung der Frage, ob ein Anspruch unter den Ausnahmetatbestand des Art 1 Abs 2 lit b Brüssel Ia-VO fällt, ist allein die rechtliche Einordnung des **Hauptanspruchs** entscheidend; auf von diesem abhängige oder zu diesem alternative Ansprüche kommt es nicht an. Ebenso wenig schließt das Erfordernis, insolvenzrechtliche Vorfragen beantworten zu müssen, die Anwendung der Brüssel Ia-VO schon aus. Das ausschlaggebende Kriterium zur Bestimmung des Gebiets, dem eine Klage zuzurechnen ist, stellt nach Ansicht des EuGH nicht der prozessuale Kontext dar, in dem diese Klage steht, sondern deren **Rechtsgrundlage**. Nach diesem Ansatz ist also zu prüfen, ob der Anspruch oder die Verpflichtung, die der Klage als Grundlage dient, den allgemeinen Regelungen des Zivil- und Handelsrechts entspringt oder aber den abweichenden Spezialregelungen für Insolvenzverfahren (EuGH Rs C-994/22 – *Oilchart*, ZIP 2024, 2830 Rn 37; EuGH Rs C-535/17 – *NK-BGB/BNP Paribas Fortis NV*, NJW 2019, 1791 Rn 28; EuGH Rs C-47/18 – *Riel*, NZI 2019, 861 Rn 36 mAnm MANKOWSKI; EuGH Rs C-641/16 – *Tünkers France*, NZI 2018, 45 Rn 23; EuGH Rs C-649/16 – *Valach/Waldviertler Sparkasse ua*, NJW 2018, 843 Rn 29; EuGH Rs C-649/13 – *Comité d'entreprise de Nortel Networks/Rogeau ua*, NZI 2015, 663 Rn 28; dazu THOMALE IPRax 2016, 558; EuGH Rs C-157/13 – *Nickel & Goeldner*, RIW 2014, 673 Rn 27; dazu THOLE IPRax 2015, 417; BGH ZIP 2021, 1514 Rn 23). Damit ist jedoch nicht gemeint, dass die Rechtsgrundlage der Klage im Insolvenzrecht geregelt sein müsste oder zwingend die förmliche Eröffnung eines Insolvenzverfahrens voraussetzt. Es genügt vielmehr auch, wenn nur die materielle Zahlungsunfähigkeit des Schuldners vorausgesetzt wird und die Rechtsgrundlage der Klage aus diesem Grunde von den allgemeinen Regeln des Zivil- und Handelsrechts abweicht (EuGH Rs C-295/13 – *H/HK*, EuZW 2015, 141 Rn 22 mAnm KINDLER). Eine bloße wirtschaftliche Verknüpfung der Klage mit dem Insolvenzverfahren reicht hingegen für die Anwendung von Art 1 Abs 2 lit b Brüssel Ia-VO nicht aus (BGH ZIP 2021, 1514 Rn 26).

26 Als insolvenzrechtlich zu qualifizieren sind vor allem die in Art 7 EuInsVO aufgezählten Materien. Dies trifft insbesondere auf die **Insolvenzanfechtungsklage** nach §§ 129 ff InsO zu, die deshalb nach Art 3 Abs 1 EuInsVO 2000 vor den Gerichten des Eröffnungsstaates zu erheben war (EuGH Rs C-339/07 – *Seagon*, Slg 2009 I 767 Rn 15 ff = IPRax 2009, 513 m krit Anm FEHRENBACH 492; BGH WM 2015, 2058 Rn 15; OLG Frankfurt ZIP 2013, 277; OLG Köln NZI 2012, 52 mAnm MANKOWSKI; REITHMANN/MARTINY/HAUSMANN, IVR [9. Aufl 2021] Rn 6.723 ff; RAUSCHER/MANKOWSKI, Brüssel Ia-VO [5. Aufl 2021] Art 1 Rn 119 mwNw; **aA** noch OLG Frankfurt ZIP 2006, 769 [770 ff] m zust Anm THOLE 1383). Diese Rechtsprechung hat der europäische Gesetzgeber inzwischen in Art 6 Abs 1 EuInsVO 2015 kodifiziert. Den Ausschluss der Insolvenzanfechtung aus dem Anwendungsbereich der Brüssel Ia-VO beschränkt der EuGH allerdings auf Anfechtungsklagen des Insolvenzverwalters selbst. Tritt dieser sein Recht zur Insolvenzanfechtung wirksam an einen Dritten ab und macht der **Zessionar** daraufhin von dem erworbenen Anfechtungsrecht gegenüber einem Gläubiger der insolventen Gesellschaft Gebrauch, so steht eine solche Klage nach Ansicht des Gerichtshofs nicht mehr in dem erforderlichen hinreichend engen Zusammenhang mit dem Insolvenzverfahren (EuGH Rs C-213/10 – *F-Tex*, EuZW 2012, 427 Rn 30 ff mAnm Sujecki; BGH WM 2015, 2058 Rn 16).

Der Ausschlusstatbestand des Art 1 Abs 2 lit b Brüssel Ia-VO greift jedoch keineswegs schon deshalb ein, weil der Insolvenzverwalter als Kläger am Verfahren beteiligt ist. Deshalb fallen (Aktiv-)Klagen des Insolvenzverwalters zur **Durchsetzung von Forderungen aus Schuldverträgen**, die der Schuldner bereits **vor Insolvenzeröffnung** geschlossen hatte – wie zB Klagen auf Zahlung für vom Schuldner erbrachte Lieferungen oder Dienstleistungen – ohne weiteres in den Anwendungsbereich der Brüssel Ia-VO (EuGH Rs C-198/18 – *CeDe Group*, NJW 2019, 1791 Rn 29 = RIW 2020, 34 [Kaufvertrag]; EuGH Rs C-157/13 – *Nickel & Goeldner Spedition*, RIW 2014, 673 Rn 28 ff = NZI 2014, 919 mAnm Mankowski = IPRax 2015, 417 mAnm Thole 396 [Beförderungsvertrag]; BGH ZIP 2021, 1514 Rn 29 [Patronatserklärung]; BGH RIW 2015, 839 mAnm Arts = NZI 2015, 1033 mAnm Mankowski [Kaufvertrag]; KG ZIP 2021, 308; ferner OLG Koblenz NZG 2001, 759 mAnm C Schwarz; OLG Düsseldorf ZIP 1993, 1019; OLG Jena ZIP 1998, 1996; M Stürner IPRax 2005, 426; Rauscher/Mankowski, Brüssel Ia-VO [5. Aufl 2021] Art 1 Rn 129 ff; unalexKomm/Hausmann [2. Aufl 2020] Brüssel Ia-VOArt 1 Rn 103 ff, jeweils mwNw). Dies gilt sogar dann, wenn das zuständige Gericht übersehen hat, dass zuvor in einem anderen Mitgliedstaat über das Vermögen der beklagten Gesellschaft bereits ein Insolvenzverfahren eröffnet und die streitgegenständliche Forderung dort als Insolvenzforderung angemeldet worden ist (EuGH Rs C-994/22 – *Oilchart*, ZIP 2024, 2830 Rn 42 ff). Ebenso ist zu entscheiden, wenn der Insolvenzverwalter von Gläubigern aus solchen Verträgen in Anspruch genommen wird (vgl zur Kündigungsschutzklage eines Arbeitnehmers gegen den Insolvenzverwalter über das Vermögen des Arbeitgebers BAG ZinsO 2013, 1366 Rn 22; Cass 28. 10. 2015, unalex FR-2439; ferner unalexKomm/Hausmann [2. Aufl 2020] Brüssel Ia-VO Art 1 Rn 109 ff mwNw). Ferner sind auch Klagen aus Verträgen, die der Insolvenzverwalter erst *nach* Eröffnung des Insolvenzverfahrens – zB in Fortführung des überschuldeten Unternehmens – neu abschließt, nicht nach Art 1 Abs 2 lit b Brüssel Ia-VO aus dem Anwendungsbereich der Verordnung ausgeschlossen (frz Cass com Rev crit 1993, 67 mAnm Rémery; frz Cass com Rev crit 2005, 489 mAnm Bureau; Kropholler/vHein, EuZPR [9. Aufl 2011] Art 1 Brüssel I-VO Rn 37; **aA** OLG Zweibrücken EWS 1993, 264 mAnm K Schmidt 388). Gleiches gilt, wenn es sich bei dem eingeklagten vertraglichen Anspruch um eine **Masseforderung** handelt (BGH NJW 1996, 3008; Geimer/Schütze/Geimer, EuZVR [4. Aufl 2020] Art 1 Rn 131; MünchKommZPO/Gottwald Art 1 Rn 23). Die bloße Beteiligung eines Insolvenzverwalters auf einer Seite des Rechtsstreits reicht mithin zur Erfüllung des Ausschlusstatbestands in Art 1 Abs 2 lit b Brüssel Ia-VO keinesfalls aus. Dieser erfasst daher auch nicht eine auf einen **Eigentumsvorbehalt** gestützte Aussonderungsklage des Verkäufers gegen einen in Konkurs gefallenen Käufer, wenn sich die vom Eigentumsvorbehalt erfasste Sache zum Zeitpunkt der Eröffnung des Insolvenzverfahrens über das Vermögen des Käufers im Mitgliedstaat der Verfahrenseröffnung befindet (EuGH Rs C-292/08 – *German Graphics*, IPRax 2010, 355 Rn 32 ff mAnm Brinkmann 324). **27**

cc) Schiedsgerichtsbarkeit

28 Trotz zahlreicher Reformvorschläge (vgl zur Reformdiskussion Rauscher/Mankowski, Brüssel Ia-VO [5. Aufl 2021] Art 1 Rn 162 ff) hat der europäische Gesetzgeber die Bereichsausnahme zugunsten der **Schiedsgerichtsbarkeit** in Art 1 Abs 2 lit d Brüssel Ia-VO im Zuge der Reform nicht geändert, sondern lediglich in Erwägungsgrund 12 einige Klarstellungen vorgenommen. Der Begriff der Schiedsgerichtsbarkeit wird in diesem Zusammenhang tendenziell *weit* ausgelegt. Aus dem Anwendungsbereich der Verordnung ausgeschlossen sind daher nicht nur Verfahren vor Schiedsgerichten, sondern auch solche vor staatlichen Gerichten, soweit sie einem Schiedsverfahren dienen, ein Schiedsgericht unterstützen oder seine Funktionsfähigkeit herstellen sollen (EuGH Rs C-700/20 – *London Steam-Ship Owners,* VersR 2022, 1321 Rn 44; BGH EuZW 2009, 308; Rauscher/Mankowski, Brüssel Ia-VO [5. Aufl 2021] Art 1 Rn 181 ff; Kropholler/vHein, EuZPR [10. Aufl 2020] Art 1 Rn 47). Dies gilt etwa für die Benennung oder Abberufung von Schiedsrichtern durch staatliche Gerichte (vgl ErwG 12 Abs 4 zur Brüssel Ia-VO). Der Ausschluss nach Art 1 Abs 2 lit d Brüssel Ia-VO gilt ferner für Verfahren über Anträge auf Aufhebung, Änderung, Anerkennung oder Vollstreckung von Schiedssprüchen (ErwG 12 Abs 4; Schlosser-Bericht Rn 64 f; unalexKomm/Hausmann [2. Aufl 2020] Art 1 Rn 138, 143 f mwNw) sowie für die Anerkennung und Vollstreckung von Urteilen staatlicher Gerichte, die entsprechend einem Schiedsspruch ergangen sind (EuGH Rs C-700/20 – *London Steam-Ship Owners,* RIW 2022, 514 = ZEuP 2023, 673 Rn 45 mAnm Solomon) er gilt hingegen nicht für einstweilige Maßnahmen, die lediglich der Sicherung eines Anspruchs dienen, auch wenn über den Bestand dieses Anspruchs in der Hauptsache in einem Schiedsverfahren zu entscheiden ist (BGH EuZW 2009, 308 [309]; OLG München RIW 2000, 469 [465]; Rauscher/Mankowski, Brüssel Ia-VO [5. Aufl 2021] Art 1 Rn 185; vgl auch EuGH Rs C-391/95 – *van Uden,* EuZW 1999, 413 Rn 34 mAnm Schlosser IPRax 2009, 416; öst OGH IPRax 2003, 64 mAnm Reiner 74).

29 Aber auch dann, wenn über die (Un-)Gültigkeit einer **Schiedsvereinbarung als Hauptfrage** vor einem staatlichen Gericht – zB in einem hierauf gerichteten Feststellungsverfahren – gestritten wird, greift der Ausschluss nach Art 1 Abs 2 lit d Brüssel Ia-VO ein (Thomas/Putzo/Nordmeier, ZPO [46. Aufl 2025] Art 1 Brüssel Ia-VO Rn 17; Zöller/Geimer, ZPO [35. Aufl 2024] Art 1 Rn 70; Rauscher/Mankowski, Brüssel Ia-VO [5. Aufl 2021] Art 1 Rn 139, jeweils mwNw). Hingegen sind die staatlichen Gerichte der Mitgliedstaaten durch die Vorschrift nicht daran gehindert, im Rahmen der Prüfung ihrer internationalen Zuständigkeit *incidenter* über die Wirksamkeit einer Schiedsvereinbarung zu entscheiden weil diese Entscheidung dann nur eine **Vorfrage** in dem Rechtsstreit betrifft (EuGH Rs 190/89 – *Mark Rich/Impianti,* Slg 1991 I 3855 Rn 26 ff = IPRax 1992, 312 mAnm Haas 292; OLG Hamburg RIW 1996, 862; Rauscher/Mankowski, Brüssel Ia-VO [5. Aufl 2021] Art 1 Rn 211; unalexKomm/Hausmann [2. Aufl 2020] Brüssel Ia-VO Art 1 Rn 141 mwNw). An dieser Prüfung können sie auch nicht durch eine **„anti-suit-injunction"** des Gerichts eines anderen Mitgliedstaats gehindert werden, mit der einer Partei die Einleitung oder Fortführung des Verfahrens vor dem staatlichen Gericht mit der Begründung verboten wird, dieses Verfahren verstoße gegen eine Schiedsvereinbarung (EuGH Rs C-185/07 – *Allianz/West Tankers,* NJW 2009, 1655 Rn 26 ff mAnm Lehmann 1645 = IPRax 2009, 336 m zust Anm Illmer 312 = EuZW 2009, 215 mAnm Schroeder). Hat das Gericht eines Mitgliedstaats eine Schiedsvereinbarung übersehen oder für hinfällig, unwirksam oder nicht erfüllbar gehalten und in der Hauptsache selbst entschieden, so darf der Hauptsacheentscheidung allein aus diesem Grunde auch die Anerkennung in den übrigen Mitgliedstaaten nicht versagt werden (ErwG 12 Abs 3

S 1; MünchKommZPO/GOTTWALD Art 1 Rn 35; RAUSCHER/MANKOWSKI, Brüssel Ia-VO [5. Aufl 2021] Art 1 Rn 218 ff; näher zu Schiedsvereinbarungen Rn 545 ff). Die Gerichte im Zweitstaat sind allerdings an die Entscheidung über die Unwirksamkeit der Schiedsvereinbarung nicht gebunden (ErwG 12 Abs 2).

2. Zeitlicher Anwendungsbereich*

Für die Frage, ab wann die Brüssel Ia-VO die Brüssel I-VO bzw das neue Luganer Übk vom 30. 10. 2007 das Vorläufer-Übereinkommen vom 16. 9. 1988 verdrängt, kommt es nach Art 66 Abs 1 Brüssel Ia-VO/LugÜ nicht auf den Zeitpunkt des Vertragsschlusses, sondern auf den **Zeitpunkt der Klageerhebung** an (BGH EuZW 2009, 26 Rn 5). Die Vorschriften des II. Kapitels der Brüssel Ia-VO über die internationale Zuständigkeit gelten daher vor deutschen Gerichten nur für solche Klagen, die **am 10. 1. 2015 oder danach** erhoben wurden; für zuvor erhobene Klagen bleibt es nach Art 66 Abs 2 Brüssel Ia-VO bei der Geltung der Brüssel I-VO (vgl ErwG 34; EuGH Rs C-379/17 – *Società Immobiliare Al Bosco Srl*, NJW 2019, 581 Rn 22; BGH NJW-RR 2017 Rn 23; BGH NJW 2018, 3254 Rn 9; BGH NJW 2019, 2780 Rn 16; BAGE 160, 364 = NZA 2018, 440 Rn 23). Entsprechend gilt das LugÜ 2007 im Verhältnis zu Norwegen und der Schweiz nur für Verfahren, die ab dem 1. 1. 2010 bzw dem 1. 1. 2011 eingeleitet wurden. Der Zeitpunkt der Klageerhebung war auch in denjenigen Mitgliedstaaten, die der EU erst zum 1. 5. 2004 (dazu OLG Dresden EuLF 2007 II 117 [119]) oder später beigetreten sind, dafür maßgeblich, ob die Zuständigkeitsvorschriften der Brüssel I-VO oder jene des nationalen Prozessrechts anzuwenden waren. Ein nach dem – zur Zeit der Klageerhebung noch geltenden – autonomen Verfahrensrecht vorliegender Mangel der internationalen Zuständigkeit wird nicht dadurch geheilt, dass die Brüssel Ia-VO im Laufe des Verfahrens für den betreffenden Staat in Kraft getreten ist (vgl zum EuGVÜ BGHZ 116, 77 [80] = IPRax 1992, 377 mAnm HESS 358; BGH WM 1997, 980; zum LugÜ BGE 119 II 391 [393] = SZIER 1995, 39 mAnm SCHWANDER; öst OGH RIW 1998, 637 [638] mAnm SEIDL-HOHENFELDERN); eine Ausnahme gilt allerdings für Gerichtsstandsvereinbarungen nach Art 25 Brüssel Ia-VO (dazu Rn 389 f). 30

Der **Zeitpunkt**, zu dem die Klage iSd Art 66 Abs 1 Brüssel Ia-VO als erhoben gilt, wird in der Verordnung nicht ausdrücklich bestimmt. Maßgebend ist daher nach bisher verbreiteter Ansicht das autonome Prozessrecht der jeweiligen *lex fori* (so zum EuGVÜ EuGH Rs C-129/83 – *Zelger/Salinitri*, Slg 1984, 2397 Rn 15 = RIW 1984, 737 mAnm LINKE; BGHZ 132, 105 [107]; ebenso OLG Düsseldorf RIW 2006, 633; OLG Hamm OLGR 2006, 206; OLG Düsseldorf IHR 2004, 108 Rn 18 ff mAnm HERBER 117; RAUSCHER/STAUDINGER, Brüssel Ia-VO [5. Aufl 2021] Art 66 Rn 2; unalexKomm/BORRÀS/SPEGELE Brüssel I-VO Art 66 Rn 10 mwNw). Nach deutschem Recht käme es danach auf den Zeitpunkt an, zu dem die Klageschrift dem Beklagten zugestellt (§ 253 Abs 1 ZPO) bzw die Rechtshängigkeit der Klage nach §§ 696 Abs 3, 700 Abs 2 ZPO fingiert wird (so OLG Düsseldorf RIW 2006, 633; ebenso zum EuGVÜ BGHZ 132, 105 [107] = NJW 1996, 1411; zum LugÜ 1988 OLG Koblenz NJW-RR 1997, 638; OLG Brandenburg RIW 1997, 429; LG München I NJW 1996, 401 = IPRax 31

* **Schrifttum**: BECKER/K MÜLLER, Intertemporale Urteilsanerkennung und Art 66 EuGVO, IPRax 2006, 432; HESS, Die intertemporale Anwendung des europäischen Zivilprozessrechts in den EU-Beitrittsstaaten, IPRax 2004, 374; LUCCHINI, Questioni di diritto intertemporale nella convenzione di Lugano del 16 settembre 1988, Riv dir int priv proc 1996, 67; WAGNER, Zum zeitlichen Anwendungsbereich des Lugano-Übereinkommens, ZIP 1994, 82.

1996, 266 mit Anm TRUNK 249). Vorzuziehen ist demgegenüber eine **analoge Anwendung von Art 32 Brüssel Ia-VO** auch im Rahmen von Art 66 Brüssel Ia-VO, obwohl diese Vorschrift ausdrücklich nur für die Zwecke des 9. Abschnitts über die Rechtshängigkeit und im Zusammenhang stehende Verfahren gilt (so zu Art 66 Brüssel I-VO schon BGH NJW 2013, 2597 mAnm HAU FamRZ 2013, 1116; BGH WM 2006, 151; BGH NJW 2004, 1652, 1653; OLG Frankfurt OLGR 2005, 507; öst OGH ZfRvgl 2004, 32, 33; LG Berlin IPRax 2005, 261 [LS] mAnm JAYME; LG Bonn IPRax 2003, 543; SUJECKI EuZW 2012, 288; HESS IPRax 2004, 374 [375]; ebenso zu Art 66 Brüssel Ia-VO SCHLOSSER/HESS/SCHLOSSER, EuZPR [5. Aufl 2021] Art 66 Rn 2; GEIMER/SCHÜTZE/GEIMER, EuZVR [4. Aufl 2020] Art 66 Rn 2; MünchKommZPO/GOTTWALD Art 66 Rn 2; THOMAS/PUTZO/NORDMEIER, ZPO [46. Aufl 2025] Art 66 Rn 2; **aA** Hk-ZPO/DÖRNER [10. Aufl 2023] Art 66 Rn 2; offenlassend BGH NJW-RR 2018, 290 Rn 9).

3. Räumlicher Anwendungsbereich

32 In räumlicher Hinsicht galt die Brüssel I-VO gemäß Art 249 Abs 2 EG seit dem 1. 3. 2002 für die 15 Altmitgliedstaaten mit Ausnahme Dänemarks (Art 1 Abs 3 Brüssel Ia-VO), seit dem 1. 5. 2004 für die 10 Neumitgliedstaaten Mittel- und Osteuropas (Estland, Lettland, Litauen, Malta, Polen, Slowakei, Slowenien, Tschechien, Ungarn und Zypern), seit dem 1. 1. 2007 für Bulgarien und Rumänien und seit dem 1. 7. 2013 für Kroatien. Ab dem 10. 1. 2015 ist sie in all diesen Mitgliedstaaten durch die Brüssel Ia-VO abgelöst worden.

33 Der räumliche Anwendungsbereich des primären Unionsrechts und der hierauf gestützten Akte des sekundären Unionsrechts beurteilt sich nach Art 52 EUV und Art 355 AEUV (dazu unalexKomm/HAUSMANN [2. Aufl 2020] Brüssel Ia-VO Einl Rn 63 ff). Die **Hoheitsgebiete der Mitgliedstaaten** sind daher anhand der jeweiligen Verfassung sowie nach allgemeinen völkerrechtlichen Grundsätzen zu ermitteln. Nach Art 349, 355 Abs 1 AEUV gilt die Brüssel Ia-VO etwa für die französischen überseeischen Départements und Gebiete (Guadeloupe, Französisch-Guayana, Martinique, Réunion, Saint Barthélemy und Saint Martin), für die portugiesischen Inseln Madeira und Azoren, sowie für die zu Spanien gehörenden Kanarischen Inseln (unalexKomm/HAUSMANN [2. Aufl 2020] Brüssel Ia-VO Einl Rn 65 f mwNw). Sie galt hingegen schon vor dem Brexit nicht für die britischen Überseegebiete (BGH NJW 2017, 564 Rn 17 [Cayman-Inseln]; öst OGH 23. 3. 2014 [Virgin Islands]; OLG München NJOZ 2023, 1303 [Jungferninseln]). Besonderheiten ergeben sich für bestimmte europäische Hoheitsgebiete; danach gilt die Brüssel Ia-VO etwa für Gibraltar (RAUSCHER/STAUDINGER, Brüssel Ia-VO [5. Aufl 2021] Einl Rn 16; KROPHOLLER/vHEIN, EuZPR [9. Aufl 2011] Einl Brüssel I-VO Rn 52), nicht hingegen für Andorra, Monaco (BGH NJW 2011, 2518 Rn 6; Högsta domstolen 15. 7. 2016, unalex SE-91) und San Marino (KROPHOLLER/vHEIN, EuZPR [9. Aufl 2011] Einl Brüssel I-VO Rn 53). Vom Geltungsbereich ausgenommen waren ferner schon vor dem Brexit nach Art 355 Abs 5 AEUV die britischen Kanal-Inseln (Guernsey, Jersey, Alderney, Sark), die Isle of Man (RAUSCHER/STAUDINGER, Brüssel Ia-VO [5. Aufl 2021] Einl Rn 18), sowie die britischen Hoheitsgebiete auf Zypern. Im Verhältnis zum niederländischen Aruba gilt weiter das EuGVÜ (RAUSCHER/STAUDINGER, Brüssel Ia-VO [5. Aufl 2021] Einl Rn 17).

4. Persönlicher Anwendungsbereich*

Anders als für den sachlichen und den zeitlichen Anwendungsbereich fehlt in der Brüssel Ia-VO – ebenso wie schon in der Brüssel I-VO und im LugÜ 2007 – eine eindeutige Regelung über den persönlichen Anwendungsbereich. Dieser lässt sich daher für die Zwecke der internationalen Zuständigkeit nur aus den einzelnen Gerichtsstandsregeln unter Berücksichtigung der Entstehungsgeschichte und der Zielsetzung der Verordnung bestimmen. 34

a) Grundsatz

Aus Art 4 Abs 1 und Art 6 Abs 1 Brüssel Ia-VO ist der Grundsatz zu entnehmen, dass die Anwendung der Zuständigkeitsnormen der Verordnung davon abhängt, dass der **Beklagte seinen Wohnsitz** (Art 62 Brüssel Ia-VO; dazu Rn 50 ff) **in einem Mitgliedstaat** hat; bei Gesellschaften und juristischen Personen entscheidet der Sitz (Art 63 Brüssel Ia-VO; dazu Rn 54 ff). Auf die Staatsangehörigkeit der Parteien sowie auf den Wohnsitz des Klägers kommt es nicht an. Das Kapitel II der Verordnung (Art 4–35 Brüssel Ia-VO) findet also grundsätzlich auch dann Anwendung, wenn der *Kläger* in einem Drittstaat ansässig ist (EuGH Rs C-412/98 – *Group Josi/UGIC*, Slg 2000 I 5925 Rn 33 ff, 59 ff = NJW 2000, 3121 = EuLF 2000, 49 m zust Anm Geimer = IPRax 2000, 520 mAnm Staudinger 483; BGH GRUR Int 2011, 544 Rn 8 und GRUR-RR 2013, 228 Rn 10; frz Cass 8. 10. 2014, unalex FR-2393; Rauscher/Mankowski, Brüssel Ia-VO [5. Aufl 2021] Vor Art 4 Rn 27). Der Wohnsitz bzw Sitz des Beklagten in einem Mitgliedstaat ist also das zentrale Anknüpfungsmerkmal für die Anwendbarkeit der europäischen Zuständigkeitsordnung (Zöller/Geimer, ZPO [35. Aufl 2024] Art 4 Rn 12; vgl auch ErwG 13 zur Brüssel Ia-VO). Fehlt es an einem Wohnsitz des Beklagten in einem Mitgliedstaat, so beurteilt das angerufene Gericht seine internationale Zuständigkeit gemäß Art 6 Abs 1 Brüssel Ia-VO – vorbehaltlich der nachfolgend behandelten Ausnahmen – nach seinem nationalen Prozessrecht (EuGH Rs C-274/16 ua – *flightright*, NJW 2018, 2105 Rn 51 ff; BGH EuLF 2007 II 78 mAnm Calabresi-Scholz = IPRax 2008, 128 mAnm Staudinger 107; OLG Schleswig BeckRS 2025, 3155 Rn 45; s aber auch Rn 51 aE). 35

---

* **Schrifttum**: Aull, Der Geltungsanspruch des EuGVÜ: „Binnen-Sachverhalte" und Internationales Zivilverfahrensrecht in der Europäischen Union (1996); Benecke, Die teleologische Reduktion des räumlich-persönlichen Anwendungsbereichs von Art 2 ff und Art 17 EuGVÜ (1993); Bernasconi/Gerber, Der räumlich-persönliche Anwendungsbereich des Luganer Übereinkommens, Szier 1993, 39; Coester-Waltjen, Die Bedeutung des EuGVÜ und des LugÜ für Drittstaaten, in: FS Nakamura (1996) 89; Gaudemet-Tallon, Les frontières extérieures de l'espace judiciaire européen: quelques répères, in: FS Droz (1996) 85; Gebauer, Drittstaaten- und Gemeinschaftsbezug im europäischen Recht der internationalen Zuständigkeit, ZEuP 2001, 943; Geimer, Ungeschriebene Anwendungsgrenzen des EuGVÜ: Müssen Berührungspunkte zu mehreren Vertragsstaaten bestehen?, IPRax 1991, 31; Grolimund, Drittstaatenproblematik des Europäischen Zivilverfahrensrechts (2000); Heinze/Dutta, Ungeschriebene Grenzen für europäische Zuständigkeiten bei Sachverhalten mit Drittstaatenbezug, IPRax 2005, 224; Okur, Unechte Inlandsfälle unter der Brüssel Ia-VO, ZVglRWiss 124 (2025) 330; Wagner, Zum „Auslandsbezug" in der EuGH-Rechtsprechung zur EuGVVO, EuZW 2025, 65.

b) **Ausnahmen**

36 Während die Anwendung der Art 4, 7 und 8 Brüssel Ia-VO stets davon abhängt, dass der Beklagte seinen Wohnsitz bzw Sitz in einem Mitgliedstaat der Verordnung hat, schränken die nachfolgenden Abschnitte diesen Grundsatz zum Teil ein. So wird der Anwendungsbereich der Zuständigkeitsregeln für **Versicherungs- und Verbrauchersachen** aus Gründen des Schutzes der schwächeren Vertragspartei erweitert. Nach Art 11 Abs 2 bzw Art 17 Abs 2 Brüssel Ia-VO reicht es nämlich aus, dass der Versicherer oder der Vertragspartner des Verbrauchers im Hoheitsgebiet eines Mitgliedstaats lediglich eine *Niederlassung* unterhält, sofern die Klage einen hinreichenden Bezug zu dieser Niederlassung aufweist (dazu näher Rn 180, 242 ff); ferner begründet Art 18 Abs 1 Alt 2 Brüssel Ia-VO nunmehr einen Klägergerichtsstand am Wohnsitz des Verbrauchers „ohne Rücksicht auf den Wohnsitz des anderen Vertragspartners“, dh auch dann, wenn letzterer seinen Wohnsitz in einem Drittstaat hat. Eine entsprechende Erweiterung des Anwendungsbereichs sieht die Brüssel Ia-VO in Art 21 Abs 2 auch für **arbeitsrechtliche Streitigkeiten** vor (dazu Rn 258). Diese Gerichtsstände werden in Art 6 Abs 1 Brüssel Ia-VO ausdrücklich vorbehalten. Dieser Vorbehalt schließt die Berufung auf das autonome Zuständigkeitsrecht des Gerichtsstaats auch dann aus, wenn dieses den Verbraucher oder Arbeitnehmer noch stärker begünstigt (EuGH Rs C-604/20 – *ROI Land Investments Ltd/FD*, EuZW 2022, 1061 Rn 46).

37 Auch der Katalog der **ausschließlichen Zuständigkeiten** des Art 24 Brüssel Ia-VO gilt – wie der Einleitungssatz („Ohne Rücksicht auf den Wohnsitz sind ausschließlich zuständig ...“) und der Vorbehalt in Art 6 Abs 1 Brüssel Ia-VO zeigen – unabhängig davon, ob der Beklagte im räumlichen Anwendungsbereich der Verordnung wohnt; maßgebend ist vielmehr, dass die in Art 24 Brüssel Ia-VO genannten Zuständigkeitskriterien (zB die Belegenheit des Grundstücks in Nr 1 oder der Sitz der Gesellschaft in Nr 2) in einem Mitgliedstaat verwirklicht sind (Zöller/Geimer, ZPO [35. Aufl 2024] Art 4 Rn 17; Rauscher/Mankowski, Brüssel Ia-VO [5. Aufl 2021] Art 24 Rn 7; dazu näher Rn 63). Während die Vorschriften über die **Zuständigkeitsvereinbarungen** nach Art 23 Abs 1 Brüssel I-VO nur dann zur Anwendung kamen, wenn zumindest eine Partei ihren Wohnsitz bzw Sitz in einem Mitgliedstaat hatte (unalexKomm/Hausmann Brüssel I-VO Art 23 Rn 32 ff mwNw), verzichtet Art 25 Abs 1 Brüssel Ia-VO vollständig auf dieses Wohnsitzerfordernis und lässt es genügen, dass nur die Zuständigkeit eines mitgliedstaatlichen Gerichts vereinbart wird (Rn 378 ff). Für diesen Fall ist die Gerichtsstandsvereinbarung wegen des Vorbehalts in Art 6 Abs 1 Brüssel Ia-VO also auch dann allein an Art 25 Brüssel Ia-VO zu messen, wenn der Beklagte seinen Wohnsitz in einem Drittstaat hat. Dementsprechend muss es nunmehr auch für die Begründung einer Zuständigkeit durch *rügelose Einlassung* zur Hauptsache nach Art 26 Brüssel Ia-VO ausreichen, dass der Beklagte sich nur vor dem Gericht eines Mitgliedstaats auf das Verfahren einlässt; dies auch dann, wenn keine der Parteien einen Wohnsitz in einem Mitgliedstaat hat (Zöller/Geimer, ZPO [35. Aufl 2024] Art 26 Rn 10; Schlosser/Hess/Schlosser, EuZPR [4. Aufl 2014] Art 26 Rn 1; unalexKomm/Hausmann [2. Aufl 2020] Brüssel Ia-VO Einf zu Kap II Rn 14; ebenso schon zu Art 24 Brüssel I-VO EuGH Rs C-412/98 – *Group Josi/UGIC*, Slg 2000 I 5925 Rn 44 f; Oberhammer IPRax 2004, 264).

c) Internationaler Sachverhalt*

38 Ungeschriebenes Tatbestandsmerkmal der Zuständigkeitsordnung der Brüssel Ia-VO ist ein Auslandsbezug des Sachverhalts. Die Art 4 ff Brüssel Ia-VO finden daher keine Anwendung auf reine Inlandssachverhalte (EuGH Rs C-274/21 – *EPIC/Republik Österreich*, EuZW 2022, 870 Rn 58 f: EuGH Rs C-399/21 – *IRnova AB/FLIR Systems AB*, RIW 2022, 680 Rn 27; EuGH Rs C-327/10 – *Hypoteční banka*, Slg 2011 I 11582 Rn 29 f = NJW 2012, 1199; BGH IPRax 2006, 607 mAnm Heiderhoff IPRax 2006, 612; OLG München WM 2012, 1863; Linke/Hau, IZPR [9. Aufl 2024] Rn 4.43 ff; Rauscher/Mankowski, Brüssel Ia-VO [5. Aufl 2021] Vor Art 4 Rn 29 ff; Thomas/Putzo/Nordmeier, ZPO [46. Aufl 2025] Vorbem Brüssel Ia-VO Rn 20; unalex-Komm/Hausmann [2. Aufl 2020] Brüssel Ia-VO Einf zu Kap II Rn 15 f; ebenso schon zum EuGVÜ EuGH Rs C-281/02 – *Owusu*, Slg 2005 I 1445 Rn 25 f = EuZW 2005, 345; öst OGH JBl 2002, 250; **aA** Zöller/Geimer, ZPO [35. Aufl 2024] Art 4 Rn 9). Dies gilt auch, soweit die Brüssel Ia-VO – wie etwa in Art 7 und 8 – zugleich die örtliche Zuständigkeit festlegt. Das erforderliche internationale Element folgt daraus, dass die Verordnung ihre **Grundlage in Art 81 AEUV** hat, der eine Kompetenz der EU im Bereich der justiziellen Zusammenarbeit nur für Maßnahmen mit „grenzüberschreitenden Bezügen“ begründet (ErwG 3 zur Brüssel Ia-VO). Die Einwände gegen eine solche teleologische Reduktion des Verordnungstextes (krit vor allem Geimer/Schütze/Geimer, EuZVR [4. Aufl 2020] Art 4 Rn 101 ff; Kropholler/vHein, EuZPR [9. Aufl 20] vor Art 2 Brüssel I-VO Rn 7) sind nicht begründet, auch wenn die Abgrenzung von reinen Inlandsfällen zu internationalen Sachverhalten gelegentlich Schwierigkeiten bereiten mag, weil der Wohnsitz der Parteien allein hierfür nicht immer genügt (EuGH Rs C-399/21 – *IRnova AB/FLIR Systems AB*, RIW 2022, 680 Rn 28).

38a Allerdings sind an das Vorliegen eines Auslandsbezugs **keine hohen Anforderungen** zu stellen. Vielmehr reicht es schon aus, wenn der Sachverhalt des betreffenden Rechtsstreits Fragen hinsichtlich der Bestimmung der internationalen Zuständigkeit der Gerichte aufwerfen kann (EuGH Rs C-774/22 – *FTI Touristik*, NJW 2024, 2823 Rn 26; EuGH Rs C-123/24 – *Inkreal*, NJW-RR 2024, 664 Rn 22; Wagner EuZW 2025, 65). Ein internationaler Sachverhalt ist jedenfalls dann gegeben, wenn mindestens einer der Parteien ihren Wohnsitz oder gewöhnlichen Aufenthalt in einem anderen Mitgliedstaat als dem des befassten Gerichts hat (EuGH Rs C-123/24 – *Inkreal*, NJW-RR 2024, 664 Rn 28; EuGH Rs C-267/19 – *Parking Interplastics*, RIW 2020, 453 Rn 34). Während dies aber für eine „grenzüberschreitenden Rechtssache“ iSv Art 3 Abs 1 der Europäischen Mahn-VO Nr 1896/2006 erforderlich ist, wird der Auslandsbezug in der Brüssel Ia-VO weiter verstanden (EuGH Rs C-774/222 – *Jx/FTI Touristik GmbH*, EuZW 2024, 1048 Rn 35 ff mAnm Schindl). Dies gilt einheitlich für alle Zuständigkeitsvorschriften, auch wenn diese ihrerseits eng auszulegen sind, weil sie von der allgemeinen Regel des Art 4 Brüssel Ia-VO abweichen (vgl zu Art 18 Brüssel Ia-VO EuGH Rs C-774/222 – *Jx/FTI Touristik GmbH*, EuZW 2024, 1048 Rn 39 f). Haben beide Parteien ihren Wohnsitz in demselben Mitgliedstaat, so genügt es daher auch, wenn sie die Zuständigkeit der Gerichte eines anderen Mitgliedstaats nach Art 25 Brüssel Ia-VO vereinbart haben (EuGH Rs C-566/22 – *Inkreal*, EuZW 2024, 262 Rn 25 ff mAnm Wagner; dazu Gade EuZW 2024, 410; Hau IPRax 2024, 272) oder wenn ein zwischen ihnen geschlossener Vertrag in einem anderen Mitgliedstaat oder in einem Drittstaat zu erfüllen ist (EuGH Rs C-774/22 – *JX/FTI Touristik GmbH*,

* **Schrifttum**: R Magnus, Der grenzüberschreitende Bezug als Anwendungsvoraussetzung im europäischen Zuständigkeits- und Kollisionsrecht, ZEuP 2018, 507; R Wagner Auslandsbezug nach der Brüssel Ia-VO, in: GS Mankowski (2024) 705

NJW 2024, 2823 Rn 34 mAnm Lutzi und Anm Wagner EuZW 2024, 970 [Pauschalreise in einen Drittstaat]). Auch die ausländische Staatsangehörigkeit eines Beteiligten (EuGH Rs C-327/10 – *Hypoteční banka*, Slg 2011 I 11582 Rn 31 ff) oder die Vereinbarung ausländischen Rechts (BAG BeckRS 2011, 71240) kann für die Begründung des erforderlichen Auslandsbezugs ausreichen. Schließlich kann der erforderliche Auslandsbezug bei einer vertraglichen Streitigkeit zwischen zwei im Inland wohnhaften Parteien auch dadurch hergestellt werden, dass der streitgegenständliche Vertrag durch Vermittlung eines in einem anderen Mitgliedstaat ansässigen Unternehmens geschlossen wurde (EuGH Rs C-478/12 – *Maletic*, NJW 2014, 530 Rn 28 ff mAnm Sujecki = EuZW 2014, 33 mAnm Müller). Zur Herstellung eines Auslandsbezugs durch eine Gerichtsstandsvereinbarung s Rn 386 f.

d) Bloßer Drittstaatenbezug

39 Ob das Vorliegen eines internationalen Sachverhalts für die Anwendung der Zuständigkeitsordnung der Verordnung ausreicht, wenn der Auslandsbezug lediglich zu einem *Drittstaat* besteht, war lange Zeit umstritten. Die Auffassung, dass der Rechtsstreit Berührungspunkte zu einem weiteren Mitgliedstaat haben muss (dafür Piltz NJW 1979, 1071 [1072]; Benecke 143 ff; im Erg ebenso BGHZ 109, 29 [34] = IPRax 1990, 318 mAnm W Lorenz 292; BGH WM 1996, 2296), konnte unter Geltung des EuGVÜ auf dessen Präambel verweisen, der zufolge dieses Übereinkommen nur darauf abzielte, „innerhalb der Gemeinschaft den Rechtsschutz der dort ansässigen Personen zu verstärken" (vgl Court of Appeal [Civ Div] 4. 3. 2003 – *American Motor Insurance Co v Cellstar Corp*, unalex UK-141; Court of Appeal [Civ Div] 7. 5. 1998 – *Marangos Hotel Co Ltd v Polly Peck Intern PLC*, unalex UK-124). Gegen eine solche Einschränkung des persönlichen Anwendungsbereich der Zuständigkeitsordnung des EuGVÜ durch ungeschriebene Schranken sprach jedoch, dass sie erhebliche Unsicherheit in die Rechtsanwendung trug, weil sich nicht eindeutig klären ließ, welcher Art die Berührungspunkte zu einem anderen Mitgliedstaat sein müssen (vgl Geimer IPRax 1991, 31 f; Geimer/Schütze/Geimer, EuZVR [4. Aufl 2020] Einl Rn 234 ff und Art 4 Rn 111 ff; Staudinger IPRax 2000, 483 [485]). Der Reduktionslehre ist spätestens mit Inkrafttreten der Brüssel I-VO der Boden entzogen worden, denn der Verordnungsgeber ließ es in deren ErwG 8 ausdrücklich genügen, dass die unter die Verordnung fallenden Rechtsstreitigkeiten nur „einen Anknüpfungspunkt an das Hoheitsgebiet *eines* der Mitgliedstaaten" aufwiesen (vgl Gebauer ZEuP 2001, 943 [954]; Hausmann EuLF 2000/01, 40 [43 f]; Piltz NJW 2002, 789 [790]; Thiele RIW 2002, 696 [698 f]; ebenso schon zum EuGVÜ EuGH Rs 281/02 – *Owusu*, Slg 2005 I 1445 Rn 35 = EuZW 2005, 345). Schon die Brüssel I-VO bildete daher nach Ansicht des EuGH ein „umfassendes System ..., dessen Vorschriften nicht nur für die Beziehungen zwischen den Mitgliedstaaten gelten, sondern auch für die Beziehungen zwischen einem Mitgliedstaat und einem Drittstaat" (EuGH Rs C-154/11 – *Mahamdia*, NZA 2012, 935 Rn 39 f = IPRax 2013, 572 mAnm Martiny 536; zust BGH FamRZ 2005, 1987 [1988]; Grolimund Rn 165 ff; Kropholler/vHein, EuZPR [9. Aufl 2011] vor Art 2 Brüssel I-VO Rn 8). Dies gilt erst recht unter der Brüssel Ia-VO, die in mehreren Zuständigkeitsvorschriften einen bloßen Bezug zu einem Drittstaat ausdrücklich genügen lässt (vgl EuGH Rs C-774/22 – *JX/FTI Touristik GmbH*, NJW 2024, 2823 Rn 29 mAnm Wagner; EuGH C-175/15 – *Taser International*, EuZW 2016, 558 Rn 20; LAG Düsseldorf BeckRS 2020, 44532 Rn 42; unalex-Komm/Hausmann [2. Aufl 2020] Brüssel Ia-VO Einf zu Kap II Rn 17; Thomas/Putzo/Nordmeier, ZPO [46. Aufl 2025] Vorbem Brüssel Ia-VO Rn 21; Schlosser/Hess/Schlosser, EuZPR [5. Aufl 2021] Vor Art 4–35 Rn 5; Rauscher/Mankowski, Brüssel Ia-VO [5. Aufl 2021] Vor Art 4 Rn 28 mwNw; vgl zu Gerichtsstandsvereinbarungen auch Rn 378 ff).

III. Konkurrenzen

1. Brüssel Ia-VO und Brüssel I-VO

Das Verhältnis der Brüssel Ia-VO zum Vorgängerregime der Brüssel I-VO ist in Art 66 Brüssel Ia-VO geregelt. Danach tritt die Brüssel Ia-VO im Verhältnis der Mitgliedstaaten zueinander ab ihrer Geltung an die Stelle der Brüssel I-VO. Die Zuständigkeitsvorschriften der Brüssel Ia-VO sind danach auf alle Klagen anzuwenden, die ab dem 10. 1. 2015 in einem der Mitgliedstaaten (mit Ausnahme Dänemarks) erhoben werden (vgl zum Verhältnis Brüssel I-VO/EuGVÜ BGH GRUR 2005, 431 [432] – *Hotel Maritime*). Für zuvor erhobene Klagen verbleibt es nach Art 66 Abs 2 Brüssel Ia-VO bei der Geltung der Brüssel I-VO. Der Frage kommt allerdings für Vertragsklagen nur geringe praktische Bedeutung zu, weil die Brüssel Ia-VO die diesbezüglichen Zuständigkeitsregeln der Sache nach nur marginal verändert hat. **40**

2. Brüssel Ia-VO und Luganer Übereinkommen

Ein Konkurrenzproblem zwischen der Brüssel Ia-VO und dem LugÜ 2007 ergibt sich auf dem Gebiet der internationalen Entscheidungszuständigkeit nur für diejenigen Vertragsstaaten des LugÜ 2007, die – wie Deutschland – zugleich Mitgliedstaaten der Brüssel Ia-VO sind; denn die Gerichte von Staaten, die – wie heute nur noch Island, Norwegen und die Schweiz – allein dem LugÜ 2007 angehören, haben nur dessen Zuständigkeitsregeln anzuwenden. Nach Art 64 Abs 1 LugÜ 2007, der gemäß Art 73 Brüssel Ia-VO auch das Verhältnis zu dieser Verordnung regelt, lässt das LugÜ 2007 für die Mitgliedstaaten der EU die Brüssel Ia-VO unberührt, soweit die dort normierten Anknüpfungspunkte **in einem Mitgliedstaat der Verordnung** verwirklicht sind (vgl Kropholler/vHein, EuZPR [9. Aufl 2011] Einl Brüssel I-VO Rn 101 f). Nur wenn diese Anknüpfungspunkte auf einen Staat verweisen, der ausschließlich dem LugÜ 2007 angehört, haben auch die Gerichte in den Mitgliedstaaten der Verordnung das LugÜ 2007 anzuwenden, das gemäß Art 73 Abs 1, 3 Brüssel Ia-VO unberührt bleibt. Dies wird in Art 64 Abs 2 lit a LugÜ 2007 für die Fälle, dass der Beklagte seinen Wohnsitz in einem Vertragsstaat des LugÜ 2007 hat, der nicht Mitgliedstaat der EU ist, oder dass die Gerichte eines solchen Vertragsstaats nach Art 22 oder 23 LugÜ 2007 ausschließlich zuständig sind, ausdrücklich klargestellt (BGH IPRax 2015, 423 Rn 15 mAnm Huber 403; BGHZ 187, 156 Rn 9 = NJW 2011, 532 mAnm Engert/Groh IPRax 2011, 458; ebenso schon zum LugÜ 1988 BGH NJW-RR 2008, 516; BGH NJW 2001, 1731 [jeweils Schweiz] und BGH NJW 2001, 1936 [Norwegen]; dazu unalexKomm/Hausmann [2. Aufl 2020] Brüssel Ia –VO Einl Rn 120 ff). **41**

3. Brüssel Ia-VO und Haager Übereinkommen über Gerichtsstandsvereinbarungen

Die Konkurrenz zwischen der Brüssel Ia-VO und dem Haager Übereinkommen über Gerichtsstandsvereinbarungen von 2005 löst seit dem Inkrafttreten des HGÜ für die EU am 1. 10. 2015 (Rn 11) Art 26 Abs 6 HGÜ. Nach lit a dieser Vorschrift wird auf dem Gebiet der internationalen Zuständigkeit Regelungsinstrumenten einer Organisation der regionalen Wirtschaftsintegration, die – wie die EU – Vertragspartei des HGÜ ist, grundsätzlich Vorrang vor dem Übereinkommen eingeräumt, wenn beide Parteien ihren Aufenthalt in einem Mitgliedstaat dieser Organisation – **42** hier: der Europäischen Union – haben. Das HGÜ findet auf ausschließliche internationale Gerichtsstandsvereinbarungen aus der Sicht von Gerichten in Mitgliedstaaten der Brüssel Ia-VO daher nur dann Anwendung, wenn entweder zumindest eine Partei ihren Aufenthalt in einem Vertragsstaat des HGÜ hat, der nicht zugleich EU-Mitgliedstaat ist, oder wenn von in der EU ansässigen Parteien die Zuständigkeit in einem nicht der EU angehörenden Staat vereinbart wird (vgl näher Bläsi 152 ff; Wagner RabelsZ 73 [2009] 100 [135]; Rauscher/Mankowski, Brüssel Ia-VO [5. Aufl 2021] Art 25 Rn 435 ff). Der Aufenthalt von juristischen Personen und Gesellschaften bestimmt sich dabei nach Art 4 Abs 2 HGÜ. Außerdem bleibt die Brüssel Ia-VO auf Gerichtsstandsvereinbarungen in Rechtsstreitigkeiten anwendbar, die – wie Arbeits- und Verbrauchersachen (Art 2 HGÜ) – aus dem sachlichen Anwendungsbereich des HGÜ ausgeschlossen sind.

4. Brüssel Ia-VO und Staatsverträge auf besonderen Rechtsgebieten*

43 Regelt ein Übereinkommen auf einem besonderen Rechtsgebiet die internationale Entscheidungszuständigkeit abschließend, so hat diese Regelung gemäß Art 71 Abs 1 Brüssel Ia-VO Vorrang vor der Verordnung. Entsprechendes gilt gemäß seinem Art 67 Abs 1 für das LugÜ 2007. Die in einem solchen Spezialübereinkommen normierten Zuständigkeitsregeln erweitern den *numerus clausus* der besonderen Gerichtsstände nach Art 7 ff Brüssel Ia-VO, so dass der Beklagte, der an einem vom Spezialabkommen eröffneten Gerichtsstand belangt wird, sich nicht auf Art 5 Abs 1 Brüssel Ia-VO berufen kann (Schlosser-Bericht Rn 240). Der **Vorrang des Spezialabkommens** greift nach der authentischen Interpretation in Art 71 Abs 2 lit a S 1 Brüssel Ia-VO bereits dann ein, wenn derjenige Mitgliedstaat der Verordnung, dessen Gerichte angerufen wurden, das Spezialabkommen ratifiziert hat; hingegen kommt es nicht darauf an, dass das Spezialabkommen auch für den Wohnsitzstaat des Beklagten in Kraft getreten ist (Rauscher/Mankowski, Brüssel Ia-VO [5. Aufl 2021] Art 71 Rn 6). Etwas anderes gilt auch dann nicht, wenn der **Beklagte säumig** bleibt oder sich im Fall des Art 26 Brüssel Ia-VO nur hilfsweise eingelassen hat, um die internationale Zuständigkeit zu rügen. Die für diese Fälle in Art 71 Abs 2 lit a S 2 Brüssel Ia-VO begründete Verpflichtung zur Anwendung von Art 28 Brüssel Ia-VO besagt lediglich, dass das Gericht seine Zuständigkeit auch dann von Amts wegen zu prüfen hat, wenn sich diese aus einem Übereinkommen auf einem besonderen Rechtsgebiet ergibt. Die Zuständigkeitsvorschriften des Spezialübereinkommens sind in diesem Zusammenhang wie solche der Verordnung selbst zu behandeln; sie erweitern mithin den Katalog der zulässigen Gerichtsstände (EuGH Rs C-148/03 – *Nürnberger Allg Versicherung*, Slg 2004 I 10327 Rn 17 ff = NJW 2005, 44; ebenso schon zuvor BGH TranspR 2003, 302 [303] = RIW 2003, 722; BGH TranspR 2004, 74 m Aufs Otte 347; OLG Karlsruhe NJW-RR 2002, 1722 = IPRax 2003, 533 mAnm Schinkels; OLG Hamburg TranspR 2003, 23 mAnm Herber 19; dazu Haubold IPRax 2006, 224 ff; Rauscher/Mankowski, Brüssel Ia-VO [5. Aufl 2021] Art 71 Rn 48 ff, jeweils mwNw).

* **Schrifttum**: Domej, Effet utile der EuGVVO und Vorrang von Spezialübereinkommen, in: FS H Mayer (2011) 41; Haubold, Internationale Zuständigkeit nach CMR und EuGVÜ/LugÜ, IPRax 2000, 91; Mankowski, EuGVVO, Brüssel Ia-VO und Spezialübereinkonmen, TranspR 2014, 129.

Der Vorrang der Spezialübereinkommen gilt allerdings nach Art 71 Brüssel Ia-VO – anders als nach Art 57 EuGVÜ – nur für **(Alt-)Übereinkommen**, denen der betreffende Mitgliedstaat bei Inkrafttreten der Brüssel Ia-VO bereits angehörte; für den Abschluss neuer Abkommen fehlt den Mitgliedstaaten im Hinblick auf Art 81 AEUV die Kompetenz (RAUSCHER/MANKOWSKI, Brüssel Ia-VO [5. Aufl 2021] Art 71 Rn 30 ff). Darüber hinaus macht der EuGH den Vorrang eines Spezialüberkommens zusätzlich davon abhängig, dass die Vorschriften dieses Übereinkommens in hohem Maße vorhersehbar sind, eine geordnete Rechtspflege fördern, die Gefahr von Parallelverfahren soweit wie möglich vermeiden und den freien Urteilsverkehr sowie das gegenseitige Vertrauen in die Justiz der EU-Mitgliedstaaten unter mindestens ebenso günstigen Bedingungen gewährleisten wie die Brüssel Ia-VO (EuGH Rs C-533/08 – *TNT Express Nederland*, Slg 2010 I 66 Rn 51 ff; EuGH Rs C-452/12 – *Nipponkoa Insurance Co*, EuZW 2014, 220 Rn 36 ff mAnm ANTOMO; EuGH Rs C-157/13 – *Nickel & Goeldner*, RIW 2014, 673 Rn 38; dazu THOLE IPRax 2015, 386). 44

Regelt das Spezialabkommen **nur Teilbereiche** der in der Verordnung behandelten Fragen, so sind verbleibende Lücken wiederum mit den Regeln des europäischen Prozessrechts zu schließen, weil Art 71 Abs 1 Brüssel Ia-VO eine Ausnahme von dem grundsätzlichen Vorrang der Brüssel Ia-VO normiert. Enthält das Spezialabkommen daher zB zwar Zuständigkeitsvorschriften, aber keine Regelung der Rechtshängigkeit oder von im Zusammenhang stehenden Verfahren, so sind die Art 29 ff Brüssel Ia-VO anzuwenden (EuGH Rs C-406/92 – *Tatry*, Slg 1994 I 5439 Rn 28 = JZ 1995, 616 mAnm HUBER 603 = IPRax 1996, 108 mAnm SCHACK 80 [zum EuGVÜ]). Deshalb bleibt auch Art 25 Brüssel Ia-VO für solche Aspekte einer Zuständigkeitsvereinbarung maßgebend, die – wie zB die Form – im Spezialabkommen nicht geregelt sind (vgl zu Art 31 Abs 1 CMR Rn 401). 45

5. Brüssel Ia-VO und autonomes Recht

Die Brüssel Ia-VO gilt nach Art 288 Abs 2 AEUV in allen Mitgliedstaaten (mit Ausnahme Dänemarks) unmittelbar. Dies stellt Art 81 Brüssel Ia-VO noch einmal ausdrücklich klar. Als Teil des sekundären Unionsrechts genießt die Verordnung **Anwendungsvorrang** vor dem gesamten nationalen Recht einschließlich des Verfassungsrechts (BVerfG NJW 2010, 3422 Rn 53 ff; BAG NJW 2008, 2797 Rn 12; BAG RIW 2010, 232 Rn 26; RAUSCHER/STAUDINGER, Brüssel Ia-VO [5. Aufl 2021] Einl Rn 27; ebenso schon zum EuGVÜ BGHZ 134, 127 [133] = WM 1996, 2294; BGH NJW 1999, 1395 [1396]; vgl allg zum Anwendungsvorrang des Unionsrechts EuGH Rs 6/64, Slg 1964, 1251 [1270] – *Costa/Enel*). Dieser Vorrang der Brüssel Ia-VO ist auch nicht auf das am 10. 1. 2015 bereits existierende nationale Recht beschränkt; verdrängt werden vielmehr auch nach diesem Zeitpunkt erlassene nationale Vorschriften, die der Verordnung widersprechen; der *lex-posterior*-Grundsatz gilt insoweit nicht (RAUSCHER/STAUDINGER, Brüssel Ia-VO [5. Aufl 2021] Einl Rn 28). Damit ist im Geltungsbereich der Brüssel Ia-VO für eine Anwendung nationaler Zuständigkeitsvorschriften nur insoweit Raum, als die Verordnung eine Regelungskompetenz nicht in Anspruch nimmt (PILTZ NJW 2002, 789 [791]; THOMAS/PUTZO/NORDMEIER, ZPO [46. Aufl 2025] Vorbem Brüssel Ia-VO Rn 13), wie dies in Teilbereichen insbesondere für die örtliche Zuständigkeit zutrifft (vgl Art 4 und 24 Brüssel Ia-VO). 46

Hingegen regelt die Verordnung die *internationale* Zuständigkeit – wie Art 5 Abs 1 Brüssel Ia-VO klarstellt – in ihrem Anwendungsbereich **abschließend** (EuGH Rs C-9/ 47

12 – *Corman Collins*, EuZW 2015, 922 Rn 21 ff = RIW 2015, 816; BGH NJW 1999, 2442; OLG Düsseldorf NJOZ 2006, 145; KG IPRax 1999, 37 mAnm G SCHULZE IPRax 1999, 21; KROPHOLLER/vHEIN, EuZPR [9. Aufl 2011] Vor Art 2 Brüssel I-VORn 17 f, 20). Insbesondere eine Klage im Wohnsitzsstaat des Beklagten nach Art 4 Abs 1 Brüssel Ia-VO darf dem Kläger durch nationales Prozessrecht nicht versperrt werden (EuGH C-630/17 – *Milivojević*, NJW 2019, 2994 Rn 81). Auch wenn in der von der EU-Kommission zu Art 5 Abs 2 Brüssel Ia-VO veröffentlichten Liste (ABl EU 2015 C 4/2) aus dem deutschen autonomen Zuständigkeitsrecht nur der Vermögensgerichtsstand des § 23 ZPO als exorbitanter Gerichtsstand genannt wird, verbietet die Verordnung darüber hinaus in ihrem Geltungsbereich auch die Heranziehung sämtlicher anderen deutschen Regeln über die Begründung der internationalen Zuständigkeit, und zwar unabhängig davon, ob sie in der ZPO oder in Sondergesetzen enthalten sind (allgM, vgl EuGH Rs 25/79 – *Sanicentral*, Slg 1979, 3423 Rn Nr 5 = RIW 1980 285; EuGH Rs 288/82 – *Duijinstee*, Slg 1983, 3663 Rn 13 = IPRax 1985, 92 mAnm STAUDER 76; OLG Stuttgart IPRax 1992, 86 [88] mAnm H ROTH 67; GEIMER/SCHÜTZE/GEIMER, EuZVR [4. Aufl 2020] Art 5 Rn 10; RAUSCHER/MANKOWSKI, Brüssel Ia-VO [5. Aufl 2021] Art 5 Rn 1; ebenso zum LugÜ BGE 119 II 391 [Schweiz]). Diese Vorschriften sind daher nur anwendbar, soweit Art 6 Abs 1 Brüssel Ia-VO auf das autonome Zuständigkeitsrecht der Mitgliedstaaten verweist (vgl BGHZ 188, 85 Rn 17 f = NJW 2011, 2056).

IV. Prüfung der internationalen Zuständigkeit

48 Die internationale Zuständigkeit der deutschen Gerichte für Klagen gegen einen Beklagten, der seinen Wohnsitz im Hoheitsgebiet eines anderen Mitgliedstaats hat, ist gemäß Art 28 Abs 1 Brüssel Ia-VO **von Amts wegen** zu prüfen, wenn der Beklagte nicht am Verfahren teilnimmt. Ansonsten muss dieser die mangelnde internationale Zuständigkeit des angerufenen Gerichts grundsätzlich rügen, weil der Zuständigkeitsmangel durch die Einlassung auf das Verfahren nach Art 26 Brüssel Ia-VO geheilt wird. Lediglich die Frage, ob ein anderer Mitgliedstaat nach Art 24 Brüssel Ia-VO *ausschließlich* international zuständig ist, muss gemäß Art 27 Brüssel Ia-VO in jeder Lage des Verfahrens von Amts wegen geprüft werden, selbst wenn das nationale Prozessrecht am Gerichtsort eine Rüge fordert (vgl dazu RAUSCHER/MANKOWSKI, Brüssel Ia-VO [5. Aufl 2021] Art 27 Rn 1; KROPHOLLER/vHEIN, EuZPR [9. Aufl 2011] Art 25 Brüssel I-VO Rn 3 ff).

49 Die internationale Zuständigkeit ist eine – gegenüber der örtlichen oder sachlichen Zuständigkeit – **eigenständige Prozessvoraussetzung**. Die Pflicht der Gerichte, die internationale Zuständigkeit in jeder Lage des Verfahrens von Amts wegen zu prüfen (BGHZ 98, 263 [272 f]; BGHZ 115, 90 [91]; BGHZ 134, 127 [129 f]; GEIMER, IZPR [9. Aufl 2024] Rn 1816 ff; SCHACK, IZVR [9. Aufl 2024] Rn 486 ff), besteht nach deutschem Recht – trotz Änderung der §§ 513 Abs 2, 545 Abs 2 ZPO – auch in der Berufungs- und Revisionsinstanz fort (grdl BGHZ 153, 82 [84 f] = NJW 2003, 426 m Aufs LEIBLE NJW 2003, 407 = IPRax 2003, 346 mAnm PIECKENBROCK/SCHULZE IPRax 2003, 328; ferner BGHZ 162, 246 [249]; BGHZ 167, 91 Rn 20 = NJW 2006, 2630; BGHZ 184, 365 Rn 17; BGH NJW 2019, 26 Rn 20, 2780 Rn 14 und 2849 Rn 11; BGH NJW 2020, 399 Rn 17). Dabei genügt es für die Annahme einer internationalen Zuständigkeit, wenn der Kläger deren Voraussetzungen schlüssig vorträgt (BGHZ 98, 263 [273]; BGH NJW 2001, 1936 [1937]; BGH NJW 2012, 455 mwNw; vgl auch RAUSCHER/MANKOWSKI, Brüssel Ia-VO [5. Aufl 2021] Art 28 Rn 10). Die Auffassung des verweisenden Gerichts, die deutschen Gerichte seien international zuständig, bindet das Gericht, an das der Rechtsstreit verwiesen wird, nicht (BGH NJW 2019, 2780 Rn 14).

B. Wichtige Gerichtsstände für Klagen aus internationalen Schuldverträgen

Als Richtschnur für die Auslegung der Zuständigkeitsordnung der Brüssel Ia-VO betont der EuGH, dass diese ein hohes Maß an Vorhersehbarkeit und Transparenz **50** schaffen soll, um die Rechtssicherheit zu erhöhen und eine geordnete Rechtspflege zu erleichtern. Ein Kläger müsse daher ohne Schwierigkeiten festzustellen vermögen, welches Gericht er anrufen kann, und ein Beklagter müsse vorhersehen können, vor welchem Gericht er verklagt werden kann. Aus Gründen der Rechtssicherheit müsse das angerufene nationale Gericht deshalb in der Lage sein, ohne Weiteres über seine eigene Zuständigkeit zu entscheiden, und zwar ohne in eine Sachprüfung eintreten zu müssen (EuGH Rs C-537/23 – *SIL/Agora*, NJW 2025, 1933 Rn 38 f; EuGH Rs C-646/24 – *FTI Touristik*, NJW 2024, 2823 Rn 34). Dies gilt uneingeschränkt auch für Klagen aus Schuldverträgen.

I. Allgemeiner Gerichtsstand*

1. Art 4 Brüssel Ia-VO

a) Grundsatz

Die Brüssel Ia-VO geht in ihrem Art 4 Abs 1 – ebenso wie schon das EuGVÜ und **51** das LugÜ 2007 in Art 2 Abs 1 – vom Grundsatz *„actor sequitur forum rei"* aus (zur Begründung näher Wiezcorek/Schütze/Gebauer, ZPO [4. Aufl 2015] Art 4 Rn 9 ff). Der **Wohnsitz bzw Sitz des Beklagten** in einem Mitgliedstaat ist damit nicht nur Anwendungsvoraussetzung für die europäische Zuständigkeitsordnung (dazu Rn 35), sondern zugleich Ausgangspunkt des Zuständigkeitssystems der Verordnung (vgl Erwägungsgründe 13 und 15 zur Brüssel Ia-VO). Auf den gewöhnlichen Aufenthalt kommt es – anders als im internationalen Vertragsrecht (Art 4, 19 Rom I-VO; dazu Staudinger/Magnus [2021] Art 19 Rom I-VO Rn 1 ff) – nicht an (für Anknüpfung an den gewöhnlichen Aufenthalt *de lege ferenda* Hess, in: FS Lindacher [2007] 56 ff; Schlosser/Hess/Schlosser, EuZPR [5. Aufl 2021] Art 62 Rn 2). Auch die Gläubiger- oder Schuldnerstellung nach materiellem Recht ist unerheblich; abzustellen ist allein auf die formale Parteirolle (BGHZ 134, 201 [205] = NJW 1997, 870; BGH ZIP 2011, 975; Kropholler/vHein, EuZPR [9. Aufl 2011] Art 2Brüssel I-VO Rn 1). Deshalb ist auch eine **negative Feststellungsklage** am Wohnsitz des Beklagten zu erheben (BGH GRUR-RR 2013, 228 Rn 1; OLG Bamberg IPRax 2015, 154 Rn 38 f mAnm Wais 127; schwz BG 23. 10. 2006, BGE 132 III 778 [780]). Hat dieser mehrere Wohnsitze, so genügt es, dass *ein* Wohnsitz im Gerichts-

---

* **Schrifttum**: Bauer, Die internationale Zuständigkeit bei gesellschaftsrechtlichen Klagen unter besonderer Berücksichtigung des EuGVÜ (2000); Bucher, Kläger- und Beklagtenschutz im Recht der internationalen Zuständigkeit (1997); Grimm, Brüssel I: Grenzüberschreitender Bezug und unbekannter Wohnsitz des Beklagten, GPR 2012, 87; Hahn, Die Verortung der natürlichen Person im Europäischen Zivilverfahrensrecht (2011); Hau, Die Verortung natürlicher Personen, in: GS Wolf (2011) 409; Hess, Die allgemeinen Gerichtsstände der Brüssel I-VO, in: FS Lindacher (2007) 53; Spellenberg, Internationale Zuständigkeit kraft Wohnsitzes oder gewöhnlichen Aufenthalts, in: FS Kerameus (2009) 1307; Uhlmann, Der unauffindbare Beklagte im internationalen Zivilverfahrensrecht – Möglichkeiten und Grenzen des Unionsrechts, IPRax 2025, 253; Wedemann, Der Sitz von Gesellschaften im Europäischen Zuständigkeitsrecht, ZIP 2021, 2257.

staat besteht (öst OGH 2. 3. 2000, unalex AT-234; OLG Oldenburg ZIP 2013, 1760; Geimer NJW 1986, 1438; Rauscher/Mankowski, Brüssel Ia-VO [5. Aufl 2021] Art 4 Rn 13).

51a Damit wird allen in einem Mitgliedstaat ansässigen Personen auch in vertragsrechtlichen Streitigkeiten an ihrem Wohnsitz ein allgemeiner Passivgerichtsstand garantiert, und zwar auch dann, wenn der **Kläger seinen Wohnsitz in einem Drittstaat** hat (EuGH Rs C-412/98 – *Group Josi*, Slg 2000 I 5929 Rn 33 ff = NJW 2000, 3121; BGH EuLF 2005, 152; BayObLG BeckRS 2025, 31962 Rn 14; BayObLG BeckRS 2019, 7913 Rn 13; frz Cass 8. 10. 2014, unalex FR-2393; Magnus/Mankowski/Vlas, Brussels Ibis [2. Aufl 2022] Art 4 Rn 3). Für die den Beklagten begünstigende Regelung *(favor defensoris)* spricht, dass die Verteidigung im Ausland wegen der meist bestehenden Sprachbarrieren und der dem Beklagten fremden Gerichtsorganisation sowie wegen der Notwendigkeit des Erscheinens vor einem räumlich weit entfernten Gericht regelmäßig nicht unerheblich erschwert ist. Der Schutz des Art 4 Abs 1 Brüssel Ia-VO erstreckt sich auch auf Angehörige von Drittstaaten, die ihren Wohnsitz in einem Mitgliedstaat der EU haben; denn die Staatsangehörigkeit des Beklagten ist für die Begründung einer internationalen Zuständigkeit nach Art 4 Brüssel Ia-VO unerheblich (Zöller/Geimer, ZPO [35. Aufl 2024] Art 4 Rn 13). Lässt sich nicht aufklären, wo der Beklagte seinen Wohnsitz hat, gestattet Art 4 Abs 1 iVm Art 62 Brüssel-Ia-VO das Abstellen auf den **letzten bekannten Wohnsitz**, wenn der Beklagte zur Zeit der gerichtlichen Entscheidung weder im Gerichtsstaat noch in einem anderen Mitgliedstaat wohnhaft ist, und keine Indizien dafür vorliegen, dass sein Wohnsitz außerhalb des Unionsgebiets liegt (EuGH Rs C-292/10 – *de Visser*, EuZW 2012, 381 Rn 40 ff mAnm Bach; dazu Heiderhoff IPRax 2013, 309). Für den Fall, dass der Beklagte Verbraucher ist, hat allerdings Art 18 Abs 2 Brüssel Ia-VO Vorrang (Rn 250).

b) Wohnsitzbestimmung nach Art 62 Brüssel Ia-VO

52 Die Brüssel Ia-VO definiert für natürliche Personen den für ihre Zuständigkeitsordnung zentralen Begriff des Wohnsitzes nicht autonom, sondern hält hierfür – wie schon die Brüssel I-VO (Kropholler/vHein, EuZPR [10. Aufl 2020] Art 62 Rn 1) – eine **kollisionsrechtliche Lösung** bereit. Ob der Beklagte seinen Wohnsitz iSv Art 4 Abs 1 Brüssel Ia-VO im Gerichtsstaat hat, beurteilt das angerufene Gericht gemäß Art 62 Abs 1 Brüssel Ia-VO nach seinem eigenen Recht; ein deutsches Gericht entscheidet hierüber daher nach §§ 7–11 BGB (OLG Frankfurt FamRZ 2009, 796; Rauscher/Staudinger, Brüssel Ia-VO [5. Aufl 2021] Art 62 Rn 1). Hat der Beklagte nach dem Prozess- oder Sachrecht der *lex fori* keinen Wohnsitz im Gerichtsstaat, so ist zu prüfen, ob er in einem anderen Mitgliedstaat wohnt, weil davon die Anwendung der Zuständigkeitsordnung der Brüssel Ia-VO (Rn 35) – und damit die Annahme einer besonderen Zuständigkeit iSv Art 7 ff Brüssel Ia-VO im Gerichtsstaat abhängt. Während nämlich ein Beklagter, der seinen Wohnsitz außerhalb der EU hat, in Deutschland etwa vor dem Gericht des Ortes verklagt werden kann, an dem sein Vermögen belegen ist (§ 23 Abs 1 ZPO; dazu Rn 357 ff), kann eine vor dem gleichen Gericht verklagte Person, die ihren Wohnsitz in einem anderen Mitgliedstaat hat, gemäß Art 5 Abs 2 Brüssel Ia-VO die Unzuständigkeit des deutschen Gerichts geltend machen. Maßgebend für die Wohnsitzbestimmung nach Art 62 Abs 2 Brüssel Ia-VO ist das (prozessuale oder materielle) *Sachrecht* des präsumtiven Wohnsitzstaats; dessen Kollisionsrecht bleibt hingegen außer Betracht (OLG Innsbruck IPRax 2023, 59 mAnm Mock/Illetschko IPRax 2023, 11; Thomas/Putzo/Nordmeier, ZPO [46. Aufl 2025] Art 62 Rn 2; Kropholler/vHein, EuZPR [9. Aufl 2011] Art 60

Brüssel I-VO Rn 7). Ob der Beklagte in Frankreich wohnt, beurteilt sich mithin auch aus der Sicht des angerufenen deutschen Gerichts nach französischem Recht (Art 102 ff CC). Dieses Recht ist von dem angerufenen Gericht von Amts wegen zu ermitteln (frz Cass civ 8. 7. 2010, unalex FR-1153).

Beweispflichtig für den Wohnsitz des Beklagten im Gerichtsstaat ist der Kläger, für seinen Wohnsitz in einem anderen Mitgliedstaat der Beklagte (OLG Hamm OLGR 2006, 206; Kropholler/vHein, EuZPR [9. Aufl 2011] Art 60 Brüssel I-VO Rn 8). Hat der Beklagte einen Wohnsitz sowohl im Gerichtsstaat (Art 62 Abs 1 Brüssel Ia-VO) als auch in einem anderen Mitgliedstaat (Art 62 Abs 2 Brüssel Ia-VO), so geht der Wohnsitz im Gerichtsstaat vor (OLG Innsbruck IPRax 2023, 59 Rn 33; OLG Oldenburg ZIP 2013, 1760; vgl auch OLG München FamRZ 2022, 40 (41); dazu Mankowski FamRZ 2022, 12). Verliert der Beklagte den Wohnsitz in der EU nach Vertragsschluss, so ist auf den letzten Wohnsitz im räumlichen Anwendungsbereich der Brüssel Ia-VO abzustellen, auch wenn der Beklagte die Staatsangehörigkeit eines anderen Mitgliedstaats hat (EuGH Rs C-327/10 – *Hypoteční banka*, Slg 2011 I 11582 Rn 42 ff = NJW 2012, 1199). Ein Wohnsitz des Beklagten im Unionsgebiet – mit der Folge der Anwendbarkeit von Art 4 ff Brüssel Ia-VO – wird solange vermutet, wie ein Wohnsitz in einem Drittstaat nicht nachgewiesen ist (EuGH Rs C-292/10 – *de Visser*, GRUR Int 2012, 544 Rn 39 ff; vgl zuletzt EuGH Rs C-183/23 – *Credit agricole Bank Polska*, IPRax 2025, 286 mAnm Uhlmann 253). Fingiert ein mitgliedstaatliches Recht einen Wohnsitz seiner eigenen Staatsangehörigen in diesem Staat, so ist diese Fiktion unbeachtlich, weil sie verkappt die Anknüpfung an den Wohnsitz durch diejenige an die Staatsangehörigkeit ersetzt (EuGH C-222/23 – *Toplofikatsia Sofia EAD*, BeckRS 2024, 10399 Rn 60 ff = IPRax 2025, 289 m Anm Uhlmann 253). 53

c) Sitzbestimmung nach Art 63 Brüssel Ia-VO

Bei Gesellschaften, juristischen Personen und Trusts tritt gem Art 63 Brüssel Ia-VO an die Stelle des Wohnsitzes der Sitz. Die Verordnung definiert die von ihnen erfassten Gesellschaften und juristischen Personen nicht selbst. Der **Begriff der „Gesellschaften und juristischen Personen"** ist für ihre Zwecke autonom und weit auszulegen; er umfasst jede Vereinigung und Vermögensmasse, die selbstständig verklagt werden kann und deshalb einen allgemeinen Gerichtsstand iSv Art 4 Abs 1 Brüssel Ia-VO haben muss (Geimer/Schütze/Geimer, EuZVR [4. Aufl 2020] Art 63 Rn 1; Schack, IZVR [9. Aufl 2025] Rn 302). Die Fragen der Rechts- und Parteifähigkeit von Gesellschaften sind hingegen in der Brüssel Ia-VO nicht geregelt. Insoweit gelten die – inzwischen durch die EuGH-Rechtsprechung zur Niederlassungsfreiheit (Art 49, 54 AEUV) modifizierten – Grundsätze des internationalen Gesellschaftsrechts der jeweiligen *lex fori* (vgl Reithmann/Martiny/Hausmann, IVR [9. Aufl 2021] Rn 6.1 ff m ausf Nachw). 54

Für die Bestimmung des „Wohnsitzes" von Gesellschaften und juristischen Personen hat sich der Verordnungsgeber – anders als bei natürlichen Personen – in Art 63 Brüssel Ia-VO für eine **autonome Definition** entschieden, um positive oder negative Kompetenzkonflikte möglichst zu vermeiden. Die dort verwendeten Begriffe sind daher in der gesamten EU einheitlich auszulegen. Damit weicht die Brüssel Ia-VO von der früheren Regelung in Art 53 Abs 1 S 2 EuGVÜ ab, die zur Bestimmung des Sitzes von Gesellschaften und juristischen Personen auf das *internationale Privatrecht* des Gerichtsstaates verwiesen hatte (vgl dazu näher BGH EuZW 2010, 636 Rn 15 ff). Nach neuem Recht haben Gesellschaften und juristische 55

Personen ihren „Wohnsitz" dort, wo sich ihr **satzungsmäßiger Sitz** (lit a), ihre **Hauptverwaltung** (lit b) oder ihre **Hauptniederlassung** (lit c) befindet. Diese Begriffe sind in der gesamten EU einheitlich auszulegen (EuGH Rs C-821/21 – *NM/Club La Costa [UK] plc*, NJW 2024, 569 Rn 69 mAnm Rieländer; Thomas/Putzo/Nordmeier, ZPO [46. Aufl 2025] Art 63 Rn 1). Da der Kläger zwischen diesen drei *alternativen* Anknüpfungen ein Wahlrecht hat (EuGH Rs C-821/21 – *NM/Club La Costa [UK] plc*, NJW 2024, 569 Rn 63; BGH NJW-RR 2018, 290 Rn 11; BAG NJW 2008, 2797 Rn 15; Hausmann EuLF 2000/01, 40 [43]; Piltz NJW 2002, 789 [792]; Rauscher/Staudinger, Brüssel Ia-VO [5. Aufl 2021] Art 63 Rn 1), wird die Gerichtspflichtigkeit von Gesellschaften und juristischen Personen erweitert, soweit diese Anknüpfungspunkte auf verschiedene Mitgliedstaaten verweisen (Schack, IZVR [9. Aufl 2025] Rn 305).

56 Für die Auslegung der Anknüpfungsmerkmale in Art 63 Abs 1 Brüssel Ia-VO kann auf die gleichnamigen Begriffe in Art 54 Abs 1 AEUV zurückgegriffen werden (BGH NJW-RR 2018, 290 Rn 12; BAG EuLF 2010 II, 8 [10]); ein solches Verständnis entspricht zugleich der **primärrechtskonformen Interpretation der Brüssel Ia-VO** als Akt des sekundären Gemeinschaftsrechts (Rauscher/Staudinger, Brüssel Ia-VO [5. Aufl 2021] Einl Rn 41). Danach hat eine Gesellschaft ihren *satzungsmäßigen Sitz* an dem im Gesellschaftsvertrag bestimmten Sitz; an diesem ist eine Verwaltungs- oder Geschäftstätigkeit nicht erforderlich (BGH NJW-RR 2018, 290 Rn 13 ff; Ringe IPRax 2007, 388 [389]; s a BGH BeckRS 2026, 4800 Rn 10). Die *Hauptverwaltung* befindet sich an dem Ort, an dem die grundlegenden unternehmerischen Entscheidungen getroffen werden, also idR am Sitz der Unternehmensleitung (BGH NJW-RR 2008, 551 Rn 11 = IPRax 2008, 135 f; BAG AP § 38 ZPO Nr 22 Rn 16; BAG RIW 2010, 232 [234]; OLG Frankfurt EuZW 2010, 918 [919]; Rauscher/Staudinger, Brüssel Ia-VO [5. Aufl 2021] Art 63 Rn 1; vgl zum entsprechenden Begriff im internationalen Gesellschaftsrecht BGHZ 97, 269 [272] = NJW 1986, 2194; Reithmann/Martiny/Hausmann, IVR [9. Aufl 2021] Rn 6.70 ff mwNw). Dieser Ort liegt bei einer englischen *Private Limited Company*, die ihre Geschäfte nur im Inland betreibt, idR im Inland (Altmeppen/Wilhelm DB 2004, 1083 [1087]; einschränkend BayObLG NJW-RR 2006, 206 [207]). Unter der *Hauptniederlassung* ist schließlich der tatsächliche Schwerpunkt des Geschäftsverkehrs eines Unternehmens mit der Außenwelt zu verstehen, an dem die wesentlichen Personal- und Sachmittel konzentriert sind (BGH NJW-RR 2023, 818 Rn 4; OLG München MDR 2021, 1208 f; Voss IPRax 2022, 461; BAG RIW 2010, 232 Rn 33 ff; ferner BAG AP § 38 ZPO Nr 22 Rn 16; OLG Frankfurt EuZW 2010, 918 [919]; vBar/Mankowski, IPR I [2. Aufl 2003] § 7 Rn 39; Kropholler/vHein, EuZPR [9. Aufl 2011] Art 60 Brüssel I-VO Rn 2); sie ist sorgfältig von der (Zweig-)Niederlassung iSv Art 7 Nr 5 Brüssel Ia-VO (dazu Rn 319 ff) zu unterscheiden. Bei mehreren Niederlassungen ist eine Schwerpunktbetrachtung mit Hilfe eines Größenvergleichs erforderlich (BGH NJW-RR 2023, 818 Rn 4).

d) Maßgebender Zeitpunkt

57 Ebenso wenig wie die Brüssel I-VO enthält die Brüssel Ia-VO Regeln über den Zeitpunkt, zu dem der Wohnsitz natürlicher Personen bzw der Sitz von Gesellschaften oder juristischen Personen in einem Mitgliedstaat gegeben sein muss. Maßgeblich ist der Zeitpunkt der Klageerhebung, nicht derjenige der Begründung des streitigen Rechtsverhältnisses (EuGH Rs C-98/20 – *mBank*, BeckRs 2020, 37752 Rn 32; OLG Dresden BeckRs 2024, 38954 Rn 23; Zöller/Geimer, ZPO [35. Aufl 2024], Art 4 Rn 33 mwNw). Im Übrigen liegt es nahe, diese Lücke in der Verordnung durch die Übernahme des weithin anerkannten **Grundsatzes der *perpetuatio fori*** zu schließen (vgl EuGH Rs C-18/02 – *DFDS*

Torline, Slg 2004 I 1417 Rn 37 = EuLF 2004, 38; BGHZ 188, 373 Rn 23 = NJW 2011, 2515; öst OGH 1. 3. 2004, unalex AT-88; frz Cass 31. 3. 2005, unalex FR-220; RAUSCHER/MANKOWSKI, Brüssel Ia-VO [5. Aufl 2021] Art 4 Rn 9 ff; ZÖLLER/GEIMER, ZPO [35. Aufl 2024] Art 4 Rn 33 ff; unalexKomm/HAUSMANN [2. Aufl 2020] Brüssel Ia-VO Einf zu Kap II Rn 27 ff mwNw Zum parallelen Problem im Rahmen der EuInsVO EuGH Rs C-1/04 – *Staubitz-Schreiber*, Slg 2006 I 719 Rn 24 ff = IPRax 2006, 149 mAnm KINDLER IPRax 2006, 114 = NZI 2006, 153 mAnm MANKOWSKI). Entfallen daher die Zuständigkeitsvoraussetzungen während des Prozesses, etwa weil der Beklagte seinen Wohnsitz aus einem Mitgliedstaat in einen Drittstaat verlegt hat, so ist zum Schutz des Klägers von einer Fortdauer der zunächst nach Art 4 Abs 1 Brüssel Ia-VO wirksam begründeten internationalen Zuständigkeit der Gerichte seines früheren Wohnsitzstaates auszugehen (THOMAS/PUTZO/NORDMEIER, ZPO [46. Aufl 2025] Art 4 Rn 8; MANKOWSKI RIW 2004, 481 [496]). Andererseits reicht es aus, wenn die Zuständigkeitsvoraussetzungen nach der Verordnung erst während des Prozesses eintreten. Verlegt also der Beklagte vor dem Schluss der mündlichen Verhandlung in der letzten Tatsacheninstanz seinen Wohnsitz aus einem anderen Mitgliedstaat oder einem Drittstaat nach Deutschland, so sind die deutschen Gerichte gemäß Art 4 Abs 1 Brüssel Ia-VO international zuständig, auch wenn bis dahin eine Zuständigkeit nach dem autonomen deutschen Zivilprozessrecht nicht gegeben war (BGHZ 188, 373 Rn 14 ff = NJW 2011, 2515; RAUSCHER/MANKOWSKI, Brüssel Ia-VO [5. Aufl 2021] Art 4 Rn 11; unalexKomm/HAUSMANN [2. Aufl 2020] Brüssel Ia-VO Einf zu Kap II Rn 30 mwNw).

e) Örtlicher Gerichtsstand

Art 4 Abs 1 Brüssel Ia-VO normiert allerdings **nur die internationale Zuständigkeit** **58** der Gerichte des Wohnsitzstaates. Welches Gericht innerhalb des Wohnsitzstaates im Einzelfall örtlich zuständig ist, richtet sich dagegen nach der autonomen Zuständigkeitsordnung des betreffenden Mitgliedstaates (OLG Dresden BeckRs 2024, 38954 Rn 28; schwz BG 14. 4. 2016, unalex CH-581 [zum LugÜ]). Soweit die internationale Zuständigkeit der deutschen Gerichte sich auf Art 4 Abs 1 Brüssel Ia-VO gründet, sind daher in erster Linie die §§ 12 ff ZPO für die Bestimmung des örtlichen Gerichtsstands maßgebend.

2. Autonomes deutsches Verfahrensrecht

In Übereinstimmung mit Art 4 Abs 1 Brüssel Ia-VO folgt auch das autonome deut- **59** sche Zivilprozessrecht in §§ 13, 17 ZPO dem Grundsatz *„actor sequitur forum rei"*. Damit wird dem Interesse der beklagten Partei Rechnung getragen, dass ihr Wohnsitzgericht nach dem ihr besser vertrauten Verfahrens- und Kollisionsrecht entscheidet (BGH NJW 1996, 1411 [1413]; GEIMER, IZPR [9. Aufl 2024] Rn 298, 1265). Damit ist bei internationaler Zuständigkeit der deutschen Gerichte nach Art 4 Abs 1 Brüssel Ia-VO auch eine örtliche Zuständigkeit am Wohnsitz/Sitz des Beklagten eröffnet.

a) Natürliche Personen

Anknüpfungspunkt für den allgemeinen Gerichtsstand einer natürlichen Person ist **60** nach § 13 ZPO der Wohnsitz des Beklagten. Dieser wird in der ZPO selbst nicht definiert, so dass insoweit auf die §§ 7–11 BGB zurückzugreifen ist. Auf die Staatsangehörigkeit des Beklagten kommt es hingegen nicht an, weil der Wohnsitz für die Bestimmung der internationalen Zuständigkeit deutscher Gerichte stets nach der deutschen *lex fori* zu bestimmen ist (SCHACK, IZVR [9. Aufl 2025] Rn 296). Ob ein beklagter Ausländer oder Staatenloser im Inland seinen Wohnsitz hat, ist daher stets nach deutschem Recht zu entscheiden (BGH NJW 1982, 1215 f; SERICK ZZP 68 [1955] 278 [284 ff]; WIECZOREK/SCHÜTZE/HAUSMANN, ZPO [3. Aufl 2010] § 13 Rn 4, 43 mwNw). Dies gilt auch für einen abgeleiteten Wohnsitz von Kindern (BGH NJW-RR 1992, 579 und 1993, 4). Maßgebend ist der Wohnsitz im Zeitpunkt der Klageerhebung (OLG Stuttgart BB 1992, 2386); es genügt jedoch, wenn der Beklagte seinen Wohnsitz bis zum Schluss der mündlichen Verhandlung in den Bezirk des angerufenen Gerichts verlegt.

b) Juristische Personen

61 Der allgemeine Gerichtsstand einer juristischen Person bzw einer sonstigen (zumindest passiv) parteifähigen Personenvereinigung wird nach § 17 Abs 1 S 1 ZPO durch ihren Sitz bestimmt. Maßgebend ist danach primär der in der *Satzung* bestimmte Sitz (vgl näher WIECZOREK/SCHÜTZE/HAUSMANN, ZPO [3. Aufl 2010] § 17 Rn 9 ff). Der obligatorische Satzungssitz einer *deutschen* juristischen Person oder Gesellschaft muss – auch nach den Änderungen der §§ 4 GmbHG, 5 AktG durch das MoMiG, die nunmehr die Gründung einer deutschen GmbH oder AG mit ausländischem *Verwaltungssitz* ermöglichen (dazu KINDLER AG 2007, 721 ff; KINDLER IPRax 2009, 189 ff; REITHMANN/MARTINY/HAUSMANN, IVR [9. Aufl 2021] Rn 6.63 f) – stets im Inland liegen (BGHZ 29, 320 [328] = NJW 1959, 1126 f; zur Sitzbestimmung bei *ausländischen* juristischen Personen näher WIECZOREK/SCHÜTZE/HAUSMANN, ZPO [3. Aufl 2010] § 17 Rn 15 ff). Lässt sich ein Satzungssitz der Gesellschaft oder juristischen Person nicht feststellen oder liegt er im Ausland, so begründet § 17 Abs 1 S 2 ZPO einen subsidiären Gerichtsstand an dem inländischen Ort, an dem die Verwaltung der Gesellschaft geführt wird (OLG Hamm ZIP 2020, 47; OLG Köln IPRax 2007, 530 mAnm THOLE 519; GEIMER, IZPR [9. Aufl 2024] Rn 1274 f; **aA** OLG Frankfurt NJW-RR 2021, 1125; SCHACK, IZVR [9. Aufl 2025] Rn 303). Dabei kommt es auf den Ort an, an dem die grundlegenden Entscheidungen der Unternehmensleitung effektiv in laufende Geschäftsführungsakte umgesetzt werden (vgl BGHZ 97, 269 [272] = NJW 1986, 2194; BGH NJW 2009, 1610; OLG Hamm MDR 2019, 694; REITHMANN/MARTINY/HAUSMANN, IVR [9. Aufl 2021] Rn 6.70 ff; MünchKommBGB/KINDLER IntGesR Rn 421 ff, jeweils mwNw). Während § 17 ZPO bisher auch für den Gerichtsstand der BGB-Gesellschaft galt, sofern diese im Rechtsverkehr nach außen angetreten war (OLG Köln NJW 2004, 862), ist seit der Reform des Personengesellschaftsrechts § 706 BGB nF anzuwenden. Danach ist grundsätzlich der Verwaltungssitz maßgebend (Satz 1). Ist die Gesellschaft im Gesellschaftsregister eingetragen und haben die Gesellschafter einen Ort im Inland als Sitz vereinbart (sog Vertragssitz), so ist abweichend von Satz 1 dieser Ort maßgebend (THOMAS/PUTZO/HÜSSTEGE, ZPO [46. Aufl 2025] § 17 Rn 4).

II. Ausschließlicher Gerichtsstand für Streitigkeiten aus Immobiliarmiet- und -pachtverträgen*

1. Allgemeines

a) Rechtsquellen

62 Für Klagen, welche die Miete oder Pacht von unbeweglichen Sachen zum Gegenstand haben, sieht Art 24 Nr 1 S 1 Brüssel Ia-VO eine *ausschließliche* internationale

---

* **Schrifttum**: COESTER-WALTJEN/ENDLER, Der Gerichtsstand der Belegenheit nach Art 16 Nr 1 EuGVÜ, Jura 1992, 609; ENDLER, Urlaubsfreuden: Ferienhausvermittlung und Art 16 Nr 1 EuGVÜ, IPRax 1992, 212; GRUNDMANN, Zur internationalen Zuständigkeit der Gerichte in Drittstaaten nach Art 16 EuGVÜ, IPRax 1985, 249; HELLWIG, Internationale Zuständigkeit und

Zuständigkeit im Staat der Grundstücksbelegenheit vor. Sonderregeln gelten nach Art 24 Nr 1 S 2 Brüssel Ia-VO für die Miete oder Pacht unbeweglicher Sachen zum vorübergehenden privaten Gebrauch für höchstens sechs aufeinander folgende Monate (dazu Rn 84 ff). Die bereits in Art 22 Nr 1 Brüssel I-VO enthaltene Regelung hat auch das LugÜ 2007 (Rn 8 ff) wortgleich übernommen. Die deutsche ZPO beschränkt diese ausschließliche Zuständigkeit in § 29a auf Miet- und Pachtverträge über *Räume.* Diese Vorschrift wird bezüglich im Inland belegener Räume durch Art 24 Nr 1 Brüssel Ia-VO vollständig verdrängt, soweit die *internationale* Zuständigkeit in Rede steht (vgl näher Wieczorek/Schütze/Hausmann, ZPO [3. Aufl 2010] § 29a Rn 37 ff); Bedeutung hat sie nur noch für die örtliche Zuständigkeit.

b) Räumliche Abgrenzung

Art 24 Nr 1 Brüssel Ia-VO bestimmt die internationale Zuständigkeit mit Hilfe der Grundstücksbelegenheit. Nach dem Wortlaut der Vorschrift reicht es aus, wenn das streitgegenständliche Grundstück im Hoheitsgebiet eines Mitgliedstaats belegen ist. Hingegen kommt es auf den Wohnsitz und die Staatsangehörigkeit der Parteien nicht an (Zöller/Geimer, ZPO [35. Aufl 2024] Art 24 Rn 1). Art 24 Nr 1 Brüssel Ia-VO ist daher – wie der Vorbehalt in Art 6 Abs 1 Brüssel Ia-VO verdeutlicht – auch dann anwendbar, wenn der Beklagte seinen Wohnsitz nicht in einem Mitgliedstaat der Brüssel Ia-VO hat (Jenard-Bericht zu Art 16 EuGVÜ; Schlosser/Hess/Schlosser, EuZPR [5. Aufl 63

anwendbares Recht bei Timesharingverträgen, EWS 2011, 406; Nordmeier, Internationale Zuständigkeit deutscher Gerichte bei der Überlassung von Räumen im Ausland, NJW 1990, 622; ders, Benutzungsverhältnisse im Anwendungsbereich des Art 16 Nr 1 LGVÜ, IPRax 1999, 477; ders, Ferienwohnungen im Ausland als Spielball der Gerichte?, IPRax 2001, 31; ders, Clubmitgliedschaften und Teilzeitwohnrechte im Anwendungsbereich des Art 16 Nr 1 EuGVÜ/Art 22 Nr 1 S 1 EuGVVO, IPRax 2006, 124; Jayme, Ferienhausvermittlung und Verbraucherschutz, IPRax 1993, 18; ders, Prozessuale Hindernisse für Timesharing-Anbieter in Auslandsfällen, IPRax 1996, 87; Kartzke, Verträge mit gewerblichen Ferienhausanbietern, NJW 1994, 823; Kreuzer, Zuständigkeitssplitting kraft Richterspruch, IPRax 1986, 75 und 1991, 25; Lagarde, Les locations de vacances dans les conventions européennes de droit international privé, in: FS Bellet (1991) 281; Lehmann/Sánchez/Lorenzo, Der Rumpfgerichtsstand für dingliche Klagen nach Art 16 Nr 1 EuGVÜ (Art 22 Nr 1 EuGVVO), IPRax 2007, 190; Leible/Müller, Internationale Zuständigkeit für Klagen aus Timesharing-Verträgen, NZM 2009, 18; Mankowski, Timesharing und internationale Zuständigkeit am Belegenheitsort, EuZW 1996, 177; ders, Internationale Zuständigkeit in Timesharing-Fällen – ein Dauerbrenner, NZM 2007, 671; Mosconi, Quando la vacanza finisce in tribunale: competenza giurisdizionale e legge regolatrice della locazione di immobili all'estero, Riv dir int priv proc 1993, 5; Piroddi, Competenza giurisdizionale e legge applicabile alle locazioni immobiliari nelle convenzioni di Bruxelles e di Roma, Riv dir int priv proc 1995, 41; Rüsing, Internationale Zuständigkeit und anwendbres Recht bei der Miete von Ferienunterkünften, IPRax 2024, 287; Solomon, Der Immobiliargerichtsstand im Europäischen Zuständigkeitsrecht, in: FS vHoffmann (2011) 727; Staudinger, Ferienhausmiete im Ausland: Sind der inländische Verbrauchergerichtsstand und das Pauschalreiserecht „out"?, NZM 2011, 257; ders, Anwendbarkeit des Art 22 Nr 1 EuGVVO bei Ferienhausmietverträgen mit Verbrauchern, RRa 2013, 58; Teixeira de Sousa, Der Anwendungsbereich von Art 22 Nr 1 S 2 EuGVVO, IPRax 2003, 320; Thürk, Belegenheitgerichtsstände (2018); M J Ulmer, Neue Tendenzen bei der Auslegung des Art 16 Nr 1 EuGVÜ, IPRax 1995, 72; Wagner/Diehl, Internationale Zuständigkeit bei der Miete ausländischer Ferienhäuser, GPR 2014, 230.

2021] Art 24 Rn 15). Außer der Grundstücksbelegenheit in einem Mitgliedstaat müssen auch *keine Berührungspunkte zu weiteren Mitgliedstaaten* bestehen (EuGH Rs C-343/04 – *ČEZ*, Slg 2006 I 4557 Rn 21 = RIW 2006, 624; Knöfel RIW 2006, 627; Geimer/Schütze/Geimer, EuZVR [4. Aufl 2020] Art 24 Rn 7 ff; vgl auch OLG Hamburg IPRax 1999, 168 [169] mAnm Geimer 152 [zu Art 16 Nr 5 EuGVÜ]; **aA** noch BGH NJW 1996, 3008 [3009]).

c) Normzweck

64 Wesentlicher Grund für die Zuständigkeitsanknüpfung in Art 24 Nr 1 Brüssel Ia-VO ist der besonders enge Sachbezug des Gerichtsorts zum Gegenstand der Klage, und zwar sowohl die Beweis- als auch die Rechtsnähe (Rauscher/Mankowski, Brüssel Ia-VO [5. Aufl 2021] Art 24 Rn 3). Dementsprechend sieht der EuGH den Zweck der ausschließlichen Zuständigkeit für Miet- und Pachtstreitigkeiten darin, dass „die Gerichte des Belegenheitsstaates am besten in der Lage sind, sich über die tatsächlichen Umstände bei Abschluss und Durchführung von Miet- und Pachtverträgen unmittelbare Kenntnis zu verschaffen" (EuGH Rs C-560/16 – *E.ON Czech Holding AG/Dědouch*, EuZW 2018, 811 Rn 30 mAnm Schmidt; ferner schon EuGH Rs 241/83 – *Rösler*, Slg 1985, 99 Rn 9 f = IPRax 1986, 97 mAnm Kreuzer 75; ebenso EuGH Rs 158/87 – *Scherrens*, Slg 1988, 3791 Rn 9 f = IPRax 1991, 44 mAnm Kreuzer 25; EuGH Rs 280/90 – *Hacker*, Slg 1992 I, 1127 Rn 8 f = IPRax 1993, 31 mAnm Jayme 18; EuGH Rs C-8/98 – *Dansommer*, Slg 2000 I, 393 Rn 27 = EuLF 2000, 57 mAnm Hausmann = IPRax 2001, 41 mAnm Nordmeier 31). Daneben ist aber auch von Bedeutung, dass Miet- und Pachtverhältnisse an unbeweglichen Sachen häufig **zwingenden Vorschriften** zum Schutz von Mietern und Pächtern (zB über die Miethöhe und die Kündigung von Wohnungsmietverträgen) unterliegen, die sachgerecht nur von den Gerichten des Belegenheitsstaates angewandt werden können (Jenard-Bericht zu Art 16 Nr 1 EuGVÜ; EuGH BeckRS 2023, 31841 Rn 27; EuGH Rs C-307/19 – *Obala/NLB Leasing*, BeckRS 2021, 5299 Rn 78; EuGH Rs C-827/18 – *MC/ND*, BeckRS 2019, 9468 Rn 27; EuGH Rs C-292/93 – *Lieber*, Slg 1994 I, 2535 Rn 20 = NJW 1995, 37; schwz BG 3. 2. 2003, unalex CH-75; vgl auch EuGH Rs C-417/15 – *Schmidt*, NJW 2017, 315 Rn 29).

d) Ausschließliche Zuständigkeit

65 Aus diesen Gründen normiert Art 24 Nr 1 Brüssel Ia-VO – wie § 29a ZPO – eine *ausschließliche* Zuständigkeit (vgl EuGH Rs 73/77 – *Sanders*, Slg 1977, 2383 Rn Nr 10 f = RIW 1978, 336); sie verdrängt nicht nur die Allzuständigkeit der Gerichte im Wohnsitzstaat des Beklagten (Art 4 Abs 1 Brüssel Ia-VO), sondern auch die besonderen Zuständigkeiten (zB Art 7 Nr 1 oder Nr 5 Brüssel Ia-VO) und die Verbrauchergerichtsstände der Verordnung (Art 17–19 Brüssel Ia-VO; OLG Frankfurt NJW-RR 2008, 663; Rauscher/Mankowski, Brüssel Ia-VO [5. Aufl 2021] Art 24 Rn 1). Von Art 24 Nr 1 Brüssel Ia-VO kann darüber hinaus auch durch eine **Gerichtsstandsvereinbarung** nach Art 25 Brüssel Ia-VO nicht abgewichen werden (vgl Art 25 Abs 4 Brüssel Ia-VO aE; vgl zu Art 16 Nr 1 EuGVÜ OLG Frankfurt NJW 1984, 2045; LG Frankfurt aM IPRax 1992, 241 [243]; OG Basel-Stadt SZIER 1996, 91 mAnm Volken; Rauscher NJW 1985, 893; Nordmeier NJW 1990, 822). Auch eine **rügelose Einlassung** vor den Gerichten eines anderen Mitgliedstaats nach Art 26 Abs 1 S 2 Fall 2 Brüssel Ia-VO ist ausgeschlossen (OLG Brandenburg NZM 2008, 660; MünchKommZPO/Gottwald Art 26 Brüssel Ia-VO Rn 3).

66 Wird das Gericht eines Mitgliedstaats wegen einer Streitigkeit angerufen, für welche die Gerichte eines anderen Mitgliedstaats nach Art 24 Nr 1 Brüssel Ia-VO ausschließlich zuständig sind, so hat es sich gem Art 27 Brüssel Ia-VO **von Amts wegen** für unzuständig zu erklären. Liegt das Grundstück in einem *Drittstaat*, so können

Miet- und Pachtzinsklagen hingegen am allgemeinen Gerichtsstand des Mieters/Pächters in einem Mitgliedstaat nach Art 4 Abs 1 Brüssel Ia-VO erhoben werden. Eine **Reflexwirkung** des Art 24 Brüssel Ia-VO ist wegen des Gebots einer restriktiven Auslegung der Vorschrift (Rn 67) in diesem Fall nicht anzuerkennen (öst OGH 25. 4. 2001, unalex AT-175; Geimer NJW 1976, 441 [443]; Rauscher/Mankowski, Brüssel Ia-VO [5. Aufl 2021] Art 24 Rn 9 ff mwNw; **aA** Teixeira de Sousa IPRax 2003, 320; Wieczorek/Schütze/Kern, ZPO [4. Aufl 2015] Art 24 Brüssel Ia-VO Rn 8; MünchKommZPO/Gottwald Art 24 Brüssel Ia-VO Rn 6; Schack, IZVR [9. Aufl 2025] Rn 390). Bei einem Verstoß gegen Art 24 Brüssel Ia-VO scheitert die Anerkennung und Vollstreckung des Urteils in den übrigen Mitgliedstaaten an Art 45 Abs 1 lit e ii Brüssel Ia-VO. Nach seinem eindeutigen Wortlaut („Gerichte des Mitgliedstaats") regelt Art 24 Nr 1 Brüssel Ia-VO allerdings nur die internationale Zuständigkeit; für die *örtliche* Zuständigkeit gilt hingegen das innerstaatliche Verfahrensrecht (zB § 29a ZPO; vgl schwz BG 16. 5. 2008, unalex CH-258; Rauscher/Mankowski, Brüssel Ia-VO [5. Aufl 2021] Art 24 Rn 18; Geimer/Schütze/Geimer, EuZVR [4. Aufl 2020] Art 24 Rn 20). Die Ausschließlichkeitssperre des Art 24 Brüssel Ia-VO gilt jedoch **nicht für Maßnahmen des einstweiligen Rechtsschutzes** (Art 35 Brüssel Ia-VO; dazu EuGH Rs C-616/10 – *Solvay SA/Honeywell*, EuZW 2012, 837 Rn 36 ff, 51; Geimer/Schütze/Geimer, EuZVR [4. Aufl 2020] Art 24 Rn 29).

e) Auslegung

Während § 29a ZPO nach deutschem Recht als der *lex fori* auszulegen ist, sind die in Art 24 Nr 1 Brüssel Ia-VO verwendeten Anknüpfungskriterien grundsätzlich **autonom** zu interpretieren, um eine einheitliche Anwendung der Vorschrift in allen Mitgliedstaaten zu gewährleisten (vgl zum Begriff „dingliche Rechte" EuGH Rs C-417/15 – *Schmidt*, NJW 2017, 315 Rn 27; ebenso schon zu Art 16 Nr 1 EuGVÜ EuGH Rs 115/88 – *Reichert und Kockler*, Slg 1990 I, 27 Rn 8 f = IPRax 1991, 45 mAnm Schlosser 29; EuGH Rs C-518/99 – *Gaillard*, Slg 2001 I 2771 Rn 13; EuGH Rs C-343/04 – *Oberösterreich/ČEZ*, Slg 2006 I 4557 Rn 25 = RIW 2006, 624 mAnm Knöfel; zust Rauscher NJW 1985, 897; Endler IPRax 1992, 212; Geimer/Schütze/Geimer, EuZVR [4. Aufl 2020] Art 24 Rn 42, 49 mwNw; **aA** [Recht am hypothetischen ausschließlichen Gerichtsstand, dh *lex rei sitae* bzw *lex domicilii]* Nordmeier NJW 1990, 622). Da die Vorschrift bewirkt, dass den Parteien die ihnen sonst nach Art 25 Brüssel Ia-VO mögliche Wahl des Gerichtsstands genommen wird und sie uU vor einem Gericht prozessieren müssen, das für keine von ihnen das Wohnsitzgericht ist, besteht allerdings die Gefahr einer Aushöhlung des durch Art 4 Abs 1 Brüssel Ia-VO bezweckten Beklagtenschutzes. Aus diesem Grund darf Art 24 Nr 1 Brüssel Ia-VO nicht weiter ausgelegt werden, als dies sein Ziel erforderlich macht (EuGH Rs C-433/19 – *Ellmes Property Services*, NJW 2021, 293 Rn 22 mAnm Rieländer = EuZW 2021, 124 mAnm Sujecki; EuGH Rs C-827/18 – *MC/ND*, BeckRS 2019, 9468 Rn 20; EuGH Rs C-605/14 – *Komu*, EuZW 2016, 198 Rn 24; zu dieser restriktiven Auslegung schon EuGH Rs 73/77 – *Sanders*, Slg 1977, 2383 Rn 17 f = RIW 1978, 336; EuGH Rs C-292/93 – *Lieber*, Slg 1994 I, 2535 Rn 12 = IPRax 1995, 99 m zust Anm M J Ulmer 72; EuGH Rs C-8/98 – *Dansommer*, Slg 2000 I, 393 Rn 21; BGHZ 119, 152 [156] = IPRax 1993, 244 mAnm Lindacher 228). Da diese Vorschrift den Inhalt von Art 22 Nr 1 Brüssel I-VO unverändert übernimmt, gilt die Auslegung dieser früheren Bestimmung durch den Gerichtshof auch für Art 24 Nr 1 Brüssel Ia-VO (EuGH Rs C-417/15 – *Schmidt*, NJW 2017, 315 Rn 26 = EuZW 2017, 36 mAnm Klöpfer; EuGH Rs C-827/18 – *MC/ND*, BeckRS 2019, 9468 Rn 19). 67

2. Unbewegliche Sachen

68 Welche Sachen als „unbeweglich" zu gelten haben und welche Rechte ihnen gleichzustellen sind, wird von den Sachenrechten der Mitgliedstaaten zT sehr unterschiedlich beantwortet. Insoweit empfiehlt sich deshalb eine *autonome* Auslegung, wie sie der EuGH bisher auch für andere Begriffe in Art 16 Nr 1 EuGVÜ/Art 22 Brüssel I-VO vertreten hat (vgl Rn 69 ff; BGH NJW-RR 2010 Rn 10; OLG Schleswig NJOZ 2004, 775 [776]; Geimer/Schütze/Geimer, EuZVR [4. Aufl 2020] Art 24 Brüssel Ia-VO Rn 42; MünchKommZPO/Gottwald Art 24 Brüssel Ia-VO Rn 8). Eine Qualifikation nach der *lex rei sitae* (dafür Schlosser, in: GS Bruns [1980] 60 f; Rauscher/Mankowski, Brüssel Ia-VO [5. Aufl 2021] Art 24 Rn 23; Wieczorek/Schütze/Kern, ZPO [4. Aufl 2015] Art 24 Brüssel Ia-VO Rn 13; Kropholler/vHein, EuZPR [9. Aufl 2011] Art 2 Brüssel I-VORn 11) begründet die Gefahr einer „einseitigen Zuständigkeitsbereicherung", die gerade bei Inanspruchnahme einer ausschließlichen Zuständigkeit nicht hingenommen werden kann (Schack, IZVR [9. Aufl 2025] Rn 388). Betrifft der Rechtsstreit einen Miet- oder Pachtvertrag über **in zwei Vertragsstaaten belegenen Grundbesitz**, so sind die Gerichte beider Staaten jeweils für den in ihrem Hoheitsgebiet belegenen Teil des Grundbesitzes ausschließlich zuständig; nur ausnahmsweise kann der Besitz als Einheit und in einem Mitgliedstaat belegen erachtet werden (zB bei ganz überwiegender Belegenheit in einem der beiden Staaten, vgl EuGH Rs 158/87 – *Scherrens*, Slg 1988, 3791 Rn 13 f = IPRax 1991, 44 m **abl** Anm Kreuzer 25; **aA** [konkurrierende Zuständigkeiten für das gesamte Miet- bzw Pachtverhältnis] zu Recht Geimer/Schütze/Geimer, EuZVR [4. Aufl 2020] Art 24 Rn 101). Ein nicht registriertes Schiff ist keine unbewegliche Sache (OLG Düsseldorf MDR 2005, 165); für registrierte Schiffe und Luftfahrzeuge ist dies streitig (vgl Geimer/Schütze/Geimer, EuZVR [4. Aufl 2020] Art 24 Rn 47).

3. Miet- oder Pachtverhältnis

a) Grundsatz

69 Die Streitigkeit muss aus einem Miet- oder Pachtverhältnis über Grundstücke oder Räume resultieren. Was unter „Miete" oder „Pacht" zu verstehen ist, muss für Art 24 Nr 1 Brüssel Ia-VO *autonom* bestimmt werden (Rn 67; BGH NJW-RR 2010, 712 mAnm Müller NZM 2010, 309; BGH RIW 2008, 633 [634]; App Basel-Stadt SZIER 1996, 90; Endler IPRax 1992, 212 [214]; Geimer/Schütze/Geimer, EuZVR [4. Aufl 2020] Art 24 Rn 110; Schlosser/Hess/Schlosser, EuZPR [5. Aufl 2021] Art 24 Rn 7; Rauscher/Mankowski, Brüssel Ia-VO [5. Aufl 2021] Art 24 Rn 55 ff). Wegen der gebotenen restriktiven Auslegung der Vorschrift genügt es nicht, dass der streitgegenständliche Vertrag nur überhaupt eine unbewegliche Sache zum Gegenstand hat; er muss vielmehr auf die Gebrauchsüberlassung und Nutzung des Grundstücks bzw der Wohnung als Hauptleistung gerichtet sein. Streitigkeiten aus sonstigen grundstücksbezogenen Verträgen können auch nicht als Klagen, die **dingliche Rechte an Grundstücken** zum Gegenstand haben, erfasst werden. Denn solche Klagen müssen nach der engen Interpretation des EuGH auf ein dingliches Recht – und nicht nur auf ein persönliches Recht – gestützt sein (EuGH Rs C-294/92 – *Webb*, Slg 1994 I 1717 Rn 14 = IPRax 1995, 314 mAnm Kaye; EuGH Rs C-438/12 – *Weber*, EuZW 2014, 469 mAnm Dietze = IPRax 2015, 150 Rn 42 f mAnm Nordmeier 120; dazu näher Kropholler/vHein, EuZPR [9. Aufl 2011] Art 22 Brüssel I-VORn 13 f; unalex-Komm/Borras/Hausmann Art 22 Brüssel I-VO Rn 5 ff mwNw), wobei der Unterschied zwischen einem dinglichen Recht und einem persönlichen Anspruch darin besteht, dass das dingliche Recht an einer Sache gegenüber jedermann wirkt, während der persönliche Anspruch nur gegen den Schuldner geltend gemacht werden kann (EuGH C-433/

19 – *Ellmes Property Services Ltd*, RIW 2021, 48 Rn 26; EuGH Rs C-605/14 – *Komu*, EuZW 2016, 198 Rn 27; EuGH Rs C-438/12 – *Weber*, EuZW 2014, 469 mAnm Dietze = IPRax 2015, 150 Rn 43). Erfasst sind daher nur Klagen, die „darauf gerichtet sind, den Umfang oder Bestand einer unbeweglichen Sache, das Eigentum, den Besitz oder das Bestehen anderer dinglicher Rechte hieran zu bestimmen und den Inhabern dieser Rechte den Schutz der mit ihrer Rechtsstellung verbundenen Vorrechte zu sichern" (EuGH Rs C-827/18 – *MC/ND*, BeckRS 2019, 9468 Rn 24; EuGH Rs C-722/17 – *Reitbauer*, EuZW 2019, 738 mAnm Sujecki; EuGH Rs C-605/14 – *Komu*, EuZW 2016, 198 Rn 26; EuGH Rs C 438/12 – *Weber*, NJW 2014, 1871 Rn 42 = IPRax 2015, 150 mAnm Nordmeier 120; EuGH Rs C-343/04 – *Oberösterreich/ČEZ*, Slg 2006 I 4557 Rn 30 = RIW 2006, 624 mAnm Knöfel; EuGH Rs C-115/88 – *Reichert*, Slg 1990 I 27 Rn 11 = IPRax 1991, 45 m krit Anm Schlosser 29; BGH NJW 2015, 2734 Rn 14 ff; BGH NJW-RR 2005, 72 [73]; BayObLG ZEV 2019, 635 Rn 34 mAnm Leipold). Einen Grenzfall bildet etwa die Klage eines Wohnungseigentümers, mit der einem anderen Wohnungseigentümer derselben Liegenschaft verboten werden soll, die vertraglich vereinbarte Widmung seiner Eigentumswohnung eigenmächtig und ohne Zustimmung der übrigen Wohnungseigentümer zu ändern; sie betrifft nur dann „dingliche Rechte an unbeweglichen Sachen" iSv Art 24 Abs 1 S 1 Brüssel Ia-VO, wenn diese Widmung nicht nur den Miteigentümern dieser unbeweglichen Sache, sondern jedermann entgegengehalten werden kann (EuGH Rs C-433/19 – *Ellmes Property Services*, NJW 2021, 293 Rn 20 ff, 33 = EuZW 2021, 124 mAnm Sujecki; dazu die Vorlage öst OGH 21. 5. 2019, unalex AT-1223).

Aus diesem Grunde findet Art 24 Nr 1 S 1 Brüssel Ia-VO auch *keine* Anwendung auf **70** Klagen, die auf die **Einräumung von Eigentum** oder beschränkt-dinglichen Rechten an einer unbeweglichen Sache auf der Grundlage eines Schuldvertrags (zB Grundstückskauf oder -schenkung) gerichtet sind (öst OGH 25. 11. 2015, unalex AT-1012; frz Cass 14. 1. 2015, unalex FR-2417; Rauscher/Mankowski, Brüssel Ia-VO [5. Aufl 2021] Art 24 Rn 38 ff). Ebenso wenig fallen Klagen auf Auflösung eines Kaufvertrags über eine unbewegliche Sache und hieraus abgeleitete Schadensersatzansprüche unter Art 24 Nr 1 S 1 Brüssel Ia-VO, mögen sie sich auch mittelbar auf das Eigentum an dem Grundstück auswirken (EuGH Rs C-518/99 – *Gaillard*, Slg 2001 I 2771 Rn 15 ff; OLG Hamm RIW 2001, 867; ebenso BGH EuLF 2004, 286 = IPRax 2007, 210 mAnm Lehmann/Sánchez/Lorenzo 190 zur Klage auf Löschung eines Nießbrauchs wegen Verletzung von Vertragspflichten; öst OGH 30. 1. 2018, unalex AT-1148 zur Klage auf Zustimmung zur Eintragung oder auf Zustimmung zur Löschung eines dinglichen Rechts). Gleiches gilt für eine Klage auf Rückzahlung des Kaufpreises für den Erwerb eines Teilzeitnutzungsrechts an einer ausländischen Immobilie nach Widerruf des Vertrags (BayObLG-NJW-RR 2002, 1502), für eine Klage auf Aufhebung eines Schenkungsvertrags über ein Grundstück wegen Geschäftsunfähigkeit des Schenkenden (EuGH Rs C-417/15 – *Schmidt*, NJW 2017, 315 Rn 27 ff = EuZW 2017, 36 mAnm Klöpfer), eine Klage, die persönliche Ansprüche des Sicherungsgebers hinsichtlich der Rückgewähr von dinglichen Sicherheiten betrifft (BGH NJW 2019, 1300) oder für eine Klage, die auf Feststellung der Nichtigkeit eines Kreditvertrags und einer notariellen Urkunde über die Bestellung einer Sicherungshypothek für die Forderung aus diesem Vertrag gerichtet ist (EuGH Rs C-630/17 – *Milivojević*, BeckRS 2019, 1381 Rn 101 = IWRZ 2019, 182 mAnm Lobach). Schließlich fällt auch der Streit zwischen Käufer und Verkäufer einer Immobilie über die Frage, wem von beiden für einen bestimmten Zeitraum der Mietertrag zusteht, nicht unter Art 24 Nr 1 Brüssel Ia-VO (EuGH Rs C-827/18 – *MC/ND*, BeckRS 2019, 9468 Rn 27 ff). Die internationale Zuständigkeit für solche Vertragsklagen, die nur persönliche Rechte in Bezug auf eine Immobilie zum Gegenstand haben, bestimmt sich daher nicht nach Art 24 Nr 1, sondern nach Art 4 und Art 7 Nr 1 lit a dieser Verordnung. Entsprechend fallen vorbeugende Unterlassungsklagen des Grundeigentümers gegen einen dritten Störer nicht unter Art 24 Nr 1, sondern unter Art 7 Nr 2 Brüssel Ia-VO (öst OGH 20. 12. 2016, unalex AT-1092; näher zur Abgrenzung der dinglichen von persönlichen Rechten Geimer/Schütze/Paulus, IRV Art 24 Rn 20 ff).

71 Andererseits genügt es auch nicht, dass nur überhaupt die Nutzung einer unbeweglichen Sache den Anlass für die Streitigkeit der Parteien bildet. Streitgegenstand müssen vielmehr die Rechte und Pflichten aus einem **Miet- oder Pachtvertrag** über eine unbewegliche Sache sein. Deshalb fällt auch eine Klage auf Entschädigung für gezogene Nutzungen einer Wohnung, die darauf gestützt wird, dass die Eigentumsübertragung an den Nutzer nichtig gewesen sei und dieser die Nutzungen daher ohne Rechtsgrund gezogen habe, nicht unter Art 24 Nr 1 S 1 Brüssel Ia-VO; daran ändert auch der Umstand, dass die Nutzungsentschädigung nach mietähnlichen Grundsätzen zu bemessen ist, nichts (EuGH Rs C-292/93 – *Lieber*, Slg 1994 I 2535 Rn 19 ff; zust OGH IPRax 1999, 471 mAnm Nordmeier 477; Schlosser/Hess/Schlosser, EuZPR [5. Aufl 2021] Art 24 Rn 7 aE; Kropholler/vHein, EuZPR [9. Aufl 2011] Art 22 Brüssel I-VORn 27). Erfasst wird hingegen – wie Art 24 Nr 1 S 2 Brüssel IIa-VO zeigt – auch die kurzfristige Vermietung von Ferienwohnungen und -häusern, wenn keine weiteren Leistungen geschuldet werden (OLG Frankfurt NJW-RR 2008, 663; Wieczorek/Schütze/Kern, ZPO [4. Aufl 2015] Art 24 Brüssel Ia-VO Rn 18). Gleiches gilt für die Vermietung eines Parkplatzes für ein Kfz in einem anderen Mitgliedstaat (AG München 30. 9. 2015, unalex DE-3551). Demgegenüber wird das kostenpflichige Parken auf einer öffentlichen Verkehrsfläche nicht als Miete oder Pacht einer unbeweglichen Sache, sondern als Inanspruchnahme einer Dienstleistung des Parkplatzbetreibers iSv Art 7 Nr 1 lit b Brüssel Ia-VO gewertet (EuGH Rs C 507/19 – *Obala i lucice*, DAR 2022, 136 Rn 79, 88 ff).

72 Nicht erforderlich ist hingegen, dass sich im Rechtsstreit der Eigentümer und der Mieter gegenüberstehen. Art 24 Nr 1 S 1 Brüssel Ia-VO ist vielmehr auch dann anwendbar, wenn die Klage von einem gewerblichen **Reiseveranstalter** erhoben wird, der dem Mieter die (Ferien-)Wohnung vermietet hatte und aus abgetretenem Recht des Eigentümers gegen den Mieter vorgeht (EuGH Rs C-8/98 – *Dansommer*, Slg 2000 I 393 Rn 36 f = NJW 2000, 2009); ebenso wenn die Ansprüche des Eigentümers durch einen Vermittler geltend gemacht werden (LG Bonn NJW-RR 2001, 1574). Ferner gilt Art 24 Nr 1 S 1 Brüssel Ia-VO auch für Streitigkeiten aus Zwischen- und Untermiet- bzw -pachtverträgen (BGH NJW 2013, 308; Schlosser/Hess/Schlosser, EuZPR [5. Aufl 2021] Art 24 Rn 9). Ebenso wie § 29a ZPO, der nach seinem ausdrücklichen Wortlaut auch auf Streitigkeiten über die Frage des Bestehens bzw Nichtbestehens eines Miet- oder Pachtvertrages anwendbar ist, setzt auch Art 24 Nr 1 Brüssel Ia-VO einen wirksamen Vertragsschluss nicht voraus (vgl EuGH Rs 73/77 – *Sanders*, Slg 1977, 2383 Rn 12 ff = RIW 1978, 336; Kropholler/vHein, EuZPR [9. Aufl 2011] Art 22 Brüssel I-VO Rn 24).

b) Gemischte Verträge

73 Über die Anwendbarkeit von § 29a Abs 1 ZPO auf Verträge, die sich aus Elementen sowohl des Miet- bzw Pachtvertrages als auch anderer Vertragstypen zusammensetzen, wird im autonomen Prozessrecht mit Hilfe der sog **Übergewichtstheorie** entschieden; danach ist der ausschließliche Gerichtsstand immer dann eröffnet, wenn die miet- bzw pachtvertraglichen Elemente überwiegen (vgl näher Wieczorek/Schütze/Hausmann, ZPO [3. Aufl 2010] § 29a Rn 29 ff). Demgegenüber folgt aus der vom EuGH betonten restriktiven Auslegung von Art 24 Nr 1 Brüssel Ia-VO (Rn 67; dazu M J Ulmer

IPRax 1995, 72 ff), dass die ausschließliche internationale Zuständigkeit nach dieser Vorschrift Streitigkeiten aus typengemischten Verträgen über eine Gesamtheit von Dienstleistungen grundsätzlich nicht erfasst (EuGH Rs C-497/22 – *EM/Roompot Service BV*, IPRax 2024, 490 Rn 30 mAnm Rüsing 456; Berner GPR 2024, 75). Art 24 Nr 1 Brüssel Ia-VO greift also nicht ein, wenn der geschlossene Vertrag nicht durch die Miete oder Pacht eines Grundstücks bzw einer Wohnung, sondern durch andere Leistungen sein eigentliches Gepräge gewinnt (Geimer/Schütze/Geimer, EuZVR [4. Aufl 2020] Art 24 Rn 111), wie dies namentlich auf **Beherbergungsverträge** zutrifft, bei denen außer der Überlassung des Zimmers auch eine Versorgung mit Speisen und Getränken stattfindet (öst OGH ÖJZ 2004, 388 [390]; OLG Karlsruhe RIW 1999, 463; OLG Düsseldorf NJW-RR 2008, 1526 [1527]; Rauscher/Mankowski, Brüssel Ia-VO [5. Aufl 2021] Art 24 Rn 66). Etwas anderes gilt nur dann, wenn die geschuldeten atypischen Nebenleistungen gegenüber der miet- bzw pachtvertraglichen Hauptleistung völlig in den Hintergrund treten (Mansel IPRax 2000, 31). Die Bereitstellung von Bettwäsche und die Übernahme der Endreinigung durch den Vermieter allein begründen daher noch keinen gemischten Vertrag (EuGH Rs C 497/22 – *EM/Roompot Service BV*, IPRax 2024, 490 Rn 40).

Deshalb führt eine vertragsautonome Auslegung des Begriffs „Miete" auch zum Ausschluss von **Ferienhausvermittlungs- und Reiseveranstaltungsverträgen** aus dem Anwendungsbereich des Art 24 Nr 1 Brüssel Ia-VO, wenn sich die Leistungspflicht des Reiseveranstalters nicht auf die Überlassung einer Ferienwohnung für einen kurzen Zeitraum beschränkt, sondern ein ganzes „Paket" weiterer Leistungen (wie zB Auskünfte und Beratung, die Reservierung von Plätzen für die Beförderung an den Ferienort, den Empfang vor Ort und den Abschluss einer Reiserücktrittsversicherung usw) umfasst (EuGH Rs C 497/22 – *EM/Roompot Service BV*, IPRax 2024, 490 Rn 44 f; EuGH Rs 280/90 – *Hacker*, Slg 1992 I 1127 Rn 11–14 = IPRax 1993, 31 mAnm Jayme 18; zust BGH NJW 2013, 308 Rn 8 ff; BGH BeckRS 2013, 11313; OLG München IPRspr 2017 Nr 258; AG Wetzlar NJW-RR 2005, 1369; LG Feldkirch 19. 1. 2007, unalex AT-518; Endler IPRax 1992, 214 f; Kartzke NJW 1994, 823 f; Staudinger NZM 2011, 257 [259]). Solche Verträge sind vielmehr als Verbraucherverträge iSv Art 17 Abs 1 lit c Brüssel Ia-VO zu qualifizieren (BGH BeckRS 2013, 11313; OLG München IPRspr 2017 Nr 258; Rn 233). Beschränkt sich der Vertrag hingegen auf die Bereitstellung einer **Ferienwohnung als einziger Reiseleistung**, verbleibt es bei der ausschließlichen Zuständigkeit nach Art 24 Nr 1 Brüssel Ia-VO. Auch wenn der von dem gewerblichen Reiseveranstalter abgeschlossene Vertrag über die Vermietung der Ferienwohnung zusätzlich eine Reiserücktrittsversicherung einschließt und eine Erstattung des vom Kunden im Voraus gezahlten Reisepreises im Fall der Zahlungsunfähigkeit des Reiseveranstalters sicherstellt, können zumindest die Ansprüche des Eigentümers der Ferienwohnung auch vom Reiseveranstalter aus abgetretenem Recht im ausschließlichen Gerichtsstand des Art 24 Nr 1 Brüssel Ia-VO geltend gemacht werden (EuGH Rs C-8/98 – *Dansommer*, Slg 2000 I, 393 Rn 34 = EuLF 2000/01, 57 mAnm Hausmann; LG Bonn NJW-RR 2001, 1574; vgl auch AG Mannheim BeckRS 2010, 17438; **aA** noch BGHZ 119, 152 [156] = IPRax 1993, 244 mAnm Lindacher 228; Hensen EWiR 1992, 1181; Tonner VUR 1993, 48, 49). Auch sonst schließen untergeordnete Zusatzleistungen des Vermieters einer Ferienwohnung den Gerichtsstand nach Art 24 Nr 1 Brüssel Ia-VO nicht aus (AG Freiburg 14. 5. 2009, unalex DE-1668: Vermietung von Fahrrädern). **Kein Mietvertrag**, sondern ein Dienst- oder Geschäftsbesorgungsvertrag liegt hingegen vor, wenn sich jemand gegenüber dem Inhaber eines Ferienhauses verpflichtet, diesem laufend Mieter zu vermitteln (OLG Frankfurt IPRspr 1992 Nr 183b gegen LG Frankfurt aM IPRax 1992, 241 m krit Anm Endler; zur Abgrenzung Reisevertrag/Mietvertrag näher Nordmeier IPRax 2001, 74

31 ff). § 29a ZPO ist auf Ferienhausmietverträge schon nach seinem Abs 2 iVm § 549 Abs 2 Nr 1 BGB nicht anwendbar.

75 Besondere Schwierigkeiten wirft in diesem Zusammenhang die Qualifikation von **Timesharing-Verträgen** auf (vgl unalexKomm/Borras/Hausmann Brüssel I-VO Art 22 Rn 30 ff). Diese entsprechen zwar dem Leitbild der Miete, wenn dem Erwerber lediglich ein zeitlich befristetes Wohn- und Nutzungsrecht an einem bestimmten Objekt eingeräumt wird (vgl Martinek ZEuP 1994, 470 [483]; Schomerus NJW 1995, 359 [360]; Mankowski RIW 1995, 364 [365]). Der Anbieter von Teilzeitnutzungsrechten verspricht allerdings bei sämtlichen Timesharing-Modellen die Erbringung von vielfältigen **Zusatzleistungen** (vgl Tönnes RIW 1996, 124 ff). Diese umfassen etwa Wäsche- und Reinigungsservice, die Überwachung der Immobilie sowie zumeist auch die laufende Verwaltung der erworbenen Rechte durch ein Treuhandunternehmen. Atypische Pflichten des Erwerbers ergeben sich ferner häufig aus seiner (Zwangs-)Mitgliedschaft in einem Verein, dem auch die übrigen Erwerber von Teilzeitnutzungsrechten an der nämlichen Immobilie angehören. Diese zusätzlichen Dienstleistungen des Anbieters und atypischen Pflichten des Erwerbers können den Timesharing-Vertrag so stark prägen, dass Art 24 Nr 1 Brüssel Ia-VO für Streitigkeiten aus solchen Verträgen nicht passt (vgl zu Art 16 Nr 1 EuGVÜ LG Detmold IPRax 1995, 249 m zust Anm Jayme 234; LG Dresden IPRspr 1998 Nr 146; KG VuR 1999, 138 mAnm Mankowski; Jayme IPRax 1996, 87 f und 1997, 233 [234 f]; einschränkend Rauscher/Mankowski, Brüssel Ia-VO [5. Aufl 2021] Art 24 Rn 68 f).

76 Nach Ansicht des EuGH scheidet eine ausschließliche Zuständigkeit nach Art 24 Nr 1 Brüssel Ia-VO jedenfalls dann aus, wenn die Mitgliedschaftsgebühr den Hauptbestandteil des Gesamtpreises für den Erwerb des Teilzeitnutzungsrechts ausmacht, das sich zudem nicht auf eine bestimmte Wohnung in der Anlage bezieht, sondern zwischen den Clubmitgliedern **Tauschmöglichkeiten** eröffnet (EuGH Rs C-73/04 – *Rhodos Management*, Slg 2005 I 8667 Rn 24 ff = IPRax 2006, 159 mAnm Nordmeier 124 = ZZP Int 2005, 305 mAnm Mankowski; krit dazu Rauscher/Mankowski, Brüssel Ia-VO [5. Aufl 2021] Art 24 Rn 70). Auch die Überlassung von Wohnungen im Rahmen von sog Ferien-Tauschwochen ist jedenfalls dann keine Miete einer unbeweglichen Sache, wenn der Zeitraum der Überlassung und das Objekt nicht präzise festgelegt sind (BGH RIW 2008, 633; dazu Leible/Müller NZM 2009, 18). Schließlich ist auch der Vertrag über eine Vereinsmitgliedschaft dann kein Mietvertrag iSv Art 24 Nr 1 Brüssel Ia-VO, wenn er neben einem Ferienwohnrecht in einem bestimmten Appartement weitere Rechte und Pflichten umfasst, die weit über die bloße Einräumung eines Nutzungsrechts hinausgehen und den Vertrag wirtschaftlich entscheidend prägen (BGH RIW 2010, 473 [474] = JZ 2010, 895 mAnm Mäsch).

77 Für solche gemischten Timesharing-Verträge mit starken Dienstleistungselementen erscheint idR eine Qualifikation als **Verbrauchervertrag** iSv Art 17 Abs 1 lit c Brüssel Ia-VO gerechtfertigt (Jayme IPRax 1995, 135; Hausmann EuLF 2000, 40 [45]; s Rn 216 sowie Art 6 Abs 4 lit c Rom I-VO; dazu Staudinger/Magnus [2021] Art 6 Rom I-VO Rn 87 f). Im Regelfall dürfte hingegen beim Timesharing die entgeltliche Überlassung eines zeitlich befristeten Wohnrechts so stark dominieren, dass die sonstigen Leistungen – ebenso wie bei der Ferienhausvermietung durch Reiseveranstalter (Rn 74) – völlig dahinter zurücktreten. Maßgebend ist dann der ausschließliche Gerichtsstand nach Art 24 Nr 1 Brüssel Ia-VO (OLG Koblenz NJW-RR 2001, 490 = VuR 2001, 257 [258] mAnm Mankowski; OLG Brandenburg NZM 2008, 660 [662]; LG Darmstadt RIW 1996, 422 [424] = EuZW

1996, 177 mAnm Mankowski; Geimer/Schütze/Geimer, EuZVR [4. Aufl 2020] Art 24 Rn 112; offen lassend BGHZ 135, 124 [128] = NJW 1997, 1697; ausf zur Abgrenzung zwischen Art 24 Nr 1 und Art 17 ff Brüssel Ia-VO Leible/Müller NZM 2009, 18 ff; Rauscher/Mankowski, Brüssel Ia-VO [5. Aufl 2021] Art 24 Rn 68 ff).

Der Normzweck des Art 24 Nr 1 Brüssel Ia-VO erfordert schließlich, dass Gegenstand des Miet- bzw Pachtvertrags eine *Immobilie* ist; denn nur für die Miete und Pacht von Grundstücken und Räumen, insbesondere von Wohnungen gelten idR komplizierte Sonderregeln, die eine ausschließliche Zuständigkeit der Gerichte des Belegenheitsstaats rechtfertigen können (Rn 64). Der Begriff „Miete oder Pacht von unbeweglichen Sachen" in Art 24 Nr 1 Brüssel Ia-VO erfasst daher nicht einen Vertrag über die **Verpachtung eines Ladengeschäfts**, das auf einem vom Verpächter von einem Dritten gemieteten Grundstück betrieben wird (EuGH Rs 73/77 – *Sanders*, Slg 1977, 2383 Rn 16 = RIW 1978, 336; zust Rauscher NJW 1985, 892 f, 897; vgl auch OLG Düsseldorf RIW 1990, 669 [Unterpacht eines Ladenlokals]). Auch findet Art 24 Nr 1 Brüssel Ia-VO auf *Unternehmenspachtverträge* grundsätzlich keine Anwendung, denn Vertragsgegenstand ist hier das Unternehmen als Inbegriff von beweglichen und unbeweglichen Sachen, Immaterialgüterrechten und Erwerbschancen (öst OGH 8. 7. 2020, unalex AT-1275 [Hotelpacht]; öst OGH 19. 9. 2013, unalex AT-917; vgl Wieczorek/Schütze/Hausmann, ZPO [3. Aufl 2010] § 29a Rn 25 f). **78**

4. Einzelne Streitigkeiten

a) Grundsatz

Streitgegenstand iSv Art 24 Nr 1 Brüssel Ia-VO bzw § 29a ZPO ist das Miet- oder Pachtverhältnis jedenfalls dann, wenn zwischen den Parteien über das Bestehen, die Beendigung oder die Auslegung des Vertrages, den Ersatz für die vom Mieter oder Pächter verursachten Schäden oder die Räumung des Grundstücks bzw der Wohnung gestritten wird (EuGH Rs 73/77 – *Sanders*, Slg 1977, 2383 Rn 12, 15; Rauscher/Mankowski, Brüssel Ia-VO [5. Aufl 2021] Art 24 Rn 80 ff; ebenso zum autonomen Recht Wieczorek/Schütze/Hausmann, ZPO [3. Aufl 2010] § 29a Rn 29 ff mwNw). In diesen Fällen greift Art 24 Nr 1 Brüssel Ia-VO auch dann ein, wenn der geltend gemachte Anspruch sich nicht aus dem Vertrag selbst, sondern aus dem Gesetz ergibt; denn die rechtliche Natur der jeweiligen Anspruchsgrundlage ist insoweit unerheblich. Demgemäß fällt etwa die Klage des Mieters auf Rückzahlung des Mietzinses auch dann unter Art 24 Nr 1 Brüssel Ia-VO, wenn sie nicht auf den Mietvertrag, sondern auf **Delikt** oder auf **ungerechtfertigte Bereicherung** gestützt wird (LG Bochum RIW 1986, 135 mAnm Geimer; AG München ZMR 1991, 183 mAnm Busl 167; Kropholler/vHein, EuZPR [9. Aufl 2011] Art 22 Brüssel I-VO Rn 26; vgl auch OLG Frankfurt NJW-RR 2008, 663). **79**

Auch die Klage des Vermieters auf Rückgabe des Mietgrundstücks bzw der Mietwohnung wird von Art 24 Nr 1 Brüssel Ia-VO unabhängig davon erfasst, ob sie aus Vertrag (zB § 546 BGB) oder **aus Eigentum** (zB § 985 BGB) begründet wird. Ferner kann der (Zwischen-)Vermieter einer Wohnung auch ihm abgetretene Schadensersatzansprüche des Eigentümers (zB aus Delikt) nur im Gerichtsstand des Art 24 Nr 1 Brüssel Ia-VO geltend machen (EuGH Rs C-8/98 – *Dansommer*, Slg 2000 I 393 Rn 23 = NJW 2000, 2009). Der Abschluss eines Miet- oder Pachtvertrags muss vom Kläger oder vom Beklagten jedoch zumindest schlüssig behauptet werden (vgl zum autonomen Recht näher Wieczorek/Schütze/Hausmann, ZPO [3. Aufl 2010] § 29a Rn 33 f mwNw). Daran fehlt **80** es, wenn die Klage auf Nutzungsentschädigung für eine Wohnung darauf gestützt wird, dass der Beklagte den Gebrauchsvorteil wegen der Nichtigkeit der Eigentumsübertragung ohne Rechtsgrund gezogen (EuGH Rs C-292/93 – *Lieber*, Slg 1994 I 2545 Rn 22 = IPRax 1995, 99 mAnm M J Ulmer 72) oder die Wohnung nach Vertragsbeendigung weiter genutzt habe (öst OGH IPRax 1999, 471 f; dazu Nordmeier IPRax 1999, 477 f).

b) Reine Zahlungsklagen

81 Während § 29a ZPO nach allg Ansicht auch auf reine Miet- und Pachtzahlungsklagen anzuwenden ist (vgl Wieczorek/Schütze/Hausmann, ZPO [3. Aufl 2010] § 29 Rn 30 mwNw), war dies für Art 16 Nr 1 EuGVÜ lange Zeit streitig. Gerade Fragen der Miethöhe werden indes häufig durch komplizierte nationale Sondergesetze über Mietpreisbindungen geregelt; dies spricht aber nach dem Zweck der Vorschrift dafür, die internationale Zuständigkeit der Gerichte am Belegenheitsort nach Art 24 Nr 1 Brüssel Ia-VO auf „reine" Mietzinsklagen auszudehnen (EuGH Rs 241/83 – *Rösler*, Slg 1985, 99 Rn 29 = NJW 1985, 905; OLG München NJW-RR 1988, 1023; Rauscher NJW 1985, 896; Schlosser/Hess/Schlosser, EuZPR [5. Aufl 2021] Art 24 Rn 7; **aA** Geimer/Schütze/Geimer, EuZVR [4. Aufl 2020] Art 24 Rn 120). Der Gerichtsstand gilt auch für Klagen auf Zahlung von **Nebenkosten** für Wasser-, Gas- und Stromverbrauch (EuGH Rs 241/83 – *Rösler*, Slg 1985, 99 Rn 29; öst OGH ZfRvgl 2000, 22; Rauscher/Mankowski, Brüssel Ia-VO [5. Aufl 2021] Art 24 Rn 81) sowie einen vom Vermieter im Mietvertrag zugesagten **Baukostenzuschuss** (OLG Saarbrücken 13. 9. 2012, unalex DE-2857), ferner für Ansprüche auf **Nutzungsentschädigung** wegen verspäteter Rückgabe der Mietsache (zB nach § 546a BGB; OLG Köln ZMR 2016, 621). Art 24 Nr 1 ist hingegen nicht anwendbar auf Zahlungsklagen, die sich nicht aus dem Mietvertrag selbst ergeben, sondern mit ihm nur im Zusammenhang stehen (EuGH Rs C-497/22 – *EM/Roompot Service BV*, IPRax 2024, 490 Rn 21 mAnm Rüsing 456; öst OGH 10. 9. 2003, unalex AT-6: Klage des Mieters gegen den Nachmieter auf Ablösesumme). Die Zahlungsklage ist auch dann im ausschließlichen Gerichtsstand des Art 24 Nr 1 Brüssel Ia-VO zu erheben, wenn das Mietverhältnis bereits beendet ist und das Urteil in einem anderen Mitgliedstaat vollstreckt werden muss (schwz BG 3. 2. 2003, unalex CH-75).

c) Schadensersatzklagen

82 In den Anwendungsbereich von Art 24 Nr 1 Brüssel Ia-VO fallen demnach auch Schadensersatzklagen des Mieters/Pächters wegen Nichterfüllung der Gebrauchsüberlassungspflicht, wegen Überlassung mangelhafter Räume sowie wegen sonstiger Vertragsverletzungen des Vermieters (zB Kündigung wegen vorgeschobenen Eigenbedarfs). Gleiches gilt für Streitigkeiten aus der Anbahnung von Miet- oder Pachtverhältnissen sowie für konkurrierende deliktische Schadensersatzansprüche (zum autonomen Recht Wieczorek/Schütze/Hausmann § 29a Rn 32 mwNw). Umgekehrt ist Art 24 Nr 1 Brüssel Ia-VO auch auf Schadensersatzklagen des Vermieters wegen Nichtzahlung der vereinbarten Mietsicherheit (KG BeckRS 2018, 30269 Rn 30) oder wegen Beschädigung der vermieteten Wohnung durch den Mieter anwendbar (EuGH Rs C-8/98 – *Dansommer*, Slg 2000 I 393 Rn 24, 28 = NJW 2000, 2009), und zwar auch dann, wenn die Klage nicht auf positive Vertragsverletzung, sondern auf **unerlaubte Handlung** gestützt wird (OLG Hamm OLGR 1995, 69). Ferner können auch Ansprüche auf Rückzahlung des geleisteten Mietzinses bei einem Fehlschlagen des Vertrages nur im Gerichtsstand des Art 24 Nr 1 Brüssel Ia-VO geltend gemacht werden (OLG Frankfurt NJW-RR 2008, 663; Rauscher/Mankowski, Brüssel Ia-VO [5. Aufl 2021] Art 24 Rn 80). Nicht unter Art 24 Nr 1 Brüssel Ia-VO fallen nach der Rechtsprechung des EuGH hingegen

Klagen, die sich „nur mittelbar auf die Nutzung der Mietsache beziehen", wie zB Schadensersatzansprüche wegen entgangener Urlaubsfreude und nutzloser Reisekosten, die der Kläger wegen der Mangelhaftigkeit des vermieteten Ferienhauses erlitten hat (EuGH Rs 241/83 – *Rösler*, Slg 1985, 99 Rn 28 = IPRax 1986, 97 mAnm Kreuzer 75; OLG Koblenz OLGR 2007, 808 f; krit dazu Schack, IZVR [9. Aufl 2025] Rn 386 aE). Auch Ansprüche auf Rückzahlung der vom Käufer eines Timesharing-Rechts geleisteten Anzahlung des Kaufpreises fallen nicht unter Art 24 Nr 1 Brüssel Ia-VO (BayObLG NJW-RR 2002, 1502).

d) Verbandsklagen

Nicht anwendbar ist Art 24 Nr 1 Brüssel Ia-VO ferner auf eine Verbandsklage nach **83** §§ 3 ff UKlaG oder § 8 Abs 3 UWG gegen eine Klausel in AGB, die ein inländisches Reiseunternehmen bei der Vermietung von Ferienwohnungen im Ausland verwendet. Denn bei der Verbandsklage handelt es sich um ein allgemeines Kontrollverfahren zum Schutz der inländischen Verbraucher, das keinen Bezug zu einem bestimmten Grundstück und seiner Belegenheit aufweist. Zwingende Sondervorschriften des Belegenheitsstaates über Miet- und Pachtverhältnisse an Grundstücken sind für eine solche Klage nicht entscheidungserheblich (vgl zu §§ 13 ff AGBG aF BGHZ 109, 29 [32] = IPRax 1990, 318 mAnm W Lorenz 292; ebenso BGHZ 119, 152 [156 f] = IPRax 1993, 244 mAnm Lindacher 228; Kartzke NJW 1994, 824; Geimer/Schütze/Geimer, EuZVR [4. Aufl 2020] Art 24 Rn 116; **aA** Piroddi Riv dir int priv proc 1995, 74 f).

5. Kurzfristige Gebrauchsüberlassungsverträge

a) Die Rechtsprechung des EuGH zum EuGVÜ 1982

Während Wohnungsmietverträge zum nur vorübergehenden Gebrauch vom Anwen- **84** dungsbereich des § 29a ZPO ausgenommen sind (vgl § 29a Abs 2 ZPO iVm § 549 Abs 2 Nr 1 BGB), galt Art 16 Nr 1 EuGVÜ nach der Rechtsprechung des EuGH für alle Verträge über die Miete oder Pacht von unbeweglichen Sachen, unabhängig von der Dauer des Mietverhältnisses und vom Zweck der Anmietung. Erfasst waren damit insbesondere auch kurzfristige Mietverträge über Ferienwohnungen bzw Ferienhäuser (EuGH Rs 241/83 – *Rösler*, Slg 1985, 99 Rn 24 = IPRax 1986, 97 mAnm Kreuzer 75). Dies wurde vor allem in der deutschen Rechtsprechung und Lehre als unangemessen kritisiert (vgl etwa BGH IPRspr 1983 Nr 139; Leue NJW 1983, 1242 f; Rauscher NJW 1985, 897; Kreuzer IPRax 1986, 75; zu verfassungsrechtlichen Bedenken Geimer ZfRvgl 1992, 345), weil damit auch Streitigkeiten zwischen deutschen Parteien über die Vermietung einer zB in Frankreich, Italien oder Spanien belegenen Ferienwohnung nur vor den Gerichten des Belegenheitsorts entschieden werden durften; die Zuständigkeit der deutschen Gerichte konnte in einem solchen Fall wegen Art 17 Abs 3 EuGVÜ auch nicht wirksam vereinbart werden. Damit wurde aber der Vorteil der leichteren Feststellung von Mängeln der Mietwohnung durch ein ortsnahes Gericht durch die erhebliche Erschwerung des tatsächlichen Zugangs zu diesem Gericht mehr als aufgewogen.

b) Änderungen durch das EuGVÜ 1989 und die Brüssel I-VO

Der Kritik an der EuGH-Rechtsprechung zur Auslegung von Art 16 Nr 1 EuGVÜ in **85** Miet- und Pachtsachen wurde schon aus Anlass des 3. Beitrittsübereinkommens mit Spanien und Portugal vom 26. 5. 1989 durch die Einschränkung der ausschließlichen Zuständigkeit des Belegenheitsstaats und die Begründung eines alternativen Forums im Wohnsitzstaat des Beklagten in Art 16 Nr 1 lit b EuGVÜ Rechnung getragen.

Diese Lösung hat auch der Verordnungsgeber in Art 22 Nr 1 S 2 Brüssel I-VO mit geringfügigen Modifikationen übernommen (vgl näher unalexKomm/Borras/Hausmann, Brüssel I-VO Art 22 Rn 24 ff). Die Reform von 2012 hat daran nichts geändert.

aa) Voraussetzungen der alternativen Zuständigkeit

86 Die Sonderregelung gilt nur für Immobiliarmiet- und -pachtverträge „zum vorübergehenden privaten Gebrauch für höchstens sechs aufeinander folgende Monate". Durch das Merkmal des **„privaten Gebrauchs"** werden Mietverträge ausgeschlossen, die der *Mieter* zu geschäftlichen Zwecken abschließt; hingegen ist es unschädlich, dass die Vermietung (zB von Privatzimmern) für den Vermieter eine kommerzielle Tätigkeit darstellt. Weiterhin muss der Mieter bzw Pächter der Wohnung – nicht hingegen auch der Eigentümer (Kropholler/vHein, EuZPR [9.. Aufl 2011] Art 22 Brüssel I-VORn 31) oder ein vom Eigentümer verschiedener (Zwischen- oder Unter-)Vermieter – eine **natürliche Person** sein; auch Rechtsstreitigkeiten aus der Vermietung durch gewerbliche Ferienhaus-/Hotelgesellschaften sind daher – anders als noch im EuGVÜ 1989 und 1996 – nach Art 24 Nr 1 S 2 Brüssel Ia-VO nicht mehr ausschließlich im Belegenheitsstaat zu führen (Geimer/Schütze/Geimer, EuZVR [4. Aufl 2020] Art 24 Rn 128 ff). Die Sonderregelung in Art 24 Nr 1 S 2 Brüssel Ia-VO greift schließlich nur ein, wenn **Mieter/Pächter und Eigentümer im gleichen Mitgliedstaat wohnen**; dabei wird vorausgesetzt, dass dieser Wohnsitz in einem anderen Mitgliedstaat liegt als das vermietete Grundstück. Nicht erforderlich ist hingegen, dass auch der – mit dem Eigentümer nicht identische – Vermieter seinen Wohnsitz in demselben Mitgliedstaat wie der Eigentümer und der Mieter hat (Wieczorek/Schütze/Kern, ZPO [4. Aufl 2015] Art 24 Rn 22; Trunk 108 f). *Maßgebender Zeitpunkt* für das Vorliegen der Zuständigkeitsvoraussetzungen nach Art 24 Nr 1 S 2 Brüssel Ia-VO ist die Klageerhebung; ein Wohnsitzwechsel der Beteiligten nach Beendigung des Mietvertrages, aber vor Klageerhebung, ändert somit den Gerichtsstand (Trunk 109).

bb) Wirkungen der alternativen Zuständigkeit

87 Art 24 Nr 1 S 2 Brüssel Ia-VO hebt die ausschließliche Zuständigkeit des Belegenheitsstaates auf und begründet eine **alternative Zuständigkeit** im Wohnsitzstaat des Beklagten. International zuständig sind danach nicht notwendig die Gerichte im gemeinsamen Wohnsitzstaat von Eigentümer und Mieter; vielmehr können für Klagen des Mieters/Pächters auch die Gerichte eines anderen Mitgliedstaats zur Entscheidung berufen sein, in dem der – vom Eigentümer verschiedene – (Zwischen-) Vermieter (zB eine Ferienhausagentur) seinen Sitz hat (vgl Geimer/Schütze/Geimer, EuZVR [4. Aufl 2020] Art 24 Rn 133). Die alternative Wohnsitzzuständigkeit ist ebenfalls **ausschließlich**; sie kann daher durch eine Gerichtsstandsvereinbarung nicht ausgeschlossen oder eingeschränkt werden (Trunk 51 f; Kropholler/vHein, EuZPR [9. Aufl 2011] Art 22Brüssel I-VO Rn 32). Das im Wohnsitzstaat des Beklagten gesprochene Urteil ist in allen anderen Mitgliedstaaten nach Maßgabe der Art 36 ff Brüssel Ia-VO anerkennungsfähig und vollstreckbar; dies gilt auch für den Belegenheitsstaat, weil Vorbehalte der Mitgliedstaaten sowohl nach der Brüssel Ia-VO wie nach dem LugÜ 2007 – ausgeschlossen sind. Da die beiden ausschließlichen Gerichtsstände des Art 24 Nr 1 Brüssel Ia-VO sich gegenseitig nicht ausschließen, sind *Kompetenzkonflikte* möglich, wenn dieselbe Rechtsstreitigkeit sowohl im Belegenheitsstaat als auch im Wohnsitzstaat des Beklagten anhängig gemacht wird. In diesem Fall greift Art 31 Abs 1 Brüssel Ia-VO ein, der das zuletzt angerufene Gericht – abweichend von der

allgemeinen Rechtshängigkeitsvorschrift in Art 29 Abs 1 Brüssel Ia-VO – verpflichtet, sich ohne Aussetzungsmöglichkeit für unzuständig zu erklären.

III. Sondergerichtsstand des vertraglichen Erfüllungsorts*

1. Allgemeines

a) Rechtsquellen

Die in der Praxis bei weitem bedeutsamste besondere Zuständigkeit für Vertragsklagen enthält Art 7 Nr 1 Brüssel Ia-VO. Danach können Ansprüche aus einem Ver- 88

* **Schrifttum: 1. Brüssel Ia-VO**: BARTMANN/KOUKOUNADIS/REICH, Internationale Zuständigkeit bei Verträgen über online-Dienstleistungen, RDi 2025, 635; DOSTAL, Zur internationalen Zuständigkeit für Klagen aus grenzüberschreitenden Vertriebsverträgen, EuZW 2018, 944 und 983; EINSELE, Der Erfüllungsort von Geschften in Finanzinstrumenten, FS Kronke (2020) 61; GRÖNING, Gesellschafter und Geschäftsleiterhaftung im internationalen Zivilverfahrensrecht – Zur internationalen Zuständigkeit nach Brüssel Ia-VO und EuInsVO (2019); HOFFMANN, Die Gerichtsstände der EuGVVO zwischen Vertrag und Delikt, ZZP 128 (2015) 465; JUNKER, Der Gerichtsstand für internationale Verträge nach der Brüssel I-VO im Licht der neueren EuGH-Rechtsprechung, in: FS Martiny (2014) 761; KADNER-GRAZIANO, Der Gerichtsstand des Erfüllungsorts in Art 7 Nr 1 EuGVVO nF, RIW 2016, 14; KINDLER, Der europäische Vertragsgerichtsstand beim Warenkauf, in: GS Unberath (2015) 253; LAIMER/PERATHONER, Juridiction based on place of performance in the case of a multimodal transport, EuLF 2019, 39; LUBRICH, Der Gesamtschuldnerrückgriff im Zuständigkeitssystem der EuGVVO (2018); MAGNUS, Die Erfüllungortszuständigkeit bei Darlehen, IPRax 2018, 23; MANKOWSKI, Ungerechtfertigte Bereicherung und die EuGVVO, RIW 2017, 322; OKOLI, Place of Performance (2020); OSTENDORF, Internationale Zuständigkeit durch Erfüllungsortvereinbarung in AGB, GPR 2015, 321; SPICKHOFF, Der Eingehungsbetrug im System der Gerichtsstände – Zur Qualifikation von Anspruchsgründen und zur Annexzuständigkeit, IPRax 2017, 72; ders, Kein Tatortgerichtsstand bei Betrug in Europa?, NJW 2020, 3759; THOLE, Die internationale Zuständigkeit für Vertragsstrafe- und Unterlassungsklagen von Wettbewerbsverbänden, IPRax 2015, 65; WADENBURG/SCHNEIDER, Vertraglicher Gerichtsstand bei Ansprüchen aus Delikt, NJW 2014, 1633; WAIS, Der Europäische Erfüllungsortsgerichtsstand für Dienstleistungsverträge (2013);WENDELSTEIN, Wechselseitige Begrenzung von Vertrags- und Deliktsgerichtsstand im Rahmen des neuen europäischen Zuständigkeitsrechts, ZEuP 2015, 622
2. Brüssel I-VO/LugÜ 2007: BACH, Was ist wo Vertrag und was wo nicht?, IHR 2010, 17; BACHMANN, Internationale Zuständigkeit bei Konzernsachverhalten, IPRax 2009, 140; BAJONS, Gerichtsstand des Erfüllungsortes: Rück- und Ausblick auf eine umstrittene Norm, in: FS Geimer (2002) 15; dies, Die autonome Bestimmung des Erfüllungsorts und INCOTERMS, in: FS Simotta (2012) 507; BERG, Autonome Bestimmung des Erfüllungsortes nach Art 5 Nr 1 EuGVVO, NJW 2006, 3035; BRINKMANN, Der Vertragsgerichtsstand bei Klagen aus Lizenzverträgen unter der EuGVVO, IPRax 2009, 487; BRUHNS, Das Verfahrensrecht der internationalen Konzernhaftung (2006); BUCHWITZ, Handelsklauseln und Erfüllungsort im materiellen Recht und IZVR, IHR 2013, 108; COESTER-WALTJEN, Der Erfüllungsort im internationalen Zivilprozessrecht, in: FS Kaissis (2012) 91; CZERNICH, Der Erfüllungsgerichtsstand im neuen Europäischen Zuständigkeitsrecht, WBl 2002, 337; DUBIEL, Der Erfüllungsortbegriff des Vertragsgerichtsstands im deutschen, europäischen und internationalen Zivilprozessrecht (2010); DUTTA, Kapitalersatzrechtliche Ansprüche im internationalen Zuständigkeitsrecht, IPRax 2007, 195; ders, Ein besonderer Gerichtsstand für die Geschäftsführung ohne Auftrag in Euro-

trag – außer am Wohnsitz des jeweiligen Beklagten (Art 4 Abs 1 Brüssel Ia-VO) – auch vor dem Gericht des Ortes eingeklagt werden, „an dem die Verpflichtung erfüllt worden ist oder zu erfüllen wäre" (lit a). Für den Verkauf beweglicher Sachen und für die Erbringung von Dienstleistungen wird der Erfüllungsort der Verpflichtung – anders als nach dem EuGVÜ – einheitlich und autonom festgelegt (lit b). Da die besonderen Zuständigkeitsregeln des Art 7 nur als Ausnahme von der allgemei-

pa, IPRax 2011, 134; Eltzschig, Art 5 Nr 1b EuGVO: Ende oder Fortführung von forum actoris und Erfüllungsortbestimmung lege causae?, IPRax 2002, 491; Emde, Heimatgerichtsstand für Handelsvertreter und andere Vertriebsmittler?, RIW 2003, 505; Fach Gómez, El reglamento 44/2001 y los contratos de agencia comercial internacional: aspectos jurisdiccionales, RDCE 7 (2003) 181; Fenge, Zur europäischen internationalen Zuständigkeit in Fällen der Haftung für eine Schädigung in Vertragsnähe, in: FS Yessiou-Faltsi (2007) 79; Ferrari, Zur autonomen Auslegung der EuGVVO, insbesondere des Begriffs „Erfüllungsort der Verpflichtung" nach Art 5 Nr 1b, IPRax 2007, 61; de Franceschi, Il locus destinatae solutionis nella disciplina comunitaria della competenza giurisdizionale, Contratto e impresa/Europa 2008, 637; Franzina, La giurisdizione in materia contrattuale (2006); ders, Obbligazioni di non fare e obbligazioni eseguibili in più luoghi nella convenzione di Bruxelles del 1968 e nel regolamento (CE) 44/2001, Riv dir int priv proc 2002, 391; ders, Struttura e funzionamento del foro europeo della materia contrattuale alla luce delle sentenze Car Trim e Wood Floor della corte di giustizia, Riv dir int priv proc 2010, 655; Franzina/de Franceschi, Jurisdiction over sales contracts under the Brussels I regulation: the relevance of standard trade terms, IHR 2012, 137; Gregor, Der Gerichtsstand des Erfüllungsorts beim Luftbeförderungsvertrag, IPRax 2008, 403; Gsell, Autonom bestimmter Gerichtsstand am Erfüllungsort nach der Brüssel I-Verordnung, IPRax 2002, 484; Haas/Vogel, Zum Erfüllungsortsgerichtstand nach Art 5 Nr 1 lit b EuGVVO im europäischen Warenhandelsverkehr, NZG 2011, 766; Hager/Bentele, Der Lieferort als Gerichtsstand – zur Auslegung des Art 5 Nr 1 lit b EuGVO, IPRax 2004, 73; Harris, Sale of goods and the relentless march of Brussels I regulation (2007) 123 LQR 522; Hau, Zum Vertragsgerichtsstand für Rückforderungsklagen nach Legalzession, IPRax 2006, 507; ders, Die Kaufpreisklage des Verkäufers im reformierten europäischen Vertragsgerichtsstand – ein Heimspiel?, JZ 2008, 974; ders, Gerichtsstandsvertrag und Vertragsgerichtsstand beim innereuropäischen Versendungskauf, IPRax 2009, 44; vHein, Der europäische Gerichtsstand des Erfüllungsorts (Art 5 Nr 1 EuGVVO) bei einem unentgeltlichen Beratungsvertrag, IPRax 2013, 54; Henk, Die Haftung für culpa in contrahendo in IPR und IZVR (2007); Herget, Die internationale Zuständigkeit im Electronic Commerce in der EU (Diss Regensburg 2006); Ignatova, Art 5 Nr 1 EuGVO – Chancen und Perspektiven der Reform des Gerichtsstands am Erfüllungsort (2005); Isler, Der Direktanspruch in internationalen Vertragsketten (2011); Kannowski/Gerling/Burret, Zum internationalen Gerichtsstand der Kaufpreisklage im Wechselspiel von EuGVVO und UN-Kaufrecht, IHR 2008, 2; Kienle, Eine ökonomische Momentaufnahme zu Art 5 Nr 1 lit b EuGVVO, IPRax 2005, 113; Kindler, Gesellschafterinnenhaftung in der GmbH und internationale Zuständigkeit nach der Verordnung (EG) Nr 44/2001, in: FS Ulmer (2003) 305; Klemm, Erfüllungsortvereinbarungen im Europäischen Zivilverfahrensrecht (2005); Krebs, Internationale Zuständigkeit bei Geschäftsführerhaftung, GWR 2015, 450; Lehmann, Gerichtsstand bei Klagen wegen Annullierung einer Flugreise, NJW 2010, 655; Lehmann/Duczek, Zuständigkeit nach Art 5 Nr 1 lit b EuGVVO – besondere Herausforderungen bei Dienstleistungsverträgen, IPRax 2011, 341; Leible, Warenversteigerungen im Internationalen Privat- und Verfahrensrecht, IPRax 2005, 424; ders, Der Erfüllungsort iSv Art 5 Nr 1 Brüssel I-VO – ein Mysterium, in: FS Spellenberg (2010) 451; ders, Internationale Zuständigkeit bei Handelsvertretervertrag, EuZW 2010, 380; Lupoi, The „new" forum for contractual dis-

nen Zuständigkeit der Gerichte des Wohnsitzstaates nach Art 4 Abs 1 Brüssel Ia-VO eröffnet werden, sind sie nach ständiger Rechtsprechung des EuGH **eng auszulegen** und erlauben keine Auslegung, die über die in der Verordnung ausdrücklich geregelten Fälle hinausgeht (EuGH Rs C-393/22 – *Extéria/Spravime*, ZVertriebsR 2024, 48 Rn 28 mAnm Deshayes IWRZ 2024, 36 und Anm Uhlmann IPRax 2024, 280; EuGH Rs C-59/19 – *Booking.com*, EuZW 2021, 203 Rn 26; EuGH Rs C-25/18 – *Kerr*, NJW 2019, 2991 Rn 22 mAnm Thoma-

putes in Regulation (EU) 44/2001, in: FS Kerameus (2009) 733; Lynker, Der besondere Gerichtsstand am Erfüllungsort in der Brüssel I-Verordnung [Art 5 Nr 1 EuGVVO] (2006); Magnus, Das UN-Kaufrecht und die Erfüllungsortzuständigkeit in der neuen EuGVO, IHR 2002, 45; Mankowski, Mehrere Lieferorte beim Erfüllungsortsgerichtsstand unter Art 5 Nr 1 lit b EuGVVO, IPRax 2007, 404; ders, Der europäische Erfüllungsortsgerichtsstand des Art 5 Nr 1 lit b EuGVVO und Transportverträge, TranspR 2008, 67; ders, Der Erfüllungsortsbegriff unter Art 5 Nr 1 lit b EuGVVO – ein immer größer werdendes Rätsel?, IHR 2009, 46; ders, Ausgangs- und Bestimmungsort sind Erfüllungsorte im europäischen internationalen Zivilprozessrecht, TranspR 2009, 309; ders, Internationale Zuständigkeit am Erfüllungsort bei Softwareentwicklungsverträgen, CR 2010, 137; ders, Ungerechtfertigte Bereicherung und die EuGVVO, RIW 2017, 322; Markus, Der Vertragsgerichtsstand gemäß VO Brüssel I und revidiertem LugÜ nach der EuGH-Entscheidung Color Drack, ZSR 2007, 319; ders, Tendenzen beim materiellen Vertragserfüllungsort im internationalen Zivilverfahrensrecht (2009); ders, Erfüllungsortsvereinbarungen und Konzentrationsprinzip beim Vertragsgerichtsstand unter dem System von Brüssel und Lugano, IPRax 2015, 277; Martiny, Internationale Zuständigkeit für „vertragliche Streitigkeiten", in: FS Geimer (2002) 641; McGuire, Der Gerichtsstand des Erfüllungsorts nach Art 5 Nr 1 EuGVO bei Lizenzverträgen, GPR 2010, 97; Metzger, Zum Erfüllungsortsgerichtsstand bei Kauf- und Dienstleistungsverträgen gemäß der EuGVVO, IPRax 2010, 420; Mittmann, Die Bestimmung des Lieferorts beim Versendungskauf im Rahmen von Art 5 Nr 1 lit b EuGVVO nach der Entscheidung „Car Trim" des EuGH, IHR 2010, 146; Mumelter, Der Gerichtsstand des Erfüllungsorts im Europäischen Zivilprozessrecht (2007); Neumann/Spangenberg, Gilt die neue Rechtsprechung des Bundesgerichtshofs zum Erfüllungsort bei Honorarforderungen von Rechtsanwälten auch bei Auslandsberührung?, BB 2004, 901; Ost, Doppelrelevante Tatsachen im internationalen Zivilverfahrensrecht. Zur Prüfung der internationalen Zuständigkeit bei den Gerichtsständen des Erfüllungsortes und der unerlaubten Handlung (2002); Paal, Grenzüberschreitende Bauverträge und Internationales Zivilprozessrecht, BauR 2008, 228; Pfeiffer, Deliktsrechtliche Ansprüche als Vertragsansprüche im Brüsseler Zuständigkeitsrecht – vorfragenakzessorische Qualifikation der Hauptfrage, IPRax 2016, 111; Piltz, Gerichtsstand des Erfüllungsortes in UN-Kaufverträgen, IHR 2006, 53; Ragno, The ECJ and the Concept of „Place of Delivery" for Contracts of Sale Involving Carriage of Goods: the Price of Clarity, EuLF 2010 I, 121; Rauscher, Zuständigkeitsfragen zwischen CISG und Brüssel I, in: FS Heldrich (2005) 933; ders, Internationaler Gerichtsstand des Erfüllungsort – Abschied von Tessili und de Bloos, NJW 2010, 2251; Rodriguez, Beklagtenwohnsitz und Erfüllungsort im europäischen IZPR aus schweizerischer Sicht (2005); H Roth, Der Versendungskauf bei Art 5 Nr 1 lit b EuGVO, in: FS Simotta (2012) 495; Scheuermann, Internationales Zivilverfahrensrecht bei Verträgen im Internet (2004); Schilf, Gerichtsstand des Erfüllungsortes im deutsch-schweizerischen Rechtsverkehr, IHR 2011, 181; Schwarz, Insolvenzverwalterklagen bei eigenkapitalersetzenden Gesellschafterleistungen nach der Verordnung (EG) Nr 44/2001 (EuGVVO), NZI 2002, 290; von der Seipen, Italienische Aktionäre vor deutschen Gerichten – Treuepflicht des Gesellschafters und Art 5 Nr 1 EuGVVO, in: FS Jayme (2004) 859; Stadler/Krüger, Vertraglicher und deliktischer Gerichtsstand im europäischen Zivilprozessrecht, in: FS Musielak (2004) 569; Staudinger, Gemeinschaftsrechtlicher Erfül-

LE IPRax 2020, 18 und SKRABACK GPR 2020, 13; EuGH Rs C-147/12 – *ÖFAB*, EuZW 2013, 703 Rn 31; EuGH Rs C-196/15 – *Granarolo*, EuZW 2016, 747 Rn 17 f; EuGH Rs C-337/17 – *Feniks*, RIW 2018, 761 Rn 37; krit dazu RAUSCHER/MANKOWSKI, Brüssel Ia-VO [5. Aufl 2021] Art 7 Rn 3; WIECZOREK/SCHÜTZE/GEBAUER, ZPO [4. Aufl 2015] Art 7 Rn 3). Das **autonome Prozessrecht**, das gemäß Art 6 Brüssel Ia-VO nur noch gegenüber Beklagten mit Wohnsitz in einem Drittstaat zur Anwendung kommt, sieht den Gerichtsstand des vertraglichen Erfül-

---

lungsortsgerichtsstand bei grenzüberschreitender Luftbeförderung, IPRax 2008, 493; SUJECKI, Bestimmung des zuständigen Gerichts gem Art 5 Nr 1 lit b EuGVO bei mehreren Erfüllungsorten in einem Mitgliedstaat, EWS 2007, 398; TAKAHASHI, Jurisdiction in matters relating to contract: Article 5 (1) of the Brussels Convention and Regulation, EuLR 27 (2002) 530; THEISS/BRONNEN, Der Gerichtsstand des Erfüllungsortes im europäischen Zivilprozessrecht unter besonderer Berücksichtigung des Werklieferungsvertrages, EWS 2004, 350; THORN, Gerichtsstand des Erfüllungsorts als intertemporales Zivilverfahrensrecht, IPRax 2004, 354; UBERTAZZI, IP-Lizenzverträge und die EG-Zuständigkeitsverordnung, GRUR Int 2010, 103; R WAGNER, Die Entscheidung des EuGH zum Gerichtsstand des Erfüllungsorts nach der EuGVVO – unter besonderer Berücksichtigung der Rechtssache Rehder, IPRax 2010, 143; WAIS, Die Bestimmung des Erfüllungsorts nach Art 5 Nr 1 lit b 2. Spiegelstrich EuGVO bei Dienstleistungserbringung in verschiedenen Mitgliedstaaten, GPR 2012, 256; WERNICKE/HOPPE, Die neue EuGVVO – Auswirkungen auf die internationale Zuständigkeit bei Internetverträgen, MMR 2002, 643; WIPPING, Der europäische Gerichtsstand des Erfüllungsorts – Art 5 Nr 1 EuGVVO (2008); WOLF, Das Willensmoment beim Gerichtsstand des Erfüllungsortes, in: FS Lindacher (2007) 201; WURMNEST, UN-Kaufrecht und Gerichtsstand des Erfüllungsorts bei Nichterfüllung einer Alleinvertriebsvereinbarung durch den Lieferanten, IHR 2005, 107.

3. EuGVÜ/LugÜ 1988: Vgl die ausf Nachw in der Bearbeitung 2011; ferner BACHMANN, Art 5 Nr 1 EuGVÜ: Wechselrechtliche Haftungsansprüche im Gerichtsstand des Erfüllungsorts?, IPRax 1997, 237; BEAUMART, Haftung in Absatzketten im französischen Recht und im europäischen Zuständigkeitsrecht (1999); BERTOLI, Criteri di giurisdizione e legge applicabile in tema di responsabilità precontrattuale alla luca della sentenza Fonderie Meccaniche Tacconi, Riv dir int priv proc 2003, 109; DE CRISTOFARO, Il foro delle obligazioni (1999); FOGT, Gerichtsstand des Erfüllungsortes bei streitiger Existenz des Vertrages, Anwendbarkeit des CISG und alternative Vertragsschlussformen, IPRax 2001, 358; GEBAUER, Neuer Klägergerichtsstand durch Abtretung einer dem UN-Kaufrecht unterliegenden Zahlungsforderung?, IPRax 1999, 432; GOTTWALD, Streitiger Vertragsschluss und Gerichtsstand des Erfüllungsorts (Art 5 Nr 1 EuGVÜ), IPRax 1983, 13; GRUNDMANN, Gerichtsstand und Erfüllungsort bei Scheckeinlösung unter Verstoß gegen die Sicherungsabrede, IPRax 2002, 136; HACKENBERG, Der Erfüllungsort von Leistungspflichten unter Berücksichtigung des Wirkungsortes von Erklärungen im UN-Kaufrecht und der Gerichtsstand des Erfüllungsortes im deutschen und europäischen Zivilprozessrecht (2000); HACKL, Örtliche Zuständigkeit gemäß Art 5 (1) und (3) des Brüsseler EG-Übereinkommens vom 27. 9. 1968 über die gerichtliche Zuständigkeit und die Vollstreckung gerichtlicher Entscheidungen in Zivil- und Handelssachen, ZfRvgl 1985, 1; HERTZ, Jurisdiction in Contract and Tort under the Brussels Convention (1998); HOLL, Der Gerichtsstand des Erfüllungsorts nach Art 5 Nr 1 EuGVÜ bei einem „claim for restitution based on unjust enrichment", IPRax 1998, 120; HONORATI, Concorso di responsabilità contrattuale ed extracontrattuale e giurisdizione ai sensi della convenzione di Bruxelles de 1968, Riv dir int priv proc 1994, 281; KADNER, Gerichtsstand des Erfüllungsorts im EuGVÜ, Einheitliches Kaufrecht und international- prozessuale Gerechtigkeit, Jura 1997, 240; KERAMEUS, Vertrag und Delikt in der Rechtsprechung des EuGH (2000); KROPHOLLER/vHINDEN, Die Reform des Europäischen Gerichtsstands am Erfüllungsort (Art 5 Nr 1 EuGVÜ), in: GS Lüderitz (2000) 401; LEIPOLD,

lungsorts weiterhin in § 29 ZPO vor. Abweichend von Art 7 Nr 1 Brüssel Ia-VO wird in § 29 Abs 2 ZPO die Zulässigkeit von Vereinbarungen über den Erfüllungsort auf den *kaufmännischen* Verkehr beschränkt.

b) Normzweck

Durch die Eröffnung einer Zuständigkeit am vertraglichen Erfüllungsort erleichtern **89** Art 7 Nr 1 lit a Brüssel Ia-VO und § 29 ZPO dem Gläubiger die Rechtsverfolgung, weil er alle Rechtsstreitigkeiten, die im Zusammenhang mit der streitigen vertraglichen Verpflichtung stehen, einschließlich der Anordnung einstweiliger oder sichernder Maßnahmen (EuGH Rs C-391/95 – *van Uden*, Slg 1998 I 7122 Rn 21 f = JZ 1999, 1103 m Aufs Stadler/Krüger 1089 = IPRax 1999, 240 mAnm Hess/Vollkommer 220), an diesem Gerichtsstand konzentrieren kann (vgl EuGH Rs 34/82 – *Peters*, Slg 1983, 987 Rn 11 = IPRax 1984, 85 mAnm Schlosser 65). Die Vorschriften schützen damit das Interesse des Gläubigers an einer vorhersehbaren und vom Schuldner nicht manipulierbaren Zuständigkeitsanknüpfung (EuGH Rs C-440/97 – *Groupe Concorde*, Slg 1999 I, 6307 Rn 24 = NJW 2000, 719; Geimer/Schütze/Geimer, EuZVR [4. Aufl 2020] Art 7 Rn 12; krit Stadler/Krüger, in: FS Musielak [2004] 569 [576]). Vor allem bei Streitigkeiten im Zusammenhang mit der Vertragsdurchführung sprechen auch „Gründe der geordneten Rechtspflege und der sachgerechten Verfahrensgestaltung" für einen Gerichtsstand am Erfüllungsort, weil das dortige Gericht idR über die größte **Sach- und Beweisnähe** verfügt (ErwG 12 zur Brüssel I-VO; EuGH Rs C-256/00 – *Besix*, Slg 2002 I 1699 Rn 31 = IPRax 2002, 392 mAnm Hess 376; unalexKomm/Jault-Seseke/Weller, Brüssel I-VO Art 5 Nr 1 Rn 2; krit zum Argument der Sach- und Beweisnähe Piltz NJW 2007, 1802; Geimer/Schütze/Geimer, EuZVR [4. Aufl 2020] Art 7 Rn 8 ff).

Internationale Zuständigkeit am Erfüllungsort, in: GS Lüderitz (2000) 431; Lohse, Das Verhältnis von Vertrag und Delikt. Eine rechtsvergleichende Studie zur vertragsautonomen Auslegung von Art 5 Nr 1 und Art 5 Nr 3 GVÜ (1991); Looschelders, Internationale Zuständigkeit für Ansprüche aus Darlehen nach dem EuGVÜ, IPRax 2006, 14; Lupoi, La competenza in materia contrattuale nella convenzione di Bruxelles del 17 settembre 1968, Riv trim dir proc civ 1994, 1263; Otte, Vertragspflichten nach Seefrachtrecht (Haager-Visby-Regeln) – gerichtsstandsweisende Kraft für Art 5 Nr 1 EuGVÜ?, IPRax 2002, 132; Pålsson, The Unruly Horse of the Brussels and Lugano Conventions: The Forum Solutionis, in: FS Lando (1997) 259; Piltz, Der Gerichtsstand des Erfüllungsortes nach dem EuGVÜ, NJW 1981, 1876; Rauscher, Verpflichtung und Erfüllungsort in Art 5 Nr 1 EuGVÜ unter besonderer Berücksichtigung des Vertragshändlervertrages (1984); Schack, Der Erfüllungsort im deutschen, ausländischen und internationalen Privat- und Zivilprozessrecht (1985); Schlosser, Europäisch-autonome Interpretation des Begriffs „Vertrag oder Ansprüche aus einem Vertrag" iSv Art 5 Nr 1 EuGVÜ, IPRax 1984, 65; Schwenzer, Internationaler Gerichtsstand für die Kaufpreisklage, IPRax 1989, 274; Spellenberg, Der Gerichtsstand des Erfüllungsortes im europäischen Gerichtsstands- und Vollstreckungsübereinkommen, ZZP 91 (1978) 38; ders, Die Vereinbarung des Erfüllungsorts und Art 5 Nr 1 des Europäischen Gerichtsstands- und Vollstreckungsübereinkommens, IPRax 1981, 75; Stoll, Gerichtsstand des Erfüllungsorts nach Art 5 Nr 1 EuGVÜ bei strittigem Vertragsschluss, IPRax 1983, 52; Valloni, Der Gerichtsstand des Erfüllungsortes nach Lugano- und Brüsseler Übereinkommen (1998); Wolf, Feststellungsklage und Anspruchsgrundlagenkonkurrenz im Rahmen von Art 5 Nr 1 und Nr 3 LugÜ, IPRax 1999, 82; Graf Wrangel, Der Gerichtsstand des Erfüllungsortes im deutschen, italienischen und europäischen Recht (1988).

90 Ein weiterer Grund für diesen Gerichtsstand liegt darin, dass der Schuldner möglichst dort gerichtspflichtig sein soll, wo er **nach materiellem Recht leisten** muss (Schlosser, in: FS Bruns [1980] 52 ff; MünchKommZPO/Gottwald Art 7 Rn 1; krit zu diesem Argument Schack ZEuP 1998, 936; Rauscher/Leible, Brüssel Ia-VO [5. Aufl 2021] Art 7 Rn 9 mwNw). Dies gilt im Interesse der Rechtssicherheit auch dann, wenn das Gericht am Erfüllungsort nicht dasjenige mit der engsten Verbindung zum Rechtsstreit ist (EuGH Rs C-288/92 – *Custom Made Commercial*, Slg 1994 I 2949 Rn 21 = JZ 1995, 244 m zust Anm Geimer = ZEuP 1995, 655 m **abl** Anm Schack = IPRax 1995, 31 m **abl** Anm Jayme 13 = ZZP Int 1 [1996] 167 mAnm Huber). Demgegenüber ist der Gerichtstand nach Art 7 Nr 1 lit b Brüssel Ia-VO vom materiellen Leistungsort unabhängig; auch er dient aber dem Ziel, den Vertragsparteien einen ohne Schwierigkeiten zu bestimmenden und für sie vorhersehbaren Gerichtsstand zur Verfügung zu stellen, der eine enge Verknüpfung mit dem streitgegenständlichen Vertrag aufweist (EuGH Rs C -526/23 – *Varius Systems*, ZIP 2024, 3037 Rn 16; EuGH Rs C-386/05 – *Color Drack*, Slg 2007 I 3699 Rn 19 ff = NJW 2007, 1799; EuGH Rs C-533/07 – *Falco Privatstiftung*, Slg 2009 I 3327 Rn 23 f = EuLF 2009, 76 Rn 23 f).

c) Besonderer Wahlgerichtsstand

91 Art 7 Nr 1 Brüssel Ia-VO begründet einen *besonderen* Gerichtsstand, der dem Kläger wahlweise neben dem allgemeinen Gerichtsstand des Art 4 Abs 1 Brüssel Ia-VO und etwaigen weiteren besonderen Gerichtsständen (zB nach Art 7 Nr 5 Brüssel Ia-VO bei Vertragsschluss durch eine Niederlassung; dazu Rn 314 ff) zur Verfügung steht. Wird der Vertrag **tatsächlich an einem anderen Ort erfüllt** als an dem vertraglich oder gesetzlich bestimmten Leistungsort – zB aufgrund einer Wohnsitzverlegung des Schuldners oder des Gläubigers – so kann der Kläger nach Art 7 Nr 1 Brüssel Ia-VO nur noch an dem tatsächlichen Leistungsort klagen, weil nur zu ihm die für den Gerichtsstand wesentliche enge Beziehung besteht (BGH NJW 2009, 2606 Rn 17; BayObLG RIW 2001, 862; OLG Köln IHR 2002, 66; Rauscher/Leible, Brüssel Ia-VO [5. Aufl 2021] Art 7 Rn 51; Geimer/Schütze/Geimer, EuZVR [4. Aufl 2020] Art 7 Rn 192 mit Fn 356). Der Vertragsgerichtsstand des Art 7 Nr 1 Brüssel Ia-VO wird durch eine ausschließliche Zuständigkeit nach Art 24 Brüssel Ia-VO verdrängt (vgl zu Miet- und Pachtverträgen über unbewegliche Sachen Rn 62 ff) und kann durch eine Gerichtsstandsvereinbarung nach Art 25 Brüssel Ia-VO abbedungen (dazu Rn 391) sowie durch rügelose Einlassung nach Art 26 Brüssel Ia-VO ausgeschaltet werden. Ferner scheidet eine Berufung auf Art 7 Nr 1 Brüssel Ia-VO im Anwendungsbereich der Abschnitte 3–5 des II. Kapitels der Verordnung (Versicherungs-, Verbraucher- und Arbeitssachen; dazu Rn 173, 194, 258) aus (unalexKomm/Jault-Seseke/Weller, Brüssel I-VO Art 5 Nr 1 Rn 6). Schließlich wird die Anwendung nationalen Zuständigkeitsrechts durch Art 7 Nr 1 Brüssel Ia-VO vollständig – also **auch hinsichtlich der Regelung der örtlichen Zuständigkeit** – ausgeschlossen (OLG Dresden BeckRs 2024, 38954 Rn 30; Rauscher/Leible, Brüssel Ia-VO [5. Aufl 2021] Art 7 Rn 4).

2. Vertragliche Ansprüche

a) Auslegung

92 Während im Rahmen von § 29 ZPO die Frage, ob ein Vertragsverhältnis vorliegt, von dem angerufenen deutschen Gericht nach Maßgabe der deutschen *lex fori* zu beantworten ist (BGH NJW 1996, 1411 [1412]; BAG BB 1997, 2116; Kropholler, Hdb IZVR I Rn 248; Linke/Hau, IZPR [9. Aufl 2024] Rn 5.33; Geimer, IZPR [9. Aufl 2024] Rn 1481), hat der EuGH den Vertragsbegriff für die Zwecke des EuGVÜ zu Recht **autonom** qualifiziert (EuGH Rs 34/82 – *Peters*, Slg 1983, 987 Rn 10 = IPRax 1984, 85; EuGH Rs 9/87 – *Arcado*, Slg

1988, 1539 Rn 10 f = RIW 1988, 987 mAnm Schlosser RIW 1989, 139; EuGH Rs C-26/91 – *Handte*, Slg 1992 I 3990 Rn 10 = JZ 1995, 90 mAnm Pfeiffer; EuGH Rs C-51/97 – *Réunion européenne*, Slg 1998 I 6511 Rn 15 = IPRax 2000, 210 mAnm Koch 186; EuGH Rs C-265/02 – *Frahuil*, Slg 2004 I 1546 Rn 22 = EuZW 2004, 351) und daran auch unter der Brüssel I-VO festgehalten (EuGH Rs C-419/11 – *Česká spořitelna*, RIW 2013, 392 Rn 45; Rs C-548/12 – *Brogsitter*, NJW 2014, 1648 Rn 21 ff; EuGH Rs C-375/15 – *Kolassa*, NJW 2015, 1581 Rn 37 = IPRax 2016, 143 mAnm Staudinger/Bauer 107; EuGH Rs C-196/15 – *Granarolo*, EuZW 2016, 747 Rn 19 mAnm Landbrecht = IPRax 2017, 396 mAnm P Huber 356; EuGH Rs C-215/18 – *Králova/Primera*, NJW-RR 2020, 552 Rn 41; BGH NJW 2009, 2606 Rn 13; OLG Stuttgart RIW 2015, 762; ebenso zum LugÜ 2007 BGH IPRax 2015, 423 Rn 16 mAnm P Huber 403 und zum LugÜ 1988 BGHZ 176, 342 Rn 11; öst OGH RIW 1998, 634; schwz BGE 123 III 414 [421]; 124 III 188 [191]). Für die Brüssel Ia-VO gilt insoweit nichts anderes (vgl BGH NJW 2019, 2780 Rn 35; BGH ZIP 2023, 2597 Rn 16). Damit scheidet im Anwendungsbereich von Art 7 Nr 1 Brüssel Ia-VO ein Rückgriff auf den Vertragsbegriff der *lex fori* ebenso aus wie die anfänglich – vor allem in der deutschen Literatur (vgl etwa Spellenberg ZZP 91 [1978] 41 ff; Piltz NJW 1981, 1876 f; Schlosser IPRax 1984, 65 ff; Lohse 227 f; Holl IPRax 1998, 120 [121]) – favorisierte Anwendung der *lex causae* (Schlosser/Hess/Schlosser, EuZPR [5. Aufl 2021] Art 7 Rn 3; Thomas/Putzo/Nordmeier, ZPO [46. Aufl 2025] Art 7 Rn 2; unalexKomm/Jault-Seseke/Weller Brüssel I-VO Art 5 Nr 1 Rn 14; Schack, IZVR [9. Aufl 2025] Rn 313; **aA** Geimer/Schütze/Geimer, EuZVR [4. Aufl 2020] Art 7 Rn 18 ff). Die Auslegung hat sich vielmehr in erster Linie an der Systematik und der Zielsetzung der Verordnung auszurichten (EuGH Rs C-265/02 – *Frahuil*, Slg 2004 I 1543 Rn 22 = IPRax 2004, 334; Rauscher/Leible, Brüssel Ia-VO [5. Aufl 2021] Art 7 Rn 16 ff).

Danach setzt Art 7 Nr 1 Brüssel Ia-VO nicht notwendig einen schriftlichen Vertrag voraus; die vertragliche Verpflichtung kann vielmehr auch mündlich oder stillschweigend begründet werden (EuGH Rs C-307/19 – *Obala/NLB Leasing*, BeckRS 2021, 5299 Rn 87; EuGH Rs C-196/15 – *Granarolo*, NJW 2016, 3087 Rn 24 mAnm Landbrecht EuZW 2016, 750). Der EuGH fordert jedoch zumindest eine **„freiwillig gegenüber einer anderen Person eingegangene Verpflichtung“** (EuGH Rs C-26/91 – *Handte*, Slg 1992 I, 3990 Rn 15; EuGH Rs C-344/00 – *Tacconi*, Slg 2002 I 7357 Rn 23; EuGH Rs C-572/14 – *Austro Mechana GmbH*, GRUR 2016, 927 Rn 35 ff = IPRax 2016, 586; EuGH Rs C-25/18 – *Kerr*, NJW 2019, 2991 Rn 24mAnm Mankowski ZMR 2019, 565; EuGH Rs C-215/18 – *Králova/Primera*, NJW-RR 2020, 552 Rn 43; EuGH Rs C-242/20 – HRVATSKA/BP Europe SE, NJW 2022, 378 Rn 44; BGH NJW 2009, 2606 Rn 13; dazu Thole IPRax 2015, 65 [66]; Thomale IPRax 2020, 18; vgl auch zu Gewinnmitteilungen Rn 106). Hierzu bedarf es zwar nicht unbedingt eines rechtsgeschäftlichen Bindungswillens, wohl aber eines auf **autonomer Selbstbindung** beruhenden Rechtsgeschäfts (EuGH Rs C-27/02 – *Engler*, Slg 2005 I 481 Rn 50 = IPRax 2005, 239 mAnm Lorenz/Unberath 219; Rauscher/Leible, Brüssel Ia-VO [5. Aufl 2021] Art 7 Rn 20 f; krit Stadler/Krüger, in: FS Musielak [2004] 569 [580 ff]). Dabei reicht es im Rahmen der Zulässigkeitsprüfung aus, dass der Kläger eine solche freiwillig eingegangene rechtliche Verpflichtung schlüssig behauptet (EuGH Rs C-25/18 – *Kerr*, NJW 2019, 2991 Rn 25; EuGH Rs C-337/17 – *Azteka/Feniks*, IPRax 2019, 521 Rn 39; EuGH Rs C-375/15 – *Kolassa*, NJW 2015, 1581 Rn 61; BGH EuZW 2020, 949 Rn 11 mAnm Wolber 929; BGH NJW 2019, 2780 Rn 35), und der **äußere Tatbestand eines Vertragsabschlusses** gegeben ist (EuGH Rs C-375/13 – *Kolassa*, NJW 2015, 1581 Rn 61 = IPRax 2016, 143 mAnm Staudinger/Bauer 107; OLG Köln BeckRS 2016, 9602 Rn 54; Schlosser/Hess/Schlosser, EuZPR [5. Aufl 2021] Art 7 Rn 4). Daran fehlt es etwa bei der Regressforderung eines Bürgen gegen den Hauptschuldner, wenn dieser keine Ermächtigung zum Abschluss des Bürgschaftsvertrages erteilt hatte (EuGH Rs C-265/02 – *Frahuil*, Slg 2004 I 93

1543 Rn 25 f = ZZP Int 9 [2004] 168 mAnm LEHMANN) oder bei der Schadensersatzforderung aus **Prospekthaftung** gegen den Emittenten einer Inhaberschuldverschreibung, wenn dieser dem Erwerber gegenüber keine freiwillige Verpflichtung übernommen hatte (EuGH Rs C-375/13 – *Kolassa*, NJW 2015, 1581 Rn 36 ff mAnm STAUDINGER IPRax 2016, 107und vHEIN JZ 2015, 142). Auch die Klage, mit der eine **Rechtsanwaltskammer** die Verurteilung eines ihrer Mitglieder zur Zahlung der von ihr erhobenen Jahresbeiträge begehrt, ist mangels freiwilliger Verpflichtung keine Klage, die „einen Vertrag oder Ansprüche aus einem Vertrag" iSv Art 7 Nr 1 Brüssel Ia-VO zum Gegenstand hat (EuGH Rs C-421/18 – *Ordre des avocats du barreau de Dinant*, NJW 2020, 449 Rn 32 mAnm RIELÄNDER EuZW 2020, 104).

94 Hingegen können auch Ansprüche aus **einseitig verpflichtenden Verträgen** im Gerichtsstand des Art 7 Nr 1 Brüssel Ia-VO geltend gemacht werden (vgl zur Schenkung OLG Köln EuLF 2014, 101; Trib Venezia 28. 2. 2003, unalex IT-266; zur Bürgschaft RAUSCHER/LEIBLE, Brüssel Ia-VO [5. Aufl 2021] Art 7 Rn 28; zur Auslobung iSv §§ 657 ff BGB GEIMER/SCHÜTZE/GEIMER, EuZVR [4. Aufl 2020] Art 7 Rn 69; KROPHOLLER/vHEIN, EuZPR [. Aufl 2011] Art 5 Brüssel I-VO Rn 10; zum unentgeltlichen Auftrag OLG München FamRZ 2022, 40 [41] mAnm MANKOWSKI 12; zum unentgeltlichen Beratervertrag OLG Saarbrücken IPRax 2013, 74 mAnm vHEIN 54). Gleiches gilt für Ansprüche aus einem **letter of intent** (frz Cass civ Rev crit 1993, 622 mAnm SINAY-CYTERMANN) oder aus einer harten **Patronatserklärung** (BGH WM 2021, 2149 Rn 18; OLG Brandenburg IPRax 2022, 178 mAnm PIKA 159). Auch bei einem Zahlungsversprechen aus einer Inhaberschuldverschreibung – zB einer **Staatsanleihe** – handelt es sich idR um eine freiwillige rechtliche Verpflichtung des Schuldners und damit um einen „Vertrag" iSv Art 7 Nr 1 lit a Brüssel Ia-VO (öst OGH 30. 7. 2015, ÖJZ 2016, 164 [166] mAnm GARBER; öst OGH 31. 8. 2015, unalex AT-1003; OLG Schleswig BeckRS 2016, 16044 Rn 56 f = IPRax 2017, 386 und OLG Köln BeckRS 2016, 9602 Rn 56 = IPRax 2017, 378, jeweils mAnm GEIMER 344; OLG Oldenburg BeckRs 2016, 7146 Rn 25 ff = RIW 2016, 459 mAnm MÜLLER; vgl aber auch EuGH Rs C-375/13 – *Kolassa*, NJW 2015, 1648 Rn 28 ff). Die hiernach mögliche Spaltung des Vertragsbegriffs mit der Folge, dass im Vertragsgerichtsstand des Art 7 Nr 1 Brüssel Ia-VO Ansprüche eingeklagt werden können, die von der *lex causae* als außervertraglich (zB bereicherungsrechtlich oder deliktisch) qualifiziert werden, ist im Interesse einer einheitlichen Anwendung der Verordnung und zur Vermeidung von Systembrüchen innerhalb des materiellen Rechts der Mitgliedstaaten hinzunehmen (EuGH Rs C-548/12 – *Brogsitter*, NJW 2014, 1648 Rn 29 mAnm WENDENBRUG/SCHNEIDER 1633 und Anm SUJECKI EuZW 2014, 384; BGH NJW 2012, 455 Rn 13; RAUSCHER/LEIBLE, Brüssel Ia-VO [5. Aufl 2021] Art 7 Rn 19; krit SCHLOSSER/HESS/SCHLOSSER, EuZPR [5. Aufl 2021] Art 7 Rn 3a; dazu auch Rn 113 f).

b) Weiter Begriff der „vertraglichen" Ansprüche

95 Der Begriff der vertraglichen Ansprüche iSv Art 7 Nr 1 Brüssel Ia-VO ist grundsätzlich **weit auszulegen** (RAUSCHER/LEIBLE, Brüssel Ia-VO [5. Aufl 2021] Art 7 Rn 22; MünchKomm-ZPO/GOTTWALD Art 7 Rn 6); er umfasst alle Ansprüche aus privatautonomer Selbstbindung (SCHLOSSER IPRax 1984, 66; PAULUS, in: GEIMER/SCHÜTZE, IRV Art 7 Rn 26 ff, 32). Erfasst werden nicht nur die (Primär-)Ansprüche auf Vertragserfüllung, zB auf Leistung (BGH RIW 1991, 513 = ZZP 104 [1991] 449 mAnm H ROTH) oder **Unterlassung** (vgl EuGH Rs C-433/19 – *Ellmes Property Services*, NJW 2021, 293 Rn 40 ff, 47 mAnm RIELÄNDER 296; BGH NJW 1985, 561 [562] = IPRax 1986, 102 mAnm GEIMER 80), sondern zB auch die Geltendmachung von **Vertragsstrafen** (KG IPRax 2015, 90 mAnm THOLE 65; OLG München NJOZ 2012, 82; OLG Hamm NJW 1990, 652 [653]; LG Köln BeckRS 2013, 10876 = unalex DE-3037), auch wenn diese in einem **Vorvertrag** vereinbart worden sind (EuGH Rs C-393/22 – *Extéria/Spravime*, IWRZ 2024, 36 Rn 32 mAnm Deshayes und Anm Uhlmann IPRax 2024, 280), die Bestellung von Sicherheiten (OLG Köln IPRax 1985, 161 mAnm Schröder 145) und deren Freigabe (OLG Bremen RIW 1998, 63 [64]) sowie für vertragliche **Auskunftsansprüche** (OLG Köln JZ 2021, 959 Rn 13 mAnm Mäsch 962). Vor allem sind im Vertragsgerichtsstand des Art 7 Nr 1 Brüssel Ia-VO auch (Sekundär-)Ansprüche auf **Schadensersatz wegen Nicht- oder Schlechterfüllung** oder wegen der Verletzung von vertraglichen Nebenpflichten einzuklagen, auch wenn sie – wie regelmäßig – gesetzlich angeordnet werden (vgl EuGH Rs 9/87 – *Arcado*, Slg 1988, 1539 Rn 13 ff = IPRax 1989, 227 mAnm Mezger 207; öst OGH ÖJZ 2005, 837; BayObLG RIW 2001, 862; OLG Koblenz IPRax 1991, 241 [243]; OLG Stuttgart IPRax 2006, 472 mAnm Stürner 450). Der Gerichtshof hat im Rahmen der autonomen europäischen Auslegung des Vertragsbegriffs ferner zu Recht Art 10 EVÜ (heute: Art 12 Rom I-VO) herangezogen (EuGH Rs 9/87 – *Arcado*, Slg 1988, 1539 Rn 15; vgl auch ErwG 7 zur Rom I-VO). Demgemäß fallen auch Klagen, die das *Erlöschen von vertraglichen Verpflichtungen* (zB Anfechtungsklagen wegen Willensmängeln nach den romanischen Rechten, vgl Art 1304 frz CC) sowie die *Verjährung* von Vertragsansprüchen oder die Aufrechnung gegen sie zum Gegenstand haben, in den Anwendungsbereich des Art 7 Nr 1 Brüssel Ia-VO.

Gleiches gilt für eine Klage auf **Vertragsanpassung** wegen Wegfalls der Geschäftsgrundlage (OLG Köln EuLF 2014, 101) sowie für Klagen auf **Rückabwicklung von Verträgen**; auf die Qualifikation als vertragliches oder gesetzliches Schuldverhältnis nach der jeweiligen *lex causae* kommt es auch insoweit nicht an (Rauscher/Leible, Brüssel Ia-VO [5. Aufl 2021] Art 7 Rn 34). Dementsprechend können nicht nur Ansprüche auf Rückgewähr der Leistungen im Falle des Rücktritts vom Vertrag (OLG Köln IPRax 2017, 97 mAnm Spickhoff 72; OLG Oldenburg WM 1976, 1288 mAnm Geimer) oder der Vertragsaufhebung (vgl BGHZ 78, 257 [259] = IPRax 1981, 129 mAnm Schlechtriem 113 [zu Art 78 Abs 2 EKG]), sondern auch **bereicherungsrechtliche Ansprüche** im Fall der Nichtigkeit (zB nach einer Anfechtung) des Vertrages – in Übereinstimmung mit ihrer vertraglichen Qualifikation in Art 12 Abs 1 lit e Rom I-VO – im Gerichtsstand des Erfüllungsorts erhoben werden (EuGH Rs C-242/20 – *HRVATSKE ŠUME/ BPEuropa SE*, NJW 2022, 378 Rn 48; EuGH Rs C-366/13 – *Profit Investment SIM*, RIW 2016, 357 Rn 55 = EuZW 2016, 547 mAnm Müller; öst OGH IPRax 2006, 489 m zust Anm Hau 507; OLG Brandenburg BeckRS 2016, 11238 Rn 28; OLG Naumburg IPRspr 2006 Nr 142; OG Kanton Zürich 26. 8. 2016, unalex CH-612; Lorenz/Unberath IPRax 2005, 516 [518]; Mankowski RIW 2017, 322 [324 ff]; Geimer/Schütze/Geimer, EuZVR [4. Aufl 2020] Art 7 Rn 60 Fn 122; Schack, IZVR [9. Aufl 2025] Rn 315; ebenso zum EuGVÜ öst OGH JBl 1998, 516; Schlosser IPRax 1984, 66; W Lorenz IPRax 1993, 46; Holl IPRax 1998, 122; **aA** *Kleinwort Benson Ltd v Glasgow City Council* [1999] 1 AC 153 [HL]; BGHZ 132, 105 [108] = IPRax 1997, 187 mAnm Mankowski 173 = JZ 1997, 88 mAnm Gottwald; ferner Lipp RIW 1994, 18 [20]; MünchKommZPO/Gottwald Art 7 Rn 13). Unerheblich ist insoweit, dass der Anspruch seine Grundlage nach der *lex causae* – wie zB nach deutschem Recht (§ 812 BGB) – in einem *gesetzlichen* Schuldverhältnis hat. Bei einer Klage auf Erstattung rechtsgrundlos gezahlter Beträge genügt daher die Feststellung, dass ohne eine freiwillig eingegangene vertragliche Beziehung zwischen den Parteien nicht gezahlt worden wäre und kein Rückgewähranspruch bestünde. Dieser Kausalzusammenhang zwischen dem Rückgewähranspruch und der vertraglichen Beziehung reicht aus, um die Klage auf Rückgewähr im Gerichtsstand des Art 7 Nr 1 Brüssel Ia-VO zu erheben (EuGH Rs C-366/13 – *Profit Investment SIM*, EuZW 2016, 419 Rn 55). Hingegen steht dieser Gerichtsstand für Ansprüche aus Eingriffs- oder Durchgriffs- **96** kondiktion nicht zur Verfügung (EuGH Rs C-242/20 – *HRVATSKE ŠUME/BP Europa SE*, NJW 2022, 375 Rn 46; BGH NJW 2019, 2780; Rn 112).

97 Die **Rückgriffsklage zwischen Gesamtschuldnern** fällt in den Anwendungsbereich von Art 7 Nr 1 Brüssel Ia-VO, wenn sie ihre Grundlage in der Eingehung einer vertraglichen Verpflichtung – zB einem gemeinsam aufgenommenen Darlehen – hat. Für die Entscheidung über eine solche Regressklage ist dann das Gericht am Erfüllungsort der dieser Klage zugrunde liegenden Verpflichtung zuständig, dh bei einem gemeinsamen aufgenommenen Darlehen das Gericht am Sitz des Darlehensgebers (EuGH Rs C-249/16 – *Kareda*, RIW 2017, 504, Rn 31 ff = EWiR 2017, 577 mAnm Mankowski; öst OGH 12. 7. 2017, unalex AT-1119; zust Lubrich LMK 2017, 394823; **aA** noch Staudinger ZEuP 2004, 1 [12]).

98 In **Wechsel- oder Scheckstreitigkeiten** werden nicht nur Ansprüche aus dem Grundgeschäft, sondern auch aus dem Begebungsvertrag von Art 7 Nr 1 lit a Brüssel Ia-VO erfasst (BGHZ 157, 224 [230 ff] = NJW 2004, 1456; OLG Düsseldorf IHR 2003, 81). Dieser Gerichtsstand steht auch für Ansprüche des Begünstigten aus einem Wechsel gegen den in einem anderen Mitgliedstaat wohnhaften Wechselbürgen zur Verfügung (EuGH Rs C-419/11 – *Česká spořitelna*, RIW 2013, 392 Rn 51).

99 Ferner werden auch **Ausgleichsansprüche** wegen einer Annullierung oder großen Verspätung von Flügen **nach der EG-Fluggastrechte-Verordnung Nr 261/2004** (Art 5, 7 und 9) als vertraglich iSv Art 7 Nr 1 Brüssel Ia-VO qualifiziert, weil der Fluggast über eine bestätigte Buchung verfügen muss (EuGH Rs C-213/18 – *Guaitoli/easy Jet*, EuZW 2020, 74 Rn 40 ff mAnm Rieländer EuZW 2020, 59; BGHZ 188, 85 Rn 20 = NJW 2009, 2801; BGH NJW 2010, 1070 Rn 18; BGH BeckRS 2013, 7780 Rn 11). Dies gilt auch dann, wenn der Fluggast mit dem auf Ausgleichsleistung in Anspruch genommenen ausführenden Luftfahrtunternehmen selbst *keinen Vertrag geschlossen* hatte, sondern der verspätete oder annullierte Flug Bestandteil eines mit einem Dritten (zB einem Reiseveranstalter) geschlossenen Pauschalreisevertrags war (EuGH Rs C-215/18 – *Králová*, RIW 2020, 359 Rn 44 ff mAnm Voss IPRax 2021, 236; BGH NJW-RR 2018, 1448; öst OGH 16. 12. 2016, unalex AT-1091). Ferner ist der Gerichtsstand bei einer aus mehreren Teilstrecken bestehenden Flugreise auch dann eröffnet, wenn sich der Anspruch gegen ein ausführendes Luftfahrtunternehmen richtet, das selbst *nicht Vertragspartner* des betroffenen Fluggasts ist (EuGH Rs C-274/16 ua – *flightright*, NJW 2018, 2105 Rn 62 ff mAnm Lobach IPRax 2019, 391). Denn Art 7 Nr 1 Brüssel Ia-VO setzt zwar eine vertragliche Grundlage der Klage voraus; nicht entscheidend ist hingegen die Identität der Vertragsparteien. Die freiwillige Übernahme von Vertragspflichten gegenüber einem am Vertrag nicht beteiligten Dritten reicht insoweit vielmehr aus (EuGH Rs C-215/18 – *Králová*, RIW 2020, 359 Rn 44 ff mAnm Voss IPRax 2021, 236; dazu näher Rn 150).

100 Für die **Gläubigeranfechtungsklage** (außerhalb des Insolvenzverfahrens, zB nach § 1 AnfG) ist der Gerichtsstand des Art 7 Nr 1 lit a Brüssel Ia-VO eröffnet, wenn der Inhaber einer auf einem Vertrag beruhenden Forderung beantragt, ihm gegenüber eine für seine Ansprüche nachteilige Handlung für unwirksam zu erklären, mit der sein Schuldner ein Rechtsgut an einen Dritten übertragen (vgl EuGH Rs C-337/17 – *Azteka/Feniks*, RIW 2018, 761 Rn 43 ff = NZI 2019, 134 mAnm Fuchs = IPRax 2019, 521 mAnm Kern/Uhlmann 488; dazu auch Hoffmann GPR 2019, 169).

Auch Ansprüche, die ihre Grundlage in dem zwischen einem **Verein** und seinen Mitgliedern bestehenden **Mitgliedschaftsverhältnis** haben, können im Gerichtsstand des Art 7 Nr 1 Brüssel Ia-VO eingeklagt werden, soweit nicht die ausschließliche Zuständigkeit nach Art 24 Nr 2 Brüssel Ia-VO eingreift; denn der Beitritt zu einem Verein schafft ähnlich enge Bindungen, wie sie zwischen Vertragsparteien bestehen. Dies gilt kraft autonomer „europäischer" Auslegung unabhängig davon, wie das Personalstatut der juristischen Person das Mitgliedschaftsverhältnis qualifiziert (EuGH Rs 34/82 – *Peters*, Slg 1983, 987 Rn 9 ff = IPRax 1984, 85 mAnm Schlosser 65; Bachmann IPRax 2009, 140 [142]). Da die Brüssel Ia-VO einen eigenen Mitgliedschaftsgerichtsstand (vgl § 22 ZPO) nicht kennt, werden mitgliedschaftsrechtliche Streitigkeiten auf diese Weise bei dem Gericht des Ortes konzentriert, das die Vereinssatzung und die Vereinsbeschlüsse am besten verstehen kann (EuGH Rs 34/82 – *Peters*, Slg 1983, 987 Rn 14; zust Rauscher/Leible, Brüssel Ia-VO [5. Aufl 2021] Art 7 Rn 26). **101**

Auch Ansprüche aus Beschlüssen einer **Wohnungseigentümergemeinschaft** ohne eigene Rechtspersönlichkeit können im Gerichtsstand des Art 7 Nr 1 Brüssel Ia-VO verfolgt werden (Rauscher/Leible, Brüssel Ia-VO [5. Aufl 2021] Art 7 Rn 26c). Dies gilt auch dann, wenn die klagenden Wohnungseigentümer nicht an der Annahme dieser Entscheidung mitgewirkt oder dieser sogar widersprochen haben, sofern die Entscheidung und die sich daraus ergebenden Pflichten aber kraft Gesetzes auch für sie verbindlich sind; denn jeder Wohnungseigentümer erklärt sich durch den Erwerb der Wohnung und den damit verbundenen Beitritt zur Eigentümergemeinschaft damit einverstanden, dass sämtliche Bestimmungen des Wohnungseigentumsvertrags sowie die von der Versammlung der Wohnungseigentümer angenommenen Entscheidungen auch für ihn gelten (EuGH Rs C-25/18 – *Kerr*, NJW 2019, 2991 Rn 27 ff mAnm Mankowski ZMR 2019, 565; dazu auch Skraback GPR 2020, 13 und Thomale IPRax 2020, 18; OLG Stuttgart NJW-RR 2005, 814; LG Frankfurt aM NZM 2014, 438 mAnm Nordmeier IPRax 2015, 220). Daher betrifft die Klage eines Wohnungseigentümers, mit der einem anderen Wohnungseigentümer derselben Liegenschaft verboten werden soll, die Widmung seiner Eigentumswohnung eigenmächtig und ohne Zustimmung der übrigen Wohnungseigentümer zu ändern (zB für touristische Vermietung), einen Vertrag oder Ansprüche aus einem Vertrag iSv Art 7 Nr 1 lit a Brüssel Ia-VO, sofern diese Widmung nicht jedermann entgegengehalten werden kann und deshalb die vorrangige ausschließliche Zuständigkeit nach Art 24 Nr 1 Brüssel Ia-VO eingreift (EuGH Rs C-433/19 – *Ellmes Property Services*, NJW 2021, 293 Rn 40 ff, 47 mAnm Rieländer 296). **102**

Diese vertragliche Qualifikation gilt in gleicher Weise auch für die Rechtsbeziehungen zwischen einer **Aktiengesellschaft** und dem einzelnen Aktionär (EuGH Rs 214/89 – *Powell Duffryn*, Slg 1992 I 1745 Rn 15 f = IPRax 1993, 32 mAnm Koch 19) oder zwischen einer GmbH und ihren Gesellschaftern (OLG Naumburg NZG 2000, 1219; Rauscher/Leible, Brüssel Ia-VO [5. Aufl 2021] Art 7 Rn 26). Daher können etwa die Ansprüche einer **GmbH** gegen einen Gesellschafter auf **Erstattung von verbotenen Auszahlungen** nach §§ 30, 31 GmbHG im Gerichtsstand des Art 7 Nr 1 Brüssel Ia-VO geltend gemacht werden; denn obwohl sie sich aus dem Gesetz ergeben, haben sie ihre Grundlage doch in dem zwischen den Parteien geschlossenen Gesellschaftsvertrag (OLG Düsseldorf BeckRS 2016, 21147 Rn 42 ff = GmbHR 2017, 239 mAnm Bormann; OLG München IPRax 2007, 212 und 214 mAnm Dutta 195; OLG Jena ZIP 1998, 1496 = NZI 1999, 81 m Aufs Mankowski 56; OLG Koblenz NZG 2001, 759 mAnm C Schwarz; ebenso zu § 83 öst GmbHG öst OGH 23. 1. 2020, unalex AT-1254; **aA** Haas DStR 2002, 144; zweifelnd auch Thomas/Putzo/Nordmeier, ZPO **103**

[46. Aufl 2025] Art 7 Rn 5). Gleiches gilt auch für die Vorbelastungshaftung eines GmbH-Gesellschafters nach § 11 Abs 2 GmbHG, auch wenn sie erst nach Eröffnung des Insolvenzverfahrens vom Insolvenzverwalter durchgesetzt wird, weil sie die Einlageverpflichtung funktional ergänzt (OLG Rostock IPRax 2016, 156 m zust Anm Weller/Harms 119). Demgegenüber setzen Ansprüche der Gesellschaft auf Rückgewähr eigenkapitalersetzender Darlehen (§ 135 iVm § 39 Abs 1 Nr 5 InsO; §§ 32a, b GmbHG aF) ein Insolvenzverfahren voraus und sind deshalb nach Art 1 Abs 2 lit b Brüssel Ia-VO aus dem Anwendungsbereich der Brüssel Ia-VO ausgeschlossen (OLG München IPRax 2007, 212 und 214 mAnm Dutta 195; vgl auch BGH NJW 2011, 3784 Rn 26 ff; zust Dutta IPRax 2007, 195 ff; Lehmann GmbHR 2005, 980; Ulmer NJW 2004, 1201 [1207]; Weller IPRax 2004, 412 [414]; **aA** noch OLG Bremen RIW 1998, 63 [64] = NZG 1998, 386 mAnm Michalski; Martiny, in: FS Geimer [2002] 641 [659]; Altmeppen NJW 2004, 97 [103]).

103a Ferner ist der Gerichtsstand nach Art 7 Nr 1 Brüssel Ia-VO nicht nur für Vertragsklagen der Gläubiger einer **Personengesellschaft** (OHG/KG) gegen die Gesellschaft, sondern auch gegen deren Gesellschafter begründet, weil auch deren Haftung (zB nach §§ 128, 171 HGB) zwar vom Gesetz angeordnet wird, aber im Gesellschaftsvertrag wurzelt (BGH EuLF 2009 II 20; unalexKomm/Jault-Seseke/Weller Brüssel I-VO Art 5 Nr 1 Rn 23; ebenso für Klage gegen den Kommanditisten BGH NJW 2003, 2609 = IPRax 2005, 142 m krit Anm Lehmann 109; Kropholler/vHein, EuZPR [9. Aufl 2011] Art 5 Brüssel I-VORn 13; **aA** für Hafteinlageschuld des Kommanditisten nach § 171 Abs 2 HGB OLG Naumburg NZG 2000, 1218). Dass es im Verhältnis zwischen dem mithaftenden Gesellschafter und dem klagenden Gläubiger an einer freiwillig eingegangenen Verpflichtung fehlt, ist unschädlich, weil für die Zwecke des Art 7 Nr 1 Brüssel Ia-VO das Vertragsverhältnis nicht gerade im Verhältnis der Klageparteien zueinander bestehen muss (vgl die EuGH-Rechtsprechung zur EG-Fluggastrechte-VO: Rn 99; **aA** Geimer/Schütze/Paulus, IRV Art 7 Rn 17 ff). Das schweizerische Bundesgericht hat auch die Ausgleichsansprüche eines Lebenspartners aus der Auflösung einer mit dem anderen Lebenspartner im Wege der Zusammenarbeit mit diesem stillschweigend eingegangenen einfachen Gesellschaft als vertraglich iSv Art 5 Nr 1 LugÜ2007 qualifiziert (Trib Fédéral 23. 6. 2016, unalex CH-587). Soweit es sich um eine eingetragene Lebenspartnerschaft handelt, sind diese Ansprüche indes als „güterrechtlich" nach Art 1 Abs 2 lit a aus der Brüssel Ia-VO ausgeschlossen und unterliegen in den teilnehmenden Mitgliedstaaten der EuPartVO.

104 Art 7 Nr 1 Brüssel Ia-VO begründet jedoch keinen Gerichtsstand der Gesellschaft oder ihrer Gesellschafter für Ansprüche gegen *Dritte*, weil es insoweit an der vom EuGH geforderten „freiwillig eingegangenen Verpflichtung" des Dritten fehlt (vgl Rn 93; **aA** OLG Bremen RIW 1998, 63 [64]). Deshalb können Ansprüche aus **konzernrechtlicher Außenhaftung** nicht im Vertragsgerichtsstand des Art 7 Nr 1 Brüssel Ia-VO eingeklagt werden (EuGH Rs C-519/12 – *OTP Bank*, IPRax 2014, 528 Rn 22 ff m zust Anm Kindler 486; OLG Düsseldorf IPRax 1998, 210 m zust Anm Zimmer 187; Haubold IPRax 2000, 379 ff; Schlosser/Hess/Schlosser, EuZPR [5. Aufl 2021] Art 7 Rn 6); dies gilt auch für Ansprüche gegen die beherrschende Konzernmutter wegen Verbindlichkeiten der abhängigen Tochtergesellschaft unter dem Aspekt des qualifizierten faktischen Konzerns (OLG Frankfurt IPRax 2000, 525 m zust Anm Kulms 488). Ebenso wenig können Ansprüche der Gläubiger einer AG gegen deren Gründungsgesellschafter wegen Unterkapitalisierung der Gesellschaft im Vertragsgerichtsstand des Art 7 Nr 1 Brüssel Ia-VO geltend gemacht werden (OLG Köln NZG 2004, 1009 = ZIP 2005, 322).

Hingegen lässt sich die **organschaftliche Sonderrechtsbeziehung** zwischen einer GmbH und ihrem Geschäftsführer als „Vertrag“ iSv Art 7 Nr 1 Brüssel Ia-VO qualifizieren, weil die Bestellung zum Geschäftsführer zwei übereinstimmende Willenserklärungen erfordert; daher kann die Klage der Gesellschaft gegen ihren ehemaligen Geschäftsführer wegen der ihm zur Last gelegten Verletzung seiner Verpflichtung zur ordnungsgemäßen Wahrnehmung seiner gesellschaftsrechtlichen Aufgaben im Vertragsgerichtsstand erhoben werden (EuGH Rs C-47/14 – *Holterman*, NZA 2016, 185 Rn 53 f = IPRax 2016, 151 mAnm Kindler 115; OLG München NZG 1999, 1170 mAnm Hallweger = IPRax 2000, 416 m zust Anm Haubold 375; Wieczorek/Schütze/Gebauer, ZPO [4. Aufl 2015] Art 7 Rn 24; Zöller/Geimer, ZPO [35. Aufl 2024] Art 7 Rn 31). Deshalb wurde zT auch die Klage des Insolvenverwalters gegen einen Geschäftsführer auf Erstattung von Zahlungen an die Gesellschaft, die der Geschäftsführer noch nach Eintritt der Konkursreife an einzelne Gläubiger geleistet hatte, im Vertragsgerichtsstand zugelassen. Denn diese Haftung bestehe auch dann, wenn – zB mangels Masse – kein Insolvenzverfahren eröffnet werde (OLG München IPRax 2000, 416 mAnm Haubold 375; OLG Düsseldorf GmbHR 2010, 591 = IPRax 2011, 176 [178]; **aA** [deliktische Qualifikation] OLG Karlsruhe IPRax 2011, 179 mAnm Wais 138). Der EuGH hat demgegenüber die auf **§ 64 Satz 1 und 2 GmbHG** gestützte Klage des Insolvenzverwalters gegen den GmbH-Geschäftsführer *insolvenzrechtlich* qualifiziert und nach Art 1 Abs 2 lit b aus dem Anwendungsbereich der Brüssel I-VO ausgeschlossen (EuGH Rs C-295/13 – *GT GmbH*, NZG 2015, 154 Rn 19 ff, 26 = IPRax 2015, 548 mAnm Wedemann 505; zust BGH IPRax 2015, 334 mAnm Hübner 297). Für Ansprüche der GmbH gegen ihren Geschäftsführer aus dem geschlossenen **Dienstvertrag** ist der Gerichtsstand des Art 7 Nr 1 lit b Brüssel Ia-VO hingegen in jedem Falle eröffnet, soweit nicht die Art 20 ff Brüssel Ia-VO eingreifen (OLG Celle RIW 2000, 710 = NZG 2000, 595 mAnm Bous; vgl auch LG Bonn IPRax 2013, 80 mAnm Weber 69). **105**

Bei Klagen auf Erfüllung von **Gewinnmitteilungen** nach § 661a BGB ist eine vertrags- **106** akzessorische Anknüpfung der Gerichtszuständigkeit insbesondere geboten, wenn der Abschluss eines (Kauf-)Vertrages Voraussetzung für eine Gewinnauskehr ist und der Empfänger der Gewinnmitteilung eine Bestellung tatsächlich getätigt hat. Ist der Empfänger in diesem Fall – wie regelmäßig – Verbraucher, so ist allerdings der vorrangige Verbrauchergerichtsstand nach Art 17, 18 Abs 1, 2. Fall Brüssel Ia-VO maßgebend (EuGH Rs C-180/06 – *Ilsinger*, EuLF 2009 I, 73 Rn 52 ff; ebenso schon EuGH Rs C-96/00 – *Gabriel*, Slg 2002 I 6367 Rn 60 = NJW 2002, 2697 [zu Art 13 EuGVÜ]; zust OLG Hamm NJW-RR 2003, 717 und RIW 2003, 305; KGR 2004, 218). Hingegen hat der EuGH für den Fall, dass der Anspruch auf den versprochenen Gewinn nicht von einer Warenbestellung des Verbrauchers abhing und dieser eine solche auch nicht getätigt hatte, eine internationale Zuständigkeit der Gerichte am Wohnsitzstaat des Verbrauchers nach Art 18 Abs 1, 2. Fall Brüssel Ia-VO abgelehnt. Maßgebend sei dann vielmehr der allgemeine Vertragsgerichtsstand nach Art 7 Nr 1 Brüssel Ia-VO; denn bei dem Gewinnversprechen handle es sich um eine **freiwillig eingegangene Verpflichtung** (EuGH Rs C-27/02 – *Engler*, Slg 2005 I 481 Rn 33 ff = NJW 2005, 811 mAnm Leible 796; zur Abgrenzung näher Rn 238 f). Auf Gewinnzusagen an Personen mit Wohnsitz in Deutschland ist dann gemäß Art 9 Abs 2 Rom I-VO deutsches Recht anzuwenden; demnach liegt der Erfüllungsort iSv Art 7 Nr 1 lit a Brüssel Ia-VO am Wohnsitz des Adressaten der Gewinnzusage (BGHZ 165, 172 [180 ff] = NJW 2005, 230; OLG Hamm MDR 2007, 879). Die Erweiterung des sachlichen Anwendungsbereichs der Gerichtsstände in Verbrauchersachen durch Art 17 Abs 1 lit c Brüssel Ia-VO hat allerdings zur Folge, dass Gewinnzusagen heute in den Verbrauchergerichtsständen des Art 18 Brüssel Ia-VO eingeklagt werden können, wenn ein entsprechender Rechtsbindungswille des gewerbsmäßigen Verkäufers festgestellt werden kann (EuGH Rs C-180/06 – *Ilsinger*, EuLF 2009 I, 73 Rn 52 ff; ebenso schon OLG Rostock NJW-RR 2006, 209; OLG Bamberg NJOZ 2007, 1972; S Lorenz NJW 2006, 472 [475]; **aA** noch OLG Braunschweig NJW 2006, 161); insoweit wird Art 7 Nr 1 Brüssel Ia-VO verdrängt (Musielak/Voit/Stadler/Krüger, ZPO [22. Aufl 2025] Art 7 Rn 2; Rn 238 f). Die Vorschrift behält jedoch für Gewinnzusagen Bedeutung, wenn es an einer vertraglichen Verpflichtung zur Gewinnauszahlung fehlt, weil ihr Anwendungsbereich weiter als derjenige von Art 17 Abs 1 lit c Brüssel Ia-VO ist und auch vorvertragliche und quasivertragliche Verpflichtungen umfasst (EuGH Rs C-180/06 – *Ilsinger*, EuLF 2009 I, 73 Rn 57).

107 Aufgrund der weiten Auslegung des Begriffs der „Ansprüche aus einem Vertrag" wurde der Gerichtsstand des Art 5 Nr 1 EuGVÜ/LugÜ zT auch für Schadensersatzansprüche aus **culpa in contrahendo** eröffnet, soweit das Verschulden sich auf das Zustandekommen oder Scheitern des Vertragsschlusses bezog (vgl LG Hamburg IPRspr 1976 Nr 125a). Angesichts der unterschiedlichen Einordnung dieser Ansprüche in den Rechten der Mitgliedstaaten (vgl dazu näher Spellenberg ZZP 91 [1978] 42; S Lorenz ZEuP 1994, 218 f) wurden allerdings überwiegend nur vorvertragliche Aufklärungs- und Beratungspflichten als vertragsähnlich iSv Art 5 Nr 1 EuGVÜ/Brüssel I-VO, sonstige Verkehrs- und Schutzpflichten hingegen als deliktsähnlich iSv Art 5 Nr 3 EuGVÜ/Brüssel I-VO qualifiziert (LG Dortmund IPRspr 1998 Nr 139; LG Braunschweig IPRax 2002, 214; ebenso noch heute MünchKommZPO/Gottwald Art 7 Rn 12 mwNw; gegen eine vertragliche Qualifikation vorvertraglicher Aufklärungspflichten aber *Trade Indemnity Plc v Försäkrings AB Njord*, [1995] 1 All ER 796 [809 ff] [QB]). Demgegenüber ist mit der Rechtsprechung des EuGH (Rs C-334/00 – *Tacconi*, Slg 2002 I 7357 Rn 27 = IPRax 2003, 143 m **abl** Anm Mankowski 127) danach zu unterscheiden, ob es zwischen den Parteien im weiteren Verlauf doch noch zum Abschluss eines Vertrags gekommen ist oder nicht. Haben die Parteien einen Vertrag geschlossen, so sind auch Ansprüche aus Verschulden bei den Vertragsverhandlungen oder wegen sonstiger vorvertraglicher Pflichtverletzungen für die Zwecke der internationalen Zuständigkeit vertragsakzessorisch nach Art 7 Nr 1 Brüssel Ia-VO anzuknüpfen, sofern die verletzte Pflicht einen hinreichenden Bezug zu dem geschlossenen Vertrag aufweist (BGH NJW 2016, 409 Rn 11; LG Braunschweig IPRax 2002, 214 f; Rauscher/Leible, Brüssel Ia-VO [5. Aufl 2021] Art 7 Rn 30; Schlosser/Hess/Schlosser, EuZPR [5. Aufl 2021] Art 7 Rn 5). Dies trifft namentlich auf die Verletzung vorvertraglicher Aufklärungs- und Beratungspflichten zu (vgl aber zu Schadensersatzansprüchen des Käufers wegen arglistigen Verschweigens eines Sachmangels Rn 113).

107a Fehlt es an dem erforderlichen Zusammenhang zwischen der vorvertraglichen Pflichtverletzung und dem später geschlossenen Vertrag, wie idR bei der Verletzung von Schutz- und Obhutspflichten, so sind (Schadensersatz-)Ansprüche des Verletzten hingegen im Gerichtsstand des Art 7 Nr 2 Brüssel Ia-VO geltend zu machen. Dies gilt erst recht, wenn es zwischen den Parteien – häufig gerade wegen der vorvertraglichen Pflichtverletzung – überhaupt **nicht zum Abschluss eines Vertrages gekommen** ist. Fehlt es nämlich an einer freiwillig eingegangenen Verpflichtung des Schuldners, so handelt es sich bei der *culpa in contrahendo* aus der Sicht des europäischen Rechts um ein *außervertragliches* Schuldverhältnis (so für Schadensersatzanspruch wegen ungerechtfertigten Abbruchs der Vertragsverhandlungen EuGH Rs C-334/00 – *Tacconi*, Slg 2002 I 7357 Rn 23; BGH NJW 2016, 409; ferner Zöller/Geimer, ZPO [35. Aufl 2024] Art 7 Rn 40; unalex-Komm/Jault-Seseke/Weller, Brüssel I-VO Art 5 Nr 1 Rn 19; **aA** Schack, IZVR [9. Aufl 2025]

Rn 315). Dies hat der Gesetzgeber inzwischen für das Kollisionsrecht in Art 1 Abs 2 lit i Rom I-VO und Art 12 Rom II-VO klargestellt; diese Wertung muss dann aber auch für die Brüssel Ia-VO maßgebend sein (vgl näher Henk, Die Haftung für culpa in contrahendo im IPR und IZVR [2007]; Lüttringhaus RIW 2008, 193 [199]).

Schadensersatz wegen **Abbruchs langjähriger Geschäftsbeziehungen** kann im Gerichtsstand des Art 7 Nr 1 Brüssel Ia-VO nur geltend gemacht werden, wenn die Geschäftsbeziehung zwischen den Parteien durch stillschweigend vereinbarte Verpflichtungen gekennzeichnet ist, so dass sie als vertragliche Beziehung eingestuft werden kann. Für das Bestehen einer solchen stillschweigenden vertraglichen Beziehung spricht jedoch keine Vermutung, so dass sie nachgewiesen werden muss. Dieser Nachweis muss auf einem **Bündel übereinstimmender Indizien** beruhen, zu denen das Bestehen langjähriger Geschäftsbeziehungen, Treu und Glauben zwischen den Parteien, die Regelmäßigkeit der Transaktionen und deren in Menge und Wert ausgedrückte langfristige Entwicklung, Absprachen zu den in Rechnung gestellten Preisen und/oder zu den gewährten Rabatten sowie die ausgetauschte Korrespondenz gehören können (EuGH Rs C-196/15 – *Granarolo*, NJW 2016, 3087 Rn 25 ff = IPRax 2017, 396 mAnm P Huber 356; vgl dazu Wieczorek/Schütze/Gebauer, ZPO [4. Aufl 2015] Art 7 Rn 22, der die Entscheidung als Baustein für eine europäische Rechtgeschäftslehre deutet). 108

Probleme bereitet die autonome Abgrenzung von vertraglichen und deliktischen Ansprüchen auch bei der **Produkthaftung** (dazu Schlosser IPRax 1984, 66 f). Hat der Hersteller eine selbstständige Garantieverpflichtung gegenüber dem Endabnehmer übernommen, so kann er von diesem im Gerichtsstand des Art 7 Nr 1 Brüssel Ia-VO verklagt werden (vgl LG Saarbrücken NJW-RR 1989, 1085). Hingegen ist die Haftung eines Produzenten, der mit dem geschädigten Endabnehmer keinen Vertrag geschlossen hat, für die Zwecke von Art 7 Brüssel Ia-VO deliktisch zu qualifizieren (Kropholler/vHein, EuZPR [9. Aufl 2011] Art 5 Brüssel I-VO Rn 16; Schack, IZVR [9. Aufl 2025] Rn 315; Klima RIW 1991, 415; s aber auch Rn 113). Dies gilt auch dann, wenn der Geschädigte am Ende einer **Kette von Kaufverträgen** steht und sich deshalb nach dem Vertragsstatut auf eine an ihn weitergegebene vertragliche Garantie berufen kann (vgl zu diesem „vertraglichen" Direktanspruch des Käufers gegen jeden Vorverkäufer nach frz Recht [*„action directe"]* Cass plén 7. 2. 1986, D 1986, 293 mAnm Bénabent = RIW 1987, 307; Ferid/Sonnenberger, Frz Zivilrecht, Bd II/2 [1986] Rn 2 B 651). Denn vertragliche Ansprüche iSv Art 7 Nr 1 Brüssel Ia-VO werden nur dann geltend gemacht, wenn die Vertragsbeziehung gerade zwischen den Prozessparteien besteht (EuGH Rs C-26/91 – *Handte*, Slg 1992 I 3990 Rn 15 f = JZ 1995, 90 mAnm Pfeiffer = Rev crit 1992, 726 mAnm Gaudemet-Tallon; dazu eingehend Beaumart 135 ff). Der Hersteller braucht hingegen nicht damit zu rechnen, von Abnehmern seines Vertragspartners, mit denen er selbst keine Vertragsbeziehungen eingegangen ist, im vertraglichen Gerichtsstand des Art 7 Nr 1 Brüssel Ia-VO in Anspruch genommen zu werden (EuGH Rs C-26/91 – *Handte*, Slg 1992 I 3990 Rn 18 f; zust Cass com Rev crit 1995, 721 mAnm Sinay-Cytermann; OLG Saarbrückern IPRax 2013, 74 mAnm vHein 54). 109

Obwohl Art 7 Nr 1 Brüssel Ia-VO hierzu schweigt, ist der Gerichtsstand auch dann eröffnet, wenn streitig ist, ob überhaupt ein **wirksamer Vertrag** geschlossen wurde. Denn wenn eine Partei nur den Vertragsschluss oder die Gültigkeit des Vertrages zu bestreiten bräuchte, um die Zuständigkeit der Gerichte am Erfüllungsort auszuschalten, könnte Art 7 Nr 1 Brüssel Ia-VO leicht bedeutungslos werden (EuGH Rs 38/81 – 110

Effer, Slg 1982 825 Rn 7 = IPRax 1983, 31 mAnm GOTTWALD 13; EuGH Rs C-27/02 – *Engler*, Slg 2005 I, 481 Rn 40 = NJW 2005, 811; EuGH Rs C-366/13 – *Profit Investment SIM*, RIW 2016, 357 Rn 54 = EuZW 2016, 547 mAnm MÜLLER; EuGH Rs C-307/19 – *Obala/NLB Leasing*, BeckRS 2021, 5299 Rn 91; BGH NJW 2010, 2442; BGH NJW 1994, 2699 [2700]; BAG RIW 1987, 464 [465]). Die Zuständigkeit besteht auch dann fort, wenn sich im Verlauf des Verfahrens herausstellt, dass der Vertrag nichtig ist (unalexKomm/JAULT-SESEKE/WELLER Brüssel I-VO Art 5 Nr 1 Rn 17). Die Vorschrift erfasst daher auch (positive und negative) **Feststellungsklagen**, mit denen das Fortbestehen (vgl OLG Frankfurt RIW 1980, 585; OLG Stuttgart IPRax 1999, 103 mAnm WOLF 82 [85 f]; GEIMER/SCHÜTZE/GEIMER, EuZVR [4. Aufl 2020] Art 7 Rn 76) oder das Nichtbestehen des gesamten Vertragsverhältnisses geltend gemacht wird (BGHZ 185, 241 Rn 25 = NJW 2010, 2442; OLG Bamberg IPRax 2015, 154 mAnm WAIS 127; OLG München RIW 1996, 1035 mAnm KLIMA; s a Cass civ Rev crit 1983, 516 mAnm GAUDEMET-TALLON; Cass civ Rev crit 2001, 153 [158]; SCHACK, IZVR [9. Aufl 2025] Rn 316; dazu Rn 158). Wird die Entstehung eines Vertrages bestritten, so ist es Sache des Klägers, die auf einen Vertragsschluss hindeutenden Umstände schlüssig darzulegen (doppelrelevante Tatsache; vgl OLG Koblenz RIW 2006, 311 [312]). Dies gilt auch, wenn streitig ist, ob der Vertrag gerade zwischen den Streitparteien zustande gekommen ist (OLG Naumburg IPRspr 2003 Nr 136).

111 Auf den Gerichtsstand nach Art 7 Nr 1 Brüssel Ia-VO kann sich schließlich auch ein Kläger berufen, der als **Einzel- oder Gesamtrechtsnachfolger** in das Vertragsverhältnis eingetreten ist, denn der Gerichtsstand begünstigt nicht – wie zB jener nach Art 18 Brüssel Ia-VO (dazu Rn 205) – nur eine bestimmte Kategorie von Klägern (BGH NJW 2009, 2606 Rn 14 f; vgl auch EuGH Rs C-265/02 – *Frahuil*, NJW-RR 2004, 1291 Rn 25 f = IPRax 2004, 334 mAnm FREITAG 305 und Anm LORENZ/UNBERATH 298; zur Legalzession öst OGH IPRax 2006, 489 [490] mAnm HAU 507; MARTINY, in: FS Geimer [2002] 641 [661]; WIECZOREK/SCHÜTZE/GEBAUER, ZPO [4. Aufl 2015] Art 7 Rn 8). Soweit das anwendbare nationale Recht insoweit auf Umstände in der Person des Gläubigers (zB Wohnsitz, Niederlassung) abstellt, kommt es allerdings allein auf den *ursprünglichen* Gläubiger an. Die internationale Zuständigkeit ändert sich also im Interesse der Rechtssicherheit durch die Rechtsnachfolge nicht (OLG Oldenburg RIW 2016, 459 Rn 34 mAnm MÜLLER; OLG Köln BeckRS 2016, 9602 Rn 69 = IPRax 2017, 378; GEBAUER IPRax 1999, 432 [435]; ZÖLLER/GEIMER, ZPO [35. Aufl 2024] Art 7 Rn 8). Auch die **Mithaftung** für die Erfüllung einer Vertragspflicht – zB nach §§ 128, 161, 171 HGB oder § 179 BGB – kann im Vertragsgerichtsstand durchgesetzt werden.

c) Ausgeschlossene Ansprüche

112 Art 7 Nr 1 Brüssel Ia-VO ist nicht anwendbar auf Ansprüche, die ihren Grund nicht in einem Vertrag, sondern in einem **gesetzlichen Schuldverhältnis** haben (BGH NJW 1996, 1411 [1412]; RAUSCHER/LEIBLE, Brüssel Ia-VO [5. Aufl 2021] Art 7 Rn 35), soweit sie nicht in engem Zusammenhang mit einem tatsächlich erfolgten, beabsichtigten oder gescheiterten Vertragsschluss stehen (vgl zur *culpa in contrahendo* Rn 107; zur ungerechtfertigten Bereicherung s Rn 96). Keine Klage aus Vertrag ist daher der gesetzliche **Rückgriffsanspruch des Wechselinhabers** gegen den Aussteller (LG Bayreuth IPRax 1989, 230 mAnm FURTAK 212; LG Frankfurt aM IPRax 1997, 258 m zust Anm BACHMANN 237; KROPHOLLER/vHEIN, EuZPR [9. Aufl 2011] Art 5 Brüssel I-VO Rn 19; **aA** BAUMBACH/HEFERMEHL/CASPER, Einl WG Rn 28). Ferner kann auch die Klage aus einem Scheck, der zur Begleichung einer Kaufpreisschuld hingegeben worden ist, nicht im Gerichtsstand des Erfüllungsorts der Kaufpreisforderung erhoben werden; denn die Verpflichtung des Scheckausstellers zur Einlösung des Schecks folgt nicht aus dem Kaufvertrag (BGHZ 157, 224 [230 ff] = NJW 2004, 1456). Weiterhin ist der Vertragsgerichtsstand in Art 7 Nr 1 Brüssel Ia-VO auch für Ansprüche aus **Eingriffs- oder Durchgriffskondiktion** (EuGH Rs C-242/20 – *HRVATSKE ŠUME/BP Europa SE*, NJW 2022, 375 Rn 45 ff; BGH NJW 2019, 2780 Rn 36 f) sowie quasivertragliche Ansprüche – zB aus **Geschäftsführung ohne Auftrag** – nicht eröffnet (BGH NJW 1996, 1411 mAnm Mankowski IPRax 1997, 173; OLG Köln EuLF 2010 II, 24 = IPRax 2011, 174 mAnm Dutta 134; OLG Karlsruhe IPRspr 2013 Nr 174b; MünchKommZPO/Gottwald Art 7 Rn 13; Geimer/Schütze/Geimer, EuZVR [4. Aufl 2020] Art 7 Rn 58; **aA** Schlosser IPRax 1984, 66). Auch kann im Fall eines Seetransports der Empfänger der Waren (bzw sein Versicherer) Ersatz wegen Transportschäden unter Berufung auf das für den Seetransport ausgestellte **Konnossement** nur vom Aussteller, nicht aber von der Person verlangen, die der Empfänger als den tatsächlichen Verfrachter ansieht; denn es fehlt an einer freiwillig eingegangenen Verpflichtung des Verfrachters (EuGH Rs C-51/97 – *Réunion européenne SA v Spliethoff's* – Slg 1998 I 6511 Rn 26 = IPRax 2000, 210 mAnm Koch 186).

Besondere Probleme wirft im europäischen Prozessrecht hingegen die Abgrenzung zwischen Art 7 Nr 1 und Nr 2 Brüssel Ia-VO, dh zwischen **vertraglichen und deliktischen Schadensersatzansprüchen** auf. Insoweit kommt es – wie auch sonst (Rn 92 ff) – nicht darauf an, wie diese Ansprüche von der maßgeblichen *lex causae* qualifiziert werden. Vielmehr sind sie nach Ansicht des EuGH jedenfalls dann im Vertragsgerichtsstand des Art 7 Nr 1 Brüssel Ia-VO zu erheben, wenn das vorgeworfene Verhalten zugleich als **Verstoß gegen vertragliche Verpflichtungen** angesehen werden kann (EuGH Rs C-548/12 – *Brogsitter*, NJW 2014, 1648 Rn 21 ff mAnm Wendenburg/Schneider = ZEuP 2015, 622 mAnm Wendelstein = IPRax 2016, 149 mAnm Pfeiffer 199; EuGH Rs C-47/14 – *Holterman FE BV*, NZA 2016, 183 Rn 70 ff = IPRax 2016, 151 mAnm Kindler 115; zust BGH WM 2019, 1279 Rn 20; BGH BeckRS 2020, 29049 Rn 13; öst OGH 24. 10. 2018, unalex AT-1186; OLG Köln IPRax 2017, 97 mAnm Spickhoff 72; dazu auch Rademacher ZZPInt 2019, 1412 ff; Mankowski GPR 2020, 281 ff). Dies wiederum ist grundsätzlich dann der Fall, wenn eine Auslegung des Vertrags unerlässlich erscheint, um zu klären, ob das Verhalten, das der Kläger dem Beklagten vorwirft, rechtmäßig oder widerrechtlich ist (EuGH Rs C-548/12 – *Brogsitter*, NJW 2014, 1648 Rn 23 ff; BGH BeckRS 2020, 29049 Rn 14). Es liegt insbesondere nahe, wenn nicht nur das Integritäts-, sondern auch das Leistungsinteresse des Klägers berührt ist (Hoffmann ZZP 128 [2015] 465 [475 ff]; MünchKommZPO/Gottwald Art 7 Rn 14). Für diesen Fall hat die Zuständigkeit nach Art 7 Nr 1 Brüssel Ia-VO Vorrang vor jener nach Art 7 Nr 2 Brüssel Ia-VO; der Geschädigte kann daher auch vom anwendbaren nationalen Recht als deliktisch qualifizierte Ansprüche nur noch im Vertragsgerichtsstand einklagen (frz Cass 13. 5. 2014, unalex FR 2383; OLG Stuttgart IPRax 1999, 103 [104]; **aA** noch BGH IPRax 2009, 150 [151] mAnm Spickhoff 128; Wolf IPRax 1999, 82 [85 f]). Dies gilt auch für Schadensersatzansprüche aus *culpa in contrahendo* wegen Abbruchs langjähriger Geschäftsbeziehungen, sofern letztere als stillschweigend entstandene vertragliche Beziehung gewertet werden können (EuGH Rs C-196/15 – *Granarolo*, NJW 2016, 3087 Rn 25 ff = IPRax 2017, 396 mAnm P Huber 356; s a Rn 108). Beruft sich der Kläger hingegen auf die Regeln über die Haftung aus unerlaubter Handlung und erscheint es nicht unerlässlich, den Inhalt des mit dem Beklagten geschlossenen Vertrags zu prüfen, um zu beurteilen, ob das diesem vorgeworfene Verhalten rechtmäßig oder rechtswidrig war, so verbleibt es beim Gerichtsstand nach Art 7 Nr 2 Brüssel Ia-VO (EuGH Rs C-59/19 – *Wikingerhof/Booking.com*, NJW 2021, 144 Rn 32 ff [Missbrauch einer marktbeherrschenden Stellung]). **113**

113a Bei der **Arzthaftung** steht zwar das Integritätsinteresse im Vordergrund, was für eine deliktische Qualifikation spricht (vgl zum Kollisionsrecht BGHZ 190, 301 = NJW 2011, 3854 mAnm SPICKHOFF MedR 2012, 320); dennoch ist der Deliktsgerichtsstand in Art 7 Nr 2 Brüssel Ia-VO dann ausgeschlossen, wenn sich die Widerrechtlichkeit der Körperverletzung nur mit Hilfe des zwischen Arzt und Patient geschlossenen Behandlungsvertrags feststellen lässt. Dementsprechend sind Ansprüche aus **Prospekthaftung** nur dann im Gerichtsstand des Art 7 Nr 1 Brüssel Ia-VO einzuklagen, wenn die Informationspflichten, deren Verletzung im Prozess geltend gemacht wird, in einem engen Zusammenhang mit einem Vertrag zwischen den Parteien stehen (öst OGH 24. 10. 2018, unalex AT-1186; JAULT-SESEKE/WELLER, in: unalexKomm zur Brüssel I-VO Art 5 Nr 1 Rn 15). Demgegenüber sollte in Fällen des Eingehungsbetrugs – zB beim **arglistigen Verschweigen eines Sachmangels** durch den Kfz-Verkäufer – der Betrüger nicht noch dadurch belohnt werden, dass dem Geschädigten das Recht genommen wird, im Gerichtsstand der unerlaubten Handlung zu klagen. Denn die Verpflichtung, nicht zu betrügen, besteht unabhängig von dem späteren Vertragsschluss und reduziert sich durch diesen nicht auf eine Vertragspflichtverletzung (SPICKHOFF IPRax 2017, 72 [76]; SPICKHOFF NJW 2020, 3759 [3761]). Der Vertragsschluss ist in diesen Fällen nur Ziel und Folge der deliktischen Täuschung und es bedarf zur Feststellung der Widerrechtlichkeit des Verhaltens des Verkäufers keiner Auslegung des nachträglich geschlossenen Kaufvertrags (so BGH NJW 2020, 3808 Rn 16 = IPRax 2022, 519 m zust Anm SPICKHOFF 476, der die Abgrenzungsfrage dem EuGH zur Vorabentscheidung vorgelegt hat; ebenso SPICKHOFF NJW 2020, 3759 [3761]; ZÖLLER/GEIMER, ZPO [35. Aufl 2024] Art 7 Rn 31; **aA** die Vorinstanz OLG Celle BeckRS 2019, 14379 sowie LG Aachen IPRax 2017, 96 und OLG Köln IPRax 2017, 97, jeweils m krit Anm SPICKHOFF 72; für grundsätzlichen Vorrang des Vertragsgerichtsstands auch in diesen Fällen dagegen WENDENBURG/SCHNEIDER NJW 2014, 1633 [1635]; SCHACK, IZVR [9. Aufl 2025] Rn 315).

114 Außerdem findet Art 7 Nr 1 Brüssel Ia-VO auf solche vertraglichen Ansprüche keine Anwendung, die in der Verordnung eine **speziellere Regelung** erfahren haben. So gilt für Ansprüche aus **Versicherungsverträgen** die Sonderregelung des 3. Abschnitts (Art 10 ff Brüssel Ia-VO; dazu Rn 171 ff). In gleicher Weise fallen auch Ansprüche aus **Verbraucherverträgen** und aus **Arbeitsverträgen** nicht unter Art 7 Nr 1 Brüssel Ia-VO; es gelten vielmehr die Sondervorschriften des 4. und 5. Abschnitts (Art 17–19 Brüssel Ia-VO; dazu Rn 193 ff; Art 20–23 Brüssel Ia-VO; dazu Rn 257 ff; zur Abgrenzung gegenüber Arbeitsverträgen im Fall der Geschäftsführerhaftung vgl EuGH Rs C-47/14 – *Holtermann*, EuZW 2015, 922 Rn 33 ff mAnm LÜTTRINGHAUS 904 = IPRax 2016, 151 mAnm KINDLER 115). Art 7 Nr 1 Brüssel Ia-VO ist ferner auch auf Klagen aus **Miet- oder Pachtverträgen** über unbewegliche Sachen nicht anwendbar; insoweit sind vielmehr nach Art 24 Nr 1 Brüssel Ia-VO die Gerichte des Mitgliedstaats ausschließlich zuständig, in dem das Grundstück belegen ist (dazu Rn 72 ff). Schließlich sind für Klagen aus **Beförderungsverträgen** die einschlägigen Spezialübereinkommen (CMR, MÜ, CIM, CIV) zu beachten, die gemäß Art 71 Brüssel Ia-VO Vorrang vor der Verordnung haben (dazu Rn 293 ff).

d) Anspruchskonkurrenz

115 Das für eine Klage aus unerlaubter Handlung nach Art 7 Nr 2 Brüssel Ia-VO zuständige Gericht darf **nicht über konkurrierende Ansprüche wegen Vertragsverletzung** mitentscheiden. Dies folgt im Geltungsbereich der Brüssel Ia-VO nicht etwa aus dem autonomen deutschen Zivilprozessrecht, das einer Zuständigkeit kraft Sachzusammenhangs jedenfalls auf dem Gebiet der internationalen Zuständigkeit überwiegend ablehnend gegenübersteht (vgl BGHZ 132, 105 [111 ff] = NJW 1996, 1411 = IPRax 1997, 187 mAnm Mankowski 173; BGH RIW 2005, 307 [309 f]; anders aber für die örtliche Zuständigkeit BGHZ 153, 173 [176 ff] = NJW 2003, 828 unter Aufgabe der bisherigen Rspr; zust Zöller/Schultzky, ZPO [35. Aufl 2024] § 12 Rn 20 m ausf Nachw; Wieczorek/Schütze/Hausmann, ZPO [3. Aufl 2010] vor § 12 Rn 18 ff und § 32 Rn 27 f mwNw zum Streitstand). Der EuGH hat die Spaltungstheorie vielmehr für Art 5 Nr 3 EuGVÜ im Wege der *vertragsautonomen Interpretation* des Übereinkommens begründet (EuGH Rs 189/87 – *Kalfelis*, Slg 1988, 5565 Rn 16 ff = NJW 1988, 3088 mAnm Geimer = IPRax 1989, 288 mAnm Gottwald 272; zust BGH EuLF 2005 I, 67 = IPRax 2006, 40 m zust Anm Looschelders 14; öst OGH 24. 10. 2018, unalex AT-1186; OLG Hamm RIW 2000, 305 [306]; Rauscher/Leible, Brüssel Ia-VO [5. Aufl 2021] Art 7 Rn 100). Danach sind die in Art 7 und 8 Brüssel Ia-VO aufgezählten „besonderen Zuständigkeiten" als Ausnahmen vom Grundsatz der Wohnsitzzuständigkeit einschränkend auszulegen. Auch wenn eine Häufung von Zuständigkeiten für gleichartige Streitigkeiten der Rechtssicherheit und dem wirksamen Rechtsschutz der Bürger im Unionsgebiet nicht förderlich sei (vgl idS schon EuGH Rs 34/82 – *Peters*, Slg 1983, 987 Rn 17 = IPRax 1984, 85 mAnm Schlosser 65), habe der Kläger doch stets die Möglichkeit, seine Klage unter sämtlichen Gesichtspunkten vor das Wohnsitzgericht des Beklagten (Art 4 Abs 1 Brüssel Ia-VO) zu bringen. Ferner ermögliche Art 30 Brüssel Ia-VO dem zuerst angerufenen Gericht unter bestimmen Umständen, über den gesamten Rechtsstreit zu befinden, wenn zwischen den bei Gerichten verschiedener Mitgliedstaaten erhobenen Klagen ein Zusammenhang bestehe. Überzeugend ist diese Aufspaltung der Zuständigkeiten in Fällen der Anspruchsgrundlagenkonkurrenz allerdings nicht; die besseren Argumente sprechen für die Zulassung einer Annexzuständigkeit kraft Sachzusammenhangs auch im europäischen Zivilprozessrecht (vgl Geimer IPRax 1986, 80 [81 f]; Geimer/Schütze/Geimer, EuZVR [4. Aufl 2020] Art 7 Rn 222; Mansel IPRax 1989, 84 [85]; Wolf IPRax 1999, 86 f; Otte, Umfassende Streitentscheidung durch Beachtung von Sachzusammenhängen [1998] 504 ff mwNw).

Anerkannt werden sollte jedenfalls eine **Annexzuständigkeit der Gerichte am vertraglichen Erfüllungsort** zur Entscheidung über konkurrierende deliktische Ansprüche. **115a** Dafür spricht nämlich zusätzlich, dass im Allgemeinen das Vertragsverhältnis die Rechtsbeziehung zwischen Schädiger und Geschädigtem prägt, so dass eine gemeinsame Behandlung aller Ansprüche in diesem Gerichtsstand sachgerecht erscheint (Gaudemet-Tallon Rev crit 1989, 122 f; Geimer IPRax 1986, 80 [82]; Rademacher ZZP Int 24 [2019] 141 ff; Rauscher/Leible, Brüssel Ia-VO [5. Aufl 2021] Art 7 Rn 101; Schlosser/Hess/Schlosser, EuZPR [5. Aufl 2021] vor Art 7 Rn 2 und Art 7 Rn 3a; unalexKomm/Jault-Seseke/Weller Brüssel I-VO Art 5 Nr 1 Rn 20; Wieczorek/Schütze/Gebauer, ZPO [4. Aufl 2015] Art 7 Rn 19 f; tendenziell auch BGH RIW 1993, 671 [672]; **aA** Looschelders IPRax 2006, 14 [15 f]; Thomas/Putzo/Nordmeier, ZPO [46. Aufl 2025] Art 7 Rn 4; MünchKommZPO/Gottwald Art 7 Rn 14; Schack, IZVR [9. Aufl 2025] Rn 427). Dem entspricht auch die vertragsakzessorische Anknüpfung konkurrierender deliktischer Ansprüche im europäischen Kollisionsrecht (vgl Art 4 Abs 3 S 2 Rom II-VO). Es muss jedenfalls für im nationalen Recht als deliktisch qualifizierte Schadensersatzansprüche gelten, die iS der *Brogsitter*-Rechtsprechung des EuGH (Rn 113) an einen Vertrag iSv Art 7 Nr 1 Brüssel Ia-VO anknüpfen (OLG Koblenz IPRax 1991, 241 mAnm Hanisch 215; Schlosser/Hess/Schlosser, EuZPR [5. Aufl 2021] Art 7 Rn 3a; Geimer/Schütze/Paulus, IRV Art 7 Rn 49 f). Aus Art 30 Brüssel Ia-VO kann hingegen eine Zuständigkeit kraft Sachzusammenhangs nicht hergeleitet werden (EuGH Rs C-420/97 – *Leathertex*, Slg 1999 I 6747 Rn 38 = NJW 2000, 721).

3. Vereinbarter Erfüllungsort

a) Art 7 Nr 1 Brüssel Ia-VO

116 Die Vertragsparteien können den Erfüllungsort zunächst durch Vereinbarung festlegen (dazu umfassend Klemm, Erfüllungsortsvereinbarungen im europäischen Zivilprozessrecht [2005]). Erfüllungsortsvereinbarungen werden vor allem im kaufmännischen Rechtsverkehr sehr häufig getroffen; sie finden sich neben Gerichtsstands- und Rechtswahlklauseln regelmäßig in den Allgemeinen Geschäftsbedingungen von Exporteuren wie Importeuren. Ein wirksam vereinbarter Erfüllungsort hat **Vorrang vor dem gesetzlichen Erfüllungsort** nach Art 7 Nr 1 lit a–c Brüssel Ia-VO. Dies stellt die Verordnung bezüglich des gesetzlichen Erfüllungsorts für Warenkauf- und Dienstleistungsverträge in lit b ausdrücklich klar („sofern nichts anderes vereinbart worden ist"; vgl dazu EuGH Rs C-381/08 – *CarTrim*, NJW 2010, 1059 Rn 45 f = IHR 2010, 170 mAnm Mittmann 146 = IPRax 2010, 438 mAnm Metzger 420; BGH EuLF 2005 I, 224 = IPRax 2006, 594 m krit Anm Leible/Sommer 568; OLG München IPRspr 2005 Nr 93b; Klemm 70 ff). Für lit a ergibt sich dieser Vorrang idR aus dem als Vertragsstatut zur Anwendung berufenen materiellen Recht (zB bei Geltung deutschen Rechts aus § 269 Abs 1 BGB). Hiervon ist der EuGH in seiner Rechtsprechung zu Art 5 Nr 1 EuGVÜ in ständiger Rechtsprechung ausgegangen (EuGH Rs 56/59 – *Zelger*, Slg 1980, 89 Rn 5; EuGH Rs C-106/95 – *MSG/Les Gravières Rhénanes*, Slg 1997 I 911 Rn 30; EuGH Rs C-440/97 – *GIE Groupe Concorde*, Slg 1999 I 6307 Rn 28). Daran ist auch unter Geltung der Brüssel Ia-VO festzuhalten; insbesondere kann aus der ausdrücklichen Erwähnung von Erfüllungsortsvereinbarungen nur in lit b nicht geschlossen werden, dass derartige Vereinbarungen nur bei Kauf- und Dienstleistungsverträgen zuständigkeitsbegründende Kraft haben (so auch EuGH Rs C-419/11 – *Česká spořitelna*, BeckRS 2013, 80540 Rn 55; BGH NJW 2009, 2606; Wipping 229 f; Mumelter 210; Klemm 65 f; Geimer/Schütze/Geimer, EuZVR [4. Aufl 2020] Art 7 Rn 173 ff; Wieczorek/Schütze/Gebauer, ZPO [4. Aufl 2015] Art 7 Nr 1 Rn 34; Rauscher/Leible, Brüssel Ia-VO [5. Aufl 2021] Art 7 Rn 52 mwNw; zweifelnd Hau IPRax 2000, 360; Thomas/Putzo/Nordmeier, ZPO [46. Aufl 2025] Art 7 Rn 7). Ferner genügt weiterhin eine wirksame Vereinbarung über den *materiellen* Erfüllungsort; einer gesonderten Vereinbarung eines „prozessualen Erfüllungsorts" bedarf es nicht (**aA** OLG Karlsruhe NJOZ 2009, 2282 [2287]; s aber Rn 119).

117 Die wirksame Vereinbarung des Erfüllungsorts beurteilt sich nach dem auf den Vertrag anzuwendenden Recht *(lex causae)*. Eine nach dem Vertragsstatut wirksame Vereinbarung begründet den Gerichtsstand nach Art 7 Nr 1 lit a oder b Brüssel Ia-VO selbst dann, wenn die in Art 25 Abs 1 S 3 Brüssel Ia-VO für **Gerichtsstandsvereinbarungen** vorgeschriebene Form nicht eingehalten worden ist (EuGH Rs 56/79 – *Zelger*, Slg 1980, 89 Rn 3–5 = WM 1980, 720 mAnm Schütze = IPRax 1981, 89 mAnm Spellenberg 75; BGH NJW 1994, 2699, [2700]; BGH NJW 1996, 1819; OLG Hamm NJOZ 2015, 1369 Rn 32; OLG Celle NJW-RR 2010, 136 [138]; OLG München IPRspr 2005 Nr 93b; OLG Düsseldorf OLGR 2004, 208 [213]; OLG Dresden IPRax 2000, 121 mAnm Haubold 91; Kropholler/vHein, EuZPR [9. Aufl 2011] Art 5 Brüssel I-VORn 35; krit dazu Rauscher/Leible, Brüssel Ia-VO [5. Aufl 2021] Art 7 Rn 53; Schack, IZVR [9. Aufl 2025] Rn 333). Dies folgt aus der unterschiedlichen systematischen Stellung von Art 7 Nr 1 und Art 25 Brüssel Ia-VO, sowie daraus, dass Art 7 Nr 1 Brüssel Ia-VO – im Gegensatz zu Art 25 Brüssel Ia-VO – einen objektiven Zusammenhang zwischen dem Gegenstand des Rechtsstreits und dem vereinbarten Gerichtsstand erfordert. Die Anforderungen an die (Form-)Gültigkeit einer Erfüllungsortsvereinbarung sind daher allein dem als Vertragsstatut nach Art 3 ff

Rom I-VO zur Anwendung berufenen *materiellen Recht* zu entnehmen (BGH NJW-RR 2003, 192; BGH IPRax 2006, 594 [596] m insoweit zust Anm LEIBLE/SOMMER IPRax 2006, 568 [571]; öst OGH EuLF 2005 II, 80 [81]; OLG Karlsruhe RIW 1994, 1046; OLG Düsseldorf IHR 2004, 113; schwz BGE 122 III 251; KLEMM 74; PILTZ IHR 2006, 53 [55]; vgl aber Rn 122 aE).

Hingegen bleibt das autonome Zuständigkeitsrecht des betroffenen Mitgliedstaates außer Betracht (vgl dazu allg Rn 46 f). § 29 Abs 2 ZPO findet daher auch dann keine Anwendung, wenn der Vertrag deutschem Recht untersteht. Über die **Formgültigkeit der Vereinbarung** entscheiden die mitgliedstaatlichen Gerichte nach Maßgabe von Art 11 Rom I-VO (MICKLITZ/ROTT EuZW 2001, 325 [328]). Nach deutschem Recht genügt etwa die mündliche Vereinbarung über den Erfüllungsort zwischen Kaufleuten (BGH RIW 1980, 725) oder die stillschweigende Einbeziehung einer Erfüllungsortsklausel in AGB (BGH NJW 1985, 560 f; vgl auch RAUSCHER ZZP 104 [1991] 308 ff). Die Vereinbarung „zahlbar in Hamburg“ ändert den Erfüllungsort iSv Art 7 Nr 1 lit a Brüssel Ia-VO für die Zahlungsverpflichtung eines italienischen Spediteurs an seinem Sitz in Mailand hingegen nicht, sondern bekräftigt nur die Regelung in § 270 Abs 1 BGB (OLG Hamburg RIW 1991, 61; vgl auch WIECZOREK/SCHÜTZE/HAUSMANN, ZPO [3. Aufl 2010] § 29 Rn 93 ff mwNw). Ebenso wenig enthält die Lieferungsklausel „frei Baustelle“ eine selbstständige Vereinbarung des Erfüllungsortes iSv Art 7 Nr 1 lit a Brüssel Ia-VO (OLG Koblenz IHR 2003, 66). Derartige Lieferklauseln können allenfalls für die Bestimmung des gesetzlichen Lieferorts in Art 7 Nr 1 lit b Brüssel Ia-VO Bedeutung erlangen (OLG Dresden IHR 2008, 162 [164]; dazu Rn 132 f). Die Parteien können für die Vereinbarung eines Erfüllungsorts auch ein vom Vertragsstatut abweichendes Recht wählen (sog *Nebenstatut*; vgl BGH RIW 1980, 725; KROPHOLLER/vHEIN, EuZPR [9. Aufl 2011] Art 5 Brüssel I-VO7 Rn 35). Zulässig ist auch die Vereinbarung **unterschiedlicher Erfüllungsorte für verschiedene Pflichten** aus dem gleichen Vertragsverhältnis (**aA** MICKLITZ/ROTT EuZW 2001, 325 [328]; ZÖLLER/GEIMER, ZPO [35. Aufl 2024] Art 7 Rn 12; THOMAS/PUTZO/NORDMEIER, ZPO [46. Aufl 2025] Art 7 Rn 7 aE; offenlassend BGH NJW 2019, 76 Rn 46). **118**

Die von Art 25 Abs 1 S 3 Brüssel Ia-VO abweichende Beurteilung der Formerfordernisse einer Erfüllungsortvereinbarung nach nationalem Recht ist freilich nur dann gerechtfertigt, wenn die Parteien den vereinbarten Erfüllungsort ernsthaft als tatsächlichen Leistungsort festlegen wollen; beweispflichtig hierfür ist der Kläger (schwz BGE 122 III 249; SPELLENBERG IPRax 1981, 79; RAUSCHER ZZP 104 [1991] 306 f; KROPHOLLER/vHEIN, EuZPR [9. Aufl 2011] Art 5 Brüssel I-VORn 36). **„Abstrakte“ Erfüllungsortsvereinbarungen**, die keinen Bezug zur Vertragswirklichkeit haben (vgl dazu OLG Zweibrücken MDR 2013, 510) und den gesetzlichen Leistungsort für Vertragspflichten nicht ändern, sondern lediglich zuständigkeitsrechtlich wirken sollen, sind hingegen an Art 25 Abs 1 Brüssel Ia-VO zu messen; denn andernfalls könnten die strengen Formvorschriften für Gerichtsstandsvereinbarungen allein dadurch umgangen werden, dass die Vereinbarung als „Erfüllungsortvereinbarung“ bezeichnet wird (EuGH Rs C-106/95 – *MSG/Les Gravières Rhénanes*, Slg 1997 I 932 Rn 31 ff = NJW 1997, 1431 = JZ 1997, 839 mAnm KOCH = RIW 1997, 415 mAnm HOLL = ZZP Int 2 [1997] 161 mAnm HUBER = IPRax 1999, 31 mAnm KUBIS 10; dazu BGH RIW 1997, 871 = WiB 1997, 1104 mAnm GAUS; ebenso schwz BG 12. 5. 2014, unalex CH-535; frz Cass com Rev crit 1996, 736 mAnm GAUDEMET-TALLON; OLG Braunschweig IWRZ 2019, 275; SPELLENBERG ZZP 91 [1978] 61 f; MünchKommZPO/GOTTWALD Art 7 Rn 44; **aA** noch OLG Karlsruhe RIW 1994, 1046 = DZWiR 1994, 70 mAnm CHILLAGANO-BUSL; SCHÜTZE WM 1980, 723). Dies gilt etwa für die Vereinbarung eines Erfüllungsorts für alle Vertragspflichten am Sitz des Verkäufers, obwohl Lieferung an den Sitz des Käu- **119** fers (Bringschuld) vereinbart ist (Leible/Sommer IPRax 568 [571] gegen BGH IPRax 2006, 594 [596]). Schließlich kann von den Zuständigkeitsregeln der Verordnung in **Versicherungs-, Verbraucher- und Arbeitssachen** durch eine Vereinbarung des Erfüllungsorts ebensowenig zum Nachteil des Versicherungsnehmers, Verbrauchers oder Arbeitnehmers abgewichen werden wie durch eine Gerichtsstandsvereinbarung (vgl Art 15, 19, 23 Brüssel Ia-VO).

b) Autonomes Recht

120 Im **kaufmännischen Rechtsverkehr** kann ein inländischer Erfüllungsort auch nach § 29 Abs 1 ZPO durch Vereinbarung begründet werden, wenn der Beklagte seinen Wohnsitz in einem Drittstaat hat, Art 6 Abs 1 Brüssel Ia-VO. Das Zustandekommen dieser Vereinbarung und ihre materielle Wirksamkeit beurteilen sich nach den Regeln des internationalen Vertragsrechts (vgl OLG Stuttgart RIW 1989, 56 = IPRax 1988, 293 mAnm Schwarz 278; zur Einbeziehung einer Erfüllungsortsklausel in AGB durch Schweigen OLG München IPRax 1991, 46 [49 f] mAnm Geimer 31; OLG Karlsruhe NJW RR 1993, 567 [568 f]; Rauscher IPRax 1992, 146; Geimer, IZPR [9. Aufl 2024] Rn 1490). Danach unterliegt die Erfüllungsortsvereinbarung grundsätzlich dem gleichen Recht wie der geschlossene Hauptvertrag. Die Parteien sind jedoch auch hier berechtigt, die Vereinbarung im Wege der Teilverweisung einem anderen Recht zu unterstellen (vgl Art 3 Abs 1 S 2 Rom I-VO; ferner OLG Nürnberg NJW 1985, 1296 [1297]; Schack, Erfüllungsort Rn 229). Demgegenüber entfaltet die – auch „ernst gemeinte" – Vereinbarung eines inländischen Erfüllungsorts im **nicht kaufmännischen Verkehr** gem § 29 Abs 2 ZPO keine prozessuale Wirkung (Wieczorek/Schütze/Hausmann, ZPO [3. Aufl 2010] § 29 Rn 100 ff). Dieser Schutz ist auch nicht auf Nicht-Kaufleute mit Wohnsitz im Inland beschränkt (so aber Schack, Erfüllungsort Rn 229). Die Kaufmannseigenschaft des ausländischen Vertragspartners ist dabei grundsätzlich nach deutschem Recht als der *lex fori* zu beurteilen.

4. Gesetzlicher Erfüllungsort für Warenkauf- und Dienstleistungsverträge, Art 7 Nr 1 lit b Brüssel Ia-VO

a) Allgemeines

121 Seit der durch die Brüssel I-VO eingeführten Regelung in Art 5 Nr 1 lit b ist der Erfüllungsort für Warenkauf- und Dienstleistungsverträge stets **autonom**, dh ohne Rückgriff auf das nach dem IPR der *lex fori* als Vertragsstatut maßgebliche nationale Recht, zu bestimmen (EuGH Rs C-386/05 – *Color Drack*, Slg 2007 I 3699 Rn 24, 39 = NJW 2007, 1799 = EuZW 2007, 370 mAnm Leible/Reinert; EuGH Rs C-381/08 – *CarTrim*, NJW 2010, 1059 Rn 49 mAnm Piltz; BGH EuLF 2010 II, 63 [65]; BGH NJW 2009, 2606 Rn 17; BGH IHR 2008, 189 [190]; BGH NJW 2006, 1806 [1807]; OLG Karlsruhe IHR 2008, 194 [195]; OLG Köln IHR 2007, 200 und RIW 2005, 778; OLG Hamm IHR 2006, 84 [85 f]; OLG Düsseldorf OLGR 2004, 208 Rn 23; Zöller/Geimer, ZPO [35. Aufl 2024] Art 7 Rn 9; Thomas/Putzo/Nordmeier, ZPO [46. Aufl 2025] Art 7 Rn 9). Diese autonome Qualifikation des prozessualen Erfüllungsorts soll nach den Vorstellungen der Kommission (KOM [1999] 348 endg) die Nachteile der bisherigen Regelung, nämlich insbesondere den Rückgriff auf das IPR im Staat des angerufenen Gerichts, vermeiden und an rein **faktische Kriterien** anknüpfen (zust OLG Oldenburg IHR 2008, 112; Piltz IHR 2006, 53 [56]; Kropholler/vHein, EuZPR [. Aufl 2011] Art 5 Brüssel I-VORn 48). Der Erfüllungsort ist für alle Klagen aus Warenkauf- und Dienstleistungsverträgen einheitlich, dh unabhängig davon zu bestimmen, welche Verpflichtung den Streitgegenstand bildet; an dem Liefer- bzw Dienstleistungsort ist daher **auch die Gegenleistung auf Zahlung** des Kaufpreises bzw der Vergütung einzuklagen (EuGH Rs

C-386/05 – *Color Drack*, Slg 2007 I 3699 Rn 26; EuGH Rs C-381/08 – *CarTrim*, NJW 2010, 1059 Rn 50; EuGH Rs C-19/09 – *Wood Floor*, Slg 2010 I 2161 Rn 23 = EuZW 2010, 378 mAnm Leible = IPRax 2011, 73 mAnm Lehmann/Duczek 41; BGH IHR 2008, 189 [191]; BGH NJW 2006, 1806 [1807]; OLG München IPRax 2022, 369 Rn 32; OLG Düsseldorf NJW-RR 2008, 223; Piltz IHR 2006, 53 [55]; Zöller/Geimer, ZPO [35. Aufl 2024] Art 7 Rn 13; Wieczorek/Schütze/Gebauer, ZPO [4. Aufl 2015] Art 7 Nr 1 Rn 37). Dies gilt auch für Kaufpreisklagen des Verkäufers unter Geltung des UN-Kaufrechts, die bisher gemäß Art 57 CISG am Sitz des Verkäufers einklagbar waren (BGH IHR 2010, 217 [220]; öst OGH IHR 2008, 188; vgl auch Rn 165). Nur wenn der so bestimmte Erfüllungsort nicht in einem Mitgliedstaat der Verordnung liegt, verbleibt es auch für Warenkauf- und Dienstleistungsverträge nach Art 7 Nr 1 lit c Brüssel Ia-VO bei der *lex-causae-Qualifikation* gemäß Art 7 Nr 1 lit a Brüssel Ia-VO (vgl BGH NJW 2009, 2606 [Türkei]; OLG Frankfurt RIW 2004, 864 [Bosnien-Herzegowina]; Hausmann EuLF 2000/01, 40 [44 f]; Jayme/Kohler IPRax 1999, 404 ff; Piltz IHR 2006, 53 [55]; Kropholler/vHinden, in: GS Lüderitz [2000] 401 ff).

Zwar können die Vertragsparteien auch im Rahmen von lit b einen vom Lieferort **122**
abweichenden **Erfüllungsort vereinbaren** (Rn 116 ff); dies kann auch konkludent geschehen (Magnus IHR 2002, 45 [48]). Sie sind hingegen nicht berechtigt, die Systematik des Art 7 Nr 1 Brüssel Ia-VO dadurch zu unterlaufen, dass sie sich darauf beschränken, die Anwendbarkeit der lit b durch Vereinbarung auszuschließen mit der Folge, dass der Erfüllungsort auch für Kauf- und Dienstleistungsverträge weiterhin nach der *lex causae* (lit a) bestimmt werden müsste (Leible/Sommer IPRax 2006, 568 [570 f]; Magnus, WuB VII Art 5 Brüssel Ia-VO 1.06). Keine Bedenken bestehen hingegen, den Vertragsparteien das Recht einzuräumen, die durch lit b angestrebte Konzentration der Zuständigkeit am Erfüllungsort für die vertragscharakteristische Liefer- oder Dienstleistungsverpflichtung dadurch auszuschalten, dass sie – in Übereinstimmung mit der Grundregel in lit a – für die Zahlungspflicht des Käufers/Dienstberechtigten einen abweichenden Erfüllungsort vereinbaren (Hausmann EuLF 2000/01, 40 [45]; Piltz IHR 2006, 53 [55]; Klemm 79 f; Hess § 6 Rn 59; Kropholler/vHein, EuZPR [9. Aufl 20] Art 5 Brüssel I-VORn 51; MünchKommZPO/Gottwald Art 7 Rn 32). Die von manchen geforderte teleologische Reduktion, wonach ein Erfüllungsort im Geltungsbereich von lit b nur einheitlich für alle Vertragspflichten vereinbart werden kann (dafür schwz BG 12. 5. 2014, IPRax 2015, 271 mAnm Markus 277; Micklitz/Rott EuZW 2001, 325 [328]; Rauscher, in: FS Heldrich [2005] 933 [946 f]; unalexKomm/Jault-Seseke/Weller Art 5 Nr 1 Brüssel I-VO Rn 59 aE; Thomas/Putzo/Nordmeier, ZPO [46. Aufl 2025] Art 7 Rn 7; Geimer/Schütze/Geimer, EuZVR [4. Aufl 2020] Art 7 Rn 141; Rauscher/Leible, Brüssel Ia-VO [5. Aufl 2021] Art 7 Rn 95), widerspricht nicht nur dem Wortlaut der lit b, sondern steht auch mit dem vom EuGH – außerhalb des 3.–5. Abschnitts – stets betonten Vorrang der Privatautonomie nicht im Einklang (wie hier Klemm 79 ff; Schlosser/Hess/Schlosser, EuZPR [5. Aufl 2021] Art 7 Rn 11; vgl zB zur Zulässigkeit einseitig begünstigender [asymmetrischer] Gerichtsstandsvereinbarungen Rn 490 ff). Dementsprechend hat der EuGH auch zu Art 5 Nr 1 lit b Brüssel I-VO betont, dass die Parteien den Lieferort der Waren „nach ihrem freien Willen bestimmen können" (EuGH Rs C-381/08 – *CarTrim*, NJW 2010, 1059 Rn 45 mAnm Piltz). Das mit Art 7 Nr 1 lit b Brüssel Ia-VO angestrebte Ziel, den Rückgriff auf nationales Recht auszuschalten, könnte dafür sprechen, auch den Begriff der Vereinbarung hier – anders als bei Erfüllungsortsvereinbarungen im Rahmen von lit a und ähnlich wie im Falle der Gerichtsstandsvereinbarungen nach Art 25 Brüssel Ia-VO (dazu Rn 407 ff) – *autonom* auszulegen (Geimer/Schütze/Geimer, EuZVR [4. Aufl 2020] Art 7 Rn 141; **aA** Kropholler/vHein, EuZPR [9. Aufl 2011] Art 5 Brüssel I-VO Rn 51).

b) Verkauf beweglicher Sachen

aa) Qualifikation

123 Da die Brüssel Ia-VO die autonome Qualifikation des Erfüllungsorts in Art 7 Nr 1 lit b auf Warenkauf- und Dienstleistungsverträge beschränkt, kommt der Abgrenzung dieser Verträge von den übrigen Vertragstypen, für die es bei der *lex-causae*-Qualifikation nach lit a verbleibt, erhebliche praktische Bedeutung zu. Auch diese Abgrenzung hat – wie die Qualifikation der „vertraglichen“ Ansprüche im Allgemeinen (Rn 92) – **verordnungsautonom** zu erfolgen (BGH NJW 2009, 2606 Rn 17; öst OGH RdW 2004, 222, ÖJZ 2005, 711 und IHR 2008, 188; OLG Düsseldorf IHR 2004, 108 Rn 24; OLG Köln RIW 2005, 778 [779]; OLG Karlsruhe IHR 2008, 194 [195]; Ferrari IPRax 2007, 61 [65]; Rauscher/Leible, Brüssel Ia-VO [5. Aufl 2021] Art 7 Rn 56; Kropholler/vHein, EuZPR [9. Aufl 2020] Art 5 Brüssel I-VO Rn 38). Dabei sind die Begriffe „Verkauf beweglicher Sachen“ und „Erbringung von Dienstleistungen“ in Art 7 Nr 1 lit b Brüssel Ia-VO und in Art 4 Abs 1 lit a und b Rom I-VO im gleichen Sinne auszulegen, so dass weitgehend auf die dortigen Ausführungen Bezug genommen werden kann (dazu Staudinger/Magnus [2021] Art 4 Rom I-VO Rn 36 ff, 40 f). Art 7 Nr 1 lit b Brüssel Ia-VO erfasst insbesondere auch die dem **Wiener UN-Kaufrecht** (CISG) von 1980 unterliegenden Kaufverträge (OLG Oldenburg IHR 2008, 112), so dass zu Abgrenzungsfragen auch die Kommentierungen zum CISG herangezogen werden können (EuGH Rs C-381/08 – *CarTrim*, NJW 2010, 1059 Rn 36; Ferrari IPRax 2007, 61 [65]; Magnus IHR 2002, 45 [47]; Schlosser/Hess/Schlosser, EuZPR [5. Aufl 2021] Art 7 Rn 10a; Rauscher/Leible, Brüssel Ia-VO [5. Aufl 2021] Art 7 Rn 58). Verträge über die Lieferung beweglicher Sachen sind Kaufverträge, bei denen der Verkäufer zur Lieferung und Übereignung der Ware, der Käufer zur Zahlung des vereinbarten Kaufpreises und zur Abnahme der Ware verpflichtet ist (EuGH C-196/15 – *Granarolo*, NJW 2016, 3087 Rn 33 f; Wieczorek/Schütze/Gebauer, ZPO [4. Aufl 2015] Art 7 Nr 1 Rn 38; der Gerichtsstand gilt auch für den Viehkauf (öst OGH 29. 5. 2017, unalex AT-1115) sowie für Kaufverträge über Gas- und Stromlieferungen (OLG Hamm IPRspr 2017 Nr 243; OLG Brandenburg 29. 9. 2011, unalex DE-2668). Erfasst sind auch alle Sonderformen des Kaufvertrags, wie zB Sukzessivlieferungsverträge, der Spezifikationskauf, der Kauf auf Probe oder nach Muster usw (vgl Kropholler/vHein, EuZPR [9. Aufl 2011] Art 5 Brüssel I-VO Rn 39), nicht hingegen **Tausch- und Schenkungsverträge** (einschließlich gemischter Schenkungen, Zöller/Geimer, ZPO [35. Aufl 2024] Art 7 Rn 18). Keine Kaufverträge sind Mietverträge; **Leasingverträge** hingegen dann, wenn sich der Leasingnehmer schon bei Vertragsschluss zum Erwerb nach Ablauf der Grundmietzeit verpflichtet (Geimer/Schütze/Paulus, IRV Art 7 Rn 92; Zöller/Geimer, ZPO [35. Aufl 2024] Art 7 Rn 18; Rauscher/Leible, Brüssel Ia-VO [5. Aufl 2021] Art 7 Rn 63).

124 Für **Kaufverträge über Grundstücke** oder grundstücksgleiche Rechte verbleibt es bei der Geltung von Art 7 Nr 1 lit a Brüssel Ia-VO, soweit nicht Art 24 Nr 1 Brüssel Ia-VO eingreift; die Abgrenzung zwischen beweglichen und unbeweglichen Sachen hat (zB bei Zubehör) autonom zu erfolgen (Kropholler/vHein, EuZPR [9. Aufl 2011] Art 5 Brüssel I-VO Rn 41; Rauscher/Leible, Brüssel Ia-VO [5. Aufl 2021] Art 7 Rn 65; **aA** *[lex rei sitae]* Thomas/Putzo/Nordmeier, ZPO [46. Aufl 2025] Art 7 Rn 8; dazu näher Rn 68). Auch Verträge, die auf die entgeltliche **Übertragung von Rechten**, insbesondere von Wertpapieren, sowie von Geschäftsanteilen an Gesellschaften und Immaterialgüterrechten gerichtet sind, werden von Art 7 Nr 1 lit b Brüssel Ia-VO nicht erfasst (vgl zum Kauf von Aktien OLG Frankfurt WM 2020, 1577 Rn 48 m zust Anm Blüm IWRZ 2020, 283 und Maultzsch IPRax 2021, 63; ferner öst OGH 29. 6. 2011, unalex AT-736; HandelsG Zürich 5. 2. 2013, unalex CH-549; LG Darmstadt IPRax 1995, 318 mAnm Thorn 294). Als Kaufvertrag eingestuft werden

kann hingegen eine **langjährige Geschäftsbeziehung** zwischen zwei Wirtschaftsteilnehmern, wenn sich die Beziehung auf aufeinanderfolgende Verträge beschränkt, die jeweils die Lieferung und die Abholung beweglicher Sachen zum Gegenstand haben. Dies entspricht jedoch nicht der Systematik eines typischen **Vertriebsvertrags**, der aus einem von zwei Wirtschaftsteilnehmern für die Zukunft geschlossenen Rahmenvertrag besteht, der Liefer- und Bezugsverpflichtungen zum Gegenstand hat. Daher können Klagen aus einem *Vertragshändlervertrag* nicht im Gerichtsstand des Art 7 Nr 1 lit b Fall 1 Brüssel Ia-VO erhoben werden, auch wenn dieser die Grundlage für später geschlossene Einzelkaufverträge bildet (EuGH Rs C-9/12 – *Corman-Collins*, EuZW 2014, 181 Rn 36 mAnm Lenzing; EuGH Rs C-196/15 – *Granarolo*, NJW 2016, 3087 Rn 35 = IPRax 2017, 396 mAnm P Huber 356; Schlosser/Hess/Schlosser, EuZPR [5. Aufl 2021] Art 7 Rn 10a; s aber Rn 141).

Bei **gemischten Verträgen**, die neben kauf- auch werk- oder dienstvertragliche Elemente enthalten, hat das angerufene Gericht im Rahmen von Art 7 Nr 1 lit b Brüssel Ia-VO für die Abgrenzung zwischen den Anwendungsbereichen der beiden Spiegelstriche darauf abzustellen, welche Leistung im Vordergrund steht und **den Vertragstyp insgesamt charakterisiert** (EuGH Rs C-381/08 – *CarTrim*, NJW 2010, 1059 Rn 31 = IHR 2010, 170 mAnm Mittmann 146 = IPRax 2010, 438 mAnm Metzger 420 [421 ff]; EuGH Rs C-196/15 – *Granarolo*, NJW 2016, 3087 Rn 34 = IPRax 2017, 396 mAnm P Huber 356; BGH IHR 2008, 189 [191 f]; OLG Köln EuLF 2007 II, 112 und RIW 2005, 778 [779]; Rauscher/Leible, Brüssel Ia-VO [5. Aufl 2021] Art 7 Rn 61 f; Geimer/Schütze/Geimer, EuZVR [4. Aufl 2020] Art 7 Rn 127 ff; **aA** OLG Dresden IHR 2008, 162 [165], wo darauf abgestellt wird, ob der Schuldner eine Dienstleistung oder die Übereignung beweglicher Sachen schuldet). Danach kann ein „Kauf beweglicher Sachen" auch Waren umfassen, die – wie zB individuelle Software – vom Verkäufer erst noch hergestellt werden müssen; insoweit können die Wertungen in Art 1 Abs 4 Brüssel Ia-VO der Verbrauchsgüterkauf-Richtlinie 1999/44/EG und in Art 3 Abs 1 CISG mit herangezogen werden (EuGH Rs C-381/08 – *CarTrim*, NJW 2010, 1059 Rn 34 ff; Schlosser/Hess/Schlosser, EuZPR [4. Aufl 2015] Art 7 Rn 10a). **125**

Auch **Werklieferungsverträge** sind daher – trotz ihres Dienstleistungselements – für die Zwecke des Art 7 Nr 1 lit b Brüssel Ia-VO idR als Kaufverträge, nicht als Dienstleistungsverträge zu qualifizieren (s aber Rn 139). Sie sind dann an dem Ort zu erfüllen, an dem die Ware nach dem Vertrag geliefert worden ist oder hätte geliefert werden müssen (OLG Karlsruhe IHR 2008, 194 [195] und NJOZ 2009, 2282 [2286]; OLG Düsseldorf IHR 2004, 108 Rn 25; Theiss/Bronnen EWS 2004, 353 ff; Kropholler/vHein, EuZPR [9. Aufl 2011] Art 5 Brüssel I-VO Rn 40; vgl dazu auch Staudinger/Magnus [2021] Art 4 Rom I-VO Rn 345). Für die Abgrenzung kommt es auch darauf an, wer die zu verarbeitenden Materialien stellt; nur wenn dies der Käufer ist, kann eine Qualifikation als Dienstleistungsvertrag in Betracht gezogen werden (EuGH Rs C-381/08 – *CarTrim*, NJW 2010, 1059 Rn 40). Zu berücksichtigen ist schließlich auch, ob der Verkäufer für die Vertragsmäßigkeit der gelieferten Ware oder nur für die korrekte Ausführung der Anweisungen des Käufers haftet (EuGH Rs C-381/08 – *CarTrim*, NJW 2010, 1059 Rn 42). Daher sind Verträge über die Lieferung erst noch herzustellender Ware auch dann als Verkauf beweglicher Sachen iSv Art 7 Nr 1 lit b Brüssel Ia-VO einzustufen, wenn der Auftraggeber bestimmte Vorgaben zur Beschaffung, Verarbeitung und Lieferung der Ware macht und der Lieferant die zu verarbeitenden Stoffe zu beschaffen und für die Qualität der Ware einzustehen hat (BGH IHR 2010, 216 [217]). Die kaufvertraglichen Elemente überwiegen auch bei einem Liefervertrag über eine Maschine, die **126** am Sitz des Käufers noch aufgebaut werden muss und in deren Handhabung das Personal des Käufers vom Verkäufer eingewiesen werden muss (frz Cass 9. 3. 2011, unalex FR-2240; OLG Köln EuLF 2007 II 112 und IHR 2004, 165; Zöller/Geimer, ZPO [35. Aufl 2024] Art 7 Rn 21). Demgegenüber steht bei einem Vertrag über die Entwicklung und Herstellung von Prototypen für Automobilzubehör (Fensterheber) das Dienstleistungselement im Vordergrund (OLG Köln RIW 2005, 778). Gleiches gilt für die Herstellung, Programmierung und Wartung von individueller auf den Kunden zugeschnittener **Software** (EuGH Rs 526/23 – *VariusSystems*, ZIP 2024, 3037 Rn 17 = RIW 2025, 70; OLG München MMR 2010, 649 mAnm Witte 156; zust Mankowski CR 2010, 137 ff).

bb) Lieferort

127 Wie bereits erwähnt (Rn 121), wird der für den Vertragsgerichtsstand maßgebliche Erfüllungsort von Kaufverträgen in Art 7 Nr 1 lit b Brüssel Ia-VO – losgelöst von dem auf den Vertrag anwendbaren Recht – *autonom* bestimmt; maßgebend ist der Ort in einem Mitgliedstaat, an dem die beweglichen Sachen nach dem Vertrag geliefert worden sind oder hätten geliefert werden müssen. An dem so ermittelten Erfüllungsort sind – obwohl dies im Wortlaut der Vorschrift nicht hinreichend deutlich zum Ausdruck kommt (krit deshalb Kropholler/vHein, EuZPR [9. Aufl 2011] Art 5 Brüssel I-VO Rn 45) – **sämtliche Ansprüche aus dem Kaufvertrag** einzuklagen (EuGH Rs C-381/08 – *CarTrim*, NJW 2010, 1059 Rn 50; BGH EuLF 2010 II, 63 [65] = IHR 2010, 217; BGH NJW 2015, 1799 Rn 11 mAnm Piltz; ferner die Begründung des Kommissionsentwurfs, KOM 1999 [348] endg, 15), also nicht nur die Primäransprüche, sondern auch Sekundäransprüche (zB Schadensersatz- oder Gewährleistungsansprüche, vgl OLG Oldenburg IHR 2008, 112 [118]; OLG Dresden IHR 2008, 162 [163]; öst OGH IPRax 2004, 349 [350] mAnm Thon 354; LG Freiburg IPRspr 2005 Nr 108). Anders als nach Art 5 Nr 1 EuGVÜ/Art 5 Nr 1 lit a Brüssel Ia-VO (dazu Rn 152) kommt es also nicht auf den Erfüllungsort für die konkret streitige Verpflichtung an; deshalb ist auch die **Klage des Verkäufers auf Zahlung des Kaufpreises** an dem Ort zu erheben, an dem der Verkäufer seine Lieferpflicht nach dem Vertrag zu erfüllen hat (EuGH Rs C-386/05 – *Color Drack*, Slg 2007 I 3699 Rn 26). Die Bestimmung dieses einheitlichen Lieferorts für Warenkaufverträge ist allerdings durch die Neuregelung in Art 7 Nr 1 lit b Brüssel Ia-VO nicht erleichtert, sondern eher erschwert worden (Magnus IHR 2002, 45 ff; Ferrari IPRax 2007, 61 [65 ff]; Kannowski/Gerling/Burret IHR 2008, 2 [4]; Mankowski IHR 2009, 46 ff [„immer größer werdendes Rätsel“]).

128 Bei der Ermittlung des Lieferorts ist zunächst danach zu unterscheiden, ob die Lieferung bereits erfolgt ist oder nicht. Im ersteren Fall begründet allein der **tatsächliche Lieferort** den Gerichtsstand nach Art 7 Nr 1 lit b Brüssel Ia-VO, sofern der Käufer die Ware dort als vertragsmäßig angenommen hat (BGH NJW 2009, 2606 Rn 17; OLG Karlsruhe IHR 2008, 194 [195 ff]; OLG Celle RIW 2010, 104 [105] mAnm Jungemeier; Magnus IHR 2002, 46 [47]; Ferrari IPRax 2007, 61 [66]; Rauscher/Leible, Brüssel Ia-VO [5. Aufl 2021] Art 7 Rn 51; Geimer/Schütze/Geimer, EuZVR [4. Aufl 2020] Art 7 Rn 116; **aA** schwz BG 15. 7. 2014, unalex CH-539 und 26. 8. 2014, unalex CH-540, das den tatsächlichen Erfüllungsort nur hilfsweise heranziehen möchte, wenn sich der Leistungsort an Hand der Vertragsbestimmungen nicht ermitteln lässt). Dies gilt auch dann, wenn der Käufer die Ware an einem anderen als dem vertraglich vereinbarten Lieferort angenommen hat; darin liegt eine einvernehmliche nachträgliche Änderung des Lieferorts (OLG Düsseldorf NZKart 2019, 62; OLG Oldenburg IHR 2008, 112 [118]; Trib Padova 10. 1. 2006, unalex IT-196; Ferrari IPRax 2007, 61 [66]; unalexKomm/Jault-Seseke/Weller, Brüssel I-VO Art 5 Nr 1 Rn 61). Insbesondere in den einfach liegenden Fällen der vereinbarten **Hol- oder Bringschuld** lässt sich der

Lieferort daher allein mit Hilfe faktischer Kriterien ermitteln, wenn die Lieferung bereits erfolgt ist. Werden Waren auf der Grundlage eines Rahmenvertrages fortgesetzt an den Käufer geliefert, so bleibt der Lieferort iSv Art 7 Nr 1 lit b Brüssel Ia-VO auch dann am Sitz des Käufers, wenn die Waren auf Weisung des Käufers direkt an dessen Endabnehmer geliefert werden (OLG Köln IHR 2007, 200; Hau JZ 2008, 974 [975 f]).

Nach erfolgter Lieferung bereitet die Anwendung von Art 7 Nr 1 lit b Brüssel Ia-VO hingegen Schwierigkeiten, wenn der Ort der Leistungshandlung des Verkäufers und der Ort des Leistungserfolges auseinanderfallen, wie dies insbesondere beim **Versendungskauf** zutrifft. Denn für diesen Fall lässt sich dem Wortlaut des Art 7 Nr 1 lit b Brüssel Ia-VO nicht entnehmen, ob es insoweit auf den Ort der *Leistungshandlung* (Übergabe der Ware an die Transportperson) oder auf den Ort des *Leistungserfolges* (Erlangung der Verfügungsgewalt über die verkaufte Sache durch den Käufer) ankommen soll. Die Entscheidung hat erhebliche praktische Auswirkungen, weil damit festgelegt wird, ob entweder dem Verkäufer oder dem Käufer neben dem allgemeinen Gerichtsstand nach Art 4 Abs 1 Brüssel Ia-VO ein umfassender Klägergerichtsstand für alle Streitigkeiten aus dem Kaufvertrag (Rn 127) am eigenen (Wohn-)Sitz eröffnet wird. Die Meinungen hierzu waren sowohl in der deutschen wie in der Rechtsprechung und Literatur der übrigen Mitgliedstaaten gespalten (vgl Mankowski IHR 2009, 46 ff m ausf Nachw). In der deutschen und österreichischen Rechtsprechung überwog die käuferfreundliche Auslegung, wonach bei Fehlen einer Vereinbarung derjenige Ort als Lieferort zu gelten hatte, an dem der Käufer den körperlichen Gewahrsam an der Sache und damit die Verfügungsgewalt über sie erlangt hatte; dies ist idR der Sitz des Käufers, an dem die Transportperson die Ware tatsächlich an den Käufer aushändigt (so BGH IHR 2008, 189 Rn 21 = NJW 2008, 3001 [Vorlagebeschluss]; OLG Karlsruhe NJOZ 2009, 2282 [2289]; OLG Dresden IHR 2008, 162 [164] m krit Anm Piltz; OLG Hamm NJOZ 2006, 520 = IPRax 2006, 290 [LS] m zust Anm Jayme; OLG Köln IHR 2006, 86 und IHR 2007, 164 [166]; öst OGH EuLF 2005 II 80 [81] und ZfRvgl 2007, 71; Trib Rovereto EulF 2006 II 107; Hau IPRax 2000, 354 [358] und 2009, 44 [45 f]; Hau JZ 2008, 974 [978]; Hager/Bentele IPRax 2004, 73 [77 ff]; Thorn IPRax 2004, 354 [357]; Ignatova 227 ff; Lynker 84 ff). Für diese Lösung wurde insbesondere die *Sach- und Beweisnähe* der Gerichte am Sitz des Käufers angeführt, weil dieser auch gegenüber einer vom Verkäufer erhobenen Kaufpreisklage regelmäßig Mängel der gelieferten Waren einwenden werde; über die Berechtigung dieser Einwendung könne aber am besten das Gericht an dem Ort entscheiden, an dem sich die Ware befinde (Hager/Bentele IPRax 2004, 73 [76 ff]; vgl auch BGH IHR 2008, 189 [193]: „räumliche Nähe zum Erfüllungsgeschehen"). Ferner wurde argumentiert, dass der mit der Neuregelung in Art 7 Nr 1 lit b Brüssel Ia-VO verfolgte Zweck, die Zuständigkeit nach einfachen und klaren Regeln bestimmen zu können, im Falle eines Rückgriffs auf normative Wertungen nicht erreichbar sei (so OLG Dresden IHR 2008, 162 [164]). Nur für den Fall, dass der Versendungskauf nicht zur Ausführung gelange und der Vertrag zum Lieferort schweige, könne ergänzend auf Art 31 CISG rekurriert werden (Trib Venezia 10. 1. 2006, Riv dir int priv proc 2007, 147; Geimer/Schütze/Geimer, EuZVR [4. Aufl 2020] Art 7 Rn 86 f; **aA** Kropholler/vHein, EuZPR [9. Aufl 2011] Art 5 Brüssel I-VO Rn 49 aE). 129

Dagegen wurde eingewandt, dass die Bestimmung des Lieferorts sowohl beim Versendungskauf als auch in anderen Fällen der Einschaltung Dritter in die Vertragserfüllung mit Hilfe rein faktischer Kriterien nicht möglich sei (Wipping 173). Vielmehr 130 bedürfe es in diesen Fällen notwendig des Rückgriffs auf **normative Wertungen** (Gsell IPRax 2002, 484 [486]; Eltzschig IPRax 2002 491 [496]; Piltz IHR 2006, 53 [56 f]; Ignatova 215, 223; Wipping 173). Insoweit scheide zwar wegen der von Art 7 Nr 1 lit b Brüssel Ia-VO bezweckten Überwindung der Tessili-Regel (Rn 162 ff) eine Zwischenschaltung des nationalen Kollisions- oder Sachrechts aus (OLG Dresden IHR 2008, 162 [164]; Hau IPRax 2009, 44 [45]; Lynker 90 ff; **aA** Piltz IHR 2006, 53 [56]; Rauscher, in: FS Heldrich [2005] 953 [944]). Es biete sich jedoch die Heranziehung **internationalen Einheitsrechts**, insbesondere des UN-Kaufrechts, an, wobei es keine Rolle spiele, ob dieses den konkreten Kaufvertrag beherrsche oder nicht. Für die Bestimmung des Lieferorts beim Versendungskauf sei Art 7 Nr 1 lit b Brüssel Ia-VO daher durch die Wertungen des Art 31 lit a CISG zu ergänzen und zu konkretisieren; danach liege der Lieferort mangels abweichender Vereinbarung der Kaufvertragsparteien am Ort der Übergabe der Ware durch den Verkäufer an die erste Transportperson (idS insbes die italienische Rechtsprechung, vgl ital Cass EuLF 2006 II, 111; ital Cass ZEuP 2008, 165 [167 ff] m krit Anm Rüfner; Trib Padova EuLF 2006 II, 16; ebenso in Deutschland OLG Karlsruhe OLGR 2006, 714; OLG Stuttgart IPRax 2009, 64 [67 f] und OLG München IPRax 2009, 69, jeweils m abl Anm Hau 44; OLG Oldenburg IHR 2008, 112 [118]; Magnus IHR 2002, 45 [47]; Kienle IPRax 2005, 113 [116]; Piltz IHR 2006, 53 [56] und NJW 2007, 1801 [1802]; Ferrari IPRax 2007, 61 [66]; Mankowski IHR 2009, 46 [55 ff]; Mumelter 184; explizit **aA** OLG Karlsruhe NJOZ 2009, 2282 [2289 ff]). Die Richtigkeit dieser Wertung werde auch dadurch bekräftigt, dass sie sowohl in Art 6.1.6. Abs 1 der *UNIDROIT Principles of Commercial Contract*s als auch in Art 7.101 der *Principles of European Contract Law* übernommen worden sei.

131 Auf Vorlage des BGH (NJW 2008, 3001) hat sich der **EuGH** mit knapper Begründung der erstgenannten Auffassung angeschlossen: Lieferort bei einem Versendungskauf sei in Ermangelung abweichender Absprachen der „Ort der körperlichen Übergabe der Waren, durch die der Käufer am endgültigen Bestimmungsort des Verkaufsvorgangs die tatsächliche Verfügungsgewalt über diese Waren erlangt hat oder hätte erlangen müssen" (EuGH Rs C-381/08 – *CarTrim*, Slg 2010 I 1268 Rn 63 = NJW 2010, 1059 mAnm Piltz = IPRax 2010, 438 mAnm Metzger 420; bestätigt durch EuGH Rs C-87/10 – *Electrosteel Europe*, NJW 2011, 3018 Rn 16 = EuZW 2011, 603 mAnm Leible; zust Supremo Tribunal de Justiça 22. 9. 2016, unalex PT-231). Diese Auslegung führt im Regelfall zu einem **Gerichtsstand am Sitz des Käufers**. Nach Ansicht des Gerichtshofs entspricht diese Anknüpfung an den endgültigen Bestimmungsort der Ware den Zielen und der Systematik des Art 7 Nr 1 lit b Brüssel Ia-VO besser als die Anknüpfung an den Ort, an dem die Ware an den ersten Beförderer übergeben worden ist. Der endgültige Bestimmungsort sei zum einen in hohem Maß vorhersehbar, zum anderen befinde sich die Ware jedenfalls nach der Erfüllung des Vertrages regelmäßig an diesem Ort. Außerdem trete auch die endgültige Erfüllungswirkung des Vertrages erst mit Auslieferung der Ware an den Käufer ein (EuGH Rs C-381/08 Rn 60 f; zust Wieczorek/Schütze/Gebauer, ZPO [4. Aufl 2015] Art 7 Nr 1 Rn 47). Ob der Ort der körperlichen Übergabe an den Käufer tatsächlich in höherem Maße voraussehbar ist als der Ort der Übergabe an den ersten Beförderer, erscheint freilich zweifelhaft. Ferner erzwingt die Lösung des EuGH häufig einen Rückgriff auf die *lex causae* des Kaufvertrags nach Art 7 Nr 1 lit c iVm lit a Brüssel Ia-VO, nämlich immer dann, wenn die Ware zwar an den ersten Beförderer in einem Mitgliedstaat der Verordnung, an den Käufer hingegen erst in einem Drittstaat übergeben wird (Mittmann IHR 2010, 146 [148 f]). Schließlich ist der endgültige Bestimmungsort auch nicht stets das sachnähere Forum; dies gilt insbesondere dann, wenn noch vor der Lieferung der Ware über die Gültigkeit des Kaufvertrags oder den Inhalt der Vertragspflichten gestritten wird (Rauscher/Leible, Brüssel Ia-VO [5. Aufl 2021] Art 7 Rn 80 f). Dennoch folgt die Rechtsprechung der Mitgliedstaaten und die Kommentarliteratur zur Brüssel I/Ia-VO seit 2010 der Linie des EuGH (BGHZ 186, 81 = NJW 2010, 3452; BGH NJW-RR 2010, 1217 = EuLF 2010 II, 63; öst OGH 29. 5. 2017, unalex AT-1115; ital Cass 10. 2. 2017, unalex IT-688; Supremo Trib de Justiça 22. 9. 2016, unalex PT-231; Thomas/Putzo/Nordmeier, ZPO [46. Aufl 2025] Art 7 Rn 9; Rauscher/Leible, Brüssel Ia-VO [5. Aufl 2021] Art 7 Rn 79; Schlosser/Hess/Schlosser, EuZPR [5. Aufl 2021] Art 7 Rn 10a; Zöller/Geimer, ZPO [35. Aufl 2024] Art 7 Rn 22; Musielak/Voit/Stadler/Krüger, ZPO [22. Aufl 2025] Art 7 Rn 11; Hk-ZPO/Dörner [10. Aufl 2023] Art 7 Rn 16 f; unalexKomm/Jault-Seseke/Weller Brüssel I-VO Art 5 Nr 1 Rn 64; MünchKommZPO/Gottwald Art 7 Rn 23).

Ist die Ware vom Verkäufer entweder noch nicht geliefert oder an einen anderen als 132 den vereinbarten Erfüllungsort geliefert worden, ohne dass der Käufer sie dort als vertragsmäßig angenommen hat, so ist der **vertraglich vereinbarte Lieferort** maßgeblich (OLG Oldenburg IHR 2008, 112 [118]; Kienle IPRax 2005, 113 [114]; Ferrari IPRax 2007, 61 [66]). Denn da die Verordnung auf dem Gebiet der internationalen Zuständigkeit vor allem den Zweck verfolgt, Rechtssicherheit und Vorhersehbarkeit hinsichtlich der möglichen Gerichtsstände für Kläger und Beklagten zu schaffen (EuGH Rs C-386/05 – *Color Drack*, Slg 2007 I 3689 Rn 19 f; EuGH Rs C-533/07 – *Falco Privatstiftung*, Slg 2009 I 3327 Rn 26 = EuLF 2009 I 76]), hat sich die Bestimmung des Lieferorts in Art 7 Nr 1 lit b Brüssel Ia-VO in erster Linie an den diesbezüglich von den Parteien getroffenen Vereinbarungen zu orientieren (so auch EuGH Rs C-381/08 – *CarTrim*, Slg 2010 I 1268 Rn 54 f). Zu diesem Zweck hat das angerufene Gericht alle einschlägigen Bestimmungen und Klauseln des Vertrages, einschließlich der allgemein anerkannten und im internationalen Handelsverkehr üblichen Bestimmungen und Klauseln – wie insbesondere die **Incoterms** – zu berücksichtigen, sofern diese eine eindeutige Bestimmung des Lieferorts ermöglichen (Buchwitz IHR 2013, 112; Rauscher/Leible, Brüssel Ia-VO [5. Aufl 2021] Art 7 Rn 76). Enthält der Kaufvertrag solche Klauseln, so ist freilich jeweils sorgfältig zu prüfen, ob sie tatsächlich den Lieferort bestimmen oder nur die Gefahrtragung oder eine Kostenverteilung zwischen den Vertragsparteien regeln (EuGH Rs C-87/10 – *Electrosteel Europe*, NJW 2011, 3018 Rn 10 ff = EuZW 2011, 603 mAnm Leible).

Haben die Parteien den Incoterm **„ex works"** vereinbart, so liegt darin im Zweifel 133 nicht nur einer Vereinbarung über die Gefahrtragung und die Kostenteilung, sondern auch über den Lieferort der Waren; danach hat der Verkäufer die Ware lediglich an seinem Sitz bereitzustellen hat, während der Transport in die Sphäre des Käufers fällt (Holschuld, vgl EuGH Rs C-87/10 – *Electrosteel Europe*, NJW 2011, 3018 Rn 23; ebenso Aud Prov Santiago de Compostela 10. 11. 2016, unalex ES- 1063; OLG Stuttgart ZVertriebsR 2018, 131 = IPRspr 2017 Nr 246; OLG Karlsruhe InVO 2007, 33 = IPRspr 2006 Nr 111; **aA** frz Cass 22. 3. 2011, unalex FR-1295; vgl auch zu einer Bestellung mit der Klausel „FOC" und der Auftragsbestätigung mit der Klausel „ex works" OLG Stuttgart BeckRS 2011, 16756 = unalex DE-2060). Wurde der Incoterm **„FOB"** vereinbart, so ist der Lieferort iSv Art 7 Nr 1 lit b Brüssel Ia-VO der Verschiffungshafen (BGH NJW 2009, 2606 Rn 18 ff = EuLF 2009 II, 61; *Othorn Ghalanos Ltd v Scottish & Newcastle Int'l Ltd*, EuLF 2008 I 95 Rn 48 ff [HL]; Magnus IHR 2002, 45 [48]; Piltz IHR 2006, 55 [55]; Ferrari IPRax 2007, 61 [66]); denn an diesem hat sowohl der Verkäufer die Ware an Bord des Schiffes zu liefern, als auch der Käufer die Ware zu übernehmen (vgl Baumbach/Hopt, HGB [39. Aufl 2020] Anh 6 Incoterms 4. FOB). Der Verschiffungshafen ist in diesem Fall für beide Parteien als Lieferort eindeutig bestimmbar, während der Bestimmungsort dem Verkäufer häufig nicht bekannt sein wird. Demgegenüber beinhaltet der Incoterm **„CPT"** keine Vereinbarung eines Lieferorts (OLG Hamm BeckRS 2012, 20718 = unalex DE-2782; unalexKomm/Jault-Seseke/Weller Brüssel I-VO Art 5 Nr 1 Rn 60).

134 Art 7 Nr 1 lit b Brüssel Ia-VO ist auf Warenkaufverträge auch dann anzuwenden, wenn **mehrere Lieferorte** in Betracht kommen; denn auch in diesem Fall ist gewährleistet, dass nur ein dem Vertrag räumlich nahestehendes Gericht entscheidet. Liegen die mehreren Lieferorte *im Gebiet eines Mitgliedstaats*, so kann der Kläger den Beklagten freilich nicht vor einem Gericht des Lieferorts seiner Wahl verklagen, weil dies mit dem Normzweck des Art 7 Nr 1 lit b Brüssel Ia-VO, die gerichtliche Zuständigkeit für Rechtsstreitigkeiten über sämtliche Vertragspflichten an einem Erfüllungsort zu konzentrieren, nicht vereinbar wäre. Zuständig ist in diesem Falle vielmehr das Gericht am **Ort der „Hauptlieferung"**, die nach wirtschaftlichen Kriterien vom angerufenen nationalen Gericht zu ermitteln ist (EuGH Rs C-386/05 – *Color Drack*, NJW 2007, 1799 Rn 38 ff mAnm Piltz = IPRax 2007, 444 mAnm Mankowski 404). Ein **Wahlrecht** des Klägers zwischen den mehreren Lieferorten innerhalb des gleichen Mitgliedstaats besteht nur ausnahmsweise dann, wenn sich der Ort einer Hauptlieferung nicht feststellen lässt (EuGH Rs C-386/05 – *Color Drack*, Slg 2007 I 3699 Rn 42 ff; BayObLG RdTW 2026, 113 Rn 31).

135 Diese Grundsätze sind jedenfalls dann auch auf den Fall der Vereinbarung von mehreren Lieferorten **in verschiedenen Mitgliedstaaten** zu übertragen, wenn sich ein Ort der Hauptlieferung in einem Mitgliedstaat feststellen lässt (so für Dienstleistungen auch EuGH Rs C-204/08 – *Rehder*, Slg 2009 I 6076 Rn 38 ff = NJW 2009, 2801 = IPRax 2010, 160 mAnm Staudinger 140; EuGH Rs C-19/09 – *Wood Floor*, Slg 2010 I 2161 Rn 28 f = EuZW 2010, 378 mAnm Leible; für Übertragung auf Kaufverträge auch öst OGH 30. 8. 2016, unalex AT-1065; Wagner IPRax 2010, 143 [148]; Kropholler/vHein, EuZPR [9. Aufl 2011] Art Rn 50a; **aA** Mankowski IPRax 2007, 404 [411 ff]; Rauscher/Leible, Brüssel Ia-VO [5. Aufl 2021] Art 7 Rn 88 aE, die auf die vertragsbetreuende Niederlassung des Verkäufers abstellen möchten). Ist dies nicht der Fall, so steht dem Käufer zumindest ein Wahlrecht zwischen denjenigen Lieferorten in verschiedenen Mitgliedstaaten zu, die eine enge Verbindung mit dem konkreten Sachverhalt aufweisen. Soweit es daran fehlt, kann der Beklagte nicht – wie vom EuGH vorausgesetzt (EuGH Rs C-386/05 – *Color Drack*, Slg 2007 I 3699 Rn 44) – vorhersehen, in welchem Mitgliedstaat er verklagt werden kann. Um dem Kläger kein unbegrenztes *forum shopping* zu ermöglichen, bleibt für diesen Fall daher nur der Rückgriff auf Art 7 Nr 1 lit a Brüssel Ia-VO (zust Mankowski IPRax 2007, 404 [411 ff]).

136 Kommt es zum Rechtsstreit, bevor die Lieferung tatsächlich erfolgt ist, und haben die Parteien auch **keine vertragliche Vereinbarung** über den Lieferort getroffen, so wird teilweise wiederum ein Rückgriff auf normative Wertungen des internationalen Einheitsrechts vorgeschlagen (Rn 130) oder auf den Ort abgestellt, der die größte Sach- und Beweisnähe zur geschuldeten Lieferung aufweist (Hager/Bentele IPRax 2004, 73 [76 f]). Für andere bleibt unter dem Gesichtspunkt der vom EuGH stark betonten Vorhersehbarkeit des Gerichtsstands für den Beklagten (Rn 89) nur die Anwendung von Art 7 Nr 1 lit a Brüssel Ia-VO, dh der Lieferort soll dann nur für den streitgegenständlichen Anspruch mit Hilfe des IPR der *lex fori* bestimmt werden (so Droz/Gaudemet-Tallon Rev crit 2001, 601 [636]; Eltzschig IPRax 2002, 491 [492]; Piltz NJW 2002, 789 [793]; Lorenz/Unberath IPRax 2005, 219 [223]; Ferrari IPRax 2007, 61 [66]; Schlosser/Hess/Schlosser, EuZPR [5. Aufl 2021] Art 7 Rn 10c). Andere wollen in Anlehnung an die *Car-Trim*-Entscheidung des EuGH (Rs C-381/08 – *CarTrim*, Slg 2010 I 1268 Rn 60) auf den Ort abstellen, an dem die Ware dem Käufer körperlich hätte übergeben werden müssen, dh im Zweifel auf den Wohnsitz des Käufers (Leible, in: FS Spellenberg [2010] 462; Kropholler/vHein, EuZPR [9. Aufl 2011] Art 5 Brüssel I-VORn 49). Zu einem Vertrag zwischen Unternehmen aus verschiedenen Mitgliedstaaten über den Vertrieb von Waren im Gebiet eines dritten Mitgliedstaats hat der EuGH indes zuletzt klargestellt, dass dann, wenn sich ein Erfüllungsort weder aus den Bestimmungen des Vertrages noch subsidiär aus der tatsächlichen Erfüllung ergibt, der **Wohnsitz des Leistungserbringers**, dh des Verkäufers maßgeblich sein soll (vgl EuGH Rs C-64/17 – *Saey Home & Garden NV*, RIW 2018, 206 Rn 47 = EuZW 2018, 944 mAnm Dostal 983 = BB 2018, 776 mAnm Fabig; Mankowski EWiR 2018, 381; ebenso Rauscher/Leible, Brüssel Ia-VO [5. Aufl 2021] Art 7 Rn 83).

c) Erbringung von Dienstleistungen

aa) Qualifikation

Der Begriff der „Dienstleistung" ist ebenfalls **autonom** im Lichte der Entstehungsgeschichte, der Ziele und der Systematik der Verordnung zu qualifizieren (EuGH Rs C-393/22 – *Extéria/Spravime*, ZVertriebsR 2024, 48 Rn 25 mAnm Deshayes IWRZ 2024, 36 und Anm Uhlmann IPRax 2024, 280; EuGH Rs C-553/07 – *Falco Privatstiftung*, Slg 2009 I 3327 Rn 19 ff = EuLF 2009, 76; BGH NJW 2006, 1806 [1807] mAnm Berg 3035; OLG Düsseldorf IHR 2005, 108 und NJW-RR 2008, 223; OLG Köln RIW 2005, 778; OLG Karlsruhe IHR 2008, 194; Rauscher/Leible, Brüssel Ia-VO [5. Aufl 2021] Art 7 Rn 66; ebenso schon zu Art 13 Abs 1 Nr 3 EuGVÜ BGHZ 123, 380 [385] = RIW 1994, 154 m Aufs W H Roth 275 = IPRax 1994, 449 mAnm W Lorenz 429). Dabei ging man lange Zeit von einem *weiten* Begriff der Dienstleistung aus (Looschelders IPRax 2006, 14 f; Micklitz/Rott EuZW 2001, 325 [328]; vHoffmann/Thorn, IPR § 3 Rn 223; Kropholler/vHein, EuZPR [9. Aufl 2011] Art 5 Brüssel I-VO Rn 42) und orientierte sich diesbezüglich am Dienstleistungsbegriff des Art 50 EG. Danach galten als Dienstleistungen insbesondere gewerbliche, kaufmännische, handwerkliche und freiberufliche Tätigkeiten, soweit sie entgeltlich erbracht wurden und nicht den Vorschriften über den freien Waren- und Kapitalverkehr und über die Freizügigkeit von Personen unterlagen (so BGH NJW 2006, 1806; öst OGH ÖJZ 2005, 710; OLG Düsseldorf IHR 2004, 110; OLG Köln RIW 2005, 778; OLG Koblenz IHR 2008, 199 [200]; Thorn IPRax 1995, 298 mwNw). Diesem Verständnis ist der EuGH indessen entgegengetreten und hat auf die unterschiedliche Zielsetzung von Art 50 EG (jetzt: Art 57 AEUV) einerseits, Art 7 Nr 1 lit b Brüssel Ia-VO andererseits hingewiesen. Während die weite Auslegung des Begriffs Dienstleistung in Art 50 EG den Zweck habe, möglichst viele wirtschaftliche Tätigkeiten unter die Grundfreiheiten des EG-Vertrags zu subsumieren, bestehe für eine entsprechend weite Auslegung in Art 7 Nr 1 lit b Brüssel Ia-VO kein Grund, weil dem Kläger die Möglichkeit bleibe, in den Gerichtsständen der Art 4 und 7 Nr 1 lit a Brüssel Ia-VO zu klagen (EuGH Rs C-533/07 – *Falco Privatstiftung*, Slg 2009 I 3327 Rn 30 ff = IPRax 2009, 509 m zust Anm Brinkmann 487). 137

Der Begriff der Dienstleistung in Art 7 Nr 1 lit b Brüssel Ia-VO ist daher **eng auszulegen** und erfasst nur die **Erbringung von Tätigkeiten gegen Entgelt** (EuGH Rs C-393/22 – *Extéria/Spravime*, ZVertriebsR 2024, 48 Rn 34 ff; EuGH Rs C-25/18 – *Kerr*, NJW 2019, 2991 Rn 39 mAnm Thomale IPRax 2020, 18; EuGH Rs C-249/16 – *Kareda*, RIW 2017, 504 Rn 35; EuGH Rs C-196/15 – *Granarolo*, NJW 2016, 3087 Rn 37 = IPRax 2017, 396 mAnm P Huber 356; EuGH Rs C-9/12 – *Corman-Collins*, EuZW 2014, 181 Rn 37; OLG München FamRZ 2022, 40 [41]). Deshalb 138 hat ein **Lizenzvertrag**, mit dem der Inhaber eines Immaterialgüterrechts seinem Vertragspartner das Recht zur Nutzung dieses Rechts gegen Entgelt einräumt, keine Dienstleistung zum Gegenstand, weil der Lizenzgeber keine Tätigkeit schuldet (EuGH Rs C-533/07 – *Falco Privatstiftung*, Slg 2009 I 3327 Rn 30 ff; Geimer/Schütze/Geimer, EuZVR [4. Aufl 2020] Art 7 Rn 134b). Das Erfordernis einer *Tätigkeit* erfordert die Vornahme positiver Handlungen und schließt bloße Unterlassungen aus (EuGH Rs C-64/17 – *Saey Home & Garden*, RIW 2018, 206 Rn 39). Der Begriff des *Entgelts* ist allerdings in diesem Zusammenhang weit zu verstehen und beschränkt sich nicht auf eine Geldzahlung als Gegenleistung (EuGH Rs C-64/17 – *Saey Home & Garden*, ZIP 2018, 1754 Rn 39; EuGH Rs C-9/12 – *Corman-Collins*, EuZW 2014, 181 Rn 39).

138a Ein über den künftigen Abschluss eines Franchisevertrags geschlossener **Vorvertrag**, der für den Fall seiner Nichterfüllung eine Verpflichtung zur Zahlung einer Vertragsstrafe vorsieht, fällt daher nicht unter den Begriff des Vertrags über die „Erbringung von Dienstleistungen“ im Sinne dieser Bestimmung, weil er weder eine positive Handlung noch die Zahlung eines Entgelts verlangt. In einem solchen Fall bestimmt sich die gerichtliche Zuständigkeit für eine Klage, deren Gegenstand in dieser Verpflichtung besteht, gemäß Art 7 Nr 1 lit a Brüssel Ia-VO nach dem Erfüllungsort dieser Verpflichtung (EuGH Rs C-393/22 – *Extéria/Spravime*, ZVertriebsR 2024, 48Rn 37 ff mAnm Deshayes IWRZ 2024, 36 und Anm Uhlmann IPRax 2024, 280). Auch die bloße **Ausgabe von Finanzierungsinstrumenten** ist keine Dienstleistung iSv Art 7 Nr 1 Brüssel Ia-VO (frz Cass 1. 3. 2017, unalex FR-2518).

139 Auch nach dieser engen Auslegung des Dienstleistungsbegriffs erfasst Art 7 Nr 1 lit b Brüssel Ia-VO jedoch nicht nur Dienstverträge iSv § 611 BGB, zB Verträge mit Rechtsanwälten (BGH NJW 2006, 1806 [1807] mAnm Berg 3035; OLG Karlsruhe NJW 2008, 85 = IPRax 2008, 348 mAnm Mankowski 333; Geimer/Schütze/Geimer, EuZVR [4. Aufl 2020] Art 7 Rn 134b), Steuerberatern (Ferid, IPR Rn 6–32) oder Geschäftsführern einer Gesellschaft (EuGH Rs C-47/14 – *Holterman*, NZA 2016, 183 Rn 57 f = IPRax 2016, 151 mAnm Kindler 115), sowie Fern- oder Direktunterrichtsverträge, sondern auch Verträge mit stark werkvertraglichem Einschlag, wie zB **Werkverträge** (BGH NJW 2019, 76 Rn 39; ital Cass 17. 1. 2017, unalex IT-685; OLG Hamm NJW-RR 2020, 766 Rn 29; OLG Saarbrücken IPRax 2018, 61 Rn 76 mAnm G Schulze 26; OLG Düsseldorf IPRax 2014, 535 mAnm Kern 503) sowie Verträge über die Herstellung, Programmierung und Wartung individueller Software (EuGH Rs 526/23 – *VariusSystems*, ZIP 2024, 3037 Rn 17 = RIW 2025, 70; OLG München NJW-RR 2011, 1169 und NJW-RR 2010, 789 vgl auch Rn 126), Architekten- und Gutachterverträge (öst OGH 24. 10. 2018, unalex AT-1186; Metzger IPRax 2010, 420 [423]), Bauverträge (OLG München NJW-RR 2011, 1169), Krankenhausaufnahmeverträge (BGH IPRax 2013, 347; OLG Oldenburg OLGR 2009, 232; OLG Celle MDR 2007, 604), sowie Reiseveranstaltungs- und Ferienhausvermittlungsverträge, soweit sie nicht unter Art 24 Nr 1 Brüssel Ia-VO oder – wie meist – unter Art 17 Abs 1 Brüssel Ia-VO fallen (vgl LG Berlin IPRax 1992, 243 [244] m zust Anm Endler 212; zust auch Jayme IPRax 1993, 18 [19]; Tonner VuR 1993, 48 [49]; Kartzke NJW 1994, 823 [824]; Nordmeier IPRax 2001, 31 ff). Auch **Nutzungsverträge für ein soziales Netzwerk** haben eine Dienstleistung iSv Art 7 Nr 1 lit b Brüssel Ia-VO zum Gegenstand, wenn sie zu beruflichen Zwecken geschlossen werden, also keine Verbraucherverträge iSv Art 17 Brüssel Ia-VO sind (KG MMR 2026, 212 Rn 19).

139a Vorbehaltlich vorrangiger staatsvertraglicher Regelungen (Art 31 CMR, 33 MÜ; dazu Rn 293 ff) gilt Art 7 Nr 1 lit b Brüssel Ia-VO auch für Fracht-, Speditions- und sonstige **Transportverträge** (vgl zu Luftbeförderungsverträgen EuGH Rs C-274/16 ua – *flightright*, NJW 2018, 2105 Rn 58 ff; EuGH Rs C-204/08 – *Rehder*, Slg 2009 I 6073 = IPRax 2010, 160 mAnm Staudinger 140 und Wagner 143; OLG Köln NZV 2021, 196 Rn 11 mAnm Staudinger; OLG München NJW-RR 2007, 1428; LG Frankfurt aM IPRspr 2014 Nr 185; Lehmann NJW 2007, 1500; ferner OLG Karlsruhe RdTW 2025, 20 Rn 13 [Frachtvertrag]; öst OGH ÖJZ 2005, 710 [Chartervertrag]; Wagner TranspR 2009, 281 ff; Thomas/Putzo/Nordmeier, ZPO [46. Aufl 2025] Art 7 Rn 11; zu Ansprüchen nach der Fluggastrechte-VO EuGH Rs 71/22 – LOT, NJW-RR 2022, 486 Rn 16; EuGH Rs C-215/18 – *Králová*, RIW 2020, 359 Rn 44 ff mAnm Voss IPRax 2021, 236; EuGH Rs 213/18 – *Guaitoli/easy Jet*, NJW-RR 2020, 118 mAnm Rieländer EuZW 2020, 59; OLG Köln JZ 2021, 949; zu Güterbeförderungsverträgen EuGH Rs C-88/17 – *Zurich Insurance*, IPRax 2019, 56 mAnm Schlosser 23). Eine Dienstleistung zum Gegenstand haben auch **Maklerverträge** (zB über die Vermittlung von Waren, Krediten oder Kapitalanlagen [BGH NJW 2015, 2339 Rn 11; OLG München IPRax 2022, 371 Rn 33 mAnm Heiderhoff/Yalein 339; OLG Saarbrücken NJOZ 2007, 789; öst OGH IPRax 2006, 608 m zust Anm Kienle 614; Geimer/Schütze/Geimer, EuZVR[4. Aufl 2020] Art 7 Rn 134b; Magnus/Mankowski/Mankowski, Brussels Ibis [2. Aufl 2022] Art 7 Rn 114 mwNw], aber auch von Grundstücken [OLG München BeckRS 2020, 2231 Rn 32 f = IWRZ 2020, 143]), **Factoringverträge** (Supremo Trib de Justica 21. 6. 2011, unalex PT-121) und Rückversicherungsverträge (schwz BG 17. 1. 2014, unalex CH-532; **aA** Rauscher/Leible, Brüssel Ia-VO [5. Aufl 2021] Art 7 Rn 67).

Für **gemischte Verträge** gilt Art 7 Nr 1 lit b, 2. Fall Brüssel Ia-VO, wenn die Erbrin- **140**
gung von Dienstleistungen den Vertrag prägt (OLG Düsseldorf IPRax 2014, 535 mAnm Kern 503; OLG Saarbrücken OLGR 2007, 796 [797]; OLG Köln RIW 2005, 778 [Entwicklung von Kfz-Fensterhebern]; ferner Geimer/Schütze/Geimer, EuZVR [4. Aufl 2020] Art 7 Rn 135; unalex-Komm/Jault-Seseke/Weller Brüssel I-VO Art 5 Nr 1 Rn 36 mwNw; zur Abgrenzung von Warenkaufverträgen s Rn 125 f), wie dies zB auf Beherbergungsverträge (öst OGH ZfRvgl 2004, 76; Schlosser/Hess/Schlosser, EuZPR [5. Aufl 2021] Art 7 Rn 10b) oder auf die Teilnahme an Sprach- oder sonstigen Ferienkursen zutrifft (Giuliano/Lagarde-Bericht 57).

Die Dienstleistung steht aber auch bei Franchiseverträgen (EuGH Rs C-393/22 – *Extéria/* **141**
Spravime, IWRZ 2024, 36 Rn 37 mAnm Deshayes), **Handelsvertreterverträgen** (EuGH Rs C-19/09 – *Wood Floor*, Slg 2010 I 2161 Rn 34 ff = EuZW 2010, 378 mAnm Leible = IPRax 2011, 73 mAnm Lehmann/Duczek 41; BGH NJW-RR 2017, 229 Rn 32; öst OGH ZfRvgl 2008, 173 mAnm Ofner = IHR 2008, 258; OLG Oldenburg NJW-RR 2014, 814; OLG Saarbrücken OLGR 2007, 77; OLG Düsseldorf NJW-RR 2008, 223; OLG Koblenz NJW-RR 2009, 502; Thume IHR 2009, 141 [152]), Vertragshändlerverträgen (ital Cass IHR 2005, 115; OLG Köln IHR 2007, 200) und sonstigen **Vertriebsverträgen** im Vordergrund (vgl EuGH Rs C-196/15 – *Granarolo*, NJW 2016, 3087 Rn 39 ff = IPRax 2017, 396 mAnm P Huber 356; EuGH Rs C-9/12 – *Corman-Collins*, EuZW 2014, 181 Rn 37 ff mAnm Lenzing = RIW 2014, 145; frz Cass 19. 11. 2014, unalex FR-2389; Emde RIW 2003, 511 f; Wurmnest IHR 2005, 107 [113]; Kropholler/vHein, EuZPR [9. Aufl 2011] Art 5 Brüssel I-VO Rn 44; Rauscher/Leible, Brüssel Ia-VO [5. Aufl 2021] Art 7 Rn 67; Dostal EuZW 2018, 944; Mankowski IHR 2021, 221 [230]; **aA** noch frz Cass 23. 3. 2011, unalex FR-1294; frz Cass 5. 3. 2008, unalex FR-407; dazu auch Staudinger/Magnus [2021] Art 4 Rom I-VO Rn 77, 333 ff). Das Entgelt muss nicht unbedingt in einer Geldzahlung bestehen. Zu berücksichtigen ist vielmehr zum einen der dem Vertragshändler verschaffte Wettbewerbsvorteil (nahezu) völligen Alleinvertriebs der Erzeugnisse des Lizenzgebers auf einem bestimmten Markt, und zum anderen, dass dem Vertragshändler idR Hilfe in Form von Zugang zu Werbematerial, Vermittlung von Know-how durch Fortbildungsmaßnahmen oder auch Zahlungserleichterungen gewährt wird. Die Summe dieser Vor-

teile kann als „Entgelt" des Vertragshändlers angesehen werden (EuGH Rs C-64/17 – *Saey Home & Garden NV*, RIW 2018, 206 Rn 40 = EuZW 2018, 944 mAnm Dostal 983 = BB 2018, 776 mAnm Fabig; EuGH Rs C-196/15 – *Granarolo*, NJW 2016, 3087 Rn 41 = IPRax 2017, 396 mAnm P Huber 356 = EuZW 2016, 747 mAnm Landbrecht).

142 Auch Darlehens- und sonstige Kreditverträge sind maßgeblich durch die Finanzdienstleistungen des Kreditinstituts geprägt, so dass sie – anders als noch gemäß Art 13 Abs 1 Nr 3 EuGVÜ – aus dem Anwendungsbereich von Art 7 Nr 1 lit b Brüssel Ia-VO nicht ausgeschlossen sind (EuGH Rs C-249/16 – *Kareda*, RIW 2017, 504 Rn 37 = EWiR 2017, 577 mAnm Mankowski; BGH EuZW 2020, 949 mAnm Wolber 929; BGH NJW 2012, 1817 Rn 16 f; BayObLG NJW-RR 2024, 119 Rn 9; OLG Hamm IPRax 2018, 57 Rn 24 m krit Anm R Magnus 23; OLG München BeckRS 2010, 29615; OLG Naumburg NJOZ 2003, 2672 [2679]; Looschelders IPRax 2006, 14; Micklitz/Rott EuZW 2001, 325 [328]; Schlosser/Hess/Schlosser, EuZPR [5. Aufl 2021] Art 7 Rn 10b; Thomas/Putzo/Nordmeier, ZPO [46. Aufl 2025] Art 7 Rn 11; Geimer/Schütze/Geimer, EuZVR [4. Aufl 2020] Art 7 Rn 134b; einschränkend Rauscher/Leible, Brüssel Ia-VO [5. Aufl 2021] Art 7 Rn 68).

143 **Nicht anwendbar** ist Art 7 Nr 1 lit b Brüssel Ia-VO auf Klagen, die auf **Versicherungs-, Verbraucher- oder Arbeitsverträge** iS der Abschnitte 3–5 des II. Kapitels gestützt werden, weil diese Abschnitte als *leges speciales* vorgehen (Hau IPRax 2000, 354 [359]; vgl schon Rn 114). Auch Ansprüche aus **Raummietverträgen** können nicht im Vertragsgerichtsstand des Art 7 Nr 1 Brüssel Ia-VO erhoben werden; denn für sie gilt der ausschließliche Gerichtsstand des Art 24 Nr 1 Brüssel Ia-VO; anders liegt es aber, wenn der Vermieter – wie beim Lagervertrag – zusätzliche Dienstleistungen schuldet, die dem Vertrag sein eigentliches Gepräge geben (EuGH Rs C-469/12 – *Krejci Lager*, BeckRS 2013, 82269 Rn 24 ff). Auch Verträge über die Nutzung von Parkflächen können eine Dienstleistung des Vertragspartners des Parkenden zum Gegenstand haben, wenn diesem die Verwaltung der Flächen obliegt (EuGH Rs 307/19 – *Obala/NLB Leasing*, BeckRS 2021, 5299 Rn 95). Schließlich werden auch **unentgeltliche Dienstleistungen** (zB Auftrag) von Art 7 Nr 1 lit b Brüssel Ia-VO nicht erfasst (OLG Saarbrücken IPRax 2013, 74 mAnm vHein 54; OLG Stuttgart RIW 2015, 762 Rn 81).

bb) Ort der Dienstleistungserbringung

144 Die Zuständigkeit ist nach Art 7 Nr 1 lit b Brüssel Ia-VO an dem Ort begründet, an dem die Dienstleistung nach dem Vertrag erbracht worden ist oder hätte erbracht werden müssen; hingegen ist der Ort, an dem die Dienstleistung einen Erfolg zeitigen sollte, zuständigkeitsrechtlich irrelevant (OLG Hamm IPRax 2018, 23 Rn 30 mAnm Magnus 57; **aA** LG Bielefeld BeckRS 2016, 16595). Für die autonome Bestimmung dieses Orts gelten die gleichen Grundsätze wie für die Bestimmung des Lieferorts bei Warenkaufverträgen; danach kommt es nach Vertragserfüllung auf den **realen Leistungsort**, nicht auf den rechtlichen Erfüllungsort nach Maßgabe der *lex causae* an (OLG Düsseldorf IPRax 2014, 535 mAnm Kern 503), vorausgesetzt der Gläubiger hat die Leistung an diesem Ort als vertragsgemäß angenommen (EuGH Rs C-196/15 – *Granarolo*, NJW 2016, 3087 Rn 37 = IPRax 2017, 396 mAnm P Huber 356). Maßgebend für die Auslegung sind auch hier die von der Vorschrift verfolgten Ziele der räumlichen Nähe und der Vorhersehbarkeit, die mit der Konzentration der gerichtlichen Zuständigkeit am Ort der Erbringung der Dienstleistung für alle auf den Vertrag gestützten Forderungen verfolgt werden. Anders als im Kollisionsrecht (zu Art 4 Abs 1 lit b Rom I-VO s Staudinger/Magnus [2021] Art 4 Rom I-VO Rn 348 ff) kommt es daher zB für die von einem Bauleiter erbrachten Leistungen nicht auf dessen Wohnsitz oder gewöhnlichen Aufenthalt, sondern auf den Belegenheitsort des Baugrundstücks an (frz Cass 12. 9. 2012, unalex FR-1383; ebenso für einen Bauvertrag OLG München NJW-RR 2011, 1169 = NZBau 2011, 560 mAnm Schneider; für einen Architektenvertrag öst OGH IPRax 2019, 259 und OLG Innsbruck IPRax 2019, 261, jeweils mAnm Duden 262). Entsprechend ist Erfüllungsort für den Bau einer Industrieanlage nicht der Sitz des Herstellers, sondern der Ort, an dem die Anlage aufgebaut wird (ital Cass 17. 1. 2017, unalex IT-685).

Sind Dienstleistungen **an verschiedenen Orten** *innerhalb des gleichen Mitgliedstaats* zu erbringen, so ist auf den Ort abzustellen, an dem die **Hauptdienstleistung** erbracht worden ist oder zu erbringen gewesen wäre. Gleiches gilt auch dann, wenn Dienstleistungen *in verschiedenen Mitgliedstaaten* erbracht worden oder zu erbringen sind; denn das Ziel, mit Art 7 Nr 1 lit b Brüssel Ia-VO einen einheitlichen und für die Parteien vorhersehbaren Gerichtsstand für alle Ansprüche aus dem Dienstleistungsvertrag zu schaffen, wird nur erreicht, wenn auch in einem solchen Fall auf den Tätigkeitsschwerpunkt abgestellt wird (EuGH Rs 526/23 – *VariusSystems*, ZIP 2024, 3037 Rn 19 = RIW 2025, 70; ZIP 2017, 1734; EuGH Rs C-467/16 – *flightright*, NJW 2018, 2105 Rn 67 = IPRax 2019, 421 mAnm Lobach 391; EuGH Rs C-204/08 – *Rehder*, Slg 2009 I 6076 Rn 36 ff = NJW 2009, 2801 = IPRax 2010, 160 mAnm Staudinger 140; EuGH Rs C-19/09 – *Wood Floor*, Slg 2010 I 2161 Rn 32 ff = EuZW 2010, 378 mAnm Leible: „Ort der hauptsächlichen Leistungserbringung"; BGH ZIP 2023, 2597 Rn 24; BGH NJW 2019, 76 Rn 40; öst OGH 28. 6. 2017, unalex AT-1129; OLG München IPRax 2022, 369 Rn 33 f; OLG Hamm IPRax 2018, 57 Rn 33 ff m krit Anm Magnus 23; OLG Düsseldorf NJW-RR 2008, 223; Rauscher/Leible, Brüssel Ia-VO [5. Aufl 2021] Art 7 Rn 88). International zuständig für die Kündigung eines Vertriebsvertrags zwischen zwei Gesellschaften mit Sitz und Geschäftstätigkeit in unterschiedlichen Mitgliedstaaten für den Vertrieb von Waren auf dem Markt eines dritten Mitgliedstaats, in dessen Hoheitsgebiet keine dieser Gesellschaften über eine Niederlassung verfügt, ist daher der Ort der hauptsächlichen Leistungserbringung (EuGH Rs C-64/17 – *Saey Home & Garden*, RIW 2018, 206 Rn 44). **145**

Im Hinblick auf das vom Verordnungsgeber angestrebte Ziel der Vorhersehbarkeit (Rn 89) und unter Berücksichtigung des Wortlauts von Art 7 Nr 1 lit b Brüssel Ia-VO, wonach maßgebend ist, an welchem Ort in einem Mitgliedstaat die Dienstleistungen „nach dem Vertrag" erbracht worden sind oder hätten erbracht werden müssen, ist der Ort der hauptsächlichen Leistungserbringung nach Möglichkeit **aus den Bestimmungen des Vertrages** selbst abzuleiten (EuGH Rs C-64/17 – *Saey Home & Garden*, NJW 2018, 2105 = RIW 2018, 206 Rn 45). Bei einer Mehrzahl von Verpflichtungen ist auf die für den Vertrag **charakteristische Verpflichtung** abzustellen (EuGH Rs 526/23 – *Varius Systems*, ZIP 2024, 3037 Rn 20 = RIW 2025, 70). Somit ist bei einem *Handelsvertretervertrag* in erster Linie an Hand dieses Vertrags der Ort zu ermitteln, an dem der Vertreter seine Tätigkeit für Rechnung des Unternehmers, nämlich die Vorbereitung, Vermittlung und gegebenenfalls den Abschluss der ihm anvertraute Geschäfte, hauptsächlich vorzunehmen hatte (EuGH Rs C-19/09 – *Wood Floor*, Slg 2010 I 2161 Rn 38 f). **146**

Kann der Ort der hauptsächlichen Leistungserbringung anhand der Vertragsbestimmungen nicht ermittelt werden, weil diese entweder mehrere Erbringungsorte oder gar keinen bestimmten Erbringungsort vorsehen, hat der Dienstleistende aber bereits solche Leistungen erbracht, so ist hilfsweise der Ort heranzuziehen, an dem er seine **Tätigkeiten** zur Erfüllung des Vertrags **tatsächlich überwiegend vorgenommen** **147** hat, vorausgesetzt, die Erbringung der Dienstleistungen an diesem Ort widerspricht nicht dem Parteiwillen, wie er sich aus den Vertragsbestimmungen ergibt. Dabei kann insbesondere die an diesen jeweiligen Orten aufgewendete Zeit und die Bedeutung der dort ausgeübten Tätigkeit, berücksichtigt werden (EuGH Rs C-19/09 – *Wood Floor*, Slg 2010 I 2161 Rn 40; EuGH Rs C-47/14 – *Holterman*, NZA 2016, 183 Rn 63 ff = IPRax 2016, 151 mAnm Kindler 115; BGH NJW 2019, 76 Rn 40; KG BeckRS 2019, 4473 Rn 21). Danach erbringt auch ein **Grundstücksmakler** seine Tätigkeit idR an seinem Geschäftssitz, auch wenn er Grundstücke im Ausland vermittelt (OLG München BeckRS 2020, 2231 Rn 39 ff). Entsprechend ist Erfüllungsort der Ansprüche aus einem **Darlehensvertrag** der Ort, an dem der Darlehensgeber – als die zur Erbringung der vertragscharakteristischen Leistung verpflichtete Partei – die für die Hingabe des Darlehens erforderlichen Schritte vornimmt; dieser Ort begründet die Zuständigkeit auch für die Verpflichtung des Darlehensnehmers zur Rückzahlung des Darlehens (EuGH Rs C-249/16 – *Kareda*, RIW 2017, 504 Rn 42; BGH EuZW 2020, 949 Rn 13; BayObLG NJW-RR 2024, 119 Rn 9). Dagegen kommt es nicht darauf an, wohin die Darlehensmittel vom Darlehensgeber zu überweisen sind; deren Überweisung ins Ausland ändert daher den Erfüllungsort iSv Art 7 Nr 1 lit b Brüssel Ia-VO nicht (OLG Hamm IPRax 2018, 57 Rn 24 m krit Anm Magnus 23; **aA** LG Bielefeld BeckRS 2016, 16595). Bei einem Vertrag über die Erstellung, Programmierung und Wartung einer auf den Besteller zugeschnittenen **Individualsoftware** ist nicht der Ort maßgeblich, an dem die Software entwickelt wurde, sondern der Ort, an dem sie vom Kunden abgerufen und eingesetzt wird (EuGH Rs 526/23 – *VariusSystems*, ZIP 2024, 3037 Rn 22 f= RIW 2025, 70).

148 Lässt sich der Ort der hauptsächlichen Leistungserbringung weder anhand der Bestimmungen des Vertrags, noch aufgrund von dessen tatsächlicher Erfüllung bestimmen, so haben die Parteien nicht etwa – wie bei Warenkaufverträgen (Rn 134 f) – ein Wahlrecht zwischen allen relevanten Leistungsorten. Maßgebend ist dann vielmehr der **(Wohn-)Sitz des Dienstleisters**; denn dieser kann immer mit Sicherheit ermittelt werden und ist demnach vorhersehbar. Darüber hinaus weist er eine räumliche Nähe zum Rechtsstreit auf, da der Vertreter dort aller Wahrscheinlichkeit nach einen nicht unerheblichen Teil seiner Dienstleistungen erbringen wird (EuGH Rs C-19/09 – *Wood Floor*, Slg 2010 I 2161 Rn 41 f; EuGH Rs C-64/17 – *Saey Home & Garden*, RIW 2018, 206 Rn 45; OLG Hamm NJW-RR 2020, 766 Rn 30; Court of Appeal [Civ Div] 19. 10. 2016, unalex UK-1486; Geimer/Schütze/Geimer, EuZVR [4. Aufl 2020] Art 7 Rn 137). Für einen **Handelsvertreter**, dem die Alleinvertretung für mehrere europäische Länder eingeräumt ist, kommt es daher auf seinen Geschäftssitz an, von dem aus er seine Tätigkeit organisiert (OLG Oldenburg NJW-RR 2014, 814; OLG Koblenz IHR 2008, 198 [200]; OLG Köln IPRspr 2013 Nr 175; dazu Dostal EuZW 2018, 944; vgl auch frz Cass 6. 10. 2015, unalex FR-2443). Entsprechend liegt der Ort der hauptsächlichen Leistungserbringung für einen **Rechtsanwalt** an seinem Kanzleisitz, auch wenn er zur Durchführung des Mandats an Verhandlungen vor einem Gericht oder Schiedsgericht in einem anderen Mitgliedstaat teilnimmt (BGH NJW 2006, 1806 [1807 f]; OLG Düsseldorf WM 2022, 638 [639]). Bei einem **Kreditvertrag** kommt es auf den Sitz des Kreditgebers an (EuGH Rs C-249/16 – *Kareda*, RIW 2017, 504 Rn 42; BGH EuZW 2020, 949 Rn 13 mAnm Wolber 929; BGH NJW 2012, 1817; s a Rn 147), bei einem **Nutzungsvertrag für ein soziales Netzwerk** (zB Facebook) auf den Sitz des Dienstleisters (KG MMR 2026, 212 Rn 19).

149 Während sich bei Verträgen über die Lieferung beweglicher Sachen eine Hauptlieferung idR nach wirtschaftlichen Kriterien bestimmen lässt (dazu Rn 134 f), ist dies bei der Erbringung von Dienstleistungen nicht immer möglich. So werden die von einem **Luftfahrtunternehmen** dem Fluggast geschuldeten Dienstleistungen während des gesamten Zeitraums vom Einchecken im Abflughafen bis zum Auschecken am Landeflughafen erbracht. Unter diesen Umständen sind daher **sowohl der Ort des Abflugs als auch der Ort der Ankunft des Flugzeugs** gleichermaßen als die Orte anzusehen, an denen die nach dem Luftbeförderungsvertrag geschuldeten Dienstleistungen hauptsächlich erbracht werden. Da jeder dieser beiden Orte eine hinreichende Nähe zu der geschuldeten Beförderungsleistung aufweist, kann ein Kläger, der eine auf die EG-Verordnung Nr 261/2004 v 11. 2. 2004 (ABl 2004 L 46, 1) gestützte Ausgleichszahlung beansprucht, den Beklagten auf der Grundlage von Art 7 Nr 1 lit b Brüssel Ia-VO daher nach seiner Wahl vor dem Gericht eines dieser Orte verklagen (EuGH Rs 71/22 – LOT, NJW-RR 2022, 486 Rn 18; EuGH Rs C-213/18 – *Guaitoli/easy Jet*, NJW-RR 2020, 118 Rn 42 mAnm Rieländer EuZW 2020, 59; EuGH Rs 274/16 – *flightright*, NJW 2018, 2105 Rn 68 mAnm Lobach IPRax 2019, 391; EuGH Rs C-204/08 – *Rehder*, Slg 2009 I 6076 Rn 43, 47 = IPRax 2010, 160 mAnm Staudinger 140 und Wagner 143; dazu auch die Vorlage BGH IPRax 2008, 593 mAnm Staudinger 493; zust BGH RIW 2013, 484; OLG Köln NZV 2021, 196 Rn 11 mAnm Staudinger; ebenso schon früher Lehmann NJW 2007, 1500 [1502]; Mankowski TranspR 2008, 67 [68 ff]; Wagner TranspR 2009, 281 [283 f], sowie zum autonomen deutschen Prozessrecht [§ 29 ZPO] AG Berlin-Lichtenberg IPRax 2008, 426 mAnm Gregor 403). Fluggäste sind daher nicht darauf angewiesen, das ausführende Luftfahrtunternehmen an dessen – häufig im Ausland liegenden – Sitz iSv Art 63 Brüssel Ia-VO zu verklagen (so noch OLG München NJW-RR 2007, 1428); ihnen wird vielmehr durch das eingeräumte Wahlrecht zwischen Abflug- und Ankunftsort im Regelfall ein Klägergerichtsstand an ihrem Wohnsitz zur Verfügung gestellt (OLG Köln NZV 2021, 196 Rn 11 mAnm Staudinger). Ein solcher ist wegen des geringen Streitwerts der nach der Fluggastrechte-Verordnung geschuldeten Ausgleichsleistung auch erforderlich, um dem Fluggast eine effektive Durchsetzung seiner Ansprüche zu ermöglichen. Keinen hinreichenden Bezug weist die Dienstleistung des Luftfahrtunternehmens hingegen zum Ort seiner Hauptniederlassung oder zu den Orten auf, an denen die Maschine lediglich zwischenlandet, so dass dort auch kein Gerichtsstand nach Art 7 Nr 1 lit b Brüssel Ia-VO eröffnet ist (EuGH Rs C-204/08 – *Rehder*, Slg 2009 I 6076 Rn 39 f; BGH RIW 2022, 623 Rn 22 ff), es sei denn der geschlossene Vertrag weit eine enge Verbingung zum Ort der Zwischenlandung auf (EuGH Rs C-71/22 – *LOT*, NJW-RR 2022, 486 Rn 22 ff).

Bei einer aus zwei Teilstrecken bestehenden Flugreise ist der **Ankunftsort der zweiten Teilstrecke** auch dann Erfüllungsort iSv Art 7 Nr 1 lit b Brüssel Ia-VO, wenn die Beförderungen auf den beiden Teilstrecken von zwei verschiedenen Luftfahrtunternehmen durchgeführt wurden und die Klage auf Ausgleichszahlung wegen einer großen Verspätung auf eine Störung gestützt wird, die auf dem ersten Flug eingetreten ist, der von dem Luftfahrtunternehmen durchgeführt wurde, das nicht Vertragspartner der klagenden Fluggäste ist (EuGH Rs C-274/16 ua – *flightright*, NJW 2018, 2105 Rn 71 = IPRax 2019, 421 mAnm Lobach 391; s auch BGH MDR 2020, 1048; BGH NJW-RR 2019, 432 = RIW 2019, 449; BGH NJW 2016, 2912; LG Stuttgart RRa 2015, 22). Umgekehrt ist bei einem Flug, der durch eine bestätigte einheitliche Buchung für die gesamte Reise gekennzeichnet und in mehrere Teilflüge unterteilt ist, der Abflugort des *ersten* Teilflugs auch dann „Erfüllungsort" iSv Art 7 Nr 1 lit b Brüssel Ia-VO, wenn die Klage auf Ausgleichsleistungen durch die Annullierung des *letzten* Teilflugs veranlasst wurde und sich gegen das mit dem letzten Teilflug beauftragte Luftfahrtunternehmen richtet (EuGH Rs C-606/19 – *flightright*, BeckRS 2020, 1803 Rn 30 ff). Da Art 7 Nr 1 lit b Brüssel 150

Ia-VO einen **einheitlichen Gerichtsstand für sämtliche Klagen aus dem Dienstleistungsvertrag** begründet, ist dieser auch bei einem Vertrag, der einen Hinflug zu einem bestimmten Endziel und einen Rückflug zu einem vom ersten Abflugort verschiedenen Ankunftsort vorsieht, an allen drei Orten für alle nach dem Vertrag geschuldeten Leistungen begründet (BGH BeckRS 2020, 17047 Rn 27 ff). Eine **Zession** des Anspruchs auf Ausgleichleistungen nach der EG-VO Nr 261/2004 durch den Fluggast an eine Inkassogesellschaft ändert den Erfüllungsort nach Art 7 Nr 1 lit b Brüssel Ia-VO nicht (EuGH Rs C-551/24 – *Lufthansa AG/AirHelp Germany*, NJW 2025, 2557 Rn 36 f mAnm WAGNER EuZW 2025, 1163).

150a Für **Schadensersatzansprüche des Passagiers** beurteilt sich die internationale Zuständigkeit allerdings nicht nach Art 7 Nr 1 Brüssel Ia-VO, sondern nach dem vorrangig geltenden Art 33 des Montrealer Übereinkommens (EuGH Rs C-213/18 – *Guaitoli/easy Jet*, NJW-RR 2020, 118 Rn 44). Hat die beklagte Fluggesellschaft ihren Sitz in einem **Drittstaat**, so findet Art 7 Nr 1 lit b Brüssel Ia-VO ebenfalls keine Anwendung; es gilt vielmehr gemäß Art 6 Abs 1 Brüssel Ia-VO das nationale Verfahrensrecht des angerufenen Gerichts (EuGH Rs C-274/16 ua – *flightright*, NJW 2018, 2105 Rn 50 ff).

150b Die EuGH-Rechtsprechung zum Ort der Dienstleistungserbringung iSv Art 7 Nr 1 lit b Brüssel Ia-VO ist auch auf **andere Transportmittel** zu übertragen. Dementsprechend kann die Klage auf Bezahlung von Beförderungsleistungen, die in mehreren Teilen mit Zwischenstopp und mit unterschiedlichen Transportmitteln **(multimodale Beförderung)** stattfindet, wahlweise am Auflade- und am Zielort erhoben werden (EuGH Rs C-88/17 – *Zurich Insurance*, RIW 2018, 600 Rn 19 ff = IPRax 2019, 53 mAnm SCHLOSSER 23; OLG Hamm BeckRS 2012, 10496 = unalex DE-2916).

5. Gesetzlicher Erfüllungsort für sonstige Schuldverträge, Art 7 Nr 1 lit a Brüssel Ia-VO

a) Allgemeines

151 Handelt es sich bei dem der Klage zugrundeliegenden Vertrag weder um einen Kaufvertrag über bewegliche Sachen noch um einen Dienstleistungsvertrag in dem zuvor beschriebenen Sinne (Rn 123 ff, 137 ff), so ist der für den Gerichtsstand maßgebliche Erfüllungsort gemäß Art 7 Nr 1 lit c Brüssel Ia-VO nach der Grundregel in lit a zu bestimmen. Diese Grundregel hat also unter Geltung der Brüssel Ia-VO nur noch eine **Auffangfunktion** (vgl schon zu Art 5 Nr 1 Brüssel I-VO KROPHOLLER/vHEIN, EuZPR [9. Aufl 2011] Rn 28), greift also nur alternativ und nur dann ein, wenn die vorrangigen Zuständigkeitsregeln in lit b nicht einschlägig sind (EuGH Rs C-64/^7 – *Saey Home & Garden*, IWRZ 2018, 776 Rn 34 mAnm SALGER; EuGH Rs C-196/15 – *Granarolo*, EuZW 2016, 747 Rn 30 f mAnm LANDBRECHT = IPRax 2017, 396 mAnm P HUBER 356). Sie gilt freilich nicht nur für Verträge, die sich weder als Warenkauf- noch als Dienstleistungsverträge iSv lit b qualifizieren lassen (vgl dazu EuGH Rs C-533/07 – *Falco Privatstiftung*, Slg 2009 I 3327 Rn 30 ff = IPRax 2009, 509 m zust Anm BRINKMANN 487 [Lizenzvertrag]; BGH IHR 2010, 212 [Vergleich]; öst OGH 24. 5. 2018, unalex AT-1170 [Grundstücksschenkung]; OLG Braunschweig NJOZ 2020, 360 [Bürgschaft]; OLG Stuttgart RIW 2004, 711 = IPRax 2006, 472 mAnm STÜRNER 450 [Poolvertrag]; OLG Saarbrücken IPRax 2013, 74 mAnm vHEIN 54 [unentgeltlicher Beratungsvertrag]; OLG Köln BeckRS 2014, 08906 = unalex DE-3073 [Schenkung]), sondern in allen Fällen, in denen die Spezialvorschrift der lit b nicht zur Anwendung kommt. Dies ist insbesondere auch dann der Fall, wenn der nach lit b ermittelte **Erfüllungsort** für einen Warenkauf- oder

Dienstleistungsvertrag **nicht in einem Mitgliedstaat** der Verordnung liegt, zB weil Lieferung in einen Drittstaat vereinbart war (vgl BGH NJW 2009, 2606; Mittmann IHR 2010, 146 [148]). In diesem Fall konkurrieren also der fiktive Erfüllungsort im Drittstaat, auf den es sowohl materiell-rechtlich als auch uU für die Zuständigkeit der dortigen Gerichte ankommt, mit dem gemäß Art 7 Nr 1 lit a Brüssel Ia-VO ermittelten Gerichtsstand, der allein für die Begründung der Zuständigkeit eines Gerichts in einem Mitgliedstaat der Verordnung relevant ist (krit zu dieser Aufspaltung Hau IPRax 2000, 354 [360]; Leipold, in: GS Lüderitz [2000] 431 [450 f]; Kropholler/vHein, EuZPR [9. Aufl 2011] Art 5 Brüssel I-VO Rn 53 aE). Die Auslegung der Grundregel in lit a, die wörtlich aus dem EuGVÜ und der Brüssel I-VO übernommen wurde, hat sich unverändert an den vom EuGH zu diesen Vorschriften entwickelten Grundsätzen zu orientieren (vgl die Begründung des Kommissionsentwurfs, KOM 1999 [348] endg, 15; EuGH Rs C-533/07– *Falco Privatstiftung*, Slg 2009 I 3327 Rn 50 ff; Kropholler/vHein, EuZPR [. Aufl 2011] Art 5 Brüssel I-VO Rn 30; MünchKommZPO/Gottwald Art 7 Brüssel Ia-VO Rn 34). Soweit danach nicht an einen Ort angeknüpft werden kann, an dem die Leistung **tatsächlich erfüllt** worden ist (vgl dazu OLG Saarbrücken IPRax 2013, 74 mAnm vHein 54; OLG Stuttgart RIW 2015, 762 Rn 83; Zöller/Geimer, ZPO [35. Aufl 2024] Art 7 Rn 49), gilt Folgendes:

b) Maßgebliche Verpflichtung

aa) Streitgegenständliche Verpflichtung

Mit der erfüllten oder zu erfüllenden „Verpflichtung" in Art 7 Nr 1 lit a Brüssel Ia-VO ist grundsätzlich diejenige Verpflichtung gemeint, die den **Gegenstand der Klage** bildet (EuGH Rs 14/76 – *de Bloos*, Slg 1976, 1497 Rn 9 f = NJW 1977, 490 mAnm Geimer = RIW 1977, 42 mAnm Linke; EuGH Rs C-288/92 – *Custom Made Commercial*, Slg 1994 I 2949 Rn 23 ff = NJW 1995, 183 = IPRax 1995, 31 mAnm Jayme 13; EuGH C-256/00 – *Besix*, Slg 2002 I 1699 Rn 17 = NJW 2002, 1407; zust BGHZ 74, 136 [139]; BGHZ 134, 201 [205] = NJW 1997, 870; BGH NJW-RR 2003, 1582; BGH NJW 2010, 2442 Rn 24; OLG Düsseldorf IHR 2003, 121; unalex-Komm/Jault-Seseke/Weller Brüssel I-VO Art 5 Nr 1 Rn 41 m ausf Nachw). Entgegen einer früher verbreiteten Auffassung (vgl Spellenberg ZZP 91 [1978] 51 ff; Piltz NJW 1981, 1877; Rauscher 207 ff, 224; Lupoi Riv trim dir proc civ 1994, 1263), die ihren Niederschlag für Warenkauf- und Dienstleistungsverträge in lit b (dazu Rn 121) und für Arbeitsverträge in Art 21 Abs 1 lit b i Brüssel Ia-VO (dazu Rn 257) gefunden hat, kommt es also im Rahmen von lit a **nicht auf den Erfüllungsort für die vertragscharakteristische Leistung** an (EuGH Rs C-440/97 – GIE *Groupe Concorde*, Slg 1999 I 6307 Rn 19 = NJW 2000, 719 und Rs C-420/97 – *Leathertex*, Slg 1999 I 6747 Rn 36 f = NJW 2000, 721, jeweils mAnm Hau IPRax 2000, 354; BGH NJW 2016, 409 Rn 7; BGH NJW 1996, 1819 f; OLG Dresden BeckRs 2024, 38954 Rn 32). **152**

Anders als im internationalen Vertragsrecht (vgl Art 4 Abs 1 und 2 Rom I-VO; dazu Staudinger/Magnus [2021] Art 4 Rom I-VO Rn 28 ff, 97 ff) besteht nämlich im internationalen Prozessrecht kein zwingendes Bedürfnis dafür, den Schuldner der vertragscharakteristischen Leistung gegenüber dem Geldschuldner zu bevorzugen (OLG Bremen TranspR 1995, 32; Geimer NJW 1987, 1132 f; Schack, IZVR [9. Aufl 2025] Rn 317). Zudem bereitet die Feststellung der vertragscharakteristischen Leistung – wie die Praxis zu Art 7 Nr 1 lit b Brüssel Ia-VO zeigt (Rn 125 f, 140 f) – namentlich bei gemischt-typischen Verträgen erhebliche Schwierigkeiten (dazu Staudinger/Magnus [2021] Art 4 Rom I-VO Rn 120, 140 ff). Die daraus resultierenden Unsicherheiten sind aber im Zuständigkeitsrecht nicht tragbar und sollen durch die Verordnung gerade verringert werden (Zöller/Geimer, ZPO [35. Aufl 2024] Art 7 Rn 7; MünchKommZPO/Gottwald Art 7 Rn 35; vgl zum EuGVÜ auch EuGH Rs 266/85 – *Shenavai*, Slg 1987, 239 Rn 17 = NJW 1987, 1131; **153**

LG Kaiserslautern NJW 1988, 652 = IPRax 1987, 368 mAnm Mezger 346; LG Frankfurt aM EuZW 1990, 581 mAnm Mittelstaedt). Rechtssicherheit wird am besten erreicht, wenn man auf diejenige Verpflichtung abstellt, deren Erfüllung mit der Klage begehrt wird; bei **Zahlungsklagen** kommt es daher darauf an, wo die Zahlungsverpflichtung zu erfüllen ist (vgl BGH NJW 1993, 2753 [2754]; BGH NJW 1996, 1819, 2001, 1936; öst OGH RIW 1998, 634; OLG Dresden BeckRs 2024, 38954 Rn 32; Wieczorek/Schütze/Hausmann, ZPO [3. Aufl 2010] Art 5 EuGVÜ Rn 13 f m ausf Nachw). Aus diesem Grunde muss im **Scheckprozess** sorgfältig zwischen der scheckrechtlichen Verpflichtung und dem zugrunde liegenden Schuldvertrag unterschieden werden, auch wenn der Scheck erfüllungshalber für eine Kaufpreisschuld hingegeben wurde (BGHZ 157, 224 [230 f] = NJW 2004, 1456).

154 Die fortgeltende Anknüpfung an den Erfüllungsort der streitgegenständlichen Verpflichtung in lit a führt zwar zu **Wertungswidersprüchen**, seit in lit b der Erfüllungsort der vertragscharakteristischen Leistung für maßgeblich erklärt wird (vgl Rn 121 f). Dieses gespaltene Konzept des Art 7 Nr 1 Brüssel Ia-VO wird daher in der neueren Literatur stark kritisiert und vorgeschlagen, die Grundregel in lit a künftig im Sinne der lit b auszulegen, um für alle Vertragstypen zu einem einheitlichen Erfüllungsort zu kommen (so Kropholler/vHindert, in: GS Lüderitz [2000] 409; Jayme/Kohler IPRax 1999, 405; Hau IPRax 2000, 354 [359 f]; Junker RIW 2002, 569 [572]; Micklitz/Rott EuZW 2001, 325 [329]; Magnus IHR 2002, 45 [49]; Kropholler/vHein, EuZPR [9. Aufl 2011] Art Brüssel I-VO Rn 31; ausf Schack, IZVR [9. Aufl 2025] Rn 323 ff). Die Neufassung des Art 7 Nr 1 Brüssel Ia-VO zeigt indessen deutlich, dass der Verordnungsgeber selbst einen einheitlichen Erfüllungsort bezüglich sämtlicher Vertragspflichten ganz bewusst nur für Warenkauf- und Dienstleistungsverträge einführen und es im Übrigen aus den zuvor genannten Gründen bei der Anknüpfung an die streitgegenständliche Verpflichtung belassen wollte. Der Widerspruch kann daher nur durch den Verordnungsgeber beseitigt werden; die Gerichte sind hingegen – wie auch der EuGH inzwischen klargestellt hat (EuGH Rs C-533/07 – *Falco Privatstiftung*, Slg 2009 I 3327 Rn 41 ff = IPRax 2009, 509 mAnm Brinkmann 487) – an die bewusste Differenzierung in Art 7 Nr 1 lit a und lit b Brüssel Ia-VO gebunden (LG Tübingen IPRspr 2003 Nr 125; Looschelders IPRax 2006, 14 [15]; Rauscher/Leible, Brüssel Ia-VO [5. Aufl 2021] Art 7 Rn 44; Geimer/Schütze/Geimer, EuZVR [4. Aufl 2024] Art 7 Rn 142 ff; Schlosser/Hess/Schlosser, EuZPR [5. Aufl 2021] Art 7 Rn 10c; MünchKommZPO/Gottwald Art 7 Rn 40 f; vgl auch Rn 167).

bb) Primäre Hauptverpflichtung

155 Maßgebend ist im Rahmen von Art 7 Nr 1 lit a Brüssel Ia-VO grundsätzlich der Erfüllungsort für die primäre vertragliche Hauptpflicht. Für Nebenpflichten und durch Leistungsstörungen entstandene Sekundärpflichten (zB zur Leistung von Schadensersatz oder zur Rückgewähr der empfangenen Leistung infolge Rücktritts vom Vertrag) kommt es also nicht darauf an, wo diese zu erfüllen sind; sie werden vielmehr zuständigkeitsrechtlich derjenigen Hauptverpflichtung zugeordnet, zu der sie gehören bzw an deren Stelle sie getreten sind oder aus der sie hervorgegangen sind (EuGH Rs 14/76 – *de Bloos*, Slg 1976, 1497 Rn 14; EuGH Rs 266/85 – *Shenavai*, Slg 1987, 239 Rn 9; BGH NJW 2016, 409 Rn 7; BGH NJW 2016, 409 Rn 7; BGH NJW 2001, 1936 [1937]; BGHZ 134, 201 [205] = NJW 1997, 870; OLG Frankfurt IPRax 2021, 82 mAnm Maultzsch 63; OLG Oldenburg RIW 2016, 459 mAnm Müller; OLG Karlsruhe BeckRS 2012, 18691 = unalex DE-2858; unalex-Komm/Jault-Seseke/Weller Brüssel Ia-VO Art 5 Nr 1 Rn 42 m ausf Nachw). Die Frage, ob mit der Klage ein Primär- oder Sekundäranspruch geltend gemacht wird, sollte in diesem Zusammenhang *autonom* qualifiziert werden (Schack, Erfüllungsort Rn 323;

aA *[lex causae]* EuGH Rs 14/76 – *de Bloos*, Slg 1976, 1497 Rn 17; frz Cass civ Rev crit 1994, 577 m krit Anm Muir Watt). Wird aus einem *Vorvertrag* auf Abschluss des Hauptvertrages geklagt, so kommt es für Art 7 Nr 1 lit a Brüssel Ia-VO darauf an, wo der Beklagte seine auf den Vertragsschluss gerichtete Willenserklärung abzugeben hat (vgl ital Cass Riv dir int priv proc 1984, 775).

cc) Einzelfälle

Wird auf **Schadensersatz** geklagt oder die **Auflösung des Vertrages** aus Verschulden des Gegners (zB nach Art 1584 frz CC) begehrt, so ist diejenige vertragliche (Haupt-) Verpflichtung heranzuziehen, deren Nichterfüllung zur Begründung dieser Anträge behauptet wird (EuGH Rs 266/85 – *Shenavai*, Slg 1987, 239 Rn 9 = NJW 1987, 1131; BGH NJW 2016, 409 Rn 7; BGHZ 134, 201 [205] = NJW 1997, 870; OLG Köln BeckRS 2016, 9602 Rn 61 = IPRax 2017, 378; zust Schack, IZVR [9. Aufl 2025] Rn 318). Verlangt der Grundstückskäufer Schadensersatz wegen Vertragsverletzungen des Verkäufers nach §§ 437 Nr 3, 280 Abs 1 und 3, 281 BGB, so ist die Klage nach Art 7 Nr 1 lit a Brüssel Ia-VO daher am Erfüllungsort für die *verletzte Lieferpflicht*, nicht am Erfüllungsort der Schadensersatzpflicht zu erheben (vgl zu Art 5 Nr 1 EuGVÜ BGH NJW 2016, 409 Rn 7; OLG Koblenz IPRax 1991, 241 [243] = ZIP 1991, 1088 mAnm Otte 1098). Entsprechend kommt es für Schadensersatzansprüche des Grundstücksverkäufers auf den Erfüllungsort für die Kaufpreiszahlung an (vgl zu Art 5 Nr 1 EuGVÜ BGH NJW 1994, 2699 [2700] = JR 1995, 456 mAnm Dörner; OLG Hamm NJW-RR 1995, 187). Der Erfüllungsort der zugrunde liegenden verletzten Primärpflicht ist auch dann maßgebend, wenn der Beklagte sich unberechtigt vom Vertrag losgesagt hat (BGH NJW 1996, 1819 f; **aA** [Schwerpunkt des Vertragsverhältnisses] frz Cass civ Rev crit 1985, 126 mAnm Gaudemet-Tallon). Die gleichen Grundsätze gelten auch im Rahmen des autonomen Prozessrechts (vgl Wieczorek/Schütze/Hausmann, ZPO [3. Aufl 2010] § 29 Rn 26 mwNw). **156**

Entsprechend ist bei **Klagen nach einem Rücktritt oder einer Anfechtung** nach Art 7 Nr 1 lit a Brüssel Ia-VO nicht auf den Erfüllungsort des Rückgewähranspruchs, sondern auf den Erfüllungsort des zugrunde liegenden primären Erfüllungsanspruchs abzustellen (BayObLG IPRax 2023, 72 Rn 32 mAnm Reibetanz 28; OLG Düsseldorf IPRax 1987, 234 [236] mAnm Schack 215); dies wurde in der deutschen Rechtsprechung mitunter verkannt (vgl etwa BGHZ 78, 257 [259] = IPRax 1981, 129 mAnm Schlechtriem 113; OLG München RIW 1980, 728). Maßgebend ist danach die verletzte Primärpflicht des Rücktritts- bzw Anfechtungsgegners. Eine vertraglich übernommene Nachbesserungspflicht kann aber auch als selbstständige Primärpflicht zu werten sein (vgl frz Cass civ Rev crit 1994, 577 [578] m **abl** Anm Muir Watt). Anders als nach Art 7 Nr 1 lit a Brüssel Ia-VO wird zur Bestimmung des Erfüllungsorts in Fällen des Rücktritts nach *autonomem deutschen Zivilprozessrecht* nicht an die ursprünglichen Vertragspflichten, sondern an diejenigen Pflichten angeknüpft, die sich aus dem bereits wirksam erklärten Rücktritt ergeben. „Streitig" iSv § 29 ZPO sind danach etwa die Verpflichtung des Verkäufers zur Rückzahlung des Kaufpreises bzw die Verpflichtung des Käufers zur Rückgabe der Ware (vgl näher Wieczorek/Schütze/Hausmann, ZPO [3. Aufl 2010] § 29 Rn 27 f mwNw; **aA** Schack, Erfüllungsort Rn 165 f). **157**

Auch **Feststellungs- und Gestaltungsklagen**, die nicht einzelne Ansprüche aus dem Vertrag, sondern den Bestand des Vertrages insgesamt zum Gegenstand haben, können im Gerichtsstand des Art 7 Nr 1 lit a Brüssel Ia-VO erhoben werden (BGH NJW 2010, 2442 Rn 12; Schlosser/Hess/Schlosser, EuZPR [4. Aufl 2015] Art 7 Rn 9; **aA** Hertz 170). **158**

Stützt der Kläger die Kündigung oder sonstige Beendigung des Vertrages auf die Nicht- oder Schlechterfüllung einer bestimmten vertraglichen Verpflichtung des Beklagten, so ist auf den Erfüllungsort dieser Verpflichtung abzustellen (OLG Frankfurt RIW 1980, 585; frz Cass civ Rev crit 1983, 516 mAnm Gaudemet-Tallon). Entsprechend ist bei Feststellungsklagen, die das gesamte Vertragsverhältnis betreffen, grundsätzlich derjenige vertragliche Anspruch maßgebend, auf den es dem Kläger hauptsächlich ankommt (OLG Stuttgart IPRax 1999, 103 mAnm Wolf 82; BAG BB 2004, 276 = EWiR 2004, 81 mAnm Mankowski; MünchKommZPO/Gottwald Art 7 Rn 35). Betrifft die Feststellungsklage jedoch **mehrere gleichrangige Hauptpflichten**, die in verschiedenen Mitgliedstaaten zu erfüllen sind, so kann ein einheitlicher Erfüllungsort nach Art 7 Nr 1 lit a Brüssel Ia-VO nicht bestimmt werden. Der Kläger kann daher in diesem Falle nur auf Feststellung der einzelnen Hauptpflicht an dem jeweils für sie maßgeblichen Erfüllungsort klagen; will er die damit verbundene Aufspaltung des Rechtsstreits vermeiden, bleibt nur die Klage im allgemeinen Gerichtsstand des Art 4 Abs 1 Brüssel Ia-VO (BGH NJW 2010, 2442 Rn 24 f unter Hinweis auf EuGH Rs C-420/97 – *Leathertex*, Slg 1999 I 647 Rn 40 ff = NJW 2001, 721). Nach anderer Ansicht ist überall dort eine Zuständigkeit nach Art 7 Nr 1 lit a Brüssel Ia-VO eröffnet, wo auch nur eine vertragliche Hauptpflicht zu erfüllen ist (Geimer/Schütze/Geimer, EuZVR [4. Aufl 2020] Art 7 Rn 159; Fasching/Simotta Art 5 Brüssel I-VO Rn 123). Teilweise wird auch auf den Erfüllungsort für die vertragscharakteristische Leistung abgestellt (so Huet Rev crit 1982, 386 [397]; Gaudemet-Tallon Rev crit 1983, 516 [520]; Wolf IPRax 1999, 82 [84 f]) oder eine Anwendbarkeit von Art 7 Nr 1 lit a Brüssel Ia-VO ganz geleugnet (so Schlosser/Hess/Schlosser, EuZPR [4. Aufl 2015] Art 7 Rn 9). Diese Grundsätze gelten auch im Rahmen von § 29 ZPO entsprechend (vgl Geimer, IZPR [9. Aufl 2024] Rn 1486; Wieczorek/Schütze/Hausmann, ZPO [3. Aufl 2010] § 29 Rn 25 mwNw).

159 Auch bei Leistungsklagen muss der Erfüllungsort grundsätzlich **für jeden Primäranspruch selbständig** festgestellt werden. Werden also mehrere gleichrangige Hauptansprüche aus einem Vertragsverhältnis mit der Klage geltend gemacht, so ist das angerufene Gericht nur zur Entscheidung über diejenigen Ansprüche zuständig, welche im Gerichtsstaat zu erfüllen sind; eine Annexkompetenz zur Entscheidung über Ansprüche aus dem gleichen Vertrag, die in einem anderen Mitgliedstaat zu erfüllen sind, besteht also nicht (EuGH Rs C-420/97 – *Leathertex*, Slg 1999 I 6747 Rn 39 ff = NJW 2000, 721; dazu Hau IPRax 2000, 354; EuGH Rs C-256/00 – *Besix*, Slg 2002 I 1699 Rn 42 ff = NJW 2002, 1407; BGH IHR 2010, 212 [215]; schwz BG 23. 4. 2013, unalex CH-517; Kropholler/vHein, EuZPR [9. Aufl 2011] Art Brüssel I-VORn 32; einschränkend OLG Düsseldorf IHR 2003, 121 [124]: einheitlicher Gerichtsstand am Erfüllungsort der „höherrangigen" Hauptpflicht). Sie ergibt sich insbesondere auch nicht aus Art 30 Brüssel Ia-VO; denn diese Vorschrift begründet keine internationale Zuständigkeit für im Zusammenhang stehende Ansprüche bei dem zuerst angerufenen Gericht, sondern regelt nur die Behandlung von im Zusammenhang stehenden Klagen, die bei Gerichten *verschiedener* Mitgliedstaaten anhängig gemacht wurden (EuGH Rs C-256/00 – *Besix*, Slg 2002 I 1699 Rn 42 ff; Geimer/Schütze/Geimer, EuZVR [4. Aufl 2020] Art 7 Rn 147). Will der Kläger die Nachteile vermeiden, die sich aus der Zuständigkeit unterschiedlicher Gerichte für verschiedene Aspekte ein und desselben Vertrages ergeben, so bleibt ihm nur die Möglichkeit, seine Ansprüche insgesamt im Wohnsitzstaat des Beklagten nach Art 4 Abs 1 Brüssel Ia-VO anhängig zu machen (EuGH Rs C-420/97 – *Leathertex*, Slg 1999 I 6747 Rn 41; BGH EuLF 2010 II, 66 [68]; Rauscher/Leible, Brüssel Ia-VO [5. Aufl 2021] Art 7 Rn 47).

Um einer Gerichtsstandszersplitterung entgegenzuwirken, begründet allerdings nicht jede **vertragliche Nebenpflicht** einen eigenen Gerichtsstand nach Art 7 Nr 1 lit a. Wird eine Klage mithin auf mehrere Verpflichtungen aus einem einzigen Vertrag gestützt, so hat sich das angerufene Gericht an dem Grundgedanken zu orientieren, dass Nebensächliches der Hauptsache folgt (EuGH Rs 266/85 – *Shenavai*, Slg 1987, 239 Rn 19 = NJW 1987, 1131; BAG NZA 2004, 58 [62]; ital Cass Riv dir int priv proc 1996, 117; App Versailles Clunet 1990, 147 [Huet]; ebenso zu § 29 ZPO Wieczorek/Schütze/Hausmann, ZPO [3. Aufl 2010] Rn 30 mwNw). Denn nur auf diese Weise kann eine mit den Zielen der Brüssel Ia-VO nicht zu vereinbarende Vervielfältigung der Gerichtsstände vermieden werden (Geimer/Schütze/Paulus, IRV Art 7 Rn 67; Rauscher/Leible, Brüssel Ia-VO [5. Aufl 2021] Art 7 Rn 46). Der Erfüllungsort der Hauptverpflichtung ist auch dann maßgebend, wenn die Nebenpflicht selbstständig – also ohne den dazu gehörenden Hauptanspruch – eingeklagt wird (Geimer/Schütze/Geimer, EuZVR [4. Aufl 2020] Art 7 Rn 158). Haupt- und Nebenpflichten sind dabei im Interesse einer einheitlichen Anwendung von Art 7 Nr 1 lit a Brüssel Ia-VO in den Mitgliedstaaten der Brüssel Ia-VO im Wege *vertragsautonomer* Qualifikation voneinander abzugrenzen (Schack, Erfüllungsort Rn 323; Rüssmann IPRax 1993, 40; **aA** *[lex causae] Union Transport Group Plc v Continental Lines SA*, [1992] 1 All ER 161 [HL]; OLG Stuttgart RIW 2004, 711; Bachmann IPRax 1997, 237 [238]). Für die Zwecke des § 29 ZPO entscheidet die *lex causae* über diese Abgrenzung. 160

Handelt es sich bei der streitgegenständlichen Pflicht um eine geographisch unbegrenzte **Unterlassungspflicht**, so lässt diese sich weder an einem bestimmten Ort lokalisieren, noch einem bestimmten Gericht zuordnen, dessen Zuständigkeit aufgrund seiner besonderen Sachnähe für den Beklagten vorhersehbar wäre. Unter diesen Umständen ist daher für die besondere Zuständigkeit nach Art 7 Nr 1 Brüssel Ia-VO kein Raum; der Kläger ist vielmehr darauf beschränkt die Unterlassungsklage im allgemeinen Gerichtsstand des Beklagten nach Art 4 Abs 1 Brüssel Ia-VO zu erheben (EuGH Rs 256/00 – *Besix*, Slg 2002 I 1699 Rn 31 ff = IPRax 2002, 392 mAnm Hess 376 = ZZP Int 7 [2002] 207 mAnm Hau; KG IPRax 2015, 90 mAnm Thole 65; ebenso für die die Rückforderung eines Geschenks wegen groben Undanks öst OGH 9. 8. 2011, unalex At-742; krit Schack, IZVR [9. Aufl 2025] Rn 332). 161

c) Das auf die Bestimmung des Erfüllungsorts anzuwendende Recht

aa) Lex causae-Qualifikation

Zur Ermittlung des Erfüllungsorts nach Art 5 Nr 1 EuGVÜ hat sich der EuGH bereits in einer seiner ersten Entscheidungen zu diesem Übereinkommen für eine Qualifikation *lege causae* entschieden; maßgebend ist also das Recht, das nach den Kollisionsnormen des mit dem Rechtsstreit befassten Gerichts für die streitige Verpflichtung maßgebend ist (EuGH Rs 12/76 – *Tessili*, Slg 1976, 1473 Rn 13 = NJW 1977, 491 mAnm Geimer; seither st Rspr, vgl EuGH Rs C-420/97 – *Leathertex*, Slg 1994 I 6747 Rn 33 = IPRax 2000, 402 mAnm Hau 354; EuGH Rs C-256/00 – *Besix*, Slg 2002 I 1699 Rn 33 = IPRax 2002, 392 mAnm Hess 376; zust BGH NJW 2010, 2442 Rn 15; BGHZ 157, 224 [231] = NJW 2004, 1456: BGHZ 134, 201 [205 ff] = NJW 1997, 870; unalexKomm/Jault-Seseke/Weller, Brüssel I-VO Art 5 Nr 1 Rn 48 m ausf Nachw). Für diese sog **Tessili-Regel** spricht die dienende Funktion dieser besonderen Zuständigkeit. Nur dort, wo der Schuldner nach dem anwendbaren materiellen Recht leisten muss, soll er auch gerichtspflichtig sein (zutr Geimer/Schütze/Geimer, EuZVR [4. Aufl 2020] Art 7 Rn 163; Schlosser, in: GS Bruns [1980] 56 ff; Lohse 37 f; MünchKommZPO/Gottwald Art 7 Rn 41). Zudem ist der Erfüllungsort idR der Ort, der die engste Verbindung mit der Streitigkeit aufweist; diese Erwägung war aber im In- 162 teresse einer sachgerechten Prozessführung für die Schaffung des besonderen Vertragsgerichtsstaats in Art 5 Nr 1 EuGVÜ ausschlaggebend (EuGH Rs 266/85 – *Shenavai*, Slg 1987, 239 Rn 18 = NJW 1987, 1131). Eine autonome Qualifikation des Begriffs Erfüllungsort scheitert nach Ansicht des EuGH daran, dass die nationalen Rechtsvorschriften der Mitgliedstaaten in diesem Punkt noch zu stark voneinander abweichen; eine vom anwendbaren Recht losgelöste Bestimmung des Erfüllungsorts hatte der EuGH nur für *Arbeitsverträge* zugelassen und mit den Besonderheiten dieses Vertragstyps begründet (dazu Rn 257 ff).

163 Auch die **Gerichte der Mitgliedstaaten** haben den Erfüllungsort nach Art 5 Nr 1 EuGVÜ/LugÜ 1988 im Anschluss an die EuGH-Rechtsprechung ganz überwiegend nach der *lex causae* ermittelt (vgl Hau IPRax 2000, 354 [355 f mwNw]; ebenso zum LugÜ 1988 schwz BG IHR 2010, 113; **aA** *[lex fori]* aber der englische Court of Appeal: *Viskase v Paul Kiefer* [1999] 3 All ER 362). Deutsche Gerichte gelangten dabei mit Hilfe der Art 27, 28 oder 34 EGBGB zumeist zur Anwendung *deutschen Rechts* und wandten sodann die §§ 269, 270 BGB an (vgl BGH NJW 1991, 3095 [3096] = ZZP 1991, 449 mAnm H Roth [Anwaltsvertrag]; BGH NJW 1993, 2753 [2754] = IPRax 1994, 115 mAnm Geimer 82 [Handelsvertretervertrag]; BGH NJW 1996, 1819 = IPRax 1997, 416 mAnm Koch 406 [Kommissionsvertrag]; BGH NJW 1999, 2442 = IPRax 2001, 331 mAnm Pulkowski 306 und NJW 2001, 1936 [Bauvertrag]; BGH RIW 2003, 220 [221] [Versteigerungsvertrag]; BGH EuLF 2005 I, 67 mAnm Blobel = IPRax 2006, 40 mAnm Looschelders 14 [Darlehensvertrag]; BGHZ 165, 172 [180 ff] = NJW 2006, 230 [Gewinnmitteilung]; BGH DStR 2007, 1099 [Anwaltsvertrag]; OLG Hamburg IPRax 1997, 419 [420 f] mAnm Koch 405 [Kaufvertrag]; OLG Celle IPRax 1999, 456 mAnm Gebauer 432 und OLG Düsseldorf RIW 2001, 63 [Darlehensvertrag]; OLG Köln TranspR 1999, 454 [Güterbeförderung]; KG IPRax 2000, 405 [Bauvertrag]; OLG Naumburg IPRspr 2003 Nr 136 [Werkvertrag]; OLG Düsseldorf MDR 2005, 165 [Mietvertrag]; OLG Zweibrücken NJW-RR 2007, 1145 [Krankenhausbehandlung]; Wieczorek/Schütze/Hausmann, ZPO [3. Aufl 2010] § 40 Anh I Art 5 Rn 24 mwNw). Seltener wurde der Erfüllungsort gemäß Art 5 Nr 1 EuGVÜ nach ausländischem Recht bestimmt (vgl OLG Frankfurt RIW 1979, 204, 205; LG München I IPRax 1983, 44 [französisches Recht]; OLG Koblenz IPRax 1991, 241, 243 [italienisches Recht]; BGH IHR 2003, 170, 171 [niederländisches Recht]).

164 An dieser Tessili-Regel ist wegen der vom Verordnungsgeber betonten **Kontinuität** (ErwG 19 zur Brüssel I-VO) auch unter Geltung von Art 7 Nr 1 lit a Brüssel Ia-VO für die von lit b nicht erfassten Verträge festzuhalten (vgl OLG Dresden BeckRs 2024, 38954 Rn 32 ff [Kaufvertrag]; OLG Frankfurt IPRax 2021, 82 Rn 52 mAnm Mautzsch 63; OLG Braunschweig IWRZ 2019, 275 [Bürgschaft]; OLG Köln BeckRS 2016, 9602 Rn 62 = IPRax 2017, 378 [Rückzahlung von Staatsanleihen]; OLG Rostock IPRax 2016, 156 Rn 22 [GmbH-Gesellschaftsvertrag]; OLG Brandenburg IPRspr 2016 Nr 245 [Grundstücksschenkung]; ebenso zu Art 5 Nr 1 lit a Brüssel I-VO EuGH Rs C-533/07 – *Falco Privatstiftung*, Slg 2009 I 3327 Rn 47 ff, 55 [Lizenzvertrg]; BGH NJW 2010, 2442 Rn 15 [Vergleich]; BGH IPRax 2006, 594 [596] mAnm Leible/Sommer 568 [Kaufvertrag]; OLG Hamm BeckRS 2012, 13245 [gastronomischer Kooperationsvertrag]; OLG Düsseldorf GmbHR 2010, 591 [Organbeziehung zwischen GmbH und Geschäftsführer]; OLG Hamm NJW-RR 2007, 478 [BGB-Gesellschaft]; OLG Hamm MDR 2007, 879 [Gewinnmitteilung]; OLG Stuttgart IPRax 2006, 472 [474] [Poolvertrag]; OLG Stuttgart NJW-RR 2005, 814 [Wohnungseigentümergemeinschaft]; OLG Frankfurt RIW 2004, 864 [Dienstvertrag]; LG Hamburg IPRspr 2005 Nr 107 [Seefrachtvertrag]; Kropholler/vHein, EuZPR [9. Aufl 2011] Art 5 Brüssel I-VO Rn 29). Zwischen mehreren Erfüllungsorten nach der *lex causae* hat der Kläger die Wahl (OLG

Hamm RIW 1999, 540). Maßgebend für die Ermittlung des Vertragsstatuts sind für nach dem 17. 12. 2009 geschlossene Verträge die Art 3 ff Rom I-VO.

Die Rechtsprechung hat den Erfüllungsort iSv Art 5 Nr 1 EuGVÜ häufig auch nach **165** dem **Wiener UN-Kaufrecht** bestimmt. Von erheblicher praktischer Bedeutung war dies insbesondere für Klagen deutscher Verkäufer gegen ausländische Kunden auf Zahlung des Kaufpreises, weil nach Art 57 Abs 1 lit a CISG Zahlungsort – abweichend von § 270 Abs 4 BGB – grundsätzlich der Sitz des Verkäufers im Zeitpunkt der Zahlung ist (vgl BGH NJW 1994, 2699; BGH NJW 1997, 870 = IPRax 1997, 348 mAnm Kronke 350; OLG Hamm RIW 1994, 877 [878] = EWiR 1994, 1189 mAnm Mankowski; OLG Köln VersR 1998, 1513; OLG Celle IPRax 1999, 456; OLG Braunschweig IHR 2000, 4; OLG Stuttgart IHR 2001, 65; OLG Koblenz IPRspr 2001 Nr 151; OLG Karlsruhe IHR 2004, 62; dazu Wieczorek/Schütze/Hausmann, ZPO [3. Aufl 2010] Art 5 EuGVÜ Rn 25 mwNw). Diese Praxis wurde zwar in der deutschen Literatur wegen der darin liegenden Bevorzugung des Verkäufers als mit den grundlegenden Wertungen des EuGVÜ unvereinbar kritisiert (vgl vCaemmerer, in: FS Mann [1977] 19; Schlechtriem IPRax 1981, 113; Stoll, in: FS Ferid [1988] 495 [501 f] und IPRax 1993, 54; Schwenzer IPRax 1989, 274 ff; Jayme/Kohler IPRax 1994, 410; Rennpferdt 106; vgl auch LG Köln IPRax 1989, 290 [293]). Auf Vorlage des BGH (EuZW 1992, 514 mAnm Geimer = IPRax 1992, 373 mAnm Jayme 357) hat der EuGH indes die Anerkennung einer Ausnahme vom Prinzip der *lex-causae*-Qualifikation für Kaufpreisklagen auf dem Gebiet des Einheitskaufrechts abgelehnt, auch wenn diese zu einem reinen Klägergerichtsstand führte (EuGH Rs C-288/92 – *Custom Made Commercial*, Slg 1994 I 2949 Rn 29 = NJW 1995, 183 = JZ 1995, 244 mAnm Geimer = IPRax 1995, 31 m abl Anm Jayme 13). Dies war konsequent; denn soll der Schuldner dort gerichtspflichtig sein, wo er nach materiellem Recht leisten muss (vgl Rn 90), so ist es unerheblich, ob der Erfüllungsort nach einem vom IPR der *lex fori* zur Anwendung berufenen nationalen Recht oder durch internationales Einheitsrecht festgelegt wird (zutr Geimer EuZW 1992, 518; ebenso BGHZ 134, 201 [206 f] = NJW 1997, 870; OLG München BB 1997, 2295 und RIW 2000, 712; OLG Celle IPRax 1999, 456 [457] mAnm Gebauer 432; krit aber Wieczorek/Schütze/Gebauer, ZPO [4. Aufl 2015] Art 7 Nr 1 Brüssel Ia-VO Rn 33). Während der Rückgriff auf das UN-Kaufrecht im Rahmen des LugÜ 1988 (bis zu dessen Ablösung durch das LugÜ 2007, vgl Rn 8 f) weiterhin zulässig war (vgl zur Auslegung einer Bestimmung des Lieferorts nach Art 31 CISG iS einer Vereinbarung des Erfüllungsorts nach Art 5 Nr 1 LugÜ zuletzt OG Zürich IHR 2010, 108 und schwz BG IHR 2010, 113), beurteilte sich der für die internationale Zuständigkeit maßgebliche Erfüllungsort für Verpflichtungen aus Warenkaufverträgen, auch soweit sie dem UN-Kaufrecht unterlagen, bereits im Rahmen der Brüssel I-VO seit dem 1. 3. 2002 nach deren Art 5 Nr 1 lit b. Kaufpreisklagen des Verkäufers sind daher auch nach dem unveränderten Art 7 Nr 1 lit b Brüssel Ia-VO nicht mehr gemäß Art 57 Abs 1 lit a CISG am Wohnsitz des Verkäufers, sondern an dem Ort zu erheben, an dem die Ware geliefert wurde (vgl BGH IHR 2010, 217 [220]; dazu Rn 127 ff).

bb) Kritik

Die Grundsatzentscheidung des EuGH für eine *lex causae*-Qualifikation des Erfül- **166** lungsorts nach Art 5 Nr 1 EuGVÜ ist vor allem in Deutschland, zT aber auch in anderen Mitgliedstaaten auf Widerspruch gestoßen. Im Interesse der besseren Vorhersehbarkeit des zuständigen Gerichts und der Gleichbehandlung der Vertragsparteien plädierte eine starke Gegenmeinung – in Anlehnung an die EuGH-Rechtsprechung zum Erfüllungsort von Arbeitsverträgen – für eine **autonome Bestimmung des prozes-**

sualen Erfüllungsorts zumindest für die wichtigsten Vertragstypen. Danach sollte – unter Verzicht auf die mitunter schwierige Ermittlung des auf den Vertrag anwendbaren Recht – allein nach der Art des konkreten Vertragsverhältnisses und den Umständen des Einzelfalls der Ort festgelegt werden, an dem die Leistung tatsächlich erbracht worden ist oder erbracht werden sollte (vgl idS vor allem Jayme IPRax 1995, 13; Schack ZEuP 1995, 659; Kadner Jura 1997, 245 ff; Leible/Sommer IPRax 2006, 568 [569 f]; Rauscher/Leible, Brüssel Ia-VO [5. Aufl 2021] Art 7 Rn 40, jeweils mwNw; ferner die Vorlagebeschlüsse der frz Cass com Rev crit 1998, 117 mAnm Rémery). Dieser Kritik hat der Verordnungsgeber für die beiden praktisch wichtigsten Vertragstypen, nämlich Warenkauf- und Dienstleistungsverträge, durch die Neuregelung in Art 5 Nr 1 lit b Brüssel I-VO Rechnung getragen (dazu Rn 121 ff).

167 Angesichts der klaren Beschränkung des Art 7 Nr 1 lit b Brüssel Ia-VO auf Warenkauf- und Dienstleistungsverträge verbleibt es hingegen für alle anderen Vertragstypen auch unter der Geltung der Neufassung gemäß Art 7 Nr 1 lit c Brüssel Ia-VO bei der *lex-causae*-Qualifikation des Erfüllungsorts. Dies hat der EuGH unmissverständlich klargestellt und darauf hingewiesen, dass eine Erweiterung des Anwendungsbereichs von Art 7 Nr 1 lit b Brüssel Ia-VO auf eine Umgehung der Absicht des Unionsgesetzgebers hinauslaufen würde, den Anwendungsbereich der Vorschrift auf Warenkauf- und Dienstleistungsverträge zu begrenzen (EuGH Rs C-533/07 – *Falco Privatstiftung*, EuLF 2009 I 76, 78 f Rn 41; ebenso LG Tübingen IPRspr 2003 Nr 125). Denn aufgrund der Harmonisierung des internationalen Vertragsrechts in der EU durch die Rom I-VO ist – zumindest im Grundsatz (vgl aber Hau IPRax 2000, 354 [356] mit Gegenbeispielen aus der Praxis) – eine weithin einheitliche Bestimmung des für die Ermittlung des Erfüllungsorts maßgebenden Rechts ohne Rücksicht darauf gewährleistet, in welchem Mitgliedstaat die Klage erhoben wird (EuGH Rs C-440/97 – *GIE Groupe Concorde*, Slg 1999 I 6307 Rn 30 = NJW 2000, 719 = IPRax 2000, 399 mAnm Hau 354; krit hingegen Schack, IZVR [9. Aufl 2025] Rn 323 ff). Vor allem aber würde die Verwendung anderer Kriterien als derjenigen des – nach der *lex causae* bestimmten – materiellen Leistungsorts für die Zuständigkeitsanknüpfung in Art 7 Nr 1 lit a Brüssel Ia-VO die Vorhersehbarkeit des Gerichtsstands beeinträchtigen und zu erheblicher Rechtsunsicherheit führen (vgl Wieczorek/Schütze/Hausmann, ZPO [3. Aufl 2010] § 29 Rn 34; Geimer JZ 1995, 245 f; ebenso EuGH Rs C-440/97 – *GIE Groupe Concorde*, Slg 1999 I 6307 Rn 32 ff). Ebenso wie Art 7 Nr 1 lit b Brüssel Ia-VO (dazu Rn 132 mwNw) muss auch Art 7 Nr 1 lit a Brüssel Ia-VO so ausgelegt werden, dass ein informierter und verständiger Beklagter vorhersehen kann, vor welchem anderen Gericht als dem des Staates, in dem er seinen Wohnsitz hat, er verklagt werden kann (vgl EuGH Rs C-196/15 – *Granarolo*, EuZW 2016, 747 mAnm Landbrecht = IPRax 2017, 396 mAnm P Huber 356; EuGH Rs C-26/91 – *Handte*, Slg 1992 I 3967 Rn 18; EuGH Rs C-256/00 – *Besix*, Slg 2002 I 1699 Rn 24; BGH IHR 2010, 212 [215]).

167a Aus diesem Grunde wird der Gerichtsstand des Art 7 Nr 1 lit a Brüssel Ia-VO auch durch eine **Abtretung der streitgegenständlichen Forderung** nicht verändert (Gebauer IPRax 1999, 432 [434 f] gegen OLG Celle IPRax 1999, 456; s auch Rn 111). Eine am jeweiligen Schwerpunkt des konkreten Vertragsverhältnisses orientierte Bestimmung des Gerichtsstands würde ferner dem von der Verordnung verfolgten Zweck widersprechen, demzufolge das angerufene Gericht über die besonderen Zuständigkeiten entscheiden können muss, ohne in eine Sachprüfung eintreten zu müssen (EuGH Rs C-288/92 – *Custom Made Commercial*, Slg 1994 I 2949 Rn 18–29; zust Gaudemet-Tallon Rev crit dip 1994, 698 [701]). Die – grundsätzlich wünschenswerte – autonome Festlegung eines prozessualen Erfüllungsorts für weitere wichtige Vertragstypen muss daher dem Verordnungsgeber vorbehalten bleiben.

6. Autonomes Recht

Auch zur Bestimmung der internationalen Zuständigkeit nach § 29 ZPO ist der Erfüllungsort grundsätzlich **für jede „streitige" vertragliche Hauptpflicht** selbstständig zu bestimmen (BGHZ 157, 20 [23] = NJW 2004, 54; BGHZ 185, 241 Rn 15 = NJW 2010, 2442; BGHZ 195, 143 Rn 13 = NJW-RR 2013, 309; Geimer, IZPR [9. Aufl 2024] Rn 1483 ff; Wieczorek/Schütze/Hausmann, ZPO [3. Aufl 2010] § 29 Rn 24 ff mwNw). Ein Forum am Erfüllungsort der vertragscharakteristischen Leistung für sämtliche Ansprüche aus einem Vertrag ist nur ausnahmsweise anzuerkennen (vgl BGH NJW 2012, 860 Rn 14 ff; Zöller/Schultzky, ZPO [35. Aufl 2024] § 29 Rn 24a, 25 ff; Wieczorek/Schütze/Hausmann, ZPO [3. Aufl 2010] § 29 Rn 35–79). Die Pflichten aus einem Bauträgervertrag sind jedoch einheitlich am Ort des zu errichtenden Bauwerks zu erfüllen (KG NJW-RR 2017, 1296). **168**

Der Erfüllungsort ist nach autonomem Prozessrecht – wie nach Art 7 Nr 1 lit a Brüssel Ia-VO – grundsätzlich **lege causae** zu qualifizieren (ganz hM, vgl BGH IPRax 2013, 347 Rn 7 mAnm Wais 320; BGHZ 188, 85 Rn 29 ff = NJW 2011, 2056; BGH NJW 1988, 966; BGH NJW 1981, 2642 [2643]; BAG RIW 2013, 803 Rn 37; BAG IPRax 2006, 254 mAnm Franzen 221; BAG BB 1997, 2116; OLG Hamm BeckRS 2018, 37095 Rn 36; OLG Saarbrücken NJW 2000, 670; OLG Düsseldorf NJW 1991, 1492 = IPRax 1991, 327 mAnm Thomsen/Guth 302 und IPRax 1999, 38 [40]; Geimer, IZPR [9. Aufl 2024] Rn 1482). Nach deutschem Recht können Honorarforderungen eines deutschen Anwalts gegen seinen im Ausland ansässigen Mandanten nicht am inländischen Kanzleisitz des Anwalts eingeklagt werden (OLG Düsseldorf IPRspr 2005 Nr 99 unter Hinweis auf BGHZ 157, 20 [23 f]), wohl aber Ansprüche eines deutschen Krankenhauses gegen den in einem Drittstaat wohnhaften Patienten (BGH IPRax 2013, 347 Rn 7 mAnm Wais 320). Soweit *internationales Einheitsrecht* – wie zB das UN-Kaufrecht – zur Anwendung kommt, bestimmen dessen Regeln mit dem Erfüllungsort zugleich den Gerichtsstand nach § 29 ZPO. Dies gilt auch dann, wenn das Einheitsrecht den Erfüllungsort abweichend vom deutschen materiellen Recht (§ 270 Abs 4 BGB) festlegt und etwa für Zahlungsansprüche des Verkäufers einen Klägergerichtsstand eröffnet (vgl zu Art 59 Abs 1 EKG BGH NJW 1992, 2428 [2430]; zu Art 57 Abs 1 lit a CISG OLG Düsseldorf RIW 1993, 845 = EWiR 1993, 1075 mAnm Schlechtriem). Eine **Ausnahme** von der Bestimmung des Erfüllungsorts nach dem Vertragsstatut hat der BGH freilich für Ausgleichsansprüche nach der europäischen Fluggastrechte-Verordnung gemacht und in Anlehnung an die EuGH-Rechtsprechung zu Art 7 Nr 1 lit b Brüssel Ia-VO (dazu Rn 149 f) alternativ an den Abflug- bzw Ankunftsort des Flugzeugs angeknüpft (BGHZ 188, 85 Rn 32 ff = NJW 2011, 2056). **169**

§ 29 ZPO wird bisher auch auf Ansprüche aus **culpa in contrahendo** angewandt (BayObLG NJW-RR 2002, 1502 [1503]; OLG München IPRax 2011, 262 [264]; Zöller/Schultzky, ZPO [35. Aufl 2024] § 29 Rn 6); diese Qualifikation ist freilich im Lichte von Art 12 Rom II-VO nur noch gerechtfertigt, wenn es auch zu einem Vertragsschluss gekommen ist (vgl Seibl IPRax 2011, 234 [237 ff]; s auch Rn 107). Die Schranke des **§ 29 Abs 2 ZPO** gilt nur für „abstrakte" Erfüllungsortvereinbarungen, nicht hingegen für die Bestimmung des materiellen Leistungsorts (Althammer IPRax 2011, 342 ff gegen OLG München IPRax 2011, 372). **170**

IV. Sondergerichtsstände für Streitigkeiten aus Versicherungsverträgen*

1. Normzweck

171 Die Brüssel Ia-VO enthält in ihrem 3. Abschnitt des II. Kapitels (Art 10–16) eine Sonderregelung der internationalen Zuständigkeit in Versicherungssachen. Ihr liegen – ebenso wie den entsprechenden Vorschriften in Verbrauchersachen (Art 17–19 Brüssel Ia-VO; dazu Rn 193 ff) – „sozialpolitische Erwägungen" zugrunde (Schlosser/Hess/Schlosser, EuZPR [5. Aufl 2021] Art 10 Rn 1; unalexKomm/Mayr Brüssel Ia-VO [2. Aufl 2020] vor Art 10–16 Rn 1). Dem Versicherungsnehmer als der idR wirtschaftlich schwächeren und rechtlich weniger erfahrenen Partei soll die gerichtliche Durchsetzung seiner Rechte erleichtert werden (ErwG 18; EuGH Rs C-803/18 – *AAS „Balta"*, VersR 2020, 708 Rn 27 mAnm Mankowski; dazu Rieländer EuZW 2020, 664 und Schlosser IPRax 2020, 519; EuGH Rs C-106/17 – *Hofsoe*, RIW 2018, 143 Rn 39; EuGH Rs C-412/98 – *Group Josi*, Slg 2000 I 5925 Rn 64 ff; EuGH Rs C-463/06 – *Odenbreit*, Slg 2007 I 11321 Rn 28 = NJW 2008, 819 mAnm Leible; BGH NJW 2012, 2113 Rn 27; Geimer/Schütze/Geimer, EuZVR [4. Aufl 2020] Art 10 Rn 1). Allerdings findet eine einzelfallbezogene Beurteilung der Frage, ob jemand als „schwächere" Partei angesehen werden kann, nicht statt, denn dies würde die Gefahr von Rechtsunsicherheit mit sich bringen und dem im ErwG 15 zur Brüssel Ia-VO angeführten Ziel einer hohen Vorhersehbarkeit der Zuständigkeitsvorschriften zuwiderlaufen (EuGH Rs C-352/21 – *A1*, VersR 2024, 260 Rn 53; EuGH Rs C-340/16 – *KABEG*, BeckRS 2017, 117663 Rn 34; Wieczorek/Schütze/Nordmeier, ZPO [4. Aufl 2015] Einl Art 10 Brüssel Ia-VO Rn 5).

172 Geschützt wird der Versicherungsnehmer dadurch, dass ihm für Klagen gegen den Versicherer in Art 11–13 Brüssel Ia-VO die **Wahl zwischen Gerichten verschiedener**

* **Schrifttum:** Bell/Jones, Gerichtliche Zuständigkeit für Rechtsstreitigkeiten in der Rückversicherung, VersR 1998, 824; Bulhart, La compétence internationale en matière d'assurance dans l'espace judiciaire européen (1997); Dobids, Die Grundregeln des europäischen Versicherungsrechts, GPR 2016, 223; Dominelli, Connected and Related Actions, and Heads of Jurisdiction in Insurance Matters, EuLF 2016, 59; Fendt, Gerichtsstandswahl in Versicherungssachen auch für Zessionare und Prozessführungsbefugte?, VersR 2012, 34; Fricke, Internationale Zuständigkeit und Anerkennungszuständigkeit in Versicherungssachen nach europäischem und deutschem Recht, VersR 1997, 399; ders, Europäisches Gerichtsstands- und Vollstreckungsübereinkommen revidiert – Was bringt die Neufassung der Versicherungswirtschaft?, VersR 1999, 1055; ders, Der Abschnitt über Versicherungssachen (Art 8–14) in der Revision der EuGVVO, VersR 2009, 429; Geimer, Die Sonderrolle der Versicherungssachen im Brüssel I-System, in: FS Heldrich (2005) 627; Heindler, Der Direktanspruch bei internationalen Straßenverkehrsunfällen, IPRax 2018, 279; Heiss, Gerichtsstandsvereinbarungen zulasten Dritter, insbesondere in Versicherungsverträgen zu ihren Gunsten, IPRax 2005, 497; Hub, Internationale Zuständigkeit in Versicherungssachen nach der VO 44/01/EG (EuGVVO) (2005) 344; Looschelders, Der Klägergerichtsstand am Wohnsitz des Versicherungsnehmers nach Art 8 Abs 1 Nr 2 EuGVÜ, IPRax 1998, 86; ders, Rechtsstreitigkeiten aus internationalen Rückversicherungsverträgen vor staatlichen Gerichten und Schiedsgerichten, in: FS Elsing (2015) 947; Mankowski, Internationales Rückversicherungsvertragsrecht, VersR 2002, 1177; Micha, Der Klägergerichtsstand bei versicherungsrechtlichen Direktklagen in der Revision der EuGVVO, IPRax 2011, 121; Staudinger, Vertragsstaatenbezug und Rückversicherungsverträge im EuGVÜ, IPRax 2000, 483.

Mitgliedstaaten eröffnet wird, während der Versicherer gemäß Art 14 Abs 1 Brüssel Ia-VO grundsätzlich nur im Wohnsitzstaat des Versicherungsnehmers klagen kann (Looschelders IPRax 1998, 86 [87]; Rauscher/Staudinger, Brüssel Ia-VO [5. Aufl 2021] Art 10 Rn 6). Dieser prozessuale Schutz wird auch dem vom Versicherungsnehmer verschiedenen Geschädigten, Versicherten oder Begünstigen gewährt. Ferner schränkt Art 15 iVm Art 25 Abs 4 Brüssel Ia-VO die Prorogationsfreiheit im Interesse des Versicherungsnehmers ein (dazu Rn 187 ff). Die strikte Beachtung der Art 10–16 Brüssel Ia-VO bereits im Erkenntnisverfahren wird dadurch sichergestellt, dass ein Verstoß gegen diese Zuständigkeitsvorschriften – entgegen dem grundsätzlichen Verbot einer Nachprüfung der Zuständigkeit durch den Zweitrichter (Art 45 Abs 3 Brüssel Ia-VO) – die Versagung der Anerkennung und Vollstreckung der Entscheidung in anderen Mitgliedstaaten zur Folge haben kann (Art 45 Abs 1 lit e, 1. Fall Brüssel Ia-VO; dazu BGH NJW 2012, 2113 Rn 27; näher Rauscher/Leible, Brüssel Ia-VO [5. Aufl 2021] Art 45 Rn 75 f), sofern der Beklagte sich nicht nach Art 26 Brüssel Ia-VO rügelos eingelassen hat.

2. Anwendungsbereich

Die Sonderregelung der internationalen Zuständigkeit in Versicherungssachen greift grundsätzlich nur ein, wenn der **Beklagte seinen Wohnsitz in einem Mitgliedstaat** der Verordnung hat (vgl den Hinweis auf Art 6 in Art 10 Brüssel Ia-VO; Wieczorek/Schütze/Nordmeier, ZPO [4. Aufl 2015] Einl Art 10 Rn 32). Ist dies der Fall, regelt der 3. Abschnitt die Gerichtszuständigkeit allerdings „selbstständig und erschöpfend", so dass in Versicherungssachen ein in sich geschlossenes **zwingendes Zuständigkeitsregime** gilt (EuGH Rs C-913/19 – *CNP*, NJW 2021, 1863 Rn 32; Jenard-Bericht zu Art 7 EuGVÜ; Schlosser/Hess/Schlosser, EuZPR [5. Aufl 2021] Art 10 Rn 1; Geimer/Schütze/Geimer, EuZVR [4. Aufl 2020] Art 10 Rn 6 f). Damit scheidet ein Rückgriff auf die allgemeinen Zuständigkeitsvorschriften des 2. Abschnitts (Art 4–9 Brüssel Ia-VO) aus, soweit im 3. Abschnitt auf diese nicht – wie zB in Art 10 Brüssel Ia-VO – ausdrücklich verwiesen wird (Geimer/Schütze/Geimer, EuZVR [4. Aufl 2020] Art 10 Rn 6 f; Kropholler/vHein, EuZPR [9. Aufl 2011] vor Art Brüssel I-VO Rn 1; vgl zu Art 6 Nr 1 Brüssel I-VO öst OGH EuLF 2009 II 98). Ferner bleibt es bei der Anwendung der Art 4 ff Brüssel Ia-VO, wenn der Anwendungsbereich des 3. Abschnitts nicht eröffnet ist (EuGH Rs C-393/20 – *T.B.D.*, VersR 2022, 396 Rn 50 mAnm Mankowski 349). Nach der Systematik der Verordnung sind die Zuständigkeitsvorschriften des 3. Abschnitts **eng auszulegen**, weil sie die Anwendung der allgemeinen und besonderen Zuständigkeitsregeln der Art 4 ff, 7 ff einschränken (EuGH Rs C-652/20 – *MZ/Allianz*, RIW 2022, 510 Rn 46; Court of Appeal [Civ Div] 21. 11. 2018 – *Aspen Underwriting*, unalex UK-1507). Hat der Beklagte keinen Wohnsitz in einem Mitgliedstaat der Verordnung, so ist nach Art 10 iVm Art 6 Brüssel Ia-VO das nationale Zuständigkeitsrecht anzuwenden. **173**

Für **Klagen gegen den Versicherer** wird der räumliche Anwendungsbereich des 3. Abschnitts allerdings nach Maßgabe von Art 11 Abs 2 Brüssel Ia-VO erweitert (dazu Rn 181). Ferner wirkt die Vereinbarung eines mitgliedstaatlichen Gerichtsstands in Versicherungssachen nach Art 15 Brüssel Ia-VO – ebenso wie in sonstigen Zivilsachen nach Art 25 Brüssel Ia-VO (Rn 384 f) – universell, erfordert also keinen sonstigen Bezug zum Gebiet der Europäischen Union (Zöller/Geimer, ZPO [35. Aufl 2024] Art 10 Rn 1). Soweit sich die Verordnung – wie in Art 11 Abs 1 lit a und Art 14 – auf die Regelung der internationalen Zuständigkeit beschränkt, ergibt sich die *örtliche* **173a**

Zuständigkeit aus dem jeweiligen autonomen Prozessrecht der Mitgliedstaaten, in Deutschland aus § 215 VVG (dazu Rn 192) und ergänzend aus §§ 12 ff ZPO (Rauscher/Staudinger, Brüssel Ia-VO [5. Aufl 2021] Art 10 Rn 3).

3. Versicherungssachen

174 Der Begriff der „Versicherungssachen“ ist **verordnungsautonom** zu qualifizieren (BGH NJW 2012, 2113 Rn 27; Geimer, in: FS Heldrich [2005] 627 [634]; Kropholler/vHein, EuZPR [9. Aufl 2011] vor Art 8 Brüssel I-VO Rn 5; Schack, IZVR [9. Aufl 2025] Rn 344). Er umfasst alle Streitigkeiten, welche die Frage nach den Rechten und Pflichten aus einem Versicherungsverhältnis aufwerfen (EuGH Rs C-708/20 – *BT/Seguros*, NJOZ 2022, 1023 Rn 30), sich also auf den Abschluss, die Auslegung, Durchführung und Beendigung eines (Einzel- oder Gruppen-)Versicherungsvertrages beziehen (vgl BGH NJW 2012, 2113 Rn 27; BGH NJW 2012, 2352; unalexKomm/Mayr Brüssel Ia-VO [2. Aufl 2020] Art 10 Rn 2; Geimer/Schütze/Geimer, EuZVR [4. Aufl 2020] Art 10 Rn 15 ff; Rauscher/Staudinger, Brüssel Ia-VO [5. Aufl 2021] Art 10 Rn 10; vgl zum Begriff der Versicherung LG Darmstadt NJW-RR 2017, 228). Auf die Wirksamkeit des Versicherungsvertrages nach der *lex causae* (Art 7 Rom I-VO) kommt es nicht an; der Versicherungsnehmer genießt den Schutz der Art 10–16 Brüssel Ia-VO auch dann, wenn der Versicherer die Gültigkeit des Versicherungsvertrages bestreitet (Zöller/Geimer, ZPO [35. Aufl 2024] Art 10 Rn 4). Versicherungssache ist gemäß Art 13 Abs 2 Brüssel Ia-VO auch die **Direktklage** des Geschädigten gegen den Versicherer (BayObLG BeckRS 2024, 11164 Rn 12) und die Rückgriffsklage des Versicherers gegen den Versicherten, nicht hingegen der Rückgriff des Versicherers aus übergegangenem Recht gegen den Schädiger (LG Bremen VersR 2001, 782 mAnm Schlüter; öst OGH RdW 2003, 315; Rauscher/Staudinger, Brüssel Ia-VO [5. Aufl 2021] Art 10 Rn 17; Geimer/Schütze/Geimer, EuZVR [4. Aufl 2020] Art 10 Rn 15). Insbesondere auf Klagen von Zessionaren, die gewerblich Versicherungsforderungen durchzusetzen suchen, ist der 3. Abschnitt hingegen nicht anwendbar, weil dessen Schutzzweck in diesen Fällen nicht erfüllt ist (EuGH Rs C-393/20 – *T.B.D.*, VersR 2022, 396 Rn 35 mAnm Mankowski 349; EuGH Rs C-913/19 – *CNP*, NJW 2021, 1865 Rn 43; EuGH Rs C-106/17 – *Hofsoe/LVM*, NZV 2018, 566 Rn 41 ff mAnm Nordmeier; Danda IPRax 2023, 24; s a öst OGH BeckRS 2021, 38181). Die Beschränkung der Verordnung auf Zivil- und Handelssachen (Art 1 Abs 1 S 1 Brüssel Ia-VO) hat zur Folge, dass nur Versicherungsverhältnisse **privatrechtlicher Natur** gemeint sind (Schlosser/Hess/Schlosser, EuZPR [5. Aufl 2021] Art 10 Rn 5); ferner sind *Sozialversicherungen* nach Art 1 Abs 2 lit c Brüssel Ia-VO ausdrücklich aus dem sachlichen Anwendungsbereich der Verordnung ausgenommen.

175 Der 3. Abschnitt ist – mangels Schutzbedürftigkeit der betroffenen Versicherungsunternehmen – auch auf **Rückversicherungen** nicht anwendbar (EuGH Rs C-412/98 – *Group Josi*, Slg 2000 I 5925 Rn 66 ff = NJW 2000, 3121 = EuLF 2000, 49 mAnm Geimer; dazu Staudinger IPRax 2000, 483; Schlosser-Bericht Nr 151; Magnus/Mankowski/Heiss, Brussels Ibis [2. Aufl 2022] Art 10 Rn 6; **aA** Gaudemet-Tallon [7. Aufl 2018] Rn 243); insoweit verbleibt es bei der Geltung der Art 4, 7 und 25 Brüssel Ia-VO (Geimer/Schütze/Geimer, EuZVR [4. Aufl 2020] Art 10 Rn 22). Gleiches gilt für sonstige Klagen zwischen Versicherungsunternehmen, zB auf Gewährleistung auf der Grundlage einer Mehrfachversicherung (EuGH Rs C-77/04 – *GIE Réunion européenne*, Slg 2005 I 4509 Rn 22 ff = IPRax 2005, 535 mAnm Rüfner 500; BayObLG VersR 2024, 1234 [1237]; Magnus/Mankowski/Heiss, Brussels Ibis [2. Aufl 2022] Art 10 Rn 7) oder auf den Anspruch eines Versicherers gegen einen ande-

ren Versicherer auf Innenausgleich bei einer Mehrfachversicherung gemäß § 78 Abs 2 S 1 VVG (BayObLG BeckRS 2023, 12106 Rn 26 ff). Demgegenüber sind *Transportversicherungen* – anders als Transportverträge mit Verbrauchern (Art 17 Abs 3 Brüssel Ia-VO; dazu Rn 231 f) – nicht vom Anwendungsbereich der Verordnung ausgeschlossen (Rauscher/Staudinger, Brüssel Ia-VO [5. Aufl 2021] Art 10 Rn 13; Kropholler/vHein, EuZPR [9. Aufl 2011] vor Art 8 Brüssel I-VORn 6); für sie lässt Art 15 Nr 5 iVm Art 16 Brüssel Ia-VO lediglich in gewissem Umfang abweichende Vereinbarungen des Gerichtsstands zu. Im Übrigen kommt der Schutz des 3. Abschnitts einem Versicherungsnehmer jedoch auch dann zugute, wenn er mit Rücksicht auf den Umfang seiner wirtschaftlichen Betätigung nicht als „schwächere" Partei angesehen werden kann. Dies gilt aus Gründen der Rechtssicherheit auch für „weltweit tätige" Unternehmen (Schlosser/Hess/Schlosser, EuZPR [5. Aufl 2021] Art 11 Rn 1; **aA** OLG Koblenz IPRax 2014, 537 mAnm Fuchs 509).

4. Die einzelnen Zuständigkeiten nach Art 11–16 Brüssel Ia-VO

a) Klagen gegen den Versicherer

Der Versicherungsnehmer kann den Versicherer zunächst – in Übereinstimmung mit Art 4 Abs 1 Brüssel Ia-VO – vor den Gerichten des Mitgliedstaates verklagen, in dem der beklagte **Versicherer seinen Wohnsitz** (Art 62 Brüssel Ia-VO) bzw Sitz (Art 63 Brüssel Ia-VO) hat (Art 11 Abs 1 lit a Brüssel Ia-VO); die örtliche Zuständigkeit bestimmt sich in diesem Fall nach dem innerstaatlichen Prozessrecht (OG Kanton Zürich 20. 10. 2016, unalex CH-607; Thomas/Putzo/Nordmeier, ZPO [46. Aufl 2025] Art 11 Rn 1; dazu Rn 192 aE). **176**

Darüber hinaus wird dem Versicherungsnehmer – dem Schutzgedanken des 3. Abschnitts entsprechend (EuGH Rs C-368/16 – *Assens Havn*, NJW 2017, 2813 Rn 30 f mAnm Mankowski IPRax 2018, 233) – an seinem eigenen Wohnsitz ein internationaler und örtlicher (EuGH Rs C-652/20 – *MZ/Allianz*, RIW 2022, 510 Rn 37) – **Klägergerichtsstand** eröffnet (Art 11 Abs 1 lit b Brüssel Ia-VO), sofern dieser Wohnsitz in einem Mitgliedstaat begründet ist (Schlosser/Hess/Schlosser, EuZPR [5. Aufl 2021] Art 11 Rn 1) und ferner auch der Versicherer in einem Mitgliedstaat wohnt oder die Voraussetzungen des Art 11 Abs 2 Brüssel Ia-VO vorliegen (Thomas/Putzo/Nordmeier, ZPO [46. Aufl 2025] Art 11 Rn 2; s a Rn 181). Begünstigt durch diesen Gerichtsstand werden auch Gesellschaften und juristische Personen (BGH VersR 2018, 182 mAnm Mankowski; OLG Frankfurt IPRax 2015, 148 mAnm Mankowski 115; OLG Köln DAR 2010, 582; OLG Celle NJW 2009, 86; Zöller/Geimer, ZPO [35. Aufl 2024] Art 10 Rn 3) sowie private Rechtsnachfolger der klageberechtigten Personen. So ist das *forum actoris* auch auf einen Arbeitgeber auszudehnen, der das Entgelt eines Dienstnehmers während der Dauer des Krankenstands in Folge eines Verkehrsunfalls seines Dienstnehmers fortgezahlt hat (EuGH Rs C-340/16 – *MMA IARD*, RIW 2017, 588 Rn 35 = IPRax 2018, 196 mAnm Dörner 158). Für Erben und (Legal-)Zessionare gilt dies jedoch nur dann, wenn sie ebenso schutzbedürftig sind wie der Versicherungsnehmer (Rn 174; ferner EuGH Rs C-347/08 – *Vorarlberger Gebietskrankenkasse*, IPRax 2011, 255 mAnm Staudinger 229; OLG Koblenz IPRax 2014, 537 mAnm Fuchs 509; KG VersR 2014, 1020; OLG Dresden WM 2015, 234 Rn 16 ff = VersR 2015, 382; krit Schlosser/Hess/Schlosser, EuZPR [5. Aufl 2021] Art 11 Rn 1; s auch in Verbrauchersachen Rn 205). **177**

Während der Versicherer am Wohnsitz sonstiger Verfahrensbeteiligter nach dem EuGVÜ und dem LugÜ 1988 nicht gerichtspflichtig war (Jenard-Bericht zu Art 8 EuG- **178**

VÜ; **aA** aber für den Versicherten schwz BG SJZ 1999, 107), begründet Art 11 Abs 1 lit b Brüssel Ia-VO auch für den Versicherten und den **Begünstigten** einen Klägergerichtsstand (Fricke VersR 1999, 1055 [1058]; Kropholler/vHein, EuZPR [9 Aufl 2011] Art 9 BrüsselI-VO Rn 2; Rauscher/Staudinger, Brüssel Ia-VO [5. Aufl 2021] Art 11 Rn 3). Die Begünstigung muss sich unmittelbar aus dem Versicherungsvertrag ergeben (OLG Dresden VersR 2015, 382 Rn 17; Zöller/Geimer, ZPO [35. Aufl 2024] Art 11 Rn 5). Der Gerichtsstand wird am Wohnsitz des Versicherungsnehmers, Versicherten oder Begünstigten im **Zeitpunkt der Klageerhebung** eröffnet, so dass eine Wohnsitzverlegung des Klägers nach Vertragsabschluss die Zuständigkeit ändert (Rauscher/Staudinger, Brüssel Ia-VO [5. Aufl 2021] Art 11 Rn 4; Thomas/Putzo/Nordmeier, ZPO [46. Aufl 2025] Art 11 Rn 2; krit dazu Geimer/Schütze/Geimer, EuZVR [4. Aufl 2020] Art 11 Rn 9 f). Lit b ist allerdings nur anwendbar, wenn die Klage in einem anderen Mitgliedstaat als jenem erhoben wird, in dem der Versicherer seinen Wohnsitz hat (öst OGH 28. 7. 2017, unalex AT-1120).

179 Für **Klagen gegen mehrere Versicherer** eröffnet Art 11 Abs 1 lit c Brüssel Ia-VO aus Gründen der Verfahrenskonzentration eine Zuständigkeit vor dem Gericht eines Mitgliedstaats, bei dem der *federführende Versicherer* verklagt wird. Da Art 11 Abs 1 lit c Brüssel Ia-VO die Festlegung des örtlich zuständigen Gerichts dem innerstaatlichen Recht überlässt, kommt es darauf an, vor welchem Gericht der federführende Versicherer *tatsächlich* verklagt worden ist; der Gerichtsstand gegen die übrigen Versicherer ist daher nicht notwendig am Wohnsitz des federführenden Versicherers begründet (Kropholler/vHein, EuZPR [9. Aufl 2011] Art 9 Brüssel I-VO Rn 3). Der Versicherungsnehmer ist freilich nicht gehindert, die verschiedenen Mitversicherer auch einzeln an den in Art 11 Abs 1 lit a oder b Brüssel Ia-VO vorgesehenen Gerichtsständen zu verklagen (Schlosser-Bericht Rn 149). Ist ein Gerichtsstand nach Art 11 Abs 1 lit c Brüssel Ia-VO in Deutschland eröffnet, so begründet § 216 VVG nF, der an die Stelle des aufgehobenen Art 14 EGVVG getreten ist, eine *Prozessstandschaft* des federführenden Versicherers; ein gegen ihn erwirkter Titel wirkt mithin für und gegen alle an dem Versicherungsvertrag beteiligten Versicherer (Rauscher/Staudinger, Brüssel Ia-VO [5. Aufl 2021] Art 11 Rn 7; Geimer/Schütze/Geimer, EuZVR [4. Aufl 2020] Art 11 Rn 13).

180 Hat der Versicherer seinen Wohnsitz bzw Sitz in einem Mitgliedstaat, so ist er aufgrund der Verweisung in Art 10 auf Art 7 Nr 5 Brüssel Ia-VO auch in einem anderen Mitgliedstaat gerichtspflichtig, soweit es sich um Streitigkeiten aus dem Betrieb einer dort von ihm unterhaltenen Zweigniederlassung, Agentur oder sonstigen **Niederlassung** handelt (zu diesen Begriffen näher Rn 319 ff); als solche kann auch die Niederlassung eines Versicherungsagenten in Betracht kommen (öst OGH EuLF 2009 II, 98). Der Vorbehalt in Art 10 Brüssel Ia-VO lässt freilich die Geltung der Art 11 ff Brüssel Ia-VO unberührt, so dass der ausländische Versicherer nicht nur am Ort seiner inländischen Niederlassung, sondern auch am inländischen Wohnsitz des klagenden Versicherungsnehmers, Versicherten oder Begünstigten nach Art 11 Abs 1 lit b Brüssel Ia-VO verklagt werden kann (LG Stuttgart IPRax 1998, 180 m zust Anm Looschelders 86; Magnus/Mankowski/Heiss, Brussels Ibis [2. Aufl 2022] Art 11 Rn 15 ff).

181 Darüber hinaus erweitert Art 11 Abs 2 Brüssel Ia-VO den Anwendungsbereich des gesamten 3. Abschnitts – unter Durchbrechung der Regel des Art 6 Abs 1 Brüssel Ia-VO – für Klagen gegen einen Versicherer, der zwar keinen Wohnsitz, wohl aber eine **Niederlassung im Hoheitsgebiet eines Mitgliedstaats** unterhält. Die Begriffe

„Zweigniederlassung, Agentur oder sonstige Niederlassung" sind ebenso wie in Art 7 Nr 5 auszulegen (Rn 319 ff). Da Art 11 Abs 2 Brüssel Ia-VO für Streitigkeiten aus dem Betrieb einer solchen Niederlassung einen Wohnsitz des Versicherers im Niederlassungsstaat fingiert (Rauscher/Staudinger, Brüssel Ia-VO [5. Aufl 2021] Art 11 Rn 8), können die exorbitanten Zuständigkeiten des autonomen Rechts gegenüber dem drittstaatlichen Versicherer nicht in Anspruch genommen werden (Kropholler/vHein, EuZPR [9. Aufl 2011] Art 9 Brüssel I-VO Rn 5). Maßgebend sind vielmehr die Art 10 ff Brüssel Ia-VO. Andererseits ist der drittstaatliche Versicherer am inländischen Wohnsitz des klagenden Versicherungsnehmers, Versicherten oder Begünstigten nach Art 11 Abs 1 lit b Brüssel Ia-VO auch dann gerichtspflichtig, wenn er seine Niederlassung iSv Art 11 Abs 2 Brüssel Ia-VO ebenfalls in Deutschland – und nicht (wie von Art 10 iVm Art 7 Nr 5 Brüssel Ia-VO gefordert) in einem anderen Mitgliedstaat – unterhält (Looschelders IPRax 1998, 86 [90]; Rauscher/Staudinger, Brüssel Ia-VO [5. Aufl 2021] Art 10 Rn 9; zur Auslegung der Parallelvorschrift in Art 17 Abs 2 Brüssel Ia-VO vgl Rn 242 ff mwNw).

Für Vertragsklagen aus **Haftpflicht- und Immobiliarversicherungen** eröffnet Art 12 S 1 Brüssel Ia-VO aus Gründen der Verfahrenskonzentration gegen den Versicherer eine weitere Zuständigkeit an dem Ort, an dem das schädigende Ereignis eingetreten ist, sofern dieser Ort in einem anderen Mitgliedstaat liegt als der (Wohn-)Sitz des Versicherers (Fricke VersR 1997, 399 [402]; Rauscher/Staudinger, Brüssel Ia-VO [5. Aufl 2021] Art 12 Rn 2). Dadurch soll der schwächeren Partei die Klageerhebung an einem von ihr leicht erreichbaren Gerichtsstand ermöglicht werden (EuGH Rs C-393/20 – *T.B. D.*, VersR 2020, 708 mAnm Mankowski; dazu Rieländer EuZW 2020, 664 und Schlosser IPRax 2020, 519). Damit wird an das gleiche Merkmal angeknüpft wie in Art 7 Nr 2 Brüssel Ia-VO für Klagen aus unerlaubten Handlungen (Kropholler/vHein EuZPR [9. Aufl 2011] Art 10 Brüssel-VO Rn 1). Der Kläger kann daher auch seine vertraglichen Ansprüche gegen den Versicherer wahlweise am Handlungs- wie am Erfolgsort durchsetzen. Dies gilt nach Art 12 S 2 Brüssel Ia-VO auch für die Versicherung von beweglichen Sachen (zB Hausratversicherung), wenn diese im gleichen Versicherungsvertrag wie die unbewegliche Sache versichert und von demselben Schadensfall betroffen sind. Der Gerichtsstand setzt nicht voraus, dass auch der klagende Versicherungsnehmer seinen Wohnsitz in einem Mitgliedstaat hat (Rauscher/Staudinger, Brüssel Ia-VO [5. Aufl 2021] Art 12 Rn 2; Geimer/Schütze/Paulus, IRV Art 12 O Rn 9; **aA** Thomas/Putzo/Nordmeier, ZPO [46. Aufl 2025] Art 12 VO Rn 1; Musielak/Voit/Stadler/Krüger, ZPO [22. Aufl 2025] Art 12 Rn 1). 182

In Haftpflichtsachen sieht Art 13 Brüssel Ia-VO ferner Sondergerichtsstände für **Interventions- und Direktklagen** gegen den Versicherer (Abs 1 und 2) sowie für die Streitverkündung gegen den Versicherungsnehmer oder Versicherten (Abs 3) vor (vgl dazu näher Kropholler/vHein, EuZPR [9. Aufl 2011] Art 11 Brüssel I-VORn 1 ff). In Deutschland begründet Art 13 Abs 1 Brüssel Ia-VO wegen des Vorbehalts nach Art 65 Brüssel Ia-VO keinen Gerichtsstand; in Betracht kommt nur die Streitverkündung nach §§ 72 ff ZPO. 183

Gemäß Art 13 Abs 2 Brüssel Ia-VO iVm Art 11 Abs 1 lit b Brüssel Ia-VO kann auch der **Geschädigte** die **Direktklage gegen den Versicherer** an seinem Wohnsitz bzw Sitz (oder an jedem anderen nach Art 10–12 für einen Beteiligten am Versicherungsverhältnis zuständigen Gericht, vgl BGH NJW 2015, 2429 mAnm Sendmeyer 2384) in einem 184

Mitgliedstaat erheben, sofern auch der Versicherer im Hoheitsgebiet eines Mitgliedstaats ansässig ist (EuGH Rs C-463/06 – *Odenbreit*, Slg 2007 I 11321 Rn 25 ff = NJW 2008, 819 mAnm Leible = IPRax 2008, 123 mAnm Fuchs 104; dazu die Vorlage BGH NJW 2007, 71 mAnm Staudinger = IPRax 2007, 324 mAnm Fuchs 302 und die Abschlussentscheidung BGHZ 176, 276 = NJW 2008, 2343 Rn 3, 5; zust BGH NJW 2013, 472; BGH NJW 2015, 2429 Rn 12 mAnm Sendmeyer 2384; ferner OLG Saarbrücken IPRax 2021, 166 mAnm Kronenberg150; OLG Nürnberg NJW-RR 2012, 1178; OLG Zweibrücken NZV 2010, 198 [199]; OLG Düsseldorf OLGR 2009, 823; OLG Celle NJW 2009, 86 [87]; OLG Wien 27. 8. 2014, unalex AT-940; schwz BG 2. 5. 2012, unalex CH-488 [zum LugÜ 2007]; Court of Appeal [CivDiv] 17. 6. 2015 – *Mapfre Mutualidad*, unalex UK-557; ebenso schon früher OLG Köln NJW-RR 2006, 70 = VersR 2005, 1721 mAnm Looschelders; AG Bremen NJW-RR 2007, 1079; dazu Rauscher/Staudinger, Brüssel Ia-VO [5. Aufl 2021] Art 13 Rn 6 ff; unalexKomm/Mayr Brüssel Ia-VO [2. Aufl 2020] Art 13 Rn 5 mwNw; **aA** zu Art 8 Abs 1 Nr 2 LugÜ 1988 noch OLG Karlsruhe NJW-RR 2008, 373 = IPRax 2008, 125 mAnm Fuchs 104). Ob ein Direktanspruch gegen den Versicherer besteht, beurteilt sich nach dem vom angerufenen Gericht anzuwendenden materiellen Recht (*lex causae*; Zöller/Geimer, ZPO [35. Aufl 2024] Art 13 Rn 2). Gemäß Art 18 Rom II-VO reicht es aus, wenn entweder das Deliktsstatut (dazu EuGH Rs C-240/14 – *Prüller-Frey*, NJW 2016, 385 Rn 37 ff) oder das Versicherungsvertragsstatut einen solchen Anspruch einräumen (BayObLG BeckRS 2024, 11164 Rn 13; Staudinger/Czaplinsky NJW 2009, 2249). Das deutsche Recht kennt einen solchen Direktanspruch nur in der Kfz-Haftpflichtversicherung (§§ 3 PflVG, 6 Abs 1 AuslPflVG), das französische Recht auch für vertragliche Schadensersatzansprüche wegen Schlechterfüllung (vgl frz Cour de Cassation 9. 9. 2015, unalex FR-2446). Neben dem mit der Direktklage in Anspruch genommenen Versicherer kann der Unfallgegner jedoch nur dann nach Art 8 Nr 1 Brüssel Ia-VO im Gerichtsstand des Art 11 Abs 1 lit b mitverklagt werden, wenn er oder ein anderer beklagter Beteiligter seinen Wohnsitz im Inland hat (OLG Brandenburg NJW-RR 2016, 1038 Rn 17 f).

185 Über die Zuständigkeitsprivilegierung entscheidet nach der Rechtsprechung des EuGH die Zugehörigkeit zu einer bestimmten Gruppe von Geschädigten, nicht hingegen die individuelle Schutzbedürftigkeit (EuGH Rs C-393/20 – TB, D sp zoo, IWRZ 2022, 84 Rn 39 f mAnm Deshayes/Fritscher und Anm Danda IPRax 2023, 24). Danach sind etwa auch die **Erben** eines Geschädigten (EuGH Rs C-106/17 – *Hofsoe*, EuZW 2018, 213 Rn 38) sowie eine (zB als Leasinggeber oder Sicherungseigentümer) geschädigte juristische Person (OLG Frankfurt IPRax 2015, 148 mAnm Mankowski 115; Nagel/Gottwald, IZPR [9. Aufl 2025] Rn 3.190) privilegiert. Gleiches gilt für den in einem Mitgliedstaat ansässigen **Dienstgeber**, der das Entgelt seines infolge eines Verkehrsunfalls arbeitsunfähigen Dienstnehmers fortgezahlt hat und der in dessen Rechte gegenüber dem in einem anderen Mitgliedstaat ansässigen Haftpflichtversicherer eingetreten ist; der Dienstgeber kann daher in seiner Eigenschaft als „Geschädigter" iSv Art 13 Abs 2 Brüssel Ia-VO an seinem eigenen Sitz unabhängig von seiner Größe und Rechtsform gegen diesen Versicherer klagen, sofern dort eine solche unmittelbare Klage zulässig ist (EuGH Rs C-340/16 – *KABEG*, VersR 2017, 1481 Rn 35 ff mAnm Mankowski und Anm Dörner IPRax 2018, 158; dazu auch Weller/Schmidt GPR 2018, 309; ferner öst OGH 16. 5. 2018, unalex AT-1168). Dies gilt auch, wenn der Staat das Gehalt eines bei einem Unfall verletzten Beamten fortzahlt (EuGH Rs C-536/23 – *Mutua Madrilena Automobilista*, BeckRS 2025, 8441 Rn 39 ff).

185a Hingegen steht dieses Recht mangels Schutzwürdigkeit einem **Sozial- oder Haftpflichtversicherer**, auf den der Ersatzanspruch des Geschädigten kraft Legalzession übergegangen ist, nicht zu (EuGH Rs C-347/08 – *Voralberger Gebietskrankenkasse*, Slg 2009 I 8537 Rn 40 ff = VersR 2009, 1512; Lüttringhaus VersR 2010, 183 ff; Rauscher/Staudinger, Brüssel Ia-VO [5. Aufl 2021] Art 13 Rn 12 f mwNw). Nicht schutzbedürftig ist auch ein als Legalzessionar klagendes Bundesland (OLG Koblenz IPRax 2014, 537 mAnm Fuchs 509; anders für ein Leasingunternehmen OLG Frankfurt IPRax 2014, 148 mAnm Mankowski 115). Auch eine natürliche Person, deren gewerbliche Tätigkeit vornehmlich in der Geltendmachung von Schadensersatzforderungen gegen Versicherer besteht und die sich auf einen mit dem Opfer eines Verkehrsunfalls geschlossenen Zessionsvertrag beruft, kann nicht am Wohnsitz des Geschädigten gegen den Haftpflichtversicherer des Unfallverursachers Klage erheben (EuGH Rs C-393/20 – TB, D sp zoo, IWRZ 2022, 84 Rn 33 mAnm Deshayes/Fritscher und Anm Danda IPRax 2023, 24; EuGH Rs C-106/17 – *Hofsoe*, EuZW 2018, 213 Rn 41 ff mAnm Tereszkiewicz GPR 2018, 280 und Nordmeier NZV 2018, 567).

b) Klagen des Versicherers

Der Versicherer kann den Versicherungsnehmer, den Versicherten, den Begünstigten oder sonstige am Versicherungsvertrag beteiligte bzw aus ihm berechtigte Personen demgegenüber nach Art 14 Abs 1 Brüssel Ia-VO grundsätzlich – dh vorbehaltlich einer nach Art 15 Brüssel Ia-VO wirksamen Derogation – nur vor den Gerichten des Wohnsitzstaates des jeweiligen Beklagten verklagen. Diese Schranke gilt aus Gründen des Beklagtenschutzes auch zu Lasten von Versicherern, die weder Sitz noch Niederlassung in einem Mitgliedstaat haben (*Jordan Grand Prix Ltd v Baltic Insurance Group*, [1999] All ER 289 [293] [HL]; Kropholler/vHein, EuZPR [9 Aufl 2011] Art 12 Brüssel I-VO4 Rn 1). Auf den Schutz des Art 14 Brüssel Ia-VO können sich auch Begünstigte berufen, die im Verhältnis zum Versicherer nicht als „schwächere" Partei angesehen werden können (Supreme Court London 1. 4. 2020 – *Aspen Underwriting Ltd/Credit Europe Bank NV*; dazu Rapp IPRax 2020, 476). Die Vorschrift regelt allerdings nur die *internationale* Zuständigkeit; zur Bestimmung der örtlichen Zuständigkeit ist auf das autonome Recht des Wohnsitzstaates zurückzugreifen. In Deutschland besteht für diesen Fall eine ausschließliche Zuständigkeit am Wohnsitz des Versicherungsnehmers zur Zeit der Klageerhebung (§ 216 Abs 1 VVG). Das Recht des Versicherers, *Widerklage* vor dem Gericht zu erheben, bei dem die Klage nach Art 10 bis 13 Brüssel Ia-VO anhängig ist, bleibt freilich unberührt (Art 14 Abs 2 Brüssel Ia-VO). Ferner gilt auch Art 7 Nr 5 Brüssel Ia-VO aufgrund des Vorbehalts in Art 10 Brüssel Ia-VO für Klagen des Versicherers, soweit der Beklagte in einem anderen Mitgliedstaat eine Niederlassung iS dieser Vorschrift unterhält (Geimer/Schütze/Geimer, EuZVR [4. Aufl 2020] Art 14 Rn 1; Rauscher/Staudinger, Brüssel Ia-VO [5. Aufl 2021] Art 14 Rn 4). 186

c) Zuständigkeitsvereinbarungen

Zur Bekämpfung von Missbräuchen, die sich aus der in der Versicherungswirtschaft verbreiteten Anwendung von AGB zu Lasten des unterlegenen Versicherungsnehmers ergeben, kann von den Zuständigkeiten des 3. Abschnitts im Wege der Vereinbarung nur in einem gegenüber Art 25 Brüssel Ia-VO erheblich eingeschränkten Umfang nach Maßgabe der in Art 15, 16 Brüssel Ia-VO abschließend aufgeführten Prorogationsmöglichkeiten abgewichen werden (EuGH Rs C-112/03 – *Peloux*, NJW 2005, 2135 Rn 34 ff mAnm Fricke VersR 2006, 1283; OLG Dresden VersR 2015, 382; Rauscher/Staudinger, Brüssel Ia-VO [5. Aufl 2021] Art 15 Rn 1 ff). Gerichtsstandsvereinbarungen sind danach insbesondere zulässig, wenn sie **nach Entstehung der Streitigkeit** getroffen werden (Art 15 Nr 1 Brüssel Ia-VO) oder wenn sie die weiteren alternativen Gerichtsstände allein **zugunsten des Versicherungsnehmers**, Versicherten oder Begüns- 187 tigten begründen (Art 15 Nr 2 Brüssel Ia-VO). Ist im letzteren Falle der Versicherungsvertrag auch zugunsten von an dem Vertrag nicht beteiligten Dritten abgeschlossen worden, so können diese Dritten sich auch dann auf eine im Vertrag enthaltende Gerichtsstandsklausel berufen, wenn das Schriftformerfordernis nach Art 25 Abs 1 S 3 lit a Brüssel Ia-VO nur zwischen dem Versicherungsnehmer und dem Versicherer eingehalten worden ist und die Zustimmung des Versicherers zu dieser Klausel klar zum Ausdruck gekommen ist (EuGH Rs C-201/82 – *Gerling*, Slg 1983 I 2503 Rn 18 ff; dazu Rn 508).

188 Weiter erlaubt Art 15 Nr 3 Brüssel Ia-VO einem Versicherungsnehmer und einem Versicherer, die zum Zeitpunkt des Vertragsschlusses ihren **Wohnsitz oder gewöhnlichen Aufenthalt in demselben Mitgliedstaat** haben, die Zuständigkeit der Gerichte dieses Staates auch für den Fall zu begründen, dass das schädigende Ereignis im Ausland eingetreten ist; denn der Versicherungsnehmer behält auch in diesem Fall den Schutz durch den Klägergerichtsstand nach Art 11 Abs 1 lit b Brüssel Ia-VO.

Die nach Art 15 Nr 3 Brüssel Ia-VO zulässige Gerichtsstandsvereinbarung kann jedoch dem aus dem Versicherungsvertrag begünstigten Versicherten, der dieser Klausel nicht ausdrücklich zugestimmt hat und seinen Sitz in einem anderen Mitgliedstaat als der Versicherungsnehmer und der Versicherer hat, nicht entgegen gehalten werden; denn die Vorschrift soll dem wirtschaftlich schwächeren Versicherten nur einen zusätzlichen Gerichtsstand eröffnen, nicht aber seine Rechte aus Art 11 Abs 1 Brüssel Ia-VO einschränken (EuGH Rs C-112/03 – *Peloux*, NJW 2005, 2135 Rn 34 ff = IPRax 2005, 531 m krit Anm Heiss 497). Schließlich erweitert der neu eingefügte Art 15 Nr 4 Brüssel Ia-VO die Möglichkeiten einer zulässigen Prorogation in Versicherungssachen, wenn der Versicherungsnehmer seinen **Wohnsitz in einem Drittstaat** hat.

189 Bei einem Verstoß gegen die Art 15, 16 Brüssel Ia-VO ist die Gerichtsstandsvereinbarung gemäß Art 25 Abs 4 Brüssel Ia-VO nichtig (OLG Dresden VersR 2015, 382 Rn 24 ff). Die sonstigen Anforderungen an eine wirksame Prorogation – insbesondere die **Formerfordernisse** – bestimmen sich nach Art 25 Abs 1 und 2 Brüssel Ia-VO (dazu näher Rn 432 ff). Daher gilt Art 15 Brüssel Ia-VO auch dann, wenn ein Gerichtsstand in einem Mitgliedstaat zwischen Parteien vereinbart wird, die keinen Wohnsitz in einem Mitgliedstaat haben (Geimer, in: FS Gottwald [2014] 175 [176]). Demgegenüber begründet auch in Versicherungssachen die **rügelose Einlassung** des Beklagten gemäß Art 26 Brüssel Ia-VO die Zuständigkeit des angerufenen Gerichts (EuGH Rs C-111/09 – *Bilas*, IPRax 2011, 580 mAnm Staudinger 548; BGH RIW 2005, 776; Rauscher/Staudinger, Brüssel Ia-VO [5. Aufl 2021] Art 15 Rn 2 aE). Dies gilt allerdings für den beklagten Versicherungsnehmer, Versicherten, Begünstigten oder Geschädigten als Beklagten nur dann, wenn er gemäß Art 26 Abs 2 Brüssel Ia-VO über die Folgen der Einlassung bzw Nichteinlassung belehrt worden ist (Thomas/Putzo/Nordmeier, ZPO [46. Aufl 2025] vor Art 10–16 Rn 3).

190 **Zuständigkeitsvereinbarungen zu Lasten Dritter** (zB des Geschädigten) sind unwirksam. Dies gilt auch dann, wenn der streitgegenständliche Anspruch erst durch den Versicherungsvertrag zwischen dem Versicherer und dem Versicherungsnehmer zugunsten des begünstigten Dritten begründet worden ist und deshalb schon mit dieser Einschränkung seiner Durchsetzbarkeit entstanden ist. Auch in diesem Fall kann die Gerichtsstandsklausel dem Begünstigten ohne seine Zustimmung nicht entgegengehalten werden, wenn dieser seinen Wohnsitz/Sitz in einem anderen Mitgliedstaat als der Versicherungsnehmer und der Versicherer hat; denn die Möglichkeit, Vereinbarungen über die Zuständigkeit zu treffen, wird in Versicherungssachen durch das Ziel des Schutzes des wirtschaftlich Schwächeren stark eingeschränkt. Daher ist ein Geschädigter, der unmittelbar gegen den Versicherer des Schädigers klagen kann, nicht an eine Gerichtsstandsvereinbarung, die zwischen dem Versicherer und dem Schädiger getroffen wurde, gebunden (EuGH Rs C-368, 16 – *Assens Havn*, NJW 2017, 2813 Rn 36 ff, 42 = IPRax 2018, 259 mAnm MANKOWSKI 233; s a EuGH Rs C-700/20 – *London Steamship Owners*, VersR 2022, 1321 Rn 60; **aA** ZÖLLER/GEIMER, ZPO [35. Aufl 2024] Art 15 Rn 4 f).

Zwar sind Gerichtsstandsvereinbarungen in Versicherungssachen nach dem Wortlaut **191** von Art 15 Nr 5 Brüssel Ia-VO grundsätzlich auch wirksam, wenn sie Versicherungsverträge betreffen, die eines oder mehrere der in Art 16 Brüssel Ia-VO aufgeführten **„Großrisiken"** decken. Nach dem Schutzzweck des 3. Abschnitts (Rn 171) kann die Gerichtsstandsklausel den Versicherten jedoch auch in einem solchen Fall nicht entgegengehalten werden, wenn es sich bei ihnen nicht um gewerblich im Versicherungssektor Tätige handelt, die der Klausel nicht zugestimmt haben und die in einem anderen Mitgliedstaat als dem des Versicherungsnehmers und des Versicherers ansässig sind (EuGH Rs C-803/18 – *AAS „Balta"*, RIW 2020, 219 Rn 39 ff = VersR 2020, 208 mAnm MANKOWSKI; dazu RIELÄNDER EuZW 2020, 664; SCHLOSSER IPRax 2020, 509 und die Vorlage Højesteret 20. 6. 2016, unalex DK-106).

5. Autonomes deutsches Verfahrensrecht

Hat der beklagte Versicherer bzw Versicherungsnehmer seinen **Wohnsitz nicht in** **192** **einem Mitgliedstaat der Europäischen Union** (bzw des LugÜ 2007), so bestimmt sich die internationale Zuständigkeit für Streitigkeiten aus Versicherungsverträgen – wie Art 10 durch die Verweisung auf Art 6 Brüssel Ia-VO klarstellt – nach den Regeln des **autonomen Prozessrechts** der *lex fori* (BGH NJW 2017, 1967 Rn 13; BGH NJW 2016, 3369 Rn 15; KROPHOLLER/vHEIN, EuZPR [9. Aufl 2011] Art 8 Brüssel I-VO Rn 2). Eine Ausnahme gilt nach Art 11 Abs 2 Brüssel Ia-VO lediglich für betriebsbezogene Klagen gegen einen Versicherer, der zumindest eine Niederlassung in einem Mitgliedstaat unterhält (Rn 181). Das deutsche Recht sieht für diesen Fall in dem durch Gesetz v 23. 11. 2007 (BGBl I 2691) neu eingefügten § 215 Abs 1 S 1 VVG zum Schutz des Versicherungsnehmers einen Klägergerichtsstand vor; ein in Deutschland wohnhafter Versicherungsnehmer kann also Klagen gegen seinen in einem Drittstaat ansässigen Versicherer aus dem Versicherungsvertrag an seinem deutschen Wohnsitzgericht erheben, weil die Vorschrift mit der örtlichen zugleich die internationale Zuständigkeit begründet (BGH NJW 2018, 232 Rn 9; OLG München IPRspr 2015 Nr 217 [Liechtenstein]; Rn 13). Klagt umgekehrt der Versicherer mit Sitz in einem Drittstaat gegen den im Inland wohnhaften Versicherungsnehmer, beurteilt sich die internationale Zuständigkeit hingegen nach Art 14 Abs 1 Brüssel Ia-VO (Rn 186); § 215 Abs 1 VVG regelt für diesen Fall nur die (ausschließliche) örtliche Zuständigkeit am Wohnsitz des Versicherungsnehmers. Eine von § 216 Abs 1 VVG abweichende Gerichtsstandsvereinbarung ist nach § 215 Abs 3 VVG nur zulässig für den Fall, dass der Versicherungsnehmer nach Vertragsschluss seinen Wohnsitz oder gewöhnlichen Aufenthalt ins Ausland verlegt oder sein Wohnsitz oder gewöhnlicher Aufenthalt im Zeitpunkt der Klageerhebung nicht bekannt ist. Diese Prorogationsbeschränkung gilt auch, wenn Versicherungsnehmer eine juristische Person ist (OLG München IPRspr 2015 Nr 217).

V. Sondergerichtsstände für Streitigkeiten aus Verbraucherverträgen*

1. Normzweck

193 Die Brüssel Ia-VO sieht im 4. Abschnitt ihres II. Kapitels (Art 17–19) ferner eine Sonderregelung der internationalen Zuständigkeit in Verbrauchersachen vor. Diese

* **Schrifttum: 1. Brüssel Ia-VO**: Collet, Der Europäische Verbrauchergerichtsstand – Spielball im Netz des World Wide Web (2015); Flocke, Die Schutzgerichtsstände der EuGVVO bei Wohnsitzwechsel und Rechtsnachfolge (2022); Galic, Extension of the weaker party protection in the Brussels I Recast to third-state defendants: removing national law or providing for minimum standards?, EuLF 2016, 1; Geimer, Forum actoris für Kapitalanlegerklagen, in: FS Martiny (2014) 711; Gramlich, Gerichtsstände der EuGVVO in Verbrauchersachen – Probleme beim Umzug einer Partei, EuZW 2017, 213; Gsell, Entwicklungen im Europäischen Verbraucherzuständigkeitsrecht, ZZP 127 (2014) 431; dies, Die Zulässigkeit von Gerichtsstandsvereinbarungen mit Verbraucherbeteiligung und Drittstaatenbezug unter der neuen EuGVVO, in: FS Coester-Waltjen (2015) 389; Gramlich, Gerichtsstände der EuGVVO in Verbrauchersachen – Probleme bei Umzug einer Partei, EuZW 2017, 213; Heinze/Steinrötter, Wann fällt ein Vertrag in den Bereich der ausgerichteten Tätigkeit des Unternehmers?, IPRax 2016, 545; S Huber, Das weite Verständnis des Verbrauchergerichtsstands im europäischen Zuständigkeitssystem, IPRax 2020, 408; Hübner, Forumwechsel durch Wohnsitzverlegung des Verbrauchers gemäß Art 17 ff Brüssel Ia-VO, ZVglRW 120 (2021) 222; Kieninger, Grenzenloser Verbraucherschutz?, in: FS Magnus (2014) 449; dies, Der Schutz schwächerer Personen im Schuldrecht, in vHein/Rühl, Kohärenz im Internationalen Privat- und Verfahrensrecht der Europäischen Union (2016) 307; Köhler, Verbrauchereigenschaft bei Verträgen mit gemischter Zwecksetzung und keine Zurechung der Verbrauchereigenschaft eines Dritten, IPRax 2017, 570; Mankowski, Änderungen im internationalen Verbraucherprozessrecht durch die Neufassung der EuGVVO, RIW 2014, 625; ders, Verbrauchergerichtsstand nach EuGVVO – über eine Brokergesellschaft getätigte Devisen-Differenzgeschäfte, RIW 2019, 816; Müller, Verbrauchergerichtsstand und Anschlussverträge, GPR 2016, 248; Rademacher, Prozessualer Verbraucherschutz gegenüber Rechtsanwälten, IPRax 2018, 600; Rühl, Kausalität zwischen ausgerichteter Tätigkeit und Vertragsschluss, IPRax 2014, 41; dies, Grenzüberschreitender Verbraucherschutz: (Nichts) Neues aus Brüssel und Luxemburg?, in: FS Coester-Waltjen (2015) 697; Stadler/Krüger, Die Einheitlichkeit des Verbrauchervertragsbegriffs im Europäischen Zivil- und Zivilverfahrensrecht – Zu den Grenzen rechtsaktübergreifender Auslegung, IPRax 2015, 203; Staudinger/Bauer, Der Vertragsbegriff des Art 15 Abs 1 lit c EuGVVO 2011 (Art 17 Abs 1 lit c EuGVVO) in typischen „Vermittlerkonstellationen" – eine Abgrenzung von Pauschalreisezu Kapitalanlageverträgen, IPRax 2016, 107; Wagner, Zuständigeit nach der EuGVVO für abgetretene Forderungen in Versicherungs-,Verbraucher- und Arbeitssachen, RIW 2023, 245; Wilke, Verbraucherschutz im internationalen Zuständigkeitsrecht der EU – Status quo und Zukunftsprobleme, EuZW 2015, 13; Wolber, Die Verbrauchergerichtsstände der EuGVVO bei Umzug des Verbrauchers nach Vertragsschluss, EuZW 2020, 929; Würdinger, Europäisches Verbraucherprozessrecht im Visier der Juristischen Methodenlehre, in: FS Gottwald (2014) 693.

2. Brüssel I-VO/LugÜ 2007: Beig/Reuss, Gerichtliche Zuständigkeit bei verbindlicher Gewinnzusage an Verbraucher, EuZW 2009, 492; Blobel, Isolierte Gewinnzusagen im europäischen Zivilprozessrecht, VuR 2005, 164; Clausnitzer, Gerichtsstand bei Verbraucherverträgen via Internetangebot, EuZW 2011, 98; Engert/Groh, Internationaler Kapitalanlegerschutz vor dem Bundesgerichtshof, IPRax 2011, 458; Ganssauge, Internationale Zuständigkeit und anwendbares Recht bei Verbraucherverträgen im

ist – ähnlich wie jene in Versicherungssachen (Art 10 ff Brüssel Ia-VO; dazu Rn 171 ff) – „von dem Bestreben getragen, den Verbraucher als den wirtschaftlich schwächeren und rechtlich weniger erfahrenen Vertragspartner zu schützen" und ihm den Entschluss zur gerichtlichen Wahrnehmung seiner Rechte nicht dadurch zu erschweren, dass er vor den Gerichten im Niederlassungsstaat seines beruflich oder gewerblich handelnden Vertragspartners klagen muss (EuGH Rs C-604/20 – *ROI Land Investments Ltd,*

Internet (2004); GARBER, Die Stellung des Verbrauchers im Europäischen Zivilprozess, ÖJZ 2011, 22; GEIMER, Forum actoris für Kapitalanlegerklagen, in: FS Martiny (2014) 711; GOTTSCHALK, Verbraucherverträge und dual-use-Verträge, RIW 2006, 576; GROHMANN, Gerichtsstand bei grenzüberschreitenden Verbraucherverträgen im Internet, DRiZ 2011, 361; HEIDERHOFF, Zum Verbraucherbegriff der EuGVVO und des LugÜ, IPRax 2005, 230; dies, Nationaler Verbrauchergerichtsstand nach der Brüssel I-VO, IPRax 2006, 612; vHEIN, Kapitalanlegerschutz im Verbrauchergerichtsstand zwischen Fernabsatz und konventionellem Vertrieb: Zur Konkretisierung der „Ausrichtung" in Art 15 Abs 1 lit c EuGVVO, IPRax 2006, 16; ders, Verstärkung des Kapitalanlegerschutzes: Das Europäische Zivilprozessrecht auf dem Prüfstand, EuZW 2011, 369; KLEINKNECHT, Die verbraucherschützenden Gerichtsstände im deutschen und europäischen Zivilprozessrecht (2007); HÜBNER, Forumwechsel durch Wohnsitzverlegung des Verbrauchers nach Art 17 ff Brüssel Ia-VO, ZVglRW 120 (2002) 222; LEIBLE, Bingo! – Gewinnbestätigung jetzt auch aus Karlsruhe, NJW 2003, 407; ders, Luxemburg locuta – Gewinnmitteilung finita?, NJW 2005, 796; ders, Binnenmarkt, elektronischer Geschäftsverkehr und Verbraucherschutz, JZ 2010, 272; LEIBLE/MÜLLER, Internationale Zuständigkeit für Klagen aus Timesharing-Verträgen, NZM 2009, 18; dies, Die Bedeutung von Websites für die internationale Zuständigkeit in Verbrauchersachen, NJW 2011, 495; LORENZ/UNBERATH, Gewinnmitteilungen und kein Ende? – Neues zur internationalen Zuständigkeit, IPRax 2005, 219; MANKOWSKI, Gerichtsstand der rügelosen Einlassung in europäischen Verbrauchersachen?, IPRax 2001, 310; ders, „Gemischte" Verträge und der persönliche Anwendungsbereich des Internationalen Verbraucherschutzrechts, IPRax 2005, 503; ders, Zum Begriff des „Ausrichtens" auf den Wohnsitzstaat des Verbrauchers unter Art 15 Abs 1 lit c EuGVVO, VuR 2006, 289; ders, Internationale Zuständigkeit in Timesharing-Fällen – ein Dauerbrenner, NZM 2007, 671; ders, Muss zwischen ausgerichteter Tätigkeit und konkretem Vertrag bei Art 15 Abs 1 lit c EuGVVO ein Zusammenhang bestehen?, IPRax 2008, 333; ders, Neues zum „Ausrichten" unternehmerischer Tätigkeit nach Art 15 EuGVVO, IPRax 2009, 238; ders, Die Darlegungs- und Beweislast für die Tatbestände des internationalen Verbraucherprozess- und Verbraucherprivatrechts, IPRax 2009, 474; ders, Pauschalreisen und europäisches internationales Verbraucherschutzrecht, TranspR 2011, 70; ders, Autoritatives zum „Ausrichten" unternehmerischer Tätigkeit unter Art 15 Abs 1 lit c EuGVVO, IPRax 2012, 144; ders, Änderungen im internationalen Verbraucherprozessrecht durch die Neufassung der EuGVVO, RIW 2014, 625; MÖRSDORF-SCHULTE, Autonome Qualifikation der isolierten Gewinnzusage, JZ 2005, 770; dies, Revisibler internationaler Verbrauchergerichtsstand für den bloßen Gewinner, ZZPInt 2004, 407; MRONZ, Rechtsverfolgung im weltweiten E-Commerce – Die gerichtliche Durchsetzung von Verbraucherrechten bei Vertragsabschlüssen im Internet (2004); OBERHAMMER/SLONINA, Grenzüberschreitende Gewinnzusagen im europäischen Prozess- und Kollisionsrecht, in: FS Yessiu-Faltsi (2007) 419; REICH/GAMBOGI CARVALHO, Gerichtsstand bei internationalen Verbraucherstreitigkeiten im e-commerce, VuR 2001, 169; RÖSLER/SIEPMANN, Der Beitrag des EuGH zur Präzisierung von Art 15 EuGVO, EuZW 2006, 76; M ROTH, Der Schutz des Verbrauchers im internationalen Privat- und Verfahrensrecht bei Internetverträgen, in: FS Rechberger (2005) 471; H ROTH, Wer ist im europäischen Prozessrecht ein Verbraucher?, in: FS vHoffmann (2011) 715; ders, Schadenshaftung und erforderliche Vertragsanknüpfung bei

EuZW 2022,1061 Rn 25; EuGH Rs C-89/91 – *Shearson*, Slg 1993 I 139 Rn 18 = IPRax 1995, 92 mAnm Koch 71; EuGH Rs C-464/01 – *Gruber*, Slg 2005 I 439 Rn 34; EuGH Rs C-585/08 – *Pammer*, Slg 2010 I 12570 Rn 58 = EuZW 2011, 98 mAnm Clausnitzer; EuGH Rs C-419/11 – *Česká spořitelna*, BeckRS 2013, 80540 Rn 33; EuGH Rs C-375/13 – *Kolassa*, NJW 2015, 1581 Rn 21= EuZW 2015, 218; Kropholler/vHein, EuZPR [10. Aufl 2020] Art 17 Rn 1; krit Schack, IZVR [9. Aufl 2025] Rn 336). Dieser Schutzzweck des 4. Abschnitts verbietet eine Anwendung der Art 17–19 Brüssel Ia-VO, wenn auch der Vertragspartner nicht zu (frei-)beruflichen oder gewerblichen Zwecken handelt, dh ebenfalls Verbraucher ist (EuGH Rs C-508/12 – *Vapenik*, NJW 2014, 841 Rn 31 ff = IPRax 2015, 237 mAnm Stadler 203; öst OGH 1. 8. 2012, unalex AT-812; Kropholler/vHein, EuZPR [9. Aufl 2011] Art 15 Brüssel I-VORn 22; Geimer/Schütze/Geimer, EuZVR [4. Aufl 2020] Art 17 Rn 34). Als Ausnahmevorschriften zu Art 4 und 7 sind die Art 17 ff Brüssel Ia-VO vielmehr **eng auszulegen** (EuGH Rs C-821/21 – *Club La Costa*, NJW 2024, 569 Rn 45 mAnm Rieländer; EuGH Rs C-215/18 – *Králová*, RIW 2020, 359 Rn 55 mAnm Voss IPRax 2021, 236). Die strikte Beachtung der Art 17–19 Brüssel Ia-VO bereits im Erkenntnisverfahren wird dadurch sichergestellt, dass ein Verstoß gegen diese Zuständigkeitsvorschriften – entgegen dem grundsätzlichen Verbot einer Nachprüfung der Zuständigkeit durch den Zweitrichter (Art 45 Abs 3 Brüssel Ia-VO) – die Versagung der Anerkennung und Vollstreckung der Entscheidung in anderen Mitgliedstaaten zur Folge haben kann (Art 45 Abs 1 lit e, 1. Fall Brüssel Ia-VO; vgl BGH IPRax 2017, 617 Rn 7 mAnm Köhler 570). Zum räumlichen Anwendungsbereich des 4. Abschnitts s Rn 240 ff.

Art 15 EuGVO (LugÜ), in: FS Kaissis (2012) 819; ders, International Jurisdiction and Conflict of Laws in an Electronic World, in: FS Yessiou-Faltsi (2007) 531; Rühl, Kausalität zwischen ausgerichteter Tätigkeit und Vertragsschluss: Neues zum situativen Anwendungsbereich der Art 15 ff EuGVVO, IPRax 2014, 41; Sachse, Der Verbrauchervertrag im internationalen Privat- und Prozessrecht (2006); Scheuermann, Internationales Verfahrensrecht bei Verträgen im Internet (2004); Seiler, Verbraucherschutz auf elektronischen Märkten (2006); Spindler, Internationales Verbraucherschutzrecht bei Verträgen im Internet, MMR 2000, 18; Stadler/Krüger, Die Einheitlichkeit des Verbrauchervertragsbegriffs im Europäischen Zivil- und Zivilverfahrensrecht, IPRax 2015, 203; Staudinger, Reichweite des Verbraucherschutzgerichtsstands nach Art 15 Abs 2 EuGVVO, IPRax 2008, 107; ders, Ferienhausmiete im Ausland: Sind der inländische Verbraucherschutzgerichtsstand und das Pauschalreiserecht „out"?, NZM 2011, 257; ders, Der Schutzgerichtsstand iSd Art 15 Ab s 1 lit c Brüssel-VO bei Klagen gegen Reiseveranstalter und Vermittler, RRa 2014, 10; Staudinger/Steinrötter, Verfahrens- sowie kollisionsrechtlicher Verbraucherschutz bei Online-Geschäften, EWS 2011, 70; Stillner, Die internationale Zuständigkeit bei Verbraucherverbandsklagen, VersR 2008, 458; Sujecki, Grenzüberschreitender Verbraucherschutz beim elektronischen Rechtsverkehr nach der EuGVVO und der Rom I – VO, EWS 2010, 360; Teuber, Die internationale Zuständigkeit bei Verbraucherstreitigkeiten (2003); R Wagner, Internationale und örtliche Zuständigkeit in Verbrauchersachen im Rahmen des Brüsseler Übereinkommens und der Brüssel I-VO, WM 2003, 116; Wittwer, Das „Ausrichten" der Geschäftstätigkeit des Unternehmens in den Wohnsitzstaat des Verbrauchers iSd Art 15 EuGVVO, ELR 2011, 1.

3. EuGVÜ/LugÜ 1988: Benicke, Internationale Zuständigkeit deutscher Gerichte nach Art 13, 14 EuGVÜ für Schadensersatzklagen geschädigter Anleger, WM 1997, 945; de Bra, Verbraucherschutz durch Gerichtsstandsregelungen im deutschen und europäischen Zivilprozessrecht (1992); Schaltinat, Internationale Verbraucherstreitigkeiten (1998); weitere Nachw bei Staudinger/Hausmann (2011) IntVertrVerfR.

Zum Schutz des Verbrauchers regelt der 4. Abschnitt die Zuständigkeit in Verbrauchersachen **abschließend**; damit scheidet ein Rückgriff auf die allgemeinen Zuständigkeitsvorschriften des 1. und 2. Abschnitts (Art 4–8 Brüssel Ia-VO) aus, soweit nicht im 4. Abschnitt auf diese ausdrücklich verwiesen ist (EuGH Rs 27/02 – *Engler*, Slg 2005 I 481 Rn 42 f = NJW 2005, 511; BGH IPRax 2021, 462 Rn 20 f mAnm MANKOWSKI 432; BayObLG BeckRS 2023, 16140 Rn 27; LG München I BeckRS 2024, 2026 mAnm WIESE; GEIMER/SCHÜTZE/GEIMER, EuZVR [4. Aufl 2020] Art 17 Rn 5). Der Verbraucher kann seinen Vertragspartner (Verkäufer, Darlehensgeber) daher insbesondere nicht am Erfüllungsort (Art 7 Nr 1 Brüssel Ia-VO; BGHZ 165, 172 [176] = NJW 2006, 230; BGHZ 188, 373 Rn 29 = NJW 2011, 2515; BayObLG IPRax 2023, 72 Rn 32 mAnm REIBETANZ 28). MANKOWSKI RIW 1997, 1001 [1005]) oder am Wohnsitz eines Streitgenossen (Art 8 Nr 1 Brüssel Ia-VO; BGH IPRax 2021, 462 Rn 21; BGH NJW-RR 2013, 1398 Rn 14 f; BayObLG IWRZ 2020, 230 mAnm KRÜMMEL; unalexKomm/CORNELOUP/ALTHAMMER, Brüssel I-VO Art 6 Rn 41) verklagen. Verklagt er neben einem Unternehmer mit Wohnsitz in einem anderen Mitgliedstaat einen Streitgenossen mit Wohnsitz im Inland, so ist das örtlich zuständige deutsche Gericht nach § 36 Abs 1 Nr 3 ZPO zu bestimmen (BayObLG IPRax 2023, 72 Rn 20 mAnm REIBETANZ 28); durch eine solche Bestimmung kann dem Verbraucher der Schutz nach Art 17, 18 Brüssel Ia-VO allerdings nicht entzogen werden so dass nur ein nach diesen Vorschriften zuständiges Gericht bestimmt werden kann (BGH IPRax 2021, 452 Rn 22; BayObLG IPRax 2023, 72 Rn 33; s a BGH NJW-RR 2013, 1399 Rn 18). Die Art 17–19 Brüssel Ia-VO haben schließlich Vorrang vor nationalen Schutzvorschriften zugunsten des Verbrauchers (zB vor § 29c ZPO; vgl MANKOWSKI VuR 2001, 259 [260]). **194**

Nach der Rechtsprechung des EuGH müssen für die Anwendung der Art 17–19 Brüssel Ia-VO **drei Voraussetzungen** erfüllt sein: Erstens muss ein Vertragspartner die Eigenschaft eines Verbrauchers haben, der in einem Rahmen handelt, der nicht seiner beruflichen oder gewerblichen Tätigkeit zugerechnet werden kann (dazu Rn 196 ff), zweitens muss ein Vertrag zwischen diesem Verbraucher und einem beruflich oder gewerblich Handelnden tatsächlich geschlossen worden sein (dazu Rn 207 f) und drittens muss dieser Vertrag zu einer der Kategorien von Art 17 Abs 1 lit a–c Brüssel Ia-VO gehören (dazu Rn 208 ff). Diese Voraussetzungen müssen *kumulativ* erfüllt sein, so dass die Zuständigkeit nicht nach dem 4. Abschnitt des II. Kapitels bestimmt werden kann, wenn es an einer dieser drei Voraussetzungen fehlt (EuGH Rs C-215/18 – *Králová*, RIW 2020, 359 Rn 56 mAnm VOSS IPRax 2021, 236; EuGH Rs 774/19 – *Schrems/Facebook*, RIW 2021, 51 Rn 25; EuGH Rs C-500/18 – *Reliantco Investments Ltd*, RIW 2020, 353 Rn 45 = NJW-RR 2020, 552; EuGH Rs C-375/13 – *Kolassa*, NJW 2015, 1581 Rn 23; EuGH Rs C-297/14 – *Hobohm*, NJW 2016, 697 Rn 24 mAnm MANKOWSKI; dazu WAGNER EuZW 2016, 269; HEINZE/STEINRÖTTER IPRax 2016, 545; BGH EuZW 2020, 949 Rn 16 mAnm WOLBER 929). **195**

2. Der Begriff des Verbrauchers

Der besondere Schutz des 4. Abschnitts soll nur privaten Endverbrauchern zugutekommen. Als solche kommen **nur natürliche Personen** in Betracht; juristische Personen oder Personengesellschaften können sich auf Art 17 ff Brüssel Ia-VO nicht berufen (EuGH Rs C 89/91 – *Shearson*, Slg 1993 I 139 Rn 22 = IPRax 1995, 92 EuGH Rs C-542/99 – *Cape Snc*, NJW 2002, 205 Rn 15 f; STAUDINGER/STEINRÖTTER JuS 2015, 1 [6]; RAUSCHER/STAUDINGER, Brüssel Ia-VO [5. Aufl 2021] Art 17 Rn 2). Art 17 Abs 1 Brüssel Ia-VO definiert den Verbrauchervertrag – in Übereinstimmung mit Art 6 Abs 1 Rom I-VO (dazu STAUDINGER/MAGNUS [2021] Art 6 Rom I-VO Rn 38 ff) – als einen Vertrag, dessen Zweck nicht der **196** beruflichen oder gewerblichen Tätigkeit der geschützten Person zugerechnet werden kann. Diese Definition knüpft an die Rechtsprechung des EuGH zum 4. Abschnitt des EuGVÜ 1968 an; dessen Anwendbarkeit auf *Kaufleute* als Abzahlungskäufer hatte der EuGH ausdrücklich verneint (vgl EuGH Rs 150/77 – *Bertrand*, Slg 1978, 1431 Rn 12 ff = RIW 1978, 685). Die Verordnung begnügt sich mit dieser negativen Abgrenzung, verzichtet mithin auf eine positive Bestimmung des Verbraucherbegriffs (dazu näher Staudinger/Magnus [2021] Art 6 Rom I-VO Rn 42 ff; Wieczorek/Schütze/Hausmann, ZPO [3. Aufl 2010] Art 13 EuGVÜ Rn 3 ff mwNw). Dieser ist im Wege **autonomer Auslegung** für die Brüssel Ia-VO wie für die Rom I-VO möglichst einheitlich zu präzisieren (Schlosser/Hess/Schlosser, EuZPR [5. Aufl 2021] Art 17 Rn 3; ebenso zu Art 15 Brüssel I-VO EuGH Rs C-774/19 – *Personal Exchange International*, RIW 2021, 51 Rn 28; EuGH Rs C-375/13 – *Kolassa*, NJW 2015, 1581 Rn 22 = EuZW 2015, 218; EuGH Rs C-190/11 – *Mühlleitner*, NJW 2012, 3225 Rn 28; BGH NJW-RR 2013, 1398 Rn 12; BGH NJW 2012, 455 Rn 13 = IPRax 2013, 154 mAnm Thole 136; OLG Nürnberg IPRax 2005, 248 mAnm Heiderhoff 230; Bitter IPRax 2008, 96 [100]; zu Art 13 ff EuGVÜ EuGH Rs C-89/91 – *Shearson*, Slg 1993 I 139 Rn 13 = NJW 1993, 1251; EuGH Rs C-269/95 – *Benincasa*, Slg 1997 I 3767 Rn 12 = RIW 1997, 775 = JZ 1998, 896 mAnm Mankowski = ZZP Int 3 [1998] 225 mAnm Koch; EuGH Rs C-96/00 – *Gabriel*, Slg 2002 I 6367, 6400 f Rn 42 ff; EuGH Rs C-464/01 – *Gruber*, NJW 2005, 653 Rn 31 ff; krit Schack, IZVR [9. Aufl 2025] Rn 337; Kropholler/vHein, EuZPR [9. Aufl 2011] Art 15 Rn 4 ff).

197 Dabei ist zwar auch der in anderen unionsrechtlichen Regelungen enthaltene Verbraucherbegriff zu berücksichtigen, um die Beachtung der vom Unionsgesetzgeber auf dem Gebiet der Verbraucherverträge verfolgten Ziele und die **Kohärenz des Unionsrechts** zu gewährleisten (EuGH Rs C-498/16 – *Schrems/Facebook*, NJW 2018, 1003 Rn 28 = EuZW 2018, 197 mAnm Schmitt; dazu auch Stürner/Wendelstein JZ 2018, 1083; EuGH Rs C-508/12 – *Vapenik*, NJW 2014, 841 Rn 25 = EuZW 2014, 147). Die Sicherstellung einer Kohärenz zwischen verschiedenen Rechtsakten der Union darf jedoch keinesfalls zu einer Auslegung der Zuständigkeitsvorschriften der Brüssel Ia-VO führen, die ihrer Systematik und ihren Zielsetzungen fremd ist (EuGH Rs C-694/17 – *Pillar Securitisation*, EuZW 2019, 704 Rn 35). Der weite Verbraucherbegriff des § 13 BGB, der nur Rechtsgeschäfte für *selbständige* berufliche Zwecke ausnimmt, findet insoweit keine Anwendung (BGH NJW 2012, 1817 Rn 28; OLG Nürnberg IPRax 2005, 248 mAnm Heiderhoff 230; s auch OLG Stuttgart EuLF 2009 II, 134 f: Darlehen zur Anschubfinanzierung einer zu gründenden GmbH).

198 Nach der Systematik der Verordnung ist der Begriff des „Verbrauchers" daher **eng auszulegen**, weil Art 17 Abs 1 Brüssel Ia-VO die Anwendung der allgemeinen und besonderen Zuständigkeitsregeln der Art 4 ff, 7 ff einschränkt (EuGH Rs C-774/19 – *A.B.*, RIW 2021, 51 Rn 24, 29; EuGH Rs C-215/18 – *Králová*, RIW 2020, 359 Rn 55; EuGH Rs C-297/14 – *Hobohm*, NJW 2016, 697 Rn 32 m krit Anm Mankowski 699; EuGH Rs C-375/13 – *Kolassa*, NJW 2015, 1581 Rn 28; EuGH Rs C-419/11 – *Česká spořitelna*, BeckRS 2013, 80540 Rn 26; EuGH Rs C-464/01 – *Gruber*, NJW 2005, 653 Rn 31; BGH IPRax 2017, 617 Rn 12 mAnm Köhler 570; BGH NJW 2015, 2339 Rn 26; BGH RIW 2013, 792 Rn 12; OLG Köln IPRax 2023, 477 Rn 44; Zöller/Geimer, ZPO [35. Aufl 2024] Art 17 Rn 11; unalexKomm/Schwartze Brüssel I-VO Art 17 Rn 2). Er knüpft nicht an den Status der beteiligten Person, sondern an deren **Stellung innerhalb des konkreten Vertrages** an *(funktionelle Betrachtung)*, so dass ein und dieselbe Person im Rahmen bestimmter Geschäfte als Verbraucher und im Rahmen anderer als Unternehmer angesehen werden kann (EuGH Rs C-177/22 – *Wurth Automotive*, RIW 2023, 281 Rn 22 mAnm Bens IPRax 2023, 527; EuGH Rs C-774/19 – *Personal Exchange Inter-*

national, RIW 2021, 51 Rn 29; EuGH Rs C-500/18 – *Reliantco Investments*, RIW 2020, 353 Rn 47 mAnm Mankowski EWiR 2020, 349 und Wendelstein GPR 2021, 7; EuGH Rs C-208/19 – *Petruchová*, RIW 2019, 809 Rn 41; BGH WM 2021, 40). Danach ist nur Verbraucher, wer den streitgegenständlichen Vertrag ohne jeden Bezug zu einer gegenwärtigen oder zukünftigen beruflichen oder gewerblichen Tätigkeit allein zu dem Zweck abgeschlossen hat, seinen Eigenbedarf beim privaten Verbrauch zu decken (EuGH Rs C-774/19 – *Personal Exchange International*, RIW 2021, 51 Rn 30; EuGH C-498/16 – *Schrems*, NJW 2018, 1003 Rn 30 f; EuGH Rs C-269/95 – *Benincasa*, RIW 1997, 775 Rn 16 ff; EuGH Rs C-464/01 – *Gruber*, NJW 2005, 653 Rn 35 f; st Rspr, s a BGH IPRax 2017, 617 Rn 8 mAnm Köhler 570; BGH BeckRS 2016, 18608 Rn 8; BGH NJW 2012, 1817 Rn 28).

Dementsprechend sind auch Verträge, die ein **Arbeitnehmer** zu privaten Zwecken abschließt, Verbraucherverträge iSv Art 17 ff Brüssel Ia-VO (unalexKomm/Schwartze Brüssel I-VO Art 15 Rn 5; Zöller/Geimer, ZPO [35. Aufl 2024] Art 17 Rn 5; Schlosser/Hess/Schlosser, EuZPR [4. Aufl 2015] Art 17 Rn 3; BAGE 115, 19 = NJW 2005, 3305 [zu § 310 Abs 3 BGB]; s a Heiderhoff IPRax 2007, 230 f mwNw). Hingegen ist der Arbeitnehmer für Ansprüche aus dem Arbeitsverhältnis kein Verbraucher. Insoweit ist also nicht danach zu unterscheiden, ob es sich bei der beruflichen oder gewerblichen Tätigkeit um eine selbstständige Tätigkeit oder eine abhängige Beschäftigung handelt. Es ist lediglich zu ermitteln, ob der Vertrag ohne Bezug zu einer beruflichen oder gewerblichen Tätigkeit oder Zielsetzung und unabhängig von einer solchen geschlossen worden ist. Für Ansprüche aus dem Arbeitsverhältnis haben die Art 20 ff Brüssel Ia-VO also Vorrang (EuGH C-604/20 – *ROI Land Investments Ltd*, NJW 2023, 29 Rn 58). Die Zuordnung zur privaten Sphäre des Verbrauchers entfällt auch nicht bereits deshalb, weil dieser sich **professioneller Hilfe** bedient (OLG Hamburg IPRax 2005, 231 mAnm Heiderhoff 230). Der Verbraucherbegriff in Art 17 Brüssel Ia-VO wird nur in Abgrenzung zum Unternehmerbegriff definiert (EuGH C-464/01 – *Gruber*, NJW 2005, 653 Rn 36) und ist deshalb von den Kenntnissen und Informationen, über welche die betreffende Person tatsächlich verfügt, unabhängig (EuGH Rs C-774/19 – *Personal Exchange International*, RIW 2021, 51 Rn 38; EuGH Rs C-110/14 – *Costea*, EuZW 2015, 767 Rn 21: Abschluss eines Kreditvertrags durch einen Rechtsanwalt zu privaten Zwecken; BGH NJW 2021, 2277 Rn 23). Deshalb verliert auch der Nutzer eines ursprünglich **privaten Facebook-Kontos** die Verbrauchereigenschaft nicht schon dadurch, dass er später Bücher publiziert, Vorträge hält, Websites betreibt, Spenden sammelt und sich die Ansprüche anderer Verbraucher zum Zweck der gerichtlichen Geltendmachung abtreten lässt. Er kann jedoch im Klägergerichtsstand des Art 18 Abs 1 Fall 2 Brüssel Ia-VO nur seine eigenen Ansprüche geltend machen, nicht hingegen auch Ansprüche, die ihm von anderen Verbrauchern mit Wohnsitz im gleichen Mitgliedstaat, in anderen Mitgliedstaaten oder in Drittstaaten abgetreten wurden (EuGH C-498/16 – *Schrems*, NJW 2018, 1003 Rn 41, 49 mAnm Stürner/Wendelstein JZ 2018, 1083). **199**

Auch Teilnehmer an **Devisen-, Wertpapier- oder Warentermingeschäften** sind als „Verbraucher" iSv Art 17 Abs 1 Brüssel Ia-VO zu qualifizieren, solange sie nicht beruflich oder gewerbsmäßig spekulieren; sie können sich daher auf den Schutz der Art 17–19 Brüssel Ia-VO berufen (vgl zu Differenzgeschäften EuGH Rs C-500/18 – *Reliantco Investments*, RIW 2020, 353 Rn 51 ff; EuGH Rs C-208/18 – *Petruchová*, RIW 2019, 809 Rn 45 ff mAnm Mankowski; ferner BGH NJW 2012, 455 Rn 26; BGH ZIP 1991, 1209 = EWiR 1991, 569 mAnm Geimer; OLG Bamberg BeckRS 2018, 29192 Rn 23; OLG Frankfurt EuZW 2009, 309 [310]; OLG Hamburg EuLF 2005 II, 78 = IPRax 2005, 231 mAnm Heiderhoff 230; OLG Düsseldorf RIW **200**

1996, 681 mAufs Mankowski 1001 = IPRax 1997, 118; OLG Köln ZIP 1989, 838 = EWiR 1989, 681 m **abl** Anm Schütze; LG Darmstadt ZIP 2004, 1924; Thorn IPRax 1995, 295; Benicke WM 1997, 945 [950], jeweils mwNw; s auch Rn 214). Insoweit kommt es weder auf den Wert der getätigten Transaktionen (vgl OLG Stuttgart RIW 2015, 762 Rn 64 ff mAnm Mankowski: Vermögensanlage von 50 Mio Euro; **aA** noch OLG Hamm IPRspr 2004 Nr 98a), noch die Höhe der mit dem Abschluss solcher Verträge verbundenen Risiken finanzieller Verluste an, weil die Anwendung von Art 17 Brüssel Ia-VO sonst für den Investor nicht mehr vorhersehbar wäre (EuGH Rs C-208/18 – *Petruchová*, RIW 2019, 809 Rn 50 ff). Der Umstand, dass der Verbraucher **Transaktionen in großer Zahl** innerhalb eines relativ kurzen Zeitraums vorgenommen oder bedeutende Geldbeträge in diese Transaktionen investiert hat, ist daher unerheblich; es muss sich also nicht um einen „Kleinanleger" iSv von Art 4 Abs 1 Nr 12 der EG-Richtlinie 2004/39 handeln (EuGH Rs C-208/18 – *Petruchová*, RIW 2019, 809 Rn 67 ff; EuGH Rs C-500/18 – *Reliantco Investments*, RIW 2020, 353 Rn 54 ff). Ebenso wenig ist auf die **besonderen Kenntnisse** einer Person auf dem Gebiet von Finanzinstrumenten oder ihr aktives Handeln im Rahmen solcher Transaktionen abzustellen, weil damit wiederum die subjektiven Fähigkeiten dieser Person den Ausschlag gäben, während die Verbrauchereigenschaft einer Person allein anhand von deren *objektiver* Stellung innerhalb des konkreten Vertrags zu beurteilen ist (EuGH Rs C-774/19 – *Personal Exchange International*, RIW 2021, 51 Rn 38 ff; EuGH C-498/16 – *Schrems*, NJW 2018, 1003 Rn 39; EuGH Rs C-208/18 – *Petruchová*, RIW 2019, 809 Rn 54 ff). Schließlich wirkt sich auch der Ausschluss der Finanzinstrumente aus dem Geltungsbereich von Art 6 Rom I-VO nicht auf die Einstufung einer Person als „Verbraucher" iS von Art 17 Abs 1 Brüssel Ia-VO aus; denn die vom Unionsgesetzgeber angestrebte Kohärenz kann keinesfalls zu einer Auslegung der Brüssel Ia-VO führen, die ihrer Systematik und ihren Zielen fremd ist (EuGH Rs C-208/18 – *Petruchová*, RIW 2019, 809 Rn 60 ff).

201 Die vorstehenden Grundsätze gelten auch für die zur Durchführung von solchen Wertpapiergeschäften geschlossenen **Finanzierungsverträge** (OLG München BeckRS 2013, 06369), für Geldanlagen zum Zweck der Altersvorsorge (öst OGH ZfRV-LS 2009/14) oder für eine Vermögensanlage in Form der Beteiligung an einer (Publikums-) KG (BGH NJW-RR 2013, 1399 Rn 13; OLG Hamm MDR 2017, 830; vgl auch BGH IPRax 2021, 462 mAnm Mankowski 432: Beitritt zu einer GmbH & Co. KG als Mehrheitskommanditist) oder an einem Fonds (vgl zur Beteiligung an einem geschlossenen Immobilienfonds BGH IPRax 2024, 462 Rn 27; BGH IPRax 2013, 563 Rn 18 mAnm Arnold 525; BGH NJW 2011, 2809 Rn 22 = IPRax 2013, 168 mAnm Arnold 141; OLG Frankfurt ZIP 2013, 387; **aA** BayObLG NJW-RR 2006, 210 [Treuhandverträge von Kapitalanlegern]; BayObLG BeckRS 2020, 3166 [Beteiligung an Fondsgesellschaften]), wenn kein Zusammenhang mit einer gewerblichen oder beruflichen Tätigkeit des Anlegers besteht. Ein solcher Zusammenhang besteht nicht schon deshalb, weil das für private Zwecke investierte Vermögen aus der Berufstätigkeit des Anlegers stammt (OLG Hamm BeckRS 2016, 11677). Auch ein im Zusammenhang mit dem privaten Kapitalanlagevertrag vom Anleger geschlossener Anwaltsvertrag ist dann eine Verbrauchersache (BGH BeckRS 2017, 103593 Rn 50 ff; OLG München BeckRS 2016, 6263 Rn 26). Auch ein **Kunstsammler,** der nicht als Galerist oder sonst gewerblich handelt, ist Verbraucher (OLG Düsseldorf IPRax 2019, 559 mAnm Jayme). Schließlich verliert auch eine natürliche Person, die mit einer in einem anderen Mitgliedstaat ansässigen Gesellschaft einen Vertrag geschlossen hat, um online Poker zu spielen, nicht ihre Eigenschaft als „Verbraucher" iSv Art 17 Brüssel Ia-VO, selbst wenn sie täglich viele

Stunden an diesem Spiel teilnimmt und dabei erhebliche Gewinne erzielt (EuGH Rs C-774/19 – *Personal Exchange International*, RIW 2021, 51 Rn 33 ff; vBARY IPRax 2022, 456 [457]).

Dagegen kann nicht als Verbraucher angesehen werden, wer einen Vertrag zum Zwecke einer zukünftigen beruflichen Tätigkeit geschlossen hat (**Existenzgründer**; vgl EuGH Rs C-208/18 – *Petruchová*, RIW 2019, 809 Rn 43; EuGH Rs C-269/95 – *Benincasa*, RIW 1997, 775; BGH ZIP 2006, 1013; dazu MANKOWSKI JZ 1998, 898; RAUSCHER/STAUDINGER, Brüssel Ia-VO [5. Aufl 2021] Art 17 Rn 2c aE; ferner OLG Stuttgart EuLF 2009 II 134 f: Darlehensvertrag für eine zu gründende Gesellschaft, in welcher der Darlehensnehmer als Geschäftsführer tätig sein soll). Gleiches gilt für eine natürliche Person, die mit einer Gesellschaft beruflich oder gewerblich eng verbunden ist, etwa als deren Geschäftsführer oder Mehrheitsbeteiligter, wenn sie eine **Wechselbürgschaft** für einen Wechsel übernimmt, der als Garantie für die Verbindlichkeiten dieser Gesellschaft aus einem Vertrag über die Gewährung eines Kredits begeben wurde (EuGH Rs C-419/11 – *Česká spořitelna*, BeckRS 2013, 80540 Rn 40). Ferner findet Art 17 Abs 1 Brüssel Ia-VO auch dann keine Anwendung, wenn ein Verbraucher eine Inhaberschuldverschreibung bei einem beruflich oder gewerblich handelnden Dritten erworben hat, ohne dass zwischen ihm und dem Emittenten dieser Schuldverschreibung ein Vertrag geschlossen worden wäre (EuGH Rs C-375/13 – *Kolassa*, NJW 2015, 1581 Rn 29 ff = IPRax 2016, 143 mAnm STAUDINGER/BAUER 107). Schließlich ist auch der **Aktionär** im Verhältnis zur Gesellschaft nicht als Verbraucher iS der Brüssel Ia-VO anzusehen (öst OGH 7. 7. 2017, unalex AT-1121). 202

Bei Streitigkeiten aus **gemischten Verträgen**, die teils beruflichen/gewerblichen, teils privaten Zwecken dienen („*dual use*"; dazu rechtsvergleichend GOTTSCHALK RIW 2006, 576 ff), scheidet nach Ansicht des EuGH eine Aufspaltung des Vertrages mit der Folge konkurrierender Gerichtsstände aus Gründen der Vorhersehbarkeit und der Rechtssicherheit aus; der Rechtsstreit aus einem solchen Vertrag kann nur aufgrund einer **Gesamtbewertung** entweder insgesamt Verbrauchersache iS der Art 17–19 Brüssel Ia-VO oder eine allgemeine vertragliche Streitigkeit iS der Art 4, 7 Nr 1 Brüssel Ia-VO sein; in diese Bewertung sind Inhalt, Art und Zweck des Vertrages sowie die objektiven Umstände bei Vertragsschluss einzubeziehen (EuGH Rs C-464/01 – *Gruber*, NJW 2005, 653 Rn 44; BGH NJW 2021, 2277 Rn 23; BGH IPRax 2017, 617 Rn 9 mAnm KÖHLER 570; OLG Koblenz OLGR 2008, 434 [435]; **krit** REICH EuZW 2005, 244). Für die Abgrenzung kommt es auch nicht darauf an, ob bei objektiver Betrachtung aus der Sicht des Vertragspartners der berufliche bzw gewerbliche oder der private Zweck überwiegt (so noch schwz BG SZIER 1996, 84 [87] mAnm VOLKEN; frz Cass civ Rev crit 2001, 142 mAnm GAUDEMET-TALLON; KROPHOLLER/vHEIN, EuZPR [9. Aufl 2011] Art 15 Brüssel I-VO Rn 10); vielmehr schließt bereits eine auch nur teilweise oder mittelbare berufliche bzw gewerbliche Zweckbestimmung des Vertrages die Anwendbarkeit der Art 17–19 Brüssel Ia-VO insgesamt aus (BGH IPRax 2017, 570 Rn 8 ff mAnm KÖHLER 617; KG MMR 2026, 212 Rn 24 ff; GEIMER/SCHÜTZE/GEIMER, EuZVR [4. Aufl 2020] Art 17 Rn 46 ff; vgl auch öst OGH ecolex 2008, 404: Inanspruchnahme von anwaltlichen Leistungen für eine zeitweise vermietete Ferienwohnung; OLG Koblenz OLGR 2008, 434 [435]: Maklervertrag über den Erwerb einer später zu vermietenden Wohnung). Etwas anderes kann nur gelten, wenn die berufliche bzw gewerbliche Zweckverfolgung nach dem Inhalt des Vertrages und den objektiven Umständen bei Vertragsschluss nur eine **„ganz untergeordnete Rolle"** spielt (EuGH C-177/22 – *Wurth Automotive GmbH*, WM 2023, 682 Rn 25, 27 mAnm MAYRHOFER EuZW 2023, 424; EuGH C-630/17 – *Milivojević*, BeckRS 2019, 1381 Rn 91 = RIW 2019, 218: Kreditvertrag zur Durchführung von Renovierungsarbeiten am privaten Wohnhaus, um in diesem auch Beherbergungsleis- 203 tungen für Touristen zu erbringen; EuGH Rs C-464/01 – *Gruber*, NJW 2005, 653 Rn 39 ff; BGH IPRax 2017, 617 Rn 8 mAnm Köhler 570; BGH NJW 2012, 1817 Rn 29; öst OGH 1. 8. 2012, unalex AT-812). Auch die Einbindung eines – nicht am Prozess beteiligten – Verbrauchers in den Vertrag macht den auch beruflich-gewerblich handelnden Vertragspartner des Unternehmers im Hinblick auf seine gerichtliche Inanspruchnahme nicht iSd Art 17 ff Brüssel Ia-VO schutzbedürftig (BGH IPRax 2017, 617 Rn 12 mAnm Köhler 570).

204 **Beweispflichtig** für den rein privaten Vertragszweck und damit für ihre Verbrauchereigenschaft ist diejenige Partei, die sich auf den Schutz des 4. Abschnitts beruft, weil dieser eine Ausnahme zu den allgemeinen und besonderen Zuständigkeiten des 2. und 3. Abschnitts darstellt (EuGH Rs C-177/22 – *Wurth Automotive*, RIW 2023, 281 Rn 48 mAnm Bens IPRax 2023, 527; EuGH Rs C-464/01 – *Gruber*, NJW 2005, 653 Rn 39, 46; BGH RIW 2017, 229 Rn 38; BGH NJW 2015, 2339 Rn 26; BGH NJW 2012, 1817 Rn 32; schwz BG 6. 5. 2013, unalex CH-507; öst OGH 26. 9. 2017, unalex AT-1131; OLG Stuttgart RIW 2015, 762 Rn 45; unalex-Komm/Schwarze Brüssel I-VO Art 15 Rn 8; **aA** (Vermutung zugunsten des privaten Vertragszwecks] OLG Bamberg BeckRS 2018, 29192 Rn 25 ff). Für die Entscheidung, ob der Vertrag beruflich-gewerblichen oder privaten Zwecken dient, kommt es nicht auf den inneren Willen des (vermeintlichen) Verbrauchers, sondern auf den **Empfängerhorizont des Vertragspartners** an (Schlosser/Hess/Schlosser, EuZPR [4. Aufl 2015] Art 17 Rn 3). Wird diesem gegenüber (zB durch Verwendung von Briefpapier, Lieferadresse etc) der Anschein eines Erwerbs zu beruflichen Zwecken erweckt, so sind die Art 17–19 Brüssel Ia-VO nicht anwendbar, auch wenn in Wirklichkeit ein privater Zweck verfolgt wird (EuGH C-177/22 – *Wurth Automotive GmbH*, WM 2023, 682 Rn 34 mAnm Mayrhofer EuZW 2023, 424; EuGH Rs C-464/01 – *Gruber*, NJW 2005, 653 Rn 47 ff; OLG Stuttgart RIW 2015, 762; dazu näher Geimer/Schütze/Geimer, EuZVR [4. Aufl 2020] Art 17 Rn 61 ff). Die Verbrauchereigenschaft ist mithin nach der *objektiven* Stellung der betroffenen Person im Rahmen des konkreten Vertragsverhältnisses in Verbindung mit dessen Natur und Zielsetzung zu bestimmen (EuGH Rs C-269/95 – *Benincasa*, Slg 1997 I 3767 Rn 16; BGH NJW-RR 2013, 1399 Rn 12; BGH NJW 2012, 1817 Rn 28). Daher werden reine **Privatgeschäfte zwischen zwei Verbrauchern** von Art 17 Brüssel Ia-VO nicht erfasst (EuGH Rs C-508/12 – *Vapenik*, NJW 2014, 841 Rn 31 ff = IPRax 2015, 237 mAnm Stadler/Krüger 2039). Schließt jedoch ein Rechtsanwalt mit einer Bank einen Kreditvertrag ab, der nicht seiner Anwaltstätigkeit dient, so bleibt er nach Ansicht des EuGH auch dann Verbraucher im Sinne dieser Vorschrift; wenn die sich aus diesem Vertrag ergebende Forderung durch eine Hypothek gesichert ist, die dieselbe Person als Vertreter ihrer Rechtsanwaltskanzlei bestellt hat und Güter betrifft, die der Ausübung ihrer beruflichen Tätigkeit dienen, wie ein im Eigentum dieser Kanzlei stehendes Grundstück (EuGH Rs C-110/14 – *Costea*, EuZW 2015, 767 Rn 25 ff).

205 Da der Grundsatz *„actor sequitur forum rei"* (Art 4 Abs 1 Brüssel Ia-VO) durch die Sonderregelung des 4. Abschnitts stark eingeschränkt wird, ist der Verbraucherbegriff in Art 17 Brüssel Ia-VO *restriktiv* auszulegen; damit wird sichergestellt, dass dieser Abschnitt nicht auf Personen angewandt wird, die des besonderen Schutzes durch die Zuständigkeitsregelung in Art 18, 19 Brüssel Ia-VO nicht bedürfen (Rn 198 mNachw). Die Verordnung schützt als Verbraucher daher nur Personen, die **persönlich als Kläger oder Beklagter** an dem Verfahren teilnehmen. Tritt der Verbraucher seine Ansprüche aus einem Verbrauchervertrag also zum Zwecke der gerichtlichen Geltendmachung an einen Dritten ab, der diese Ansprüche sodann in Ausübung seiner beruflichen oder gewerblichen Tätigkeit durchzusetzen sucht, so kann sich der Zes-

sionar nicht auf die besonderen Zuständigkeitsregeln der Art 18, 19 Brüssel Ia-VO berufen, weil er nicht selbst der an einem Vertrag iSv Art 17 Abs 1 Brüssel Ia-VO beteiligte private Endverbraucher ist (EuGH Rs C-89/91 – *Shearson*, Slg 1993 I 139 Rn 23 = NJW 1993, 1251; dazu die Abschlussentscheidung BGH NJW 1993, 2683 [2684] = IPRax 1995, 98 mAnm Koch 71 = EuZW 1993, 517 mAufs Geimer 564; BGH WM 2021, 40 Rn 32; öst OGH 4. 3. 2005, unalex AT-100; OLG München ZIP 2013, 435). Etwas anderes gilt auch dann nicht, wenn der Zessionar selbst Verbraucher ist; denn die Zuständigkeit anderer als der in der Brüssel Ia-VO ausdrücklich genannten Gerichte kann auch nicht durch eine Konzentration mehrerer Ansprüche bei nur einem Kläger begründet werden (EuGH C-498/16 – *Schrems*, NJW 2018, 1003 Rn 48 f = EuZW 2018, 197 mAnm Schmitt; dazu die Vorlage öst OGH 20. 7. 2016, unalex AT-1061; Stürner/Wendelstein JZ 2018, 1083; **aA** noch Rauscher/Staudinger, Brüssel Ia-VO [5. Aufl 2021] Art 17 Rn 2; MünchKommZPO/Gottwald Art 17 Rn 3). Die Verbrauchergerichtsstände sind auch im Fall der **Legalzession** von Forderungen aus einem Verbrauchervertrag an einen Dritten für diesen nicht eröffnet (OLG Innsbruck 10. 3. 2016, unalex AT-1072).

Aus diesem Grunde können auch **Verbandsklagen** iSv §§ 1 ff UklaG nicht in den Verbrauchergerichtsständen der Brüssel Ia-VO erhoben werden (EuGH Rs C-167/00 – *Henkel*, Slg 2002 I 8111 Rn 33 f = IPRax 2003, 341 mAnm Michailidou 223; öst OGH 20. 7. 2016, unalex AT-1061; Tonner VuR 1993, 48 [49]; Kartzke NJW 1994, 823 [824 f]). Demgegenüber verliert der Verbraucher den Schutz der Art 18, 19 Brüssel Ia-VO nicht dadurch, dass der *Unternehmer* seine Ansprüche aus dem Verbrauchervertrag an einen Dritten abtritt (BGH NJW 2017, 844 Rn 44). **206**

3. Vertragsbeziehung zwischen Verbraucher und Unternehmer

Die Art 17–19 Brüssel Ia-VO nehmen ausdrücklich Bezug auf den „Vertrag, den … der Verbraucher … geschlossen hat" und auf den „Vertragspartner des Verbrauchers". Diese Bezugnahmen sprechen für eine Auslegung, nach der für die Anwendung des 4. Abschnitts die Klage eines Verbrauchers **nur gegen dessen Vertragspartner** gerichtet werden kann, was zwangsläufig den Abschluss eines Vertrags zwischen dem Verbraucher und dem beruflich oder gewerblich tätigen Beklagten impliziert (EuGH Rs C-821/21 – *Club La Costa*, NJW 2024, 569 Rn 45 mAnm Rieländer; EuGH Rs C 235/20 – *Primera Air Scandinavia*, NJW-RR 2020, 552 Rn 60 f). Eine Auslegung, wonach die in den Art 17–19 Brüssel Ia-VO aufgestellten Regeln für die Zuständigkeit in Verbrauchersachen auch anwendbar sind, wenn zwischen dem Verbraucher und dem beruflich oder gewerblich Tätigen kein Vertrag besteht, ist nicht mit dem im ErwG 15 zur Verordnung dargelegten Ziel vereinbar, ein hohes Maß an Vorhersehbarkeit bei der Begründung der Zuständigkeit zu gewährleisten. Ausreichend ist es jedoch auch, wenn die Parteien durch zwei formal selbstständige Vertragsverhältnisse miteinander verbunden sind, die aufgrund ihres Inhalts untrennbar miteinander verbunden sind (EuGH Rs C-735/13 – *Maletic*, NJW 2014, 530 Rn 29). **207**

Der Vertragsschluss mit einem **konzernangehörigen Unternehmen** eröffnet daher keinen Verbrauchergerichtsstand gegen ein anderes Konzernunternehmen (EuGH Rs C-821/21, NJW 2024, 569 Rn 45 mAnm Rieländer, IPRax 2024, 310 Rn 57; Nemeth GPR 2024, 143 [144]). Ferner ist eine **Klage auf Ausgleichsleistung** wegen der großen Verspätung eines Fluges, die ein Fluggast gegen das ausführende Luftfahrtunternehmen erhoben hat, das nicht Vertragspartner des Fluggasts ist, zwar als eine Vertragsklage iSv Art 7 **207a**

Nr 1 Brüssel Ia-VO anzusehen (Rn 99); sie ist jedoch keine Verbrauchersache iSv Art 17 ff Brüssel Ia-VO, weil es an einer Vertragsbeziehung gerade zwischen den Parteien des Rechtsstreits fehlt (EuGH Rs C-215/18 – *Králová*, RIW 2020, 359 Rn 58 ff).

4. Die nach Art 17 Abs 1 Brüssel Ia-VO geschützten Geschäfte

208 Art 17 Abs 1 Brüssel Ia-VO begrenzt den prozessualen Verbraucherschutz auf ganz bestimmte Erwerbsgeschäfte, die entweder wegen ihres Gegenstands (lit a und lit b) oder wegen der Umstände des Vertragsschlusses (lit c) als besonders gefährlich für den Verbraucher erachtet werden. Die Voraussetzungen des Art 17 Abs 1 Brüssel Ia-VO müssen im **Zeitpunkt des Vertragsschlusses** vorliegen. Die **Beweislast** für das Vorliegen eines der in lit a – lit c genannten Verträge trägt nach allgemeinen Grundätzen diejenige Partei, die sich auf die Sonderzuständigkeiten in Art 17–19 Brüssel Ia-VO beruft, dh idR der Verbraucher (schwz BG 6. 5. 2013, unalex CH-507).

a) Kauf beweglicher Sachen auf Teilzahlung

209 Schutzbedürftig ist der Verbraucher nach Art 17 Abs 1 lit a Brüssel Ia-VO vor allem beim Kauf beweglicher Sachen auf Teilzahlung. Da der Begriff des Teilzahlungskaufs in den einzelnen Mitgliedstaaten eine ganz unterschiedliche positiv-rechtliche Ausprägung erfahren hat, bedarf es insoweit der Entwicklung eines eigenständigen **„europäischen" Begriffs** (EuGH Rs 150/77 – *Bertrand*, Slg 1978, 1431 Rn 12 ff = RIW 1978, 685; EuGH Rs C-99/86 – *Mietz*, Slg 1999 I 2277 Rn 26 ff = IPRax 2000, 411 mAnm Hess 370; BGH NJW 1997, 2685 [2686]). Dabei ist vor allem dem besonderen Schutzbedürfnis des Abzahlungskäufers Rechnung zu tragen, der nicht selten unbilligen und übermäßig belastenden Vertragsklauseln unterworfen wird, deren Brisanz durch die mit der Kreditierung eröffnete Verschuldensmöglichkeit noch verstärkt wird (EuGH Rs 150/77 – *Bertrand*, Slg 1978, 1431 Rn 19 ff). Art 17 Abs 1 lit a Brüssel Ia-VO nennt den „Kauf" nur als Prototyp des Teilzahlungsgeschäfts. Nach dem Normzweck werden jedoch alle Umsatzgeschäfte mit gleicher wirtschaftlicher Zielrichtung erfasst. Dies gilt insbesondere für den sog *Mietkauf („hire-purchase")*, der in Großbritannien und Irland den wichtigsten Typ des Abzahlungsgeschäfts bildet (Schlosser-Bericht Rn 157; Geimer/Schütze/Geimer, EuZVR [4. Aufl 2020] Art 17 Rn 78 ff) oder für Leasingverträge, die dem Leasingnehmer das wirtschaftliche Eigentum am Leasinggegenstand verschaffen (Rauscher/Staudinger, Brüssel Ia-VO [5. Aufl 2021] Art 17 Rn 4). Demgegenüber werden Werkverträge sowie *Werklieferungsverträge*, bei denen die Sache aufgrund der Bestellung erst noch angefertigt werden muss, von Art 17 Abs 1 Brüssel Ia-VO nicht erfasst, auch wenn der Kaufpreis kreditiert wird (Rauscher/Staudinger, Brüssel Ia-VO [5. Aufl 2021] Art 17 Rn 4; **aA** Schlosser/Hess/Schlosser, EuZPR [5. Aufl 2021] Art 17 Rn 5 aE). Ein Kauf iS dieser Vorschrift ist vielmehr nur die Übertragung einer „fertig bereitliegende(n) auf Vorrat für allgemeine Verwendung gefertigte(n) Ware" (BGH NJW 1997, 2685 f; Kropholler/vHein, EuZPR [9. Aufl 2011] Art 15 Brüssel I-VO Rn 16).

209a Gegenstand eines Abzahlungskaufs können alle **beweglichen Sachen** sein. Über die Qualifikation einer Sache als beweglich oder unbeweglich ist dabei – ebenso wie im Rahmen des Art 24 Nr 1 Brüssel Ia-VO (Rn 68) – aufgrund autonomer Wertung zu entscheiden (EuGH Rs C-99/96 – *Mietz*, Slg 1999 I 2277 Rn 26 = IPRax 2000, 411 mAnm Hess 370; LG Darmstadt NJW-RR 1994, 684 = IPRax 1995, 318 m zust Anm Thorn 294; Geimer/Schütze/Geimer, EuZVR [4. Aufl 2020] Art 17 Brüssel Ia-VO Rn 79). Danach sind auch eingetragene Schiffe bewegliche Sachen (EuGH Rs C-99/96 – *Mietz*, Slg 1999 I 2277 Rn 23); hingegen scheidet eine Anwendung auf den Kauf von Gesellschaftsanteilen und Immaterialgüterrechten, aber auch von **Wertpapieren** aus (öst OGH EuLF 2010 II 124; LG Darmstadt NJW-RR 1994, 684; zust Thorn IPRax 1995, 297; Kropholler/vHein, EuZPR [9. Aufl 2011] Art 15 Brüssel I-VO Rn 17; ebenso zu Art 5 Abs 1 EVÜ BGHZ 123, 380 [387] = NJW 1994, 262).

Konstitutives Merkmal eines Abzahlungsgeschäfts iSv Art 17 Abs 1 lit a Brüssel Ia-VO ist schließlich die **Abrede der Teil- bzw Ratenzahlung**. Weder der Jenard-Bericht noch die nationalen Rechte lassen eine eindeutige Aussage über die Mindestzahl der Raten zu. Eine Teilzahlungsabrede liegt unstreitig vor, wenn der Kaufpreis in drei oder mehr Teilzahlungen zu erbringen ist; auch eine Aufspaltung des Kaufpreises in lediglich zwei Teilleistungen kann jedoch genügen (OLG Saarbrücken 9. 12. 2003, unalex DE-332; unalexKomm/Schwartze Brüssel I-VO Art 15 Rn 14; Geimer/Schütze/Geimer, EuZVR [4. Aufl 2020] Art 17 Rn 80; Rauscher/Staudinger, Brüssel Ia-VO [5. Aufl 2021] Art 17 Rn 5). In jedem Fall bezweckt Art 17 Abs 1 lit a Brüssel Ia-VO den Schutz des Käufers nur für den Fall, dass der Verkäufer ihm ein Darlehen gewährt hat. Erforderlich ist also, dass der Verkäufer dem Käufer den Besitz an der Kaufsache übertragen hat, bevor dieser die letzte Kaufpreisrate gezahlt hat. Kann der Verkäufer hingegen die Zahlung des gesamten Kaufpreises schon vor Besitzübergang verlangen, so liegt ein Teilzahlungskauf iSv Art 17 Abs 1 lit a Brüssel Ia-VO auch dann nicht vor, wenn dem Käufer die Möglichkeit eingeräumt wurde, den Kaufpreis in mehreren Teilzahlungen zu leisten (EuGH Rs C-99/96 – *Mietz*, Slg 1999 I 2277 Rn 33 = IPRax 2000, 411; Thomas/Putzo/Nordmeier, ZPO [46. Aufl 2025] Art 17 Rn 8; vgl auch öst OGH 12. 9. 2002, unalex AT-150: Verlangen einer Vorauszahlung durch Verkäufer reicht nicht). 210

b) Kreditgeschäfte zur Finanzierung eines Kaufs beweglicher Sachen

Der 4. Abschnitt gilt gemäß Art 17 Abs 1 lit b Brüssel Ia-VO auch für Klagen aus Verträgen, die ein Verbraucher zur Finanzierung eines Kaufs beweglicher Sachen iSv lit a abgeschlossen hat. Diesbezüglich kommt es nicht darauf an, ob der Kreditvertrag in den Anwendungsbereich der Richtlinie 2008/48/EG über Verbraucherkreditverträge fällt und die in Art 2 Abs 2 lit c dieser Richtlinie festgelegte Kreditobergrenze von 75.000 Euro nicht überschritten wird (EuGH Rs C-694/17 – *Pillar Securitisation*, EuZW 2019, 704 Rn 49). Entscheidend ist vielmehr die – für den Kreditgeber erkennbare – **Zweckgebundenheit des zur Verfügung gestellten Darlehens** zur Finanzierung eines Kaufs beweglicher Sachen, wie sie typischerweise beim *Finanzierungsleasing* gegeben ist (Rauscher/Staudinger, Brüssel Ia-VO [5. Aufl 2021] Art 17 Rn 6). Wird der Kredit hingegen ohne eine solche Zweckbindung als echter Personalkredit gewährt, so liegt kein Kreditgeschäft iSv Art 17 Abs 1 lit b Brüssel Ia-VO vor (Geimer/Schütze/Geimer, EuZVR [4. Aufl 2020] Art 17 Rn 82); es kommt dann lediglich die Anwendung von lit c in Betracht (Thomas/Putzo/Nordmeier, ZPO [46. Aufl 2025] Art 17 Rn 9). Ferner gilt die Vorschrift auch nicht für Verträge, die zur *Finanzierung von Dienstleistungen* für den Verbraucher bestimmt sind; auch für diese genießt der Verbraucher den prozessualen Schutz nach Art 18, 19 Brüssel Ia-VO nur, wenn die Voraussetzungen der lit c erfüllt sind. Das zur Finanzierung des Kaufs in Anspruch genommene Darlehen muss allerdings nicht notwendig *in Raten zurückgezahlt* werden; Art 17 Abs 1 lit b Brüssel Ia-VO greift vielmehr auch dann ein, wenn die Kaufsache mit Hilfe des gewährten Darlehens auf einmal bezahlt wird (Schlosser-Bericht Rn 157; Geimer/Schütze/Geimer, EuZVR [4. Aufl 2020] Art 17 Rn 83). Für diesen Fall gelten die Zuständigkeitsregeln des 4. Abschnitts freilich nur für die Klage des Kreditgebers aus dem Darlehensvertrag, nicht hingegen für die Klage aus dem Kaufvertrag, weil Art 17 Abs 1 211 lit a Brüssel Ia-VO einen Teilzahlungskauf voraussetzt (Kropholler/vHein, EuZPR [9. Aufl 2011] Art 15Brüssel I-VO Rn 18); eine Ausnahme gilt nur für verbundene Geschäfte iSv §§ 358, 359 BGB (Thomas/Putzo/Nordmeier, ZPO [46. Aufl 2025] Art 17 Rn 9 aE; Rauscher/Staudinger, Brüssel Ia-VO [5. Aufl 2021] Art 17 Rn 6).

c) Sonstige Verbraucherverträge

212 In Art 17 Abs 1 lit c Brüssel Ia-VO wird der prozessuale Schutz des Verbrauchers über die Teilzahlungsgeschäfte und im Zusammenhang damit geschlossene Kreditgeschäfte hinaus auf weitere Verträge ausgedehnt, sofern diese einen hinreichend **engen Bezug zum Wohnsitzstaat des Verbrauchers** aufweisen. Damit hat der Verordnungsgeber einen Auffangtatbestand geschaffen, der in sachlicher Hinsicht deutlich weiter reicht als die Vorgängernorm in Art 13 Abs 1 Nr 3 EuGVÜ. Ferner wurden auch die Kriterien für den erforderlichen Bezug zum Wohnsitzstaat des Verbrauchers erheblich gelockert, um vor allem den neuen Formen des *elektronischen Handels* Rechnung zu tragen (Micklitz/Rott EuZW 2001, 325 [331]; Rauscher/Staudinger, Brüssel Ia-VO [5. Aufl 2021] Art 17 Rn 7). Danach kann sich auch der **aktive Verbraucher** auf die Art 17–19 Brüssel Ia-VO berufen. Eine analoge Anwendung von Art 17 Abs 1 lit c Brüssel Ia-VO auf nicht von der Vorschrift erfasste Sachverhalte hat hingegen wegen des Ausnahmecharakters der Vorschrift auszuscheiden (EuGH Rs C-190/11 – *Mühlleitner*, NJW 2012, 3225 Rn 27; vgl auch BGHZ 135, 124 [133 ff] = NJW 1997, 1697 [zu Art 29 EGBGB]).

aa) Keine Beschränkung auf bestimmte Vertragstypen

213 Schon mit Inkrafttreten der Brüssel I-VO ist die zuvor in Art 13 Abs 1 Nr 3 EuGVÜ enthaltene Beschränkung des prozessualen Verbraucherschutzes auf Verträge, welche die Erbringung einer Dienstleistung oder die Lieferung beweglicher Sachen zum Gegenstand haben, entfallen. Art 17 Abs 1 lit c Brüssel Ia-VO ist daher – anders als die Vorläuferregelung in Art 13 Abs 1 Nr 3 EuGVÜ/LugÜ 1988 (vgl noch schwz BG 8. 2. 2008, unalex CH-250) – nicht mehr auf Fallgestaltungen beschränkt, in denen die Parteien synallagmatische Pflichten vereinbart haben. Ausreichend ist vielmehr eine **einseitige Verpflichtung des Unternehmers**; eine Verpflichtung auch des Verbrauchers wird hingegen nicht vorausgesetzt (EuGH Rs C-180/06 – *Ilsinger*, Slg 2009 I 3998 Rn 51 = EuLF 2009 I 76; BAG RIW 2021, 156; BGH NJW 2012, 455 Rn 14 mwNw; Geimer/Schütze/Geimer, EuZVR [4. Aufl 2020] Art 17 Rn 66; dazu näher Rn 238). Die Vorschrift gilt daher für alle Verträge, die nicht bereits von lit a oder b erfasst werden, mit Ausnahme von Beförderungsverträgen (EuGH Rs 694/17 – *Pillar Securitisation*, EuZW 2019, 704 Rn 42). Dies trifft zunächst auf alle Verträge zu, die schon früher als Kauf- oder Dienstleistungsverträge iwS unter den Schutz des Art 13 Abs 1 Nr 3 EuGVÜ gefallen waren (dazu Wieczorek/Schütze/Hausmann, ZPO [3. Aufl 2010] Art 13 EuGVÜ Rn 15), wie zB **Werk- und Werklieferungsverträge**, Architektenverträge (BGHZ 167, 83 ff), Anwaltsverträge (BGH IPRax 2018, 620 Rn 10 ff mAnm Rademacher 600), **Kommissions- und Geschäftsbesorgungsverträge** etwa zwischen Treuhänder und Treugeber (BGH ZIP 2013, 93; BGH NJW 2011, 2809; BGH NJW 1994, 262 [263]), zwischen Broker und Privatkunden zur Abwicklung von Börsengeschäften (vgl OLG Köln ZIP 1989, 838 [839]; OLG Düsseldorf WM 1989, 50 [54] = EWiR 1989, 513 mAnm Wach und RIW 1996, 681 = IPRax 1997, 118 mAnm Thorn 98; OLG Hamburg EuLF 2005 II 78 = IPRax 2005, 251 mAnm Heiderhoff; Wach-Weberpals AG 1989, 193 [198 f]; Hartung ZIP 1991, 1185 [1192]; Schlosser, in: FS Steindorff [1990] 1379 [1383]; Benicke WM 1997, 945 [950 f]) oder zwischen Vermögensverwalter/Anlageberater und Kunden (BGH WM 2017, 565; BGH ZIP 2013, 93; BGH NJW 2011, 2809 Rn 22 ff; OLG Stuttgart RIW 2015,

762 mAnm Mankowski OLG Dresden IPRax 2006, 44 mAnm vHein 16 und NJW 2007, 509 mAnm Ochmann; OLG Köln WM 2004, 1324).

Demgegenüber fehlt es im Verhältnis zwischen dem Emittenten einer Inhaberschuldverschreibung und dem privaten Geldanleger – insbesondere bei der **Ausgabe von Staatsanleihen** – idR an einer unmittelbaren Vertragsbeziehung, die eine Anwendung der Art 17 ff Brüssel Ia-VO rechtfertigen könnte (EuGH Rs C-375/13 – *Kolassa*, NJW 2015, 1581 Rn 35 = EuZW 2015, 218 mAnm Staudinger IPRax 2016, 107 und vHein JZ 2015, 942; öst OGH 30. 7. 2015, JBl 2016, 47 [40] = ÖJZ 2015, 164 [166] mAnm Garber; OLG Köln WM 2016, 1590 Rn 51; OLG Oldenburg RIW 2016, 459 Rn 24 mAnm Müller; OLG Schleswig ZIP 2016, 1501 Rn 51 ff = IPRax 2017, 386 mAnm Geimer 344; Thomas/Putzo/Nordmeier, ZPO [46. Aufl 2025] Art 17 Rn 11; dazu Thole WM 2014, 1205 [1208 ff]). Die Einordnung einer **privaten Vermögensanlage** als Verbrauchervertrag (dazu BayObLG IPRax 2023, 72 Rn 24) ist jedoch weder von der gewählten Form (zB Beteiligung an einer KG, BGH RIW 2013, 792 Rn 13) noch von der Höhe (vgl OLG Stuttgart RIW 2015, 762 Rn 64 ff: auch bei 50 Mio Euro) oder Herkunft (BGH WM 2017, 565 Rn 17) der angelegten Summe abhängig (vgl BGH NJW 2024, 2680 Rn 24). Daher kann auch der Beitritt eines Verbrauchers zu einem geschlossen Immobilienfonds in Form einer Personengeschäft als Verbrauchervertrag einzuordnen sein (BGH WM 2021, 40 Rn 48 mAnm Mankowski IPRax 2021, 432: Treuhandkommanditist). Sie wird auch nicht durch die große Erfahrung des Anlegers, seine Gewinnerzielungsabsicht oder die Beiziehung von professionellen Beratern ausgeschlossen (OLG Frankfurt NJW-RR 2009, 645 [646]; dazu schon Rn 200 f mwNw). 214

Art 17 Abs 1 lit c Brüssel Ia-VO bezieht aber auch Verträge in den Anwendungsbereich des 4. Abschnitts ein, für die unter Geltung des EuGVÜ prozessualer Verbraucherschutz nicht gewährt wurde. Dies gilt insbesondere für **Kreditgeschäfte** jeder Art mit Verbrauchern, auch wenn kein Bezug zu einem Warenkauf iSv lit b gegeben ist (BGH WM 2020, 1305 Rn 17; öst OGH ZIP 2010, 1154; Piltz NJW 2002, 789 [791]; Neumann/Rosch IPRax 2001, 257 [259]; Rauscher/Staudinger, Brüssel Ia-VO [5. Aufl 2021] Art 17 Rn 8; einschränkend aber BGH NJW 2011, 2809 Rn 39; BGH NJW-RR 2013, 1398 [1399]). Auch **Geschäfte zur privaten Geldanlage** werden erfasst (OLG Koblernz IHR 2021, 76 [77]), allerdings nur dann, wenn sie keinen Ersatz für einen Beruf darstellen (OLG Nürnberg IPRax 2005, 248 mAnm Heiderhoff 230). Hingegen ist es nicht erforderlich, dass der Gesamtbetrag des in Rede stehenden Kredits die in Art 2 Abs 2 lit c der Richtlinie (EG) 2008/48 festgelegte Obergrenze (75.000 Euro) nicht überschreitet und es kommt insoweit auch nicht darauf an, dass die einzelstaatlichen Rechtsvorschriften zur Umsetzung dieser Richtlinie keine höhere Obergrenze vorsehen (EuGH Rs 694/17 – *Pillar Securitisation*, EuZW 2019, 704 Rn 44). 215

Ferner können auch **Timesharing-Verträge** als Verbraucherverträge – und nicht als Mietverträge über unbewegliche Sachen iSv Art 24 Nr 1 Brüssel Ia-VO – zu qualifizieren sein, wenn nicht das „Teilzeiteigentum" an der Immobilie, sondern die Dienstleistungen des Verkäufers im Vordergrund stehen (Jayme IPRax 1995, 235 f und IPrax 1997, 233 [235]; Hausmann EuLF 2000/01, 40 [45]; Micklitz/Rott EuZW 2001, 325 [330]; Thomas/Putzo/Nordmeier, ZPO [46. Aufl 2025] Art 17 Rn 11; zur Abgrenzung s Rn 75 ff). Auch sonstige **Grundstücksverträge** mit privaten Endverbrauchern werden von Art 17 Abs 1 lit c Brüssel Ia-VO erfasst, soweit sie nicht unter Art 24 Nr 1 Brüssel Ia-VO fallen (Geimer/Schütze/Geimer, EuZVR [4. Aufl 2020] Art 17 Rn 106; zu weiteren Vertragstypen unalex-Komm/Schwartze Brüssel I-VO Art 15 Rn 18). Für **Versicherungsverträge** gelten die 216

Art 10–16 Brüssel Ia-VO als *leges speciales*. Eine Verbrauchersache iS des Art 17 Abs 1 Brüssel-Ia-VO kann schließlich auch dann vorliegen, wenn Ansprüche aus einem **Gesellschaftsvertrag** den Gegenstand des Verfahrens bilden (BGH ZIP 2021, 209 Rn 26 ff: Immobilienfonds). Allerdings ist der Aktionär im Verhältnis zur AG nicht Verbraucher (öst OGH IPRax 2018, 96 Rn 39 ff mAnm Heindler 103; Mülbert ZZP 118 [2005], 313 [332]).

bb) Hinreichender Bezug der Geschäftsanbahnung zum Wohnsitzstaat des Verbrauchers

217 Der Verbraucher kann den prozessualen Schutz des 4. Abschnitts in den Fällen des Art 17 Abs 1 lit c Brüssel Ia-VO schließlich nur beanspruchen, wenn die Anbahnung des geschlossenen Vertrages eine hinreichend enge Verbindung zu seinem Wohnsitzstaat hatte. Die hierfür maßgebenden Kriterien sind mit Inkrafttreten der Brüssel I-VO neu gefasst und gegenüber Art 13 Abs 1 Nr 3 lit a und b EuGVÜ im Interesse des Verbraucherschutzes flexibler gestaltet worden. So ist die Voraussetzung, dass der Verbraucher die zum Abschluss des Vertrages erforderlichen Rechtshandlungen in seinem Wohnsitzstaat vorgenommen haben muss, durch Voraussetzungen ersetzt worden, die sich allein auf den Gewerbetreibenden beziehen (EuGH Rs C-585/08 und C-144/09 – *Peter Pammer und Hotel Alpenhof*, NJW 2011, 505 Rn 60 = EuZW 2011, 98). Art 17 Abs 1 lit c Brüssel Ia-VO schützt damit auch den „aktiven" Verbraucher, der auf Veranlassung seines Vertragspartners ins Ausland reist und den Vertrag dort abschließt (OLG Dresden IPRax 2006, 44; Kropholler/vHein, EuZPR [9. Aufl 2011] Art 15 Brüssel I-VO Rn 27). Ferner ist es – abweichend von Art 13 Abs 1 Nr 3 lit a EuGVÜ – nicht mehr unbedingt erforderlich, dass dem Vertragsschluss ein ausdrückliches Angebot oder eine Werbung des Vertragspartners im Wohnsitzstaat des Verbrauchers vorausgegangen ist. Stattdessen genügt es, dass der in einem anderen Mitgliedstaat der Brüssel Ia-VO ansässige Vertragspartner seine berufliche Tätigkeit so stark auf den Wohnsitzstaat des Verbrauchers „ausgerichtet" hat (vgl näher Rn 221 ff), dass es gerechtfertigt erscheint, ihn dort auch gerichtspflichtig zu machen. Insgesamt werden Anbieter auf dem europäischen Binnenmarkt durch die Neuregelung in Art 17 Abs 1 lit c Brüssel Ia-VO in erheblich weiterem Umfang im Wohnsitzstaat des Käufers gerichtspflichtig als unter dem früheren Recht.

218 Der hinreichende Bezug zum Wohnsitzstaat des Verbrauchers ist nach Art 17 Abs 1 lit c, 1. Fall Brüssel Ia-VO jedenfalls dann gegeben, wenn der Vertragspartner zur Zeit des Vertragsschlusses (OLG Köln IPRax 2023, 455 Rn 23) dort eine **berufliche oder gewerbliche Tätigkeit ausübt**, sofern der Vertrag in den Bereich dieser Tätigkeit fällt. Dies trifft insbesondere dann zu, wenn der Unternehmer eine (Zweig-)Niederlassung im Wohnsitzstaat des Verbrauchers unterhält (BayObLG IPRax 2023, 72 Rn 26 mAnm Reibetanz 28; OLG München WM 2012, 1863). Ausreichend ist aber auch, dass er sich von seinem ausländischen Wohnsitz oder Sitz aus aktiv am Wirtschaftsleben im Verbraucherstaat beteiligt (Rauscher/Staudinger, Brüssel Ia-VO [5. Aufl 2021] Art 17 Rn 12); hierfür reicht schon der Abschluss des ersten grenzüberschreitenden Verbrauchervertrags aus (öst OGH 15. 7. 2014, unalex AT-938 und 8. 5. 2013, unalex AT-913). Hingegen kommt es nicht darauf an, dass diese Tätigkeit vom Unternehmer auch noch im Zeitpunkt der Klageerhebung im Wohnsitzstaat des Verbrauchers ausgeübt (oder auf diesen ausgerichtet) wird (BayObLG BeckRS 2023, 16140 Rn 25; OLG Frankfurt NJW-RR 2009, 645 mAnm Seibl IPRax 2011, 234; Thomas/Putzo/Nordmeier, ZPO [46. Aufl 2025] Art 17 Rn 13; vgl näher Rn 248). Verlegt der Verbraucher seinen Wohnsitz erst nach Vertragsschluss in einen anderen Mitgliedstaat, so ist nicht erforderlich, dass der Unternehmer seine berufliche oder gewerbliche Tätigkeit auch in diesem neuen Wohnsitzstaat ausgeübt oder auf diesen ausgerichtet hat (EuGH Rs C-296/20 – *Commerzbank AG*, WM 2021, 2140 Rn 59 f = EuZW 2022, 177 mAnm Wolber zum LugÜ).

Art 17 Abs 1 lit c, 2. Fall Brüssel Ia-VO lässt es jedoch auch genügen, dass der Vertragspartner des Verbrauchers seine berufliche oder gewerbliche Tätigkeit nur auf irgendeinem Wege **auf den Wohnsitzstaat des Verbrauchers** (oder auf mehrere Staaten einschließlich des Wohnsitzstaates des Verbrauchers) **ausrichtet** und der Vertrag in den Bereich dieser Tätigkeit fällt. In dieser Alternative ist es also nicht erforderlich, dass der Unternehmer seine berufliche oder gewerbliche Tätigkeit im Wohnsitzstaat des Verbrauchers erbringt (BGH BeckRS 2017, 103583 Rn 26); vielmehr bewirbt er seine Tätigkeit lediglich in diesem Staat gezielt vom Ausland aus (BGH WM 2012, 852 Rn 24 f; Thomas/Putzo/Nordmeier, ZPO [46. Aufl 2025] Art 17 Brüssel Ia-VO Rn 15). Durch diese Erweiterung des situativen Anwendungsbereiches sollte vor allem der zunehmenden Bedeutung des **elektronischen Handels** in der EU Rechnung getragen werden (Micklitz/Rott EuZW 2001, 325 [331]). Denn insbesondere bei der Bestellung von Waren durch den Verbraucher über eine interaktive Website ist nachträglich meist nicht mehr zu klären, wo die Bestellungshandlung vorgenommen worden ist (EuGH Rs C-585/08 – *Pammer*, Slg 2010 I 12570 Rn 62 = EuZW 2011, 98 mAnm Clausnitzer; BGH IPRax 2020, 442 Rn 17 mAnm S Huber 408; BGH NJW 2015, 2339 Rn 13; BGH NJW 2009, 298 Rn 8; öst OGH ZIP 2010, 1154 [1155]). Aus diesem Grunde hat der Verordnungsgeber auf das nach dem früheren Recht (Art 13 Abs 1 Nr 3 lit b EuGVÜ) geltende Erfordernis, dass der Verbraucher die zum Vertragsschluss erforderlichen Rechtshandlungen in seinem Wohnsitzstaat vorgenommen haben musste, verzichtet. Stattdessen wird die notwendige Verbindung zum Wohnsitzstaat des Verbrauchers allein dadurch geschaffen, dass der Vertragspartner seine Tätigkeit auf diesen Staat ausrichtet (BGH EuZW 2012, 236 Rn 11; BGH IPRax 2009, 258 [259]; Kropholler/vHein, EuZPR [9. Aufl 2011] Art 15Brüssel I-VORn 23). **219**

Die Anwendung von Art 17 Abs 1 lit c Brüssel Ia-VO ist jedoch **nicht auf Fernabsatzgeschäfte beschränkt**; denn eine solche – ungeschriebene – Voraussetzung würde den mit der Vorschrift bezweckten Verbraucherschutz zu sehr einschränken. Der Vertrag kann daher auch auf anderem Wege – zB durch den Verbraucher persönlich am Geschäftssitz des Vertragspartners – abgeschlossen werden (EuGH Rs C-190/11 – *Mühlleitner*, NJW 2012, 3225 Rn 33 ff, 42 ff mAnm Staudinger/Steinrötter auf Vorlage von BGH EuZW 2012, 236 mAnm Sujecki; dazu BGH RIW 2013, 563 Rn 24 ff; Sujecki EuZW 2012, 919 ff; BGH NJW 2016, 2888 Rn 15; **aA** noch OLG Köln NZM 2010, 495; vgl auch vHein JZ 2011, 954 [956]; Clausnitzer EuZW 2011, 104 [105]; zust Rauscher/Staudinger, Brüssel Ia-VO [5. Aufl 2021] Art 17 Rn 14). **220**

cc) Einzelheiten zur Auslegung des Begriffs „Ausrichten"

Im Mittelpunkt der Neuregelung steht daher die Frage, wie vor diesem Hintergrund der Begriff des „Ausrichtens" bei der gebotenen **autonomen Auslegung** (EuGH Rs C-585/08, C-144/09 – *Pammer* und *Hotel Alpenhof*, EuZW 2011, 98 Rn 55 mAnm Clausnitzer; BGH RIW 2017, 448; BGH IPRax 2020, 442 Rn 13 mAnm S Huber 408; BGH IPRax 2018, 620 Rn 11 mAnm Rademacher 600) zu verstehen ist. Einigkeit besteht darüber, dass der Verbraucherschutz durch Art 17 Abs 1 lit c Brüssel Ia-VO gegenüber der Vorläuferregelung in Art 13 Abs 1 Nr 3 EuGVÜ nicht eingeschränkt, sondern erweitert wer- **221** den sollte. Daraus folgt, dass der Tatbestand des „Ausrichtens“ jedenfalls dann erfüllt ist, wenn dem Vertragsschluss ein *ausdrückliches Angebot* oder eine *Werbung* des Vertragspartners im Wohnsitzstaat des Verbrauchers vorausgegangen ist (allgM, vgl EuGH Rs C-585/08 – *Pammer* und *Hotel Alpenhof*, EuZW 2011, 98 Rn 61; BGHZ 167, 83 Rn 28 = NJW 2006, 1672; Rauscher/Staudinger, Brüssel Ia-VO [5. Aufl 2021] Art 17 Rn 13; Schlosser/Hess/Schlosser, EuZPR [5. Aufl 2021] Art 17 Rn 7) oder wenn der Vertragspartner den Verbraucher in dessen Wohnsitzstaat telefonisch kontaktiert hat (öst OGH 8. 5. 2013, unalex AT-913). Auf das zur Werbung verwendete Mittel – Presse, Radio, Fernsehen, Kino, Kataloge etc – kommt es nicht an (EuGH Rs C-96/100 – *Gabriel*, Slg 2002 I 6367 Rn 44 = NJW 2002, 2697; BGH IPRax 2020, 442 Rn 18); nur eingeschränkt gilt dies allerdings für die Werbung über eine sog passive Website (dazu Rn 224 ff). Der Gewerbetreibende muss seine Tätigkeit allerdings bereits **bei Abschluss des Geschäfts** auf den Mitgliedstaat ausgerichtet haben, in dem der Verbraucher seinen Wohnsitz hat; ein nachträgliches Ausrichten – zB erst im Zeitpunkt der Klageerhebung – oder die nachträgliche Erfüllung des Vertrags in diesem Staat reicht nicht aus (EuGH Rs C-585/08 und 144/09 – *Pammer/Schlüter* und *Alpenhof/Heller*, NJW 2011, 505 Rn 76; BGH NJW 2015, 2339 Rn 23; BGHZ 167, 83 Rn 25 = NJW 2006, 1672).

222 Als Hilfsmittel für die Auslegung kann der **ErwG 24 zur Rom I-VO** herangezogen werden, der seinerseits auf eine Gemeinsame Erklärung des Rates und der Kommission zu Art 15 Brüssel I-VO Bezug nimmt. Danach ist der Begriff des „Ausrichtens“ in Art 17 Abs 1 lit c Brüssel Ia-VO und Art 6 Abs 1 lit b Rom I-VO *einheitlich* auszulegen; insoweit kann daher ergänzend auf die Kommentierung zu Art 6 Rom I-VO (Staudinger/Magnus [2021] Art 6 Rom I-VO Rn 112 ff, 115 ff) verwiesen werden. Ein „Ausrichten“ liegt daher jedenfalls vor, wenn der Verbraucher in seinem Wohnsitzstaat durch eine gezielt auf diesen Staat ausgerichtete Tätigkeit des Unternehmers zum Vertragsschluss motiviert worden ist (BGH NJW 2012, 1817 Rn 38; BGH WM 2012, 852). Dies kann auch durch einen mit dem Unternehmer kooperierenden **Vermittler** oder eine **Tochtergesellschaft** geschehen, die dem Unternehmer Kunden zuführen (BGH NJW 2012, 455 Rn 18 mAnm Thole IPRax 2013, 136; BGH WM 2012, 852 Rn 25; OLG Hamm BeckRS 2017, 107379 Rn 30 ff; öst OGH 28. 4. 2015, unalex AT-998 und 15. 7. 2014, unalex AT-938; Zöller/Geimer, ZPO [35. Aufl 2024] Art 17 Rn 31). Art 17 Abs 1 lit c findet hingegen keine Anwendung, wenn der Verbraucher auf einer Auslandsreise nur „zufällig“ Verträge mit einem Unternehmer abschließt (BGH NJW 2009, 298 mAnm Leible/Müller = IPRax 2009, 258 [259] mAnm Mankowski 238; vgl auch öst OGH 6. 6. 2006, unalex AT-346: Gebrauchtwagenkauf durch Verbraucher in einem anderen Mitgliedstaat). Nicht zwingend erforderlich ist hingegen, dass die Initiative zum Vertragsschluss vom Unternehmer ausgegangen ist; es genügt vielmehr, wenn der Verbraucher den Unternehmer um ein Angebot oder die Zusendung von Werbeprospekten gebeten hat (BGH IPRax 2020, 442 Rn 18 mAnm S Huber 408; BGH IPRax 2018, 620 Rn 16 mAnm Rademacher 600; BGHZ 190, 28 Rn 28 = NJW 2011, 2809; öst OGH 26. 4. 2018, unalex AT-1165; Zöller/Geimer, ZPO [35. Aufl 2024] Art 17 Rn 26).

223 Weiterhin stellte die Kommission im ErwG 24 zur Rom I-VO klar, dass der Verbraucher den Schutz nach Art 17 Abs 1 lit c Brüssel Ia-VO nur in Anspruch nehmen könne, wenn das „Ausrichten“ der Tätigkeit des Vertragspartners auf den Wohnsitzstaat des Verbrauchers auch **zu einem Vertragsschluss geführt** habe. Hierzu wird im ErwG 25 zur Rom I-VO ergänzt, dass der Vertragsschluss „auf solche Tätigkeiten zurückzuführen“ sein müsse; die auf den Wohnsitzstaat des Verbrauchers ausgerichteten unternehmerischen Aktivitäten des Vertragspartners müssten maW kausal für den Vertragsschluss geworden sein. Auf Art 15 ff Brüssel I-VO konnte sich daher ein Verbraucher nicht berufen, der bis zum Vertragsschluss von den auf seinen Aufenthaltsstaat ausgerichteten Aktivitäten des Unternehmers nachweislich keine Kenntnis hatte (so BGH EuZW 2012, 236 Rn 22 ff mAnm Sujecki; BGH NJW 2009, 298 Rn 11; Mankowski IPRax 2008, 333 [336 ff] und IPRax 2009, 238 342]; Leible/Müller EuZW 2009, 27 f und NJW 2011, 495 [497]; ähnlich OLG Karlsruhe NJW 2008, 85 = IPRax 2008, 348: „innerer Zusammenhang"). Der EuGH ist diesem Verständnis allerdings inzwischen entgegengetreten. Er verweist auf die für den Verbraucher häufig entstehende Schwierigkeit, diesen Kausalitätsnachweis zu führen; dadurch werde der von Art 17 Abs 1 lit c Brüssel Ia-VO angestrebte prozessuale Verbraucherschutz zu stark eingeschränkt (EuGH Rs C-218/12 – *Emrek*, NJW 2013, 3504 Rn 24 ff mAnm Staudinger/Steinrötter = IPRax 2014, 63 m krit Anm Rühl 41; dazu auch Schultheiss EuZW 2013, 944; Klöpfer/Wendelstein JZ 2014, 298). Obwohl die Entscheidung dem Grundsatz einer restriktiven Auslegung der Art 17 ff Brüssel Ia-VO ebenso widerspricht wie der wünschenswerten einheitlichen Auslegung von Art 17 Brüssel Ia-VO und Art 6 Rom I-VO (vgl Rauscher/Staudinger, Brüssel Ia-VO [5. Aufl 2021] Art 17 Rn 15 c, d), verdient sie aus den genannten Schutzerwägungen Zustimmung (ebenso BGH IPRax 2020, 442 Rn 27 mAnm S Huber 408; BGH WM 2014, 2133 Rn 17; OLG München BeckRS 2016, 6263 Rn 77; Thomas/Putzo/Nordmeier, ZPO [46. Aufl 2025] Art 17 Rn 18; Zöller/Geimer, ZPO [35. Aufl 2024] Art 17 Rn 27). Muss das zum Ausrichten der beruflichen oder gewerblichen Tätigkeit auf den Wohnsitzstaat des Verbrauchers eingesetzte Mittel (zB eine Internetseite) damit auch **nicht kausal für den Vertragsschluss** mit dem Verbraucher gewesen sein, so ist eine tatsächlich festgestellte Kausalität jedoch andererseits ein Indiz dafür, dass der Vertrag an eine solche Tätigkeit anschließt (EuGH Rs C-218/12 – *Emrek*, NJW 2013, 3504 Rn 26).

In den verbundenen Verfahren *Peter Pammer/Reederei Schlüter* (Rs C-585/08) und **224**
Hotel Alpenhof/Heller (Rs C-144/09, jeweils Slg 2010 I 12570 = EuZW 2011, 98 mAnm Clausnitzer = NJW 2011, 505 mAnm Leible/Müller = IPRax 2012, 160 mAnm Mankowski 144) hat der EuGH daher auf Vorlage des OGH (EuLF 2009 II, 47 und 48) Leitlinien zu dem Begriff des „Ausrichtens" iSv Art 17 Abs 1 lit c Brüssel Ia-VO für den Fall aufgestellt, dass ein Unternehmer sich zur Vorbereitung oder zum Abschluss von **Verträgen mit Verbrauchern über das Internet** einer Homepage bedient (vgl dazu schon Clausnitzer EuZW 2010, 374 und 446). Der Gerichtshof sieht es für die Anwendbarkeit von Art 17 Abs 1 lit c Brüssel-Ia-VO als entscheidend an, dass der Gewerbetreibende bereits vor dem eigentlichen Vertragsschluss seinen Willen zum Ausdruck gebracht hat, Geschäftsbeziehungen zu Verbrauchern desjenigen Mitgliedstaats herzustellen, in dem der Verbraucher seinen Wohnsitz hat (EuGH Rs C 144/09 – *Hotel Alpenhof/Heller*, Slg 2010 I 12570 Rn 75 f, 98; zust BGH NJW 2024, 2680 Rn 25 f; BGH ZInsO 2017, 667 Rn 23 mwNw). Insoweit kommt es auf die subjektive Willensrichtung des Gewerbetreibenden an. Während dieser bei Verwendung herkömmlicher Werbemethoden erhebliche Kosten aufwenden müsse, um seine Waren oder Dienstleistungen in anderen Mitgliedstaaten bekannt zu machen, sei dies bei Verwendung einer passiven Homepage nicht der Fall. Die bloße Zugänglichkeit einer Website auch für Verbraucher aus anderen Mitgliedstaaten erfülle daher die Voraussetzungen eines „Ausrichtens" auf diese Mitgliedstaaten noch nicht (EuGH Rs C 144/09 – *Hotel Alpenhof/Heller*, Slg 2010 I 12570 Rn 68 ff). Vielmehr bedürfe es weiterer Anhaltspunkte dafür, dass der Gewerbetreibende Geschäfte auch mit Verbrauchern in anderen Mitgliedstaaten – darunter dem Aufenthaltsstaat des klagenden Verbrauchers – tätigen woll-

te, dh zu einem Vertragsschluss mit solchen Verbrauchern bereit war (EuGH Rs C 144/09 – *Hotel Alpenhof/Heller*, Slg 2010 I 12570 Rn 76, 92).

225 Als Indiz für eine solche Willensrichtung des Gewerbetreibenden wurde es lange Zeit vor allem erachtet, dass dieser eine sog **(inter-)aktive Website** unterhielt, über die auch im Ausland wohnhafte Verbraucher mit ihm via Internet Verträge abschließen konnten. Dementsprechend sollte es für ein „Ausrichten" iSv Art 17 Abs 1 lit c Brüssel Ia-VO nach der erwähnten Gemeinsamen Erklärung des Rates und der Kommission genügen, „dass diese Website auch den Vertragsschluss im Fernabsatz anbietet und dass tatsächlich ein Vertragsabschluss im Fernabsatz erfolgt ist". Hingegen seien „auf einer Website die benutzte Sprache oder die Währung nicht von Bedeutung" (zu Recht krit dazu Reich/Gambogi VuR 2001, 269 [273]; Kropholler/vHein, EuZPR [9. Aufl 2011] Art 15 Brüssel I-VO Rn 24). Demgemäß ließ es auch die deutsche Rechtsprechung umgekehrt nicht genügen, wenn sich der Verbraucher des Angebots bestimmter Waren oder Dienstleistungen nur durch eine in seinem Wohnsitzstaat zugängliche **passive Website** des Unternehmers bewusst wurde; anders sollte es nur liegen, wenn die Möglichkeit zum Abschluss des Vertrages mit Hilfe von Fernkommunikationsmitteln bestanden habe (BGHZ 167, 83 Rn 28 = NJW 2006, 1672; BGH EuZW 2009, 26 f mAnm Leible/Müller = IPRax 2009, 258 mAnm Mankowski 238; OLG Karlsruhe NJW 2008, 85; zust Hausmann EuLF 2000/01, 40 [45]; Kropholler/vHein, EuZPR [9. Aufl 2011] Art 15 Brüssel I-VO Rn 24). Allerdings wurde nicht gefordert, dass dem Verbraucher die Möglichkeit zum Abschluss des Vertrages über das Internet eröffnet worden war; vielmehr sollte es ausreichen, wenn ihm irgendeine andere Art des Vertragsschlusses im Fernabsatz angeboten worden war (vgl die Gemeinsame Erklärung von Rat und Kommission: „mit welchem Mittel auch immer"). Genügen sollte daher etwa das Vorhalten von interaktiv ausfüllbaren Vertragsformularen in der Landessprache des Verbrauchers (OLG Dresden IPRax 2006, 44 mAnm vHein 16) oder die Aufforderung zur Bestellung per E-Mail oder Telefax; nicht entscheidend sei dann, ob der Verbraucher von diesen Möglichkeiten zum Vertragsschluss tatsächlich Gebrauch gemacht habe (LG München I CR 2008, 331). Hingegen sollte es nicht ausreichen, wenn der Verbraucher in der Internetwerbung darauf verwiesen worden war, die Bestellung bei einem Vertragshändler des werbenden Unternehmens zu tätigen (vHein IPRax 2006, 16 [20]; **aA** Mankowski IPRax 2009, 238 [242]).

226 Der EuGH hat indessen auch diese Unterscheidung zwischen passiven und (inter-) aktiven Websites und damit die Einräumung der Möglichkeit zum Vertragsschluss via Internet durch den Gewerbetreibenden als maßgeblichen Anhaltspunkt für dessen Willen zur Ausrichtung seiner Geschäftstätigkeit auf Verbraucher in anderen Mitgliedstaaten verworfen (ebenso schon Mankowski IPRax 2009, 238 ff). Denn sobald auf der Homepage des Gewerbetreibenden eine elektronische oder geografische Adresse genannt sei, zu deren Angabe überdies nach Art 5 Abs 1 lit c der E-Commerce-Richtlinie häufig eine gesetzliche Verpflichtung bestehe, hätten Verbraucher die Möglichkeit, den Gewerbetreibenden für einen Vertragsschluss zu kontaktieren. Dies gelte auch dann, wenn dieser keine Absicht habe, Geschäfte mit Verbrauchern in anderen Mitgliedstaaten zu tätigen (EuGH Rs C 144/09 – *Hotel Alpenhof/Heller*, Slg 2010 I 12570 Rn 78 f). Daher reicht das Vorhalten einer interaktiven Homepage nicht in jedem Fall für ein „Ausrichten" auf ausländische Staaten aus (anders noch OLG Köln NZM 2010, 495); umgekehrt wird ein solches „Ausrichten" durch eine nur passive Homepage nicht zwangsläufig ausgeschlossen. Um eine schon vor Vertragsschluss gegebene Absicht des Gewerbetreibenden und damit ein „Ausrichten" seiner Tätigkeit auf den Aufenthaltsstaat des Verbrauchers festzustellen, hat der EuGH (Rs C-144/09, Slg 2010 I 12570 Rn 80 ff, 93) stattdessen den folgenden – nicht abschließenden – **Katalog von Kriterien** vorgeschlagen:

> *„der internationale Charakter der Tätigkeit, die Angabe von Anfahrtsbeschreibungen von anderen Mitgliedstaaten aus zu dem Ort, an dem der Gewerbetreibende niedergelassen ist, die Verwendung einer anderen Sprache oder Währung als der in dem Mitgliedstaat der Niederlassung des Gewerbetreibenden üblicherweise verwendeten Sprache oder Währung mit der Möglichkeit der Buchung und Buchungsbestätigung in dieser anderen Sprache, die Angabe von Telefonnummern mit internationaler Vorwahl, die Tätigung von Ausgaben für einen Internet-Referenzierungsdienst, um in anderen Mitgliedstaaten wohnhaften Verbrauchern den Zugang zur Website des Gewerbetreibenden oder eines Vermittlers zu erleichtern, die Verwendung eines anderen Domänennamens oberster Stufe als desjenigen des Mitgliedstaats der Niederlassung des Gewerbetreibenden und die Erwähnung einer internationalen Kundschaft, die sich aus in verschiedenen Mitgliedstaaten wohnhaften Kunden zusammensetzt."*

Entgegen der erwähnten – und im ErwG 24 zur Rom I-VO wiedergegebenen – Gemeinsamen Erklärung des Rates und der Kommission kann daher der in der Internetwerbung des Unternehmers verwendeten **Sprache** durchaus Bedeutung zukommen, wenn es sich nicht zugleich um die Landessprache im Niederlassungsstaat des Gewerbetreibenden handelt. In diesem Sinne hat der BGH entschieden, dass sich ein deutscher Gewerbetreibender an Personen aus den Niederlanden richtet, wenn er eine niederländische Flagge und den Hinweis auf Kenntnisse der niederländischen Sprache auf seiner Internetseite verwendet und über diese Internetseite eine Anfahrtsskizze aufgerufen werden konnte, in die auch eine Wegbeschreibung aus dem Grenzbereich der Niederlande eingezeichnet war (BGH NZM 2013, 551 Rn 22; ferner BGH NJW 2024, 2680 Rn 27; BGH NJW 2015, 2339 Rn 21; OLG Düsseldorf VuR 2015, 474). Demgegenüber dürften allein die Angabe einer internationalen Vorwahl oder die Verwendung einer neutralen Top-Level-Domain wie „.com" oder „.eu" noch keine aussagekräftigen Indizien für eine internationale Ausrichtung der Geschäftstätigkeit sein, weil sie heute weithin üblich sind und nichts darüber aussagen, dass eine Ausrichtung gerade auf den Wohnsitzstaat des Verbrauchers beabsichtigt war (OLG Düsseldorf IPRax 2019, 559 Rn 33 mAnm Jayme; Clausnitzer EuZW 2011, 104 f; s aber auch BGH NJW 2016, 2888 Rn 16). Sie können allenfalls in Kombination mit anderen Kriterien Bedeutung erlangen. **227**

Die Prüfung, ob im konkreten Fall hinreichende Anhaltspunkte für ein „Ausrichten" der Geschäftstätigkeit des Unternehmers auf den Wohnsitzstaat des Verbrauchers vorliegen, ist Sache des **nationalen Gerichts** (EuGH Rs C-218/12 – *Emrek*, NJW 2013, 3504 Rn 31; BGH NJW 2015, 2339 Rn 15). Die **Beweislast** dafür, dass der Unternehmer seine Tätigkeit auf den Wohnsitzstaat des Verbrauchers ausgerichtet hat, trifft zwar grundsätzlich den Verbraucher (BGH RIW 2017, 239 Rn 38; BGH NJW 2015, 2339 Rn 26; Zöller/Geimer ZPO [35. Aufl 2024] Art 17 Rn 40). Legt dieser einen aktuellen Ausdruck der Internetseite eines im Ausland ansässigen Unternehmers vor, aus der sich ein Ausrichten von dessen Tätigkeit auf Deutschland ergibt, so genügt er allerdings damit seiner Darlegungslast. Behauptet der Unternehmer daraufhin, er habe seine Unterneh- **228** mensstrategie erst nach dem Vertragsschluss auf Deutschland ausgerichtet und seinen Internetauftritt entsprechend neugestaltet, muss er den Vortrag des Verbrauchers substantiiert bestreiten (BGH NJW 2015, 2339 Rn 28 f; BGH IPRax 2020, 442 Rn 22 mAnm S Huber 408; BGH NJW 2024, 2680 Rn 27).

229 Obwohl der Begriff des „Ausrichtens" eng auszulegen sein soll (EuGH Rs C-190/11 – *Mühlleitner*, NJW 2012, 3225 Rn 27; öst OGH 24. 1. 2013, unalex AT-832; **aA** – für weite Auslegung – noch OLG Dresden IPRax 2006, 44 [45 f]; OLG Karlsruhe NJW 2008, 85) stellt die deutsche und österreichische Gerichtspraxis an das „Ausrichten" auf einen anderen Mitgliedstaat keine allzu strengen Anforderungen (vgl etwa BGH IPRax 2018, 620 Rn 10 ff mAnm Rademacher 600; BGH BeckRS 2017, 10206 Rn 34 ff; BGH IPRax 2020, 442 Rn 19 ff mAnm S Huber 408; BGH NJW 2015, 2339 Rn 16 ff; BGH NZM 2013, 551 Rn 21 ff; BGH WM 2012, 852 Rn 24 f; OLG Hamm BeckRS 2017, 107379 Rn 30 ff; öst OGH 26. 2. 2014, unalex AT-933; öst OGH 18. 10. 2012, unalex AT-822; dazu näher Rauscher/Staudinger, Brüssel Ia-VO [5. Aufl 2021] Art 17 Rn 13a). So reicht es aus, dass ein ausländischer Rechtsanwalt sich mit Schreiben an in Deutschland ansässige geschädigte Anleger wendet und die Vertretung von deren Interessen in einem im Ausland anhängigen Verfahren anbietet (OLG München MDR 2016, 609). Insoweit kommt es also weder darauf an, ob die Vertragsleistung im Wohnsitzstaat des Verbrauchers erbracht werden soll, noch darauf, ob die werbende Maßnahme kausal für den Vertragsschluss war, ob sich diese allgemein an Verbraucher oder nur einen **eingeschränkten Personenkreis** richtet und ob sie auf Veranlassung eines Dritten erfolgte (BGH IPRax 2020, 442 Rn 19 ff; OLG München BeckRS 2016, 6263 Rn 93 ff; ähnlich High Court [QBDiv] 19. 11. 2018 – *Les Ambassadeur*, unalex UK-1508). War die Tätigkeit eines Rechtsanwalts allerdings auf einen Mitgliedstaat beschränkt, so kann allein der Umstand, dass dieser eine Zulassung als Anwalt auch in einem anderen Mitgliedstaat hat und auch in beiden Staaten eine Kanzlei führt, nicht zu der Beurteilung führen, er richte seine Tätigkeit jeweils auch auf den anderen Mitgliedstaat aus (OLG Düsseldorf IPRax 2018, 624 Rn 19 mAnm Rademacher 600). Auch die Unterhaltung von Filialen durch eine ausländische Bank im Wohnsitzstaat des Verbrauchers reicht für ein „Ausrichten" dann nicht aus, wenn diese Filialen dort keine werbende Tätigkeit entfaltet haben (schwz BG 9. 2. 2016, unalex CH-583). Der Unternehmer kann ferner die Zielrichtung seiner Werbung auch im Internet ausdrücklich auf bestimmte Mitgliedstaaten beschränken. Ein solcher *„disclaimer"* muss jedoch eindeutig sein und der Unternehmer muss sich an ihn auch tatsächlich halten (BGHZ 97, 91 = IPRax 2007, 446 mAnm Koos 414; Geimer/Schütze/Geimer, EuZVR [4. Aufl 2020] Art 17 Rn 90).

230 Auch wenn das Erfordernis des Ausrichtens auf den Wohnsitzsstaat des Verbrauchers erfüllt ist, muss der geschlossene Vertrag nach dem letzten Halbsatz des Art 17 Abs 1 lit c Brüssel Ia-VO **in den Tätigkeitsbereich des Unternehmers** fallen (EuGH Rs C-190/11 – *Mühlleitner*, NJW 2012, 3225 Rn 36). Allerdings kann die Vorschrift nach Ansicht des EuGH auch auf einen Vertrag Anwendung finden kann, der als solcher nicht in den Bereich der von dem beruflich oder gewerblich Handelnden auf den Wohnsitzmitgliedstaat des Verbrauchers ausgerichteten beruflichen oder gewerblichen Tätigkeit fällt, aber eine enge Verbindung zu einem anderen Vertrag aufweist, der zuvor zwischen denselben Parteien im Bereich einer solchen Tätigkeit geschlossen wurde. Es ist dann Sache des nationalen Gerichts, zu prüfen, ob die eine solche Verbindung begründenden Umstände, insbesondere die rechtliche oder tatsächliche Identität der Parteien der beiden Verträge und die Identität des wirtschaftlichen Erfolgs, der mit beiden Verträgen angestrebt wird, gegeben sind (EuGH Rs C-297/14 – *Hobohm*, NJW 2016, 697 Rn 40 mAnm Mankowski = EuZW 2016, 266 mAnm R Wagner; dazu die Vorlage BGH RIW 2015, 79; Heinze/Steinrötter IPRax 2016, 545; zust BGH NJW 2016, 2888 Rn 18 ff). Damit wird der Grundsatz der engen Auslegung der Art 17 ff Brüssel Ia-VO (Rn 198) erheblich relativiert.

d) Ausschluss von Beförderungsverträgen

231 Da Beförderungsverträge durch internationale Spezialübereinkommen eine – auch verfahrensrechtliche – Sonderregelung erfahren haben (dazu Rn 293 ff), hätte die Einführung von besonderen Zuständigkeitsregeln für Transportverträge mit Verbrauchern zu schwer lösbaren *Konventionskonflikten* geführt (vgl Schlosser-Bericht Rn 160). Der 4. Abschnitt ist deshalb gemäß Art 17 Abs 3 Brüssel Ia-VO auf (Güter- wie Personen-)Beförderungsverträge nicht anzuwenden; daran ändern auch Nebenleistungen des Beförderers (zB Bordküche; Kosmetikanwendungen uä) nichts (OLG Frankfurt EuZW 2020, 487 Rn 50). Soweit keine staatsvertraglichen Sonderregeln iSv Art 71 Abs 1 Brüssel Ia-VO eingreifen, bestimmt sich die internationale Zuständigkeit für Klagen aus Beförderungsverträgen daher nach Art 4–8 und Art 25 Brüssel Ia-VO; der Beklagte ist deshalb insbesondere am Gerichtsstand des vertraglichen Erfüllungsorts (Art 7 Nr 1 Brüssel Ia-VO) gerichtspflichtig. Der Begriff des Beförderungsvertrags ist allerdings in Art 17 Abs 3 Brüssel Ia-VO *eng* auszulegen; der Ausschluss gilt daher nicht, wenn der Unternehmer außer der Beförderung relevante Zusatzleistungen erbringt (vgl zu einem „Umzugsvertrag" frz Cass 4. 11. 2015, unalex FR-2438).

232 Die Verbrauchergerichtsstände sind nach Art 17 Abs 3 Brüssel Ia-VO auch für Ansprüche von Verbrauchern auf Ausgleichsleistungen nach der **EG-Fluggastrechte-Verordnung** Nr 261/2004 ausgeschlossen, wenn der Flug nicht Bestandteil einer Pauschalreise war (EuGH Rs C-464/18 – *ZX/RyanAir*, NJW-RR 2019, 684 Rn 28 f; frz Cass 22. 2. 2017, unalex FR-2516). Dies gilt insbesondere, wenn der Fluggast gegen ein ausführendes Luftfahrtunternehmen auf Ausgleichleistungen klagt, das in keiner Vertragsbeziehung mit ihm steht (EuGH Rs C-215/18 – *Králová*, NJW-RR 2020, 552 Rn 53 ff, 65; öst OGH 16. 4. 2020, unalex AT-1264).

233 Für Reiseverträge, die für einen Pauschalpreis kombinierte Beförderungs- und Unterbringungsleistungen vorsehen, macht Art 17 Abs 3 Brüssel Ia-VO – in Übereinstimmung mit Art 6 Abs 4 lit b Rom I-VO – eine Gegenausnahme: Für die von der Richtlinie (EU) 2015/2302 (ABl L 326, 1; früher: Richtlinie 90/314/EWG) erfassten **Pauschalreiseverträge** bleibt es daher bei der Anwendung von Art 17 Abs 1, 18 und 19 Brüssel Ia-VO (öst OGH 28. 7. 2005, unalex AT-102; Geimer/Schütze/Geimer, EuZVR [4. Aufl 2020] Art 17 Rn 109; Rauscher/Staudinger, Brüssel Ia-VO [5. Aufl 2021] Art 17 Rn 22; vgl idS schon zu Art 13 Abs 3 EuGVÜ LG Konstanz IPRax 1994, 448 m zust Anm Thorn 426; AG Flensburg IPRspr 1998 Nr 145a; AG Stuttgart NJW-RR 1999, 489; Jayme IPRax 1993, 42 [43]). Der Begriff der „Pauschalreise" umfasst auch „Frachtschiffreisen" (vgl EuGH Rs C-585/08 – *Peter Pammer*, EuZW 2011, 98 Rn 45; vgl auch die Vorlage des öst OGH in EuLF 2009 II, 48). Einen auf einem Ausflug im Zielland erlittenen Unfallschaden kann der Reisende jedoch im Gerichtsstand nach Art 18 Abs 1 Brüssel Ia-VO nur dann erheben, wenn der Reiseveranstalter sich vertraglich zur Durchführung des Ausflugs verpflichtet hatte (frz Cass 30. 4. 2014, unalex FR-2410).

e) **Beschränkung auf Vertragsklagen**

234 Der 4. Abschnitt gilt gem Art 17 Abs 1 Brüssel Ia-VO nur, wenn „ein Vertrag oder Ansprüche aus einem Vertrag" mit einem Verbraucher den Gegenstand des Verfahrens bilden. Wegen der weitreichenden Ausnahmen des 4. Abschnitts von Grundsatz des Art 4 Brüssel Ia-VO ist auch der Vertragsbegriff in Art 17 Abs 1 Brüssel Ia-VO *restriktiv* auszulegen (EuGH Rs 27/02 – *Engler*, Slg 2005 I 481 Rn 29 f [zu Art 13 EuGVÜ]; EuGH Rs C-375/13 – *Kolassa*, NJW 2015, 1581 Rn 28 = IPRax 2016, 143 mAnm Staudinger/Bauer 107; Rauscher/Staudinger, Brüssel Ia-VO [5. Aufl 2021] Vorbem zu Art 17 ff Rn 3). Er setzt voraus, dass zwischen einem Verbraucher und einem Unternehmer ein Vertrag tatsächlich geschlossen werden muss und die erhobene Klage untrennbar mit diesem Vertrag verbunden ist (EuGH Rs C-500/18 – *Reliantco Investments*, RIW 2020, 353 Rn 64). Die Klage eines Fluggasts gegen ein Luftfahrtunternehmen, das mit ihm in keiner Vertragsbeziehung steht, kann daher zwar im Gerichtsstand des Art 7 Nr 1 lit b (Rn 99), nicht aber im Wohnsitzstaat des Fluggasts nach Art 18 Abs 1, 2. Fall Brüssel Ia-VO erhoben werden (EuGH Rs C-215/18 – *Králová*, RIW 2020, 359 Rn 53 ff).

235 Der Verbraucher kann sich jedoch auf die Zuständigkeitsregeln in Art 18 Brüssel Ia-VO auch dann stützen, wenn er bestreitet, dass mit ihm überhaupt ein **wirksamer Verbrauchervertrag** zustande gekommen ist. Bestreitet umgekehrt der beklagte Vertragspartner des Verbrauchers, dass mit ihm ein Vertrag geschlossen wurde, so genügt es, wenn der klagende Verbraucher das Zustandekommen des Vertrags schlüssig vorträgt (BGH NJW 2012, 455 Rn 14; BGH NJW 2011, 2809 mAnm Arnold IPRax 2013, 141; öst OGH 8. 5. 2013, unalex AT-914; OLG Koblenz EuLF 2006 II 8 = RIW 2006, 311; Zöller/Geimer, ZPO [35. Aufl 2024] Art 17 Rn 39). Ferner können Schadensersatz- oder Rückabwicklungsansprüche auch dann im Verbrauchergerichtsstand erhoben werden, wenn sie nicht unmittelbar aus dem Vertrag, sondern aus ergänzendem Gesetzesrecht folgen (Geimer EWiR Art 13 1/91 S 370). Auch **Bereicherungsansprüche** im Zusammenhang mit der Rückabwicklung eines Vertrages fallen in den sachlichen Anwendungsbereich des Art 17 Abs 1 Brüssel Ia-VO (BGH NJW 2024, 2606 Rn 7; OLG Koblenz IHR 2021, 76 [78]; LG Darmstadt ZIP 2004, 1924; ebenso Staudinger ZEuP 2004, 767 [780]; Zöller/Geimer, ZPO [35. Aufl 2024] Art 17 Brüssel Ia-VO Rn 17; zu Art 13 EuGVÜ OLG Köln ZIP 1989, 838 [839]; Hartung ZIP 1991, 1185 [1190 ff]).

236 Obwohl es sich bei Schadenersatzansprüchen aus **culpa in contrahendo** aus europäischer Sicht um außervertragliche Schuldverhältnisse handelt, gelten die Verbrauchergerichtsstände der Art 17, 18 Brüssel Ia-VO auch für sie, wenn sie eine so enge Verbindung zum Verbrauchervertrag aufweisen, dass sie von ihm nicht getrennt werden können. Denn nach Art 12 Abs 1 der Rom II-VO ist auf außervertragliche Schuldverhältnisse aus Verhandlungen vor Abschluss eines Vertrags, unabhängig davon, ob der Vertrag tatsächlich geschlossen wurde oder nicht, das Recht anzuwenden ist, das auf den Vertrag anzuwenden ist oder anzuwenden gewesen wäre, wenn er geschlossen worden wäre. Auf diese Weise wird die gebotene Kohärenz zwischen der Auslegung der Brüssel Ia-VO und der Rom II-VO verstärkt (EuGH Rs C-500/18 – *Reliantco Investments*, RIW 2020, 353 Rn 67 ff; ähnlich schon EuGH Rs C-96 – *Gabriel*, Slg 2002 I 6367 Rn 56; EuGH Rs C-180/06 – *Ilsinger*, EuLF 2009 I, 76 Rn 44; OLG Dresden NJW 2007, 509 mAnm Ochmann; Benicke WM 1997, 945 [952]; zust Geimer/Schütze/Geimer, EuZVR [4. Aufl 2020] Art 17 Rn 73 ff; Rauscher/Staudinger, Brüssel Ia-VO [5. Aufl 2021] Vorbem zu Art 17 ff Rn 4; **aA** OLG Stuttgart OLGR 2009, 717; MünchKommZPO/Gottwald Art 17 Rn 5; vgl auch Rn 107). Dies gilt also nicht nur dann, wenn es später zu einem Vertragsschluss zwischen den

Parteien gekommen ist (dazu BGH NJW 2011, 2809 Rn 43 = IPRax 2013, 168 mAnm Arnold 141; BayObLG IPRax 2023, 72 Rn 22 mAnm Reibetanz 28; OLG München BeckRS 2015, 12041), sondern auch dann, wenn der Vertragsschluss wegen der *culpa in contrahendo* einer Partei scheitert (vgl EuGH Rs C-500/18 – *Reliantco Investments*, RIW 2020, 353 Rn 71).

In gleicher Weise können auch **sonstige deliktische Ansprüche**, die eng an einen Verbrauchervertrag anknüpfen und von ihm nicht getrennt werden können, nicht im Gerichtsstand der unerlaubten Handlung nach Art 7 Nr 2 Brüssel Ia-VO, sondern nur in den Verbrauchergerichtsständen des 4. Abschnitts geltend gemacht werden (BGH NJW 2024, 2606 Rn 7; BGHZ 190, 28 Rn 31 ff = NJW 2011, 2809 = IPRax 2013, 563 mAnm Arnold 525; BGHZ 187, 156 Rn 22 ff = NJW 2011, 532 = IPRax 2011, 488 mAnm Engert/Groh 458 [jeweils zu § 823 Abs 2 BGB iVm § 32 KWG]; OLG Braunschweig NJW-RR 2025, 648 Rn 41 = BeckRS 2026, 2477 Rn 6; OLG Stuttgart BeckRS 2025, 11913 Rn 25 f; OLG Frankfurt NJW-RR 2009, 645 mAnm Seibl IPRax 2011, 234; Geimer EuZW 1993, 566; Schaltinat 74 ff; Schlosser/Hess/Schlosser, EuZPR [5. Aufl 2021] Art 17 Rn 2; Thomas/Putzo/Nordmeier, ZPO [46. Aufl 2025] Art 17 Rn 20; **aA** MünchKommZPO/Gottwald Art 17 Rn 5). Die EuGH-Entscheidung in der Sache *Brogsitter* (Rs C-548/12, EuZW 2014, 383 Rn 24 ff = IPRax 2016, 149 mAnm Pfeiffer 111; dazu Rn 113) ist insoweit auch auf Verbraucherverträge zu übertragen (EuGH Rs C-500/18 – *Reliantco Investments Ltd*, WM 2020, 870 Rn 64; zutr Rauscher/Staudinger, Brüssel Ia-VO [5. Aufl 2021] Vorbem zu Art 17 ff Rn 5; Zöller/Geimer, ZPO [35. Aufl 2024] Art 17 Rn 17). Für isolierte außervertragliche Ansprüche – zB aus Prospekthaftung – gelten die Art 17, 18 Brüssel Ia-VO hingegen nicht (EuGH Rs C-375/13 – *Kolassa*, NJW 2015, 1648 Rn 35; öst OGH IPRax 2018, 96 Rn 30 ff mAnm Heindler 103; OLG Stuttgart OLGR 2009, 717). Ebenso wenig für Schadensersatzansprüche gegen das Organ einer Gesellschaft, wenn der Verbrauchervertrag nur mit letzterer geschlossen wurde (BGH IPRax 2015, 423 Rn 24 ff mAnm P Huber 403). Auch bei Ansprüchen aus einem **Vertrag mit Schutzwirkung für Dritte** fehlt es an einer freiwillig gegenüber dem Dritten eingegangenen Verpflichtung, sodass sie nicht in den Verbrauchergerichtsständen erhoben werden können (öst OGH 5. 7. 2019, unalex AT-1231). 237

Für Klagen auf Erfüllung von **Gewinnmitteilungen** nach § 661a BGB ist eine vertragsakzessorische Anknüpfung der Gerichtszuständigkeit insbesondere geboten, wenn der Abschluss eines (Kauf-)Vertrages Voraussetzung für eine Gewinnauskehr ist und der Empfänger der Gewinnmitteilung eine Bestellung von Waren tatsächlich getätigt hat. Ist der Empfänger in diesem Fall – wie regelmäßig – Verbraucher, so ist der Verbrauchergerichtsstand nach Art 17, 18 Abs 1 Fall 2 Brüssel Ia-VO maßgebend (EuGH Rs C-96/00 – *Gabriel*, Slg 2002 I 6367 Rn 60 = NJW 2002, 2697 [zu Art 13 EuGVÜ]; zust frz Cass 23. 2. 2011, unalex-FR-2204; OLG Hamm NJW-RR 2003, 717 und RIW 2003, 305; OLG Dresden NJW 2003, 487; KGR 2004, 218). Hingegen hat der EuGH für den Fall, dass der Anspruch auf den versprochenen Gewinn nicht von einer Warenbestellung des Verbrauchers abhing und dieser eine solche auch nicht vorgenommen hatte, entgegen der bis dahin ganz hM in der deutschen Rechtsprechung (vgl BGHZ 153, 82 [88 ff] = NJW 2003, 426 m Aufs Leible = JZ 2003, 850 mAnm Staudinger = ZZP 117 [2004] 87 mAnm Oberhammer; BGH NJW 2004, 1652; BGHZ 165, 172 [177 ff] = NJW 2006, 230; OLG Dresden RIW 2002, 359; OLG Nürnberg NJW 2002, 3657 = IPRax 2003, 350; OLG Brandenburg IPRspr 2003 Nr 142; LG Braunschweig IPRax 2002, 213 mAnm Lorenz 192) eine internationale Zuständigkeit der Gerichte am Wohnsitzstaat des Verbrauchers nach Art 14 Abs 1, 2. Fall EuGVÜ abgelehnt, weil es dann an dem von Art 13 Abs 1 Nr 3 EuGVÜ geforderten Vertrag, der „die Erbringung einer Dienstleistung oder die Lieferung beweglicher Sachen zum Gegen- 238 stand habe", fehle (EuGH Rs C-27/02 – *Engler*, Slg 2005 I 481 Rn 33 ff = NJW 2005, 811; dazu Mörsdorf-Schulte JZ 2005, 770). Maßgebend sei dann vielmehr der allgemeine Vertragsgerichtsstand nach Art 5 Nr 1 EuGVÜ (EuGH Rs C-27/02 – *Engler*, Slg 2005 I 481 Rn 29 f; öst OGH ZfRvgl 2005, 118); denn der Vertragsbegriff in dieser Vorschrift sei – anders als der Begriff des Verbrauchervertrages in Art 13 EuGVÜ – aufgrund seiner systematischen Stellung nicht eng, sondern weit auszulegen (EuGH Rs C-27/02 – *Engler*, Slg 2005 I 481 Rn 45 ff; zurecht krit zu diesen unterschiedlichen Vertragsbegriffen innerhalb der Brüssel Ia-VO Leible NJW 2003, 407 f). Er setze nicht den Abschluss eines Vertrages voraus, sondern nur die von einer Person gegenüber einer anderen freiwillig eingegangenen Verpflichtung (Rn 93 f). Eine solche gehe aber auch ein Verkäufer ein, der durch sein Schreiben beim Verbraucher den Eindruck erwecke, dieser werde einen Preis erhalten, sofern er nur die vom Verkäufer festgelegten Bedingungen akzeptiere und die Auszahlung des versprochenen Gewinns tatsächlich verlange (EuGH Rs C-27/02 – *Engler*, Slg 2005 I 481 Rn 45 f = EuLF 2005, 37; zust BGHZ 165, 172 [177 ff] = NJW 2006, 230; dazu Jordans IPRax 2006, 582 ff; Schäfer JZ 2006, 522 ff; S Lorenz NJW 2006, 472 ff; dazu schon Rn 106).

239 Allerdings hat die **Erweiterung des sachlichen Anwendungsbereichs** der Gerichtsstände in Verbrauchersachen durch die Neufassung von Art 17 Abs 1 lit c Brüssel Ia-VO (dazu Rn 213 ff) zur Folge, dass Gewinnzusagen nunmehr – anders als noch unter Geltung des EuGVÜ – grundsätzlich in den Verbrauchergerichtsständen des Art 18 Brüssel Ia-VO eingeklagt werden können (zutr OLG Rostock NJW-RR 2006, 209; OLG Hamm OLGR 2005, 409; OLG Bamberg NJOZ 2007, 1972; S Lorenz NJW 2006, 472 [475]; **aA** noch OLG Braunschweig NJW 2006, 161; Zöller/Geimer, ZPO [35. Aufl 2024] Art 17 Rn 16; zweifelnd Rauscher/Staudinger, Brüssel Ia-VO [5. Aufl 2021] Art 17 Rn 9). Dies gilt allerdings nur unter der Voraussetzung, dass sich der gewerbsmäßige Verkäufer bedingungslos rechtlich gebunden hat, dem Verbraucher den Preis auszuzahlen; fehlt es daran, so ist die Zuständigkeit nach Art 18 Brüssel Ia-VO nur eröffnet, wenn der Verbraucher bei dem gewerbsmäßigen Verkäufer tatsächlich eine Bestellung aufgegeben hat (EuGH Rs C-180/06 – *Ilsinger*, EuLF 2009 I, 76 Rn 52 ff mAnm Bach IHR 2010, 17). Auch ansonsten genügt als „Verbrauchervertrag" die einseitige freiwillige Verpflichtung des Gewerbetreibenden, ohne dass sich auch der Verbraucher verpflichtet haben müsste. Daher begründet auch ein konstitutives **Schuldanerkenntnis** (öst OGH 6. 6. 2013, unalex AT-902) oder das verbindliche Angebot einer Bank gegenüber einem Privatanleger (BGH NJW 2012, 455 Rn 14 = IPRax 2013, 164 mAnm Thole 136) einen vertraglichen Anspruch iSv Art 17 Abs 1 lit c Brüssel Ia-VO.

5. Der räumliche Anwendungsbereich des 4. Abschnitts

a) Der Vorbehalt zugunsten von Art 6 und Art 7 Nr 5 Brüssel Ia-VO

240 Durch den Hinweis auf Art 6 stellt Art 17 Abs 1 Brüssel Ia-VO klar, dass die besondere Zuständigkeitsordnung des 4. Abschnitts grundsätzlich nur anzuwenden ist, wenn der **Beklagte seinen Wohnsitz in einem Mitgliedstaat** hat. Ist dies nicht der Fall, so beurteilt sich die internationale Gerichtszuständigkeit nach dem autonomen Zivilprozessrecht der *lex fori* (EuGH Rs C-318/93 – *Brenner*, Slg 1994 I 4275 Rn 15 ff = IPRax 1995, 315 mAnm Rauscher 289; vgl dazu die Vorlage BGH WM 1993, 1215 m Aufs Nassall 1950 = EuZW 1993, 518 mAnm Geimer und die Abschlussentscheidung BGH NJW 1995, 1225 = IPRax 1995, 316 mAnm Rauscher 289). Soweit der Anwendungsbereich des 4. Abschnitts nicht gemäß Art 17 Abs 2 Brüssel Ia-VO erweitert wird (dazu Rn 242 ff), kann das angerufene Gericht seine internationale Zuständigkeit auch auf die im ABl 2015 Nr C 4, 2 mitgeteilten exorbitanten Zuständigkeitsvorschriften stützen, zB in Deutschland auf § 23 ZPO (Geimer/Schütze/Geimer, EuZVR [4. Aufl 2020] Art 17 Rn 14). Der Vorbehalt des Art 17 Abs 1 zugunsten von Art 6 Abs 1 wird unter Geltung der Brüssel Ia-VO **für Aktivklagen von Verbrauchern** auch nicht etwa durch Art 18 Abs 1, 2. Fall Brüssel Ia-VO ausgeschaltet. Danach kann der Verbraucher zwar „ohne Rücksicht auf den Wohnsitz des anderen Vertragspartners" vor dem Gericht des Ortes klagen, an dem er seinen Wohnsitz hat, also auch dann, wenn der Vertragspartner seinen Wohnsitz in einem Drittstaat hat (Mankowski RIW 2014, 625 ff). Dadurch wird der Verbraucher jedoch nicht gehindert, sich stattdessen auf Art 6 Abs 1 Brüssel Ia-VO zu berufen und nach Maßgabe des autonomen Zuständigkeitsrechts des Gerichtsstaats an einem exorbitanten Gerichtsstand zu klagen (Leipold, in: FS Schilken [2015] 353 [356]; Thomas/Putzo/Nordmeier, ZPO [46. Aufl 2025] vor Art 17 Rn 5). Demgegenüber sind nur die Art 17 ff Brüssel Ia-VO – und nicht das nationale Zuständigkeitsrecht – auf Klagen in Verbrauchersachen dann anwendbar, wenn beide Vertragsparteien ihren Wohnsitz im gleichen Mitgliedstaat haben, der Vertrag jedoch einen anderweitigen Auslandsbezug aufweist (BayObLG BeckRS 2020, 17252 Rn 38; Rn 39). Dies trifft insbesondere auf Reiseveranstaltungsverträge zu, die von inländischen Kunden bei einem ebenfalls inländischen Veranstalter gebucht werden, wenn die Pauschalreise in einen anderen (Mitglied- oder Dritt-)Staat führt (sog **unechter Inlandsfall**, vgl EuGH C-774/22 *–FTI Touristik*, NJW 2024, 2823 Rn 30 f, 40 mAnm Lutzi; Rauscher/Staudinger, Brüssel Ia-VO [5. Aufl 2021] Vorbem zu Art 17 ff Rn 6 ff m ausf Begründung).

Durch den Vorbehalt zugunsten von Art 7 Nr 5 eröffnet Art 17 Abs 1 Brüssel Ia-VO **241**
den **Niederlassungsgerichtsstand** auch in Verbrauchersachen. Der Verbraucher kann seinen Vertragspartner, der in einem anderen Mitgliedstaat wohnt, daher im Inland verklagen, wenn dieser hier eine Zweigniederlassung, Agentur oder sonstige Niederlassung unterhält und die Streitigkeit ihren Grund im Betrieb dieser Niederlassung hat (BayObLG IPRax 2023, 72 Rn 12; LG Stuttgart IPRax 1998, 100 [101 f] mAnm Looschelders; Rauscher/Staudinger, Brüssel Ia-VO [5. Aufl 2021] Art 17 Rn 20). Dies gilt auch dann, wenn der Vertragspartner seine Geschäfte im Inland durch eine rechtlich selbstständige Gesellschaft abwickeln lässt (OLG Düsseldorf WM 1995, 1349 [1350]; zum Begriff der „Niederlassung" und zur „Betriebsbezogenheit" der Klage näher Rn 319 ff, 325 f). Zwar ist der Verbraucher wegen Art 18 Abs 1, 2. Alt nicht auf Art 7 Nr 5 Brüssel Ia-VO angewiesen, um die *internationale* Zuständigkeit der Gerichte seines Wohnsitzstaats zu begründen; die Berufung auf Art 7 Nr 5 Brüssel Ia-VO hat für ihn jedoch den Vorteil, dass damit zugleich ein weiterer *örtlicher* Gerichtsstand am Ort der Niederlassung zur Verfügung steht.

b) Vertragspartner des Verbrauchers mit Wohnsitz in einem Drittstaat

Zum Schutz des Verbrauchers erweitert Art 17 Abs 2 Brüssel Ia-VO den Anwen- **242**
dungsbereich des gesamten 4. Abschnitts auf Fälle, in denen der Vertragspartner des Verbrauchers zwar keinen Sitz oder Wohnsitz, wohl aber eine Zweigniederlassung, Agentur oder sonstige Niederlassung in einem Mitgliedstaat unterhält. Diese Erweiterung gilt allerdings nur für Klagen des *Verbrauchers*, nicht für solche des Vertragspartners. Der **Niederlassungsbegriff** des Art 17 Abs 2 stimmt mit dem vom EuGH bereits näher konkretisierten Begriff in Art 7 Nr 5 Brüssel Ia-VO überein (OLG München NJW-RR 1993, 701 [702 f]; Benicke WM 1997, 945 [949]; dazu näher Rn 319 ff). Er erfordert keine selbstständigen Entscheidungsbefugnisse der Niederlassung und erfasst

damit insbesondere die typischen „Repräsentanzen“ von US-amerikanischen Brokerfirmen in Europa (vgl idS auch OLG Düsseldorf WM 1989, 50 [54]; Wach-Weberpals AG 1989, 197 f; Hartung ZIP 1991, 1185 [1191]; Benicke WM 1997, 945 [949]). Ausreichend ist auch, dass gegenüber dem Verbraucher nur der *Rechtsschein* des Bestehens einer Niederlassung hervorgerufen wird (LG Darmstadt ZIP 2004, 1924; Zöller/Geimer, ZPO [35. Aufl 2024] Art 17 Rn 3; vgl auch Rn 322). Dies gilt allerdings nur, wenn der Rechtsschein von dem beklagten drittstaatlichen Unternehmen selbst (und nicht nur von der deutschen Niederlassung) erweckt wurde (OLG Koblenz EuLF 2006 II, 8 = RIW 2006, 311).

243 Drittstaatliche Unternehmen sind in einem Mitgliedstaat nach Art 17 Abs 2 Brüssel Ia-VO allerdings nur für solche Klagen des Verbrauchers gerichtspflichtig, die sich **aus dem Betrieb der Niederlassung** ergeben (EuGH Rs C-318/93 – *Brenner*, Slg 1994 I 4275 Rn 18 = IPRax 1995, 315 mAnm Rauscher 289). Dies erfordert eine Beteiligung der Niederlassung am Vertragsschluss; bloße Werbemaßnahmen der Niederlassung reichen nicht aus (Schlosser/Hess/Schlosser, EuZPR [4. Aufl 2015] Art 17 Rn 9; s a OLG Frankfurt EuZW 2020, 487 mAnm Bach/Tippner 481). Allerdings genügt es auch insoweit, dass für den Verbraucher der Anschein erweckt wird, dass die Niederlassung am Vertragsschluss beteiligt war (BGH IPRspr 2007 Nr 139; OLG Dresden IPRax 2006, 44 [45] mAnm vHein 16). Für diese Fälle kann der Verbraucher alle zu seinen Gunsten im 4. Abschnitt eröffneten Zuständigkeiten in Anspruch nehmen. Andererseits kann sich auch sein Vertragspartner auf den Schutz des Art 18 Abs 1 Brüssel Ia-VO berufen; die exorbitanten Zuständigkeiten des nationalen Prozessrechts können ihm gegenüber nicht geltend gemacht werden (Geimer/Schütze/Geimer, EuZVR [4. Aufl 2020] Art 17 Rn 23).

244 Die Anwendung der Art 18 Abs 1, 19 Brüssel Ia-VO gegenüber Vertragspartnern mit Sitz in einem Drittstaat ist nicht auf den Fall beschränkt, dass die Niederlassung in einem anderen Mitgliedstaat als dem Wohnsitzstaat des Verbrauchers liegt (so aber OLG München NJW-RR 1993, 701 [702]; vgl dazu näher de Lousanoff, in: GS Arens [1993] 251 [258 ff]; Benicke WM 1997, 945 [947 f]; zu Recht krit Geimer RIW 1994, 59 [61]; vgl auch OLG Dresden IPRax 2006, 44 mAnm vHein 16). Drittstaatliche Unternehmen, die sich über Zweigniederlassungen am Geschäftsverkehr in der Europäischen Union beteiligen, sind vielmehr auch dann nach Maßgabe der Art 18, 19 Brüssel Ia-VO gerichtspflichtig, wenn sie eine Niederlassung nur im Wohnsitzstaat des Verbrauchers unterhalten. Ein Bezug zu einem weiteren Mitgliedstaat ist nicht erforderlich (Geimer/Schütze/Geimer, EuZVR [4. Aufl 2020] Art 17 Rn 29; Rauscher IPRax 1995, 292 f; **aA** Benicke WM 1997, 945; dazu allg Rn 39). Aus Gründen des Verbraucherschutzes ist nicht zu fordern, dass die Niederlassung im Zeitpunkt der Klageerhebung noch besteht, sodass ein drittstaatliches Unternehmen am Ort seiner Niederlassung in einem Mitgliedstaat auch dann gerichtspflichtig ist, wenn diese Niederlassung bei Klageerhebung bereits aufgelöst ist (Stein/Jonas/Wagner, ZPO [23. Aufl 2014] Art 15 Brüssel I-VO Rn 9 f; Schlosser/Hess/Schlosser, EuZPR [4. Aufl 2015] Art 17 Rn 9 aE; **aA** BGH RIW 2007, 873 = IPRax 2008, 128 m krit Anm Staudinger 107; OLG Düsseldorf WM 2012, 739; BayObLG NJW 2006, 924; Zöller/Geimer, ZPO [35. Aufl 2024] Art 17 Rn 2).

6. Die Zuständigkeitsregelung in Art 18 Brüssel Ia-VO

a) Internationale und örtliche Zuständigkeit

Art 18 Brüssel Ia-VO regelt in Abs 1, 1. Alt für Klagen des Verbrauchers im Wohnsitzstaat des Vertragspartners und in Abs 2 für Klagen des Vertragspartners im Wohnsitzstaat des Verbrauchers allein die *internationale* Zuständigkeit (öst OGH ZfRvgl 1997, 33; Kropholler/vHein, EuZPR [9. Aufl 2011] Art 16Brüssel I-VO Rn 1). Ein örtlicher Gerichtsstand wird in Verbrauchersachen nur in Art 18 Abs 1, 2. Alt Brüssel Ia-VO (Klagen des Verbrauchers in seinem Wohnsitzstaat; vgl EuGH C-774/22 – Jx/FTI Touristik GmbH, NJW 2024, 2823 Rn 41 ff mAnm Lutzi), in Art 17 Abs 1 iVm Art 7 Nr 5 Brüssel Ia-VO (Gerichtsstand der Niederlassung) und in Art 18 Abs 3 Brüssel Ia-VO (Gerichtsstand der Widerklage) bestimmt; im Übrigen wird die Festlegung des örtlich zuständigen Gerichts dem nationalen Recht überlassen. Das autonome deutsche Zivilprozessrecht kennt besondere Verbrauchergerichtsstände nur für *Haustürgeschäfte* und für *Fernunterrichtsverträge* (§ 29c ZPO bzw § 26 FernUSG; dazu Rn 255). Für sonstige Verbraucherstreitigkeiten bestimmt sich die örtliche Zuständigkeit hingegen nach den allgemeinen Vorschriften der §§ 12 ff ZPO (vgl BayObLG BeckRS 2021, 22229 Rn 29; AG Stuttgart NJW-RR 1999, 489). 245

Namentlich für **Klagen aus Börsentermingeschäften** inländischer Verbraucher, die von der „Repräsentanz" eines ausländischen Brokerunternehmens mit Sitz in einem Nicht-Vertragsstaat (zB den USA) getätigt wurden und für die eine internationale Zuständigkeit deutscher Gerichte nach Art 13 Abs 2 iVm Art 14 Abs 1 EuGVÜ begründet war, stellte die ZPO einen örtlichen Gerichtsstand zumeist nicht zur Verfügung (vgl näher de Lousanoff, in: FS Nirk [1992] 607 [619 f]). In diesem Fall wurde unter Geltung von Art 14 Abs 1 Alt 2 EuGVÜ, der auch bei Aktivklagen des Verbrauchers in seinem Wohnsitzstaat nur die internationale Zuständigkeit geregelt hatte, die Klage zT wegen eines fehlenden örtlichen Gerichtsstands als unzulässig abgewiesen (OLG München RIW 1994, 59 m **abl** Anm Geimer; zust de Lousanoff, in: GS Arens [1993] 267 ff). Nach zutreffender Ansicht ist die Bundesrepublik Deutschland indessen stets **zur Justizgewährung verpflichtet**, wenn ein Staatsvertrag oder eine EG-Verordnung eine internationale Zuständigkeit der deutschen Gerichte eröffnen (Wach-Weberpals AG 1989, 200 ff; Geimer RIW 1994, 61; Benicke WM 1997, 945 [953]; Mankowski IPRax 2001, 33 f mwNw). Dem Zweck des prozessualen Verbraucherschutzes im 4. Abschnitt des EuGVÜ/LugÜ 1988 entsprach es daher am besten, Art 14 Abs 1, 2. Alt Brüssel Ia-VO im Wege richterlicher Rechtsfortbildung auf die Ebene der örtlichen Zuständigkeit zu projizieren und einen *Gerichtsstand am Wohnsitz des Verbrauchers* zu begründen (LG Konstanz NJW-RR 1993, 638 = IPRax 1994, 448 m zust Anm Thorn 426; öst OGH ZfRvgl 1997, 33; OLG Karlsruhe NJW-RR 2000, 353 [354]; KG NJW 2000, 2283 [2284] = IPRax 2001, 44 m zust Anm Mankowski 33). Die Brüssel Ia-VO hat diese Lösung nunmehr ausdrücklich in ihrem Art 18 Abs 1 Alt 2 festgeschrieben (BayObLG IPRax 2021, 550 Rn 35 mAnm Rieländer 512; ebenso schon Art 16 Abs 1 Alt 2 Brüssel I-VO, vgl BGH NJW-RR 2013, 1398 [1399]; öst OGH 6. 6. 2006, unalex AT-346 und ZfRvgl-LS 2007, 41). 246

b) Klagen des Verbrauchers

Da der Verbraucher ein Interesse daran haben kann, nicht auf eine Klageerhebung vor den Gerichten seines Wohnsitzstaates beschränkt zu sein, eröffnet ihm die Verordnung in Art 18 Abs 1 Brüssel Ia-VO eine – wenn auch begrenzte – **Wahlmöglichkeit** zwischen den Gerichten verschiedener Mitgliedstaaten (BayObLG IPRax 2023, 72 247

Rn 20 mAnm Reibetanz 28), während der Vertragspartner gem Art 18 Abs 2 Brüssel Ia-VO grundsätzlich nur im Wohnsitzstaat des Verbrauchers klagen kann. Gemäß Art 18 Abs 1 Alt 1 Brüssel Ia-VO kann der Verbraucher seinen Vertragspartner, also zB den Verkäufer oder Darlehensgeber, zunächst vor den Gerichten des Mitgliedstaats verklagen, in dem der **Vertragspartner seinen Wohnsitz** iS der Art 62, 63 Brüssel Ia-VO hat. Ist der Vertragspartner eine Gesellschaft oder juristische Person, so kann der Verbraucher zwischen den Sitzanknüpfungen in Art 63 Brüssel Ia-VO frei wählen (EuGH Rs C-821/21– *Club La Costa*, RIW 2023, 735 Rn 62 ff).

247a Darüber hinaus ist der Vertragspartner des Verbrauchers aber auch am **Wohnsitz des Verbrauchers** gerichtspflichtig (Art 18 Abs 1, 2. Alt Brüssel Ia-VO). Dies setzt – anders als noch unter Art 16 Abs 1 Brüssel I-VO – nicht mehr voraus, dass der Vertragspartner entweder seinen Wohnsitz bzw Sitz in einem anderen Mitgliedstaat der Verordnung hat (vgl Art 6 Abs 1 Brüssel Ia-VO) oder nach Art 17 Abs 2 Brüssel Ia-VO so zu behandeln ist, als ob dies der Fall wäre (so noch EuGH Rs C-318/93 – *Brenner*, Slg 1994 I 4275 Rn 17 f = IPRax 1995, 315 mAnm Rauscher 289; dazu die Abschlussentscheidung BGH NJW 1995, 1225). Vielmehr räumt die Neufassung der Verordnung dem Verbraucher den Klägergerichtsstand in Art 18 Abs 1 Alt 2 Brüssel Ia-VO ausdrücklich „ohne Rücksicht auf den Wohnsitz des anderen Vertragspartners", dh auch dann ein, wenn letzterer **in einem Drittstaat** wohnt (Pohl IPRax 2013, 109 [111]; Gramlich EuZW 2017, 213 [217]; Nagel/Gottwald, IZPR [9. Aufl 2025] Rn 3.236). Ein US-amerikanisches Unternehmen kann daher von einem deutschen Verbraucher an dessen inländischem Wohnsitz auch dann verklagt werden, wenn eine inländische Zweigniederlassung dieses Unternehmens in den Abschluss oder die Durchführung des zwischen den Parteien geschlossenen Verbrauchervertrags nicht eingeschaltet war. Ferner steht die Zuständigkeit nach Art 18 Abs 1 Alt 2 Brüssel Ia VO dem inländischen Verbraucher auch nach dem Brexit gegenüber einem Unternehmer mit Sitz im Vereinigten Königreich zur Verfügung (OLG Schleswig BeckRS 2024, 3867 Rn 29; OLG Frankfurt WM 2025, 1604 Rn 15 f mwNw).

247b Zwar setzt die Anwendbarkeit der Brüssel-Ia-VO einen **Auslandsbezug** voraus (Rn 38 f), der für den Verbrauchergerichtsstand grundsätzlich nicht gegeben ist, wenn Verbraucher und Unternehmer im gleichen Mitgliedstaat ansässig sind (BayObLG IWRZ 2020, 41 mAnm Hasenstab; = IPRax 2021, 555 Rn 28 mAnm Rieländer 512; AG Königswinter 24. 6. 2015, unalex DE-3383; Nagel/Gottwald, IZPR [9. Aufl 2025] Rn 3.204). Etwas anderes gilt jedoch dann, wenn der Verbrauchervertrag einen sonstigen Auslandsbezug aufweist, zB im Ausland zu erfüllen ist (vgl zum Vertrag über eine Pauschalreise in einen Drittstaat EuGH C-774/22 – *FTI Touristik*, NJW 2024, 2823 Rn 30 f, 40 mAnm Lutzi). Ist neben dem ausländischen Vertragspartner auch ein inländischer an dem Vertragsverhältnis beteiligt und sollen beide gemeinsam in Anspruch genommen werden, so kommen die Art 17, 18 Brüssel-Ia-VO auch dem inländischen Vertragspartner zugute. „Anderer Vertragspartner" iSv Art 18 Abs 1 Brüssel Ia-VO ist in diesen Ausnahmefällen auch der im Wohnsitzstaat des Verbrauchers ansässige Vertragspartner des Unternehmers, mit dem der Verbraucher den betreffenden Vertrag geschlossen hat, wenn der Verbraucher von vornherein vertraglich in untrennbarer Weise an zwei Vertragspartner gebunden gewesen ist (EuGH Rs C-478/12 – *Maletic*, NJW 2014, 530 Rn 29, 32; ferner BayObLG IPRax 2021, 550 Rn 37; BayObLG IPRax 2023, 72 Rn 28).

248 Hinsichtlich des für den Wohnsitz des Verbrauchers **maßgebenden Zeitpunkts** ist in den Fällen des Art 17 Abs 1 lit c Brüssel Ia-VO strikt zwischen der Anwendbarkeit des 4. Abschnitts einerseits und der Rechtsfolge, dh der Zuständigkeit nach Art 18 Abs 1 Alt 2 Alt Brüssel Ia-VO, andererseits zu unterscheiden. Die Voraussetzungen des Art 17 Abs 1 lit c müssen nur im Zeitpunkt des Vertragsschlusses erfüllt worden sein, damit der 4. Abschnitt überhaupt anwendbar ist. Ein „Ausrichten" der gewerblichen Tätigkeit auf den Wohnsitzstaat des Verbrauchers auch noch im Zeitpunkt der Klageerhebung ist hierfür nicht erforderlich. Denn es liefe den schutzwürdigen Interessen des Verbrauchers zuwider, wenn der Vertragspartner sich der Gerichtspflichtigkeit im Wohnsitzstaat des Verbrauchers dadurch nachträglich entziehen könnte, dass er die Niederlassung, an welcher er eine zum Vertragsschluss führende berufliche oder gewerbliche Tätigkeit ausgeübt hat, schließt und seine gewerbliche Tätigkeit im Mitgliedstaat des Verbrauchers einstellt (OLG Frankfurt IPRax 2011, 258 mAnm Seibl 234). Die Anwendbarkeit des 4. Abschnitts bleibt auch dann erhalten, wenn der Verbraucher nach Abschluss des Vertrages in einen anderen Mitgliedstaat umgezogen ist. Die internationale und örtliche Zuständigkeit nach Art 18 Abs 1, 2. Alt Brüssel Ia-VO ist dann aber nicht mehr im bisherigen, sondern im **neuen Wohnsitzstaat** des Verbrauchers zur Zeit der Klageerhebung begründet (EuGH C-98/20 – *mBank*, ZIP 2021, 266 = IPRax 2022, 497 Rn 29 ff, 36 mAnm vBary 456 und Anm Mankowski EWiR 2021, 59; BayObLG BeckRS 2023, 16140 Rn 25; OLG München RIW 2012, 635; öst OGH 11. 4. 2013, unalex AT-890; LG Feldkirch 21. 1. 2008, unalex AT-371; Geimer/Schütze/Geimer, EuZVR [4. Aufl 2020] Art 18 Rn 6; MünchKommZPO/Gottwald Art 18 Rn 5; Schlosser/Hess/Schlosser, EuZPR [4. Aufl 2015] Art 18 Rn 3; Rauscher/Staudinger, Brüssel Ia-VO [5. Aufl 2021] Art 18 Rn 5). Dies gilt auch dann, wenn die Vertragsparteien ihren Wohnsitz iSv Art 62, 63 Brüssel Ia-VO bei Vertragsschluss noch im gleichen Mitgliedstaat hatten und der Verbraucher erst danach in einen anderen Mitgliedstaat umgezogen ist (EuGH Rs C-296/20 – *Commerzbank AG*, WM 2021, 2140 Rn 50 ff = EuZW 2022, 177 mAnm Wolber; OLG München WM 2012, 1863 [1864 f]; Arnold IPRax 2022, 584; Thomas/Putzo/Nordmeier, ZPO [46. Aufl 2025] Art 18 Rn 6; Zöller/Geimer, ZPO [35. Aufl 2024] Art 17 Rn 30; **aA** BGH EuZW 2020, 949 Rn 19 f [Vorlagebeschluss]; Magnus/Mankowski/Mankowski/Nielsen, Brussels Ibis [2. Aufl 2022] Art 17 Rn 60, 66 f; Würdinger, in: FS Gottwald [2014] 693 [696]). Im Interesse der Vorhersehbarkeit einer Gerichtspflichtigkeit des Vertragspartners des Verbrauchers in diesem anderen Mitgliedstaat (ErwG 15 zur Brüssel Ia-VO) wird man allerdings zu fordern haben, dass dieser seine berufliche Tätigkeit schon im Zeitpunkt des Vertragsschlusses, zumindest aber im Zeitpunkt der Klageerhebung, auch auf den neuen Wohnsitzstaat des Verbrauchers ausgerichtet hat (Rauscher/Staudinger, Brüssel Ia-VO [5. Aufl 2021] Art 17 Rn 17; Musielak/Voit/Stadler/Krüger, ZPO [22. Aufl 2025] Art 18 Rn 4; Gramlich EuZW 2017, 213 [215 f]; Wolber EuZW 2020, 929 [932 f] mwNw).

Auf den Klägergerichtsstand des Art 18 Abs 1, 2. Alt Brüssel Ia-VO kann sich der **249**
private Endverbraucher auch gegenüber einem **Rechtsnachfolger** seines Vertragspartners berufen (BGH IPRax 2018, 620 Rn 26 mAnm Rademacher 600; OLG Brandenburg BeckRS 2023, 20379 Rn 30). Der Gerichtsstand wird allerdings nur für **eigene Ansprüche des Verbrauchers** eröffnet, nicht für ihm von anderen Verbrauchern zum Zwecke der gemeinsamen Durchsetzung abgetretene Ansprüche (EuGH C-498/16 – *Schrems*, NJW 2018, 1003 Rn 48 f = EuZW 2018, 197 mAnm Schmitt; dazu auch Stürner/Wendelstein JZ 2018, 1083; vgl Rn 205). Aus der gebotenen engen Auslegung dieses Gerichtsstands (EuGH Rs C-64/01 – *Gruber*, Slg 2005 I 439 Rn 32 f) folgt auch, dass die bloße Einbindung eines Verbrauchers in den Vertrag den auch beruflich-gewerblich handelnden Vertragspartner des Unternehmers im Hinblick auf seine gerichtliche Inanspruchnahme nicht schutzbedürftig macht. Dieser kann sich daher weder als Beklagter auf die Zuständigkeits-

schranken des Art 18 Abs 2 noch als Kläger auf den Schutzgerichtsstand des Art 18 Abs 1, 2. Fall Brüssel Ia-VO berufen (BGH IPRax 2017, 617 Rn 12 f mAnm Köhler 570).

c) Klagen gegen den Verbraucher

250 Der Verbraucher kann außerhalb seines Wohnsitzstaates grundsätzlich nicht verklagt werden, Art 18 Abs 2 Brüssel Ia-VO. Maßgebend ist auch insoweit der **Wohnsitz im Zeitpunkt der Klageerhebung** und nicht derjenige bei Vertragsschluss (EuGH C-98/20 – *mBank*, IPRax 2022, 497 m Anm vBary 456 Rn 29 ff, 36; Gramlich EuZW 2017, 213 [215]; Geimer/Schütze/Geimer, EuZVR [4. Aufl 2020] Art 18 Rn 11). Ist der Verbraucher Drittstaatsangehöriger und befindet sich dessen letzter bekannter Wohnsitz im Hoheitsgebiet des Mitgliedstaats des angerufenen Gerichts, so sind die Gerichte dieses Staates nach Art 18 Abs 2 Brüssel Ia-VO für die Klage international zuständig, wenn der gegenwärtige Wohnsitz des Beklagten nicht feststellbar ist und keine beweiskräftigen Indizien vorliegen, die darauf hindeuten, dass der Beklagte seinen Wohnsitz außerhalb der Europäischen Union hat. Art 18 Abs 2 Brüssel Ia-VO hat in diesem Fall zum Schutz des Verbrauchers Vorrang vor Art 6 Brüssel Ia-VO. (EuGH Rs C-183/23 – *Credit Agricole Bank Polska*, IPRax 2025, 286 Rn 18 mAnm Uhlmann 253; vgl auch EuGH C-327/10 – *Hypoteční banka*, NJW 2012, 1199 Rn 42 ff; Grimm GPR 2012, 87). Die Darlegungs- und Beweislast für die Zuständigkeit nach Art 18 Abs 2 Brüssel Ia-VO trägt der Verbraucher (BGH NJW 2015, 2339 Rn 26); den Unternehmer trifft jedoch eine sekundäre Beweislast dafür, dass die Voraussetzungen des Art 17 Abs 1 Brüssel Ia-VO gegeben sind (BGH NJW 2015, 2339 Rn 19). Nur wenn der Verbraucher seinen Wohnsitz nachweislich in einem Drittstaat hat, ist nach Art 17 Abs 1 iVm Art 6 Brüssel Ia-VO das nationale Zuständigkeitsrecht des angerufenen mitgliedstaatlichen Gerichts maßgebend (Gsell ZZP 127 [2014] 421 [434]).

251 Eine Ausnahme gilt nach Art 18 Abs 3 Brüssel Ia-VO für (konnexe) **Widerklagen**, die auch der Vertragspartner des Verbrauchers an jedem Gerichtsstand erheben kann, in dem er vom Verbraucher verklagt wird. Dabei muss Streitgegenstand der Widerklage keine Verbrauchersache sein. Der Widerklagegerichtsstand ist auch dann eröffnet, wenn sich die internationale Zuständigkeit des angerufenen Gerichts nicht aus Art 18 Abs 2, sondern gemäß Art 17 Abs 1 iVm Art 6 Brüssel Ia-VO aus dem nationalen Zuständigkeitsrecht ergibt.

7. Die Schranken für Gerichtsstandsvereinbarungen in Art 19 Brüssel Ia-VO

252 Art 19 Brüssel Ia-VO beschränkt die Prorogationsmöglichkeiten in Verbrauchersachen auf die in Nr 1–3 abschließend aufgeführten Fälle. Danach ist die Prorogation nach der Entstehung der Streitigkeit (Nr 1; dazu LG Saarbrücken IPRspr 2013 Nr 212) uneingeschränkt, vorher aber **nur zugunsten des Verbrauchers** (Nr 2) oder für den Fall zulässig, dass der Verbraucher und sein Vertragspartner ihren Wohnsitz oder gewöhnlichen Aufenthalt in demselben Mitgliedstaat haben und die Zuständigkeit dieses Staates für den Fall eines späteren Wohnsitzwechsels einer Partei ins Ausland vereinbaren. Art 19 Nr 3 Brüssel Ia-VO enthält damit eine Ausnahme von der allgemeinen Regel, dass bei Prorogation auf ein Gericht des gemeinsamen Wohnsitzstaates (reiner Inlandssachverhalt) die Bestimmungen der Verordnung nicht eingreifen (unalexKomm/Schwartze Brüssel I-VO Art 17 Rn 6 ff; dazu Rn 383). Eine *vor* Entstehung der Streitigkeit zu Lasten des Verbrauchers getroffene Gerichtsstandsvereinbarung ist unwirksam (EuGH Rs C-630/17 – *Milivojević*, RIW 2019, 218 Rn 82; BGH NJW 2024, 2680

Rn 32; BGH RIW 2013, 563 Rn 13; BGH IPRax 2013, 563 Rn 22 mAnm Arnold 525; OLG Stuttgart RIW 2015, 762). Eine danach in AGB getroffene Gerichtsstandsvereinbarung unterliegt zusätzlich der Inhaltskontrolle nach der Klausel-Richtlinie 93/13/EWG (EuGH Rs C 243/08 – *Pannon*, RIW 2009, 628; dazu Heinig EuZW 2009, 855; Pfeiffer NJW 2009, 2369, sowie näher Rn 395 mwNw). **Beweispflichtig** für die Schranken der Prorogationsfreiheit in Verbrauchersachen ist diejenige Partei, die sich auf Art 19 Brüssel Ia-VO beruft (schwz BG 6. 5. 2013, unalex CH-507).

Auch für Gerichtsstandsvereinbarungen in Verbrauchersachen gelten im Übrigen – insbesondere hinsichtlich der **Formerfordernisse** – die allgemeinen Voraussetzungen für die Prorogation nach Art 25 Brüssel Ia-VO (dazu Rn 432 ff). Maßgebender Zeitpunkt für den gemeinsamen Wohnsitz oder gewöhnlichen Aufenthalt in einem Mitgliedstaat ist derjenige des Abschlusses der Gerichtsstandsvereinbarung. Ist die Zuständigkeit eines deutschen Gerichts vereinbart, so scheitert die Wirksamkeit dieser Vereinbarkeit allerdings idR an Nr 3 letzter HS iVm § 38 Abs 3 Nr 2 ZPO (Brand IPRax 2013, 126 [130]; Thomas/Putzo/Nordmeier, ZPO [46. Aufl 2025] Art 19 Rn 5). Verlegt der Verbraucher seinen Wohnsitz in einen Drittstaat, so findet Art 19 Brüssel I-VO keine Anwendung; es gilt dann nach Art 6 Abs 1 Brüssel Ia-VO das autonome Zuständigkeitsrecht der *lex fori*. **253**

Eine **rügelose Einlassung** nach Art 26 Brüssel Ia-VO ist hingegen auch in Verbrauchersachen uneingeschränkt zulässig (EuGH Rs C-111/09 – *Bilas*, IPRax 2011, 580 mAnm Staudinger 548; BGH RIW 2005, 776; OLG Frankfurt NJW-RR 2005, 935 f; OLG Koblenz RIW 2000, 636 = IPRax 2001, 334; unalexKomm/Queirolo/Hausmann Brüssel I-VO Art 24 Rn 51 ff; **aA** Mankowski IPRax 2001, 310 ff). Sie begründet allerdings seit der Neufassung der Brüssel Ia-VO zu Lasten des beklagten Verbrauchers nur dann einen Gerichtsstand, wenn dieser gemäß Art 26 Abs 2 Brüssel Ia-VO über die Folgen der Einlassung bzw Nichteinlassung belehrt worden ist (Thomas/Putzo/Nordmeier, ZPO [46. Aufl 2025] Vorbem zu Art 17–19 Rn 4). **254**

8. Autonomes deutsches Verfahrensrecht

Sonderregeln zur internationalen Zuständigkeit in Verbrauchersachen sind nach deutschem Recht lediglich noch für Streitigkeiten aus **Haustürgeschäften** (§ 29c ZPO) oder **Fernunterrichtsverträgen** (§ 26 FernUSG; dazu näher Wieczorek/Schütze/Hausmann, ZPO [3. Aufl 2010] § 29 Rn 106 f) zu beachten. Für Streitigkeiten aus Haustürgeschäften ist nach § 29c ZPO das Gericht örtlich und international ausschließlich zuständig, in dessen Bezirk der Kunde zur Zeit der Klageerhebung seinen Wohnsitz hat. Die Vorschrift hat im internationalen Rechtsverkehr nur dann noch Bedeutung, wenn der Beklagte seinen Wohnsitz nicht in einem EU-Mitgliedstaat hat, zB in der Türkei (vgl LG Tübingen IPRax 2006, 477 mAnm Mankowski 454) oder in Liechtenstein (vgl BGHZ 203, 140 = NJW 2015, 169). § 29c ZPO stellt – anders als Art 18 Brüssel Ia-VO – *nicht auf die Parteirolle* ab; daher ist auch der Kunde als Kläger an die Ausschließlichkeit gebunden und kann nicht etwa unter Verzicht auf den ihm gewährten prozessualen Schutz die andere Vertragspartei in deren allgemeinem Gerichtsstand (zB am Sitz des Unternehmens, § 17 ZPO) oder im Gerichtsstand des Erfüllungsorts (§ 29 ZPO) verklagen. Der Schutz des § 29c ZPO kommt jedoch dem Zessionar des Verbrauchers nicht zugute (OLG München IPRax 2011, 262 mAnm Seibl 234). **255**

256 Abweichende **Gerichtsstandsvereinbarungen** sind nur unter den engen Voraussetzungen des § 29c Abs 3 ZPO zulässig; im Übrigen scheitern sie – ebenso wie eine rügelose Einlassung des beklagten Kunden – an § 40 Abs 1 bzw Abs 2 S 2 ZPO, auch soweit sie zugunsten des Verbrauchers getroffen werden (BGHZ 203, 140 = NJW 2015, 169 mAnm Vossler = BB 2014, 3088 mAnm Mankowski). In grenzüberschreitenden Verbraucherverträgen gilt dies freilich nur, soweit die §§ 312 ff BGB über Haustürgeschäfte auf den geschlossenen Vertrag überhaupt anwendbar sind. Haben die Parteien die Geltung ausländischen Rechts wirksam vereinbart, so ist dies gem Art 6 Abs 2 Rom I-VO nur der Fall, wenn das ausländische Recht den deutschen Verbraucher weniger schützt (vgl zum EuGVÜ BGHZ 123, 380 ff = IPRax 1994, 449 mAnm W Lorenz 429).

VI. Sondergerichtsstände für Streitigkeiten aus Arbeitsverträgen*

1. Normzweck und Rechtsentwicklung

257 Von dem Grundsatz, dass es im Rahmen der Zuständigkeitsanknüpfung nach Art 5 Nr 1 EuGVÜ auf den Erfüllungsort der streitgegenständlichen Verpflichtung ankam

* **Schrifttum: 1. Brüssel Ia-VO**: Galic, Extension of the weaker party protection in the Brussels I Recast to third-state defendants: removing national law or providing for minimum standards?, EuLF 2016, 1; Garber, Zum Schutz des Arbeitnehmers in der Neufassung des Brüssel I-VO, in: FS Schütze II (2014) 81; Gräf, Geschäftsführerhaftung und Arbeitnehmerbegriff im internationalen Zivilprozessrecht, GPR 2016, 148; Junker, Arbeitsverträge im internationalen Privat- und Prozessrecht, in: FS Gottwald (2014) 293; Knöfel, Navigare necesse est – Zur Anknüpfung an die einstellende Niederlassung im Europäischen Internationalen Arbeitsrecht der See, IPRax 2014, 130; Krebber, Internationale Zuständigkeit bei Klagen des Arbeitnehmers gegen den Dritten in arbeitsrechtlichen Drittbeziehungen, IPRax 2017, 313; Lutzi, Arbeitnehmer- und Deliktsgerichtsstandbei treuwidriger Abwerbung von Kunden, IPRax 2017, 111; Wank, Neues zum Arbeitnehmerbegriff des EuGH, EuZW 2018, 2; Temming, Internationales Arbeitsprozessrecht: Wo darf das Flugpersonal der Zivilluftfahrt klagen?, NZA 2017, 1437.
2. Brüssel I-VO: Behr, Internationale Zuständigkeit in Individualarbeitsstreitigkeiten im Europäischen Verfahrensrecht, in: GS Blomeyer (2004) 15; ders, Auf Schiene und Straße, über Wolken und auf hoher See – Probleme des internationalen Arbeitsvertragrechts bei mobilen Arbeitsplätzen, in: FS Buchener (2009) 81; Blefgen, Die Anknüpfung an die einstellende Niederlassung des Arbeitgebers im Internationalen Arbeitsvertragsrecht (2006); Bosse, Probleme des europäischen Internationalen Arbeitsprozessrechts (2007); Däubler, Die internationale Zuständigkeit der deutschen Arbeitsgerichte – Neue Regeln durch die Verordnung (EG) Nr 44/2001, NZA 2003, 1297; Diller/Wilske, Grenzüberscheitende Durchsetzung nachvertraglicher Wettbewerbsverbote, DB 2007, 1866; Egler, Seeprivatrechtliche Streitigkeiten unter der EuGVVO (2011); Franzen, Internationale Zuständigkeit deutscher Gerichte und Erfüllungsort der betrieblichen Altersvorsorge, IPRax 2006, 254; Garber, Zum Begriff des gewöhnlichen Arbeitsorts iSd Art19 Abs2 lit a EuGVO insb bei der Verrichtung der arbeitsvertraglichen Tätigkeit an Bord eines Schiffes, in: FS Kaissis (2012) 221; ders, Zum Schutz des Arbeitnehmers in der Neufassung der Brüssel I-VO, in: FS Schütze (2014) 81; Junker, Gewöhnlicher Arbeitsort und vorübergehende Entsendung im Internationalen Privatrecht, in: FS Heldrich (2005) 719; ders, Internationale Zuständigkeit und anwendbares Recht in Arbeitssachen, NZA 2005, 199; ders, Internationale Zuständigkeit für Arbeitssachen nach der Brüssel I-Verordnung, in: FS Schlosser (2005) 299; ders, Arbeitnehmereinsatz im Ausland – Anzuwendendes Recht und internationale Zuständigkeit (2007); ders, Internationalprivat- und

(Rn 152 ff), hatte der EuGH schon frühzeitig eine Ausnahme für den Fall befürwortet, dass die Erfüllung einer oder mehrerer Verpflichtungen aus einem *Arbeitsvertrag* eingeklagt wurde (EuGH Rs 133/81 – *Ivenel*, Slg 1982, 1891 Rn 15 = IPRax 1983, 173 mAnm Mezger 153; EuGH Rs 32/88 – *Six Construction*, Slg 1989, 341 Rn 10 = IPRax 1990, 173 mAnm Rauscher 152). Denn Arbeitsverträge begründeten eine dauerhafte Beziehung, durch die der Arbeitnehmer in den Betrieb des Arbeitgebers eingegliedert werde; ferner sei der Arbeitsort auch für die Anwendung zwingenden Rechts und von Tarifverträ-

---

prozessrechtliche Fragen des Arbeitseinsatzes im Ausland, in: FS Kühne (2009) 735; ders, Grenzen der Staatenimmunität und europäische Gerichtsstände bei arbeitsrechtlichen Streitigkeiten von Botschaftsangestellten, EuZA 2013, 83; Krebber, Gerichtsstand des Erfüllungsortes bei mehreren, aber aufeinander abgestimmten Arbeitsverhältnissen, IPRax 2004, 309; ders, Einheitlicher Gerichtsstand für die Klage eines Arbeitnehmers gegen mehrere Arbeitgeber bei Beschäftigung in einem grenzüberschreitenden Konzern, IPRax 2009, 409; Leipold, Einige Bemerkungen zur internationalen Zuständigkeit in Arbeitssachen nach Europäischem Zivilprozessrecht, in: GS Blomeyer (2004) 143; Lüttringhaus/Westpfahl, Neues zur „einstellenden Niederlassung", EuZW 2012, 139; Makridou, Recent developments in international jurisdiction over labour disputes within the European Union, ZZP Int 15 (2010) 199; Mankowski, Europäisches Internationales Arbeitsprozessrecht – Weiteres zum gewöhnlichen Arbeitsort, IPRax 2003, 21; ders, Rumpfarbeitsverhältnisse und lokales Arbeitsverhältnis (komplexe Arbeitsverhältnisse) im Internationalen Privat- und Prozessrecht, RIW 2004, 133; ders, Das internationale Arbeitsrecht und die See – die Fortsetzung folgt, IPRax 2005, 58; ders, Verdrängt das europäische Internationale Arbeitsprozessrecht (Art 18–21 EuGVVO) auch den Gerichtsstand der Streitgenossenschaft aus Art 6 Nr 1 EuGVVO, EuZA 2008, 104; ders, An der Grenze – die Verteidigung des europäischen internationalen Arbeitsprozessrechts gegen Gerichtsstandsvereinbarungen zugunsten drittstaatlicher Gerichte, EuZA 2008, 417; ders, Zur Abgrenzung des Individual- von Kollektivarbeitsrecht im europäischen Internationalen Zivilverfahrensrecht, IPRax 2011, 93; Mankowski/Knöfel, On the Road Again, oder; wo arbeitet ein Fernfahrer?, EuZA 2011, 521; Martiny, Deutscher Kündigungsschutz für das Personal ausländischer Botschaften?, IPRax 2013, 536; Mosconi, La giurisdizione in materia di lavoro nel regolamento (CE) n 44/2001, Riv dir int priv proc 2003, 5; C Müller, Die internationale Zuständigkeit deutscher Arbeitsgerichte und das auf den Arbeitsvertrag anwendbare Recht (2004); Polivka, Die gerichtliche Zuständigkeit in arbeitsrechtlichen Streitigkeiten nach revidiertem Lugano-Übereinkommen (2001); Rödl, Ausschluss des Gerichtsstands der Streitgenossenschaft im internationalen Arbeitsvertragsrecht, EuZA 2009, 355; Simons, Gerichtsstand und Vertragsstatut im komplexen Arbeitsverhältnis, EuLF 2003, 163; Springer, Virtuelle Wanderarbeit (2003); Temming, Europäisches Arbeitsprozessrecht: Zum gewöhnlichen Arbeitsort bei grenzüberschreitend tätigen Außendienstmitarbeitern, IPRax 2010, 59; Trenner, Internationale Gerichtsstände in grenzüberschreitenden Arbeitsvertragsstreitigkeiten (2001); Winterling, Die Entscheidungszuständigkeit in Arbeitssachen im europäischen Zivilverfahrensrecht (2006).

3. EuGVÜ: Franzen, Internationale Gerichtsstandsvereinbarungen in Arbeitsverträgen zwischen EuGVÜ und autonomem internationalem Zivilprozessrecht, RIW 2000, 81; Holl, Der Gerichtsstand des Erfüllungsorts nach Art 5 Nr 1 EuGVÜ bei individuellen Arbeitsverträgen, IPRax 1997, 88; Hoppe, Die Entsendung von Arbeitnehmern ins Ausland (1999); Junker, Internationales Arbeitsrecht im Konzern (1992); ders, Die internationale Zuständigkeit deutscher Gerichte in Arbeitssachen, ZZP Int 3 (1998), 179; Mankowski, Der gewöhnliche Arbeitsort im Internationalen Privat- und Prozessrecht, IPRax 1999, 332; Rauscher, Der Arbeitnehmergerichtsstand im EuGVÜ, IPRax 1990, 152; ders, Arbeitnehmerschutz – ein Ziel des Brüsseler Übereinkommens, in: FS Schütze (1999) 695.

gen zum Schutz des Arbeitnehmers maßgeblich. Im Hinblick auf diese Besonderheiten sei das Gericht des Ortes, an dem die für Arbeitsverträge *charakteristische Verpflichtung* zu erfüllen ist, zur Entscheidung von Rechtsstreitigkeiten aus solchen Verträgen am besten in der Lage (EuGH Rs 266/85 – *Shenavai*, Slg 1987, 239 Rn 16 = NJW 1987, 1131 mAnm Geimer = IPRax 1987, 366 mAnm Mezger 346). Der Arbeitnehmer durfte daher schon unter Geltung des EuGVÜ 1968 sämtliche Ansprüche, die ihm aus dem Arbeitsverhältnis zustanden, bei dem Gericht des Ortes einklagen, an dem er seine Arbeitsleistung tatsächlich erbracht hatte (vgl BAG NJW-RR 1988, 482 [483]; LAG Frankfurt IPRax 1986, 107 mAnm Coester-Waltjen 88; LAG München IPRax 1992, 97 mAnm Däubler 82; ital Cass Riv dir int priv proc 1996, 325 [330]). Der Gerichtsstand des Art 5 Nr 1 EuGVÜ kam freilich auf Klagen aus Arbeitsverträgen dann nicht zur Anwendung, wenn der Arbeitnehmer seine Vertragspflichten außerhalb des Gebiets der Vertragsstaaten erfüllt hatte (EuGH Rs 32/88 – *Six Construction*, Slg 1989, 341 Rn 22). Das EuGVÜ 1989 hatte diese Rechtsprechung des EuGH mit gewissen Modifikationen in Art 5 Nr 1 HS 2 und 3 kodifiziert. Danach war für sämtliche Streitigkeiten auf dem Gebiet des (Individual-)Arbeitsrechts ein einheitlicher Gerichtsstand an dem Ort begründet, an dem der Arbeitnehmer gewöhnlich seine Arbeit verrichtete (HS 2). Verrichtete der Arbeitnehmer seine Arbeit gewöhnlich nicht in ein und demselben Staat, so konnte der Arbeitgeber auch vor dem Gericht des Ortes verklagt werden, in dem sich die Niederlassung, die den Arbeitnehmer eingestellt hatte, befand bzw zur Zeit der Einstellung befunden hatte (HS 3).

258 In der Brüssel I-VO wurden die Vorschriften über die gerichtliche Zuständigkeit in Arbeitssachen – ebenso wie schon zuvor die Vorschriften in Versicherungs- und Verbrauchersachen – **in einem eigenen Abschnitt** zusammengefasst. Mit Ausnahme einer Änderung in Art 20 Abs 1 aE und einer Klarstellung in Art 21 Abs 2 hat die Brüssel Ia-VO diesen 5. Abschnitt (Art 20–23) inhaltlich unverändert übernommen. Er enthält eine in sich **abgeschlossene Regelung**, so dass die Vorschriften des 1. und 2. Abschnitts (Art 4–9 Brüssel Ia-VO) in Arbeitssachen grundsätzlich keine Anwendung finden (EuGH Rs C-804/19 – *BU/Markt24 GmbH*, NJW 2021, 1152 Rn 32 ff; EuGH Rs C-1/17 – *Petronas Lubricants Italy*, NJW 2018, 2383 Rn 25 mAnm Wilke GPR 2018, 283 und Brinkmann IPRax 2019, 501; EuGH Rs C-168/16 – *Nogueira*, EuZW 2017, 943 Rn 50 f mAnm Ulrici 947; BAGE 132, 182 = NZA-RR 2010, 604 Rn 40; LAG Niedersachsen NZA-RR 2016, 611 Rn 28; Musielak/Voit/Stadler/Krüger, ZPO [22. Aufl 2025] Art 20 Rn 1; ebenso schon zur Brüssel I-VO BAG EuLF 2010 II, 8 [11]; Mankowski IPRax 2013, 21 [27]). Deshalb sind insbesondere auch *Vereinbarungen über den Erfüllungsort* in Arbeitssachen nicht zulässig (Behr, in: GS Blomeyer [2004] 15 [21]). **Ausnahmen** gelten lediglich nach Art 6 Brüssel Ia-VO (Beklagte mit Wohnsitz in Drittstaaten), soferrn nicht der Vorbehalt nach Art 21 Abs 2 Brüssel Ia-VO eingreift, und nach Art 7 Nr 5 Brüssel Ia-VO (Niederlassungsgerichtsstand), auf die in Art 20 Abs 1 Brüssel Ia-VO ausdrücklich verwiesen wird (EuGH Rs C-604/20 – *ROI Land Investments*, EuZW 2022, 1061 Rn 41). Ferner findet nach der Neufassung dieser Vorschrift auch der Streitgenossengerichtsstand nach Art 8 Nr 1 Brüssel Ia-VO – anders als noch unter der Brüssel I-VO (EuGH Rs C-462/06 – *Glaxosmithkline*, Slg 2008 I 3965 Rn 19 ff = EuZW 2008, 369 mAnm Sujecki = IPRax 2009 418 m krit Anm Krebber 409; frz Cass 27. 1. 2010, unalex FR-1106) – in Arbeitssachen dann Anwendung, wenn es sich um *Klagen des Arbeitnehmers gegen mehrere Arbeitgeber* handelt; der Arbeitnehmer kann daher künftig auch zwei Gesellschaften, die in verschiedenen Mitgliedstaaten ansässig sind und die er als seine gemeinsamen Arbeitgeber ansieht, am Sitz einer diesen Gesellschaften gemeinsam verklagen, wenn die hierfür erforderliche

Konnexität gegeben ist (Thomas/Putzo/Nordmeier, ZPO [46. Aufl 2025] Art 20 Rn 3; Rauscher/Mankowski, Brüssel Ia-VO [5. Aufl 2021] Art 20 Rn 7 ff). Arbeitnehmer sind jedoch keine Verbraucher, so dass auch ein Rückgriff auf die Art 17 ff Brüssel Ia-VO in Arbeitssachen unzulässig ist.

Die strikte Beachtung der Art 20–22 Brüssel Ia-VO bereits im Erkenntnisverfahren 259 wird dadurch sichergestellt, dass ein Verstoß gegen diese Zuständigkeitsvorschriften – entgegen dem grundsätzlichen Verbot einer Nachprüfung der Zuständigkeit durch den Zweitrichter (Art 45 Abs 3 Brüssel Ia-VO) – die Versagung der Anerkennung und Vollstreckung der Entscheidung in anderen Mitgliedstaaten zur Folge haben kann (Art 45 Abs 1 lit e, 1. Fall Brüssel Ia-VO; dazu Rn 289). Schließlich wird auch der **räumliche Anwendungsbereich des 5. Abschnitts** – unter Durchbrechung der Grundregel in Art 6 Abs 1 Brüssel Ia-VO – auf Fälle erstreckt, in denen der Arbeitgeber zwar keinen Sitz oder Wohnsitz, wohl aber eine Zweigniederlassung, Agentur oder sonstige Niederlassung in einem Mitgliedstaat unterhält. Für diesen Fall wird er gemäß Art 20 Abs 2 Brüssel Ia-VO für Streitigkeiten aus dem Betrieb dieser Niederlassung so behandelt, als hätte er seinen Wohnsitz im Hoheitsgebiet dieses Mitgliedstaates (dazu Rn 284).

Insgesamt orientiert sich die Regelung der internationalen Zuständigkeit in Arbeits- 260 sachen stark am Vorbild des prozessualen Verbraucherschutzes in Art 17–19 Brüssel Ia-VO; daher sind die Bestimmungen des 5. Abschnitts unter Berücksichtigung ihrer Zielsetzung auszulegen, dem **Arbeitnehmer als der schwächeren Partei** einen angemessen Schutz zu gewährleisten (EuGH Rs C-604/20 – *ROI Land Investments*, EuZW 2022, 1061 Rn 25; EuGH Rs C-168/16 – *Nogueira*, EuZW 2017, 943 Rn 49 f mAnm Ulrici 947; EuGH Rs C-47/14 – *Holterman*, EuZW 2015, 922 Rn 43; EuGH Rs C-154/11 – *Mahamdia*, NZA 2012, 935 Rn 46 = IPRax 2013, 572 mAnm Martiny 536; unalexKomm/Simons Brüssel Ia-VO vor Art 18–21 Rn 3). Demgemäß unterscheidet die Brüssel Ia-VO – anders als noch das EuGVÜ – deutlich zwischen Klagen des Arbeitnehmers und des Arbeitgebers (Hausmann EuLF 2000/01, 40 [46]; Rauscher/Mankowski, Brüssel Ia-VO [5. Aufl 2021] Art 20 Rn 2). Besondere Schutzvorschriften des nationalen Rechts auf dem Gebiet der internationalen und örtlichen Zuständigkeit in Arbeitssachen werden in jedem Fall durch die Art 20 ff Brüssel Ia-VO verdrängt, auch wenn sie den Arbeitnehmer stärker begünstigen (EuGH Rs C-804/19 –*Markt24* NJW 2021, 1152 Rn 34; BAG RIW 2021, 151 Rn 54; frz Cass 28. 10. 2014, unalex FR-2392; App Luxemburg 19. 10. 2006, unalex LU-21). Hingegen wird die besondere Zuständigkeit nach § 15 Arbeitnehmer-EntsendeG (dazu Rn 292) gemäß Art 67 Brüssel Ia-VO durch die Art 20 ff Brüssel Ia-VO nicht berührt.

Die Zuständigkeitsregelung des 5. Abschnitts ist grundsätzlich auf **Vertragsklagen** be- 261 schränkt, einschließlich der Klage des Arbeitgebers auf gerichtliche Zustimmung zur Auflösung des Arbeitsverhältnisses (öst OGH 25. 6. 2015, unalex AT-993); insoweit kann auf das zu verbraucherrechtlichen Streitigkeiten Gesagte Bezug genommen werden (Rn 234 ff). Daher gelten die Art 20–22 Brüssel Ia-VO auch für die Durchsetzung von Ansprüchen des Arbeitgebers oder des Arbeitnehmers, die vom anwendbaren nationalen Recht als *deliktisch* qualifiziert werden, sofern sie in einem untrennbaren Zusammenhang mit vertraglichen Ansprüchen aus dem Arbeitsverhältnis stehen, wie zB Ansprüche aus gefahrgeneigter Arbeit (unalex-Komm/Simons Brüssel Ia-VO vor Art 20–23 Rn 13; Däubler NZA 2003, 1297 [1299]; Junker NZA 2005, 199 [203]; einschränkend Rauscher/Mankowski, Brüssel Ia-VO [5. Aufl 2021] Art 20 Rn 12). Die EuGH-Entscheidung in der Sache *Brogsitter* (EuGH Rs C 548/12, EuZW 2014, 383 Rn 24 ff = IPRax 2016, 149 mAnm Pfeiffer 111; dazu Rn 113) ist insoweit auch auf Individualarbeitsverträge zu übertragen (öst OGH 11. 8. 2015, BeckRS 111280 Rn 9; Zöller/Geimer, ZPO [35. Aufl 2024] Art 20 Rn 4), so dass Art 7 Nr 2 Brüssel Ia-VO nur zur Anwendung kommt, wenn die unerlaubte Handlung nicht an einen Arbeitsvertrag anknüpft (EuGH Rs C-47/14 – *Holterman*, NZA 2016, 183 Rn 70 ff = IPRax 2016, 151 mAnm Kindler 115; LAG Hamm NZA-RR 2025, 336 Rn 57 ff [Ansprüche wegen der Verletzung von Geschäftsgeheimnissen]; LAG Niedersachsen NZA-RR 2016, 611 Rn 29).

2. Arbeitssachen

262 Der für die internationale Zuständigkeit in Arbeitssachen nach Art 20–23 Brüssel Ia-VO maßgebliche Begriff des „individuellen Arbeitsvertrages" ist – ebenso wie in Art 8 Rom I-VO (dazu Staudinger/Magnus [2021] Art 8 Rom I-VO Rn 33 ff; ferner Martiny, in: Reithmann/Martiny, IVR [9. Aufl 2021] Rn 6.2852 ff) – *verordnungsautonom* zu qualifizieren (EuGH Rs C-804/19 –*Markt24*, NJW 2021, 1152 Rn 24; EuGH C-603/17 – *Bosworth, Hurley/ Arcadia*, RIW 2019, 505 Rn 24 mAnm Mankowski; EuGH Rs C-47/14 – *Holterman*, EuZW 2015, 922 Rn 36 ff mAnm Lüttringhaus 904 und Kindler IPRax 2016, 115; EuGH Rs C-383/95 – *Rutten*, Slg 1997 I 57 Rn 12 f = IPRax 1999, 365 mAnm Mankowski 332; BAG NZA 2016, 254 Rn 18 = IHR 2016, 165 mAnm Mankowski; BAG ZIP 2014, 939 Rn 20; BAG NZA 2004, 58 = AP Nr 1 zu Art 5 LugÜ mAnm Mankowski; LAG Düsseldorf IPRax 2015, 551 mAnm Temming 509; Schlosser/Hess/Schlosser, EuZPR [5. Aufl 2021] Art 20 Rn 1; Geimer/Schütze/Geimer, EuZVR [4. Aufl 2020] Art 20 Rn 16; MünchKommZPO/Gottwald Art 20 Rn 3). Er hat sich insbesondere am primärrechtlichen Begriff des Arbeitnehmers und des Arbeitsvertrages in Art 45 AEUV zu orientieren (OLG Hamburg NJW 2004, 3126 [3128]; Rauscher/Mankowski, Brüssel Ia-VO [5. Aufl 2021] Art 20 Rn 16 m ausf Nachw). Ein individueller Arbeitsvertrag ist danach eine Vereinbarung zwischen Arbeitgeber und Arbeitnehmer, die eine **abhängige, weisungsgebundene Tätigkeit** während einer bestimmten Zeit zum Gegenstand hat, bei der der Arbeitnehmer regelmäßig in einer bestimmten Weise in den Betrieb des Arbeitgebers eingebunden ist und für die er als Gegenleistung eine Vergütung erhält (EuGH Rs C-804/19 –*Markt24* NJW 2021, 1152 Rn 25; EuGH Rs C-47/14 – *Holterman*, EuZW 2015, 922 Rn 41; EuGH Rs C-176/96 – *Lehtonen*, RIW 2000, 552 Rn 45; EuGH Rs C-357/89 – *Raulin*, Slg 1992 I 1027 = NJW 1992, 1493 f; BAG NZA 2023, 1265 Rn 20; BAG IHR 2016, 165 Rn 18 mAnm Mankowski; BAG RIW 2013, 803; BAG EuLF 2010 II, 8 [11]; öst OGH ÖJZ 1999, 504 und 17. 11. 2004, unalex AT-61; LAG Rheinland-Pfalz BeckRS 2019, 39431 Rn 31; OLG Hamburg NJW 2004, 3126 [3127]; Junker IPRax 2024, 196).

263 Wesentlich ist vor allem, dass der Arbeitnehmer den Schutz der Art 20–23 Brüssel Ia-VO nur in Anspruch nehmen kann, wenn er **keine eigene unternehmerische Entscheidungsfreiheit** hat und **kein unternehmerisches Risiko** trägt (Rauscher/Mankowski, Brüssel Ia-VO [5. Aufl 2021] Art 20 Rn 20 ff). Ein Arbeitsverhältnis setzt also voraus, dass zwischen dem Arbeitnehmer und seinem Arbeitgeber ein **Unterordnungsverhältnis** besteht. Ob es vorliegt, muss in jedem Einzelfall anhand aller Gesichtspunkte und aller Umstände geprüft werden, die die Beziehungen zwischen den Beteiligten kennzeichnen (EuGH Rs C-604/20 – *ROI Land Investments*, EuZW 2022, 1061 Rn 32; EuGH Rs C-603/17 – *Bosworth*, RIW 2019, 505 Rn 26 mAnm Mankowski). Dies kann auch auf den Direktor und Geschäftsführer einer Gesellschaft zutreffen, sofern er den Weisungen der Gesellschaft unterworfen war (EuGH Rs C-47/14 – *Holterman*, EuZW 2015, 922 Rn 45 ff = IPRax 2016, 151 mAnm Kindler 115). Auf die Höhe der Vergütung kommt es nicht an, so dass

auch in Teilzeit oder geringfügig Beschäftigte erfasst werden. Eine analoge Anwendung der Art 20 ff Brüssel Ia-VO auf formal selbständige, jedoch wirtschaftlich abhängige und sozial schutzbedürftige Personen kommt jedoch nicht in Betracht (LAG Düsseldorf IPRax 2015, 551 mAnm TEMMING 509; LAG Hessen BeckRS 2012, 68852). Auf die Wirksamkeit des Arbeitsvertrags kommt es nicht an, so dass auch **faktische Arbeitsverhältnisse** erfasst werden (EuGH C-603/17 – *Bosworth*, RIW 2019, 505 Rn 27 mAnm MANKOWSKI; SCHLOSSER/HESS/SCHLOSSER, EuZPR [4. Aufl 2015] Art 20 Rn 3). Gleiches gilt für nicht durchgeführte (EuGH Rs C-804/19 –*Markt24* NJW 2021, 1154 Rn 28) und bereits aufgelöste Arbeitsverhältnisse (öst OGH IPRax 2017, 105 mAnm LUTZI 111). Ferner kann eine Person mit oder ohne Wohnsitz im Hoheitsgebiet eines Mitgliedstaats, an die der Arbeitnehmer durch keinen förmlichen Arbeitsvertrag gebunden ist, die ihm gegenüber aber aufgrund einer **Patronatsvereinbarung**, von der der Abschluss des Arbeitsvertrags mit einem Dritten abhing, unmittelbar für die Erfüllung der Ansprüche gegen diesen Dritten haftet, im Gerichtsstand des Art 21 Abs 1 lit b Brüssel Ia-VO verklagt werden, sofern zwischen den Klageparteien ein Unterordnungsverhältnis besteht (EuGH Rs C-604/20 – *ROI Land Investments* , EuZW 2022, 1061 Rn 32; BAG NZA 2023, 1265 Rn 21 ff m krit Anm JUNKER IPRax 2024, 196).

Abzugrenzen ist der Individualarbeitsvertrag vom **Dienstleistungsvertrag** (dazu unalex-Komm/SIMONS Art 20 Brüssel Ia-VO Rn 7 f). Verträge über Dienstleistungen, die in wirtschaftlicher und sozialer Selbständigkeit erbracht werden, fallen nicht unter Art 20–23 Brüssel Ia-VO (vgl EuGH Rs 266/85 – *Shenavai*, Slg 1987, 239 [Architektenvertrag]; EuGH Rs C-420/97 – *Leathertex*, Slg 1999 I 6747 Rn 35 ff = ZIP 1999, 1773; BAG NZA 2016, 254 Rn 19 ff [Consulting Agreement]). Dies trifft idR auf freie **Handelsvertreter** zu, insbesondere, wenn sie für mehrere Unternehmen tätig sind (BAG NZA 2016, 254 Rn 23 ff; OLG Hamburg NJW 2004, 3126 [3128]; MANKOWSKI MDR 2002, 1352 [1353]; vgl auch öst OGH JBl 1999, 745). Auch Vorstandsmitglieder einer deutschen AG sind in Hinblick auf § 76 Abs 1 AktG keine Arbeitnehmer (NAGEL/GOTTWALD, IZPR [9. Aufl 2025] Rn 3.249). Demgegenüber sind **Fremdgeschäftsführer einer deutschen GmbH** den Weisungen der Gesellschafterversammlung unterworfen und somit idR Arbeitnehmer (vgl näher RAUSCHER/MANKOWSKI, Brüssel Ia-VO [5. Aufl 2021] Art 20 Rn 62 ff; anders für *directors* einer britischen Ltd LAG Baden-Württemberg ZIP 2010, 1619; dazu KORFF AuR 2011, 159). Die Art 20 ff Brüssel Ia-VO finden auf sie allerdings nur Anwendung, wenn Ansprüche aus dem Anstellungsvertrag – und nicht solche aus dem Organverhältnis – Streitgegenstand sind (EuGH Rs C-47/14 – *Holterman*, EuZW 2015, 922 Rn 34; WEBER IPRax 2013, 69). Außerdem ist die Anwendung des 5. Abschnitts auf den Manager eines Unternehmens auch dann ausgeschlossen, wenn dieser die Bedingungen seines Anstellungsvertrags selbst bestimmen kann oder tatsächlich bestimmt und das Tagesgeschäft der Gesellschaft sowie die Durchführung ihrer Aufgaben kontrolliert (EuGH Rs C-603/17 – *Bosworth, Hurley*, RIW 2019, 505 Rn 29 ff mAnm MANKOWSKI). Arbeitnehmer im europäischen Sinne können auch **Beamte** und Angestellte im öffentlichen Dienst sein, soweit der Gegenstand des Rechtsstreits nicht mit einer hoheitlichen Tätigkeit zusammenhängt, die zum Ausschluss des Rechtsstreits aus dem sachlichen Anwendungsbereich der Brüssel Ia-VO nach Art 1 Abs 1 führt (vgl dazu BAG NJW 2025, 2054 mAnm MARSKI [Kündigung einer Konsulatsmitarbeiterin]; RAUSCHER/MANKOWSKI, Brüssel Ia-VO [5. Aufl 2021] Art 20 Rn 79 ff). Für das Vorliegen eines Arbeitsvertrags ist diejenige Partei darlegungs- und **beweisbelastet,** die die zuständigkeitsbegründende Wirkung der Art 21, 22 Brüssel Ia-VO in Anspruch nimmt (OLG München NZA-RR 2022, 206 Rn 28). **264**

265 Die Zuständigkeitsregelung der Art 20–23 Brüssel Ia-VO gilt für **individualvertragliche Klagen jeder Art** aus dem Arbeitsverhältnis, also nicht nur für Klagen auf Erfüllung der Arbeitsleistung oder der Lohnzahlung, sondern auch für Versorgungszusagen (BAG RIW 2013, 803 Rn 18), Wettbewerbsverbote (Schlosser/Hess/Schlosser, EuZPR [5. Aufl 2021] Art 20 Rn 1) sowie für Ansprüche wegen Leistungsstörungen (zB Schadensersatz). Vor allem wird der gesamte Bereich des arbeitsvertraglichen **Kündigungsschutzes** erfasst, einschließlich aller Ansprüche aus dem bereits aufgelösten Arbeitsverhältnis (öst OGH IPRax 2017, 105 mAnm Lutzi 111). Dies gilt etwa für Rückgabe- und Auskunftspflichten, Zeugnisausstellung und nachvertragliche Wettbewerbsverbote (öst OGH IPRax 2011, 89 [90]; vgl Trenner 91; Rauscher/Mankowski, Brüssel Ia-VO [5. Aufl 2021] Art 20 Rn 43). Demgegenüber sind Streitigkeiten aus dem **kollektiven Arbeitsrecht**, zB zwischen Tarifvertragsparteien, zwischen Arbeitgeber und Betriebsrat oder zwischen Arbeitgeberverbänden und Gewerkschaften aus dem Anwendungsbereich der Art 20–23 Brüssel Ia-VO ausgeschlossen (zur Abgrenzung Mankowski IPRax 2011, 93 ff; unalexKomm/Simons Brüssel Ia-VO Art 20 Rn 13 ff). Tarifverträge und Betriebsvereinbarungen sind keine individuellen Arbeitsverträge; soweit sie allerdings zugunsten von Arbeitnehmern individuelle Rechte begründen, können diese in den Gerichtsständen des Art 21 Brüssel Ia-VO eingeklagt werden (öst OGH 2. 6. 2009, unalex AT-619; Trenner 93; Rauscher/Mankowski, Brüssel Ia-VO [5. Aufl 2021] Art 20 Rn 55 ff).

3. Die einzelnen Zuständigkeiten nach Art 21, 22 Brüssel Ia-VO

a) Klagen des Arbeitnehmers

266 Um dem Arbeitnehmer die Durchsetzung seiner Rechte zu erleichtern, räumt ihm Art 21 Abs 1 Brüssel Ia-VO ein **Wahlrecht** zwischen der Klageerhebung vor den Gerichten im Wohnsitzstaat des Arbeitgebers (lit a) und den Gerichten am (derzeitigen oder früheren) gewöhnlichen Arbeitsort, hilfsweise am Ort der einstellenden Niederlassung (lit b) ein. Demgegenüber schließen sich die Gerichtsstände am gewöhnlichen Arbeitsort und am Ort der einstellenden Niederlassung gegenseitig aus (Mankowski IPRax 1999, 332 [334]; Trenner 47 ff; Kropholler/vHein, EuZPR [9. Aufl 2011] Art 19 Brüssel I-VO Rn 11). Klagt der Arbeitnehmer daher am Ort der einstellenden Niederlassung nach Art 21 Abs 1 lit b [ii] Brüssel Ia-VO, so ist er beweispflichtig dafür, dass es an einem gewöhnlichen Arbeitsort iSv lit a fehlt (Zöller/Geimer, ZPO [35. Aufl 2024] Art 21 Rn 15). Die praktische Bedeutung des Art 21 Brüssel Ia-VO ist groß, weil Klagen in Arbeitssachen typischerweise von Arbeitnehmern erhoben werden (Junker RIW 2002, 569 [575]).

aa) Wohnsitzstaat des Arbeitgebers

267 Ein Arbeitgeber, der seinen Wohnsitz im Hoheitsgebiet eines Mitgliedstaats hat, kann gemäß Art 21 Abs 1 lit a Brüssel Ia-VO – in Übereinstimmung mit Art 4 Abs 1 Brüssel Ia-VO – vor den Gerichten des Mitgliedstaates verklagt werden, in dem er seinen **Wohnsitz bzw Sitz iSd Art 62, 63** Brüssel Ia-VO hat (BAG NZA 2021, 225 Rn 18). Die *örtliche* Zuständigkeit bestimmt sich in diesem Falle nach dem autonomen Prozessrecht dieses Wohnsitz-/Sitzstaates (Kropholler/vHein, EuZPR [9. Aufl 2011] Art 19 Brüssel I-VO Rn 2).

268 Darüber hinaus kann der Arbeitnehmer einen Arbeitgeber, der seinen Wohnsitz/Sitz in einem Mitgliedstaat hat, gemäß Art 20 Abs 2 Brüssel Ia-VO – entsprechend der Regelung in Verbraucher- und Versicherungssachen (Rn 180, 241) – auch in einem an-

deren Mitgliedstaat verklagen, wenn der Arbeitgeber dort eine **Niederlassung iSv Art 7 Nr 5 Brüssel Ia-VO** unterhält, sofern die Streitigkeit aus dem Betrieb dieser Niederlassung resultiert (dazu näher Rn 325 f).

bb) Gewöhnlicher Arbeitsort

In einem anderen Mitgliedstaat als seinem Wohnsitzstaat kann der Arbeitgeber nach Art 21 Abs 1 lit b [i] Brüssel Ia-VO verklagt werden, wenn der Arbeitnehmer in diesem anderen Mitgliedstaat gewöhnlich seine Arbeit verrichtet oder zuletzt gewöhnlich verrichtet hat. International und örtlich zuständig für Klagen aus dem Arbeitsverhältnis ist dann das Gericht an diesem (letzten) gewöhnlichen Arbeitsort. Auch der Begriff des „gewöhnlichen Arbeitsorts" ist **autonom**, dh losgelöst von den Begriffsbildungen des nationalen Rechts, auszulegen (EuGH Rs C-168/16 – *Nogueira*, EuZW 2017, 943 Rn 47 f mAnm Ulrici 947; EuGH Rs C-37/00 – *Weber*, Slg 2002 I 2013 Rn 38 = IPRax 2003, 45 mAnm Mankowski 21; EuGH Rs C-437/00 – *Pugliese*, Slg 2003 I 3573 Rn 16 = EuLF 2003, 167 mAnm Simons 163; EuGH Rs 29/10 – *Koelzsch*, NZA 2011, 625 Rn 32; BAGE 132, 182 = NZA-RR 2010, 604 Rn 44; öst OGH IPRax 2010, 71 [73] mAnm Temming 59; ausführlich dazu unalex-Komm/Simons Brüssel Ia-VO Art 21 Rn 11 ff). Ziel dieser Regelung ist es, „dem Arbeitnehmer als der sozial schwächeren Partei einen angemessenen Schutz zu gewährleisten" (EuGH Rs C-383/95 – *Rutten*, Slg 1997 I 57 Rn 17 = RIW 1997, 231). Der Arbeitnehmer soll daher an dem Ort, mit dem er idR am engsten verbunden ist, seine Rechte kostengünstig durchsetzen können (EuGH Rs C-125/92 – *Mulox*, Slg 1993 I 4075 Rn 19; EuGH Rs C-37/00 – *Weber*, Slg 2002 I 2013 Rn 40; EuGH Rs C-437/00 – *Pugliese*, Slg 2003 I 3573 Rn 18; OLG Düsseldorf IPRspr 2015 Nr 209; OLG Düsseldorf EuLF 2010 II, 15 [17]). 269

Maßgebend für die Bestimmung des gewöhnlichen Arbeitsorts sind daher **objektive und tatsächliche Kriterien**; diesbezügliche vertragliche Vereinbarungen bleiben außer Betracht (LAG Mecklenburg-Vorpommern HmbSchRZ 2009, 9). Dabei ist allein die Verpflichtung des Arbeitnehmers zur Erbringung seiner Arbeitsleistung zu berücksichtigen (EuGH Rs C-437/00 – *Pugliese*, Slg 2003 I 3573 Rn 29 f). Außerdem begünstigt dieser Gerichtsstand einen Gleichlauf zwischen *forum* und *ius*, weil die Kollisionsnorm in Art 8 Abs 2 S 2 Rom I-VO ebenfalls an das Recht des gewöhnlichen Arbeitsorts anknüpft (Rauscher/Mankowski, Brüssel Ia-VO [5. Aufl 2021] Art 21 Rn 13). Aus diesem Grunde ist eine mit Art 8 Abs 2 Rom I-VO möglichst übereinstimmende Auslegung anzustreben (EuGH Rs C-29/10 – *Koelzsch*, NZA 2011, 625 Rn 33). Allerdings wird die internationale Zuständigkeit nach Art 21 Abs 1 lit b [i] Brüssel Ia-VO nicht dadurch in Frage gestellt, dass aufgrund einer Rechtswahl der Vertragsparteien nach Art 8 Abs 1 Rom I-VO oder aufgrund der Ausweichklausel nach Art 8 Abs 4 Rom I-VO auf den Arbeitsvertrag ein anderes Recht als dasjenige am gewöhnlichen Arbeitsort zur Anwendung kommt. 270

Arbeitet der Arbeitnehmer in Ausübung seiner vertraglichen Tätigkeit **an mehreren Orten** in einem oder in verschiedenen Mitgliedstaaten, so hatte der EuGH schon zu Art 5 Nr 1 EuGVÜ 1968 entschieden, dass eine Häufung von Gerichtsständen vermieden werden müsse, um der Gefahr einander widersprechender Urteile zu begegnen; maßgebend sei vielmehr der **hauptsächliche Arbeitsort** (EuGH Rs C-125/92 – *Mulox*, Slg 1993 I 4075 Rn 21 ff = IPRax 1997, 110 mAnm Holl 88). Bei einem Verkaufsrepräsentanten, dessen Vertragsgebiet mehrere Länder umfasst, komme es demgemäß auf den Lebensmittelpunkt an, von dem aus er seine Reisetätigkeit ausübe (EuGH Rs C-125/92 – *Mulox*, Slg 1993 I 4075 Rn 25; zust BAG IPRspr 1988 Nr 51). An dieser Auslegung hat der 271

EuGH auch nach der Neufassung durch das EuGVÜ 1989 festgehalten. Danach ist gewöhnlicher Arbeitsort „der Ort, den der Arbeitnehmer zum tatsächlichen Mittelpunkt seiner Berufstätigkeit gemacht" hat, weil er dort den größten Teil seiner Arbeitszeit zubringt und ein Büro unterhält, von dem aus er seine Tätigkeit für den Arbeitgeber organisiert und wohin er nach jeder Auslandsreise zurückkehrt (EuGH Rs C-383/95 – *Rutten*, Slg 1997 I 57 Rn 23 ff = IPRax 1999, 332 mAnm Mankowski; EuGH Rs C 37/00 – *Weber*, Slg 2002 I 2013 Rn 50 = ZZP Int 7 [2002] 220 mAnm Junker; BAGE 101, 244 = NJW 2002, 3196; BAGE 132, 182 = NZA-RR 2010, 604 Rn 45; LAG Baden-Württemberg IPRspr 2002 Nr 129a). Diese Auslegung ist auch für Art 21 Abs 1 lit b (i) Brüssel Ia-VO maßgebend.

272 Auch nach dieser Vorschrift ist das Kriterium des gewöhnlichen Arbeitsorts **weit auszulegen** und so aufzufassen, dass es sich auf den Ort bezieht, an dem oder von dem aus der Arbeitnehmer seine berufliche Tätigkeit tatsächlich ausübt und, in Ermangelung eines Mittelpunkts der Tätigkeit, auf den Ort, an dem er den größten Teil seiner Arbeit ausübt (EuGH Rs C-804/19 –*Markt24* , NJW 2021, 1152 Rn 40; EuGH Rs C-168/16 – *Nogueira*, EuZW 2017, 943 Rn 57 ff mAnm Ulrici 947; ferner BAGE 137, 71 Rn 24 ff = NZA 2011, 1309; BAG NZA 2013, 925 Rn 21; ebenso zu Art 6 Abs 2 EVÜ EuGH Rs C-29/10 – *Koelzsch*, NZA 2011, 625 Rn 45 = IPRax 2011, 582 mAnm Lüttringhaus 554; EuGH Rs C-384/10 – *Voogsgeerd*, IPRax 2014, 159 Rn 37 ff mAnm Knöfel 130). Zur Feststellung des gewöhnlichen Arbeitsorts bedient sich der EuGH einer „indiziengestützten Methode". Danach kommt es darauf an, in welchem Mitgliedstaat der Ort liegt, von dem aus der Arbeitnehmer seine Dienste erbringt, an den er danach zurückkehrt, an dem er Anweisungen dazu erhält und seine Arbeit organisiert und an dem sich die Arbeitsmittel befinden (EuGH Rs C-168/16 – *Nogueira*, EuZW 2017, 943 Rn 62 f). Bei einem nicht durchgeführten Arbeitsvertrag ist der Ort maßgebend, an dem der Arbeitnehmer den Vertrag zu erfüllen gehabt hätte (EuGH Rs C-804/19 –*Markt24*, NJW 2021, 1152 Rn 41 f).

273 An dieser Rechtsprechung des EuGH zur Bestimmung des gewöhnlichen Arbeitsorts wird im Schrifttum verbreitet **Kritik** geäußert. Danach soll es nicht auf die subjektive Einschätzung des Arbeitnehmers zu der Frage, wo der Mittelpunkt seiner beruflichen Tätigkeit liegt, ankommen; vielmehr müssten hierüber *objektive* Kriterien entscheiden (Junker ZZP Int 3 [1998] 179 [195]; Müller 67). Vor allem reiche es aber für die Annahme eines gewöhnlichen Arbeitsorts nicht aus, dass der Arbeitnehmer an diesem Ort nur relativ mehr Arbeitszeit verbringe als an anderen Arbeitsorten. Erforderlich sei vielmehr, dass am gewöhnlichen Arbeitsort auch *absolut* ein Mindestmaß an Arbeitszeit abgeleistet werde (Mankowski IPRax 1999, 332 [333]; Junker, in: FS Heldrich [2005] 719 [734]; Gaudemet-Tallon Rev crit 1997, 341 [344]). Als Faustregel wird vorgeschlagen, dass von einem gewöhnlichen Arbeitsort nur gesprochen werden könne, wenn der Arbeitnehmer dort – unter Zugrundelegung der gesamten Dauer des Arbeitsverhältnisses – mindestens **60 % seiner Arbeitszeit** verbracht habe (Mankowski IPRax 1999, 332 [334, 336]; Thomas/Putzo/Nordmeier, ZPO [46. Aufl 2025] Art 21 Rn 6; Rauscher/Mankowski, Brüssel Ia-VO [5. Aufl 2021] Art 21 Rn 16; Geimer/Schütze/Geimer, EuZVR [4. Aufl 2020] Art 21 Rn 9; zust öst OGH IPRax 2010, 71 [73] mAnm Temming 59; vgl auch frz Cass 3. 12. 2008, unalex FR-1043: Profi-Radrennfahrer, der laufend an Radrennen in verschiedenen Ländern teilnimmt, hat gewöhnlichen Arbeitsort dort, wo er regelmäßig trainiert).

274 Obwohl Art 21 Brüssel Ia-VO – im Gegensatz zu Art 8 Abs 2 S 2 Rom I-VO – die Behandlung von **Entsendungsfällen** nicht ausdrücklich regelt, besteht Einigkeit darüber, dass eine nur *vorübergehende* Entsendung des Arbeitnehmers seinen bisherigen gewöhnlichen Arbeitsort nicht ändert (Franzen ZEuP 1997, 1055 [1071]; Junker ZZP Int 8 [2003] 491 [495]; Geimer/Schütze/Geimer, EuZVR [4. Aufl 2020] Art 21 Rn 11; Kropholler/vHein, EuZPR [9. Aufl 2011] Art 19 Brüssel I-VO Rn 7). Der Gerichtsstand nach Art 21 Abs 1 lit a Fall 2 Brüssel Ia-VO am letzten gewöhnlichen Arbeitsort entfällt hingegen bei seiner endgültigen Entsendung an einen anderen Arbeitsort (zur Abgrenzung Rauscher/Mankowski, Brüssel Ia-VO [5. Aufl 2021] Art 21 Rn 23 ff; zur internationalen Zuständigkeit in Entsendungsfällen s a Rn 292).

Seeleute auf internationaler Fahrt haben ihren gewöhnlichen Arbeitsort an Bord des jeweiligen Schiffes. International zuständig für ihre arbeitsvertraglichen Streitigkeiten sind daher die Gerichte des Staates, unter dessen Flagge das Schiff fährt; dies gilt jedoch nur dann, wenn zu dem Flaggenstaat eine echte Verbindung besteht (BAGE 132, 182 Rn 47 = RIW 2010, 232; Franzen IPRax 2003, 239 [240]; Kropholler/vHein, EuZPR [. Aufl 2011] Art 19 Brüssel I-VO Rn 9a; ausf Rauscher/Mankowski, Brüssel Ia-VO [5. Aufl 2021] Art 21 Rn 38 ff; krit zur Anknüpfung an den Flaggenstaat unalexKomm/Simons Brüssel Ia-VO Art 21 Rn 33). Örtlich zuständig ist dann das Gericht des Heimathafens, sofern dieser im Flaggenstaat liegt (Mankowski RabelsZ 53 [1989] 487 [490 ff]; Zöller/Geimer, ZPO [35. Aufl 2024] Art 21 Rn 9). Dies gilt grundsätzlich auch für Arbeitnehmer auf *Fährschiffen* im festen Linienverkehr, der überwiegend auf internationalen Gewässern stattfindet. Da der Anteil der Arbeitsleistung im jeweiligen Ausgangs- und Zielhafen, bezogen auf die gesamte Tätigkeit, nur von untergeordneter Bedeutung ist, erscheint es nicht gerechtfertigt, den gewöhnlichen Arbeitsort „an Land“ zu verlegen; etwas Anderes folgt auch nicht aus dem von Art 21 Abs 1 lit b Brüssel Ia-VO verfolgten Zweck, dem Arbeitnehmer die Verfolgung seiner Ansprüche aus dem Arbeitsverhältnis zu erleichtern (BAG EuLF 2010 II, 8 [11 f] mAnm Calabresi-Scholz). Demgegenüber stellt die französische Rechtsprechung bei einem Arbeitnehmer, der seine Arbeitstätigkeit auf in internationalen Gewässern mit unterschiedlichen Bestimmungsorten und Aufträgen verkehrenden Frachtschiffen gewöhnlich verrichtet, auf den *Wohnort* des Arbeitnehmers ab, wenn dieser die Anordnungen des Arbeitgebers und die Reiseinstruktionen an seinem Wohnort erhält, von dem aus er die jeweiligen Reisen antritt und auf den auch weitere Regelungen des Anstellungsverhältnisses bezogen sind (frz Cass 2. 6. 2016, unalex FR-2491; ähnlich für Arbeitnehmer auf Fährschiffen LAG Mecklenburg-Vorpommern HmbSchRZ 2009, 9). **275**

Anders kann es bei Arbeitnehmern auf **Binnenschiffen** liegen. Wenn die Fahrtroute nicht ganz überwiegend im Territorium eines Mitgliedstaats verläuft (dazu BAG EuLF 2010 II, 8 [11 f] mAnm Calabresi-Scholz; frz Cass 19. 12. 2012, unalex FR-2326), kann nicht ausschlaggebend sein, in welchem Land das Binnenschiff überwiegend unterwegs ist (so noch Kropholler/vHein, EuZPR [9. Aufl 2011] Art 19 Brüssel I-VO Rn 9a). Vielmehr werden Arbeitsleistung und Arbeitsumfeld des auf einem solchen Schiff tätigen Arbeitnehmers vor allem durch die mit Weisungen und organisatorischen Vorkehrungen den Arbeitsprozess steuernde Geschäftsführung beeinflusst, sodass deren Sitz den gewöhnlichen Arbeitsort zumindest dann bestimmt, wenn diese Anknüpfung durch weitere Aspekte verstärkt wird (BAGE 137, 71 Rn 24 ff = NZA 2011, 1309; LAG Düsseldorf EuLF 2010 II, 15 [17]; vgl auch öst OGH EuLF 2010 II, 14 [15]: Hoteldirektor auf Donaukreuzfahrtschiff, das zwischen Deutschland und Ungarn verkehrt, hat keinen gewöhnlichen Arbeitsort in Österreich). Arbeitskräfte auf **Bohrinseln** haben ihren gewöhnlichen Arbeitsort in dem Staat, über dessen Territorialsockel oder in dessen ausschließlicher Wirtschaftszone die Bohrinsel betrieben wird (EuGH Rs C-37/00 – *Weber*, Slg 2002 I 2013 Rn 31 ff). **276**

277 Mitglieder des **fliegenden Personals** von international tätigen Luftfahrtunternehmen haben ihren gewöhnlichen Arbeitsort dort, wo sie überwiegend ihre Arbeit aufnehmen und beenden und die ihre Tätigkeit betreffenden Weisungen entgegennehmen (BAG NZA 2025, 241 Rn 23 f; BAG NZA 2023, 1396 Rn 20; BAG NZA 2013, 925 Rn 22 ff; frz Cass 4. 12. 2012, unalex FR-1420 und 11. 4. 2012, unalex FR-1353; **aA** noch BAGE 125, 24 Rn 37 ff = RIW 2008, 644 und Kropholler/vHein, EuZPR [9. Aufl 2011] Art 19 Brüssel I-VO Rn 9b, wo ein gewöhnlicher Arbeitsort des fliegenden Personals geleugnet und auf die einstellende Niederlassung rekurriert wird). Der gewöhnliche Arbeitsort von fliegendem Personal iSv Art Nr 2 Brüssel Ia-VO kann zwar mit dem Begriff der **„Heimatbasis“** iSd Anhangs III zur VO (EWG) Nr 3922/91 idF der VO (EG) Nr 1899/2006 v 12. 12. 2006 nicht gleichgesetzt werden; gleichwohl ist diese Heimatbasis als ein wichtiges Indiz heranzuziehen (EuGH Rs C-168/16 – *Nogueira*, EuZW 2017, 943 Rn 69 mAnm Ulrici 947; BAG NZA 2025, 241 Rn 24; frz Cass 28. 2. 2018, unalex FR-2547). Danach kommt es auf den Ort an, an dem das Flugpersonal systematisch seinen Arbeitstag beginnt und beendet sowie seine tägliche Arbeit organisiert und in dessen Nähe es für die Dauer des Vertragsverhältnisses seinen tatsächlichen Wohnsitz begründet hat und dem Luftfahrtunternehmer zur Verfügung steht (EuGH Rs C-370/17 – *Vueling Airlines*, EuZW 2020, 716 Rn 57; BAG NZA 2020, 1006 Rn 44, 47; LAG Rheinland-Pfalz BeckRS 2019, 39431 Rn 46; LAG Bremen BeckRS 2018, 43211 Rn 47 ff; LAG Berlin-Brandenburg NZA-RR 2018, 442; Temming Nza 2017, 1437 [1438 f]). Demgegenüber kommt es auf den Mitgliedstaat, dessen Staatszugehörigkeit iSv Art 17 des Abkommens von Chicago die Flugzeuge der beklagten Fluggesellschaft haben oder in dem sie registriert sind, nicht an (EuGH Rs C-168/16 – *Nogueira*, EuZW 2017, 943 Rn 76; BAG NZA 2002, 734 [736 f]).

278 Auch für **Lkw-Fahrer** im grenzüberschreitenden Fernverkehr ist entscheidend, wo diese überwiegend ihre Arbeit aufnehmen und beenden und die ihre Tätigkeit betreffenden Weisungen entgegennehmen (LAG Köln BeckRS 2011, 78408 = IPRspr 2011 Nr 211). Werden die Fahrten hingegen mit ständig wechselnden Abfahrts- und Zielorten durchgeführt, so fehlt es an einem gewöhnlichen Arbeitsort (LAG Köln IPRspr 2010 Nr 185; Schlosser/Hess/Schlosser, EuZPR [5. Aufl 2021] Art 21 Rn 1).

279 Hat ein Arbeitnehmer im Einverständnis mit seinem ersten Arbeitgeber im Rahmen einer **Abordnung** einen weiteren Arbeitsvertrag mit einem zweiten Arbeitgeber in einem anderen Mitgliedstaat abgeschlossen, so kann der erste Arbeitgeber nur dann vor dem Gericht des Ortes verklagt werden, an dem der Arbeitnehmer seine Tätigkeit für den zweiten Arbeitgeber gewöhnlich ausübt, wenn der erste Arbeitgeber bei Abschluss des zweiten Arbeitsvertrags selbst ein hinreichendes Interesse an dessen Erfüllung an dem vom zweiten Arbeitgeber bestimmten Ort hatte; dieses Interesse ist unter Berücksichtigung aller Umstände des Einzelfalls vom nationalen Gericht zu prüfen (vgl dazu näher EuGH Rs C-437/00 – *Pugliese*, Slg 2003 I 3573 Rn 21 ff = RIW 2003, 619; dazu den Vorlagebeschluss des LAG München EuLF 2000/01, 295 mAnm Franzen; zu der insoweit erforderlichen Unterscheidung zwischen Rumpf- und Lokalarbeitsverhältnis näher Geimer/Schütze/Geimer, EuZVR [4. Aufl 2020] Art 21 Rn 12 f).

280 Wechselt ein Arbeitnehmer innerhalb eines Unternehmens von einem Betrieb in einen anderen und begründet er hierdurch im gleichen oder in einem anderen Mitgliedstaat einen neuen gewöhnlichen Arbeitsort, so ist für Klagen des Arbeitnehmers aus dem Arbeitsverhältnis allein das **Gericht an diesem neuen gewöhnlichen Arbeitsort** (vgl zu dessen Bestimmung frz Cass 31. 3. 2009, unalex FR-1051) zuständig. Der Arbeitnehmer kann also in diesem Falle nicht etwa zwischen diesem neuen und seinem früheren gewöhnlichen Arbeitsort wählen; vielmehr verdrängt die Zuständigkeit am derzeitigen gewöhnlichen Arbeitsort die Zuständigkeit der Gerichte an allen früheren gewöhnlichen Arbeitsorten (EuGH Rs C-37/00 – *Weber*, Slg 2002 I 2013 Rn 54; frz Cass 19. 1. 2017, unalex FR-2503; Mankowski IPRax 2003, 21 [27]; Junker, in: FS Schlosser [2005] 299 [312 f]; Kropholler/vHein, EuZPR [9. Aufl 2011] Art 19 Brüssel I-VO Rn 6). Dies gilt auch dann, wenn mit der Klage Ansprüche geltend gemacht werden, die sich auf die Zeit der Beschäftigung an einem früheren gewöhnlichen Arbeitsort beziehen. Zwar ist in diesem Fall für die einzelnen Phasen des Arbeitsverhältnisses nach Art 8 Abs 2 Rom I-VO uU unterschiedliches Recht anwendbar (vgl Staudinger/Magnus [2021] Art 8 Rom I-VO Rn 173 ff); eine zuständigkeitsrechtliche Aufspaltung des Arbeitsverhältnisses findet hingegen nicht statt (Trenner 59; Rauscher/Mankowski, Brüssel Ia-VO [5. Aufl 2021] Art 21 Rn 80 ff). Der Arbeitnehmerschutz gebietet vielmehr, dass der Arbeitnehmer alle Ansprüche aus dem Arbeitsverhältnis bei einem einzigen Gericht einklagen kann (Geimer/Schütze/Geimer, EuZVR [4. Aufl 2020] Art 21 Rn 25 f). Der Gerichtsstand am (letzten) gewöhnlichen Arbeitsort bleibt auch dann erhalten, wenn das Arbeitsverhältnis zur Zeit der Klageerhebung nicht mehr besteht (zB für einen Kündigungsschutzprozess, vgl Geimer/Schütze/Geimer, EuZVR [4. Aufl 2020] Art 21 Rn 22 f). Hat ein Arbeitgeber einen Arbeitnehmer **in mehreren aufeinanderfolgenden befristeten Arbeitsverträgen** beschäftigt, so muss zur Bestimmung des Orts der gewöhnlichen Arbeitstätigkeit geprüft werden, ob diese in ihrer Gesamtheit als ein *einheitliches* Arbeitsverhältnis anzusehen sind; für diesen Fall besteht der gewöhnlichen Arbeitsort iSv Art 21 Abs 1 lit b [i] Brüssel Ia-VO an dem Ort, an dem der Arbeitnehmer den letzten befristeten Teil-Arbeitsvertrag erfüllt hat (so auch frz Cass 28. 9. 2016, unalex FR-2486 und 19. 1. 2017, unalex FR-2503).

cc) Ort der einstellenden Niederlassung

Nur wenn in dem für die Bestimmung der internationalen Zuständigkeit maßgeben- **281**
den Zeitpunkt der Klageerhebung ein gewöhnlicher Arbeitsort in (nur) einem Mitgliedstaat nicht festgestellt werden kann und der Arbeitnehmer auch zuvor seine Arbeit nie gewöhnlich in ein und demselben Staat verrichtet hat (öst OGH IPRax 2010, 71), eröffnet Art 21 Abs 1 lit b [ii] Brüssel Ia-VO alternativ – nicht kumulativ (BAG EuLF 2010 II 8 [12]) – den Gerichtsstand am Ort der einstellenden Niederlassung. Dies gilt zum einen dann, wenn der Arbeitnehmer – wie zB ein Auslandskorrespondent oder Montagearbeiter mit laufend wechselnden Einsatzorten – überhaupt **keinen „gewöhnlichen" Arbeitsort** hat bzw hatte (Trenner 178; Rauscher/Mankowski, Brüssel Ia-VO [5. Aufl 2021] Art 21 Rn 84 ff). Eine Anwendung von Art 21 Abs 1 lit b [i] Brüssel Ia-VO scheidet zum anderen aber auch dann aus, wenn der Arbeitnehmer seine Arbeitsleistung gleichzeitig an zwei oder **mehreren gewöhnlichen Arbeitsorten** in verschiedenen Staaten erbringt bzw erbracht hat (EuGH Rs C-37/00 – *Weber*, Slg 2002 I 2013 Rn 55, 57). Liegen diese gewöhnlichen Arbeitsorte in verschiedenen *Mitgliedstaaten*, so kann der Arbeitnehmer also nicht zwischen den Gerichten an diesen gewöhnlichen Arbeitsorten wählen. Vorbehaltlich der Zuständigkeit nach Art 21 Abs 1 lit a Brüssel Ia-VO ist vielmehr nach Art 21 Abs 1 lit b [ii] Brüssel Ia-VO ausschließlich das Gericht am Ort derjenigen Niederlassung zuständig, die den Arbeitnehmer eingestellt hat. Dies gilt auch dann, wenn der Arbeitnehmer seine Arbeit gewöhnlich in verschiedenen *Drittstaaten* gleichzeitig verrichtet, sofern die einstellende Niederlassung in einem Mitgliedstaat liegt (Junker, in: FS Schlosser [2005] 299 [314]; Behr, in: GS Blomeyer [2004] 15 [38]; **aA** Däubler NZA 2003, 1297 [1300]). Hat der Arbeitnehmer hingegen

nur *einen* gewöhnlichen Arbeitsort in einem bestimmten Drittstaat, so kommt weder Art 21 Abs 1 lit b [i] Brüssel Ia-VO noch Art 21 Abs 1 lit b [ii] Brüssel Ia-VO als Grundlage für die internationale Zuständigkeit in Betracht; der Arbeitnehmer kann vielmehr nur am Sitz des Arbeitgebers nach Art 21 Abs 1 lit a klagen, wenn dieser in einem Mitgliedstaat liegt (EuGH Rs 32/88 – *Six Constructions*, Slg 1989, 341 Rn 19 ff; EuGH Rs C-37/00 – *Weber*, Slg 2002 I 2013 Rn 27; Rauscher/Mankowski, Brüssel Ia-VO [5. Aufl 2021] Art 21 Rn 87).

282 Der Begriff der **Niederlassung** ist in Art 21 Abs 1 lit b [ii] Brüssel Ia-VO grundsätzlich ebenso zu verstehen wie in Art 7 Nr 5 Brüssel Ia-VO, dh er setzt einen Mittelpunkt geschäftlicher Tätigkeit voraus, der auf Dauer als Außenstelle eines Stammhauses hervortritt (EuGH Rs C-804/19 – *BU/Markt24 GmbH*, EuGH NJW 2021, 1152 Rn 47; BAG RIW 2013, 803 Rn 23; BAGE 125, 24 Rn 72 ff = RIW 2008, 644; Kropholler/vHein, EuZPR [9. Aufl 2011] Art 19 Rn 13; dazu näher Rn 319; **aA** [arbeitsvertragsspezifische Auslegung] Rauscher/Mankowski, Brüssel Ia-VO [5. Aufl 2021] Art 21 Rn 88 f). Dies kann auch die *Botschaft* eines ausländischen Staates sein, die einen Arbeitsvertrag mit einem Botschaftsangestellten im Namen dieses Staates abgeschlossen hat, sofern Gegenstand des Arbeitsvertrags keine hoheitlichen Aufgaben sind (EuGH Rs C-154/11 – *Mahamdia*, NZA 2012, 935 Rn 49 ff = IPRax 2013, 572). Wie nach Art 7 Nr 5 Brüssel Ia-VO genügt es auch hier, dass das Stammhaus zurechenbar den **Rechtsschein** einer Niederlassung erweckt hat (LAG Hessen BeckRS 2011, 69014; LAG Rheinland-Pfalz BeckRS 2011, 70533). Maßgebend ist ausschließlich die Niederlassung, die den Arbeitnehmer eingestellt, dh den Arbeitsvertrag mit ihm abgeschlossen hat; dies gilt auch dann, wenn der Arbeitnehmer bei einer anderen Niederlassung tatsächlich beschäftigt war. Auf die organisatorische Eingliederung des Arbeitnehmers in die Niederlassung kommt es also insoweit nicht an, so dass keine Umstände zu berücksichtigen sind, die die Verrichtung der Arbeit betreffen, sondern nur solche, die sich auf das Verfahren des Vertragsabschlusses beziehen (zB Stellenausschreibung, Einstellungsgespräch, vgl EuGH Rs C-384/10 – *Voogsgeerd*, NZA 2012, 227 Rn 43 ff; Trenner 172 f; **aA** Rauscher/Mankowski, Brüssel Ia-VO [5. Aufl 2021] Art 21 Rn 90 ff; dazu Knöfel IPRax 2014, 130 [134 ff]). Ist die einstellende Niederlassung bereits vor der Klageerhebung aufgelöst worden oder wird der Rechtsstreit erst nach Beendigung des Arbeitsverhältnisses begonnen, so erklärt Art 21 Abs 1 lit b [ii] Brüssel Ia-VO die Gerichte an dem Ort für zuständig, an dem sich die einstellende Niederlassung zur Zeit der Einstellung befand.

dd) Arbeitgeber mit Wohnsitz in einem Drittstaat

283 Auch ein Arbeitgeber, der seinen Wohnsitz nicht im Hoheitsgebiet eines Mitgliedstaats hat, kann nach der neu in **Art 21 Abs 2 Brüssel Ia-VO** eingefügten Vorschrift vor dem Gericht eines Mitgliedstaats verklagt werden, das gemäß Art 21 Abs 1 lit b international und örtlich zuständig ist, also entweder am Gericht des derzeitigen oder des letzten gewöhnlichen Arbeitsorts (dazu Rn 269 ff) oder – in Ermangelung eines solchen gewöhnlichen Arbeitsorts – am Ort der einstellenden Niederlassung (vgl Rn 281 f), wenn diese Orte in einem Mitgliedstaat liegen. Nach Art 6 Abs 1 Brüssel Ia-VO hat diese Vorschrift gegenüber beklagten Arbeitgebern mit Wohnsitz in Drittstaaten Vorrang vor dem nationalen Zuständigkeitsrecht im Mitgliedstaat des angerufenen Gerichts, selbst wenn dieses Recht dem Arbeitnehmer günstiger wäre (vgl idS EuGH Rs C-134/21 – *Markt24*, NZA 2021, 588 Rn 34; EuGH Rs C-604/20 – *ROI Land Investments*, EuZW 2022, 1061 Rn 46).

Hat der Arbeitgeber seinen Wohnsitz nicht in einem Mitgliedstaat, besitzt er aber **in einem Mitgliedstaat eine Zweigniederlassung**, Agentur oder Niederlassung (zum Begriff s Rn 319 ff), so wird er nach Art 20 Abs 2 Brüssel Ia-VO für Streitigkeiten aus ihrem Betrieb so behandelt, als ob er seinen Wohnsitz im Hoheitsgebiet eines Mitgliedstaats hätte. Er kann für diesen Fall – insbesondere dann, wenn ein Gerichtsstand nach Art 21 Brüssel Ia-VO in einem Mitgliedstaat nicht begründet ist – am Ort der von ihm in einem Mitgliedstaat unterhaltenen Niederlassung verklagt werden (BAG RIW 2013, 803 Rn 16, 32; BAGE 125, 24 Rn 71 = NZA 2008, 761; LAG Düsseldorf EuZW 2008, 740). Als Niederlassung iSv Art 20 Abs 2 Brüssel Ia-VO ist auch die in einem Mitgliedstaat unterhaltene **Botschaft** eines Drittstaats anzusehen, wenn die vom Arbeitnehmer dort zu verrichtenden Arbeiten nicht der Ausübung hoheitlicher Befugnisse dienen (EuGH Rs C-154/11 – *Mahamdia*, NZA 2012, 935 Rn 545 ff = IPRax 2013, 572 mAnm Martiny 536; Abschlussentscheidung BAG RIW 2014, 691 = IPRax 2015, 342 mAnm Mankowski 309; ferner ital Cass 26. 1. 2012, unalex IT-482). Auch die bloße Erweckung des Anscheins einer Niederlassung gegenüber Dritten kann zur Begründung des Gerichtsstands ausreichen (BAG ZIP 2014, 939 Rn 23). Die Niederlassung muss nur zur Zeit des Vertragsschlusses bestanden haben; der Gerichtsstand geht dem Arbeitnehmer mithin nicht dadurch verloren, dass der Arbeitgeber die Niederlassung im weiteren Verlauf schließt (LAG Hessen 9. 12. 2011 – 3 Sa 506/11). **284**

b) Klagen des Arbeitgebers

Während der Gerichtsstand am Ort der einstellenden Niederlassung schon nach Art 5 Nr 1 HS 3 EuGVÜ 1989 als Zuständigkeit zum Schutz des Arbeitnehmers nur für Klagen *gegen* den Arbeitgeber ausgestaltet war, gilt gleiches nach der Brüssel Ia-VO auch für Klagen am gewöhnlichen Arbeitsort. Auch dieser Wahlgerichtsstand steht mithin nur noch dem Arbeitnehmer als Kläger zur Verfügung, während Klagen des Arbeitgebers aus Gründen des Arbeitnehmerschutzes nach Art 22 Abs 1 Brüssel Ia-VO nur noch vor den Gerichten des Mitgliedstaats erhoben werden können, in dessen Hoheitsgebiet der **Arbeitnehmer zur Zeit der Klageerhebung seinen Wohnsitz** hat. Eine Verteidigung am gewöhnlichen Arbeitsort wird dem Arbeitnehmer nicht mehr zugemutet (LAG Niedersachsen NZA-RR 2016, 611 Rn 28; LAG Schleswig-Holstein IPRspr 2007 Nr 149; Schlosser/Hess/Schlosser, EuZPR [5. Aufl 2021] Art 22 Rn 1; Rauscher/Mankowski, Brüssel Ia-VO [5. Aufl 2021] Art 22 Rn 7; krit dazu Behr, in: GS Blomeyer [2004] 15 [26]; Junker, in: FS Schlosser [2005] 299 [316 f]; ebenso zum LugÜ 2007 LAG Hessen IPRspr 2015 Nr 193). Die *örtliche* Zuständigkeit bestimmt sich dann nach dem nationalen Prozessrecht dieses Staates. **285**

Eine Ausnahme gilt nach Art 22 Abs 2 Brüssel Ia-VO nur für die **Widerklage des Arbeitgebers** gegen eine Klage des Arbeitnehmers; diese kann auch vor jedem nach Art 21 Brüssel Ia-VO zuständigen Gericht erhoben werden. Der Begriff der Widerklage ist wie in Art 8 Nr 3 Brüssel Ia-VO zu verstehen; Voraussetzung ist also auch hier, dass sie in dem dort geforderten hinreichenden Zusammenhang mit der Klage steht (Kropholler/vHein, EuZPR [10. Aufl 20201] Art 22 Rn 2; MünchKommZPO/Gottwald Art 22 Rn 3; dazu näher Rn 347). Diese Voraussetzung ist auch dann erfüllt, wenn die Widerklage sich auf eine Forderungsabtretung stützt, die der Arbeitgeber und der ursprüngliche Forderungsinhaber vertraglich erst vereinbart haben, nachdem die Klage selbst erhoben worden war (EuGH Rs C-1/17 – *Petronas Lubricants Italy*, NJW 2018, 2383 Rn 34 mAnm Wilke GPR 2018, 283 und Brinkmann IPRax 2019, 501). **286**

c) Zuständigkeitsvereinbarungen

287 In Art 23 Brüssel Ia-VO hat die Verordnung die Einschränkung von Gerichtsstandsvereinbarungen in Arbeitssachen aus Art 17 Abs 5 EuGVÜ/Art 21 Brüssel I-VO übernommen. Danach können die Gerichtsstände der Art 21 und 22 Brüssel Ia-VO nur **nach Entstehung der Streitigkeit** abbedungen (Nr 1) oder – auch vorher – **zugunsten des Arbeitnehmers** erweitert werden (Nr 2) (vgl ital Cass 1. 7. 2016, unalex IT-697; Court of Appeal [CivDiv] 19. 8. 2016 – *Bosworth, Hurley*, unalex UK-1476). Insoweit gilt das zu Art 15, 19 Brüssel Ia-VO Gesagte entsprechend (Rn 187 ff, 252 ff). Art 23 Nr 2 Brüssel Ia-VO kann mithin nicht dahin ausgelegt werden, dass eine vor Entstehung der Streitigkeit getroffene Gerichtsstandsvereinbarung in dem Sinne ausschließlich wirkt, dass sie dem Arbeitnehmer verbietet, die in Art 20 und Art 21 Brüssel Ia-VO zuständigen Gerichte anzurufen; eine solche Vereinbarung wäre vielmehr gemäß Art 25 Abs 4 Brüssel Ia-VO unwirksam (EuGH Rs C-168/16 – *Nogueira*, EuZW 2017, 943 Rn 52 ff mAnm Ulrici 947; BAG IPRax 2015, 342 Rn 26 f mAnm Mankowski 309; BAG NZA 2013, 925 Rn 32). Dies schließt jedoch nicht aus, den prorogativen Effekt einer ausschließlichen Gerichtsstandsvereinbarung *zugunsten* des Arbeitnehmers iSv Art 23 Nr 2 Brüssel Ia-VO aufrechtzuerhalten (LAG Düsseldorf BeckRS 2017, 110381 Rn 38 und BeckRS 2020, 44532 Rn 52 ff). Auch bestehen keine Bedenken gegen die nur konkurrierende Vereinbarung eines Gerichts außerhalb der Europäischen Union (EuGH Rs C-154/11 – *Mahamdia*, NZA 2012, 935 Rn 62 ff = IPRax 2013, 572 mAnm Martiny 536). Die Formerfordernisse einer zulässigen Gerichtsstandsvereinbarung beurteilen sich auch in Arbeitssachen nach Art 25 Brüssel Ia-VO (dazu Rn 432 ff).

288 Eine **rügelose Einlassung** nach Art 26 Brüssel Ia-VO ist hingegen auch in Arbeitssachen uneingeschränkt zulässig (EuGH Rs C-111/09 – *Bilas*, IPRax 2011, 580 mAnm Staudinger 548; BAGE 137, 71 Rn 18 = NZA 2011, 1309). Sie begründet allerdings seit der Neufassung der Verordnung zu Lasten des beklagten Arbeitnehmers nur dann einen Gerichtsstand, wenn dieser gemäß Art 26 Abs 2 Brüssel Ia-VO über die Folgen der Einlassung bzw Nichteinlassung belehrt worden ist.

d) Keine Anerkennung von Urteilen eines unzuständigen Gerichts

289 Während die Verletzung von Zuständigkeitsvorschriften des 3. und 4. Abschnitts des Kapitels II bereits nach Art 35 Abs 1 Brüssel Ia-VO aF zu einer Versagung der Anerkennung und Vollstreckung des Urteils in den übrigen Mitgliedstaaten führte, hatte eine Verletzung der Zuständigkeitsvorschriften des 5. Abschnitts diese Wirkung nicht. Die Zuständigkeit der Gerichte des Ursprungsstaates in Arbeitssachen durfte daher im Zweitstaat nicht nachgeprüft werden; ein Verstoß gegen die Art 18–21 Brüssel I-VO blieb mithin im Verfahren der Anerkennung und Vollstreckung ohne Sanktion. Dies hat sich durch die Neufassung der Verordnung mit Wirkung vom 10. 1. 2015 geändert. Nunmehr kann auch die Anerkennung und Vollstreckung des in einer Arbeitssache ergangenen Urteils aus einem anderen Mitgliedstaat nach Art 45 Abs 1 lit e Brüssel Ia-VO versagt werden, wenn die Entscheidung unvereinbar mit den Zuständigkeitsvorschriften des 5. Abschnitts von Kapitel II ist (vgl Rauscher/Leible, Brüssel Ia-VO [5. Aufl 2021] Art 45 Rn 75 f).

4. Autonomes deutsches Verfahrensrecht

a) Grundsatz

Der Begriff der „arbeitsvertraglichen Streitigkeiten" bestimmt sich im autonomen Recht der internationalen Zuständigkeit nach deutschem Recht als *lex fori*; darunter fällt auch ein Versorgungsverhältnis (BAG IPRax 2006, 254 mAnm Franzen 221). Der Grundsatz der Doppelfunktionalität der Gerichtsstandsnormen (Rn 13) gilt auch in arbeitsvertraglichen Streitigkeiten (vgl BAGE 93, 328 = BB 2000, 982; BAG NZA 2003, 339; BAG IPRax 2006, 254). Praktische Bedeutung hatte hier – neben dem allgemeinen Gerichtsstand (§§ 12, 13 ZPO) – vor allem der Gerichtsstand des Erfüllungsortes nach § 29 ZPO. Der Erfüllungsort ist dem vom IPR des Gerichtsstaates bestimmten materiellen Vertragsrecht *(lex causae)* zu entnehmen (BAG IPRax 2006, 254 [254 f] mwNw; dazu auch Rn 120); in Deutschland ist daher Art 8 Rom I-VO maßgebend. Aus den für die Entwicklung der Sonderregeln in Art 20–23 Brüssel Ia-VO maßgeblichen prozessualen Schutzerwägungen heraus hat sich auch im autonomen Prozessrecht für alle aus einem Arbeitsverhältnis entspringenden Pflichten des Arbeitgebers wie des Arbeitnehmers ein **einheitlicher Erfüllungsort** durchgesetzt. Als solcher wird der „wirtschaftliche und technische Mittelpunkt des Arbeitsverhältnisses", dh der tatsächliche Beschäftigungsort des Arbeitnehmers, angesehen (vgl BAGE 95, 372 [374]; BAG NZA 2003, 339; BAG IPRax 2006, 254 [255]; LAG Baden-Württemberg MDR 2005, 640; Zöller/Schultzky, ZPO [35. Aufl 2024] § 29 Rn 25.3 [„Arbeitsvertrag"]; Wieczorek/Schütze/Hausmann, ZPO [3. Aufl 2010] § 29 Rn 49 f mwNw). An diesem Arbeitsort wird mit der örtlichen auch die internationale Zuständigkeit deutscher Arbeitsgerichte begründet. Stellt die inländische Konzernmutter daher einen Arbeitnehmer für eine Konzerntochter im Ausland ein, und wird der Arbeitnehmer dort eingesetzt und vergütet, so ist der Gerichtsstand des Erfüllungsortes nicht am Sitz der Konzernmutter, sondern am Sitz des ausländischen Tochterunternehmens begründet (LAG Düsseldorf RIW 1984, 651). Übt der Arbeitnehmer seine Tätigkeit in *mehreren Staaten* aus, so kommt es auf den Ort an, an dem er den wesentlichen Teil seiner Verpflichtungen gegenüber dem Arbeitgeber tatsächlich erfüllt (LAG Nürnberg IPRspr 2001 Nr 139) oder von dem aus er seine Weisungen erhält (LAG Bremen BB 2014, 2739). Für reisende Außendienstmitarbeitet ist dies der Wohnsitz, von dem aus die Reisetätigkeit hauptsächlich ausgeführt wird (BAG NJW-RR 1988, 482; Zöller/Schultzky ZPO [35. Aufl 2024] § 29 Rn 25.3 mwNw). **290**

Seit dem 1. 4. 2008 wird § 29 ZPO in arbeitsvertraglichen Streitigkeiten durch die **Sonderregelung des § 48 Abs 1a ArbGG** ergänzt. Danach ist der besondere Gerichtsstand des Erfüllungsorts – in Übereinstimmung mit Art 21 Abs 1 lit b [i] Brüssel Ia-VO – an dem Ort begründet, an dem der Arbeitnehmer gewöhnlich seine Arbeit verrichtet oder zuletzt gewöhnlich verrichtet hat (S 1). Fehlt es an einem solchen gewöhnlichen Arbeitsort, so kommt es auf den Ort an, von dem aus der Arbeitnehmer gewöhnlich seine Arbeit verrichtet oder zuletzt gewöhnlich verrichtet hat („Ausgangsort", S 2; dazu BAG NZA 2013, 925). Ist der Arbeitnehmer auf einem Schiff beschäftigt, so ist die internationale Zuständigkeit der Gerichte des Heimathafens begründet (LAG Hamburg IPRspr 1988 Nr 52b). Die umstrittene Frage, ob Art 6 Brüssel Ia-VO iVm § 48 Abs 1a ArbGG die internationale Zuständigkeit für Klagen eines Arbeitnehmers gegen einen Arbeitgeber mit Sitz in einem Drittstaat auch über Art 21 Abs 2 Brüssel Ia- VO hinaus begründen kann, hat das BAG dem EuGH zur Vorabentscheidung vorgelegt (BAG AP EuGVVO Art 6 Nr 1 Rn 49 ff = RIW 2021, 151). **291**

b) Arbeitnehmerentsendung

292 § 15 des Arbeitnehmer-Entsendegesetzes (AEntG) idF v 20. 4. 2009 (BGBl 2009 I 799), mit dem Art 6 der Entsenderichtlinie 96/71 EG v 16. 12. 1996 (ABl 1997 L 18, 1; dazu Koenigs DB 1997, 110) umgesetzt wurde, sieht eine besondere Zuständigkeit für die Durchsetzung der dem entsandten Arbeitnehmer durch §§ 2, 8 oder 14 des Gesetzes zwingend gewährleisteten Arbeits- und Beschäftigungsbedingungen vor. Während die Vorgängerschrift in § 8 AEntG 1996 noch allseitig formuliert war und dem Arbeitnehmer eine Klage vor den Gerichten des Staates ermöglichte, in den er entsandt ist oder war (vgl zur Klage von nach Deutschland entsandten Arbeitnehmern BAG NZA 2004, 1170; LAG Frankfurt IPRspr 1998 Nr 153), eröffnet § 15 AEntG 2009 nur noch den aus dem Ausland *nach Deutschland* entsandten Arbeitnehmern eine internationale Zuständigkeit der deutschen Arbeitsgerichte für eine auf den Zeitraum der Entsendung bezogene Klage auf Erfüllung der Verpflichtungen nach §§ 2, 8 oder 14 AEntG. Diese Regelung wird nach Art 67 Brüssel Ia-VO durch die Art 20 ff Brüssel Ia-VO nicht berührt (ebenso zum LugÜ ArbG Wiesbaden IPRspr 1998 Nr 143). Die Zuständigkeit nach § 15 AEntG ist allerdings nicht ausschließlich, so dass der Arbeitnehmer das Recht behält, auch an den Gerichtsständen der Art 20, 21 Brüssel Ia-VO zu klagen (vgl Gaul NJW 1998, 644 [648]; Trenner 14; Thomas/Putzo/Nordmeier, ZPO [46. Aufl 2025] Vorbem Art 20–23 Rn 2). Die örtliche Zuständigkeit beurteilt sich nach § 48 Abs 1a ArbGG und §§ 12 ff ZPO. Der Gerichtsstand steht auch Sozialkassen offen, die Beiträge von Arbeitgebern zur Absicherung der Mindestarbeitsbedingungen einfordern (Zöller/Geimer, ZPO [35. Aufl 2024] Art 21 Rn 7).

VII. Sondergerichtsstände für Streitigkeiten aus Transportverträgen*

1. Allgemeines

293 Die Vereinheitlichung des internationalen Transportrechts ist nicht auf das materielle Recht beschränkt, sondern erfasst auch die prozessualen Aspekte von Rechtsstreitig-

* **Schrifttum: 1. Allgemein**: Jesser-Huss, in: Münchener Kommentar zum HGB, Bd 7, Transportrecht (5. Aufl 2022); Koller, Transportrecht (11. Aufl 2023); Mankowski, Der europäische Erfüllungsortsgerichtsstand nach Art 5 Nr 1 lit b EuGVVO und Transportverträge, TranspR 2008, 67; ders, Neues aus Europa zum internationalen Privat- und Prozessrecht der seerechtlichen Beförderungsverträge (2011); Wagner, Normenkonflikte zwischen den EG-Verordnungen Brüssel I, Rom I und II und transportrechtlichen Rechtsinstrumenten, TranspR 2009, 103.
2. CMR: Alff, Fracht-, Lager- und Speditionsrecht (4. Aufl 2000); Arnade, Der Frachtführerbegriff der CMR als Problem der internationalen Zuständigkeit, TranspR 1992, 341; Clarke, International Carriage of Goods by Road: CMR (4. Aufl 2003); Fremuth, Gerichtsstände im grenzüberschreitenden Speditions- und Landfrachtrecht, TranspR 1983, 35; Glöckner, Leitfaden zur CMR (8. Aufl 2009); Haubold, Internationale Zuständigkeit nach CMR und EuGVÜ/LugÜ, IPRax 2000, 91; Herber/Piper, Internationales Straßentransportrecht (1996); Hill/Messent, CMR: Contracts for the International Carriage of Goods by Road (4. Aufl 2003); Legros, Les conflits de normes juridictionelles en matière de contrats de transport internationaux de merchandises, Clunet 134 (2007) 1081; Müller-Hök, Die Zuständigkeit deutscher Gerichte und die Vollstreckbarkeit inländischer Urteile im Ausland nach der CMR, RIW 1988, 773; Piper/Poktrant/Gran, Transport- und Logistikrecht, Höchstrichterliche Rechtsprechung und Vertragsgestaltung (9. Aufl 2009); Staub/Reuschle, HGB, Bd 14 CMR (5. Aufl 2017); Thume (Hrsg), Kommentar zur CMR (3. Aufl 2013); Widmann, Übereinkommen über den Beför-

keiten aus grenzüberschreitenden Transportverträgen. Für die internationale Zuständigkeit sind insbesondere die staatsvertraglichen Regeln auf dem Gebiet des Straßen- und Lufttransports von praktischer Bedeutung. Regelungen zur internationalen Zuständigkeit für Streitigkeiten aus der Eisenbahnbeförderung von Gütern enthält Art 46 der Einheitlichen Rechtsvorschriften für den Vertrag über die internationale Eisenbahnbeförderung von Gütern vom 3. 6. 1999 (CIM 1999; BGBl 2002 II 2221). Die Vorschrift entspricht Art 31 Abs 1, 2 CMR (dazu Rn 300 ff).

2. Beförderungsverträge im internationalen Straßengüterverkehr

a) Allgemeines

294 Das Übereinkommen über den Beförderungsvertrag im internationalen Straßengüterverkehr (CMR) vom 19. 5. 1956 (BGBl 1961 II 1120), das für die Bundesrepublik Deutschland am 5. 2. 1962 in Kraft getreten ist (Bek vom 28. 12. 1961, BGBl 1962 II 12; Überblick über die Vertragsstaaten bei Jayme/Hausmann [22. Aufl 2024] Nr 153 Fn 1), regelt Fragen der internationalen Zuständigkeit in seinem Art 31 Abs 1 **zwingend** und abschließend. Nach Art 41 Abs 1 CMR ist jede von Art 31 Abs 1 CMR abweichende Regelung der internationalen Zuständigkeit – insbesondere die Derogation eines dort normierten Gerichtsstands – nichtig und ohne Rechtswirkung (BGH NJW-RR 2004, 762; OLG Köln TranspR 2015, 115; OLG Hamm IWRZ 2025, 100 Rn 47 u OLG Hamm TranspR 2001, 397 [399]; OLG Hamburg VersR 1984, 687 mAnm Dannenberg; Mankowski TranspR 1993, 213 [217]; Koller TranspR [11. Aufl 2023] Art 31 CMR Rn 5). Dies gilt auch für den Gerichtsstand nach Ziff 30.3 S 1 ADSp, soweit Spediteurgeschäfte sachlich von der CMR erfasst werden; die Vorschrift begründet daher – wie Ziff 30.3 S 2 ADSp klarstellt – nur einen zusätzlichen, keinen auschließlichen Gerichtsstabnd (Thume/Demuth Art 31 CMR Rn 39 ff; Staub/Reuschle Art 31 CMR Rn 23). Die unzulässige Vereinbarung eines ausschließlichen Gerichtsstands kann allerdings in die wirksame Vereinbarung eines zusätzlichen Wahlgerichtsstands umgedeutet werden (öst OGH TranspR 2010, 383 [386]; MünchKommHGB/Jesser-Huss [5. Aufl 2022] Art 31 CMR Rn 25; **aA** OLG Köln TranspR 2015, 115; OLG Hamm VersR 2002, 338 [339]; OLG Oldenburg TranspR 2000, 128; LG Aachen TranspR 2018, 22 = IPRax 2018, 202; Koller TranspR [11. Aufl 2023] Art 31 CMR Rn 6; zur Form von Gerichtsstandsvereinbarungen im Geltungsbereich der CMR s Rn 401).

295 Art 31 CMR hat **Vorrang vor der Brüssel Ia-VO** und dem LugÜ (EuGH Rs C-533/08 – *TNT Express Nederland*, NJW 2010, 1736 Rn 39, 45 u 48; BGH RIW 2003,722; Koller TranspR [11. Aufl 2023] Art 31 CMR Rn 1; MünchKommHGB/Jesser-Huss [5. Aufl 2022] Art 31 CMR Rn 9 ff, 13). Dieser Vorrang steht zwar unter dem Vorbehalt, dass dadurch die Grund-

---

derungsvertrag im internationalen Straßengüterverkehr (CMR; 1993).

3. Warschauer Abkommen/Montrealer Übereinkommen: Giemulla/Schmid, Warschauer Abkommen – Kommentar zum Luftverkehrsrecht, Bd 3 (Loseblatt; Stand: 2020); Lamy, Transport, Bd 2 (Paris 1994); Loewenstein, European Air Law (1991); Reuschle, Montrealer Übereinkommen (2. Aufl 2011); Rieländer, Internationale und örtliche Zuständigkeit bei Geltendmachung von Ansprüchen nach der Fluggastrechte-VO und dem MÜ in kumulativer Klagehäufung, EuZW 2020, 59; Ruhwedel, Der Luftbeförderungsvertrag (3. Aufl 1997); Saenger, Harmonisierung des internationalen Luftprivatrechts, NJW 2000, 169; Schmid/Müller-Rostin, In-Kraft-Treten des Montrealer Übereinkommens von 1999, NJW 2003, 3516; Schwenk/Giemulla, Handbuch des Luftverkehrsrechts (4. Aufl 2014); Zylicz, International Air Transport Law (1992).

sätze der justiziellen Zusammenarbeit zwischen den EU-Mitgliedstaaten nicht beeinträchtigt werden dürfen (Rn 44); eine solche Beeinträchtigung ist jedoch mit einer Anwendung der Zuständigkeitsregeln des Art 31 CMR nicht verbunden (EuGH Rs C-157/13 – *Nickel & Goeldner Spedition*, NZI 2014, 919 = IPRax 2015, 417 Rn 38 ff mAnm Thole 396). Damit werden die Art 2–24 Brüssel Ia-VO im Geltungsbereich des CMR ausgeschlossen, soweit sie die *internationale* Zuständigkeit regeln. Die Zuständigkeit nach Art 31 Abs 1 CMR bleibt im Geltungsbereich der Brüssel Ia-VO auch im Falle einer Säumnis des Beklagten erhalten; etwas anderes folgt insbesondere nicht aus der Verweisung in Art 71 Abs 2 lit a S 2 auf Art 28 Brüssel Ia-VO (vgl EuGH Rs C-148/03 – *Nürnberger Allg Versicherungs AG*, Slg 2004 I 10327 Rn 17 ff = EuZW 2005, 28; dazu näher Rn 43).

b) Anwendungsbereich der CMR

aa) Räumlicher Anwendungsbereich

296 Die CMR ist gemäß Art 1 Abs 1 auf „Verträge über die entgeltliche Beförderung von Gütern auf der Straße mittels Fahrzeugen" anzuwenden. Voraussetzung ist jedoch, dass „der Ort der Übernahme des Gutes und der für die Ablieferung vorgesehene Ort, wie sie im Vertrag angegeben sind, in zwei verschiedenen Staaten liegen, von denen mindestens einer ein Vertragsstaat ist" (OLG Köln TranspR 2015, 288; OLG München RIW 1997, 507). Auf die Staatsangehörigkeit oder den Wohnsitz der Parteien kommt es dabei nicht an (OLG Düsseldorf AWD 1973, 401 f mAnm Kropholler; Koller TranspR [11. Aufl 2023] Art 1 CMR Rn 7). Wird das Frachtgut also in Deutschland entweder übernommen oder abgeliefert, so findet Art 31 Abs 1 CMR Anwendung, auch wenn der Ablieferungs- bzw Übernahmeort in einem Nichtvertragsstaat liegt (Müller-Hök RIW 1988, 733). Wird entgegen der vertraglichen Vereinbarung keine grenzüberschreitende Transportleistung erbracht, beansprucht die CMR dennoch Geltung (Mankowski TranspR 1993, 213 [216] mwNw). Für die Anwendbarkeit der CMR ist mithin allein maßgeblich, welche Art der Beförderung *vertraglich vereinbart* wird (Groth VersR 1983, 1104 f; Koller TranspR [11. Aufl 2023] Art 1 CMR Rn 6; OLG Frankfurt VersR 1982, 697 [698]).

297 Die CMR ist – abgesehen von der Sonderregelung in Art 2 – unmittelbar nur auf Verträge über **unimodale** grenzüberschreitende Straßengütertransporte anwendbar (BGH NJW 2008, 2782 [2783 ff]; OLG Stuttgart VersR 2004, 361; OLG Karlsruhe TranspR 2005, 362 [363]; Koller TranspR 2003, 45 [47 ff]; Herber TranspR 2006, 435 [439]; Ramming VersR 2005, 607 [608 f]; MünchKommHGB/Jesser-Huss Art 2 CMR Rn 1; **aA** OLG Köln TranspR 2004, 351 [352]). Eine Anwendung von Art 31 CMR auf multimodale Frachtverträge kommt nur mittelbar über §§ 452, 452a HGB in Betracht; dies setzt aber voraus, dass die Frachtverträge nach Maßgabe von Art 5 Rom I-VO *deutschem Recht* unterliegen (vgl BGHZ 101, 172 = NJW 1998, 640; BGHZ 123, 303 = NJW 1993, 3331; BGH NJW 2008, 2782 Rn 26).

bb) Sachlicher Anwendungsbereich

298 Da Art 1 Abs 1 CMR auf entgeltliche Beförderungsverträge abstellt, fallen **Speditionsverträge** nicht in den Anwendungsbereich der CMR (Koller TranspR [11. Aufl 2023] Art 1 CMR Rn 2; Arnade TranspR 1992, 341 [344] mwNw); denn ein Speditionsvertrag hat nach § 453 HGB nur die gewerbsmäßige Besorgung einer Güterversendung durch Frachtführer zum Gegenstand. Tritt allerdings der Spediteur selbst ein, indem er die Beförderung ausführt, so hat er die Rechte und Pflichten eines Frachtführers (§ 458 HGB); ebenso sind die Fälle der Spedition zu fixen Kosten (vgl § 459 HGB) und der

Sammelladungsspedition (§ 460 HGB) zu behandeln. Unter den vorbezeichneten Voraussetzungen wird der sachliche Anwendungsbereich der CMR daher bei Geltung deutschen Rechts auf Speditionsverträge ausgedehnt (Koller TranspR [11. Aufl 2023] Art 1 CMR Rn 3; Piper TranspR 1990, 357 [358]; BGH NJW 1982, 1946 = IPRax 1982, 240 [241] mAnm Helm 225; OLG Düsseldorf TranspR 2015, 282 und RIW 1990, 752; OLG München NJW-RR 1997, 229 = TranspR 1997, 33). Dies gilt jedoch nicht für die internationale Zuständigkeit; diese ergibt sich daher, wenn die materiellen Haftungsregeln der Art 3 ff CMR nur über die Verweisung der §§ 457–459 HGB anwendbar sind, nicht aus Art 31 CMR, sondern aus den allgemeinen Regeln der Art 4 ff Brüssel Ia-VO bzw – bei Wohnsitz des Beklagten in einem Drittstaat – aus §§ 12 ff ZPO und § 440 HGB (Arnade TranspR 1991, 342; Koller TranspR [11. Aufl 2023] Art 31 CMR Rn 1b). Allerdings lässt sich über eine weite Auslegung des Begriffs „Beförderungsvertrag" in Art 1 CMR eine internationale Zuständigkeit nach dieser Vorschrift auch für Speditionsverträge begründen (so BGH TranspR 2008, 323; OLG München TranspR 1997, 33; OLG Hamm TranspR 2000, 29 und 329; MünchKommHGB/Jesser-Huss [5. Aufl 2022] Art 31 CMR Rn 8).

Die abschließende Zuständigkeitsregelung des Art 31 Abs 1 CMR gilt nicht nur, **299** wenn die streitgegenständlichen Ansprüche auf die Bestimmungen der CMR selbst gestützt werden; sie ist vielmehr auf alle Streitigkeiten anwendbar, die ihren Grund in einem Frachtvertrag haben, welcher der CMR unterliegt, mag auch der streitgegenständliche **Anspruch auf nationales Recht gegründet** werden (vgl BR-Drucks 168/59, 42; Koller TranspR [11. Aufl 2023] Art 31 CMR Rn 1 mwNw). Auch außervertragliche – insbesondere deliktische – Ansprüche (vgl Art 28 CMR) können darunter fallen (vgl BGH NJW-RR 2014, 1064 = TranspR 2015, 370 mAnm Koller; BGH TranspR 2009, 26 Rn 19 = RIW 2009, 167; BGH VersR 2002, 213 [214]; öst OGH RdTW 2016, 14 Rn 9; OLG Düsseldorf TranspR 1989, 10 [11]; MünchKommHGB/Jesser-Huss [5. Aufl 2022] Art 31 CMR Rn 3; Koller TranspR [11. Aufl 2023] Art 31 CMR Rn 1 mwNw), ferner Streitigkeiten aus einem nicht ausgeführten Frachtvertrag (OLG Oldenburg TranspR 2000, 128; öst OGH ETR 2004, 357 [359]; Koller TranspR [11. Aufl 2023] Art 31 CMR Rn 1 mwNw; Arnade TranspR 1992, 341 [342]; **aA** Loewe TranspR 1988, 309 [311]). Der Anwendungsbereich des Art 31 Abs 1 lit b CMR ist allerdings auf Ansprüche beschränkt, die mit dem Beförderungsvertrag noch in einem hinreichend engen Zusammenhang stehen (BGH RdTW 2019, 338 Rn 15; Nagel/Gottwald, IZPR [9. Aufl 2025] Rn 3.524); dazu gehören jedenfalls Ansprüche von und gegen Personen, die an der Beförderung mittelbar beteiligt sind oder waren (BGH TranspR 2009, 26 Rn 19 mAnm Koller LMK 2009, 2764; BGH VersR 2002, 213 f). Deliktische Ansprüche können gegen einen Unterfrachtführer jedoch nur dann im Gerichtsstand des Art 31 Abs 1 lit b CMR eingeklagt werden, wenn dieser weiß oder wissen musste, dass er im Rahmen einer der CMR unterliegenden Gesamtbeförderung tätig war (BGH RIW 2009 Rn 22 ff; BGH VersR 2002, 213 f).

c) Internationale und örtliche Zuständigkeit

Die CMR-Vertragsstaaten haben im Geltungsbereich des Abkommens auf ihr Recht **300** verzichtet, die internationale Zuständigkeit ihrer Gerichte autonom zu bestimmen. Dies folgt aus Art 31 Abs 1 S 2 CMR, wonach andere als die nach Art 31 Abs 1 S 1 CMR zuständigen Gerichte für Streitigkeiten aus einer der CMR unterliegenden Beförderung nicht angerufen werden dürfen (Müller-Hök RIW 1988, 773). Dem Wortlaut und der Entstehungsgeschichte des Art 31 CMR ist allerdings zu entnehmen, dass dies nur für die internationale Zuständigkeit gelten soll, während sich die **örtliche Zuständigkeit** aus dem jeweiligen Gerichtsstandskatalog der *lex fori* ergibt (BGHZ 79, 332

[334] = NJW 1981, 1902 mAnm Kropholler; BGH VersR 1983, 282; OLG Düsseldorf RIW 1980, 665; OLG Hamm RIW 1987, 470 = TranspR 1986, 431; OGH Wien VersR 1991, 796; LG Darmstadt VersR 1997, 1381; Hopt, HGB [43. Aufl 2024] Art 31 CMR Rn 1; MünchKommHGB/Jesser-Huss [5. Aufl 2022] Art 31 CMR Rn 17; Koller TranspR [11. Aufl 2023] Art 31 CMR Rn 2; Müller-Hök RIW 1988, 773 [774]; **aA** die französische Rechtsprechung; dazu Koller Art 31 CMR Rn 2 mwNw). Im Anwendungsbereich der Brüssel Ia-VO bestimmt sich die örtliche Zuständigkeit daher idR nach Art 7 Nr 1 lit b Brüssel Ia-VO (dazu Rn 121 ff), der insoweit das nationale Prozessrecht verdrängt (vgl BayObLG RdTW 2026, 113 Rn 27; zu Art 5 Nr 1 EuGVÜ schon LG Bochum RIW 1985, 147 = IPRax 1984, 276 mAnm Jayme; Haubold IPRax 2000, 94). Im Übrigen hat sich der deutsche Richter an den §§ 12 ff ZPO zu orientieren (vgl Fremuth TranspR 1983, 37). Praktisch bedeutsam sind hier insbesondere der allgemeine Gerichtsstand (§§ 12, 13 ZPO) und der Gerichtsstand des Erfüllungsorts (§ 29 ZPO; vgl zu dessen Bestimmung bei einer Klage des Empfängers wegen Beschädigung des Frachtguts OLG Hamm RIW 1987, 470; LG Darmstadt VersR 1997, 1381; Wieczorek/Schütze/Hausmann, ZPO [3. Aufl 2010] § 29 Rn 63). Der Rückgriff auf das autonome Zuständigkeitsrecht führt zu unbefriedigenden Ergebnissen, wenn und soweit die Gerichtsstandskataloge der CMR und der maßgeblichen *lex fori* nicht deckungsgleich sind; es entsteht dann eine Zuständigkeitslücke. Dieses Problem ist auch in Deutschland bezüglich des Gerichtsstands am Übernahmeort relevant geworden (vgl BGH NJW 1981, 1902 f; dazu Herber/Piper Art 31 CMR Rn 9 mwNw). Inzwischen hat der Gesetzgeber das autonome Recht durch die Ergänzung um die örtlichen Gerichtsstände der Übernahme und der Ablieferung des Guts in Art 1a des Ausführungsgesetzes zur CMR und zuletzt auch in § 440 HGB mit der Regelung der internationalen Zuständigkeit in Art 31 Abs 1 CMR harmonisiert.

d) Die einzelnen Gerichtsstände

301 Nach Art 31 Abs 1 CMR steht es den Parteien frei, bestimmte Gerichte von Vertragsstaaten durch **Vereinbarung** zu bestimmen. Die Prorogation kann wegen Art 41 CMR jedoch nur *zusätzliche* Gerichtsstände eröffnen (OLG Oldenburg TranspR 2000, 128; Koller TranspR [11. Aufl 2023] Art 31 CMR Rn 5; dazu Rn 294 und Rn 400). Fehlt es an einer wirksamen Gerichtsstandsvereinbarung, so hat der Kläger zwischen den in Art 31 Abs 1 CMR genannten gesetzlichen Gerichtsständen die Wahl. Er kann den Beklagten daher nach lit a im Staat seines gewöhnlichen Aufenthalts bzw seiner Hauptniederlassung verklagen. Die Frage, ob mit der **Hauptniederlassung** der Satzungssitz (vgl § 17 ZPO) oder der tatsächliche Sitz der Hauptverwaltung gemeint ist, beantwortet das Abkommen selbst nicht; insoweit dürfte auf den Ort abzustellen sein, von dem die Geschäfte tatsächlich geführt werden (Loewe TranspR 1988, 309 [312]; Thume/Demuth [3. Aufl 2013] Art 31 CMR Rn 18; MünchKommHGB/Jesser-Huss [5. Aufl 2022] Art 31 CMR Rn 20; für alternative Anknüpfung auch an den Satzungssitz Koller TranspR [11. Aufl 2023] Art 31 CMR Rn 3). Weiterhin ist ein Gerichtsstand auch in dem Staat begründet, in dem der Beklagte die Zweigniederlassung oder Geschäftsstelle unterhält, durch deren Vermittlung der Beförderungsvertrag geschlossen wurde. Für die Auslegung des Begriffs der **Zweigniederlassung** bietet sich eine Anlehnung an Art 7 Nr 5 Brüssel Ia-VO an (MünchKommHGB/Jesser-Huss [5. Aufl 2022] Art 31 CMR Rn 21; Rn 319 ff). Der Begriff der **Geschäftsstelle** ist freilich – ebenso wie in Art 28 WA bzw Art 33 MÜ, die dem Art 31 CMR nachgebildet worden sind – weit auszulegen und umfasst auch selbstständige Agenturen, wenn der Frachtführer keine eigenen Niederlassungen besitzt, und sich deshalb regelmäßig dieser Agenturen zum Abschluss von Frachtverträgen bedient (Koller TranspR [11. Aufl 2023] Art 31 CMR Rn 3; Thume/Demuth Art 31 CMR

Rn 22; MünchKommZPO/Gottwald Art 31 CMR Rn 5; einschränkend MünchKommHGB/Jesser-Huss [5. Aufl 2022] Art 31 CMR Rn 21; vgl auch zu Art 33 MÜ Rn 310 f).

Schließlich kann nach Art 31 Abs 1 lit b CMR vor den Gerichten des Staates geklagt **302** werden, in dem der Ort der Übernahme bzw der Ablieferung des Frachtguts liegt. **Übernahmeort** ist nach Beginn der Beförderung der Ort der tatsächlichen Übernahme des Gutes und nicht der für die Übernahme vereinbarte Ort (Loewe TranspR 1988, 309 [312]; Koller TranspR [11. Aufl 2023] Art 31 CMR Rn 4; zust HandelsG Wien TranspR 1984, 152; LG Freiburg RIW 1999, 222). Bei Einschaltung mehrerer Frachtführer ist nicht der Ort der Übernahme des Gutes durch den Unterfrachtführer, sondern der Abgangsort der gesamten Beförderung maßgebend (BGH RIW 2001, 941 = TranspR 2001, 452 mAnm Koller TranspR 2002, 133; öst OGH TranspR 2000, 34 [35]; OLG Köln TranspR 2004, 359 [360]; krit Koller, TranspR [11. Aufl 2023] Art 31 CMR Rn 4; anders aber für Rückgriffsklage aus dem Unterfrachtvertrag BGH NJW-RR 2014, 1064 = TranspR 2015, 370 mAnm Koller). Hingegen ist **Ablieferungsort** stets der für die Ablieferung vertraglich vereinbarte Ort (OLG Hamburg TranspR 1994, 444; OLG Hamm TranspR 2000, 29; Koller TranspR [11. Aufl 2023] Art 31 CMR Rn 4). Dieser bleibt als Gerichtsstand auch dann erhalten, wenn das beschädigte Gut nicht abgeliefert, sondern zurückbefördert wird (BGH NJW-RR 2004, 762 [763] = TranspR 2004, 169; OLG Karlsruhe TranspR 1996, 203 [204]; **aA** Koller, TranspR [11. Aufl 2023] Art 31 CMR Rn 4).

3. Beförderungsverträge im internationalen Luftverkehr

a) Allgemeines

Das Warschauer Abkommen zur Vereinheitlichung von Regeln über die Beför- **303** derung im internationalen Luftverkehr vom 12. 10. 1929 (BGBl 1958 II 312), das für die Bundesrepublik Deutschland am 1. 8. 1963 in Kraft getreten war (Bek v 1. 8. 1963, BGBl II 1295), regelte die internationale Zuständigkeit für Schadensersatzklagen in seinem Art 28. Dieses Abkommen sowie das Zusatzabkommen von Guadalajara von 1961 sind zwischenzeitlich durch das Montrealer Übereinkommen zur Vereinheitlichung bestimmter Vorschriften über die Beförderung im internationalen Luftverkehr vom 28. 5. 1999 (**MÜ**; BGBl 2004 II 459) abgelöst worden; das Warschauer Abkommen gilt nur noch im Verhältnis zu denjenigen Vertragsstaaten fort, die dem Montrealer Übereinkommen noch nicht beigetreten sind (vgl Art 55 MÜ). Das MÜ ist für die Bundesrepublik Deutschland am 28. 6. 2004 in Kraft getreten (Bek v 16. 2. 2004, BGBl II 1371). Es gilt seit diesem Tag auch für die Europäische Gemeinschaft und deren übrige Mitgliedstaaten. Für seine Auslegung ist daher der EuGH zuständig (EuGH Rs C-63/09 – *Walz*, RIW 2010, 622 Rn 20). Die im MÜ enthaltenen Begriffe sind autonom auszulegen, wobei der EuGH an die allgemeinen Auslegungsregeln des Völkerrechts gebunden ist (EuGH Rs C-63/09 – *Walz*, RIW 2010, 622 Rn 21 f).

Das MÜ enthält Regelungen über die internationale Gerichtszuständigkeit in seinem **304** Art 33. Diese können nach Art 49 MÜ durch eine vor Eintritt des Schadens getroffene Gerichtsstandsvereinbarung nicht abgeändert werden (dazu näher Rn 399). Durch das zwingende Erfordernis der Klageerhebung in einem Vertragsstaat soll die Anwendung der materiellen Bestimmungen des Übereinkommens – insbesondere über die Haftungsbeschränkung – gesichert werden (MünchKommZPO/Gottwald Art 33 MÜ Rn 1). Zum Ausgleich erleichtert das Übereinkommen dem Kläger die Rechtsverfolgung dadurch, dass es ihm in Art 33 Abs 1 MÜ die **Wahlmöglichkeit zwischen fünf ver-**

schiedenen Gerichtsständen eröffnet; diese Zielsetzung spricht dafür, die Gerichtsstandsregelung in Art 33 MÜ *weit auszulegen*. Art 33 MÜ geht der Brüssel Ia-VO und dem LugÜ 2007 nach Maßgabe von deren Art 71 bzw Art 67 vor und verdrängt damit die Gerichtsstände der Art 4 ff Brüssel Ia-VO/Art 2 ff LugÜ (Reuschle Art 33 MÜ Rn 4 f). Hingegen verbleibt es bezüglich der – im MÜ nicht geregelten – Fragen der Beachtung einer ausländischen Rechtshängigkeit und der Anerkennung und Vollstreckung von Entscheidungen bei der Geltung der Brüssel Ia-VO bzw des LugÜ 2007.

b) Anwendungsbereich des Montrealer Übereinkommens

aa) Sachlicher Anwendungsbereich

305 In sachlicher Hinsicht ist das Übereinkommen nach Art 1 Abs 1 S 1 MÜ anwendbar, wenn die Parteien einen gültigen Vertrag geschlossen haben, der auf die Beförderung von Personen, Reisegepäck oder Gütern durch Luftfahrzeuge gegen Entgelt gerichtet ist (vgl näher Koller TranspR [11. Aufl 2023] Art 1 MÜ Rn 1). Es gilt nach Art 1 Abs 1 S 2 MÜ auch für die unentgeltliche Beförderung durch Luftfahrzeuge, wenn sie von einem Luftfahrtunternehmen ausgeführt werden (Koller Art 1 WA Rn 5 f). Bei **Pauschalreiseverträgen** gilt das Übereinkommen nicht nur im Verhältnis zwischen dem Reisenden und dem Reiseveranstalter, der die Luftbeförderung als eigene Leistung verspricht, sondern auch im Verhältnis zwischen dem Reisenden und dem – als Erfüllungsgehilfen des Reiseveranstalters eingeschalteten – Luftfahrtunternehmen (Art 1 Abs 4 MÜ iVm Art 39 ff MÜ). Für die Anwendbarkeit des Übereinkommens auf **Speditionsverträge** gilt das zu Art 31 CMR Gesagte (Rn 298) entsprechend, dh der sachliche Anwendungsbereich des Übereinkommens wird zwar, wenn der Luftbeförderungsvertrag nach Art 5 Rom I-VO deutschem Recht unterliegt, in den Fällen der §§ 457–459 HGB auf Speditionsverträge ausgedehnt (Reuschle [2. Aufl 2011] Art 1 MÜ Rn 12); dies gilt jedoch nicht für die internationale Zuständigkeit nach Art 33 MÜ.

306 Art 33 Abs 1 MÜ gilt nur für **Klagen auf Schadensersatz**, zB wegen Gepäckverlusts (AG Düsseldorf TranspR 2016, 373). Damit sind nach der Entstehungsgeschichte und der systematischen Stellung der Vorschrift nur die im 3. Kapitel geregelten Haftungsklagen gegen den Luftfrachtführer nach Art 17–19 MÜ gemeint; hingegen erfasst die Vorschrift nach hM nicht auch Klagen gegen die „Leute" des Luftfrachtführers (vgl BGH NJW 1982, 524 = IPRax 1983, 124 m zust Anm Reifarth 107 [zu Art 28 WA]; Ruhwedel Rn 661; **aA** Reuschle [2. Aufl 2011] Art 33 MÜ Rn 11). In jedem Falle ausgeschlossen bleiben Ansprüche, die nach Grund und Höhe nicht im Übereinkommen geregelt sind, insbesondere Ansprüche wegen Nicht- oder Schlechterfüllung des Beförderungsvertrags (vgl zum WA OLG München RIW 1983, 127 = ZLW 1983, 60 [Nichterfüllung]; OLG Frankfurt IPRspr 1984 Nr 41 [Nichtbeförderung eines Fluggastes wegen Überbuchung]; Reuschle Art 33 MÜ Rn 12) sowie Ansprüche des Luftfrachtführers gegen Passagiere (OLG München RIW 1983, 127; MünchKommHGB/Müller-Rostin [5. Aufl 2022] Art 33 MÜ Rn 6 ff). Dasselbe gilt für Ansprüche, die im 3. Kapitel lediglich ihrer Höhe nach eine Regelung erfahren haben, deren Rechtsgrund jedoch außerhalb des Übereinkommens liegt. Nicht erfasst vom MÜ sind schließlich Ausgleichs- und Unterstützungsleistungen nach der **EG-Fluggastrechte-VO** Nr 261/2004 v 11. 2. 2004 (ABl L 46, 1); diese sind vor den nach Art 4 ff Brüssel Ia-VO oder (bei Klagen gegen Luftfahrtunternehmen mit Sitz in Drittstaaten) nach nationalem Recht zuständigen Gerichten geltend zu machen (EuGH Rs C-94/14 – *Flight Refund*, BeckRS 2016, 80468 Rn 46; LG Korneuburg 18. 11. 2019, unalex AT-1245; dazu Rn 149 f). Dies gilt auch, wenn zugleich Ansprüche nach dem MÜ im Ge-

richtsstand des Art 33 MÜ erhoben werden (EuGH Rs C-213/18 – *Guaitoli*, RIW 2020, 44 Rn 33 ff, 44).

bb) Räumlicher Anwendungsbereich

Die Anwendung der vereinheitlichten Zuständigkeitsregelung in Art 33 MÜ setzt voraus, dass eine „internationale" Beförderung vorliegt. Eine solche ist gemäß Art 1 Abs 2 S 1 MÜ grundsätzlich dann gegeben, wenn nach den Vereinbarungen der Parteien **Abgangs- und Bestimmungsort in zwei verschiedenen Vertragsstaaten** liegen, gleichviel ob eine Unterbrechung der Beförderung oder ein Flugzeugwechsel stattfindet oder nicht (vgl näher Koller TranspR [11. Aufl 2023] Art 1 WA Rn 10 ff und Reuschle [2. Aufl 2011] Art 1 MÜ Rn 30 ff). Eine „internationale" Beförderung iSv Art 1 Abs 2 S 1 MÜ ist aber auch dann gegeben, wenn zwar Abgangs- und Bestimmungsort im Hoheitsgebiet nur eines Vertragsstaats liegen, aber eine Zwischenlandung im Hoheitsgebiet eines anderen Staates vorgesehen ist, der nicht notwendig ein Vertragsstaat zu sein braucht. Das Übereinkommen gilt ferner für sog *Rundflüge*, bei denen Hin- und Rückflug gemeinsam vereinbart werden, auch dann, wenn der Bestimmungsort des Hinflugs in einem Drittstaat liegt (LG Düsseldorf ZIW 1971, 290, 292; LG Berlin ZUW 1973, 304, 305; Koller TranspR [11. Aufl 2023] Art 1 WA Rn 10 ff; Reuschle Art 1 MÜ Rn 32). Ohne Zwischenlandung in einem anderen Staat gilt die Beförderung zwischen zwei Orten innerhalb nur eines Vertragsstaates hingegen nicht als „internationale" Beförderung iSd Übereinkommens (S 3). Für die Bestimmung des Abgangs- und Bestimmungsorts kommt es nur auf die vertraglichen Vereinbarungen an; eine „internationale" Beförderung wird also nicht dadurch ausgeschlossen, dass eine Notlandung im Hoheitsgebiet des Abgangsortes erfolgt (Reuschle [2. Aufl 2011] Art 1 MÜ Rn 28). *Zubringer- und Anschlussflüge* unterfallen dem Übereinkommen, wenn nach den Gesamtumständen (zB Ausstellung eines Gesamtflugscheins) eine internationale Beförderung geschuldet war; dies gilt auch dann, wenn die beiden Flugabschnitte von unterschiedlichen Luftfrachtführern ausgeführt werden (Reuschle Art 1 MÜ Rn 31). Ferner werden auch Transporte, bei denen der vereinbarte Abgangs- und/oder Bestimmungsort auf dem Gebiet eines Nichtvertragsstaates liegt, vom Montrealer Übereinkommen nicht erfasst (Koller TranspR [11. Aufl 2023] Art 1 WA Rn 14; ebenso zum WA BGH TranspR 1987, 187 [188]; OLG Köln VersR 1982 985). Zur Anwendung des Übereinkommens auf eine Beförderung durch mehrere aufeinander folgende Luftfrachtführer vgl Art 1 Abs 3 MÜ (dazu näher Reuschle [2. Aufl 2011] Art 1 MÜ Rn 35 ff). Auf Flüge innerhalb nur eines EU-Mitgliedstaats ist das MÜ nur unter der Voraussetzung anwendbar, dass diese Flüge in den Anwendungsbereich der VO (EG) Nr 2027/97 fallen; es gilt hingegen nicht für Klagen auf Schadensersatz nach Art 17 MÜ (EuGH Rs C-240/14 – *Prüller-Frey*, NJW 2016, 385 Rn 34). 307

c) Internationale und örtliche Zuständigkeit

Art 33 Abs 1 MÜ regelt jedenfalls die internationale Zuständigkeit. Hingegen ist streitig, ob die Vorschrift darüber hinaus auch die örtliche Zuständigkeit bestimmt. So beschränkte etwa die US-amerikanische Rechtsprechung die Vorläufernorm in Art 28 WA auf eine bloße Regelung der internationalen Zuständigkeit *(„jurisdiction")*, so dass die Bestimmung der Zuständigkeit im Verhältnis der Bundesgerichte zu den Gerichten eines einzelnen Bundesstaates und der örtlichen Zuständigkeit *(„venue")* dem nationalen Prozessrecht überlassen blieb (*Smith v Canadian Pacific Airways* [1971] 452 F 2d 798; *Mertens v Flying Tiger Line* [1965] 341 F 2d 851; *Fabiano Shoe v Alitalia* [1974] 380 F Supp 140). Diese Auffassung hat auch in der deutschen Literatur Gefolg- 308 schaft gefunden (Ehlers TranspR 1996, 183, 186; Koller TranspR [11. Aufl 2023] Art 28 WA Rn 5; Koller, TranspR 2003, 285). Demgegenüber spricht bereits der Wortlaut des Art 33 Abs 1 MÜ („Gericht des Ortes, an dem ...") eindeutig für eine Regelung auch der örtlichen Zuständigkeit (Reuschle [2. Aufl 2011] Art 33 MÜ Rn 8). Dies hat inzwischen auch der EuGH für die Mitgliedstaaten der EU klargestellt (EuGH Rs C-213/18 – *Guaitoli*, RIW 2020, 44 Rn 45 ff; ebenso BGH RIW 2022, 331 Rn 41; Nagel/Gottwald, IZPR [9. Aufl 2025] Rn 3.516). Für das deutsche Recht folgte dies bereits aus § 56 Abs 3 LuftVG, aus dem eine „Verweisung" auf Art 33 Abs 1 MÜ auch hinsichtlich der örtlichen Zuständigkeit entnommen wurde, die Vorrang vor der Geltung der §§ 12 ff ZPO hatte (vgl zu Art 28 WA LG Köln ZLW 1962, 310, 311; LG Hamburg RIW 1977, 652; **aA** LG Stuttgart IPRax 1993, 109 mAnm Kronke). Demgegenüber überlässt die in Art 33 Abs 2 MÜ neu eingeführte Zuständigkeit der Gerichte des Wohnsitzstaates des Reisenden die Bestimmung der örtlichen Zuständigkeit dem autonomen Verfahrensrecht dieses Staates.

d) Die einzelnen Gerichtsstände

aa) Wohnsitz/Hauptniederlassung des Luftfrachtführers

309 Soweit es sich bei dem Luftfrachtführer um eine *natürliche* Person handelt, ist auf den Wohnsitzbegriff der jeweiligen *lex fori* abzustellen, in Deutschland mithin auf §§ 7 ff BGB (Reuschle Art 33 MÜ Rn 15 mwNw). Der Begriff *domicile* im maßgeblichen französischen Wortlaut des Übereinkommens umfasst aber auch den Sitz einer *juristischen* Person. Ob insoweit auf den Satzungssitz oder den effektiven Verwaltungssitz abzustellen ist und wie der Sitz zu ermitteln ist, entscheidet wiederum die *lex fori*, weil das Übereinkommen selbst keine Begriffsbestimmung enthält (Mölls/Ehlers Rn 10; Ruhwedel 187); in Deutschland gilt daher ergänzend § 17 Abs 1 S 1 ZPO. Maßgebend ist der Sitz des Luftfrachtführers selbst, nicht derjenige einer – auch 100 %igen – Tochtergesellschaft (*Air Disaster Near Cove Neck*, AL 1994, 96 [edny]). Demgegenüber bezieht sich der Begriff *Hauptniederlassung* auf den Ort, an dem die tatsächliche Leitung der Geschäfte konzentriert ist (Ruhwedel 188; Mölls/Ehlers Rn 11); dies entspricht § 17 Abs 1 S 2 ZPO (Reuschle [2. Aufl 2011] Art 33 MÜ Rn 17). Dabei besteht weitgehend Einigkeit, dass ein Luftfrachtführer immer nur eine Hauptniederlassung haben kann (*Nudo v Sabena* [1982] 207 F Supp 191).

bb) Vertragschließende Geschäftsstelle

310 Hier ist vor allem streitig, ob der Gerichtsstand der vertragschließenden Geschäftsstelle für Klagen gegen den Luftfrachtführer auch an dem Ort begründet ist, an dem eine selbständige Agentur das Geschäft getätigt hat. Dies erscheint bei strikter Auslegung des Wortlauts zweifelhaft; danach könnten insbesondere schlichte IATA-Agenturen keinen Gerichtsstand iSv Art 33 MÜ begründen. Während der Begriff „Geschäftsstelle" vor allem von den französischen Gerichten in diesem strengen Sinne ausgelegt wird und deshalb gefordert wird, dass der Vertrag durch eine zumindest organisatorisch zum Betrieb des Luftfrachtführers gehörende Niederlassung abgeschlossen wurde (vgl zu Art 28 WA App Paris RFDA 1962, 177; ferner Trib gr inst Paris RGAE 1972, 202 m zust Anm Pontavice Trib com Paris RFDA 1985, 217, 219 und RFDA 1989, 266, 268), nehmen Rechtsprechung und Lehre in Deutschland hierzu einen großzügigeren Standpunkt ein (vgl zu Art 28 WA BGH NJW 1976, 1587; BGHZ 84, 339 [341 ff] = RIW 1982, 910 mAnm Moeser = IPRax 1984, 27 mAnm Nagel 13; zust auch HandelsG Zürich ZLW 1984, 252; Wenzler TranspR 1990, 414, 415; Koller TranspR [11. Aufl 2023] Art 33 MÜ Rn 4; MünchKommHGB/Müller-Rostin [5. Aufl 2022] Art 33 MÜ Rn 22 f). Dem ist zuzustimmen, weil nur eine weite Auslegung dem Sinn und Zweck der Vorschrift entspricht. Denn nach den heutigen Verhältnissen des Luftverkehrs wird der wesentliche Teil der Flugscheine und Frachtbriefe über Reisebüros und IATA-Agenturen ausgegeben; der Luftfrachtführer hätte es damit in der Hand, durch die Wahl der einen oder anderen Vertriebsform (Geschäftsstelle oder bloße Agentur) dem Kläger den Gerichtsstand zu entziehen (Koller TranspR [11. Aufl 2023] Art 28 WA Rn 3; Reuschle Art 33 MÜ Rn 19). Die bloße Aufstellung eines *„self-ticketing"*-Automaten durch eine Fluggesellschaft dürfte hingegen die Voraussetzungen einer Geschäftsstelle noch nicht erfüllen (Reuschle Art 33 MÜ Rn 22). Auch bei einer Internet-Buchung läuft der Gerichtsstand der vertragsschließenden Geschäftsstelle leer (MünchKommZPO/Gotttwald Art 33–55 MÜ Rn 4); der Standort des Servers ist nicht maßgebend (Reuschle Art 33 MÜ Rn 23).

Weiterhin muss der Vertrag nach Art 33 Abs 1 MÜ gerade **durch diese Geschäftsstelle** **311** abgeschlossen worden sein. Bei wörtlicher Auslegung würde es dem Kläger also nichts nützen, wenn der Luftfrachtführer in dem Staat des angerufenen Gerichts zwar eine Geschäftsstelle unterhält, der Vertrag jedoch ohne deren Zutun – zB durch einen (IATA-)Agenten – geschlossen wurde. In diesem strengen Sinne wird die Vorschrift wiederum von den französischen Gerichten interpretiert; danach muss die Tätigkeit der Geschäftsstelle kausal für den Abschluss des Vertrages gewesen sein (vgl zu Art 28 WA Trib gr inst Paris RGAE 1972, 202 mAnm Pontavice und RFDA 1978, 211; vgl in diesem engen Sinn auch die Auslegung des Begriffs der Zweigniederlassung in Art 7 Nr 5 Brüssel Ia-VO durch den EuGH; dazu Rn 326). Demgegenüber hat sich der BGH auch insoweit für eine weite Interpretation ausgesprochen. Danach genügt es, wenn eine im Inland vorhandene Geschäftsstelle und das Reisebüro, das den Flugschein ausgestellt hatte, nach den Umständen als Bestandteile einer *einheitlichen Verkaufsorganisation* angesehen werden können (vgl zu Art 28 WA BGH NJW 1976, 1587; vgl idS auch den bekannten amerikanischen Fall *Eck v United Arab Airlines* [1966] 360 F 2 d 804). Schließlich muss das Gericht gerade jenes Ortes angerufen werden, an dem sich die *vertragschließende* Geschäftsstelle befindet. Tätigkeiten im Zusammenhang mit der Ticketausstellung reichen nicht aus, um einen Gerichtsstand zu begründen, wenn der Vertragsschluss in einem anderen Land stattfand. Auch spätere Festlegungen zunächst noch offener Flüge oder Änderungen von bereits gebuchten Flügen sind nicht als Vertragsschluss anzusehen, weil sie die bereits geschlossenen Verträge unberührt lassen (vgl zu Art 28 WA *Kaspar v Kuwait Airways* [1987] 663 F Supp 1065; *Boyar v KLM* [1987] 604 F Supp 1481).

cc) Bestimmungsort

Der Bestimmungsort ergibt sich – ebenso wie in Art 1 Abs 2 MÜ – aus der (idR in **312** den Beförderungsdokumenten enthaltenen) Vereinbarung der Parteien (Ruhwedel 189). Maßgeblich ist der **Ort der letzten vertraglichen Landung**, an dem der Fluggast nach dem Beförderungsvertrag das Flugzeug endgültig verlässt (allgM, vgl zu Art 28 WA BGH NJW 1976, 1586 = ZLW 1976, 266; OLG Düsseldorf VersR 1975, 645; OLG Hamm TranspR 2003, 201 [202]; AG Düsseldorf TranspR 2016, 373; Wenzler TranspR 1990, 414, 416). Eine vom vereinbarten Reiseverlauf zufällig abweichende tatsächliche Gestaltung der Verhältnisse bleibt außer Betracht (OLG Düsseldorf TranspR 1993, 246, [247]; Koller TranspR [11. Aufl 2023] Art 1 WA Rn 12). Der im Ticket angegebene Anfangs- und Zielflughafen ist auch dann der Bestimmungsort, wenn der Reisende erst bei einem späteren Zwischenstopp zugestiegen ist und bei der Rückreise an dem gleichen Flughafen das Flugzeug wieder verlässt, ohne den im Ticket angegebenen letzten Bestimmungsflughafen anzufliegen (*In Re Korean Airlines Disaster*, 20 Avi 18, 535). Spezifiziert der Vertrag als Landeort einen bestimmten Flughafen der betreffenden Stadt, so ist unter Geltung des deutschen und des französischen Prozessrechts dasjenige Gericht *örtlich* zuständig, in dessen Bezirk dieser Flughafen liegt. Im Falle eines **Hin- und Rückflugs** gilt – in Übereinstimmung mit Art 1 Abs 2 MÜ – der Abflugort zugleich als Bestimmungsort (BGH RIW 2022, 331 Rn 15 ff, 21 ff; ebenso schon zu Art 28 WA BGH NJW 1976, 1586; OLG Hamburg RIW 1983, 484 = VersR 1983, 484; OLG Frankfurt TranspR 1984, 297; Reuschle Art 33 MÜ Rn 26). Die letzte vertraglich vereinbarte Landung ist auch bei *sukzessiver Beförderung* durch mehrere Luftfrachtführer maßgebend, sofern diese als vertragsmäßige Einheit zu behandeln ist, dh wenn die Route der Beförderung einschließlich des Bestimmungsortes sowie die daran beteiligten Luftfrachtführer von vorneherein festgelegt sind (Art 1 Abs 3 MÜ; MünchKommZPO/Gottwald Art 33 MÜ Rn 4; vgl zu Art 1 Abs 3 WA BGH NJW 1976, 1586; OLG Düsseldorf RIW 1976, 176).

dd) Wohnsitz des Reisenden

313 Für Klagen auf Ersatz des Schadens, der durch Tod oder Körperverletzung eines Reisenden entstanden ist – also nicht für bloße Sachschäden – eröffnet Art 33 Abs 2 MÜ außer den vier in Abs 1 genannten Gerichtsständen einen (Kläger-)Gerichtsstand im Hoheitsgebiet des Vertragsstaats, in dem der Reisende zum Zeitpunkt des Unfalls seinen ständigen Wohnsitz hatte. Dies gilt freilich nur, wenn der Luftfrachtführer Reisende in diesen oder aus diesem Staat gewerbsmäßig befördert und in diesem Staat sein Gewerbe von Geschäftsräumen aus betreibt, deren Eigentümer oder Mieter er selbst oder ein anderer Luftfrachtführer ist, mit dem er eine geschäftliche Verbindung hat (Reuschle Art 33 MÜ Rn 29 f). Die örtliche Zuständigkeit im Wohnsitzstaat des Reisenden bestimmt sich nach nationalem Recht, in Deutschland nach § 56 Abs 3 S 2 LuftVG.

VIII. Niederlassungsgerichtsstände*

1. Allgemeines

a) Rechtsquellen

314 Erweitert ein Unternehmer seinen Geschäftsbereich dadurch, dass er eine Zweigniederlassung, Agentur oder sonstige Niederlassung im Ausland gründet, können alle gegen ihn gerichtete Klagen aus Schuldverträgen, die durch diese Niederlassung ge-

---

* **Schrifttum**: Albers, Die Begriffe der Niederlassung und der Hauptniederlassung im internationalen Privat- und Zivilverfahrensrecht (2010); Bach/Tippner, Internationale Zuständigkeit am Gerichtsstand der virtuellen Zweigniederlassung, EuZW 2020, 481; Fawcett, Methods of Carrying on Business and Article 5 (5) of the Brussels Convention, Eur L Rev 1984, 326; ders, Jurisdiction and Subsidiaries, JBL 1985, 16; Geimer, Die inländische Niederlassung als Anknüpfungspunkt für die internationale Zuständigkeit, WM 1976, 145; ders, „Doing Business in Germany" als Basis deutscher internationaler Zuständigkeit, RIW 1988, 221; Hunnings, Agency and Jurisdiction in the EEC, JBL 1982, 244; Jaspert, Grenzüberschreitende Unternehmensverbindungen im Zuständigkeitsbereich des EuGVÜ (1995); Jayme, Subunternehmer und EuGVÜ, in: FS Pleyer (1986) 371; Kronke, Der Gerichtsstand nach Art 5 Nr 5 EuGVÜ – Ansätze einer Zuständigkeitsordnung für grenzüberschreitende Unternehmensverbindungen, IPRax 1989, 81; Linke, Der „kleineuropäische" Niederlassungsgerichtsstand (Art 5 Nr 5 GVÜ), IPRax 1982, 46; Müller-Froehlich, Der Gerichtsstand der Niederlassung im deutsch-amerikanischen Rechtsverkehr (2008); Pulkowski, Außervertragliche Forderungen „aus dem Betrieb einer Zweigniederlassung" im Sinne von Art 5 Nr 5 LugÜ, IPRax 2004, 543.

schlossen oder erfüllt wurden, auch am Ort dieser Niederlassung erhoben werden. In der Brüssel Ia-VO und im Luganer Übereinkommen ist der Niederlassungsgerichtsstand in Art 7 Nr 5 normiert; als Vorbild hatte vor allem der Niederlassungsgerichtsstand des autonomen deutschen Rechts in § 21 Abs 1 ZPO gedient. Die besonderen transportrechtlichen Niederlassungsgerichtsstände in Art 31 Abs 1 CMR und Art 33 Abs 1 MÜ (dazu Rn 301, 309) haben Vorrang vor Art 7 Nr 5 Brüssel Ia-VO wie vor § 21 ZPO. Der besondere Niederlassungsgerichtsstand ist nicht ausschließlich und kann durch Vereinbarung nach Art 25 Brüssel Ia-VO jederzeit ausgeschlossen werden.

b) Abgrenzung

Art 7 Nr 5 Brüssel Ia-VO greift nur ein, wenn sich der **Hauptsitz des Beklagten in einem Mitgliedstaat** befindet (BGH IPRax 2008, 128 = RIW 2007, 873); andernfalls kann Klage am Ort einer inländischen Zweigniederlassung gemäß Art 6 Abs 1 Brüssel Ia-VO nur nach Maßgabe des autonomen Prozessrechts – in Deutschland nach § 21 ZPO (dazu Rn 324) – erhoben werden (App Paris Clunet 1994, 673; MünchKommZPO/Gottwald Art 7 Brüssel Ia-VO Rn 85). Besonderheiten gelten nach Art 11 Abs 2, 17 Abs 2 und 20 Abs 2 Brüssel Ia-VO lediglich in Versicherungs-, Verbraucher- und Arbeitssachen (vgl dazu näher Rn 181, 242 ff, 259, 284). Außerhalb des sachlichen bzw räumlichen Anwendungsbereichs der Verordnung bzw des LugÜ 2007 begründet § 21 Abs 1 ZPO mit der örtlichen zugleich die internationale Zuständigkeit der deutschen Gerichte am Ort der inländischen Niederlassung eines ausländischen Unternehmens (BGH NJW 1987, 3081 [3082] = RIW 1987, 790 mAnm Geimer RIW 1988, 221 = IPRax 1989, 166 mAnm Samtleben 148; dazu näher Wieczorek/Schütze/Hausmann, ZPO [3. Aufl 2010] § 21 Rn 31 ff mwNw). 315

c) Normzweck

Die Eröffnung eines Gerichtsstands gegen den Geschäftsinhaber an dem – vom Geschäftssitz verschiedenen – Ort einer Zweigniederlassung ist vor allem deshalb gerechtfertigt, weil der Beklagte seine Geschäftstätigkeit von diesem Ort aus entfaltet hat und es deshalb unbillig erschiene, wenn er den Kläger für daraus resultierende Streitigkeiten auf den allgemeinen Gerichtsstand des Art 4 Abs 1 Brüssel Ia-VO bzw der §§ 12, 13 ZPO verweisen könnte (OLG Rostock OLGR 2009, 588; Geimer/Schütze/Geimer, EuZVR [4. Aufl 2020] Art 7 Brüssel Ia-VO Rn 357). Dieser Normzweck rechtfertigt den Gerichtsstand allerdings nur für Klagen **gegen den Inhaber** der Niederlassung, nicht hingegen für Aktivklagen des Inhabers der Niederlassung gegen das Stammhaus oder gegen Dritte (Geimer/Schütze/Geimer, EuZVR [4. Aufl 2020] Art 7 Rn 359; Schlosser/Hess/Schlosser, EuZPR [5. Aufl 2021] Art 7 Rn 21; Kropholler/vHein, EuZPR [9. Aufl 2011] Art 5 Brüssel I-VO Rn 101). Passiv legitimiert für die in diesem Gerichtsstand erhobenen Klagen ist nicht die Niederlassung selbst, sondern diejenige natürliche Person oder Gesellschaft, welche die Niederlassung gegründet hat. Hat dieser Beklagte seinen Wohnsitz/Sitz in einem anderen Mitgliedstaat, so findet Art 7 Nr 5 Brüssel Ia-VO Anwendung; ist dies nicht der Fall, so gilt das autonome Verfahrensrecht, in Deutschland § 21 ZPO (Art 6 Abs 1 Brüssel Ia-VO). 316

Maßgeblicher Zeitpunkt für das Bestehen der Niederlassung ist die Klageerhebung bzw der Schluss der letzten mündlichen Tatsachenverhandlung (OLG Saarbrücken RIW 1980, 796; BayObLG WM 1989, 871). Nach Auflösung der Niederlassung ist eine Klage in diesem besonderen Gerichtsstand – anders als in Arbeitssachen nach Art 21 Abs 1 317 lit b [ii] Brüssel Ia-VO (Rn 282 aE) – ausgeschlossen (BGH NJW-RR 2007, 1570 Rn 11 ff; OLG Frankfurt NJW-RR 2009, 645; LAG Hessen IPRax 2008, 131; Schlosser/Hess/Schlosser, EuZPR [5. Aufl 2021] Art 7 - Rn 21; vgl auch BGH IPRax 2008, 128 [129] mwNw). Die bloße Verlegung der Zweigniederlassung an einen anderen Ort innerhalb des gleichen Mitgliedstaats schadet hingegen nicht (OLG Düsseldorf NJW-RR 2004, 1720 [1721 f]).

d) Qualifikation

318 Im Interesse einer einheitlichen Anwendung des Art 7 Nr 5 Brüssel Ia-VO durch die Gerichte der Mitgliedstaaten und damit der Rechtssicherheit befürwortet der EuGH zu Recht eine **autonome Auslegung** der in der Vorschrift verwendeten Begriffe der „Zweigniederlassung, Agentur oder sonstigen Niederlassung“ sowie der „aus dem Betrieb“ einer solchen Niederlassung hervorgegangenen Streitigkeiten (EuGH Rs C-913/19 – *CNP*, NJW 2021, 1863 Rn 60; EuGH Rs 218/86 – *Schotte*, Slg 1987, 4905 Rn 9 f = RIW 1988, 136 mAnm Geimer 220 = IPRax 1989, 96 mAnm Kronke 81; EuGH Rs 139/80 – *Blanckaert & Willems*, Slg 1981, 819 Rn 11 f = IPRax 1982, 64 mAnm Linke 46; EuGH Rs 33/78 – *Somafer*, Slg 1978, 2183 Rn 8 = RIW 1979, 56; Magnus/Mankowski/Mankowski, Brussels Ibis [2. Aufl 2022] Art 7 Rn 425). Die Systematik der Verordnung und der Gesichtspunkt der Recht ssicherheit legen insoweit eine *restriktive* Auslegung dieser Begriffe nahe (EuGH Rs C-27/17 – *flyLAL*, ZIP 2019, 192 Rn 62; Thorn IPRax 1997, 98 [100]; **aA** OLG Rostock OLGR 2009, 588; Zöller/Geimer, ZPO [35. Aufl 2024] Art 7 Rn 120). Zwischen der Streitigkeit und dem zur Entscheidung über sie berufenen Gericht muss eine besonders enge Beziehung bestehen, die aus Gründen einer geordneten Rechtspflege und einer sachgerechten Gestaltung des Prozesses eine Zuständigkeit des Gerichts am Niederlassungsort rechtfertigt (EuGH Rs C-27/17 – *flyLAL*, ZIP 2019, 192 Rn 27; EuGH Rs C-439/93 – *Lloyd's Register of Shipping*, RIW 1995, 585 Rn 21). Demgegenüber bestimmt sich die Auslegung von § 21 ZPO nach der deutschen *lex fori*; die deutschen Gerichte orientieren sich allerdings auch insoweit zunehmend an der Auslegung von Art 7 Nr 5 Brüssel Ia-VO durch den EuGH.

2. Der Begriff der Niederlassung

a) Art 7 Nr 5 Brüssel Ia-VO

319 Eine „Zweigniederlassung“ oder „Agentur“ ist nach Ansicht des EuGH „wesentlich dadurch charakterisiert, dass sie der **Aufsicht und Leitung des Stammhauses** unterliegt“ (EuGH Rs 14/76 – *De Bloos*, Slg 1976, 1497 Rn 20 f = RIW 1977, 42 mAnm Linke). Deshalb begründet die Vorschrift keinen Gerichtsstand gegen einen Hersteller an der gewerblichen Niederlassung seines *Alleinvertriebshändlers*, der wirtschaftlich auf eigene Rechnung handelt (EuGH Rs 14/76 – *De Bloos*, Slg 1976, 1497 Rn 20 f; Kropholler/vHein, EuZPR [9. Aufl 2011] Art 5 Brüssel I-VO Rn 104 mwNw). An dem erforderlichen Unterordnungsverhältnis fehlt es ebenso, wenn ein Unternehmen sich eines *Handelsvertreters* im Ausland bedient, weil auch dieser „im Wesentlichen frei seine Tätigkeit gestalten und seine Arbeitszeit bestimmen kann“ (§ 84 Abs 1 S 2 HGB), ohne dass das Stammhaus befugt ist, ihm insoweit Weisungen zu erteilen (EuGH Rs 139/80 – *Blanckaert & Willems*, Slg 1981, 819 Rn 12 f = NJW 1982, 507); anders kann es liegen, wenn der Handelsvertreter in die Absatzorganisation des Stammhauses eingegliedert ist (vgl OLG München RIW 1999, 872). Gleiches wie für Handelsvertreter gilt auch für selbstständige *Handelsmakler* (§§ 93 ff HGB, vgl LG Hamburg IPRspr 1974 Nr 154; Rauscher/Leible, Brüssel Ia-VO [5. Aufl 2021] Art 7 Rn 159). Selbständige Handelsvertreter oder Vertragshändler können daher etwaige Ausgleichsansprüche gegen ihren Hersteller bzw Lieferanten nicht gemäß Art 7 Nr 5 Brüssel Ia-VO an ihrem eigenen Sitz erheben (Dostal EuZW 2018, 983 [988]). Beschränken sie sich allerdings auf eine reine Vermittlungstätigkeit für das Stammhaus, indem sie Aufträge nur entgegennehmen und weiterleiten, so können sie als Agentur iSv Art 7 Nr 5 Brüssel Ia-VO anzusehen sein.

Weiterhin muss die Zweigniederlassung als **Mittelpunkt der geschäftlichen Tätigkeit** 320 des ausländischen Stammhauses im Inland hervortreten. Dies erfordert eine eigene Geschäftsführung, die personell und sachlich so ausgestattet ist, dass sie Verträge zwischen den inländischen Kunden und dem im Ausland ansässigen Stammhaus abschließen kann, so dass die Kundern sich nicht mehr unmittelbar an das Stammhaus zu wenden brauchen (EuGH Rs C-913/19 – *CNP*, NJW 2021, 1863 Rn 52; EuGH Rs C-804/19 – *Markt24*, EuGH NJW 2021, 1152 Rn 47; EuGH Rs C-311/19 – *Ryanair*, NJW-RR 2019, 684 Rn 33 mAnm Koechel IPRax 2020, 524; EuGH Rs 33/78 – *Somafer*, Slg 1978, 2183 Rn 12 = RIW 1979, 56; BGH RIW 2021, 456 Rn 18 mAnm Mandl IPRax 2023, 440; LG Koblenz IHR 2011, 145 [146]). Daran fehlt es bei einem **Handelsvertreter**, wenn diesem gestattet ist, *mehrere Unternehmen* zu vertreten, die bei der Herstellung oder beim Vertrieb identischer oder gleichartiger Erzeugnisse miteinander konkurrieren; dies gilt jedenfalls dann, wenn der Handelsvertreter an der Abwicklung und Ausführung der Geschäfte nicht beteiligt ist (EuGH Rs 139/80 – *Blanckaert & Willems*, Slg 1981, 819 Rn 12 f; vgl auch OLG München NJW-RR 1993, 701 = RIW 1994, 59 mAnm Geimer). Abweichend von § 21 ZPO erfordert der Niederlassungsbegriff der Brüssel Ia-VO allerdings weder eine Befugnis zum eigenständigen Vertragsschluss, noch Vertretungsmacht für das Stammhaus. Vielmehr kann auch die bloße Vermittlung von Vertragsofferten genügen, wenn die Niederlassung der Kontrolle durch das Stammhaus unterliegt und als dessen Außenstelle hervortritt (vgl zur typischen „Repräsentanz" ausländischer Brokerfirmen im Inland OLG Düsseldorf WM 1989, 50 [54]; Wach/Weberpals AG 1989, 193 [197]; zu weitgehend aber OLG Düsseldorf IPRax 1997, 115 m krit Anm Thorn 98; dazu auch Benicke WM 1997, 949). Dies ist insbesondere bei Unterhaltung eines eigenen Büros gegeben, das dem Verkehr mit Kunden dient (OLG Rostock OLGR 2009, 588; vgl auch zum Internetauftritt einer nach englischem Recht gegründeten Limited OLG Frankfurt OLGR 2007, 557).

Eine **reine Kontakt- oder Anlaufadresse**, unter der keine Geschäftstätigkeit von gewis- 321 ser Selbständigkeit und Dauerhaftigkeit entfaltet wird, begründet den Gerichtsstand nach Art 7 Nr 5 Brüssel Ia-VO hingegen nicht (LG Wuppertal NJW-RR 1994, 191; OLG Düsseldorf IPRax 1998, 210 [211] mAnm Zimmer; vgl zur Abgrenzung OLG Rostock NJW-RR 2006, 209; OLG Düsseldorf NJW-RR 2004, 1720); gleiches gilt für eine **unselbständige Betriebsstätte** (BGH NJW-RR 2021, 777 Rn 22). Demgegenüber sollte es im digitalen Zeitalter nicht ausgeschlossen sein, auch durch die Unterhaltung einer *aktiven* Website in einem Mitgliedstaat eine **„virtuelle" Niederlassung** iSv Art 7 Nr 5 Brüssel Ia-VO zu begründen, wenn der Anbieter mit dem Webauftritt dieselben Ziele verfolgt wie mit einer physischen Präsenz und die virtuelle Niederlassung einen hinreichenden Betriebsbezug zur konkreten Streitigkeit hat (Bach/Tippner EuZW 2020, 481 ff; **aA** Mandl IPRax 2023, 440 [450]; Magnus/Mankowski/Mankowski, Brussels Ibis [2. Aufl 2022] Art 7 Rn 427).

Maßgebend für das Vorliegen der genannten Kriterien ist nicht die interne Ausge- 322 staltung der Beziehungen zwischen Stammhaus und ausländischer Niederlassung, sondern der vom Stammhaus im Geschäftsverkehr hervorgerufene **Rechtsschein** (EuGH Rs 218/86 – *Schotte*, Slg 1987, 4905 Rn 16; BGH RIW 2021, 456 Rn 23; öst OGH 28. 5. 2019, unalex AT-1226; OLG Rostock NJW-RR 2006, 209; Rauscher/Leible, Brüssel Ia-VO [5. Aufl 2021] Art 7 Rn 157; ebenso zu § 21 ZPO bei Vorspiegeln einer Niederlassung OLG Frankfurt TranspR 2003, 143). Deshalb ist Art 7 Nr 5 Brüssel Ia-VO auch auf den Fall anwendbar, dass eine in einem Mitgliedstaat ansässige juristische Person ihre Tätigkeit in einem anderen Vertragsstaat mit Hilfe einer gleichnamigen selbstständigen Gesellschaft mit identischer Geschäftsführung entfaltet, die in ihrem Namen verhandelt und Geschäfte abschließt und deren sie sich wie einer Außenstelle bedient (EuGH Rs 218/86 – *Schotte*, Slg 1987, 4905 Rn 16; OLG Düsseldorf NJW-RR 2004, 1721; zust MünchKommZPO/Gottwald Art 7 Rn 82; vgl auch *Adams v Cape Industries Plc* [1990] Ch 433). Der Rechtsschein muss von dem verklagten Stammhaus, nicht von der Niederlassung allein hervorgerufen worden sein (OLG Koblenz RIW 2006, 311 [312]). Da es allein auf den hervorgerufenen Rechtsschein ankommt, hängt der Gerichtsstand des Art 7 Nr 5 Brüssel Ia-VO auch nicht davon ab, dass die inländische Zweigniederlassung im *Handelsregister* eingetragen ist (Geimer/Schütze/Geimer, EuZVR [4. Aufl 2020] Art 7 Rn 374; vgl auch OLG Düsseldorf NJW-RR 2004, 1720). Der von einem Einzelkaufmann in einem von seinem Wohnsitzstaat verschiedenen Mitgliedstaat unterhaltene Gewerbebetrieb ist jedoch keine Niederlassung iSv Art 7 Nr 5 Brüssel Ia-VO (OLG Naumburg IPRspr 2013 Nr 190).

323 Die bloße **konzernrechtliche Abhängigkeit** der als juristische Person organisierten inländischen Niederlassung vom ausländischen Stammhaus (zB aufgrund eines Beherrschungsvertrages) reicht hingegen für die Begründung des Gerichtsstands nach Art 7 Nr 5 Brüssel Ia-VO nicht aus. Die inländische Niederlassung muss vielmehr im Namen der ausländischen Muttergesellschaft oder eines anderen verbundenen Unternehmens gehandelt und dadurch dem Geschäftspartner gegenüber den Eindruck erweckt haben, diese andere Gesellschaft werde für die von ihr eingegangenen Verbindlichkeiten einstehen (vgl näher Kronke IPRax 1989, 81 [83]; krit Droz Rev crit 1988, 739; Bischoff Clunet 1988, 546). Daher ist am Sitz der inländischen **Tochtergesellschaft** eines ausländischen Unternehmens dann kein Gerichtsstand nach Art 7 Nr 5 Brüssel Ia-VO begründet, wenn die Tochter – wie im Regelfall – Geschäfte im eigenen Namen abschließt und in ihren täglichen Geschäften nicht der Aufsicht und Leitung durch die ausländische Mutter unterliegt (LG Düsseldorf RIW 2005, 629; MünchKommZPO/Gottwald Art 7 Rn 82; Kropholler/vHein, EuZPR [9. Aufl 20110] Art 5 Brüssel I-VO Rn 107 mwNw). Erst recht genügt es nicht, wenn eine selbstständige inländische Gesellschaft lediglich Geschäfte für eine ausländische Gesellschaft abwickelt, ohne dem Kunden gegenüber als Außenstelle dieser ausländischen Gesellschaft aufzutreten (Thorn IPRax 1997, 98 [100] gegen OLG Düsseldorf IPRax 1997, 115). Dies gilt auch, wenn beide Gesellschaften demselben Konzern angehören (frz Cass 4. 2. 2010, unalex FR-1105). Der Gerichtstand nach Art 7 Nr 5 Brüssel Ia-VO entfällt, wenn die Niederlassung im Zeitpunkt der Klageerhebung nicht mehr besteht (BGH IPRax 2008,128; OLG Frankfurt IPRax 2021, 82 mAnm Maultzsch 63).

b) Autonomes deutsches Verfahrensrecht

324 Der Niederlassungsbegriff in § 21 Abs 1 ZPO ist enger ist als derjenige in Art 7 Nr 5 Brüssel Ia-VO. Er umfasst nach der gängigen Definition jede von dem Inhaber an einem anderen Ort als dem seines (Wohn-)Sitzes für eine gewisse Dauer errichtete, auf seinen Namen und für seine Rechnung betriebene und grundsätzlich selbstständige, dh aus eigener Entscheidung zum Geschäftsabschluss und Handeln berechtigte Geschäftsstelle (BGH NJW 1987, 3081 [3082]; OLG Düsseldorf RIW 1996, 776; Zöller/Schultzky, ZPO [35. Aufl 2024] § 21 Rn 6). Wesentlich ist vor allem, dass der Gerichtsstand des § 21 am Ort der Niederlassung nur dann begründet ist, wenn diese eine solche **Selbständigkeit** besitzt, dass von ihr aus unmittelbar und eigenverantwortlich Geschäfte geschlossen werden (BGHZ 188, 85 Rn 20 = NJW 2011, 2056; OLG München RIW 1983, 127 [128]; Thomas/Putzo/Hüsstege, ZPO [46. Aufl 2025] § 21 Rn 3; Geimer, IZPR [9. Aufl 2011] Rn 1446). Der Niederlassung muss also ein Teil des Geschäftsbetriebes zur selbstständigen Erledigung übertragen sein (BGH NJW 1987, 3081 [3082]; OLG Frankfurt RIW 1988, 399; MünchKommZPO/Patzina [7. Aufl 2025] § 21 Rn 8). Diese Voraussetzung ist regelmäßig erfüllt bei der Filiale einer Geschäftsbank oder der Generalagentur einer Versicherungsgesellschaft; aber auch die bloße inländische „Repräsentanz" einer ausländischen Brokerfirma kann ausreichen (vgl BGH NJW 1987, 3081; OLG Düsseldorf NJW-RR 1989, 432; krit dazu de Lousanoff, in: GS Arens [1993] 261 mwNw). Hingegen wird am Gerichtsstand einer *Agentur*, der lediglich die Vermittlung von Geschäften, dh die Weiterleitung von Vertragsangeboten obliegt, ein Gerichtsstand iSv § 21 ZPO – anders als nach Art 7 Nr 5 Brüssel Ia-VO – nicht begründet (OLG Hamm MDR 2019, 694; BayObLG WM 1989, 394 [Vermittlungsvertreter einer Bausparkasse]; LG Konstanz NJW-RR 1992, 692 [Reisebüro]). Auch für § 21 ZPO kommt es insoweit nicht auf die internen Beziehungen der Niederlassung zum Stammhaus, sondern auf den nach außen erweckten Anschein an (BGH NJW 2011, 2056 Rn 20; OLG Köln NJW-RR 2015, 1533 Rn 4).

3. Betriebsbezogenheit der Klage

Der von Art 7 Nr 5 EuGVVO weiterhin geforderte hinreichende Bezug des Rechts- **325**
streits zum Betrieb der Niederlassung ist vor allem bei Rechtsstreitigkeiten gegeben, in denen es um vertragliche Ansprüche im Zusammenhang mit der Unterhaltung der Niederlassung selbst geht, wie etwa „die Rechte und Pflichten im Zusammenhang mit der Vermietung des Grundstücks, auf dem die Niederlassung errichtet ist, oder mit der am Ort vorgenommenen Einstellung des dort beschäftigten Personals" (EuGH Rs 33/78 – *Somafer*, Slg 1978, 2183 Rn 13 = RIW 1979, 56). Betriebsbezogen sind ferner „Rechtsstreitigkeiten, die sich auf Verbindlichkeiten beziehen, die der vorstehend beschriebene Mittelpunkt geschäftlicher Tätigkeit im Namen des Stammhauses eingegangen ist und die in dem Vertragsstaat zu erfüllen sind, in dem dieser Mittelpunkt besteht" (EuGH Rs C-913/19 – *CNP*, NJW 2021, 1863 Rn 52; EuGH C-804/19 – *Markt 24*, NJW 2021, 1152 Rn 48; EuGH Rs C-27/17 – *flyLAL*, NJW-RR 2019, 684 Rn 33; BGH RIW 2021, 456 Rn 25). Dies trifft etwa auf die Klage eines Handelsvertreters auf Auskunft, Provisionszahlung und Ausgleich am inländischen Vertriebsbüro des ausländischen Unternehmens zu (OLG München RIW 1999, 872). Daraus folgt aber nicht, dass der Erfüllungsort iSv Art 7 Nr 5 EuGVVO im Staat der Niederlassung liegen müsste, denn andernfalls käme dem internationalen Niederlassungsgerichtsstand nach Art 7 Nr 5 EuGVVO neben dem Gerichtsstand des Erfüllungsorts nach Art 7 Nr 1 EuGVVO praktisch keine eigenständige Bedeutung zu; er könnte dann allenfalls eine weitere *örtliche* Zuständigkeit begründen (EuGH Rs C-439/93 – *Lloyd's Register*, Slg 1995 I 974 Rn 17 = RIW 1995, 585; ebenso schon OLG Saarbrücken RIW 1980, 796).

Den hinreichenden Bezug zum Geschäftsbetrieb der Niederlassung haben danach **326**
nicht nur die dort zu erfüllenden, sondern auch die dort lediglich geschlossenen – und in einem anderen Staat zu erfüllenden – Verträge sowie Klagen aus Vertragsverletzungen, die am Ort der Niederlassung begangen wurden. Hingegen fehlt es an einer Streitigkeit „aus dem Betrieb" der Zweigniederlassung, wenn der Vertrag bereits vor der Errichtung dieser Niederlassung (OLG Celle OLGR 2002, 59; öst OGH 26. 2. 2002, unalex

AT-53) oder am Sitz des Stammhauses (LG Bremen VersR 2001, 782) geschlossen wurde. Im inländischen Niederlassungsgerichtsstand kann daher auch eine Klage auf Schadensersatz gegen ein ausländisches Unternehmen wegen **Missbrauchs einer marktbeherrschenden Stellung** nur erhoben werden, wenn die Niederlassung an dieser wettbewerbswidrigen Praxis in bedeutsamer Weise beteiligt war (EuGH Rs C-27/17 – *flyLAL*; ZIP 2019, 192 Rn 63 ff mAnm KRÜGER EWiR 2018, 637). Ferner ist ein Gericht eines Mitgliedstaats auch für die Entscheidung über **Ausgleichsleistungen nach der EG-Fluggastrechte-VO** Nr 261/2004 nicht schon deshalb nach Art 7 Nr 5 Brüssel Ia-VO international zuständig, weil die beklagte Fluggesellschaft im Gerichtsbezirk des angerufenen Gerichts über eine Zweigniederlassung verfügt, wenn diese in das Rechtsverhältnis zwischen der Fluggesellschaft und dem Fluggast nicht eingeschaltet war (EuGH Rs C-464/18 – *ZX/Ryanair*, EuZW 2019, 431 Rn 34 ff). Deshalb begründet auch die Buchung eines Flugtickets einer ausländischen Fluggesellschaft über deren deutschsprachige Internetseite, die technisch und inhaltlich vollständig im Ausland gepflegt und verwaltet wird, den Gerichtsstand nach Art 7 Nr 5 Brüssel Ia-VO nicht, denn es fehlt dann an dem erforderlichen Bezug des Vertragsschlusses zum Betrieb der deutschen Niederlassung (OLG Frankfurt EuZW 2020, 487 Rn 38 ff; zust BACH/TIPPNER EuZW 2020, 481 f). Schließlich reicht auch eine ganz **untergeordnete Beteiligung der Niederlassung** an der Vertragserfüllung – wie zB die Entgegennahme eines vorgerichtlichen Anspruchsschreibens des späteren Klägers und dessen Weiterleitung an eine Organisationseinheit des beklagten Unternehmens an einem anderen Ort – nicht aus (BGH BeckRS 2020, 17047 Rn 18 f; BayObLG NJW-RR 2023, 353 Rn 21).

327 Für das **autonome Recht** (§ 21 Abs 1 ZPO) gilt hinsichtlich der Betriebsbezogenheit der Klage nichts anderes (vgl näher BGH NJW 2011, 2056 Rn 21; LG Düsseldorf IPRspr 2014 Nr 186; WIECZOREK/SCHÜTZE/HAUSMANN, ZPO [3. Aufl 2010] § 21 Rn 18 mwNw). Ansprüche gegen ein drittstaatliches Luftfahrtunternehmen, das eine Niederlassung im Inland unterhält, können daher nur dann im Gerichtsstand des § 21 ZPO erhoben werden, wenn der gebuchte Flug einen hinreichenden Bezug zur Geschäftstätigkeit dieser Niederlassung hat (BGHZ 188, 85 Rn 21 ff = NJW 2009, 2801).

IX. Gerichtsstände des Sachzusammenhangs*

1. Allgemeines

328 Die Brüssel I-VO und das LugÜ 2007 haben dem Sachzusammenhang im Interesse der Vermeidung widersprüchlicher Entscheidungen der Gerichte verschiedener Mit-

* **Schrifttum: 1. Brüssel Ia-VO**: ARNOLD, Der internationale Gerichtsstand bei Drittwiderklagen im europäischen und internationalen Zivilverfahrensrecht, in: FS Schütze II (2014) 17; BERLING,Die Aufrechnung in internationaen Verfahren vor deutschen Gerichten (2015); FUCHS, Grenzüberschreitende Streitverkündung und Gewährleistungsklage am Beispiel des deutsch-portugiesischen Rechtsverkehrs, IPRax 2019, 568; HARMS, Der Gerichtsstand des Sachzusammenhangs (Art 6 Nr 1 EuGVVO) bei kartellrechtlichen Schadenersatzklagen, EuZW 2014, 129; KIRSCHSTEIN/DORNBUSCH, Gerichtsstand der Streitgenossenschaft, RIW 2015, 193; KOUTSOUKOU, Die Aufrechnung im europäischen Kollisions- und Verfahrensrecht (2018); LUND, Der Gerichtsstand der Streitgenossenschaft im europäischen Zivilprozessrecht (2014); MOHAMED, Die Aufrechnung bei anderweitiger internationaler Gerichtszuständigkeit durch Gerichtsstandsvereinbarung, ZZP Int 22 (2017) 255; OKONSKA, Die Widerklage im Zivilprozessrecht

glied-/Vertragsstaaten schon bisher in weitem Umfang kompetenzrechtliche Bedeutung zugemessen. Sie haben daher in ihrem jeweiligen Art 6 außer dem auch im deutschen Recht bekannten Gerichtsstand der Widerklage (Nr 3) sowie der Möglichkeit, bestimmte Vertragsklagen auch im dinglichen Gerichtsstand zu erheben (Nr 4), die Gerichtsstände der Streitgenossenschaft (Nr 1) und der Gewährleistungs- und Interventionsklage (Nr 2) in ihren Zuständigkeitskatalog aufgenommen. Daran hält

---

der Europäischen Union und ihrer Mitgliedstaaten (2015); SCHLOSSER, „Interventionsklagen" in Deutschland?, in: FS Coester-Waltjen (2015) 733; SCOTT, Jurisdiction over Co-defendants, in: FS Briggs (2021) 111; SIAPLAOURAS, Gerichtsstandsvereinbarungen und Streitgenossenschaft im Europäischen Zivilprozessrecht, GPR 2019, 13; STAMM, Die Frage nach der internationalen Zuständigkeit für die Widerklage und die Prozessaufrechnung, in: GS Koussoulis (2012) 559; WAGNER, Gerichtliche Zuständigkeitsbestimmung beiStreitgenoossenschaft mit EU-Auslandsbezug, IPRax 2021, 445; WILKE, Auf Umwegen zurück zum Wortlaut: Der EuGH zur Widerklage, GPR 2018, 283.

2. Brüssel I-VO/LugÜ 2007: ALTHAMMER, Die Anforderungen an die „Ankerklage" im forum connexitatis, Art 6 Nr 1 EuGVVO, IPRax 2006, 558; ders, Die Auslegung der Europäischen Streitgenossenzuständigkeit durch den EuGH – Quelle nationaler Fehlinterpretation?, IPRax 2008, 228; ders, Arglistiges Klägerverhalten im Europäischen Zuständigkeitsrecht (EuGVVO) – Bedarf für ein allgemeines Missbrauchsverbot?, in: GS Konuralp (2009) 103; BADELT, Aufrechnung und internationale Zuständigkeit unter besonderer Berücksichtigung des deutsch-spanischen Rechtsverkehrs (2005); BUSSE, Aufrechnung bei internationalen Prozessen vor deutschen Gerichten, MDR 2001, 729; COESTER-WALTJEN, Konnexität und Rechtsmissbrauch – zu Art 6 Nr 1 EuGVVO, in: FS Kropholler (2008) 747; DE LAMBERTI-AUTRAND, La connexité dans le règlement Bruxelles I du 22 décembre 2000 à la lumière de la jurisprudence de la cour de justice de Communautés Européennes, RHDI 2008, 413; GEIER, Die Streitgenossenschaft im internationalen Verhältnis (2005); GEIMER, Forum Condefensoris, in: FS Kropholler (2008) 777; GROTHE, Die Streitgenossenzuständigkeit gem Art 6 Nr 1 EuGVVO und das Schicksal der Wohnsitzklage, in: FS Kerameus (2009) 459; GRUBER, Ungeklärte Zuständigkeitsprobleme der Prozessaufrechnung, IPRax 2002, 285; HANDORN, Internationale Zuständigkeit kraft Sachzusammenhangs, IHR 2007, 25; KNÖFEL, Gerichtsstand der prozessübergreifenden Streitgenossenschaft gemäß Art 6 Nr 1 EuGVVO, IPRax 2006, 503; KÖCKERT, Die Beteiligung Dritter im internationalen Zivilverfahrensrecht (2011); LUND, Der Gerichtsstand der Streitgenossenschaft im europäischen Zivilprozessrecht (2014); ders, Verschwommene Konturen: Das Luxemburger Porträt der Konnexität des Art 6 Nr 1 EuGVVO, RIW 2012, 377; MARANGUI BUONAIUTI, Litispendenza e connessione internazionale – Strumenti di coordinamento tra giurisdizioni statali in materia civile (2008); MOCK, Internationale Streitgenossenzuständigkeit, IPRax 2010, 51; OBERHAMMER/SLONINA, Konnexität durch Kompensation?, IPRax 2008, 555; ROTH, Das Konnexitätserfordernis im Mehrpersonengerichtsstand des Art 6 Nr 1 EuGVO, in: FS Kropholler (2008) 885; RÜFNER, Das Verhältnis der Gewährleistungs- oder Interventionsklage (Art 6 Nr 2 EuGVVO/EuGVÜ) zum Hauptprozess, IPRax 2005, 500; RÜSSMANN, Die internationale Zuständigkeit für Widerklage und Prozessaufrechnung, in: FS Ishikawa (2001) 455; SCHURIG, Der Konnexitätsgerichtsstand und Art 6 Nr 2 EuGVO und die Verschleifung von örtlicher und internationaler Zuständigkeit im europäischen Zivilverfahrensrecht, in: FS Musielak (2004) 493; SLONINA, Aufrechnung nur bei internationaler Zuständigkeit oder Liquidität?, IPRax 2009, 399; M STÜRNER, Zur Reichweite des Gerichtsstands der Widerklage nach Art 6 Nr 3 EuGVVO, IPRax 2007, 21; R STÜRNER, Die erzwungene Intervention Dritter im europäischen Zivilprozess, in: FS Schütze (2002) 1307; THOLE, Missbrauchskontrolle im Europäischen Zivilverfahrensrecht – Zur Problematik der sog Zuständigkeitserschleichung, ZZP 122 (2009) 423; VOSSLER, Die Bedeutung des Mehr-

auch die Brüssel Ia-VO in ihrem Art 8 unverändert fest. Durch diese weite Anerkennung der Konnexität als Kompetenzgrund wird der durch Art 4 Abs 1 Brüssel Ia-VO garantierte Grundsatz *„actor sequitur forum rei"* erheblich stärker eingeschränkt als nach autonomem deutschen Prozessrecht (Geimer/Schütze/Geimer, EuZVR [4. Aufl 2020] Art 8 Rn 1). Die Aufzählung der Gerichtsstände des Sachzusammenhangs in Art 8 Brüssel Ia-VO ist *abschließend*; ein allgemeiner Gerichtsstand des Sachzusammenhangs kann insbesondere nicht aus Art 30 Brüssel Ia-VO hergeleitet werden (EuGH Rs 150/80 – *Elefantenschuh*, Slg 1981, 1671 Rn 19 = IPRax 1982, 234 mAnm Leipold 222; EuGH C-420/97 – *Leathertex*, NJW 2000, 721 Rn 38; BGH NJW 2015, 2429 Rn 14 mAnm Sendmeyer 2384;

---

parteiengerichtsstands nach Art 6 Nr 1 EuGVVO bei der Zuständigkeitsbestimmung gemäß § 36 Abs 1 Nr 3 ZPO, IPRax 2007, 281; Wendelstein, Die internationale Prozessaufrechnung mit einer italienischem Recht unterstehenden Gegenforderung, IPRax 2016, 572; Werner, Widerklage auf nationaler und internationaler Ebene (2002); Winter, Ineinandergreifen von EuGVVO und nationalem Zivilverfahrensrecht am Beispiel des Gerichtsstands des Sachzusammenhangs, Art 6 EuGVVO (2007).

3. EuGVÜ: Albicker, Der Gerichtsstand der Streitgenossenschaft (1996); Auer, Die internationale Zuständigkeit des Sachzusammenhangs im erweiterten EuGVÜ-System nach Art 6 EuGVÜ (1996); Banniza von Bazan, Der Gerichtsstand des Sachzusammenhangs im EuGVÜ, dem Lugano-Übereinkommen und im deutschen Recht (1995); Brandes, Der gemeinsame Gerichtsstand: Die Zuständigkeit im europäischen Mehrparteienprozess nach Art 6 Nr 1 EuGVÜ/LÜ (1998); Coester-Waltjen, Die Bedeutung des Art 6 Nr 2 EuGVÜ, IPRax 1992, 290; dies, Die Aufrechnung im internationalen Zivilprozessrecht, in: FS Lüke (1997) 35; Dageförde, Aufrechnung und internationale Zuständigkeit, RIW 1990, 873; Eickhoff, Inländische Gerichtsbarkeit und internationale Zuständigkeit für Aufrechnung und Widerklage unter besonderer Berücksichtigung des EuGVÜ (1985); Fawcett, Multi-Party litigation in private international law, ICLQ 1995, 744; Gebauer, Internationale Zuständigkeit und Prozessaufrechnung, IPRax 1998, 79; ders, Die Aufrechnung nach italienischem Recht vor deutschen Gerichten – prozessuale und materiellrechtliche Probleme, JbItalR 12 (1999) 31; Geimer, Fora Connexitatis – der Sachzusammenhang als Grundlage der internationalen Zuständigkeit, WM 1979, 350; ders, EuGVÜ und Aufrechnung, IPRax 1986, 208; Gottwald, Die Prozessaufrechnung im europäischen Zivilprozess, IPRax 1986, 208; ders, Europäische Gerichtspflichtigkeit kraft Sachzusammenhangs, IPRax 1989, 272; vHoffmann/Hau, Probleme der abredewidrigen Streitverkündung im Europäischen Zivilrechtsverkehr, RIW 1997, 89; Kannengiesser, Die Aufrechnung im internationalen Privat- und Verfahrensrecht (1998); Kraft, Grenzüberschreitende Streitverkündung und Third Party Notice (1997); Lüpfert, Konnexität im EuGVÜ (1997); Mansel, Streitverkündung und Interventionsklage im europäischen internationalen Zivilprozessrecht (EuGVÜ/Lugano-Übereinkommen), in: Hommelhoff/Jayme/Mangold (Hrsg), Europäischer Binnenmarkt: IPR und Rechtsangleichung (1995) 161; ders, Gerichtsstandsvereinbarung und Ausschluss der Streitverkündung durch Prozessvertrag, ZZP 109 (1996), 61; Meier, Grenzüberschreitende Drittbeteiligung (1994); Merlin, Riconvenzione e compensazione al vaglio della Corte di Giustizia (una nozione comunitaria di „eccezione"?), Riv dir proc 1999, 48; Otte, Umfassende Streitentscheidung durch Beachtung von Sachzusammenhängen (1998); Philip, Set-offs and Counterclaims under the Brussels Judgments Convention, IPRax 1997, 97; Rohner, Die örtliche und internationale Zuständigkeit kraft Sachzusammenhangs (1991); Roth, Gerichtsstand kraft Sachzusammenhangs in dem Vollstreckbarerklärungsverfahren des europäischen Zivilprozessrechts, RIW 1987, 814; ders, Aufrechnung und internationale Zuständigkeit nach deutschem und europäischem Zivilprozessrecht, RIW 1999, 819; Wagner, Die Aufrechnung im Europäischen Zivilprozessrecht, IPRax 1999, 65.

Magnus/Mankowski/Muir Watt u a, Brussels Ibis [2. Aufl 2022] Art 8 Rn 12). In Versicherungs- und Verbrauchersachen findet Art 8 Brüssel Ia-VO keine Anwendung (OLG Frankfurt ZIP 2013, 387); hingegen gilt Art 8 Nr 1 Brüssel Ia-VO in Arbeitssachen seit dem 15. 1. 2015 für Klagen des Arbeitnehmers gegen mehrere Arbeitgeber, Art 20 Abs 1 Brüssel Ia-VO (anders noch zu Art 6 Nr 1 Brüssel I-VO EuGH Rs C-462/06 – *Glaxosmithkline*, Slg 2008 I, 3965 Rn 19 ff = IPRax 2009, 418 mAnm Krebber 409; s auch Rn 258).

2. Streitgenossenschaft

a) Anwendungsbereich

Während das deutsche Recht im Falle der Streitgenossenschaft auf der Beklagtenseite nur die Möglichkeit eröffnet, ein gemeinsames Gericht nach § 36 Nr 3 ZPO bestimmen zu lassen, normiert Art 8 Nr 1 Brüssel Ia-VO einen allgemeinen Gerichtsstand der Streitgenossenschaft. Danach kann eine Person, die ihren Wohnsitz im Hoheitsgebiet eines Mitgliedstaats hat, im Falle bestehender Konnexität auch vor dem Gericht des Ortes verklagt werden, an dem ein anderer Beklagter seinen Wohnsitz hat. Voraussetzung ist damit in jedem Falle, dass der **Wohnsitz des Erstbeklagten** sich **in einem Mitgliedstaat** befindet. Keinesfalls kann eine Person, die ihren Wohnsitz im Hoheitsgebiet eines Mitgliedstaats hat, daher in einem anderen Mitgliedstaat nur deshalb verklagt werden, weil vor einem dortigen Gericht, eine – auf das nationale Zuständigkeitsrecht gestützte (Art 6 Abs 1 Brüssel Ia-VO) – Klage gegen einen Mitbeklagten mit Wohnsitz in einem Drittstaat anhängig ist; dies gilt auch dann, wenn der Rechtsstreit einen unteilbaren Charakter aufweist (EuGH Rs C-51/97 – *Réunion Européenne*, Slg 1998 I 6511 Rn 52 = EuZW 1999, 59). Denn auf diese Weise würde einem Beklagten mit Wohnsitz in einem Mitgliedstaat – entgegen Art 5 Abs 1 Brüssel Ia-VO – der durch die Verordnung gewährte Schutz entzogen (EuGH Rs C-51/97 – *Réunion Européenne*, Slg 1998 I 6511 Rn 46; zust Rauscher/Leible, Brüssel Ia-VO [5. Aufl 2021] Art 8 Rn 8; BayObLG NJW-RR 2020,1006; Thomas/Putzo/Nordmeier, ZPO [46. Aufl 2025] Art 8 Rn 1; Kropholler/vHein, EuZPR [.9.Aufl 2011] Art 6 Brüssel I-VORn 6). **329**

Umstritten ist hingegen, ob – umgekehrt – nach Art 8 Nr 1 Brüssel Ia-VO am Wohnsitz eines in einem Mitgliedstaat wohnhaften Streitgenossen auch gegen einen Mitbeklagten vorgegangen werden kann, der seinen **Wohnsitz in einem Drittstaat** hat. Nach dem Wortlaut der Vorschrift scheidet diese Möglichkeit aus. Da dies zu einer Privilegierung von Personen mit Wohnsitz in einem Drittstaat gegenüber solchen mit Wohnsitz in einem anderen Mitgliedstaat führen würde, wurde allerdings verbreitet eine analoge Anwendung der Vorschrift auf diesen Fall befürwortet (so OLG Stuttgart NJW 2013, 83; OLG Wien 31. 3. 2011, unalex AT-786; MünchKommZPO/Gottwald Art 8 Rn 7; Kropholler/vHein, EuZPR [9. Aufl 2011] Art 6 Brüssel I-VO Rn 7; Schack, IZVR [9. Aufl 2025] Rn 443). Der EuGH hat dem jedoch zu Recht widersprochen, weil Art 8 Nr 1 Brüssel Ia-VO nicht – wie die Art 24 und 25 Brüssel Ia-VO – in Art 6 Abs 1 Brüssel Ia-VO ausdrücklich vorbehalten ist und die besonderen Zuständigkeiten der Verordnung eng auszulegen sind (EuGH Rs C-645/11 – *Sapir*, NJW 2013, 1661 Rn 51 ff mAnm Dietze 506 und Lund IPRax 2014, 140; ebenso schon zuvor frz Cass 12. 11. 2009, unalex FR-2083 und 16. 3. 1999, unalex FR-180; OLG Hamburg IPRspr 1992 Nr 193; Grolimund Rn 415, 423; Vogenauer IPRax 2001, 253, 256 f; zust Thomas/Putzo/Nordmeier, ZPO [46. Aufl 2025] Art 8 Rn 1; Musielak/Voit/Stadler/Krüger, ZPO [22. Aufl 2025] Art 8 Rn 3; **aA** aber weiterhin Geimer/Schütze/Geimer, EuZVR [4. Aufl 2020] Art 8 Rn 17 ff). Der Verordnungsgeber hat daran auch in der Neufassung der Vorschrift nichts geändert (Rauscher/Leible, Brüssel Ia-VO [5. Aufl **330**

2021] Art 8 Rn 9), so dass Beklagte mit Wohnsitz in einem Drittstaat nur aufgrund einer Gerichtsstandsbestimmung nach § 36 Nr 3 ZPO im Inland mitverklagt werden können (BayObLG RIW 1997, 596; Nagel/Gottwald, IZPR [9. Aufl 2025] Rn 3.170). Art 8 Nr 1 Brüssel Ia-VO erfordert jedoch nicht, dass die Klagen gegen sämtliche Streitgenossen gleichzeitig erhoben werden; es genügt vielmehr, wenn die Klage gegen eine Partei im Laufe des Verfahrens **auf andere Beklagte erweitert** wird (BGH IPRax 2010, 533 mAnm Mock 510; OLG Köln EuLF 2009 II, 71 [72]; Schlosser/Hess/Schlosser, EuZPR [5. Aufl 2021] Art 8 Rn 3; **aA** App Versailles 12. 1. 2006, unalex FR-364).

331 Art 8 Nr 1 Brüssel Ia-VO regelt auch die **örtliche Zuständigkeit** (BayObLG 18. 3. 2004, unalex DE-733; Wagner IPRax 2021, 445 [448]; Nagel/Gottwald, IZPR [9. Aufl 2025] Rn 3.160). Haben zumindest zwei der Beklagten ihren Wohnsitz in verschiedenen Mitgliedstaaten, so können an jedem Beklagtenwohnsitz auch Personen mitverklagt werden, die ihren Wohnsitz ebenfalls im Gerichtsstaat haben (Geier 68 ff; Rauscher/Leible, Brüssel Ia-VO [5. Aufl 2021] Art 8 Rn 6; Geimer/Schütze/Paulus, IRV Art 8 Rn 6; **aA** Kropholler/vHein, EuZPR [9. Aufl 2011] Art 6 Brüssel I-VO Rn 2). Streitig ist hingegen, ob Art 8 Nr 1 Brüssel Ia-VO die örtliche Zuständigkeit am deutschen Wohnsitz eines der Beklagten auch dann begründet, wenn sämtliche Beklagten ihren Wohnsitz in Deutschland haben, sofern der Sachverhalt nur einen sonstigen Auslandsbezug aufweist (zB Klägerwohnsitz im Ausland; so KG IPRax 2002, 515 m zust Anm Brand/Scherber 500; Vossler IPRax 2007, 281 [283 f]; Schlosser/Hess/Schlosser, EuZPR [5. Aufl 2021] Art 8 Rn 2; Zöller/Geimer, ZPO [35. Aufl 2024] Art 8 Rn 2). Da sich die internationale Zuständigkeit der deutschen Gerichte in diesem Fall bereits aus Art 4 Abs 1 Brüssel Ia-VO ergibt, würde Art 8 Nr 1 Brüssel Ia-VO dem Kläger für die Klage gegen sämtliche Beklagte ein Wahlrecht zwischen den örtlichen Gerichtsständen am Wohnsitz der verschiedenen Beklagten einräumen. Dies ist aber nicht die Funktion der Vorschrift; diese setzt vielmehr nach ihrer systematischen Stellung voraus, dass zumindest ein Beklagter in einem von seinem Wohnsitzstaat verschiedenen Mitgliedstaat verklagt wird (vgl Art 5 Abs 1 Brüssel Ia-VO). Maßgebend ist in diesem Fall daher das innerstaatliche Recht, in Deutschland also § 36 Nr 3 ZPO (Rauscher/Leible, Brüssel Ia-VO [5. Aufl 2021] Art 8 Rn 6 aE; Kropholler/vHein, EuZPR [9.Aufl 2011] Art 6 Brüssel I-VO Rn 2; MünchKomm-ZPO/Gottwald Art 8 Rn 8; ebenso zum EuGVÜ BayObLG RIW 1997, 596 [597]; zur Brüssel I-VO BGH NJW-RR 2019, 238; BGH NJW-RR 2013, 1399 Rn 15; BayObLG NJOZ 2005, 4360; Brandes 100 f).

332 Art 8 Nr 1 Brüssel Ia-VO regelt nur die Streitgenossenschaft **auf der Beklagtenseite**. Für ihre Zulässigkeit auf der Klägerseite gilt weiterhin das nationale Verfahrensrecht der Mitgliedstaaten, in Deutschland also die §§ 59, 60, 147 ZPO, auch wenn die internationale Zuständigkeit aus der Verordnung folgt (Zöller/Geimer, ZPO [35. Aufl 2024] Art 8 Rn 2).

b) Normzweck

333 Durch den Gerichtsstand der Streitgenossenschaft soll eine geordnete Rechtspflege gefördert werden; insbesondere sollen Parallelverfahren und die daraus folgende Gefahr widersprechender Entscheidungen in verschiedenen Mitgliedstaaten soweit als möglich vermieden werden (EuGH Rs C:635/23 – *Beverage City & Lifestyle*, GRUR 2023, 1559 Rn 34; EuGH Rs C-352/13 – *CDC Hydrogen Peroxide*, EuZW 2015, 584 Rn 19 mAnm Roth IPRax 2016, 318; EuGH Rs C-145/10 – *Painer*, Slg 2011 I 12594 Rn 73 = EuZW 2012, 182; EuGH Rs C-616/10 – *Solvay*, GRUR 2012, 1169 Rn 19 mAnm Schacht 1110; BGH NJW-RR 2010, 644 mAnm

Mock IPRax 2010, 510). Dabei können Entscheidungen allerdings nicht schon deswegen als einander widersprechend betrachtet werden, weil es zu einer abweichenden Entscheidung der Rechtsstreitigkeiten kommt, sondern nur dann, wenn diese Abweichung außerdem **bei derselben Sach- und Rechtslage** auftritt (EuGH Rs C-24/16 u C-25/16 – *Nintendo*, GRUR 2017, 1120 mAnm Kur = IPRax 2019, 233 mAnm Schulte 202; EuGH Rs C-352/13 – *CDC Hydrogen Peroxide*, GRUR Int 2015, 1176 Rn 20 mwNw). Auf der anderen Seite gibt die Vorschrift dem Kläger kein Recht, eine Klage gegen mehrere Beklagte allein zu dem Zweck zu erheben, einen dieser Beklagten der Zuständigkeit der Gerichte seines Wohnsitzstaates zu entziehen (EuGH Rs C-145/10 – *Painer*, Slg 2011 I 12594 Rn 78; Kropholler/vHein, EuZPR [9. Aufl 2011] Art 6 Brüssel I-VORn 8). Art 8 Nr 1 ist daher als Ausnahmevorschrift zu Art 4 Abs 1 Brüssel Ia-VO *eng* und nicht über die ausdrücklich geregelten Fälle hinaus auszulegen (EuGH Rs C-393/23 – *Athenian Brewery SA*, NJW 2025, 1253 Rn 21; EuGH Rs C-645/11 – *Sapir*, NJW 2013, 1661 Rn 41; EuGH Rs C-616/10 – *Solvay*, EuZW 2012, 837 Rn 21; EuGH Rs C-145/10 – *Painer*, Slg 2011 I 12594 Rn 74; BGH NJW 2015, 2429 Rn 16; Zöller/Geimer, ZPO [35. Aufl 2024] Art 8 Rn 9; unalexKomm/Corneloup/Althammer Brüssel I-VO Art 6 Rn 12).

c) Konnexität

334 Aus diesem Grunde muss nach Art 8 Nr 1 Brüssel Ia-VO zwischen den Klageansprüchen „eine so enge Beziehung gegeben (sein), dass eine gemeinsame Verhandlung und Entscheidung geboten erscheint, um zu vermeiden, dass in getrennten Verfahren widersprechende Entscheidungen ergehen könnten". Diese Einschränkung entspricht der Auslegung des EuGH zur Vorläufernorm in Art 6 Nr 1 EuGVÜ, die in ihrem Wortlaut ein solches Konnexitätserfordernis noch nicht enthalten hatte (vgl EuGH Rs 189/87 – *Kalfelis*, Slg 1988, 5565 Rn 13 = NJW 1988, 3088 mAnm Geimer = IPRax 1989, 288 mAnm Gottwald 272; EuGH Rs C-539/03 – *Roche Nederland*, Slg 2006 I 8319 Rn 26; EuGH Rs C-98/06 – *Freeport*, Slg 2007 I 8319 Rn 39 f = IPRax 2008, 253 mAnm Althammer 228; BGH IPRax 2010, 533 mAnm Mock 510; OLG Düsseldorf RIW 2004, 230; OLG Karlsruhe BeckRS 2017, 130011 Rn 20 ff [zu Art 6 LugÜ 2007]). Der erforderliche Sachzusammenhang ist im Wege **autonomer** Auslegung des Art 8 Nr 1 Brüssel Ia-VO zu konkretisieren (EuGH Rs 189/87 – *Kalfelis*, Slg 1988, 5565 Rn 10 ff; Althammer IPRax 2006, 558 [560 f]; Rauscher/Leible, Brüssel Ia-VO [5. Aufl 2021] Art 8 Rn 10; Geimer/Schütze/Geimer, EuZVR [4. Aufl 2020] Art 8 Rn 35; **aA** *[lex causae]* noch öst OGH ZfRvgl 2002, 23 und ecolex 2008, 404; App Paris RIW 1989, 569 mAnm Sterzing); daher kann nur mit Zurückhaltung auf die in den nationalen Prozessrechten entwickelten Kriterien – zB auf die Voraussetzungen der notwendigen Streitgenossenschaft in § 60 ZPO – zurückgegriffen werden (Kropholler/vHein, EuZPR [9. Aufl 2011] Art 6 Brüssel I-VO Rn 10).

335 Der Begriff des Sachzusammenhangs ist wie in Art 30 Abs 3 Brüssel Ia-VO auszulegen (BGH NJW 2016, 2266). Er liegt daher etwa vor, wenn die Entscheidung über den einen Klageanspruch von der Entscheidung über den anderen Klageanspruch abhängt oder wenn beide Ansprüche von der Beantwortung einer gemeinsamen Vorfrage abhängen (öst OGH 11. 3. 2010, unalex AT-663; Schack, IZVR [9. Aufl 2025] Rn 441). Gegen **Gesamtschuldner** gerichtete Klagen sind daher idR konnex iSv Art 8 Nr 1 Brüssel Ia-VO (BGHZ 210/5, 292 = NJW 2016, 2266 Rn 17; OLG Stuttgart NJW 2013, 83; OLG Köln EuLF 2009 II, 71 [72]; öst OGH 27. 8. 2013, unalex AT-910; öst OGH 23. 9. 2004, unalex AT-63; OLG Wien 31. 3. 2011, unalex AT-786). Gleiches gilt für Klagen der in Anspruch genommenen Gesamtschuldner auf Ausgleich (OLG Hamm IPRax 2018, 501), für Klagen gegen Mutter- und Tochtergesellschaft wegen im Wesentlichen inhaltsgleicher Ver-

träge mit einem Handelsvertreter (frz Cass 28. 9. 2011, unalex FR-1394) oder für Klagen gegen Hauptschuldner und Bürgen (OLG Karlsruhe BeckRS 2017, 130011 Rn 32 ff). Die **Beweislast** für die Konnexität trägt der Kläger (BAG NJW 2008, 2797; öst OGH ZfRvgl 2003, 148). Die Entscheidung hierüber obliegt den nationalen Gerichten (EuGH Rs C-98/06 – *Freeport*, Slg 2007 I 8319 Rn 41; EuGH Rs C-145/10 – *Painer*, Slg 2011 I 12594 Rn 83 = EuZW 2012, 182).

336 Eine Konnexität hatte der EuGH zwar für den Gerichtsstand nach Art 5 Nr 3 Brüssel I-VO verneint, wenn sich die Klagebegehren gegen einen Beklagten auf eine deliktische, gegen den anderen Beklagten auf eine vertragliche Grundlage stützten (EuGH Rs C-51/97 – *Réunion Européenne*, Slg 1998 I 6511 Rn 50; zu Recht krit dazu Gaudemet-Tallon Rev crit 1999, 339 f; Leclerc Clunet 1999, 635). Diese Bewertung war in der Rechtsprechung der Mitgliedstaaten anschließend auch auf Art 6 Nr 1 Brüssel I-VO übertragen worden (frz Cass civ Rev crit 2003, 126 mAnm Gaudemet-Tallon; schwz BG 9. 6. 2004, unalex CH 276; öst OGH 29. 6. 2004, unalex AT-65; LG Trier 22. 6. 2005, unalex DE-424; ebenso für die Konkurrenz von Ansprüchen aus Delikt und ungerechtfertigter Bereicherung BGH NJW-RR 2002, 1149 [zum LugÜ 1988]; krit Kropholler/vHein, EuZPR [9. Aufl 2011] Art 6 Brüssel I-VO Rn 9). Inzwischen hat der EuGH freilich klargestellt, dass weitere Beklagte im Gerichtsstand des Art 8 Nr 1 Brüssel Ia-VO mitverklagt werden können, ohne dass die erhobenen Klagen auf den gleichen – vertraglichen oder außervertraglichen – Rechtsgrundlagen des nationalen Rechts beruhen müssen, sofern zwischen ihnen ein enger Zusammenhang besteht (EuGH C-832/21 – *Beverage City & Lifestyle*, GRUR 2023, 1559 Rn 29; EuGH Rs C-98/06 – *Freeport*, Slg 2007 I 8319 Rn 38 ff, 40 = IPRax 2008, 253 mAnm Althammer 228; zust öst OGH 16. 12. 2019, unalex AT-1248; BGH IPRax 2010, 533 m krit Anm Mock 510; Geimer/Schütze/Geimer, EuZVR [4. Aufl 2020] Art 8 Rn 39; **aA** Magnus/Mankowski/Muir Watt, Brussels Ibis [2. Aufl 2022] Art 8 Rn 26). Voraussetzung ist nur, dass die Abweichung **bei derselben Sach- und Rechtslage** auftreten muss (EuGH Rs C-539/03 – *Roche Nederland*, Slg 2006 I 6535 Rn 26; EuGH Rs C-98/06 – *Freeport*, Slg 2007 I 8319 Rn 40; EuGH Rs C-145/10 – *Painer*, Slg 2011 I 12594 Rn 79 = EuZW 2012, 182; EuGH Rs C-352/13 – *CDC Hydrogen Peroxide*, GRUR Int 2015, 1176 = EuZW 2015, 584 Rn 20 mAnm Harms/Sanner/Schmidt und Anm Roth IPRax 2016, 318; BGH IPRax 2010, 533 m krit Anm Mock 510; schwz BG 3. 3. 2014, unalex CH-534). Nicht ausreichend ist die Identität der Rechtsfrage, wenn die den Klagen zugrundeliegenden Lebenssachverhalte verschieden sind (vgl OLG Frankfurt IPRspr 2009 Nr 168; Zöller/Geimer, ZPO [35. Aufl 2024] Art 8 Rn 16; **aA** Rauscher/Leible, Brüssel Ia-VO [5. Aufl 2021] Art 8 Rn 10a). Dies trifft etwa auf Klagen eines Rechtsanwalts gegen unterschiedliche Mandanten zu, auch wenn diese mit der Mandatierung des Anwalts ähnliche Interessen verfolgt haben (BGH BeckRS 2013, 3524 Rn 4). Bei der Beurteilung, ob zwischen verschiedenen Klagen ein Zusammenhang iSv Art 8 Nr 1 Brüssel Ia-VO gegeben ist, bildet der Umstand, dass die Klagen auf derselben Rechtsgrundlage beruhen, also nur „einen von mehreren erheblichen Faktoren"; dieser kann daher auch fehlen, wenn für die Beklagten nur vorhersehbar war, dass sie in dem Mitgliedstaat, in dem mindestens einer von ihnen seinen Wohnsitz hat, gemeinsam verklagt werden könnten (EuGH Rs C-98/06 – *Freeport*, Slg 2007 I 8319 Rn 41; EuGH Rs C-145/10 – *Painer*, Slg 2011 I 12594 Rn 80 f; EuGH Rs C-645/11 – *Sapir*, NJW 2013, 1661 Rn 44; EuGH Rs C-352/13 – *CDC Hydrogen Peroxide*, GRUR Int 2015, 1176 Rn 23; BGH NJW-RR 2010, 644; öst OGH 11. 3. 2010, unalex AT-663; frz Cass 26. 9. 2012, unalex FR-1391; Hau/Eichel GPR 2012, 899; Rauscher/Leible, Brüssel Ia-VO [5. Aufl 2021] Art 8 Rn 12; unalexKomm/Corneloup/Althammer Brüssel I-VO Art 6 Brüssel I-VO Rn 31).

Konnexität ist daher auch nicht schon dadurch ausgeschlossen, dass sich die Ansprüche gegen die verschiedenen Beklagten **nach unterschiedlichen Rechten** richten (EuGH Rs C-145/10 – *Painer*, Slg 2011 I 12594 Rn 82; OLG Köln EuLF 2009 II, 71 [72]). Auch steht es der Annahme einer internationalen Zuständigkeit nach Art 8 Nr 1 Brüssel Ia-VO nicht entgegen, dass ein Gericht zuvor die internationale Zuständigkeit gemäß Art 7 Nr 1 oder Nr 2 Brüssel Ia-VO rechtskräftig verneint hat (vgl zu Art 7 Nr 2 Brüssel Ia-VO BGH RdTW 2019, 415 Rn 9 = RIW 2019, 309). Die Gefahr widersprechender Entscheidungen iSv Art 8 Nr 1 Brüssel Ia-VO besteht jedoch nicht schon deshalb, weil sich die Begründetheit einer der Klagen auf den Umfang des Interesses auswirken könnte, zu dessen Wahrung die andere Klage eingereicht worden ist (EuGH Rs C-366/13 – *Profit Investment*, EuZW 2016, 419 Rn 66 f mAnm Müller). 337

d) Missbrauchskontrolle

Zwar dient bereits das Erfordernis der Konnexität dem Ziel, eine missbräuchliche Ausnutzung des Gerichtsstands nach Art 8 Nr 1 Brüssel Ia-VO zu Lasten eines Beklagten zu verhindern (Rauscher/Leible, Brüssel Ia-VO [5. Aufl 2021] Art 8 Rn 16; Geimer/Schütze/Geimer, EuZVR [4. Aufl 2020] Art 8 Rn 44 ff). Nach Ansicht des EuGH kann die besondere Zuständigkeitsregel in Art 8 Nr 1 Brüssel Ia-VO jedoch nicht so ausgelegt werden, dass sie dem Kläger die Möglichkeit eröffnet, eine Klage gegen mehrere Beklagte allein zu dem Zweck zu erheben, einen dieser Beklagten der Zuständigkeit der Gerichte seines Wohnsitzstaates zu entziehen (EuGH C-832/21 – *Beverage City & Lifestyle*, GRUR 2023, 1559 Rn 43; EuGH Rs C-616/10 – *Solvay*, GRUR 2012, 1169 Rn 22 mAnm Schacht 1110; EuGH Rs C-103/05 – *Reisch Montage*, Slg 2006 I 6827 Rn 32 = ZZP Int 11 [2006] 176 mAnm Würdinger = IPRax 2006, 598 mAnm Althammer 558; EuGH Rs C-51/97 – *Réunion européenne*, Slg 1998 I 6511 Rn 47; EuGH Rs 189/87 – *Kalfelis*, Slg 1988, 6511 Rn 47; ähnlich schon öst OGH EuLF 2005 II, 108; zust Kropholler/vHein, EuZPR [10. Aufl 2020] Art 8 Rn 15; Schlosser/Hess/Schlosser, EuZPR [5. Aufl 2021] Art 8 Rn 3; **krit** Geimer/Schütze/Geimer, EuZVR [4. Aufl 2020] Art 8 Rn 49). Die englische Rechtsprechung verlangt daher zu Recht, dass zwischen dem Kläger und dem – im Staat des angerufenen Gerichts ansässigen – „Ankerbeklagten" ein ernsthafter Streit bestehen muss (Court of Appeal 17. 3. 1999 – *Zair v Eastern Health and Social Services Board*, unalex UK-195; High Court [QB] 27. 10. 2009 – *Cooper Tire & Rubber Co v Shell Chemicals UK Ltd*, unalex UK-398). 338

Ein solcher Missbrauch liegt insbesondere nahe, wenn die Klage gegen diesen „Ankerbeklagten" schon im Zeitpunkt ihrer Erhebung – zB wegen Insolvenzeröffnung über dessen Vermögen (dazu unalexKomm/Corneloup/Althammer Art 6 Brüssel I-VO Rn 37 mwNw) – unzulässig oder unschlüssig ist oder nachträglich zurückgenommen oder durch Vergleich beendet wird (vgl EuGH Rs C-103/05 – *Reisch Montage*, Slg 2006 I 6827 Rn 30; BAG NJW 2008, 2797; High Court 22. 2. 1995 – *Qingdao Ocean Shipping Co v Grace Shipping Establishment Transatlantic*, unalex UK-114; Stein/Jonas/Wagner, ZPO [23. Aufl 2014] Art Brüssel Ia-VO Rn 38). Diese Umstände reichen allerdings jedenfalls dann für die Annahme eines Missbrauchs nicht aus, wenn dem Kläger eine Missbrauchsabsicht nicht nachgewiesen werden kann, wenn also keine beweiskräftigen Indizien dafür vorliegen, dass der Kläger die Voraussetzungen für die Anwendung von Art 8 Nr 1 Brüssel IaVO durch kollusives Zusammenwirken mit einem anderen Beklagten künstlich herbeigeführt oder aufrechterhalten hat (EuGH Rs C-352/13 – *CDC Hydrogen Peroxide*, EuZW 2015, 584 Rn 29 ff mAnm Roth IPRax 2016, 318). Der Gerichtsstand gegen Beklagte mit Wohnsitz in anderen Mitgliedstaaten bleibt also auch in diesen Fällen erhalten, obwohl eine Gefahr, dass sich widersprechende Urteile verschiedener Mitgliedstaaten ergehen 339 könnten, nicht mehr besteht (EuGH Rs C-98/06 – *Freeport*, Slg 2007 I 8319 Rn 51 ff = NJW 2007, 3702 mAnm Sujecki = IPRax 2008, 253 mAnm Althammer 228; OG Zürich 21. 12. 2016, unalex CH-630; OLG München SchiedsVZ 2015, 40 [42]; frz Cass 8. 1. 2002, unalex FR-22; Court of Session 5. 3. 2013 – *Stewart & Ors v Trafalgar House Steamship Company Ltd & Ors*, unalex UK-520; öst OGH 11. 8. 2006, unalex AT-264; LG Feldkirch 8. 6. 2004, unalex AT-59; **krit** dazu Mäsch IPRax 2006, 509 [514]; Rauscher/Leible, Brüssel Ia-VO [5. Aufl 2021] Art 8 Rn 24; Stein/Jonas/Wagner, ZPO [23. Aufl 2014] Art 8 Rn 43). Aus der zu Recht als „inkonsistent" (Althammer IPRax 2008, 231; Rauscher/Leible, Brüssel Ia-VO [5. Aufl 2021] Art 8 Rn 17; Geimer/Schütze/Geimer, EuZVR [4. Aufl 2020] Art 8 Rn 47) bewerteten EuGH-Rechtsprechung in dieser Frage wird man schließen müssen, dass eine gesonderte Missbrauchskontrolle im Rahmen des Art 8 Nr 1 Brüssel Ia-VO idR nicht stattfindet, sondern Anhaltspunkte für einen Missbrauch bereits in die Prüfung der Konnexität einfließen und den erforderlichen Zusammenhang ausschließen können (BGHZ 210/5, 292 Rn 19 f = NJW 2016, 2266; Zöller/Geimer, ZPO [35. Aufl 2024] Art 8 Rn 6; Kropholler/vHein, EuZPR [9. Aufl 2011] Art 6 Rn 15).

e) Beklagtenwohnsitz

340 Als Gerichtsstand der Streitgenossenschaft kommt allein der allgemeine **Wohnsitzgerichtsstand** eines Beklagten nach Art 4 Abs 1 Brüssel Ia-VO iVm Art 62, 63 Brüssel Ia-VO nF in Betracht (ital Cass 21. 3. 2006, unalex IT-197; Aud Prov Barcelona 3. 3. 2006, unalex ES- 415). Eine allein mit der Konnexität begründete erweiternde Auslegung oder analoge Anwendung dahingehend, dass es für die Annexzuständigkeit genügt, dass ein Mitbeklagter oder Streitgenosse auf Grund einer anderen Gerichtsstandsregelung einen Gerichtsstand am Wohnsitzgericht des Klägers hat, kommt nicht in Betracht. Daher reicht der gegen einen der Beklagten in einem Mitgliedstaat begründete ausschließliche (Art 24 Brüssel Ia-VO; vgl zu Nr 1 öst OGH 21. 4. 2005, unalex AT-105) oder besondere Gerichtsstand (Art 7, 8 Nr 2–4 Brüssel Ia-VO) nicht aus, um mit Hilfe von Art 8 Nr 1 Brüssel Ia-VO die Zuständigkeit dieses Gerichts auch gegen andere Beklagte zu begründen (unalexKomm/Corneloup/Althammer Brüssel I-VO Art 6 Rn 36; Kropholler/vHein, EuZPR [9. Aufl 2020] Art 6 Brüssel I-VO Rn 12). Gleiches gilt für die Zuständigkeiten des 3.–5. Abschnitts (vgl zur Direktklage in Versicherungssachen BGH NJW 2015, 2429 Rn 14 mAnm Sendmeyer 2384). Die Zuständigkeit für die Klage gegen den sog Ankerbeklagten kann sich also stets nur auf dessen Wohnsitz stützen. Da Art 8 Nr 1 Brüssel Ia-VO mit der internationalen zugleich die örtliche Zuständigkeit am Wohnsitz eines Beklagten begründet, ist es erforderlich, dass einer der Beklagten auch im Bezirk des angerufenen Gerichts – und nicht irgendwo anders in diesem Mitgliedstaat – wohnt (OLG Brandenburg NJW-RR 2016, 1038 Rn 18; High Court [QB] 11. 2. 2003 – *Douglas King v Crown Energy Trading AG*, unalex UK-59; LG Düsseldorf GRUR Int 1999, 775).

341 Der von Art 8 Nr 1 Brüssel Ia-VO geforderte Bezug zum Wohnsitz eines Beklagten kann auch nicht durch die **Vereinbarung eines Gerichtsstands** mit nur einem der Beklagten nach Art 25 Brüssel Ia-VO oder durch rügelose Einlassung nach Art 26 Brüssel Ia-VO ersetzt werden (frz Cass 4. 11. 2015, unalex FR-2456; Aud Prov Madrid 12. 9. 2011, unalex ES- 547; Geimer/Schütze/Paulus, IRV Art 8 Rn 23; unalexKomm/Corneloup/Althammer Art 6 Brüssel I-VO Rn 21 mwNw). Hingegen kann der Gerichtsstand der Streitgenossenschaft durch eine wirksame Gerichtsstandvereinbarung nach Art 25 Brüssel Ia-VO abbedungen werden (vgl BGH NJW 1988, 646; frz Cass 9. 2. 2011, unalex FR-2182 und 20. 6. 2006, unalex FR-324; Aud Prov Madrid 22. 3. 2004, unalex ES- 47; Aud Prov Barcelona 20. 12. 1999, unalex ES- 352; Kropholler/vHein, EuZPR [9. Aufl 2011] Art 6 Brüssel I-VO Rn 17). Dies

gilt freilich nur in den allgemeinen Grenzen, die Art 25 Brüssel Ia-VO der Zulässigkeit von Gerichtsstandsvereinbarungen zieht.

3. Gewährleistungs- und Interventionsklage

Nach dem Vorbild der romanischen Rechtsordnungen eröffnet Art 8 Nr 2 Brüssel Ia-VO eine besondere Zuständigkeit am Ort des Hauptprozesses für Gewährleistungs- und Interventionsklagen. Danach kann ein Kläger, der im Fall des Unterliegens im Hauptprozess gegen einen Dritten Anspruch auf Gewährleistung, Schadloshaltung oder Freistellung hat, diesen Dritten in den Rechtsstreit hineinziehen, auch wenn das Gericht des Hauptprozesses für den Rechtsstreit gegen den Dritten nach den allgemeinen Regeln (Art 4 ff Brüssel Ia-VO) nicht zuständig wäre (vgl zu den Voraussetzungen des Art 8 Nr 2 Brüssel Ia-VO, insbesondere dem erforderlichen Zusammenhang zwischen Haupt- und Gewährleistungsklage, näher EuGH Rs C-77/04 – *GIE Réunion Européenne*, Slg 2005 I 4509 Rn 34 = IPRax 2005, 535 mAnm Rüfner 500; EuGH Rs C-365/88 – *Kongressagentur Hagen*, Slg 1990 I 1845 Rn 18 ff = IPRax 1992, 310 mAnm Coester-Waltjen 290; Rauscher/Leible, Brüssel Ia-VO [5. Aufl 2021] Art 8 Rn 27 ff; Kropholler/vHein, EuZPR [9. Aufl 2011] Art 6 Brüssel I-VO Rn 26 ff). Art 8 Nr 2 Brüssel Ia-VO umfasst auch eine Klage, die **ein Dritter** in nach nationalem Recht zulässiger Weise gegen den Beklagten des Hauptprozesses erhoben hat und mit der ein mit dem Hauptprozess eng zusammenhängender Anspruch geltend gemacht wird, der auf die Erstattung von Entschädigungsleistungen gerichtet ist, die der Dritte an den Kläger dieses Hauptprozesses gezahlt hat (EuGH Rs C-521/14 – *SOVAG*, BeckRS 2016, 80155 Rn 37 ff = DAR 2016, 79 mAnm Staudinger; ebenso OLG Innsbruck 10. 3. 2016, unalex AT-1072; High Court [QB] 3. 11. 2016, unalex UK-1492). Auch die Gerichtspflichtigkeit vor den Gerichten anderer Mitgliedstaaten nach Art 8 Nr 2 Brüssel Ia-VO kann allerdings durch Gerichtsstandsvereinbarung ausgeschlossen werden (Kropholler/vHein, EuZPR [9. Aufl 2011] Art 6 Brüssel I-VO Rn 34). 342

Aufgrund des von der Bundesrepublik Deutschland erklärten **Vorbehalts nach Art 65 Brüssel Ia-VO** kann die in Art 8 Nr 2 Brüssel Ia-VO vorgesehene internationale Zuständigkeit vor deutschen Gerichten allerdings nicht in Anspruch genommen werden. Gleiches gilt aufgrund entsprechender Vorbehalte in Estland, Lettland, Litauen, Malta, Österreich, Polen, Slowenien, Ungarn und Zyperrn, seit Geltung der nuen ZPO von 2008 hingegen (für das LugÜ 2007) nicht mehr in der Schweiz (Nagel/Gottwald, IZPR [9. Aufl 2025] Rn 3.172). Wird der Hauptprozess daher vor einem deutschen Gericht geführt, so können Drittbeteiligte nur nach den Vorschriften über die **Streitverkündung** (§§ 72–74 ZPO) und die Nebenintervention (§ 68 ZPO) einbezogen werden (**krit** zu dieser Einschränkung des Rechtsschutzes vor deutschen Gerichten im Hinblick auf Art 18 AEUV Geimer MDR 2016, 928; Zöller/Geimer, ZPO [35. Aufl 2024] Art 8 Rn 21). Allerdings müssen die in einem ausländischen Gerichtsstand der Gewährleistungs- und Interventionsklage ergangenen Urteile gemäß Art 65 Abs 2 S 1 Brüssel Ia-VO auch in Deutschland anerkannt und vollstreckt werden (vgl OLG Hamburg IPRax 1995, 391; Geimer IPRax 1998, 175; ebenso in Österreich OGH JBl 1997, 368 mAnm Klicka 611; öst OGH TranspR 2004, 251). Umgekehrt tritt die Nebeninterventionswirkung nach § 74 ZPO gem Art 65 Abs 2 S 2 Brüssel Ia-VO auch gegenüber einem Streitverkündeten mit Wohnsitz in einem anderen Mitgliedstaat der Verordnung ein (zu Einzelheiten Kropholler/vHein, EuZPR [9. Aufl 2011] Art 6 Brüssel I-VO Rn 19 ff). 343

4. Widerklage

a) Normzweck

344 Der Sondergerichtsstand für die Widerklage in Art 8 Nr 3 Brüssel Ia-VO soll der geordneten Rechtspflege dienen, weil er es den Parteien ermöglicht, ihre sämtlichen auf einer gemeinsamen Grundlage beruhenden wechselseitigen Ansprüche im Laufe desselben Verfahrens und vor demselben Richter klären zu lassen und auf diese Weise überflüssige und mehrfache Verfahren zu vermeiden (EuGH Rs C-185/15 – *Kostanjevec*, EuZW 2016, 914 Rn 37).

b) Anwendungsbereich

345 Nach Art 8 Nr 3 Brüssel Ia-VO kann gegen eine Person, die ihren Wohnsitz im Hoheitsgebiet eines Mitgliedstaats hat, eine Widerklage auch vor dem Gericht eines anderen Mitgliedstaats erhoben werden, sofern dort eine konnexe Hauptklage anhängig ist. Unter Widerklage ist nicht ein bloßes Verteidigungsmittel, sondern der **Antrag auf gesonderte Verurteilung** des Klägers zu verstehen (EuGH Rs C-241/93 – *Danvaern Production*, NJW 1996, 42 Rn 12), mit dem ggf auch ein höherer als der vom Kläger geforderte Betrag verlangt wird. Der Gerichtsstand nach Art 8 Nr 3 Brüssel Ia-VO bleibt auch dann erhalten, wenn die (Haupt-)Klage des Klägers abgewiesen worden ist (EuGH Rs C-185/15 – *Kostanjevec*, EuZW 2016, 914 Rn 32); er hat aber keinen ausschließlichen Charakter, sondern lässt die allgemeine Zuständigkeit nach Art 4 Abs 1 Brüssel Ia-VO und andere besondere Zuständigkeiten unberührt (EuGH Rs C-306/17 – *Notarthová*, RIW 2018, 438 Rn 26 f mAnm Wilke GPR 2018, 283). Die Zuständigkeit für die Hauptklage muss sich dabei nicht notwendig aus Art 4 ff Brüssel Ia-VO ergeben (so aber Kropholler/vHein, EuZPR [9. Aufl 2011] Art 6 Brüssel I-VO Rn 36; Geimer/Schütze/Paulus, IRV Art 8 Rn 64); vielmehr reicht im Interesse einer möglichst weitgehenden Vermeidung widersprechender Entscheidungen der Gerichte verschiedener Mitgliedstaaten auch eine auf nationales Recht gegründete Zuständigkeit aus (Rauscher/Leible, Brüssel Ia-VO [5. Aufl 2021] Art 8 Rn 38; Schlosser/Hess/Schlosser, EuZPR [5. Aufl 2021] Art 8 Rn 9).

346 Weiterhin vorausgesetzt wird der **Wohnsitz des Widerbeklagten** (Klägers) **in einem Mitgliedstaat** der Verordnung. Verbreitet wird zwar für eine entsprechende Anwendung von Art 8 Nr 3 Brüssel Ia-VO auf den Fall plädiert, dass nur der Widerkläger in einem Mitgliedstaat ansässig ist, sofern sich die Zuständigkeit für die Hauptklage aus Art 4 ff Brüssel Ia-VO ergibt (Geimer NJW 1986, 2991 [2993]; MünchKommZPO/Gottwald Art 8 Rn 26; Kropholler/vHein, EuZPR [9. Aufl 2011] Art 6 Brüssel I-VO Rn 37) Die am Wortlaut orientierte restriktive Auslegung des EuGH zu Art 8 Nr 1 Brüssel Ia-VO (Rn 330) dürfte indessen auch für Nr 3 gelten (so auch BayObLG BeckRS 2025, 31962 Rn 16; Geimer/Schütze/Paulus IRV Art 8 Rn 20). Die internationale Widerklagezuständigkeit gegen den in einem Drittstaat wohnhaften Beklagten ergibt sich jedoch nach Art 6 Brüssel Ia-VO aus § 33 ZPO (BayObLG BeckRS 2025, 31962 Rn 16; Schlosser/Hess/Schlosser, EuZPR [5. Aufl 2021] Art 8 Rn 9; ebenso schon zum EuGVÜ BGH NJW 1981, 2644; Eickhoff 100). Art 8 Nr 3 Brüssel Ia-VO findet keine Anwendung, wenn der Gerichtsstand der Widerklage durch eine Zuständigkeitsvereinbarung nach Art 25 Brüssel Ia-VO wirksam **derogiert** worden ist (EuGH 24/76 – *Colzani/Rüwa*, Slg 1976, 1831 = NJW 1977, 494; OLG Koblenz RIW 1993, 934 [935]; Geimer/Schütze/Geimer, EuZVR [4. Aufl 2020] Art 8 Rn 111 ff; MünchKommZPO/Gottwald Art 8 Rn 30; dazu auch Rn 516); etwas anderes

gilt aber dann, wenn der Beklagte sich vor dem derogierten Gericht nach Art 26 Brüssel Ia-VO rügelos eingelassen hat (frz Cass 3. 7. 2012, unalex FR-1397).

c) Konnexität

Der Gerichtsstand der Widerklage wird nach dem Wortlaut von Art 8 Nr 3 Brüssel Ia-VO – anders als nach § 33 Abs 1 ZPO – nicht schon durch einen bloßen „Zusammenhang" zwischen Klage und Widerklage (dazu AG Trier NJW-RR 2005, 1013 m **abl** Anm Stürner Iprax 2007, 21) begründet. Erforderlich ist vielmehr, dass die Widerklage „auf denselben Vertrag oder Sachverhalt wie die Klage selbst" gestützt wird. Entgegen der früheren deutschen Rechtsprechung (LG Köln RIW 1997, 956; AG Trier NJW-RR 2005, 1013; zust Kropholler/vHein, EuZPR [9. Aufl 2011] Art 6 Brüssel I-VO Rn 38) ist das – *autonom* auszulegende (EuGH Rs C-185/15 – *Kostanjevec*, EuZW 2016, 914 Rn 36; BGHZ 149, 120 [128] = NJW 2002, 2182; Schlosser/Hess/Schlosser, EuZPR [4. Aufl 2015] Art 8 Rn 9, 11) – Konnexitätserfordernis in Art 8 Nr 3 Brüssel Ia-VO jedoch nicht enger als in Art 8 Nr 1 oder Art 30 Abs 3 Brüssel Ia-VO (Geimer/Schütze/Geimer, EuZVR [4. Aufl 2020] Art 8 Rn 101 f; Rauscher/Leible, Brüssel Ia-VO [5. Aufl 2021] Art 8 Rn 41; Schack, IZVR [9. Aufl 2025] Rn 431). Auch wenn Klage und Widerklage auf unterschiedliche Verträge gestützt werden, ist die Zuständigkeit nach Art 8 Nr 3 Brüssel Ia-VO daher dann begründet, wenn diesen Verträgen ein einheitlicher Sachverhalt zugrunde liegt (BGH NJW 1993, 2753 [2754]; öst OGH IPRax 2008, 598 mAnm Oberhammer/Slonina 555). Gleiches muss gelten wenn Klage und Widerklage ihre Grundlage in der laufenden Geschäftsbeziehung der Parteien haben (**aA** AG Trier NJW-RR 2005, 1013; LG Köln RIW 1997, 956; MünchKommZPO/Gottwald Art 8 Rn 27). Deshalb besteht ein hinreichender Zusammenhang auch zwischen den Ausgleichsansprüchen eines Vertragshändlers und Gegenansprüchen des Lieferanten aus den in diesem Rahmen geschlossenen einzelnen Lieferverträgen (**aA** noch öst OGH 16. 3. 2007, Az 6 Ob 38/07t). Nach Ansicht des EuGH fällt sogar eine auf Bereicherungsrecht gestützte Widerklage unter Art 8 Nr 3 Brüssel Ia-VO, wenn sie auf Rückerstattung der aufgrund eines zwischen den Parteien des Ausgangsverfahrens geschlossenen Vertrags erbrachten Leistungen gestützt wird, die mit der Hauptklage geltend gemacht worden waren (EuGH Rs C-185/15 – *Kostanjevec*, EuZW 2016, 914 Rn 38). Hingegen wird Konnexität nicht schon dadurch begründet, dass mit dem die Klageforderung übersteigenden Teil der Gegenforderung die Prozessaufrechnung erklärt wird (öst OGH IPRax 2008, 598). Fehlt es am Erfordernis der Konnexität, so kann die Widerklage im Gerichtsstand der Hauptklage nur erhoben werden, wenn sich die Zuständigkeit für die Widerklage aus anderen Vorschriften der Verordnung ergibt, insbesondere wenn der Kläger sich auf die Widerklage nach Art 26 Brüssel Ia-VO rügelos einlässt (Kropholler/vHein, EuZPR [9. Aufl 2011 Art 6 Brüssel I-VO Rn 39). **347**

d) Verhältnis zum nationalen Prozessrecht

Die Brüssel Ia-VO beschränkt sich in Art 8 Nr 3 auf die Bestimmung des für die Widerklage international und örtlich zuständigen Gerichts; alle sonstigen Zulässigkeitsvoraussetzungen einer Widerklage beurteilen sich hingegen nach dem nationalen Verfahrensrecht der *lex fori.* Allerdings darf die Anwendung der nationalen Verfahrensregeln die praktische Wirksamkeit der Verordnung nicht beeinträchtigen (EuGH Rs C-365/88 – *Kongressagentur Hagen*, Slg 1990 I 1845 Rn 20 f = NJW 1991, 2621 [zu Art 6 Nr 2 EuGVÜ]; Geimer/Schütze/Geimer, EuZVR [4. Aufl 2020] Art 8 Rn 105 ff). Eine solche Beeinträchtigung liegt aber nicht schon darin, dass das nationale Prozessrecht Widerklagen für bestimmte Verfahrensarten verbietet, wie dies für das deutsche Recht im Urkun- **348** den- und Wechselprozess zutrifft (§ 595 Abs 1 ZPO; Geimer/Schütze/Geimer, EuZVR [4. Aufl 2020] Art 8 Rn 106).

349 Demgemäß entscheidet das nationale Prozessrecht auch darüber, unter welchen Voraussetzungen Widerklagen gegen bisher am Rechtsstreit nicht beteiligte Personen erhoben werden können (Kropholler/vHein, EuZPR [9. Aufl 2011] Art 8 Rn 40). Die internationale Zuständigkeit für eine solche **parteierweiternde Widerklage** kann weder auf Art 8 Nr 3 Brüssel Ia-VO (BGH BeckRS 2013, 3524 Rn 3; OLG München NJOZ 2012, 82 [84]; BayObLG NJOZ 2005, 4360; einschränkend Schlosser/Hess/Schlosser, EuZPR [5. Aufl 2021] Art 8 Rn 9), noch auf § 33 ZPO (vgl Wieczorek/Schütze/Hausmann, ZPO [3. Aufl 2010] § 33 Rn 56 f), sondern nur auf die Art 4 ff Brüssel Ia-VO gestützt werden (MünchKommZPO/Gottwald Art 8 Rn 28). Hingegen kann eine **Wider-Widerklage** gegen eine vom Prozessgegner zuvor gegen eine gegen ihn gerichtete Klage erhobene Widerklage im Gerichtsstand des Art 8 Nr 3 Brüssel Ia-VO erhoben werden (BGH NJW 2009, 148). Ferner dürfte Art 8 Nr 3 Brüssel Ia-VO analog auch für die Entscheidung über Gegenforderungen anwendbar sein, für die ein Zuückbehaltungsrecht besteht (OLG München IPRax 2019, 314 mAnm Brand 294; Nagel/Gottwald, IZPR [9. Aufl 2025] Rn 3.172).

5. Verbindung mit dinglicher Klage

350 Art 8 Nr 4 Brüssel Ia-VO erleichtert dem Kläger – ähnlich wie § 25 ZPO – die Rechtsverfolgung dadurch, dass er bestimmte, im Zusammenhang mit der dinglichen Hauptklage stehende persönliche Klagen gegen denselben Beklagten im Gerichtsstand des Art 24 Nr 1 Brüssel Ia-VO erheben kann. Damit wird der ansonsten für die Brüssel Ia-VO geltende Grundsatz durchbrochen, dass in Fällen der Anspruchshäufung die internationale Zuständigkeit für jeden einzelnen Anspruch gesondert zu prüfen ist (Rn 22). Die Möglichkeit der Klageverbindung ist nach Art 8 Nr 4 Brüssel Ia-VO auf **vertragliche Ansprüche** beschränkt (Rauscher/Leible, Brüssel Ia-VO [5. Aufl 2021] Art 8 Rn 49; zum Begriff s Rn 92 ff). Für isolierte Forderungsklagen kommt die Anwendung von Art 8 Nr 4 Brüssel Ia-VO nicht in Betracht (Kropholler/vHein, EuZPR [9. Aufl 2020] Art 6 Brüssel I-VO Rn 52; MünchKommZPO/Gottwald Art 8 Rn 33). Auch die – umgekehrte – Verbindung der dinglichen mit der Forderungsklage sieht die Brüssel Ia-VO nicht vor.

351 Ungeschriebenes Tatbestandsmerkmal der Vorschrift ist ferner ein hinreichender **Sachzusammenhang** zwischen dem geltend gemachten vertraglichen Anspruch und der Klage aus dem dinglichen Recht an einer unbeweglichen Sache (EuGH Rs C-417/15 – *Schmidt*, EuZW 2017, 36 Rn 42 mAnm Klöpfer 39: Verbindung des Antrags auf Aufhebung eines Schenkungsvertrags mit dem im ausschließlichen Gerichtsstand des Art 24 Nr 1 Brüssel Ia-VO zu stellenden Antrag auf Löschung des Beschenkten als Eigentümer im Grundbuch; vgl auch OLG Naumburg 20. 12. 2002, unalex DE-2852; App Genève 17. 8. 1993, unalex CH-46; Geimer/Schütze/Geimer, EuZVR [4. Aufl 2020] Art 8 Rn 142). Der Begriff der „dinglichen Klage" ist dabei ebenso eng wie in Art 24 Nr 1 Brüssel Ia-VO auszulegen (OGH 9. 8. 2011, unalex AT-742; dazu näher Rn 69 f). Möglich ist insbesondere die Verbindung der dinglichen Klage aus einer Hypothek oder Grundschuld auf Duldung der Zwangsvollstreckung in das Grundstück mit der Klage gegen den persönlichen Schuldner auf Leistung oder Feststellung (Rauscher/Leible, Brüssel Ia-VO [5. Aufl 2021] Art 8 Rn 48). Der Gerichtsstand in Art 8 Nr 4 Brüssel Ia-VO ist – im Gegensatz zum dinglichen Gerichtsstand nach Art 24 Nr 1 Brüssel Ia-VO – *nicht ausschließlich*. Dem Kläger steht es daher frei, die persönliche Klage auch im allgemeinen Gerichtsstand des Beklagten oder in einem anderen besonderen Gerichtsstand zu erheben. Im Übrigen unterliegt die Zulässigkeit der Verbindung der Verfahren der jeweiligen *lex fori* (Musielak/Voit/Stadler/Krüger, ZPO [22. Aufl 2025] Art 8 Rn 11; **aA** Klöpfer EuZW 2017, 39 [40]; Thomas/Putzo/Nordmeier, ZPO [46. Aufl 2025] Art 8 Rn 11).

6. Prozessaufrechnung

Bei der Beurteilung der Prozessaufrechnung muss zwischen den materiellen Voraussetzungen für die Aufrechnung und der Zulässigkeit ihrer Geltendmachung im Prozess unterschieden werden. Da die Aufrechnung zum Erlöschen der Hauptforderung führt, unterliegen ihre materiell-rechtlichen Voraussetzungen gemäß Art 17 Rom I-VO dem Statut der Hauptforderung (BGH IPRax 2016, 606 Rn 17 mAnm Wendelstein 572; BGH WM 2010, 1712 Rn 24 mwNw; ebenso schon zu Art 32 Abs 1 Nr 4 EGBGB BGH NJW 1994, 1416; OLG Hamm RIW 1995, 55; **aA** Kannengiesser 117 ff: alternative Anknüpfung „*in favorem compensationis*“; dazu näher Staudinger/Magnus [2021] Art 17 Rom I-VO Rn 21 ff). Das Aufrechnungsstatut – und nicht die *lex fori* des angerufenen Gerichts – entscheidet daher darüber, ob Konnexität der zur Aufrechnung gestellten Ansprüche erforderlich ist (Geimer/Schütze/Geimer, EuZVR [4. Aufl 2020] Art 8 Rn 115). Demgegenüber bestimmt das Prozessrecht der *lex fori* über die verfahrensrechtliche Zulässigkeit der Aufrechnung. Dabei geht es insbesondere um die Frage, ob die Prozessaufrechnung auch die internationale Zuständigkeit des angerufenen Gerichts für die Entscheidung über die Gegenforderung nach Maßgabe der Verordnung voraussetzt. Dies ist nach allg Meinung nicht der Fall, soweit mit **unstreitigen oder rechtskräftig festgestellten Gegenforderungen** aufgerechnet wird (Kropholler/vHein, EuZPR [9. Aufl 2011] Art 6 Brüssel I-VO Rn 42 mwNw). 352

Hingegen musste nach Auffassung des BGH bei der Prozessaufrechnung mit **einer streitigen Gegenforderung** die Kompetenzfrage gestellt werden. Der Aufrechnungseinwand könne im Prozess nur berücksichtigt werden, wenn der Gerichtsstaat auch für eine klageweise Geltendmachung der zur Aufrechnung gestellten Forderung international zuständig sei (BGH NJW 1993, 2753 [2755] = IPRax 1994, 114 m zust Anm Geimer 82 = ZZP 107 [1994] 211 m **abl** Anm Leipold; zust LG Berlin IPRax 1998, 97 [99 f] m **abl** Anm Gebauer 79; LG Dortmund IPRspr 1998 Nr 139; OLG Düsseldorf IPRspr 1997 Nr 145; OLG Celle IPRax 1999, 456 m **abl** Anm Gebauer 432; Eickhoff 179 ff; ebenso – zum autonomen Prozessrecht – noch OLG Jena EuZW 2009, 231 [232]). Weil die Entscheidung über die zur Aufrechnung gestellte Forderung in materielle Rechtskraft erwächst (§ 322 Abs 2 ZPO), sind einer Prozessaufrechnung nach dieser Auffassung daher grundsätzlich die gleichen Schranken gezogen wie einer Widerklage nach Art 8 Nr 3 Brüssel Ia-VO, dh die Aufrechnung ist nur mit konnexen Gegenforderungen zulässig, soweit nicht ein sonstiger Gerichtsstand nach der Verordnung für die Gegenforderung beim angerufenen Gericht begründet ist. 353

Dieser Auffassung hat der **EuGH** widersprochen; seiner Ansicht nach gilt Art 8 Nr 3 Brüssel Ia-VO nur für eine Klage des Beklagten auf gesonderte Verurteilung des Klägers, nicht hingegen für den Fall, dass ein Beklagter eine Forderung als **bloßes Verteidigungsmittel** im Wege der Aufrechnung geltend macht. In prozessualer Hinsicht sei die Verteidigung Bestandteil des vom Kläger in Gang gesetzten Verfahrens; über ihre Zulässigkeit als Verteidigungsmittel bestimme daher nicht die Verordnung, 354 sondern das **nationale Prozessrecht der *lex fori*** (EuGH Rs C-341/93 – *Danvaern*, Slg 1995 I 2053 Rn 12 ff = NJW 1996, 42 mAnm BACHER 2140 = ZZP 109 [1996] 373 mAnm MANKOWSKI = EuZW 1995, 639 mAnm GEIMER; dazu BRAND IPRax 2019, 294; GRUNSCHINSKE EuZW 2011, 171; MANKOWSKI JZ 2015, 50; ROTH IPRax 2015, 538). Deshalb kann eine Klage auf negative Feststellung, dass die von der Gegenpartei geltend gemachten Forderungen nicht bestehen, weil sie durch Aufrechnung erloschen seien, nicht im Gerichtsstand der Widerklage nach Art 8 Nr 3 Brüssel Ia-VO erhoben werden (OLG München IPRax 2009, 69).

355 Wie die **Verweisung auf das nationale Prozessrecht** zu verstehen ist, ist allerdings streitig. Teilweise ist die Entscheidung des EuGH dahin interpretiert worden, dass die deutschen Gerichte auch künftig nicht gehindert seien, die Zulässigkeit der Prozessaufrechnung davon abhängig zu machen, dass das Gericht der Hauptsache auch für die klageweise Geltendmachung der Aufrechnungsforderung nach Maßgabe der §§ 12 ff ZPO international zuständig ist (so JAYME/KOHLER IPRax 1995, 343 [349]; BADELT 101 ff; WAGNER IPRax 1999, 65 [71 f, 76]; GEIMER, IZPR [9. Aufl 2024] Rn 868; zust OLG München IPRax 2019, 314 m krit Anm BRAND 294; OLG Karlsruhe BeckRS 2012, 18691; OLG Hamm IPRspr 1997 Nr 160 A; LG Duisburg RIW 1996, 774; LG Berlin RIW 1996, 960; für inkonnexe streitige Forderungen auch WAGNER IPRax 1999, 65 [70 ff]). Dies überzeugt jedoch schon deshalb nicht, weil § 145 Abs 3 ZPO im Falle der Aufrechnung mit inkonnexen Forderungen die Abtrennung vorsieht (GEBAUER IPRax 1998, 85). Vor allem aber zählen zu den Voraussetzungen der Aufrechnung, die der EuGH dem nationalen Prozessrecht zugewiesen hat, nur solche, die – wie zB Fragen der Form oder Frist für die Prozessaufrechnung – in der Verordnung nicht geregelt sind. Demgegenüber wollte der EuGH dem mit der Aufrechnung befassten Gericht nicht etwa einen Rückgriff auf das nationale *Zuständigkeitsrecht* ermöglichen (KANNENGIESSER 172 ff, 181 ff; LEIPOLD ZZP 107 [1994] 216; MANKOWSKI ZZP 109 [1996] 367 [381 f, 394]; COESTER-WALTJEN, in: FS Lüke [1997] 47 ff; GEBAUER IPRax 1998, 84 ff; H ROTH RIW 1999, 819 [822 f]; OBERHAMMER IPRax 2002, 424 [426]; SLONINA IPRax 2009, 399 ff; WENDELSTEIN IPRax 2016, 572 [573]; MünchKommZPO/GOTTWALD Art 25 Rn 94; THOMAS/PUTZO/NORDMEIER, ZPO [46. Aufl 2025] Art 8 Rn 10; RAUSCHER/LEIBLE, Brüssel Ia-VO [5. Aufl 2021] Art 8 Rn 47; KROPHOLLER/vHEIN, EuZPR [9. Aufl 2011] Art 86 Brüssel I-VO8 Rn 45; zust OLG Hamburg BeckRS 2011, 22905; LG Köln RIW 1997, 956).

356 Insoweit verbleibt es vielmehr bei dem Grundsatz *„Le juge de l'action est le juge de l'exception"*, der lediglich durch das Verbot des Rechtsmissbrauchs eingeschränkt wird (WOLF LM Nr 39 EGÜbk). Nur die Anwendung dieses Grundsatzes vermeidet Rechtsschutzlücken zu Lasten des Beklagten (STADLER/KRÜGER, in: FS 50 Jahre BGH [2000] 645 [662 f]). Der BGH hat die Frage, ob die internationale Zuständigkeit der deutschen Gerichte auch für die zur Aufrechnung gestellte Gegenforderung notwendige Voraussetzung für die Zulässigkeit der Prozessaufrechnung ist, seit der Danvaern-Entscheidung des EuGH stets ausdrücklich offen gelassen (BGHZ 149, 120 [127] = JR 2002, 501 mAnm DÖRNER = IPRax 2002, 299 mAnm GRUBER 285 = JZ 2002, 605 mAnm HESS/MÜLLER; BGH EuLF 2010 II 63 [65]; BGH NJW 2014, 3156 Rn 16; BGH IPRax 2016, 606 Rn 16).

X. Vermögensgerichtsstand*

1. Allgemeines

a) Normzweck

357 Nach § 23 S 1 Alt 1 ZPO kann eine Person, die im Inland keinen Wohnsitz, wohl aber Vermögen hat, wegen vermögensrechtlicher Ansprüche am Belegenheitsort dieser Vermögensstücke verklagt werden. Zweck dieses Gerichtsstands ist es, das Entstehen inländischer Vollstreckungsenklaven zu vermeiden (BGH IPRax 1995, 98 [99] mAnm Koch 71; BAG NZA 1997, 1182; OLG Celle NJW 1999, 5722; Schütze DZWiR 1991, 240; Lüke ZZP 95 [1992] 324 f; eingehend zur Entstehungsgeschichte Schumann, in: FS Liebmann II [1979] 839 ff mwNw). Die wesentliche Bedeutung des § 23 ZPO liegt damit in der durch den Gerichtsstand des Vermögens vermittelten *internationalen Zuständigkeit* der deutschen Gerichte für Klagen gegen Ausländer (vgl zu dieser Doppelfunktionalität des § 23 ZPO BGHZ 69, 37 [44]; BGHZ 80, 1 [3]; BGH NJW 1993, 2683 [2684]; BGH NJW 1997, 325 = RIW 1997, 238 mAnm Munz; BAG NZA 1997, 1182; Stein/Jonas/Roth, ZPO [23. Aufl 2014] § 23 Rn 1), wobei Streitigkeiten aus internationalen Schuldverträgen im Vordergrund stehen. Der Gerichtsstand ist auch gegen ausländische Staaten eröffnet, wenn Gegen-

---

* **Schrifttum**: Albert, Arrestverfahren gegen ausländische staatliche Unternehmen am Vermögensgerichtsstand, IPRax 1983, 55; Bittighofer, Der internationale Gerichtsstand des Vermögens (1994); Esser, Klagen gegen ausländische Staaten (1990); Fischer, Zur internationalen Zuständigkeit deutscher Gerichte nach § 23 ZPO, RIW 1990, 794; Fricke, Der Gerichtsstand des Vermögens – eine unendliche Geschichte, IPRax 1991, 159; ders, Neues vom Vermögensgerichtsstand, NJW 1992, 3066; Geimer, Zur Rechtfertigung des Vermögensgerichtsstandes, JZ 1989, 979; ders, Rechtsschutz in Deutschland künftig nur bei Inlandsbezug?, NJW 1991, 3072; Kleinstück, Due Process – Beschränkungen des Vermögensgerichtsstandes durch hinreichenden Inlandsbezug und Minimum Contacts (1994); Koch, Zur Vereinbarkeit des Erfordernisses „hinreichender Inlandsbezug des Rechtsstreits" gemäß § 23 ZPO mit dem Gemeinschaftsrecht, IPRax 1997, 229; Kropholler, Möglichkeiten einer Reform des Vermögensgerichtsstandes, ZRvgl 1982, 1; Mössle, Internationale Forderungspfändung (1991); Mark/Ziegenhain, Der Gerichtsstand des Vermögens im Spannungsfeld zwischen Völkerrecht und deutschem internationalen Prozessrecht, NJW 1992, 3062; Pfeiffer, Internationale Zuständigkeit und prozessuale Gerechtigkeit 523 ff; Schack, Vermögensbelegenheit als Zuständigkeitsgrund – exorbitant oder sinnvoll?, ZZP 97 (1984) 46; Scheuermann, Internationales Zivilverfahrensrecht bei Verträgen im elektronischen Geschäftsverkehr zwischen Deutschland und den USA (2003) § 7; Schlosser, Einschränkung des Vermögensgerichtsstandes, IPRax 1992, 140; Schumann, Der internationale Gerichtsstand des Vermögens und seine Einschränkungen, in: FS E T Liebmann II (1979) 839; ders, Aktuelle Fragen und Probleme des Gerichtsstands des Vermögens (§ 23 ZPO), ZZP 93 (1980) 408; Schütze, Zum Vermögensgerichtsstand des § 23 ZPO, DZWiR 1991, 239; ders, Das Vermögen als Anknüpfungspunkt der internationalen Zuständigkeit, in: FS Ishikawa (2001) 443; Willeitner, Vermögensgerichtsstand und einstweiliger Rechtsschutz im deutschen, niederländischen und europäischen internationalen Zivilverfahrensrecht (2003); Wollenschläger, Nehmen die Erfolgsaussichten der Zwangsvollstreckung Einfluß auf die Auslegung des Vermögensbegriffs in § 23 ZPO?, IPRax 2001, 320; ders, Zum Merkmal des hinreichenden Inlandsbezuges in § 23 ZPO – Auslegungsdifferenzen in dem verschiedenen Verfahrensarten der Zivilprozessordnung?, IPRax 2002, 96; Ziegenhain, Extraterritoriale Rechtsanwendung und die Bedeutung des Genuine Link-Erfordernisses – Eine Darstellung der deutschen und amerikanischen Staatenpraxis (1992).

stand der Klage eine Forderung aus der privatwirtschaftlichen Betätigung des beklagten Staates ist, und das Inlandsvermögen nicht der sachlichen Immunität unterliegt (OLG Frankfurt RIW 1999, 461 = IPRax 1999, 247 mAnm Hau 232).

b) Verhältnis zur Brüssel Ia-VO und zum LugÜ 2007

358 Im sachlichen Geltungsbereich der Brüssel Ia-VO und des LugÜ 2007 findet § 23 ZPO allerdings keine Anwendung, wenn sich die Klage gegen eine Person richtet, die ihren *Wohnsitz im Hoheitsgebiet eines Mitglied-/Vertragsstaats* hat (Art 5 Abs 2 Brüssel Ia-VO, Art 3 Abs 2 LugÜ 2007; vgl OLG München NJW-RR 1988, 1023; KG IPRax 1999, 37 mAnm Götz 21; Stein/Jonas/Roth, ZPO [23. Aufl 2014] § 23 Rn 2). Dies gilt auch dann, wenn der Beklagte neben einem Wohnsitz in einem Mitgliedstaat einen weiteren Wohnsitz in einem Drittstaat hat (OLG Stuttgart NJOZ 2006, 716). Wohnt der Beklagte nicht in einem Mitgliedstaat, so wird § 23 ZPO hingegen durch Art 5 Abs 2 Brüssel Ia-VO nicht ausgeschlossen (Art 6 Abs 1 Brüssel Ia-VO; vgl BGH NJW 1984, 2037 = IPRax 1985, 216 mAnm Roth 198; BGH NJW-RR 1988, 172 [173]). Auch Art 6 Abs 2 Brüssel Ia-VO steht einer Anwendung von § 23 ZPO dann nicht entgegen (OLG Stuttgart RIW 1990, 829 [831]). Darüber hinaus kann aber auch im Geltungsbereich der Brüssel Ia-VO bzw des LugÜ 2007 auf § 23 ZPO zur Bestimmung des *örtlich* zuständigen Gerichts immer dann zurückgegriffen werden, wenn sich die Verordnung – wie zB in Art 4 Abs 1 oder Art 24 Brüssel Ia-VO – auf die Regelung der internationalen Zuständigkeit beschränkt (LG Frankfurt aM IPRax 2023, 290).

2. Inlandsvermögen

a) Vermögensbegriff

359 Der Gerichtsstand in § 23 ZPO knüpft an einen *juristischen* Vermögensbegriff an. Danach kann Vermögen jeder geldwerte Gegenstand sein, dem ein eigenständiger Vermögenswert zukommt (Thomas/Putzo/Hüsstege, ZPO [46. Aufl 2025] § 23 Rn 6). Ob sich das Vermögensrecht auf bewegliche oder unbewegliche Sachen (vgl BGH NJW-RR 1993, 5), Forderungen (zB Bankguthaben, vgl BGH NJW-RR 1988, 172) oder sonstige Rechte (zB Immaterialgüterrechte) bezieht, ob es dinglich oder obligatorisch ist, bleibt gleich (zu Einzelheiten der erfassten Vermögensgegenstände vgl Wieczorek/Schütze/Hausmann, ZPO [3. Aufl 2010] § 23 Rn 14 ff). Eine wirtschaftliche Betrachtungsweise findet hingegen nach bisher hM grundsätzlich nicht statt; auch *geringwertige Vermögensgegenstände* des Beklagten im Inland sind danach geeignet, die Zuständigkeit für Streitigkeiten mit einem sehr hohen Streitwert zu begründen (RGZ 75, 147 [152]; OLG München IPRax 2007, 322; OLG Karlsruhe IPRspr 1973 Nr 130; zust MünchKommZPO/Patzina [5. Aufl 2016] § 23 Rn 15; Anders/Gehle, ZPO [83. Aufl 2025] § 23 Rn 8; zum Erfordernis einer einschränkenden Auslegung des Vermögensbegriffs Rn 368). Die *Beweislast* für das Vorhandensein inländischen Vermögens des Beklagten trägt der Kläger (OLG Frankfurt ZIP 2013, 277); sie umfasst den Nachweis, dass ein behauptetes Konto des Beklagten bei einem inländischen Kreditinstitut ein Guthaben aufweist (BGH WM 1987, 1353 [1354]; OLG Dresden EuLF 2007 II 117).

b) Inlandsbelegenheit

360 Das Vermögen muss grundsätzlich im Bezirk des Gerichts belegen sein, das der Kläger angerufen hat. Zur Begründung der internationalen Zuständigkeit der deutschen Gerichte genügt es freilich, dass sich Vermögen überhaupt im Inland befindet. *Forderungen* sind gemäß § 23 S 2, 1. Alt ZPO am Wohnsitz des Drittschuldners belegen (vgl zu Ruhegeldansprüchen BGH NJW-RR 2013, 880 Rn 13); für Bankguthaben ist daher der (Haupt-)Sitz der Bank maßgeblich (BGH NJW-RR 1988, 172; OLG Frankfurt RIW 1999, 461 = IPRax 1999, 247 mAnm Hau 232). Auf den Erfüllungsort der Forderung kommt es hingegen im Rahmen des § 23 ZPO nicht an. Ist der Beklagte an einer inländischen GmbH oder Personengesellschaft beteiligt, so ist der Vermögensgerichtsstand am Sitz dieser Gesellschaft begründet. Auch eine ausländische Muttergesellschaft kann daher nach § 23 ZPO am Sitz ihrer deutschen Tochter verklagt werden, nicht dagegen der Alleingesellschafter der ausländischen Muttergesellschaft (BGH NJW 1993, 2683 [2684] = IPRax 1995, 98 f mAnm Koch 71; OLG Hamm BeckRS 2018, 37095 Rn 44; Zöller/Schultzky, ZPO [35. Aufl 2024] § 23 Rn 7a; krit aber MünchKommZPO/Patzina [7. Aufl 2025] § 23 Rn 17). Demgegenüber entscheidet bei Aktien und verbrieften Forderungen aus Inhaberpapieren, Wechseln – wie bei körperlichen Gegenständen – der Ort der Belegenheit des Papiers (BayObLG IPRax 2021, 373 mAnm Mankowski 352; Thomas/Putzo/Hüsstege, ZPO [46. Aufl 2025] § 23 Rn 7; näher zur Vermögensbelegenheit Wieczorek/Schütze/Hausmann, ZPO [3. Aufl 2010] § 23 Rn 28).

3. Restriktive Auslegung

Der Vermögensgerichtsstand des § 23 S 1 Alt 1 ZPO dehnt die deutsche internationale Zuständigkeit außerordentlich weit aus. Dass die Vorschrift nach ihrem Wortlaut weder im Hinblick auf den Wert des Vermögens noch im Hinblick auf einen Inlandsbezug Einschränkungen enthält, hat in der älteren Rechtsprechung zu einer extensiven Annahme der internationalen Zuständigkeit deutscher Gerichte geführt. Als Ausnahme vom Grundsatz *„actor sequitur forum rei"* hat § 23 ZPO dazu gedient, die deutsche internationale Zuständigkeit für vermögensrechtliche Klagen mit hohen Streitwerten bereits dann zu eröffnen, wenn nur geringwertige Vermögensstücke des Beklagten im Inland belegen waren (vgl RGZ 51, 163; RGZ 75, 147 [152]). Ferner wurde § 23 ZPO wiederholt auf Rechtsstreitigkeiten zwischen Parteien angewandt, die beide weder (Wohn-)Sitz noch gewöhnlichen Aufenthalt im Inland hatten (vgl BGH WM 1964, 879; BGH NJW 1989, 1154; OLG Frankfurt MDR 1958, 108). Der so verstandene Vermögensgerichtsstand ist daher mit Recht als „im internationalen Rechtsverkehr unerwünscht" (vgl BGHZ 42, 194 [199 f] = NJW 1969, 2090) oder gar als „Kampfgerichtsstand" (Hellwig, System des deutschen ZPR I [1992] 118) bezeichnet worden. **361**

§ 23 ZPO ist zwar auch in dieser nur am Wortlaut orientierten Auslegung weder verfassungs- noch völkerrechtswidrig (BVerfGE 64, 1 [20] = NJW 1983, 2766; zust BGH NJW 1989, 1431 = IPRax 1990, 41 mAnm Schack 19; Geimer, IZPR [9. Aufl 2023] Rn 1348; Schack ZZP 97 [1984] 60; **aA** Schlosser IPRax 1992, 140 ff); er wurde jedoch – nicht zuletzt im Hinblick auf die völkerrechtliche Vertragspraxis (zu dieser Wieczorek/Schütze/Hausmann, ZPO [3. Aufl 2010] § 23 Rn 40 ff) – im Schrifttum bereits seit längerem gerade in seiner international-prozessrechtlichen Funktion kritisiert (Schröder, Internationale Zuständigkeit [1980] 431 f; Linke, IZPR Rn 167; Hausmann IPRax 1982, 51 [56]; Fricke IPRax 1991, 161 f). Dieser Kritik hat sich der BGH in einer Grundsatzentscheidung des IX. Zivilsenats von 1991 angeschlossen (BGHZ 115, 90 [94 ff] = NJW 1991, 3092 = IPRax 1992, 160 m zust Anm Schlosser 140 = ZZP 105 [1992] 314 m krit Anm Lüke 321 = JZ 1992, 54 m krit Anm Schack = WuB VII § 23 ZPO 2. 91 m krit Anm Thode; ebenso schon OLG Stuttgart RIW 1990, 829 [830 f] = IPRax 1991, 179 mAnm Fricke 159). Danach ist eine restriktive Auslegung und Anwendung des § 23 S 1 Alt 1 ZPO geboten, soweit hierdurch die internationale Zuständigkeit der deutschen Gerichte allein durch die Belegenheit von Vermögen im Inland **362** begründet wird (zust OLG Celle NJW 1999, 3722). Der *Gerichtsstand des Streitobjekts* nach § 23 S 1 Alt 2 ZPO weist hingegen durchwegs einen hinreichenden Bezug des Rechtsstreits zu dem angerufenen Gericht auf, sodass es einer einschränkenden Interpretation der Vorschrift für die Zwecke des IZPR nicht bedarf (zutr Stein/Jonas/Roth, ZPO [23. Aufl 2014] § 23 Rn 40).

4. Inlandsbezug

a) Erfordernis

363 Aufgrund der gebotenen restriktiven Auslegung des § 23 ZPO ist der Vermögensgerichtsstand nur dann eröffnet, wenn der Rechtsstreit einen über die Vermögensbelegenheit hinausgehenden hinreichenden Inlandsbezug aufweist (so ausdrücklich BGHZ 115, 94 ff im Anschluss an Schumann ZZP 93 [1980] 442 und Hausmann IPRax 1982, 56; zust BGH IPRax 1998, 211; BGH NJW 2013, 386 Rn 16; BAG RIW 2013, 803 Rn 36; BAGE 125, 24 Rn 21 f = RIW 2008, 644; BAG NZA 2002, 734 = IPRax 2003, 258 mAnm Franzen 239; BAG BB 1997, 2116; OLG München WM 1992, 2115 [2117] = IPRax 1993, 237 [239] m **abl** Anm Geimer 216 und IPRax 2007, 322 f; OLG Frankfurt NJW-RR 1993, 305 [306] und IPRax 1999, 247; OLG Brandenburg RIW 1997, 424; OLG Rostock TranspR 2000, 40; OLG Düsseldorf NJOZ 2006, 2719; Zöller/Schultzky, ZPO [35. Aufl 2024] § 23 Rn 13; Thomas/Putzo/Hüsstege, ZPO [46. Aufl 2025] § 23 Rn 2; Fricke NJW 1992, 3066; Schlosser IPRax 1992, 140; Jayme/Kohler IPRax 1992, 346). Diese Einschränkung ist zwar in der Literatur verbreitet auf Kritik gestoßen (vgl BGHZ 115, 90 [94 ff] = NJW 1991, 3092 = IPRax 1992, 160 m zust Anm Schlosser 140 = ZZP 105 [1992] 314 m krit Anm Lüke 321 = JZ 1992, 54 m krit Anm Schack = WuB VII § 23 ZPO 2. 91 m krit Anm Thode [Rn 362]; ferner Kropholler, in: Hdb IZVR I Kap III Rn 302; Fischer RIW 1992, 57 ff; Geimer NJW 1991, 3072 ff und IZPR [9. Aufl 2024] Rn 1077a, 1356; Schütze DZWiR 1991, 239 ff; R Koch IPRax 1987, 229; Anders/Gehle, ZPO [83. Aufl 2025] § 23 Rn 16; Stein/Jonas/Roth, ZPO [23. Aufl 2014] § 23 Rn 10 ff; zuletzt wieder Koechel IPRax 2014, 312 ff). Für sie spricht jedoch bereits der Zweck und die Entstehungsgeschichte der Vorschrift, die jedenfalls primär einen Auffanggerichtsstand für im Inland wohnhafte Gläubiger schaffen sollte; diesen Gedanken des Inländerschutzes bei der Anwendung des § 23 ZPO hat schon das Reichsgericht hervorgehoben (vgl RGZ 6, 400 [403, 405]; ferner Hellwig 118). Hingegen war es kaum die Absicht des Gesetzgebers, Rechtsstreitigkeiten zwischen Ausländern ohne jeden sonstigen Inlandsbezug vor deutschen Gerichten zu ermöglichen (Schumann, in: FS Liebmann II [1979] 843; Fricke IPRax 1991, 160 f und NJW 1992, 3066 f). Dieser gesetzgeberischen Vorstellung widerspräche es aber, § 23 ZPO im Wege der reinen Wortlautinterpretation dahin zu verstehen, dass allein das Vorhandensein von Inlandsvermögen des Beklagten ausreiche, um die internationale Zuständigkeit deutscher Gerichte für jedwede Streitigkeiten zwischen Parteien ohne Wohnsitz in Deutschland zu begründen und damit in weitem Umfang dem *forum shopping* Vorschub zu leisten (BGHZ 115, 90 [94 f] = NJW 1991, 3092). Namentlich im Zuge der Globalisierung der Weltwirtschaft kann etwa die bloße Vorhaltung eines Kontos bei einer deutschen Bank durch den Beklagten nicht ausreichen, um die Zuständigkeit der deutschen Gerichte für jedwede Klagen gegen ihn zu begründen (BAG NZA 1997, 1182; vHoffmann/Thorn, IPR [9. Aufl 2007] § 3 Rn 47).

364 Eine auf den hinreichenden Inlandsbezug abstellende Auslegung des § 23 ZPO begrenzt ferner die durch den Vermögensgerichtsstand heraufbeschworene Beeinträchtigung der Verteidigungsmöglichkeiten des ausländischen Beklagten und entspricht damit **modernen Tendenzen des Völkerrechts**, die zu einer weitgehenden Verbannung

des Vermögensgerichtsstands aus jüngeren Staatsverträgen über die Anerkennung und Vollstreckung von zivilrechtlichen Entscheidungen geführt haben. Der BGH spricht in diesem Zusammenhang mit Recht von einer „durch sachliche Erfordernisse nicht zu rechtfertigenden Zuständigkeitsanmaßung der deutschen Gerichtsbarkeit" (BGHZ 115, 90 [98] = NJW 1991, 3092; zust BAG NZA 1997, 1182; Schlosser IPRax 1992, 140 ff; **krit** dagegen Schack JZ 1992, 55; Lüke ZZP 105 [1992] 323; Geimer, IZPR [9. Aufl 2024] Rn 1354). Er knüpft damit an das völkerrechtliche Erfordernis eines sinnvollen Anknüpfungspunkts („genuine link") für die extraterritoriale Hoheitsausübung an (vgl dazu näher Mark/Ziegenhain NJW 1992, 3062 ff mwNw). Auch das BVerfG hatte bereits eine restriktive „völkerrechtskonforme Auslegung" des § 23 ZPO angemahnt (vgl BVerfG 64, 1 [20] = NJW 1983, 2766). Danach rechtfertigt aber der bloße Erwerb oder Besitz von Vermögen im Inland eine Gerichtspflichtigkeit des Vermögensinhabers vor deutschen Gerichten nicht (BGH NJW 1991, 3094; zust auch BAG NZA 1997, 1182 = DB 1998, 308). Dies gilt allerdings nur für das Erkenntnisverfahren; demgegenüber hängt die internationale Zuständigkeit deutscher Gerichte für die **Vollstreckbarerklärung** ausländischer Urteile nach § 722 ZPO nicht von einem über die Vermögensbelegenheit hinausgehenden Inlandsbezug ab, weil sonst uU jedweder Vollstreckungszugriff auf dieses Vermögen ausgeschlossen wäre (BGH RIW 1997, 238 mAnm Munz = JZ 1997, 362 mAnm Schlosser).

b) Konkretisierung

Der vom BGH geforderte „hinreichende Inlandsbezug des Rechtsstreits" bedarf **365**
freilich aus Gründen der im Zuständigkeitsrecht gebotenen Rechtssicherheit und Vorhersehbarkeit der näheren Konkretisierung (zutr Schlosser IPRax 1992, 142; Fricke NJW 1992, 3069; Geimer IPRax 1993, 217; auch BAG BB 1997, 2116). Als hinreichender Inlandsbezug genügt in jedem Falle der **Wohnsitz bzw gewöhnliche Aufenthalt des Klägers** im Inland (BGH NJW 2013, 386 Rn 16 m krit Anm Koechel IPRax 2014, 312; BGH NJW 1997, 2885 = IPRax 1998, 470 mAnm Gottwald/Baumann 445; BGH NJW 1997, 324 = IPRax 1997, 336; BAG NZA 2002, 734 = IPRax 2003, 258 mAnm Franzen 239; OLG Frankfurt RIW 1999, 461 = IPRax 1999, 247 mAnm Hau 232; OLG München IPRax 2007, 322 mAnm Rühl 294; Stein/Jonas/Schumann, ZPO [21. Aufl 1993] § 23 Rn 31; Zöller/Schultzky, ZPO [35. Aufl 2024] § 23 Rn 13), denn maßgebliches Motiv für die Schaffung des Vermögensgerichtsstandes war gerade die Erleichterung der Rechtsverfolgung für im Inland ansässige Personen gegenüber Ausländern. Dieses Interesse besteht auch heute – trotz stark verbesserter Transport- und Kommunikationsmittel – fort (einschränkend Schlosser IPRax 1992, 142). Auch aus völkerrechtlicher Sicht kann es einem Staat nicht verwehrt sein, Inländern die Rechtsverfolgung vor den heimischen Gerichten zu ermöglichen (zutr Mark/Ziegenhain NJW 1992, 3064). Hingegen reicht die bloße deutsche Staatsangehörigkeit des – im Ausland wohnhaften – Klägers nicht aus (OLG Brandenburg RIW 1997, 424; Schlosser IPRax 1992, 142; Stein/Jonas/Schumann, ZPO [21. Aufl 1993] § 23 Rn 31e; **aA** BGH NJW-RR 1993, 5, wo die deutsche Staatsangehörigkeit des in Polen lebenden Klägers für eine Unterhaltsklage im Gerichtsstand des § 23 ZPO als hinreichender Inlandsbezug gewertet wird). Ein Abstellen auf die Staatsangehörigkeit würde zudem EU-Ausländer in unzulässiger Weise diskriminieren; darüber hinaus dürfte ihnen gegenüber auch in der Anknüpfung an den inländischen Wohnsitz eine mittelbare Diskriminierung liegen, sodass EU-Ausländer sich schon dann auf § 23 ZPO stützen können, wenn ein hinreichender Gemeinschaftsbezug vorliegt (Koch IPRax 1997, 229 ff). Auch der inländische Wohnsitz des Klägers genügt allerdings dann nicht, wenn er lediglich zum Zwecke der Zuständigkeits-

erschleichung nachträglich begründet wurde (dazu näher Wieczorek/Schütze/Hausmann, ZPO [3. Aufl 2010] § 23 Rn 36 f).

366 Eine Ausnahme von der grundsätzlichen Beschränkung des § 23 ZPO auf Klagen von Personen mit Wohnsitz/Sitz im Inland kann gerechtfertigt sein, wenn eine Entscheidung deutscher Gerichte wegen der größeren **Rechts- oder Beweisnähe** zweckmäßig erscheint. In Betracht kommen etwa Streitigkeiten aus Verträgen, die in Deutschland abgeschlossen (BGH NJW 1997, 324 und 2885) oder durchgeführt wurden (LAG Köln IPRspr 2001 Nr 134), oder aus einer sonstigen aktiven Teilnahme des Beklagten am Geschäftsleben („doing business") in der Bundesrepublik Deutschland (so – in Anlehnung an den US Supreme Court in *Worldwide Volkswagen Corp V Woodson*, 444 US 286, 305 ff [1980] – Mark/Ziegenhain NJW 1992, 3064 f: „bewusste Investitionsentscheidung"; sehr restriktiv hingegen OLG München IPRax 1993, 237 m **abl** Anm Geimer 216, wo auch weitreichende Kontakte der Klägerin zum deutschen Markt für nicht ausreichend gehalten werden). Ausreichend kann aber auch sein, dass im Ausland wohnhafte Parteien den streitgegenständlichen Vertrag ausdrücklich dem *deutschen materiellen Recht unterstellt* haben (OLG Stuttgart RIW 1990, 829 [831]; Mark/Ziegenhain NJW 1992, 3064 f; Stein/Jonas/Schumann, ZPO [21. Aufl 1993] § 23 Rn 31 f; krit hingegen vor allem Schütze DZWiR 1991, 242; Geimer NJW 1991, 3074; Fischer RIW 1990, 796; Lüke ZZP 105 [1992] 327). Auch die Führung von Vertragsverhandlungen oder die Verwirklichung eines Haftungstatbestands im Inland kann den für § 23 ZPO erforderlichen Inlandsbezug herstellen (Zöller/Schultzky, ZPO [35. Aufl 2024] § 23 Rn 13). Gleiches gilt, wenn über das Vermögen des Schuldners im Inland das Insolvenzverfahren eröffnet wurde und die Ansprüche des Schuldners gegen den Drittschuldner, an welche die Zuständigkeit anknüpft, aus einer Tätigkeit im Inland herrühren (BGH NJW-RR 2013, 880 Rn 13). Die berechtigten Vorbehalte gegenüber einer leichtfertigen Übernahme der Lehre vom *„forum non conveniens"* in das deutsche Prozessrecht (vgl dazu Geimer, IZPR [9. Aufl 2024] Rn 1075 ff; Reus RIW 1991, 542 ff; Schütze DZWiR 1991, 242 f) stehen einer solchen Berücksichtigung der vereinbarten Geltung deutschen Rechts oder des leichteren Zugangs zu den Beweismitteln im Rahmen der Konkretisierung des „hinreichenden Inlandsbezugs" nicht entgegen.

367 Dem ausländischen Kläger ist schließlich ein Forum nach § 23 ZPO vor deutschen Gerichten auch dann zu eröffnen, wenn ihm sonst eine **internationale Rechtsverweigerung** drohen würde, wenn also für die Streitigkeit auch ausländische Gerichte nicht zuständig sind (sog internationale Notzuständigkeit, vgl OLG Stuttgart RIW 1990, 829 [831]; OLG Rostock TranspR 2000, 40; Stein/Jonas/Schumann, ZPO [21. Aufl 1993] § 23 Rn 31g; Geimer, IZPR [9. Aufl 2024] Rn 1024, 1029 f, 1361; Mark/Ziegenhain NJW 1992, 3062, 3065; ebenso – allerdings beschränkt auf deutsche Kläger – Schlosser IPRax 1992, 143). Gleiches muss auch dann gelten, wenn dem ausländischen Kläger zwar im Ausland ein Gerichtsstand gegen den Beklagten zur Verfügung steht, ein dort erstrittenes Urteil aber (zB wegen fehlender Verbürgung der Gegenseitigkeit, § 328 Abs 1 Nr 5 ZPO) im Inland nicht anerkannt wird, sodass er auf das inländische Vermögen des Beklagten auch nicht über ein Vollstreckungsurteil nach § 723 ZPO zugreifen kann; denn die Einschränkung des § 23 ZPO sollte nicht zu „vollstreckungsfreien Oasen" im Inland führen (Geimer NJW 1991, 3072 und IZPR Rn 1349; Mark/Ziegenhain NJW 1992, 3064; Stein/Jonas/Schumann, ZPO [21. Aufl 1993] § 23 Rn 31h; Schack ZZP 97 [1984] 55). Demgegenüber ist es kein legitimer Gesichtspunkt für die Inanspruchnahme der internationalen Zuständigkeit deutscher Gerichte nach § 23 ZPO, dass die Prozessführung im Ausland beschwerlicher oder wegen mangelnder Vertrauenswürdigkeit der dorti-

gen Gerichte risikobehafteter ist (OLG Stuttgart RIW 1990, 829 [831]; Geimer NJW 1991, 3073; Schlosser IPRax 1992, 142; Hohloch JuS 1992, 349). Auch die Absicht des Klägers, ein im Heimatstaat des Beklagten anhängiges Insolvenzverfahren über dessen Vermögen zu umgehen, begründet noch keine internationale Notzuständigkeit der deutschen Gerichte (OLG München WM 1992, 2115 [2118] = IPRax 1993, 237); dies gilt jedenfalls dann, wenn das ausländische Insolvenzverfahren auch das inländische Vermögen des Beklagten erfasst und die rechtlichen Wirkungen der dort ergehenden Entscheidung im Inland anzuerkennen sind (Geimer IPRax 1993, 216 [218]).

5. Einschränkung des Vermögensbegriffs

Schließlich ist § 23 ZPO in seiner internationalprozessrechtlichen Funktion auch **368**
durch eine teleologische Reduktion des Vermögensbegriffs in dem Sinne einzuschränken, dass eine internationale Zuständigkeit deutscher Gerichte auf die Vorschrift nur gestützt werden kann, wenn das vom Kläger begehrte Urteil zu *inländischen Vollstreckungsmaßnahmen* führen kann, die einen Überschuss abwerfen (OLG München IPRax 2016, 267 Rn 26 ff mAnm Hau 230; OLG Dresden EuLF 2007 II, 117; OLG München NJW-RR 1993, 701; OLG Karlsruhe IPRspr 1987 Nr 121 a; Stein/Jonas/Roth, ZPO [23. Aufl 2014] § 23 Rn 15; Lüke ZZP 105 [1992] 325; noch weitergehend Kropholler, in: Hdb IZVR I Kap III Rn 342; **aA** Geimer, IZPR [9. Aufl 2023] Rn 1352, 1363, sowie aus Gründen der Rechtssicherheit auch MünchKommZPO/Patzina [7. Aufl 2025] § 23 Rn 8). Daran fehlt es vor allem dann, wenn eine Vollstreckung in das inländische Vermögen des Beklagten – zB wegen Immunität oder sonstiger Unpfändbarkeit – unzulässig ist (vgl OLG Frankfurt IPRax 1983, 68 mAnm Albert 55 und IPRax 1999, 247 [249]). Gleiches sollte aber zur Vermeidung eines Missbrauchs des Vermögensgerichtsstandes auch dann gelten, wenn der Wert des Vermögensstücks im Inland extrem gering und außer jedem Verhältnis zum Streitwert des Prozesses steht (OLG Celle NJW 1999, 3722 = IPRax 2001, 338; Kropholler, in: Hdb IZVR I Kap III Rn 342; Schack, IZVR [9. Aufl 2025] Rn 402; Schlosser IPRax 1992, 143; Lüke ZZP 105 [1992] 325; Zöller/Schultzky, ZPO [35. Aufl 2024] § 23 Rn 7 f; Wieczorek/Schütze/Hausmann, ZPO [3. Aufl 2010] § 23 Rn 22, 52 mwNw; **aA** noch BGH NJW 1997, 325 [326]; OLG Frankfurt IPRax 1999, 247 [250]; OLG Düsseldorf NJOZ 2006, 2719; Geimer, IZPR [9. Aufl 2024] Rn 1371; Wollenschläger IPRax 2001, 329). Die Inanspruchnahme des Vermögensgerichtsstands ist aber jedenfalls dann ausgeschlossen, wenn sie mit Rücksicht auf die Geringwertigkeit des Vermögens oder die Aussichtslosigkeit einer Vollstreckung als missbräuchlich erscheint (BGH NJW 1997, 325 [326]). Für Feststellungs- und Gestaltungsklagen sollte der Gerichtsstand des § 23 ZPO nur eröffnet werden, wenn die Feststellungs- oder Gestaltungswirkung gerade im Inland notwendig ist (Stein/Jonas/Schumann, ZPO [21. Aufl 1993] § 23 Rn 31d; **aA** Stein/Jonas/Roth, ZPO [23. Aufl 2014] § 23 Rn 15).

C. Internationale Gerichtsstandsvereinbarungen

Schrifttum

1. Allgemeines

Alexander, Gerichtsstands- und Schiedsvereinbarungen im E-Commerce sowie außergerichtliche Streitbeilegung (2006)

Bälz/Stompfe, Asymmetrische Streitbeilegungsklauseln in internationalen Wirtschaftsverträgen: Zulässigkeit, Grenzen, Gestaltungsmöglichkeiten, SchiedsVZ 2017, 15

BASEDOW, Exclusive Choice-of-Court Agreements as a Derogation from Imperative Norms, in: FS Bogdan (2013) 15
ders, Zuständigkeitsderogation, Eingriffsnormen und ordre public, in: FS Magnus (2014) 337
vBAUM, Die prozessuale Modifizierung von Wertpapieren durch Gerichtsstands- und Schiedsvereinbarungen (1998)
BEAUMONT/YÜKSEL, The Validity of Choice of Court Agreements Under the Brussels I Regulation and the Hague Choice of Court Agreement Convention, Liber Amicorum Siehr (2010) 563
BLÄSI, Das Haager Übereinkommen über Gerichtsstandsvereinbarungen (2010)
BORN, International Arbitration and Forum Selection Agreements: Drafting and Enforcing (2006)
BRIGGS, The Subtle Variety of Jurisdiction Clauses (2012) LMCLQ 365
BRÖDERMANN, Zustandekommen von Rechtswahl-, Gerichtsstands- und Schiedsvereinbarungen – rechtsoziologische Notizen, in: FS Martiny (2014) 1045
COIPEL/CORDONNIER, Les conventions d'arbitrage et d'élection de for en droit international privé (1999)
CZERNICH/GEIMER, Handbuch der Streitbeilegungsklauseln im internationalen Vertragsrecht (2017)
DANELZIK, Die Gerichtsstandsvereunbarung zwischen ZPO, EuGVVO und HGÜ (2019)
DRAGUIEV, Unilateral Jurisdiction Clauses: the Case for Invalidity, Severability or Enforceability, J Int Arb 31 (2014) 19
EICHEL, AGB-Gerichtsstandsklauseln im deutsch-amerikanischen Handelsverkehr (2007)
ders, Das Haager Übereinkommen über Gerichtsstandsvereinbarungen auf dem Weg zur Ratifikation oder zum Inkrafttreten, GPR 2014, 159
FOUNTOULAKIS, Das für die Auslegung von Gerichtsstandsvereinbarungen maßgebliche Recht, IHR 2018, 61
FRANZEN, Internationale Gerichtsstandsvereinbarungen in Arbeitsverträgen zwischen EuGVÜ und autonomem internationalen Zivilprozessrecht, RIW 2000, 81
FRENSING-DEUTSCHMANN, Die Wirksamkeit von Gerichtsstandsvereinbarungen nach der Brüssel Ia-VO und die Absicherung von Derogationsverboten auf der Zuständigkeits- und Anerkennungsebene (2022)
GARNETT, Coexisting and Conflicting Jurisdiction and Arbitration Clauses JPIL 3 (2013) 361
GEBAUER, Ausschließliche Gerichtsstandsvereinbarungen als Aufrechnungsverbot?, IPRax 2018, 172
GEIMER, Zuständigkeitsvereinbarungen zugunsten und zulasten Dritter, NJW 1985, 533
GOTTWALD, Internationale Gerichtsstandsvereinbarungen – Verträge zwischen Prozessrecht und materiellem Recht, in: FS Henckel (1995) 295
ders, Internationale Vereinbarungen des Erfüllungsortes und des Gerichtsstandes nach Brüssel I und Den Haag, in: FS Ereciński (2011) 1067
ders, Sanktionen bei Verstoß gegen eine Gerichtsstandsvereinbarung, in: FS H Roth (2021) 699
HAHN/FINK, Die Qual (mit) der Wahl: Reichweitew von Gerichtsstands- und Schiedsvereinbarungen im Kartellrecht, NZKart 2024, 386
HAMM, Die materielle Gültigkeit von internationalen Gerichtsstandsvereinbarungen (2021)
HARTLEY, Choice-of-court Agreements under the European and International Instruments: The Revised Brussels I Regulation, the Lugano Convention, and the Hague Convention (2013)
HAUSMANN, Gerichtsstandsvereinbarungen, in: REITHMANN/MARTINY, Internationales Vertragsrecht (9. Aufl 2022) § 7A
HERMANN, Zuständigkeitsvereinbarungen im internationalen Rechtsverkehr (2024)
HERNÁNDEZ-BRETÓN, Internationale Gerichtsstandsklauseln in Allgemeinen Geschäftsbedingungen (1993)
HESS, Gerichtsstandsvereinbarungen zwischen EuGVÜ und ZPO, IPRax 1992, 358
KIM, Internationale Gerichtsstandsvereinbarungen (1995)
KOCH, Zur Bewertung von Gerichtsstandsklauseln und Erfüllungsortsvereinbarungen im internationalen Handelsverkehr, JZ 1997, 841
KOWALKE, Die Zulässigkeit von internationalen Gerichtsstands-, Schiedsgerichts- und Rechtswahlklauseln bei Börsentermingeschäften (2002)
LEIBLE, Gerichtsstandsklauseln und EG-Klauselrichtlinie, RIW 2001, 422

LEIPOLD, Zuständigkeitsvereinbarungen in Europa, in: GOTTWALD/GREGER/PRÜTTING, Dogmatische Grundfragen des Zivilprozesses im geeinten Europa (2000) 51
ders, Schadensersatz bei Verstoß gegen Internationale Zuständigkeitsvereinbarungen, in: FS Schack (2022) 722
LEUTHOLD, Die Wirkung von internationalen Gerichtsstandsvereinbarungen zugunsten und zulasten Dritter (2022)
LINDENMAYR, Vereinbarungen über die internationale Zuständigkeit und das darauf anwendbare Recht (2002)
MANKOWSKI, Ist eine vertragliche Absicherung von Gerichtsstandsvereinbarungen möglich?, IPRax 2009, 23
MERRET, Interpreting non-exclusive juridiction agreements, JPIL 14 (2018) 38
MOHS, Drittwirkungen von Schieds- und Gerichtsstandsvereinbarungen (2006)
MUKURRUM, The Nature and Enforcement of Choice of Court Agreements (2. Aufl 2020)
PEIFFER/WELLER, Vertraglicher Schadensersatzanspruch wegen Verletzung von Gerichtsstands- und Schiedsvereinbarungen, RIW 2020, 321 und 641
PFEIFFER, Gerichtsstandsklauseln und EG-Klauselrichtlinie, in: FS Schütze (1999) 671
RAPP, Schadensersatz bei der Verletzung von Gerichtsstands- und Schiedsvereinbarungen, ZZP 133 (2020) 193
RASMUSSEN-BONNE, Alternative Rechts- und Forumswahlklauseln (1999)
REDMANN, Ordre public-Kontrolle von Gerichtsstandsvereinbarungen (2005)
RIELÄNDER, Schadensersatrz wegen Klage vor einem aufgrund Gerichtsstandsvereinbarung unzuständigen Gericht, RabelsZ 84 (2020) 548
RIES, Der Schadensersatzanspruch wegen der Missachtung einer internationalen Gerichtsstandsvereinbarung (2018)
RÜHL, Die Wirksamkeit von Gerichtsstands- und Schiedsvereinbarungen im Lichte der Ingmar-Entscheidung des EuGH, IPRax 2007, 294
SAENGER, Wirksamkeit internationaler Gerichtsstandsvereinbarungen, in: FS Sandrock (2000) 807
F SANDROCK, Die Vereinbarung eines „neutralen" internationalen Gerichtsstandes (1997)
SCHACK, Auswirkungen eines Gläubiger- oder Schuldnerwechsels auf die internationale Zuständigkleit, insbesondere auf Gerichtsstands- und Schiedsvereinbarungen, in: GS Mankowski (2024) 569
SIEG, Internationale Gerichtsstands- und Schiedsklauseln in Allgemeinen Geschäftsbedingungen, RIW 1998, 102
SPELLENBERG, Doppelter Gerichtsstand in fremdsprachigen AGB, IPRax 2007, 98
STERNKE, Prozessuale Klauseln in Allgemeinen Geschäftsbedingungen (1993)
STINGL, Forum Selection in the Conflict of Laws (2001)
STÖVE, Gerichtsstandsvereinbarungen nach Handelsbrauch, Art 17 EuGVÜ und § 38 ZPO (1993)
VISCHER, Der Einbezug deliktischer Ansprüche in die Gerichtsstandsvereinbarung für den Vertrag, in: FS Jayme I (2004) 993
G WAGNER, Prozessverträge – Privatautonomie im Verfahrensrecht (1998)
R WAGNER, Das Haager Übereinkommen vom 30. 6. 2005 über Gerichtsstandsvereinbarungen, RabelsZ 73 (2009) 100
WAIS, Einseitige Gerichtstandsvereinbarungen und die Schranken der Parteiautonomie, RabelsZ 81 (2017) 815
WELLER, Choice of court agreements under Brussels Ia and under the Hague convention: coherences and clashes, JPIL 13 (2017), 91
WURMNEST, Die Einbeziehung kartellrechtlicher Ansprüche in Gerichtsstandsvereinbarungen, in: FS Magnus (2014) 567.

2. Brüssel Ia-VO

ABENDROTH, Parteiautonome Zuständigkeitsbegründung im Europäischen Zivilverfahrensrecht (2016)
ders, Asymmetrische Gerichtsstandsvereinbarungen im internationalen Kreditgeschäft, WM 2017, 1786
AHMED, The Nature and Enforcement of Choice of Court Agreements (2017)
ANTOMO, Schadensersatz wegen der Verletzung einer internationalen Gerichtsstandsvereinbarung (2017)
dies, Verleitung zum Bruch einer internationalen Gerichtsstandsvereinbarung, ZEuP 2018, 261

vBARY, Gerichtsstands- und Schiedsvereinbarungen im internationalen Erbrecht (2018)
BASEDOW, Zuständigkeitsderogation, Eingriffsnormen und ordre public, in: FS Magnus (2014) 337
ders, Drittwirkungen von Gerichtsstandsvereinbarungen im europäischen Zivilprozessrecht, in: FS Schack (2022) 515
BERNER, Prorogtion drittstaatlicher Gerichte und der Anwendungsvorrang der EuGVVO, RIW 2017, 792
ders, Erfolgsort bei Verleiten zum Bruch von Gerichtsstandsvereinbarungen, IPRax 2019, 333
BLACK/PITEL, Forum selection clauses: beyond the contracting parties, JPIL 12 (2016), 26
BÖRNER, Die drittwirkung von Gerichtsstandsvereinbarungen im EuZPR (2022)
BRÜGGEMANN, Die Anerkennung prorogationswidriger Urteile im europäischen und USamerikanischen Zivilprozessrecht (2019)
CORNELOUP, Wirksamkeit und Drittwirkungen von Gerichtsstandsvereinbarungen, IPRax 2017, 309
DITTRICH, Auswirkung der EuGVVO-Reform auf Gerichtsstandsklauseln und Schiedsverfahren, EWS 2014, 217
FORNER-DELAYGUA, Changes to jurisdiction based on exclusive jurisdiction agreements under the Brussels I Regulation Recasr, JPIL 11 (2015) 379
FRANCQ, Les clauses d'élection de for dans le nouveau règlement Bruxelles I bis, in: GUINCHARD, Le nouveau règlement Bruxelles Ibis (2014) 107
FREITAG, Halbseitig ausschließliche Gerichtsstandsvereinbarungen unter der Brüssel I-VO, in: FS Magnus (2014) 419
GAUDEMET-TALLON, Clauses attributives de juridiction et compétence dérivée sous l'empire du règlement Bruxelles I, Rev crit dip 2019, 470
GEBAUER, Zur subjektiven Reichweite von Schieds- und Gerichtsstandsvereinbarungen, in: FS Schütze (2015) 95
ders, Gerichtsstandsvereinbarungen zu Gunsten eines drittstaatlichen Gerichts und rügelose Einlassung vor einem mitgliedstaatlichen Gericht, GPR 2016, 245
GEIMER, Wahl der internationalen Zuständigkeit Deutschlands ohne (wirksame)Vereinbarung der örtlichen Zuständigkeit, IPRax 2023, 251
ders, Schwindende Rechtssicherheiut bei der Forumplanung in der Europäischen Union, RIW 2021, 261
GOTTWALD, Zur Bindung Dritter an internationale Gerichtsstands- und Schiedsvereinbarungen, in: FS Geimer II (2017) 131
GSELL, Die Zulässigkeit von Gerichtsstandsvereinbarungen mit Verbraucherbeteiligung und Drittstaatenbezug unter der neuen EuGVO, in: FS Coester-Waltjen (2015) 405
HAU, Der Auslandsbezug in Art 25 EuGVVO zwischen Anwendungsvoraussetzung und Missbrauchskontrolle, IPRax 2024, 272
HEINZE, Choice of Court Agreements, Coordination of Proceedings and Provisional Measures in the Reform of the Brussels I Regulation, RabelsZ 75 (2011) 581
HESS, Die Auslegung kollidierender Gerichtsstandsklauseln im europäischen Zivilprozessrecht, in: FS Prütting (2018) 337
HILBIG-LUGANI, Der gerichtsstandsvereinbarungswidrige Torpedo – wird endlich alles gut?, in: FS Schütze (2014) 195
HOHMEIER, Zur Privilegierung ausschließlicher Zuständigkeitsvereinbarungen durch die Brüssel Ia-VO, IHR 2014, 217
HUBER, Internationale Gerichtsstandsvereinbarungen, Privatautonomie und prozessuale Rechtshängigkeitsdogmatik, in: FS Müller-Graff (2015) 383
KEYES/MARSHALL, Jurisdiction agreements: exclusive, optional and asymmetrical, J Priv Int L 11 (2015) 345
KIERDORF, Das auf internationale Gerichtsstands- und Schiedsvereinbarungen anwendbare Recht (2024)
KINDLER, Gerichtsstandsvereinbarung und Rechtshängigkeitssperre, Zum Schutz vor Torpedoklagen nach der Brüssel Ia-VO, in: FS Coester-Waltjen (2015) 485
KISTLER, Effect of exclusive choice-of-court agreements in favor of third states within the Brussels I Regulation Recast, J Priv Int L 14 (2018) 66
KOECHEL, Ausschließliche Gerichtsstandsvereinbarungen zugunsten von Drittstaaten im Anwendungsbereich der EuGVVO, GPR 2016, 204

Kranzhöfer, Drittwirkung einer Gerichtsstandsvereinbarung in einem Konnossement kraft materiell-rechtlicher Rechtsnachfolge, IPRax 2025, 231
De Maestri, La proroga della giurisdizione nel nuovo regolamento UE n 1215/2012 (Bruxelles Ibis), Dir comm int 2014, 607
Magnus, Gerichtsstandsvereinbarungen im Vorschlag zur Reform der EuGVO, in: FS vHoffmann (2011) 664
ders, Gerichtsstandsvereinbarungen unter der reformierten EuGVO, in: FS Martiny (2014) 785
ders, Sonderkollisionsnorm für das Statut von Gerichtsstands- und Schiedsvereinbarungen?, IPRax 2016, 521
Mankowski, Der Schutz von Gerichtsstandsvereinbarungen vor abredewidrigen Klagen durch Art 31 Abs 2 EuGVVO nF, RIW 2015, 17
ders, Auslegung von Gerichtsstandsklauseln in dem CISG unterfallenden Kaufverträgen, BB 2015, 1418
C Mayer, Fallstricke der öffentlichen Zustellung und der Gerichtsstandsvereinbarung im internationalen Geschäftsverkehr, IPRax 2019, 496
Melcher, Zur Drittwirkung von Gerichtsstandsvereinbarungen nach der EuGVVO nF, GPR 2017, 246
Mohamed, Die Aufrechnung bei anderweitiger internationaler Zuständigkeit durch Gerichtsstandsvereinbarung ZZP Int 22 (2017) 246
Nordmeier, Internationale Gerichtsstandsvereinbarungen nach der EuGVVO n.F., RIW 2016, 331
Nourissat, L'avenir des clauses attributives de juridiction d'après le Règlement „Bruxelles Ibis", in: FS Audit (2014) 567
Nunner-Krautgasser, Die Neuregelung der ausschließlichen Gerichtsstandsvereinbarungen in der EuGVVO, ZZP 127 (2014) 461
Peiffer/Weiler, Vertraglicher Schadensersatzanspruch wegen Verletzung von Gerichtsstands- und Schiedsvereinbarungen, RIW 2020, 321
Pfeiffer, Widersprüchliche Gerichtsstandsvereinbarungen im Anwendungsbereich der Brüssel Ia-VO, in: FS Schack (2022) 804
Pocar, On the Substantive Validity of Choiceof-Court Agreements under the EU Brussels I Regulation Recast, in: FS Bogdan (2013) 471
Queirolo, Choice of Court Agreements in the New Brussels I bis Regulation: A Critical appraisal, Yb Priv Int L 15 (2013/14) 113
Radicati di Brozolo, Choice of Court and Arbitration Agreements and the Review of the Brussels I Regulation, IPRax 2010, 121
Ratković/Zgrabljić Rotar, Choice-of-court agreements under the Brussels I Regulation (Recast), JPIL 9 (2013) 245
dies, Prorogation of jurisdiction in the proposal for a request of the Brussels I Regulation, in: Pocar/Viarengo/Villata, Recasting Brussels I (2012) 183
Rieländer, Missbrauchskontrolle und Drittwirkungen von Gerichtsstandsvereinbqrungen bei der Rechtsnachfolge nach der EuGVVO, EuZW 2021, 391
Ries, Die Auslegung des Luganer Parallelübereinkommens nach der EuGVVO-Novelle, RIW 2019, 32
H Roth, Vereinbarungen über die internationale Zuständigkeit nach Art 25 Brüssel Ia-VO und Prüfung von Amts wegen im deutschen Zivilprouess, IPRax 2019, 397
Schaper/Eberlein, Die Behandlung von Drittstaaten-Gerichtsstandsvereinbarungen vor europäischen Gerichten, RIW 2012, 43
Simotta, DieGerichtsstandsvereinbarung nach der neuen EuGVVO, JPIL 9 (2013) 49
dies, Zur materiellen Nichtigkeit von Gerichtsstandsvereinbarungen (Art 25 Abs 1 S 1 EuGVVO), in: FS Schütze (2015) 541
Sindres, Retour sur la loi applicable à la validité de la clause d'election de for, Rev crit 2015, 787
Sirakova/Westerhoven, Erfassen allgemein formulierte Gerichtsstandsvereinbarungen Schadensersatzklagen wegen Missbrauchs einer marktbeherrschenden Stellung?, IPRax 2019, 493
Stiefer, Zession und Zuständigkeit unter der EuGVO (2022)
Thon, AGB-Kontrolle und Drittwirkung von Gerichtsstandsvereinbarungen im Anwendungbereih der EuGVVO, IPRax 2022, 236
Villata, Choice-of-court agreements in favour of third states in light of the suggestions by members of the European Parliament, in: Pocar/Viarengo/Villata, Recasting Brussels I (2012) 219
Wais, Die Stärkung von Gerichtsstandsverein-

barungen in der Neufassung der EuGVO, GPR 2015, 149
ders, Verbesserung der Wirksamkeit von ausschließlichen Gerichtsstandsvereinbarungen nach der Brüssel IA-Verordnung, in: FS Klamaris (2016) 941
ders, Einseitige Gerichtsstandsvereinbarungen und die Schranken der Privatautonomie, RabelsZ 81 (2017), 815
Weitz, Internationale Gerichtsstandsvereinbarungen und positive internationale Kompetenzkonflikte – Ein Beitrag zum Änderungsentwurf der Brüssel I-Verordnung, IJPL 1 (2011) 337
Weller, Die „verbesserte Wirksamkeit" der europäischen Gerichtsstandsvereinbarung nach der Reform der Brüssel I-VO, ZZPInt 19 (2014) 251
ders, Internationale Gerichtsstandsvereinbarungen: Haager Übereinkommen – Brüssel I-Reform, in: FS Schütze (2015) 705
Wurmnest, Die Einbeziehung kartellrechtlicher Ansprüche in Gerichtsstandsvereinbarungen, in: FS Magnus (2014) 567.

3. Brüssel I-VO/LugÜ 2007

Álvarez González, The Spanish Tribunal Supremo Grants Damages for a Breach of a Choice-of-Court Agreement, IPRax 2009, 529
Boccafoschi, Zuständigkeits- und Gerichtsstandsvereinbarungen im deutschen und italienischen Recht unter besonderer Berücksichtigung des EuGVÜ und der EuGVVO (2005)
Bollée, La non-circulation des clauses attributives de juridiction dans les chaines communautaires de contrats, D 2013, 1110
Briggs, Agreements on Jurisdiction and Choice of Law (2008)
ders, One-sided Jurisdiction Clauses: French Folly and Russian Menace (2013) LMCLQ 137
Camilleri, Article 23: Formal Validity, Material Validity or Both? JPIL 7 (2011) 297
Carbone, Gli accordi di proroga della giurisdizione e le convenzioni arbitrali della nuova disciplina del regolamento (UE) 1215/2012, Dir comm int 2013, 651
Czernich, Gerichtsstandsvereinbarung und Auslandsbezug, wbl 2004, 458
ders, Reform des Rechts der Gerichtsstandsvereinbarungen im europäischen Zuständigkeitsrecht, Jb ZVR 2010, 97
Dittrich, Auswirkungen der EuGVVO-Reform auf Gerichtsstandsvereinbarungen und Schiedsverfahren, EWS 2014, 217
Fawcett, Non-exclusive Jurisdiction Agreements in Private International Law, LMCLQ 2004, 234
Fentiman, Unilateral Jurisdiction Agreements in Europe 72 Cambridge L J (2013) 23
Fernandez, Choice-of-court agreements: Breach and damages within the Brussels I regime Yb PIL 12 (2010) 377
Frauenberger-Pfeiler, Der „reine Binnensachverhalt", Art 23 EuGVVO und der öOGH, in: FS Rechberger (2005) 125
Garau Sabrino, Los acuerdos internacionales de elección de foro (2008)
Gebauer, Zur Drittwirkung von Gerichtsstandsvereinbarungen bei Vertragsketten, IPRax 2001, 471
ders, Das Prorogationsstatut im Europäischen Zivilprozessrecht, in: FS vHoffmann (2011) 577
ders, Forum non conveniens, ausländische Kläger und internationale Gerichtsstandsvereinbarungen, IPRax 2012, 555
ders, Gerichtsstandsvereinbarung und Pflichtverletzung, in: FS Kaissis (2012) 267
ders, Relativität und Drittwirkung von Verträgen im Europäischen Kollisionsrecht am Beispiel der Vertragskette, in: FS Martiny (2014) 325
Gottschalk/Bressler, Missbrauchskontrolle von Gerichtsstandsvereinbarungen im europäischen Zivilprozessrecht, ZEuP 2007, 56
Hass, Zur internationalen Gerichtsstandsvereinbarung in einer Patronatserklärung, IPRax 2000, 494
Hau, Durchsetzung von Zuständigkeits- und Schiedsvereinbarungen mittels Prozessführungsverboten im EuGVÜ, IPRax 1996, 44
ders, Zur schriftlichen Bestätigung mündlicher Gerichtsstandsvereinbarungen, IPRax, 1999, 24
ders, Zu den Voraussetzungen gepflogenheitsmäßiger Einbeziehung von AGB-Gerichtsstandsklauseln, IPRax 2005, 301
Hausmann, Invalidity of Unilateral Jurisdiction Clauses Under Article 23 Brussels I Regulation?, EuLF 2013, 37
Heinig, Grenzen von Gerichtsstandsverein-

barungen im europäischen Zivilprozessrecht (2010)
ders, Die AGB-Kontrolle von Gerichtsstandsklauseln – zum Urteil Pannon des EuGH, EuZW 2009, 885
C Heinze, Choice of Court Agreements, Coordination of Proceedings and Provisional Measures in the Reform of the Brussels I Regulation, RabelsZ 75 (2011) 581
Heiss, Gerichtsstandsvereinbarungen zu Lasten Dritter, insbesondere in Versicherungsverträgen zu ihren Gunsten, IPRax 2005, 497
Horn, Einwand des Rechtsmissbrauchs gegen eine Gerichtsstandsvereinbarung iSd Art 23 EuGVO?, IPRax 2006, 2
Illmer, Anti-suit injunctions und nicht ausschließliche Gerichtsstandsvereinbarungen, IPRax 2012, 406
Jungermann, Die Drittwirkung internationaler Gerichtsstandsvereinbarungen nach EuGVÜ, EuGVO und LugÜ (2006)
Killias, Internationale Gerichtsstandsvereinbarungen mittels Schweigen auf kaufmännisches Bestätigungsschreiben, in: FS Siehr (2001) 65
Lehmann/Grimm, Zulässigkeit asymmetrischer Gerichtsstandsvereinbarungen nach Art 23 Brüssel I-VO, ZEuP 2013, 891
Leible, Gerichtsstandsklauseln und EG-Klauselrichtlinie, RIW 2001, 922
Leible/Röder, Missbrauchskontrolle von Gerichtsstandsvereinbarungen im europäischen Zivilprozessrecht, RIW 2007, 481
Lindacher, Internationale Gerichtsstandsvereinbarungen in AGB unter dem Geltungsregime von Brüssel I, in: FS Schlosser (2005) 491
Mance, Exclusive Jurisdiction Agreements and European Ideals (2004) 120 LQRev 357
Mankowski, Ist eine vertragliche Absicherung von Gerichtsstandsvereinbarungen möglich?, IPRax 2009, 23
ders, Gerichtssstandsvereinbarungen in Tarifverträgen und Art 23 EuGVVO, NZA 2009, 584
Mark/Gärtner, Gerichtsstandsvereinbarungen zwischen Kaufleuten im internationalen Rechtsverkehr, MDR 2009, 837
Marshall, Imbalancecd Jursidiction Clauses under the Lugano Convention, ZEuP 2016, 515
Merrett, The Enforcement of Jurisdiction Agreements within the Brussels Regime, 55 ICLQ (2006) 315
ders, Article 23 of the Brussels I Regulation: A Comprehesive Code for Jurisdiction Agreements ?, ICLQ 58 (2009) 545
Mohs, Drittwirkung von Schieds- und Gerichtsstandsvereinbarungen (2006)
Mormann, Satzungsmäßige Gerichtsstandsklauseln für informationsbedingte Kapitalanlegerklagen im europäischen Zuständigkeitsregime, AG 2011, 10
Mülbert, Gerichtsstandsklauseln als materielle Satzungsbestandteile, ZZP 118 (2005) 31
Nielsen, Exclusive Choice of Court Agreements and Parallel Proceedings, in: FS van Loon (2013) 409
Parenti, Internationale Gerichtsstandsvereinbarungen: Lex fori oder lex causae-Anknüpfung ZfRvgl 2003, 221
Peiffer, Schutz gegen Klagen im forum derogatum (2013)
dies, Die Unwirksamkeit von Gerichtsstandsvereinbarungen nach der Klausel-Richtlinie, ZEuP 2003, 141
Queirolo/de Maestri, The effects of the proposal for a recast of the Brussels I Regulation on rules concerning prorogation of jurisdiction, EuLF 2011 II, 61
Redmann, Ordre public-Kontrolle von Gerichtsstandsvereinbarungen (2005)
Rühl, Die Wirksamkeit von Gerichtsstands- und Schiedsvereinbarungen im Lichte der Ingmar-Entscheidung des EuGH, IPRax 2007, 294
Samtleben, Der Art 23 EuGVO als einheitlicher Maßstab für Gerichtsstandsvereinbarungen, in: FS Ansay (2006) 343
Schaper/Eberlein, Die Behandlung von Drittstaaten-Gerichtsstandsvereinbarungen vor europäischen Gerichten, RIW 2012, 43
Schlosser, Materiellrechtliche Wirkungen von (nationalen und internationalen) Gerichtsstandsvereinbarungen, in: FS Lindacher (2007) 111
Simotta, Zur restriktiven Auslegung von Art 17 EuGVÜ/LGVÜ und Art 23 EuGVVO durch den österreichischen OGH, ZZP Int 12 (2007) 43
dies, Wie „international“ muss eine Gerichtsstandsvereinbarung nach Art 23 EuGVVO bzw

Art 17 EuGVÜ/LuGÜ sein?, in: FS Yessiou-Faltsi (2007) 633
SPELLENBERG, Doppelter Gerichtsstand in fremdsprachigen AGB, IPRax 2007, 98
ders, Der Konsens in Art 23 EuGVVO, IPRax 2010, 464
H J STADLER/KRÜGER, Allgemeine Geschäftsbedingungen im internationalen Handel (2003)
M STÜRNER, Gerichtsstandsvereinbarungen und Europäisches Insolvenzrecht, IPRax 2005, 416
ders, Schweigen als Zustimmung zu Gerichtsstandsklausel?, ZEuP 2012, 353
ders, Gerichtsstandsvereinbarungen und Erfüllungsortvereinbarungen im europäischen Zivilprozessrecht, GPR 2013, 305
THOLE, Gerichtsstandsklauseln in Anleihebedingungen und Verbrauchergerichtsstand, WM 2014, 1205
VILLATA, Clausola di proroga della giurisdizione e negozi collegati, Riv dir int priv proc 2008, 1142
dies, L'attuazione degli accordi di scelta del foro nel regolamento Bruxelles I (2012)
VISCHER, Die Einbeziehung deliktischer Ansprüche in die Gerichtsstandsvereinbarung für den Vertrag, in: FS Jayme (2004) 993
WEIGEL/BLANKENHEIM, Europäische Gerichtsstandsklauseln – Missbrauchskontrolle und Vermeidung von Unklarheiten bei der Auslegung widersprüchlicher Vereinbarungen, WM 2006, 664
WELLER, Auslegung internationaler Gerichtsstandsvereinbarungen als ausschließlich und Wirkungserstreckung auf die Klage des anderen Teils gegen den falsus procurator, IPRax 2006, 444
ders, Keine Drittwirkung von Gerichtsstandsvereinbarungen bei Vertragsketten, IPRax 2013, 501.

4. EuGVÜ/LugÜ 1988

ADDIS, La conferma per iscritto della proroga verbale di competenza (art 17 della convenzione di Bruxelles), Riv trim dir proc civ 1998, 831
AULL, Der Geltungsanspruch des EuGVÜ: „Binnensachverhalte" und Internationales Zivilverfahrensrecht in der Europäischen Union – Zur Auslegung von Art 17 Abs 1 S 1 EuGVÜ (1996)
ders, Zur isolierten Prorogation nach Art 17 Abs 1 LugÜ, IPRax 1999, 226
BENECKE, Die teleologische Reduktion des räumlich-persönlichen Anwendungsbereichs von Art 2 ff und Art 17 EuGVÜ (Diss 1993)
BERNARD, Les clauses attributives de juridiction dans les conventions européennes (2000)
BORN, Le régime général des clauses attributives de juridiction dans la Convention de Bruxelles, J Trib 1995, 353
BURGSTALLER, Probleme der Prorogation nach dem Lugano-Übereinkommen, JBl 1998, 691
CONTALDI, Le clausole di proroga della giurisdizione contenute in polizze di carico ed il nuovo testo dell'art 17 della convenzione di Bruxelles del 1968, Riv dir int priv proc 1998, 79
DÖRNER/STAUDINGER, Internationale Zuständigkeit – Vertragsstaatenbezug, rügelose Einlassung und Gerichtsstandsklausel, IPRax 1999, 338
GEIMER, Ungeschriebene Anwendungsvoraussetzungen des EuGVÜ: Müssen Berührungspunkte zu mehreren Vertragsstaaten bestehen?, IPRax 1991, 31
GIRSBERGER, Gerichtsstandsklausel im Konnossement: Der EuGH und der internationale Handelsbrauch, IPRax 2000, 87
GOTTWALD, Die einseitig bindende Prorogation nach Art 17 Abs 3 EuGVÜ, IPRax 1987, 291
GRUBE, Deutsch-spanische Gerichtsstandsvereinbarungen, EuZW 1992, 17
HANDIG, Gerichtsstandsvereinbarungen bei Vertragsschlüssen im Internet, RdW 2001, 736
HARRIS, Jurisdiction Clauses and Void Contracts, (1998) 23 Eur L Rev 279
HARTLEY, Choice-of-Court Agreements Under the Brussels Jurisdiction and Judgments Convention (2000) 25 Eur L Rev 178
HAU, Zur schriftlichen Bestätigung mündlicher Gerichtsstandsvereinbarungen, IPRax 1999, 24
HEISS, Die Form internationaler Gerichtsstandsvereinbarungen, ZfRvgl 2000, 202
HOFSTETTER/SCHNELLMANN, Die Gerichtsstandsvereinbarung nach dem Lugano-Übereinkommen (1992)
KARRÉ/ABERMANN, Wirksamkeitsvoraussetzungen von Gerichtsstandsklauseln in Satzungen von Aktiengesellschaften, ZEuP 1994, 138
KILLIAS, Die Gerichtsstandsvereinbarung nach dem Lugano-Übereinkommen (1993)

Kindler/Haneke, Gerichtsstandsvereinbarungen in Rahmenverträgen, IPRax 1999, 435
Kohler, Gerichtsstandsklauseln in fremdsprachigen AGB: Das clair-obscur des Art 17 EuGVÜ, IPRax 1991, 299
Kröll, Gerichtsstandsvereinbarungen aufgrund Handelsbrauchs im Rahmen des EuGVÜ, ZZP 113 (2000) 135
ders, Das Formerfordernis bei Gerichtsstandsvereinbarungen nach Art 17 LugÜ – Unwirksamkeit trotz materieller Einigung?, IPRax 2002, 113
Kubis, Gerichtspflicht durch Schweigen? – Prorogation, Erfüllungsortsvereinbarung und internationale Handelsbräuche, IPRax 1999, 10
Oberhammer, Internationale Gerichtsstandsvereinbarungen: konkurrierende oder ausschließliche Zuständigkeit?, JBl 1997, 434
Pfeiffer, Halbseitig fakultative Gerichtsstandsvereinbarungen in stillschweigend vereinbarten AGB?, IPRax 1998, 17
Queirolo, Gli accordi sulla competenza giurisdizionale (2000)
Rabe, Drittwirkung von Gerichtsstandsvereinbarungen nach Art 17 EuGVÜ, TranspR 2000, 389
Rauscher, Gerichtsstandsbeeinflussende AGB im Geltungsbereich des EuGVÜ, ZZP 104 (1991) 271
Reiser, Gerichtsstandsvereinbarungen nach IPR-Gesetz und Lugano-Übereinkommen (1995)
H Roth, Gerichtsstandsvereinbarung nach Art 17 EuGVÜ und kartellrechtliches Derogationsverbot, IPRax 1992, 67
Saenger, Internationale Gerichtsstandsvereinbarungen nach EuGVÜ und LugÜ, ZZP 110 (1997) 477
ders, Gerichtsstandsvereinbarung nach EuGVÜ in international handelsgebräuchlicher Form, ZEuP 2000, 656
Samtleben, Europäische Gerichtsstandsvereinbarungen und Drittstaaten – viel Lärm um nichts?, RabelsZ 59 (1995) 670
M J Schmidt, Kann Schweigen auf eine Gerichtsstandsklausel in AGB einen Gerichtsstand nach Art 17 EuGVÜ-LuganoÜ begründen?, RIW 1992, 173
G Schulze, Der pathologische Fall – die Gerichtsstandsvereinbarung nach Art 17 Abs 4 LugÜ/EuGVÜ, IPRax 1999, 229
Sieg, Internationale Gerichtsstands- und Schiedsvereinbarungen in Allgemeinen Geschäftsbedingungen, RIW 1998, 1
Staehelin, Gerichtsstandsvereinbarungen im internationalen Handelsverkehr Europas. Form und Willenseinigung nach Art 17 EuGVÜ/LugÜ (1994)
Thorn, Grenzüberschreitende Gerichtsstandsvereinbarungen in Kreditverträgen zur Finanzierung von Börsenspekulationen, IPRax 1995, 294
Vial, Die Gerichtsstandswahl und der Zugang zum internationalen Zivilprozess im deutschitalienischen Rechtsverkehr (1998).

5. Autonomes Recht

Antomo, Das auf internationale Gerichtsstandsvereinbarungen nach § 38 ZPO anwendbare Recht, ZZP Int 17 (2012) 183
Basedow, Das Statut der Gerichtsstandsvereinbarung nach der IPR-Reform, IPRax 1988, 15
Bork, Gerichtsstandsklauseln in Satzungen von Kapitalgesellschaften, ZHR 157 (1993) 48
vFalkenhausen, Ausschluss von Aufrechnung und Widerklage durch internationale Gerichtsstandsvereinbarungen, RIW 1982, 386
ders, Internationale Gerichtsstandsvereinbarungen und unerlaubte Handlung, RIW 1983, 420
Gottwald/Baumann, Zur Derogation der deutschen internationalen Zuständigkeit, IPRax 1998, 445
Hau, Grenzen der Beachtlichkeit von Schieds- und Gerichtsstandsvereinbarungen nach lex fori und Vereinbarungsstatut, IPRax 1999, 232
Hausmann, Einheitliche Anknüpfung internationaler Gerichtsstands- und Schiedsvereinbarungen, in: FS W Lorenz (1991) 359
Hollatz, Formularmäßige Gerichtsstandsvereinbarungen im vollkaufmännischen Verkehr (1993)
E Lorenz, Zur internationalen Zuständigkeit und zur Formwirksamkeit der Derogation deutscher Arbeitsgerichte nach dem autonomen Kollisionsrecht, IPRax 1985, 256
Nicklisch, Internationale Zuständigkeit bei vereinbarten Standardbedingungen (VOB/B), IPRax 1987, 286
Pfeiffer, Halbseitig fakultative Gerichtsstands-

vereinbarungen in stillschweigend vereinbarten AGB?, IPRax 1998, 17
Prinzing, Internationale Gerichtsstandsvereinbarung nach § 38 ZPO, IPRax 1990, 83
Schack, Derogation des Vermögensgerichtsstands zwischen deutscher lex fori und ausländischem Prorogationsstatut, IPRax 1990, 19
Schücking, Wirtschaftsrechtliche Schranken für Gerichtsstandsvereinbarungen, in: GS Arens (1993) 383
Schütze, Die Bedeutung der Durchsetzbarkeit eines Anspruchs im forum prorogatum für die Wirksamkeit einer internationalen Gerichtsstandsvereinbarung, RIW 1983, 773
Schwark, Zur Durchsetzung inländischen Rechts gegenüber Gerichtsstandsvereinbarungen ausländischer Gerichte bei Börsentermingeschäften, ZGR 1985, 466
Trappe, Zulässigkeit von Gerichtsstandsklauseln in Konnossementen, IPRax 1985, 8
Trunk, Derogationswirkung von Gerichtsstandsvereinbarungen im deutsch-polnischen Rechtsverkehr, IPRax 1998, 448
Weller, Ordre public-Kontrolle internationaler Gerichtsstandsvereinbarungen im autonomen Zuständigkeitsrecht (2005)
Weyland, Zur Frage der Ausschließlichkeit internationaler Gerichtsstandsvereinbarungen, in: GS Arens (1993) 417.

I. Allgemeines

1. Begriff

369 Durch eine Gerichtsstandsvereinbarung können die Parteien einen vom Gesetz nicht eröffneten Gerichtsstand begründen und/oder einen gesetzlichen Gerichtsstand abbedingen. Im internationalen Rechtsverkehr wird als **Prorogation** die Begründung der internationalen Zuständigkeit eines Staates verstanden, dessen Gerichte kraft Gesetzes zur Entscheidung des Rechtsstreits nicht zuständig wären. Demgegenüber versteht man unter **Derogation** den Ausschluss der internationalen Zuständigkeit eines Staates, dessen Gerichte ohne die Vereinbarung international zuständig wären. Zwischen diesen beiden Funktionen einer Gerichtsstandsvereinbarung ist auch dann sorgfältig zu unterscheiden, wenn die Parteien Prorogation und Derogation – wie im Regelfall – in einer Klausel kombinieren (vgl Geimer, IZPR [9. Aufl 2024] Rn 1652 ff).

2. Rechtsquellen

a) Brüssel I-VO/Luganer Übereinkommen

370 Wichtigste Rechtsquelle für die Beurteilung internationaler Gerichtsstandsvereinbarungen war bis 2014 die EG-Verordnung Nr 44/2001 über die gerichtliche Zuständigkeit und die Anerkennung und Vollstreckung von Entscheidungen in Zivil- und Handelssachen vom 22. 12. 2000 (Brüssel I-VO, ABl EG 2001 Nr L 12, S 1), die für die Bundesrepublik Deutschland und die übrigen damaligen EU-Mitgliedstaaten (mit Ausnahme Dänemarks) am 1. 3. 2002 in Kraft getreten ist (dazu näher Rn 4). Die Zulässigkeit, die Form und die Wirkungen von Gerichtsstandsvereinbarungen waren – unter weitgehender Übernahme der Regeln des Art 17 EuGVÜ – in Art 23 Brüssel I-VO normiert. Eine damit übereinstimmende Vorschrift galt auch im Verhältnis der übrigen EG-Mitgliedstaaten zu *Dänemark*, vgl das Übk zwischen der EG und Dänemark über die gerichtliche Zuständigkeit und die Anerkennung und Vollstreckung von Entscheidungen in Zivil- und Handelssachen v 19. 10. 2005 (ABl L 299, 62), in Kraft seit dem 1. 7. 2007 (ABl L 94, 70).

Das neue **Luganer Übk** vom 30. 10. 2007 (ABl L 339, 3; Jayme/Hausmann [22. Aufl 2024] Nr 152; dazu Rn 8 f) enthält in seinem Art 23 eine mit dem bisherigen Art 23 Brüssel I-VO wörtlich übereinstimmende Vorschrift, die im Verhältnis zu Island (seit 1. 5. 2011), Norwegen (seit 1. 1. 2010) und der Schweiz (seit 1. 1. 2011) Anwendung findet. Eine Anpassung an die Neufassung in Art 25 Brüssel Ia-VO ist bisher nicht erfolgt, so dass das Erforderni des Wohnsitzes einer Verrtragspartei in einem Vertragsstaat des Übereinkommens fortgilt. 371

b) Brüssel Ia-VO

Am 12. 12. 2012 haben das Europäische Parlament und der Rat als Verordnung (EU) Nr 1215/2012 eine Neufassung der Brüssel I-VO beschlossen (ABl 2012 L 351, 18; Jayme/Hausmann [22. Aufl 2024] Nr 160). Diese gilt für alle Mitgliedstaaten mit Ausnahme Dänemarks (vgl Erwägungsgrund 41) ab dem 10. 1. 2015 und löst von diesem Tag an die Brüssel I-VO ab (dazu Rn 6 f). Im Verhältnis zwischen der EU und Dänemark findet die Brüssel Ia-VO aufgrund einer entsprechenden Erklärung des Königreichs Dänemark ebenfalls Anwendung (ABl 2013 L 79, 4). Die nunmehr in Art 25 Brüssel Ia-VO enthaltene Vorschrift über internationale Gerichtsstandsvereinbarungen dehnt ihren Anwendungsbereich auch auf Fälle aus, in denen keine der Parteien ihren Wohnsitz in einem Mitgliedstaat der Verordnung hat (Rn 378 ff). Ferner bringt sie eine wichtige Neuerung zu dem auf die materielle Wirksamkeit der Vereinbarung anzuwendenden Recht, das nunmehr durch eine Kollisionsnorm in Art 25 Abs 1 S 1 HS 2 Brüssel Ia-VO europäisch-einheitlich festgelegt wird (Rn 416 ff). Darüber hinaus wurde die Wirkung von Gerichtsstandsvereinbarungen dadurch gestärkt, dass die derogierten Gerichte anderer Mitgliedstaaten das bei ihnen anhängige Verfahren auszusetzen haben, sobald das prorogierte Gericht angerufen wird, und in der Sache nur entscheiden dürfen, wenn das prorogierte Gericht sich für unzuständig erklärt, Art 31 Abs 2 Brüssel Ia-VO (Rn 512 ff). Im Übrigen gilt die Rechtsprechung des EuGH zu Art 17 EuGVÜ/Art 23 Brüssel I-VO jedoch auch für Art 25 Brüssel Ia-VO fort (EuGH Rs C-222/15 – *Höszig*, EuZW 2016, 635 Rn 30 f; EuGH Rs C-436-/16 – *Leventis*, IPRax 2018, 55 mAnm Schlosser 22). 372

c) Haager Übereinkommen

Am 30. 6. 2005 wurde in Den Haag ein neues Übereinkommen über Gerichtsstandsvereinbarungen (HGÜ; ABl 2009 L 133, 3 = Jayme/Hausmann [22. Aufl 2024] Nr 151) abgeschlossen, dessen Ziel die Anerkennung von Vereinbarungen eines ausschließlichen Gerichtsstands in Zivil- und Handelssachen in allen Vertragsstaaten ist (vgl R Wagner RabelsZ 73 [2009] 100 ff). Das HGÜ regelt insbesondere die Voraussetzungen für die Gültigkeit einer internationalen Gerichtsstandsvereinbarung (Formerfordernisse, Bestimmtheit des vereinbarten Gerichts und der erfassten Streitigkeiten, Art 3 HGÜ) sowie deren wesentliche Wirkungen. Diese bestehen vor allem darin, dass die derogierten Gerichte – ähnlich wie jetzt auch nach Art 31 Abs 2 Brüssel Ia-VO – verpflichtet sind, die Klage abzuweisen oder zumindest das Verfahren auszusetzen, bis das prorogierte Gericht über seine Zuständigkeit entschieden hat (Art 6 HGÜ). Ferner verpflichtet das HGÜ die Gerichte der übrigen Vertragsstaaten zur Anerkennung und Vollstreckung der im vereinbarten Gerichtsstand ergangenen Entscheidung (Art 8 ff HGÜ). Das HGÜ ist für die Europäische Union und ihre Mitgliedstaaten am 1. 10. 2015 im Verhältnis zu Mexiko in Kraft getreten (vgl dazu den Ratsbeschluss v 4. 12. 2014, ABl L 353, 1). Zu den weiteren Vertragsstaaten s Rn 11. Größere praktische Bedeutung wird das HGÜ insbesondere erlangen, wenn es durch die 373

VR China und/oder die USA ratifiziert werden sollte. Zur Konkurrenz zwischen dem HGÜ und der Brüssel Ia-VO siehe Art 26 Abs 6 HGÜ (dazu Rn 402).

d) Staatsverträge auf besonderen Rechtsgebieten

374 Regelungen über internationale Gerichtsstandsvereinbarungen enthalten auch einige von der Bundesrepublik Deutschland ratifizierte Staatsverträge auf besonderen Rechtsgebieten, insbesondere auf dem Gebiet des internationalen Transportrechts, zB Art 31 Abs 1 des Genfer Übereinkommens über den Beförderungsvertrag im internationalen Straßengüterverkehr v 14. 5. 1956 (**CMR**; BGBl 1961 II 1120; für die Bundesrepublik Deutschland in Kraft seit 5. 2. 1962 [Bek v 28. 12. 1961, BGBl 1962 II 12]; dazu Rn 400 f) oder Art 33, 49 des Montrealer Übereinkommens zur Vereinheitlichung bestimmter Vorschriften über die Beförderung im internationalen Luftverkehr v 28. 5. 1999 (**MÜ**; BGBl 2004 II 459; für die Bundesrepublik Deutschland in Kraft seit 28. 6. 2004 [Bek v 16. 9. 2004, BGBl 2004 II 1371]; dazu Rn 399). Das MÜ verdrängt gemäß seinem Art 55 im Verhältnis der Vertragsstaaten zueinander das Warschauer Abk v 28. 9. 1955 (BGBl 1958 II 291).

e) Autonomes deutsches Verfahrensrecht

375 Nur soweit eine internationale Gerichtsstandsvereinbarung in sachlicher, räumlich-persönlicher oder zeitlicher Hinsicht nicht in den Anwendungsbereich der Brüssel Ia-VO, des Luganer Übereinkommens, des HGÜ oder eines Staatsvertrages auf einem besonderen Rechtsgebiet fällt, sind ihr Zustandekommen, ihre Zulässigkeit und ihre Wirkungen nach dem autonomen deutschen Prozessrecht, dh nach §§ 38–40 ZPO zu beurteilen. Aufgrund der Erweiterung des räumlichen Anwendungsbereichs von Art 25 Brüssel Ia-VO gegenüber der bisherigen Regelung in Art 23 Brüssel I-VO (Rn 378 ff) beschränkt sich die Geltung des autonomen Rechts der Mitgliedstaaten heute im Wesentlichen auf die **Prorogation von Gerichten in Drittstaaten** und die Prorogation in den nach Art 1 Abs 2 Brüssel Ia-VO aus ihrem sachlichen Anwendungsbereich ausgeschlossenen Bereichen (Hess IPRax 2018, 258; Geimer, IZPR [9. Aufl 2024] Rn 1605). Auch insoweit ist künftig der Vorrang des HGÜ zu beachten. Aus diesem Grunde wurde die Darstellung des autonomen deutschen Rechts der internationalen Gerichtsstandsvereinbarungen nach §§ 38, 40 ZPO stark gekürzt.

3. Normzweck

376 Auf der Grundlage der gesetzlichen Zuständigkeitsordnung sowohl der Brüssel Ia-VO wie der geltenden Staatsverträge und des autonomen Prozessrechts (Rn 50 ff) können die Parteien bei Abschluss eines Schuldvertrages keine sichere Prognose abgeben, in welchem Staat und vor welchem Gericht etwaige Streitigkeiten aus diesem Vertrag auszutragen sein werden. Denn die internationale Zuständigkeit hängt von Umständen ab, die – wie zB die Parteirolle im künftigen Prozess, der Wohnort der Parteien bei Klageerhebung oder der tatsächliche Erfüllungsort von Vertragspflichten – bei Vertragsschluss häufig noch nicht feststehen; hinzu kommt das anerkannte Recht des Klägers, zwischen einer Klage im allgemeinen Gerichtsstand und in konkurrierenden besonderen Gerichtsständen zu wählen (vgl § 35 ZPO). Vor allem im Interesse eines legitimen *„forum planning"* lassen daher sowohl die Brüssel Ia-VO wie auch die meisten nationalen Rechte Vereinbarungen der Parteien über die internationale Gerichtszuständigkeit zu (Geimer, IZPR [9. Aufl 2024] Rn 1596 ff). Auf diese Weise können die Parteien die Vielzahl der nach Art 4 ff Brüssel Ia-VO in Betracht kommenden gesetzlichen Gerichtsstände begrenzen oder Einigungsschwierigkeiten durch die Wahl eines „neutralen" Gerichtsstands überwinden (vgl F Sandrock, Die Vereinbarung eines „neutralen" internationalen Gerichtsstandes [1997]). Darüber hinaus sind die Parteien selbst am besten in der Lage, ihre Zuständigkeitsinteressen im Einzelfall zu steuern (vgl Erwägungsgrund 14 zur Brüssel Ia-VO). Schließlich bringt eine Gerichtsstandsvereinbarung für diejenige Partei eines internationalen Schuldvertrages, der es gelingt, die Zuständigkeit ihrer Heimatgerichte durchzusetzen, erhebliche Vorteile mit sich. Denn es entscheidet dann ein Gericht, dessen Organisation und Funktionsweise dieser Partei vertraut ist. Ferner wird die mit einer Klageerhebung im Ausland häufig verbundene Erschwernis der Rechtsverfolgung, zB durch Sprachprobleme und erhöhte Aufwendungen (für Übersetzungen, Fahrten, ausländische Prozessvertreter etc), vermieden (Magnus/Mankowski/Magnus, Brussels Ibis [2. Aufl 2022] Art 25 Rn 5). Da Art 25 Brüssel-Ia-VO jedoch sowohl von dem allgemeinen Grundsatz des Gerichtsstands am Wohnsitz des Beklagten gemäß Art 4 Brüssel Ia-VO als auch von den besonderen Zuständigkeiten in Art 7–9 Brüssel Ia-VO abweicht, sind alle dort aufgestellten Voraussetzungen grundsätzlich **eng auszulegen** (EuGH Rs C-537/23 – *SIL/Agora*, NJW 2025, 1933 Rn 34; EuGH Rs C-682/23 – *E.B./K.P.*, BeckRS 2025, 28053 Rn 32).

II. Der Anwendungsbereich von Art 25 Brüssel Ia-VO

Die Anwendung von Art 25 Brüssel Ia-VO erfordert zunächst, dass die erhobene **377**
Klage in den sachlichen (Art 1 Brüssel Ia-VO; dazu Rn 15 ff) und zeitlichen Anwendungsbereich der Verordnung (Art 66 Brüssel Ia-VO; dazu Rn 30 f) fällt. Ferner muss der räumlich-persönliche Anwendungsbereich nach Art 25 Abs 1 Brüssel Ia-VO eröffnet sein.

1. Verzicht auf das Wohnsitzerfordernis

Nach Art 23 Abs 1 Brüssel I-VO musste mindestens eine Partei ihren Wohnsitz bzw **378**
Sitz im Hoheitsgebiet eines Mitgliedstaates haben (vgl OLG Köln IPRspr 2015 Nr 187); dies galt auch, wenn auf Seiten einer oder beider Parteien mehrere Personen am Abschluss der Vereinbarung beteiligt waren. Auf die Parteirolle im späteren Prozess kam es nicht an, weil die Wirksamkeit der Gerichtsstandsvereinbarung schon vor Beginn einer gerichtlichen Auseinandersetzung feststehen musste (Kröll ZZP 113 [2000] 135 [138]). Insoweit reichte es also – abweichend von den Grundregeln der Art 2 Abs 1 und 4 Abs 1 Brüssel I-VO – aus, wenn lediglich der *Kläger* in einem Mitgliedstaat wohnte (EuGH Rs C-412/98 – *Group Josi*, Slg 2000 I 5925 Rn 41 f = EuLF 2000, 49 mAnm Geimer = IPRax 2000, 520 mAnm Staudinger 483; Geimer/Schütze/Geimer, EuZVR [3. Aufl 2010] Art 23 Rn 19; unalexKomm/Hausmann, Brüssel I-VO Art 23 Rn 34). Bei mehrfachem Wohnsitz einer Partei genügte es, dass zumindest ein Wohnsitz in einem Mitgliedstaat lag (Geimer/Schütze/Auer, IRV Art 23 Brüssel I-VO Rn 8). Wohnte keine der Parteien in einem Mitgliedstaat, so hatte das aufgrund einer Gerichtsstandsvereinbarung angerufene Gericht über deren Gültigkeit nach seinem autonomen Verfahrensrecht zu entscheiden (EuGH Rs C-387/98 – *Coreck Maritime*, Slg 2000 I 9337 Rn 19; Kropholler/vHein, EuZPR [9. Aufl 2011] Art 23 Brüssel I-VO Rn 12; Stein/Jonas/Wagner, ZPO [22. Aufl 2003] Art 23 Brüssel I-VO Rn 25).

Wurde die Zuständigkeit der Gerichte eines Mitgliedstaats vereinbart, so war ledig- **379**
lich die darin liegende **Derogation** etwaiger gesetzlicher Zuständigkeiten in anderen

Mitgliedstaaten von den dortigen Gerichten nach Art 23 Abs 3 Brüssel I-VO auch dann zu beachten, wenn *beide Parteien ihren Sitz in Drittstaaten* hatten. In solchen Fällen durften die Gerichte der derogierten anderen Mitgliedstaaten in der Sache erst entscheiden, wenn sich das prorogierte Gericht nach seinem nationalen Verfahrensrecht – auf die Einhaltung der Form nach Art 23 Abs 1 S 3 Brüssel I-VO kam es insoweit nicht an (vgl Magnus/Mankowski/Magnus, Brussels I Art 23 Rn 55) – rechtskräftig für unzuständig erklärt hat (Geimer NJW 1986, 2991; Magnus/Mankowski/Magnus, Brussels I Art 23 Rn 54). Wegen des Vorrangs der rügelosen **Einlassung nach Art 24 Brüssel I-VO** wurde Art 23 Abs 3 Brüssel I-VO allerdings nur auf Rüge des Beklagten beachtet (MünchKommZPO/Gottwald [4. Aufl 2013] Art 23 Brüssel Ia-VO Rn 11; Geimer/Schütze/Geimer, EuZVR [3. Aufl 2010] Art 23 Brüssel Ia-VO Rn 229 f).

380 Während dieses Erfordernis des Wohnsitzes zumindest einer Partei in einem Vertragsstaat auch heute noch im Geltungsbereich des LugÜ 2007 fortbesteht (schwz BG 21. 9. 2017, unalex CH-628; HandelsG Zürich 2. 5. 2016, unalex CH-620), ist der räumlich-persönliche Anwendungsbereich von Art 25 Brüssel Ia-VO hingegen gegenüber der Vorgängernorm in Art 23 Brüssel I-VO noch einmal erweitert worden. Denn Art 25 Brüssel Ia-VO gilt nach seinem Einleitungssatz nunmehr ganz **unabhängig vom Wohnsitz der Parteien**. Auch wenn beide Parteien ihren Wohnsitz in Drittstaaten haben, ist die Vereinbarung eines Gerichts oder der Gerichte eines Mitgliedstaats daher nunmehr von mitgliedstaatlichen Gerichten an Art 25 Brüssel Ia-VO zu messen (Alio NJW 2014, 2395 [2398]; Magnus, in: FS Martiny [2014] 785 [788 f]; Nunner-Krautgasser ZZP 127 [2014], 461 [469]; Staudinger/Steinrötter JuS 2015, 1 [4]; Schlosser/Hess/Schlosser, EuZPR [5. Aufl 2021] Art 25 Rn 5). Ob die damit verbundene Derogation drittstaatlicher Gerichte nach dem dortigen Prozessrecht wirksam ist, ist auf die Gültigkeit der Prorogation nach Art 25 Brüssel Ia-VO ohne Einfluss (Rauscher/Mankowski, Brüssel Ia-VO [5. Aufl 2021] Art 25 Rn 9).

2. Gewähltes Gericht in einem Mitgliedstaat

381 Die Parteien müssen jedoch auch nach Art 25 Abs 1 Brüssel Ia-VO die Zuständigkeit der Gerichte eines Mitgliedstaats der Verordnung (dazu Rn 32 f) vereinbart haben; ein örtlicher Gerichtsstand muss nicht notwendig bezeichnet werden. Art 25 Brüssel Ia-VO gilt ferner – trotz seines auf die Prorogation beschränkten Wortlauts – sinngemäß auch für den Fall, dass die Parteien lediglich eine **Zuständigkeit in einem Mitgliedstaat ausgeschlossen** haben (sog *isolierte Derogation*; vgl Heinig 146 ff; Rauscher/Mankowski, Brüssel Ia-VO [5. Aufl 2021] Art 25 Rn 80; Geimer/Schütze/Geimer, EuZVR [4. Aufl 2020] Art 25 Rn 141; zweifelnd Kropholler/vHein, EuZPR [9. Aufl 2011] Art 23 Brüssel I-VO Rn 15 mwNw). Auf die Vereinbarung eines Gerichtsstands in einem *Drittstaat* ist Art 25 Brüssel Ia-VO hingegen nicht anwendbar. Wird daher das Gericht eines Mitgliedstaates entgegen einer solchen Vereinbarung angerufen, so hat es die Wirksamkeit der **Prorogation** nach dem Recht am gewählten Gerichtsort zu beurteilen (Schaper/Eberlein RIW 2012, 543 [545]; Magnus/Mankowski/Magnus, Brussels Ibis [2. Aufl 2022] Art 25 Rn 36).

382 Die **Wirksamkeit der Derogation** wurde hingegen unter Geltung des EuGVÜ nach dem autonomen Prozessrecht des angerufenen Gerichts – einschließlich des Kollisionsrechts – geprüft (EuGH Rs C-387/98 – *Coreck Maritime*, Slg 2000 I 9337 Rn 19 = NJW 2001, 501). Deutsche Gerichte hatten die Derogation ihrer internationalen Zuständigkeit durch die Vereinbarung eines drittstaatlichen Gerichts daher an §§ 38, 40 ZPO zu messen (BGH NJW 1986, 1435 mAnm Geimer = IPRax 1987, 168 mAnm G Roth 141; BGH NJW 1989, 1431 [1432] = IPRax 1990, 41 mAnm Schack 19; OLG Frankfurt IPRax 1998, 35 mAnm Pfeiffer 17). An dieser Ansicht hält insbesondere die Praxis auch unter Geltung der Verordnungen Brüssel I und Brüssel Ia überwiegend noch fest (OLG Frankfurt BeckRS 2025, 8149 Rn 65 ff; OLG Schleswig BeckRS 2025, 3155 Rn 74 [jeweils zur Derogtion der internationalen Zuständigkeit der deutschen Gerichte zugunsten von Gerichten im Vereinigten Königreich nach dem Brexit]; zust Weller IPRax 2013, 501 [502]; Schlosser/Hess/Schlosser, EuZPR [5. Aufl 2021] Art 25 Rn 6a; Peiffer/Peiffer, in: Geimer/Schütze, IRV Art 25 Rn 15 f). Vorzugswürdig ist es demgegenüber, die Derogation der Zuständigkeit eines *mitgliedstaatlichen* Gerichts durch die Vereinbarung eines Gerichtsstands in einem Drittstaat in allen Mitgliedstaaten einheitlich an Art 25 Brüssel Ia-VO zu messen (Heinze/Dutta IPRax 2005, 224 [228]; Geimer, in: FS Gottwald [2014] 175 [178]; Magnus, in: FS Martiny [2014] 785 [789]; Berner RIW 2017, 792 [797]; Schack, IZVR [9. Aufl 2025] Rn 580 aE; Zöller/Geimer, ZPO [35. Aufl 2024] Art 25 Rn 7, 12a; MünchKommZPO/Gottwald Art 25 Rn 3; Rauscher/Mankowski, Brüssel Ia-VO [5. Aufl 2021] Art 25 Rn 21, jeweils mwNw). Denn nur durch eine solche Auslegung wird sichergestellt, dass die von der Verordnung gezogenen Schranken für internationale Gerichtsstandsvereinbarungen zu Lasten von Versicherungsnehmern, Verbrauchern und Arbeitnehmern nach Art 25 Abs 4 iVm Art 15, 19 und 23 Brüssel Ia-VO in jedem Fall respektiert werden (so auch EuGH Rs C-154/11 – *Mahamdia*, NZA 2012, 936 Rn 66 = IPRax 2013, 572 mAnm Martiny 536; Magnus/Mankowski/Magnus, Brussels Ibis [2. Aufl 2022] Art 25 Rn 36; Geimer/Schütze/Geimer, EuZVR [4. Aufl 2020] Art 25 Rn 43; dazu Rn 480 f mwNw). Ferner können auch die ausschließlichen Gerichtsstände nach Art 24 Brüssel Ia-VO durch die Vereinbarung eines Gerichtsstands in einem Drittstaat nicht abbedungen werden (vgl implizit EuGH Rs C-175/15 – *Taser International*, EUZW 2016, 558 Rn 26 ff).

3. Bezug zu mehreren Mitgliedstaaten?

Art 25 Abs 1 Brüssel Ia-VO ist fraglos auf Gerichtsstandsvereinbarungen anzuwenden, die einen Bezug zu mindestens zwei Mitgliedstaaten aufweisen. **383** Ein solcher Bezug wird jedenfalls durch den *Wohnsitz* der Parteien in verschiedenen Mitgliedstaaten hergestellt (frz Cass 23. 9. 2014, unalex FR-2385; schwz BGE 125 III 108 [112] = unalex CH-27 [zum LugÜ 1988]; LAG Berlin-Brandenburg IPRspr 2015 Nr 199; OLG München IPRspr 1985 Nr 133 A; Kropholler/vHein, EuZPR [9. Aufl 2011] Art 23 Brüssel I-VO Rn 3). Haben die Parteien die Zuständigkeit eines Gerichts ihres gemeinsamen Wohnsitzstaates vereinbart, so ist Art 25 Brüssel Ia-VO anwendbar, wenn sie damit gleichzeitig die internationale Zuständigkeit der Gerichte eines anderen Mitgliedstaats – zB den dort gegebenen Gerichtsstand des vertraglichen Erfüllungsorts nach Art 7 Nr 1 Brüssel Ia-VO für eine Vertragsklage – ausgeschlossen haben (vgl Aull 116 ff; Rauscher/Mankowski, Brüssel Ia-VO [5. Aufl 2021] Art 25 Rn 30; Schlosser/Hess/Schlosser, EuZPR [5. Aufl 2021] Art 25 Rn 6; MünchKommZPO/Gottwald Art 25 Rn 4; Killias 71 ff; **aA** Samtleben RabelsZ 59 [1995] 693; s a Rn 386 mwNw).

a) Bloßer Drittstaatenbezug

Besonders umstritten war die Frage, ob die Vorgängerbestimmungen in Art 17 EuG- **384** VÜ/Art 23 Abs 1 Brüssel I-VO auch Rechtsstreitigkeiten erfassten, die zwar keinen Zuständigkeitsbezug zu einem anderen Mitgliedstaat, wohl aber **zu einem Drittstaat** hatten. Dies traf typischerweise auf Sachverhalte zu, in denen eine Partei mit (Wohn-)Sitz in einem EU-Mitgliedstaat (zB in Deutschland) mit einer in einem

Drittstaat (zB in den USA) ansässigen Partei die Zuständigkeit des Gerichts am (Wohn-)Sitz der in der EU ansässigen Partei vereinbart hatte. Die deutsche Rechtsprechung beurteilte Gerichtsstandsvereinbarungen in dieser Fallkonstellation zunächst nicht am Maßstab des europäischen Rechts, sondern wandte § 38 ZPO an, weil EuGVÜ und Brüssel I-VO keine umfassende Zuständigkeitsordnung schafften, sondern nur Beklagte mit Wohnsitz in den Mitgliedstaaten schützen wollten (vgl zu Art 17 EuGVÜ BGHZ 116, 77 [80] = ZZP 105 [1992] 320 m zust Anm Bork = IPRax 1992, 377 m krit Anm Hess 358; BGHZ 134, 127 [133] = NJW 1997, 397 = ZZP 110 [1997] 253 mAnm Pfeiffer; OLG München IPRax 1991, 46 [47 f] m krit Anm Geimer 31; OLG Karlsruhe NJW-RR 1993, 567 f; OLG Rostock RIW 1997, 1042 f; OLG Düsseldorf IPRax 1999, 38 [40] mAnm Hau 24; OLG Saarbrücken NJW 2000, 670; zust Samtleben RabelsZ 59 [1995] 692 ff; Junker ZZP Int 3 [1998] 179 [186] mwNw). Dieser Auffassung hatte sich auch die Rechtsprechung in Österreich (OGH JBl 1998, 726 [728] = unalex AT-133 [zum LugÜ 1988]) und Italien (Cass Foro it 1994 I, 2158 mAnm Pagni = unalex IT-441; Cass Riv dir int priv proc 1999, 1012 [1014]) angeschlossen.

385 Gegen das Erfordernis eines solchen *„unionsrechtlichen Binnenbezugs"* sprach freilich bereits der Wortlaut des Art 23 Abs 1 Brüssel I-VO, der sich im Fall der Prorogation der Gerichte eines Mitgliedstaats mit dem Wohnsitz *einer* Partei im Hoheitsgebiet der Mitgliedstaaten als Anwendungsvoraussetzung begnügte (MünchKommZPO/Gottwald [4. Aufl 2013] Art 23 Brüssel I-VO Rn 8; Franzen RIW 2000, 81 [83]). Im gleichen Sinne hatte der EuGH schon zu Art 17 EuGVÜ entschieden (EuGH Rs C-412/98 – *Group Josi*, Slg 2000 I, 5940 Rn 61 = EuLF 2000, 49 m zust Anm Geimer = IPRax 2000, 520 m zust Anm Staudinger 483; vgl auch EuGH Rs C-387/98 – *Coreck Maritime*, Slg 2000 I 9337 Rn 16 ff = NJW 2001, 501; EuGH Rs C-281/02 – *Owusu*, Slg 2005 I, 1445 Rn 35 = IPRax 2005, 244 m zust Anm Dutta/Heinze 224). Dies muss umso mehr für Art 25 Brüssel Ia-VO gelten, der auch auf das Erfordernis des Wohnsitzes nur einer der Parteien in einem Mitgliedstaat verzichtet und sich mit der Vereinbarung eines mitgliedstaatlichen Gerichts als einzigem räumlichen Bezugspunkt zum Geltungsbereich der Verordnung begnügt. Auf einen häufig nur schwer feststellbaren Bezug zu einem weiteren Mitgliedstaat kommt es also nicht an; es genügt vielmehr, wenn durch die Gerichtsstandsvereinbarung lediglich die internationale Zuständigkeit eines Drittstaats derogiert wird (Zöller/Geimer, ZPO [35. Aufl 2024] Art 25 Rn 11; Geimer/Schütze/Geimer, EuZVR [4. Aufl 2020] Art 25 Rn 29 ff; Rauscher/Mankowski, Brüssel Ia-VO [5. Aufl 2021] Art 25 Rn 27 ff; Magnus/Mankowski/Magnus [2. Aufl 2022] Art 25 Rn 38; Nagel/Gottwald, IZPR [9. Aufl 2025] Rn 3.278; Kropholler/vHein, EuZPR [9. Aufl 2011] Art 23 Brüssel I-VO Rn 14; s a allg Rn 39). Demgegenüber verbleibt es nach Ansicht des BGH bei der Anwendung des autonomen Prozessrechts am Sitz des prorogierten Gerichts, wenn durch die Vereinbarung keine Zuständigkeit eines anderen Mitgliedstaats ausgeschlossen wird (BGH NJW 2018, 232 Rn 29; zust Schlosser/Hess/Schlosser, EuZPR [5. Aufl 2021] Art 25 Rn 4, 6a; Thomas/Putzo/Nordmeier, ZPO [46. Aufl 2025] Art 25 Rn 2a).

b) Mangelnder Auslandsbezug

386 Die Brüssel Ia-VO gilt hingegen – wie ihre Kompetenzgrundlage in Art 81 AEUV und Erwägungsgrund 3 belegen – nur für „Zivilsachen mit grenzüberschreitenden Bezügen", also nicht für reine Binnensachverhalte (Rn 38 f). Ungeschriebene Anwendungsvoraussetzung des Art 25 Brüssel Ia-VO ist mithin ein **internationaler Sachverhalt** (EuGH Rs C-281/02 – *Owusu/Jackson*, Slg 2005 I, 1445 Rn 25 ff = IPRax 2005, 244 mAnm Heinze/Dutta 224; Magnus/Mankowski/Magnus, Brussels Ibis [2. Aufl 2022] Art 25 Rn 40). Vereinbaren die Parteien daher einen Gerichtsstand in ihrem gemeinsamen Wohnsitzstaat, so ist Art 25 Brüssel Ia-VO grundsätzlich nicht anwendbar; vielmehr hat das gewählte Gericht die Gültigkeit der Prorogation ausschließlich nach dem autonomen Prozessrecht der *lex fori* zu beurteilen (öst OGH 21. 4. 2004, unalex AT-66; OLG Frankfurt ZIP 2022, 659 Rn 16; OLG Hamm IPRax 1999, 244 mAnm Aull 226; Samtleben, in: FS Ansay [2006] 343 [365 f]; Nunner-Krautgasser ZZP 127 [2014] 461 [467]; Schack, IZVR [9. Aufl 2025] Rn 577; Heinig 106 ff; Rauscher/Mankowski, Brüssel Ia-VO [5. Aufl 2021] Art 25 Rn 30 ff; MünchKommZPO/Gottwald Art 25 Rn 4; Schlosser/Hess/Schlosser, EuZPR [5. Aufl 2021] Art 25 Rn 6; **aA** Geimer/Schütze/Geimer, EuZVR [4. Aufl 2020] Art 25 Rn 35 ff; Grolimund 141; Aull 71 ff, 106 ff mwNw). Etwas anderes gilt jedoch dann, wenn durch diese Vereinbarung ein in einem anderen Mitgliedstaat begründeter gesetzlicher Gerichtsstand (zB der Gerichtsstand des Erfüllungsorts für eine Vertragsklage) ausgeschlossen wird (sog grenzüberschreitende Derogation; vgl Aull 116 ff; Saenger ZZP 110 [1997] 477 [481]; Hau IPRax 1991, 24; Magnus/Mankowski/Magnus, Brussels Ibis [2. Aufl 2022] Art 25 Rn 24 f; Rauscher/Mankowski, Brüssel Ia-VO [5. Aufl 2021] Art 25 Rn 30; im Erg auch Schlosser/Hess/Schlosser, EuZPR [5. Aufl 2021] Art 25 Rn 6; MünchKommZPO/Gottwald Art 25 Rn 4; ferner Kropholler/vHein, EuZPR [9. Aufl 2011] Art 23 Brüssel I-VO Rn 2).

Ausreichend ist aber auch ein sonstiger **Auslandsbezug des Vertrages**, auf den sich die Gerichtsstandsvereinbarung bezieht (vgl zu einem Vertrag über die Erbringung von Arbeitsleistungen in der Schweiz durch im Inland wohnhafte Parteien BAG IPRspr 2010 Nr 206; ferner öst OGH 21. 1. 2009, unalex AT-586) sowie die Drittwirkung der Gerichtsstandsvereinbarung gegenüber einer Partei mit Wohnsitz in einem anderen Mitgliedstaat (EuGH Rs C-543/10 – *Refcomp*, IPRax 2013, 552 Rn 17 mAnm Weller 501). Der Auslandsbezug kann schließlich unter Geltung von Art 25 Brüssel Ia-VO auch **allein durch die Gerichtsstandsvereinbarung** geschaffen werden, wenn zB inländische Parteien einen Gerichtsstand in einem anderen Mitgliedstaat vereinbaren; ausreichend für die Anwendung der Vorschrift ist es mithin, wenn *forum derogatum* und *forum prorogatum* in verschiedenen Mitgliedstaaten liegen, selbst wenn es an einem sonstigen Bezug des Rechtsstreits zu dem gewählten Gerichtsstaat fehlt. Denn auch in diesem Fall besteht die Gefahr von Kompetenzkonflikten und es werden damit „Fragen hinsichtlich der Bestimmung der internationalen Zuständigkeit der Gerichte" aufgeworfen (EuGH Rs C-646/24 – *Inkreal*, NJW-RR 2024, 662 Rn 22, 31 = EuZW 2024, 262 mAnm Wagner; dazu Gade EuZW 2024, 410; Hau, IPRax 2024, 272; Schindl EuZW 2024, 1048; Jacobs ZIP 2024, 1127; zust BAG NZA 2025, 1167 Rn 22; Zöller/Geimer, ZPO [35. Aufl 2024] Art 25 Rn 12; Schlosser/Hess/Schlosser, EuZPR [5. Aufl 2021] Art 25 Rn 6; MünchKommZPO/Gottwald Art 25 Rn 4; Magnus/Mankowski/Magnus, Brussels Ibis [2. Aufl 2022] Art 25 Rn 40; ebenso schon zum früheren Recht öst OGH 5. 6. 2007, unalex AT-375; OLG Köln IPRspr 1991 Nr 165; Aull Geltungsanspruch 125 ff; Matthias IPRax 1999, 226 [227]; Killias 71 ff; Benecke 143 ff; Samtleben, in: FS Ansay [2000] 343 [358 f]; unalexKomm/Hausmann, Brüssel I-VO Art 23 Rn 38 mwNw; **aA** noch Rauscher/Mankowski, Brüssel Ia-VO [5. Aufl 2021] Art 25 Rn 25; Kropholler/vHein, EuZPR [9. Aufl 2011] Art 23 Brüssel I-VO Rn 89 sowie früher öst OGH JBl 2004, 187 m krit Anm Klicka; OLG Hamm IPRax 1999, 244 [246] m **abl** Anm Aull 226; Cass [Italien] Riv dir int priv proc 1986, 863 [867] m krit Anm Jayme/Aull IPRax 1989, 80 f). Die Wirksamkeit der Gerichtsstandsvereinbarung ist daher auch in diesem Fall einheitlich nach Art 25 Brüssel Ia-VO zu beurteilen. **387**

4. Maßgeblicher Zeitpunkt

Die genannten Anwendungsvoraussetzungen des Art 25 Abs 1 Brüssel Ia-VO (gewähltes Gericht in einem Mitgliedsstaat; Auslandsbezug) müssen grundsätzlich zur **388**

Zeit der Klageerhebung vorliegen, denn eine Gerichtsstandsvereinbarung begründet „nur eine Zuständigkeitsoption, die erst bei Klageerhebung Wirkungen entfaltet" (EuGH Rs C-358/21 – *Tilman SA*, NJW 2023, 33 Rn 30; EuGH Rs 25/79 – *Sanicentral*, Slg 1979, 3423 Rn 6 = RIW 1980, 285; zust schwz BG 31. 7. 2013, unalex CH-520; OLG München NJW 1987, 2166; OLG Hamm IPRax 1991, 324 [325] mAnm Kohler 299 und RIW 2000, 382; ebenso zum LugÜ LG Bochum RIW 2000, 383 [384]). Daher ist auch eine ursprünglich zwischen Parteien mit Sitz im Inland vereinbarte Zuständigkeit der deutschen Gerichte an Art 25 Brüssel Ia-VO zu messen ist, wenn im Zeitpunkt der Klageerhebung eine Partei ihren Wohnsitz ins Ausland verlegt hat (öst OGH 5. 6. 2007, IHR 2008, 40 [43] = unalex AT-375; Heinig 151 ff, 162 mwNw; **aA** frz Cass 4. 10. 2005, unalex FR-70; OLG Hamm IPRax 1999, 244 [246] m **abl** Anm Aull 226; Hess § 6 Rn 33; Magnus/Mankowski/Magnus, Brussels Ibis [2. Aufl 2022] Art 25 Rn 64; Rauscher/Mankowski, Brüssel Ia-VO [5. Aufl 2021] Art 25 Rn 429). Außerdem gilt Art 25 Brüssel Ia-VO auch für Gerichtsstandsvereinbarungen, die **vor Inkrafttreten der Brüssel Ia-VO** getroffen wurden, auch wenn sie dem im Zeitpunkt ihres Abschlusses noch geltenden Art 23 Brüssel I-VO oder (zB mangels Wohnsitzes einer Partei in einem Mitgliedstaat) dem maßgeblichen nationalen Recht nicht genügt haben; sie erlangen dann Wirksamkeit mit Inkrafttreten der Brüssel Ia-VO, wenn sie deren Anforderungen bei Klageerhebung entsprechen (BGH NJW 2020, 399 Rn 17; BGH NJW 2019, 76 Rn 21).

389 Daraus folgt insbesondere, dass das **Vertrauen in die Unwirksamkeit** einer – uU Jahre vor Klageerhebung getroffenen – Gerichtsstandsvereinbarung grundsätzlich keinen Schutz verdient; deshalb kann etwa der Mangel der vorgeschriebenen Form durch eine nachträgliche Wohnsitzverlegung (vgl öst OGH 23. 9. 2008, unalex AT-562; OLG Köln OLGR 2004, 65; Kropholler/vHein, EuZPR [9. Aufl 2011] Art 23 Brüssel I-VO Rn 11) oder eine spätere Rechtsänderung (zB das Inkrafttreten der Brüssel Ia-VO für einen neuen Mitgliedstaat) geheilt werden (vgl – zur Einführung der Formerleichterung in Art 17 Abs 1 S 2 Fall 3 EuGVÜ 1978 – OLG Koblenz IPRax 1987, 308 mAnm Schwarz 291; OLG Köln NJW 1988, 2182; zu Art 23 Brüssel I-VO OLG Hamburg IHR 2007, 108; zum LugÜ LG Bochum RIW 2000, 383 [384]; ferner Wagner ZIP 1994, 82 f; Mayr öWBl 1996, 381, 383; allg BGH NJW 2020, 399 Rn 17 mAnmWais; BGH NJW 2019, 76 Rn 21; Schlosser/Hess/Schlosser, EuZPR [5. Aufl 2021] Art 25 Brüssel Ia-VO Rn 10 f; Rauscher/Mankowski, Brüssel Ia-VO [5. Aufl 2021] Art 25 Rn 427; Thomas/Putzo/Nordmeier, ZPO [46. Aufl 2025] Art 25 Brüssel Ia-VO Rn 25).

390 Andererseits ist aber – umgekehrt – auch das Vertrauen der Parteien in die **Wirksamkeit** einer nach nationalem Recht geschlossenen Gerichtsstandsvereinbarung nicht geschützt, wenn die Vereinbarung im Zeitpunkt der Klageerhebung den Anforderungen des nunmehr geltenden Art 25 Brüssel Ia-VO nicht (mehr) entspricht. Gerichtsstandsvereinbarungen, die der in Art 25 Abs 1 Brüssel Ia-VO vorgeschriebenen Form oder Bestimmtheit entbehren oder welche die Rechte von Versicherungsnehmern, Verbrauchern oder Arbeitnehmern über das in Art 25 Abs 4 iVm Art 15, 19 und 23 Brüssel Ia-VO zulässige Maß hinaus einschränken, verlieren daher – wie aus Art 66 Abs 1 Brüssel Ia-VO folgt – mit Inkrafttreten der Verordnung automatisch ihre Gültigkeit, auch wenn sie nach dem zur Zeit ihres Abschlusses geltenden Recht wirksam waren (BGE 124 III 436 [441 f] = unalex CH-55; BGE 119 II 391 [393] = unalex CH-68; OLG Hamburg IHR 2008, 108; LG München I NJW 1996, 401 = IPRax 1996, 266 mAnm Trunk 249 [zum LugÜ 1988]; Schack, IZVR [9. Aufl 2025] Rn 578; Benecke 86; Samtleben RabelsZ 59 [1995] 670 [703 f]). Nach der Gegenmeinung soll die im Zeitpunkt ihres Abschlusses wirksame Gerichtsstandsvereinbarung aus Gründen des Vertrauensschutzes fortwirken (so Schlosser/Hess/Schlosser, EuZPR [5. Aufl 2021] Art 25 Rn 9; Rauscher/Mankowski, Brüssel Ia-VO [5. Aufl 2021] Art 25 Rn 427; MünchKommZPO/Gottwald Art 25 Rn 13; Geimer/Schütze/Geimer, EuZVR [4. Aufl 2020] Art 25 Rn 28; vgl auch Trunk IPRax 1996, 249 ff: Geltung des autonomen Prozessrechts *in favorem prorogationis*). Demgegenüber beurteilt sich die Frage, ob die Parteien sich materiell **wirksam geeinigt** haben, in jedem Fall nach den tatsächlichen und rechtlichen Verhältnissen zur Zeit des Abschlusses der Gerichtsstandsvereinbarung (OLG Stuttgart NJW 2013, 83; Thomas/Putzo/Nordmeier, ZPO [46. Aufl 2025] Art 25 Rn 23; Rauscher/Mankowski, Brüssel Ia-VO [5. Aufl 2021] Art 25 Rn 426; Geimer/Schütze/Geimer, EuZVR [4. Aufl 2020] Art 25 Rn 27). Anders als eine Rechtsänderung wirkt sich eine **Änderung der tatsächlichen Verhältnisse** (zB die Wohnsitzverlegung einer Partei) auf die Gültigkeit einer Gerichtsstandsvereinbarung nicht aus (öst OGH 21. 1. 2009, unalex AT-586; Schlosser/Hess, EuZPR [5. Aufl 2021] Art 25 Rn 9; unalexKomm/Hausmann Brüssel I-VO Art 23 Rn 47). Im Falle einer **Rechtsnachfolge** fand Art 23 Brüssel I-VO nur Anwendung, wenn mindestens eine der Parteien des ursprünglichen Vertrages ihren Wohnsitz im Hoheitsgebiet eines Mitgliedstaats hatte (EuGH Rs C-387/98 – *Coreck Maritime/Handelsveem*, Slg 2000 I 9337, 9347 f Rn 20 f). Auch wenn die Gerichtsstandsvereinbarung noch unter Geltung des Art 23 Brüssel I-VO geschlossen wurde und das Wohnsitzerfordernis damals nicht erfüllt war, begründet die Vereinbarung die Zuständigkeit des prorogieren Gerichts, wenn dieses Erfordernis im Zeitpunkt der Klageerhebung infolge des Inkrafttretens von Art 25 Brüssel Ia-VO entfallen ist (Rauscher/Mankowski, Brüssel Ia-VO [5. Aufl 2021] Art 25 Rn 430).

5. Konkurrenzen

Im Anwendungsbereich der Verordnung verdrängt eine nach Art 25 Brüssel Ia-VO **391** wirksam geschlossene Gerichtsstandsvereinbarung sowohl die allgemeine Zuständigkeit nach Art 4 wie die besonderen Zuständigkeiten nach Art 7–9 Brüssel Ia-VO (öst OGH ZfRvgl 1999, 191; Magnus/Mankowski/Magnus, Brussels Ibis [2. Aufl 2022] Art 25 Rn 15). Aus diesem Grunde kann die Frage nach der Gültigkeit einer Gerichtsstandsvereinbarung nicht mit der Begründung offen bleiben, es sei jedenfalls ein besonderer Gerichtsstand nach Art 7 oder 8 Brüssel Ia-VO begründet (Leible/Sommer IPRax 2006, 568 [569]; **aA** BGH IPRax 2006, 594 [595 f]; OLG Naumburg IPRspr 2003 Nr 136). Im Anwendungsbereich des 3.–5. Abschnitts gilt dieser Vorrang nur für Gerichtsstandsvereinbarungen, die den besonderen Anforderungen der Art 15 f, 19, 23 Brüssel Ia-VO entsprechen (Rn 480 f). Unzulässig sind Gerichtsstandsvereinbarungen im Anwendungsbereich der ausschließlichen Zuständigkeiten nach Art 24 Brüssel Ia-VO (Rn 478 f). Ferner schließt eine Gerichtsstandsvereinbarung nach Art 25 Brüssel Ia-VO die internationale Zuständigkeit der derogierten Gerichte eines anderen Mitgliedstaats dann nicht aus, wenn der Beklagte sich dort auf das Verfahren nach Maßgabe von Art 26 Brüssel Ia-VO rügelos eingelassen hat.

a) Vorrang von Art 25 Brüssel Ia-VO vor dem innerstaatlichen Recht

Der für das sekundäre Unionsrecht anerkannte Vorrang vor den Regeln des auto- **392** nomen Rechts (vgl Rn 46) hat zur Folge, dass Art 25 Brüssel Ia-VO in seinem Anwendungsbereich das nationale Zivilprozessrecht der Mitgliedstaaten in vollem Umfang verdrängt (BGH NJW 2019, 76 Rn 23; OLG Saarbrücken IPRax 2018, 61 Rn 60 mAnm G Schulze 26; OLG Frankfurt IPRspr 2015 Nr 200; OLG Hamburg NJW 2004, 3126; Kropholler/vHein, EuZPR [9. Aufl 2011] Art 23 Brüssel I-VO Rn 16; ebenso schon zu Art 17 EuGVÜ: EuGH Rs 25/79 – *Sanicentral*, Slg 1979, 3423 Rn 5 = RIW 1980, 285; BGHZ 77, 32 = NJW 1980, 2022 [2023]; öst

OGH ZfRvgl 1999, 233 und 2001, 113 [114]; BayObLG RIW 2001, 699 [700]; OLG Hamm IPRax 1991, 324 [325]; LG Bochum RIW 2000, 383; Rauscher ZZP 104 [1991] 271 [277 f]; unrichtig daher OLG Köln RIW 1998, 148 f). Deshalb müssen auch Gerichtsstandsvereinbarungen zwischen Kaufleuten – abweichend von § 38 Abs 1 ZPO (dazu Rn 405) – den Formvorschriften des Art 25 Abs 1 S 3 Brüssel Ia-VO genügen (OLG München NJW 1982, 1951; OLG Karlsruhe IPRspr 2006 Nr 127; Schack, IZVR [9. Aufl 2025] Rn 583). Andererseits ist die Prorogationsfreiheit im europäischen Prozessrecht hinsichtlich der örtlichen Zuständigkeit – abweichend von § 38 Abs 2 S 3 ZPO – nicht beschränkt (LG München I NJW 1975, 1606; Geimer/Schütze/Geimer, EuZVR [4. Aufl 2020] Art 25 Rn 70). Art 25 Brüssel Ia-VO regelt mithin *Zulässigkeit, Form und Wirkungen* einer Gerichtsstandsvereinbarung **abschließend** (OLG Düsseldorf NJW-RR 1989, 1330; OLG Saarbrücken IPRax 1992, 165 mAnm Rauscher 143; Rauscher/Mankowski, Brüssel Ia-VO [5. Aufl 2021] Art 25 Rn 81; Kropholler/vHein, EuZPR [9. Aufl 2011] Art 23 Brüssel I-VO Rn 17). Lediglich für die materielle Wirksamkeit der Gerichtsstandsvereinbarung verweist Art 25 Abs 1 S 1 Brüssel Ia-VO auf nationales Recht.

393 Deshalb sind innerstaatliche Vorschriften, die zusätzliche Wirksamkeitsvoraussetzungen für Gerichtsstandsvereinbarungen festlegen, im räumlichen Geltungsbereich der Verordnung nicht anwendbar. Dies gilt insbesondere für strengere **Formvorschriften** (EuGH Rs C-159/97 – *Trasporti Castelletti*, Slg 1999 I 1597 Rn 37 f = IPRax 2000, 119 mAnm Girsberger 87; ital Cass 4. 1. 1995, unalex IT-383; OLG Saarbrücken IHR 2008, 55; OLG Dresden IPRspr 1999 Nr 115; **aA** noch OLG Koblenz IPRax 1987, 308 mAnm Schwarz 291, jeweils zu Art 1341 ital Cc) oder für besondere Anforderungen an die **Vertragssprache** einer Gerichtsstandsvereinbarung (vgl EuGH Rs 150/80 – *Elefanten Schuh*, Slg 1981, 1671 Rn 26 = IPRax 1982, 234 mAnm Leipold 222). Auch ein „hinreichender Zusammenhang" zwischen dem streitigen Rechtsverhältnis und dem für zuständig erklärten Gericht darf nicht verlangt werden (vgl EuGH Rs 56/79 – *Zelger*, Slg 1980, 89 Rn 4 = WM 1980, 720 mAnm Schütze; EuGH Rs C-159/97 – *Trasporti Castelletti*, Slg 1999 I, 1597 Rn 50 f; öst OGH ZfRvgl 2005, 69; Schack ZZP 104 [1991] 489 [490]); die Prorogationsfreiheit darf also auch nicht unter dem Gesichtspunkt des *forum non conveniens* eingeschränkt werden (Kohler IPRax 1983, 265 [270 f]; Zöller/Geimer, ZPO [35. Aufl 2024] Art 25 Rn 5). Deshalb ist auch die Vereinbarung eines Gerichtsstands in einem neutralen Staat, zu dem der geschlossene Vertrag keinen Bezug hat, nach Art 25 Brüssel Ia-VO wirksam (LG Bochum IPRspr 1999 Nr 156a; Rauscher/Mankowski, Brüssel Ia-VO [5. Aufl 2021] Art 25 Rn 97 f; Geimer/Schütze/Geimer, EuZVR [4. Aufl 2020] Art 25 Rn 177 ff).

394 Dem **Schutz der schwächeren Vertragspartei** trägt die Verordnung mit einer weitgehenden Einschränkung der Prorogationsfreiheit in Versicherungs-, Verbraucher- und Arbeitssachen Rechnung (vgl Art 25 Abs 4 iVm Art 15, 19 und 23 Brüssel Ia-VO; dazu näher Rn 480 f). Auch diese Regelung ist abschließend; eine Anwendung schärferer *nationaler Verbraucherschutzvorschriften* – wie zB §§ 29c Abs 3 ZPO, 26 Abs 2 FernUSG, § 225 VVG – hat daher im Geltungsbereich des Art 25 Brüssel Ia-VO auszuscheiden (vgl H Roth IPRax 1992, 67 [68]; Rauscher ZZP 104 [1991] 271 [277] f; Zöller/Geimer, ZPO [35. Aufl 2024] Art 25 Rn 33; Peiffer/Peiffer, in: Geimer/Schütze, IRV Art 25 Rn 102 ff; vgl zu asymmetrischen Gerichtsstandsvereinbarrungen auch EuGH Rs C-537/23 – *SIL/Agora*, NJW 2025, 1933 Rn 56 mAnm Becker). Demgegenüber entfaltet die Verordnung nach ihrem Art 67 **keine Sperrwirkung gegenüber Rechtsakten der EU** oder dem in Umsetzung von EU-Richtlinien harmonisierten nationalen Recht auf dem Gebiet der internationalen Zuständigkeit (vgl dazu grundlegend Pfeiffer, in: FS Schütze [1099]

671 ff; zust Heinig 340 ff; Rauscher/Mankowski, Brüssel Ia-VO [5. Aufl 2021] Art 25 Rn 84, 99; Thon IPRax 2022, 236, 238 f mwNw; **aA** Schlosser/Hess/Schlosser, EuZPR [5. Aufl 2021] Art 25 Rn 31).

Von praktischer Bedeutung ist dies insbesondere für die Inhaltskontrolle von Gerichtsstandsklauseln am Maßstab der **EG-Richtlinie 93/13 über missbräuchliche Klauseln in Verbraucherverträgen** v 5. 4. 1993 (ABl 1993 L 95, 29), die nach Nr 1 lit q ihres Anhangs auch Gerichtsstandsklauseln erfasst (vgl zur Missbräuchlichkeit der von einem Unternehmer gegenüber einem Verbraucher verwendeten Gerichtsstandsklausel in AGB, mit der für Rechtsstreitigkeiten aus dem Vertrag in einem Inlandsfall örtlich das Gericht am Wohnsitz des Unternehmers für zuständig erklärt wird, EuGH Rs C-240/98 und 244/98 – *Océano Grupo Editorial*, Slg 2000 I, 4941 Rn 21 ff = EuLF 2000/01, 88 mAnm Augi/Baratella 83 = DB 2000, 2056 mAnm Staudinger; EuGH Rs C-243/08 – *Pannon/Erzsébet*, Slg 2009 I, 4713 Rn 40 ff = NJW 2009, 2367 mAnm Pfeiffer; EuGH Rs C-137/08 – *Schneider*, Slg 2010 I 10847 Rn 54 ff = RIW 2010, 876 [879]). Vor deutschen Gerichten unterliegen daher auch *internationale* Gerichtsstandsvereinbarungen mit *Verbrauchern*, die in den Anwendungsbereich von Art 25 Brüssel Ia-VO fallen, von Amts wegen der richtlinienkonformen Inhaltskontrolle am Maßstab des § 307 BGB (EuGH Rs C-519/19 – *Ryanair*, NJW-RR 2021, 240 Rn 57 ff = NZV 2021, 36 mAnm Staudinger; dazu Rieländer EuZW 2021, 391; Thon IPRax 2022, 236 ff; **krit** Geimer RIW 2021, 261 [arg: Art 25 Brüssel Ia-VO sei *lex specialis* und *posterior]*; ebenso schon OLG Bamberg BeckRS 2018, 29192 Rn 40; öst OGH BeckRS 2019, 13029 Rn 38 ff; Heinig GPR 2010, 36, 41 f; Pfeiffer, in: FS Schütze [1999] 671 [672 f]; Staudinger DB 2000, 2056 [2059]; Staudinger IPRax 2001, 183 [187 f]; Leible RIW 2001, 422 [429 ff]; Rauscher/Staudinger, Brüssel Ia-VO [5. Aufl 2021] Art 19 Rn 6; Wieczorek/Schütze/Weller, ZPO [4. Aufl 2015] Art 25 Rn 48; **aA** noch LG Karlsruhe NJW 1996, 1417 [1418]; Borges RIW 2000, 933 [936 f]; Kröll ZZP 113 [2000] 135 [148 ff]; Kubis IPRax 1999, 10 [12]; Saenger ZEuP 2000, 656 [664]; ausf dazu Staudinger/Coester [2022] § 307 Rn 68 ff). Die praktische Bedeutung einer solchen Inhaltskontrolle bleibt freilich gering, weil die hiernach missbräuchliche Vereinbarung einer Zuständigkeit der Gerichte am Sitz des Verwenders (EuGH Rs C-240/98 – *Océano Grupo Editorial*, Slg 2000 I, 4941 Rn 24) idR bereits an Art 25 Abs 4 iVm Art 19 Brüssel Ia-VO scheitert (vgl aber zu Ausnahmen Pfeiffer, in: FS Schütze [1999] 673 ff). Eine Ausnahme gilt für die nach Art 17 Abs 3 Brüssel Ia-VO aus dem prozessualen Verbraucherschutz der Verordnung ausgenommenen **Beförderungsverträge**. Insbesondere Gerichtsstandsklauseln in Luftbeförderungsverträgen sind daher missbräuchlich und unwirksam, wenn sie gegen das Transparenzgebot verstoßen oder den Fluggast anderweitig unangemessen benachteiligen (EuGH Rs C-519/19 – *Ryanair*, NJW-RR 2021, 240 Rn 57 ff; OLG Köln JZ 2021, 959 Rn 14 mAnm Mäsch; öst OGH BeckRS 2019, 13029 Rn 46 ff; Staudinger IPRax 2010, 140 [142 f] und RdTW 2018, 59 f; dazu auch Staudinger/Hausmann [2021] Art 10 Rom I-VO Rn 99b mwNw). **395**

Demgegenüber lassen sich inhaltliche Schranken gegenüber unangemessenen **Gerichtsstandsklauseln zwischen Unternehmern** im Geltungsbereich der Brüssel Ia-VO nur im Wege von deren autonomer Auslegung bzw Rechtsfortbildung durch den EuGH entwickeln (Schlosser/Hess/Schlosser, EuZPR [5. Aufl 2021] Art 25 Rn 31); dieser ist zu einer solchen Missbrauchskontrolle jedoch nicht bereit, sondern prüft die Wirksamkeit von Gerichtsstandsvereinbarungen im kaufmännischen Rechtsverkehr aus Gründen der Rechtssicherheit nur an Hand der Kriterien des Art 25 Brüssel Ia-VO, insbesondere der strengen Formerfordernisse (vgl zum EuGVÜ EuGH Rs C-159/97 – *Trasporti Castelletti*, Slg 1999 I, 1597 Rn 46 ff; dazu auch Rn 482 f). Deshalb hat insoweit jegliche *Inhaltskontrolle* nach nationalem Recht (zB nach § 307 BGB) auszuscheiden **396**

(OLG Hamburg NJW 2004, 3126 [3128]; OLG Hamm IPRax 2007, 125 [126] mAnm Spellenberg 98; Kröll ZZP 113 [2000] 135 [149 f]; Rauscher/Mankowski, Brüssel Ia-VO [5. Aufl 2021] Art 25 Rn 74 f, 83). Auch innerstaatliche Vorschriften, die eine Einbeziehung von Gerichtsstandsvereinbarungen in AGB erschweren, werden im europäischen Prozessrecht durch Art 25 Abs 1, 2 Brüssel Ia-VO vollständig verdrängt. Mangels europarechtlicher Vorgaben kommt deshalb eine gegenüber Art 25 Abs 1 Brüssel Ia-VO verschärfte *Einbeziehungskontrolle* nach Maßgabe der §§ 305 ff BGB in Bezug auf Gerichtsstandsvereinbarungen – auch gegenüber Verbrauchern – trotz Geltung deutschen Vertragsstatuts nicht in Betracht (OLG München RIW 1989, 901 [902] = ZZP 103 [1990] 84 [89] m zust Anm H Schmidt; OLG Saarbrücken TranspR 2007, 488; Geimer IPRax 1991, 31 [34]; Rauscher ZZP 104 [1991] 271 [295 ff]; Sieg RIW 1998, 102 [103]; Kröll ZZP 113 [2000] 135 [147]; Stöve 111 ff; Thon IPRax 2022, 236 [238 f] mwNw; **aA** [Anwendung von § 305c BGB auch auf internationale Gerichtstandsvereinbarungen] Schlosser/Hess/Schlosser, EuZPR [5. Aufl 2021] Art 25 Rn 31; ferner OLG Düsseldorf RIW 1990, 577 [579]; OLG Koblenz RIW 1987, 144 [146]; vgl auch OLG Düsseldorf IHR 2005, 108). Aus dem gleichen Grunde ist für die im autonomen Verfahrensrecht einiger Mitgliedstaaten enthaltenen Prorogationsbeschränkungen in *arbeitsrechtlichen Streitigkeiten* neben Art 25 Abs 4 iVm Art 23 Brüssel Ia-VO kein Raum (EuGH Rs 25/79 – *Sanicentral*, Slg 1979, 3423 Rn 7).

397 Schließlich dürfen den Anforderungen des Art 25 Brüssel Ia-VO genügende Zuständigkeitsvereinbarungen von den Gerichten der Mitgliedstaaten auch zum Zwecke der **Durchsetzung international zwingender Normen** oder unter Berufung auf den *ordre public* nicht für unwirksam erklärt werden (OLG München IPRspr 2017 Nr 51 [zu Art 23 LugÜ 2007]; Schlosser/Hess/Schlosser, EuZPR [5. Aufl 2021] Art 25 Rn 32; Geimer/Schütze/Geimer, EuZVR [4. Aufl 2020] Art 25 Rn 74). Deshalb galt etwa das vom BGH auf § 61 iVm § 53 ff BörsG aF gestützte Verbot einer Prorogation ausländischer Gerichte in Verträgen über *Warentermingeschäfte* an ausländischen Börsen zu Lasten nicht termingeschäftsfähiger Deutscher (dazu Rn 485) schon bisher im Anwendungsbereich des Art 23 Brüssel I-VO nicht (LG Darmstadt IPRax 1995, 318 [321] m zust Anm Thorn 294; Schlosser, in: FS Steindorff [1990] 1379 [1389]; H Roth IPRax 1992, 67 f). Ebenso wenig können Gerichtsstandsklauseln in *Handelsvertreter- oder Vertragshändlerverträgen* im Geltungsbereich des Art 25 Brüssel Ia-VO deshalb für unwirksam erklärt werden, weil der zwingende Ausgleichsanspruch des Handelsvertreters/Vertragshändlers nach dem an seinem Wohnsitz geltenden Recht vor dem prorogierten Gericht in einem anderen Mitgliedstaat nicht im gleichen Umfang durchgesetzt werden kann (Reithmann/Martiny/Hausmann, IVR [9. Aufl 2021] Rn 7.39). Die *Ingmar*-Entscheidung des EuGH (Rs C-381/98, Slg 2000 I 9305 [9325] = IPRax 2001, 225 mAnm Jayme 190) kann lediglich bei Vereinbarung eines *drittstaatlichen* Gerichts zu einem anderen Ergebnis führen; maßgebend ist dann freilich nicht Art 25 Brüssel Ia-VO, sondern das nationale Prozessrecht der *lex fori*. Die in einem Handelsvertretervertrag getroffene Vereinbarung eines ausschließlichen Gerichtsstands in einem außereuropäischen Drittstaat (zB in den USA) kann danach unwirksam sein, wenn sie dazu führt, dass einem seine Tätigkeit innerhalb der Europäischen Union ausübenden Handelsvertreter der Ausgleichsanspruch verwehrt wird (vgl BGH ZVertriebsR 2013, 89; OLG München IPRax 2007, 322 mAnm Rühl 204).

398 Auch die zwingenden nationalen Vorschriften über die **Mindesthaftung des Verfrachters im Seerecht** (vgl zB § 662 HGB) schränken die Gültigkeit von Gerichtsstandsvereinbarungen nach Art 25 Brüssel Ia-VO zugunsten der Gerichte von Mitgliedstaaten, die diese Haftungsbeschränkungen nicht beachten, nicht ein (vgl EuGH Rs C-159/97 – *Trasporti Castelletti*, Slg 1999 I, 1597 Rn 51; näher Mankowski, Seerechtliche Vertragsverhältnisse im IPR [1995] 291); etwas anderes gilt nur für die nach Art 71 Brüssel Ia-VO vorrangigen staatsvertraglichen Regelungen (zB Art III Abs 8 der Haager Regeln; vgl Rauscher/Mankowski, Brüssel Ia-VO [5. Aufl 2021] Art 25 Rn 94 ff). Schließlich kann auch das aus § 185 Abs 2 GWB hergeleitete Verbot einer Derogation der internationalen Zuständigkeit deutscher Gerichte für nach deutschem Recht zu beurteilende **Kartellsachen** (vgl Hahn/Fink NZKart 2024, 386 ff) m Geltungsbereich des Art 25 Brüssel Ia-VO nicht durchgesetzt werden (OLG Stuttgart RIW 1991, 333 [334 f] = IPRax 1992, 86 m zust Anm H Roth 67; Wurmnest, in: FS Magnus [2014] 567 [569 f]; Kropholler/vHein, EuZPR [9. Aufl 2011] Art 23 Brüssel I-VO Rn 22; Geimer/Schütze/Geimer, EuZVR [4. Aufl 2020] Art 25 Rn 71; einschränkend aber Staudinger/Fezer/Koos [2023] IntWirtschR Rn 376)

b) Vorrang von Staatsverträgen auf besonderen Rechtsgebieten vor Art 25 Brüssel Ia-VO

Art 25 Brüssel Ia-VO verdrängt nur entgegenstehendes *nationales* Recht. Hingegen **399**
tritt die Vorschrift ihrerseits gemäß Art 71 Abs 1 Brüssel Ia-VO gegenüber Regelungen der internationalen Prorogation in Staatsverträgen „auf besonderen Rechtsgebieten" zurück (Geimer/Schütze/Geimer, EuZVR [4. Aufl 2020] Art 71 Rn 1; Kropholler/vHein, EuZPR [10 Aufl 2011] Art 25 Rn 5). Voraussetzung ist allerdings, dass der Staatsvertrag das reibungslose Funktionieren des Binnenmarkts im gleichen Umfang gewährleistet wie die Verordnung (EuGH Rs C-533/08 – *TNT*, NJW 2010, 1736 Rn 49 ff; EuGH Rs C-452/12 – *Nipponkoa Insurance*, EuZW 2014, 220 Rn 36 ff mAnm Antomo). Diese Voraussetzung wird durch die Wahlmöglichkeiten des Klägers nach Art 31 Abs 1 CMR erfüllt (EuGH Rs C-157/13 – *Nickel & Goeldner Spedition*, NZI 2014, 919 Rn 37 ff mAnm Mankowski = IPRax 2015, 417 mAnm Thole 386). Regelt das Spezialabkommen nur einzelne Aspekte internationaler Zuständigkeitsvereinbarungen, so bleibt Art 25 Brüssel Ia-VO allerdings für die nicht geregelten Fragen maßgebend (vgl zur Rechtshängigkeit EuGH Rs C-406/92 – *Tatry*, Slg 1994 I 5439 Rn 25 = JZ 1995, 616 mAnm P Huber 603 = IPRax 1996, 108 mAnm Schack 80). Die **Säumnis** oder Nichteinlassung des Beklagten lässt den Vorrang des Spezialabkommens unberührt. Daran ändert insbesondere die Verweisung in Art 71 Abs 2 lit a S 2 Brüssel Ia-VO auf Art 28 Brüssel Ia-VO nichts (EuGH Rs C-148/03 – *Nürnberger Allg Versicherungen AG*, Slg 2004 I 10329 Rn 20 = IPRax 2006, 256 mAnm Haubold 224; BGH IPRax 2006, 257; BGH RIW 2003, 722; OLG Hamm RIW 2002, 152 f; **aA** noch OLG Dresden RIW 1999, 668 = IPRax 2000, 121). So können etwa bei Streitigkeiten aus **internationalen Luftbeförderungsverträgen** die gesetzlichen Gerichtsstände nach Art 33 des Montrealer Übereinkommens vom 28. 5. 1999 (MÜ; dazu Rn 303 ff) durch eine *vor* Eintritt des Schadens getroffene Parteivereinbarung nicht abgeändert werden (Art 49 MÜ; AG Geldern NJW-RR 2011, 1503). Dabei hat es auch sein Bewenden, wenn die Parteien ihren Wohnsitz/Sitz im Gebiet der EU haben. Hingegen gilt für die Form und Auslegung einer *nach* Schadenseintritt getroffenen Zuständigkeitsvereinbarung Art 25 Abs 1 Brüssel Ia-VO (Killias 100).

Abweichend von Art 49 MÜ lässt Art 31 CMR auch vor Eintritt des Schadensfalls **400**
getroffene Gerichtsstandsvereinbarungen in **Beförderungsverträgen im internationalen Straßengüterverkehr** ausdrücklich zu. Es darf allerdings nur die internationale Zuständigkeit *in einem Vertragsstaat* vereinbart werden (Koller TranspR [11. Aufl 2023] Art 31 CMR Rn 5) Die vereinbarte internationale Zuständigkeit darf ferner *keine ausschließliche* sein; die gesetzlichen Zuständigkeiten nach Art 31 Abs 1 CMR (dazu

Rn 301 ff) bleiben vielmehr wegen der zwingenden Geltung des Übereinkommens (Art 41 CMR) stets konkurrierend bestehen (BGH NJW-RR 2004, 762; öst OGH 5. 5. 2010, unalex AT-716 und 27. 11. 2008, unalex AT-615; OLG Hamm RIW 2002, 152 [153]; OLG Hamburg VersR 1984, 687 mAnm Dannenberg; OLG Wien TranspR 1987, 223; Kropholler/vHein, EuZPR [9. Aufl 2011] Art 71 Brüssel I-VORn 5). Die Vereinbarung einer ausschließlichen *örtlichen* Zuständigkeit in einem Vertragsstaat, dessen Gerichte nach Art 31 CMR international zuständig sind, ist hingegen zulässig und bestimmt sich nach der Brüssel Ia-VO bzw nach nationalem Recht (Koller TranspR [11. Aufl 2023] Art 31 CMR Rn 2; OLG Hamburg IPRspr 1981 Nr 151b).

401 Art 31 CMR regelt allerdings die **Form** der zugelassenen Gerichtsstandsvereinbarungen nicht. Daraus wird überwiegend gefolgert, dass die internationale Prorogation im sachlichen Geltungsbereich der CMR keiner Form bedürfe (LG München I RIW 1991, 150; Koller TranspR [11. Aufl 2023] Art 31 CMR Rn 5; MünchKommHGB/Jesser-Huss [5. Aufl 2022] Art 31 CMR Rn 26; Magnus/Mankowski/Magnus, Brussels Ibis [2. Aufl 2022] Art 25 Rn 12; Rauscher/Mankowski, Brüssel Ia-VO [5. Aufl 2021] Art 71 Rn 57). Dagegen spricht jedoch, dass Art 25 Brüssel Ia-VO der CMR nach Art 71 Abs 1 Brüssel Ia-VO nur insoweit den Vortritt lässt, als Gerichtsstandsvereinbarungen dort eine abweichende Regelung erfahren haben. In der von der CMR nicht geregelten Formfrage bleibt Art 25 Brüssel Ia-VO somit anwendbar (Kropholler, Hdb IZVR I Rn 406; Killias 98 f; Hopt/Merkt, HGB [45. Aufl 2026] Art 31 CMR Rn 2; Haubold IPRax 2000, 91 [93 f] mwNw). Die Bedeutung des Meinungsstreits ist freilich gering, weil die Verwendung von Gerichtsstandsklauseln im internationalen Straßengüterverkehr regelmäßig internationalem Handelsbrauch (Art 25 Abs 1 S 3 lit c Brüssel Ia-VO) entspricht (so für § 65 lit b ADSp aF OLG Hamburg TranspR 2001, 300).

c) Verhältnis zum Haager Übereinkommen über Gerichtsstandsvereinbarungen

402 Die Konkurrenz zwischen der Brüssel Ia-VO und dem Haager Übereinkommen über Gerichtsstandsvereinbarungen von 2005 (Rn 373) regelt Art 26 Abs 6 HGÜ. Nach lit a dieser Vorschrift wird auf dem Gebiet der internationalen Zuständigkeit Regelungsinstrumenten einer Organisation der regionalen Wirtschaftsintegration, die – wie die EU – Vertragspartei des HGÜ ist, grundsätzlich Vorrang vor dem Übereinkommen eingeräumt, wenn beide Parteien ihren Aufenthalt in einem Mitgliedstaat dieser Organisation – hier: der Europäischen Union – haben. Das HGÜ findet auf internationale Gerichtsstandsvereinbarungen aus der Sicht von Gerichten der Mitgliedstaaten der Brüssel Ia-VO daher nur dann Anwendung, wenn entweder zumindest eine Partei ihren Aufenthalt in einem Vertragsstaat des HGÜ hat, der nicht zugleich EU-Mitgliedstaat ist, oder wenn von in der EU ansässigen Parteien die Zuständigkeit in einem nicht der EU angehörenden Vertragsstaat des HGÜ vereinbart wird (vgl näher Bläsi S 152 ff; Wagner RabelsZ 73 [2009] 100 [135]; Nunner-Krautgasser ZZP 127 [2014], 461 [463]; Magnus/Mankowski/Magnus, Brussels Ibis [2. Aufl 2022] Art 25 Rn 10; Rauscher/Mankowski, Brüssel Ia-VO [5. Aufl 2021] Art 25 Rn 435 ff). Der Aufenthalt von juristischen Personen und Gesellschaften bestimmt sich dabei nach Art 4 Abs 2 HGÜ. Derzeit hat das HGÜ daher aus deutscher Sicht nur dann **Vorrang** vor der Brüssel Ia-VO, wenn eine Partei ihren Aufenthalt iSv Art 4 Abs 2 HGÜ in Dänemark, Mexiko, Moldau, Montenegro, Singapur oder der Ukraine hat oder wenn Parteien, die ihren Aufenthalt in Deutschland oder einem anderen EU-Mitgliedstaat haben, die Zuständigkeit der Gerichte eines dieser Staaten vereinbart haben. Entsprechendes dürfte ab dem 1. 1. 2021 im Verhältnis zum Vereinigten Königreich gelten (ausf zur Konkurrenz von HGÜ und Brüssel Ia-VO Peiffer/Peiffer, in: Geimer/Schütze, IRV Art 25 Rn 27 ff).

III. Unterscheidung zwischen kaufmännischer und nicht-kaufmännischer Prorogation im autonomen Recht

Das deutsche autonome Prozessrecht unterscheidet im Recht der internationalen Prorogation – abweichend von Art 25 Brüssel Ia-VO – zwischen kaufmännischer und sonstiger Prorogation. **403**

1. Das Verhältnis von § 38 Abs 1 und Abs 2 ZPO

Nach § 38 Abs 1 ZPO sind Kaufleute aufgrund ihrer geschäftlichen Erfahrung uneingeschränkt prorogationsbefugt; die kaufmännische Prorogation bedarf zu ihrer Wirksamkeit auch nicht der Einhaltung einer bestimmten Form (OLG Saarbrücken NJW-RR 1989, 828; Geimer, IZPR [9. Aufl 2024] Rn 1608). Demgegenüber eröffnet § 38 Abs 2 ZPO Nicht-Kaufleuten, also insbesondere Verbrauchern, die Möglichkeit zum Abschluss von wirksamen Gerichtsstandsvereinbarungen nur im *internationalen* Rechtsverkehr; allerdings hängt die Wirksamkeit der Prorogation nach § 38 Abs 2 ZPO zusätzlich davon ab, dass die dort vorgeschriebene Form eingehalten wird. Außerdem kann nach § 38 Abs 2 S 3 ZPO nur ein Gericht gewählt werden, bei dem diese Partei ihren allgemeinen Gerichtsstand hat oder bei dem ein besonderer Gerichtsstand begründet ist. Die Abgrenzung zwischen beiden Vorschriften ist umstritten. Teilweise wird die Regelung in § 38 Abs 1 ZPO auf den *inländischen Geschäftsverkehr* beschränkt (OLG Nürnberg NJW 1985, 1296 f). Dagegen spricht freilich vor allem die Systematik der Vorschrift; denn durch § 38 Abs 2 ZPO sollte das bis 1974 unbestrittene Recht von Vollkaufleuten zur formlosen Prorogation auch im internationalen Rechtsverkehr nicht eingeschränkt, sondern nur das grundsätzliche Prorogationsverbot für Nichtkaufleute in grenzüberschreitenden Sachverhalten gelockert werden. § 38 Abs 1 ZPO lässt daher die internationale Prorogation zwischen Vollkaufleuten uneingeschränkt zu (BGHZ 210, 321 = NJW 2016, 2328 Rn 36 ff; OLG Hamburg RIW 1986, 462 [464]; OLG Saarbrücken NJW-RR 1989, 828 [829] und NJW 2000, 670 [671]; OLG Rostock RIW 1997, 1042 [1043]; Prinzing IPRax 1990, 83; Sieg RIW 1998, 102 [104]; Geimer, IZPR [9. Aufl 2024] Rn 1608, 1619; Schack, IZVR [9. Aufl 2025] Rn 551; Zöller/Schultzky, ZPO [35. Aufl 2024] § 38 Rn 30). **404**

2. Kaufmännische Prorogation (Abs 1)

Über die Frage, wer **Kaufmann** iSv § 38 Abs 1 ZPO ist, hat das prorogierte oder derogierte deutsche Gericht – vorbehaltlich einer abweichenden Vereinbarung der Parteien (vgl BGH WM 1996, 2294 [2298]) – primär nach *deutschem Handelsrecht* (§§ 1 ff HGB) als *lex fori* zu entscheiden, auch wenn eine Partei ihren Wohnsitz bzw Sitz im Ausland hat (BGH NJW 1997, 397 [399] = IPRax 1999, 367 mAnm Dörner/Staudinger 338 [Bürge mit Wohnsitz in der Schweiz]; OLG Saarbrücken NJW-RR 1989, 828 [AG mit Sitz in Mali]; Schack, IZVR [9. Aufl 2025] Rn 552; Kropholler, Hdb IZVR I Rn 500 mwNw). Der prorogationsbefugte Personenkreis wird in § 38 Abs 1 ZPO aus Gründen der Rechtssicherheit *abschließend* festgelegt. Deshalb verbietet sich eine entsprechende Anwendung auf Personen, die ähnlich geschäftsgewandt sind wie Kaufleute, zB auf Architekten, Rechtsanwälte, Notare oder Steuerberater (OLG Köln NJW-RR 2015, 1533; OLG Bamberg **405**

OLGR 1998, 302; Thomas/Putzo/Hüsstege, ZPO [46. Aufl 2025] § 38 Rn 10; Zöller/Schultzky, ZPO [35. Aufl 2024] § 38 Rn 22 mwNw). Dies gilt auch im *internationalen* Rechtsverkehr; eine richterrechtliche Anpassung von § 38 ZPO an Art 25 Brüssel Ia-VO kommt nicht in Betracht. Nach § 38 Abs 1 ZPO müssen notwendig *beide Partner* der Gerichtsstandsvereinbarung zu dem prorogationsbefugten Personenkreis gehören. Ist nur eine Partei Kaufmann, so kann durch Gerichtsstandsvereinbarung von den gesetzlichen Zuständigkeiten auch *zugunsten* der nicht prorogationsbefugten Partei nicht abgewichen werden (Thomas/Putzo/Hüsstege, ZPO [46. Aufl 2025] § 38 Rn 7; zu Recht krit dazu Geimer, IZPR [9. Aufl 2024] Rn 1625). Gerichtsstandsvereinbarungen prorogationsbefugter Personen sind auch dann wirksam, wenn das betroffene Geschäft *kein Handelsgeschäft* iSv § 343 HGB ist (Stein/Jonas/Bork, ZPO [23. Aufl 2014] § 38 Rn 18; Thomas/Putzo/Hüsstege, ZPO [46. Aufl 2025] § 38 Rn 9; Häuser JZ 1980, 761 mwNw). Die Parteien müssen dem in § 38 Abs 1 ZPO genannten Personenkreis **bei Abschluss der Prorogation** angehören; denn ihre Schutzbedürftigkeit kann sinnvoll nur für diesen Zeitpunkt festgestellt werden. Der nachträgliche Wegfall der Kaufmannseigenschaft ist auf die Wirksamkeit der getroffenen Gerichtsstandsvereinbarung daher ohne Einfluss (OLG Köln NJW-RR 1992, 571; Schack IPRax 1990, 20). Umgekehrt führt ein nachträglicher Erwerb der Kaufmannseigenschaft nicht zur *Heilung* einer zunächst unwirksamen Prorogation (Geimer, IZPR [9. Aufl 2024] Rn 1672; Stein/Jonas/Bork, ZPO [23. Aufl 2014] § 38 Rn 17; zur Rechtsnachfolge s Rn 503 ff).

3. Nicht-kaufmännische Prorogation (Abs 2)

406 Eine wirksame Prorogation nach § 38 Abs 2 ZPO setzt voraus, dass mindestens **eine Partei keinen allgemeinen Gerichtsstand im Inland** hat (vgl OLG Düsseldorf IPRspr 2014 Nr 44 [Indien]). Hingegen kommt es auf die Staatsangehörigkeit oder die Kaufmannseigenschaft der Parteien nicht an. Der Abschluss einer vorprozessualen Gerichtsstandsvereinbarung mit einer im Ausland domizilierten Partei ist auch dann ausgeschlossen, wenn diese einen Zweitwohnsitz im Inland hat (BGH NJW 1986, 1438 [1439] mAnm Geimer = IPRax 1987, 168 mAnm G Roth 141; **aA** Geimer, IZPR [9. Aufl 2024] Rn 1614). Das Bestehen eines *besonderen* Gerichtsstands im Inland (zB nach §§ 21, 23, 29 ZPO) schließt hingegen eine wirksame Prorogation nach § 38 Abs 2 ZPO nicht aus (Geimer, IZPR [9. Aufl 2024] Rn 1613). Der allgemeine inländische Gerichtsstand einer Partei muss *im Zeitpunkt des Abschlusses der Prorogation* fehlen (LG Frankfurt aM IPRax 2022, 52 und 177 m krit Anm Hemler 34; Stein/Jonas/Bork, ZPO [23. Aufl 2014] § 38 Rn 26; Geimer, IZPR [9. Aufl 2024] Rn 1671). Für diesen Fall bleibt die Gerichtsstandsvereinbarung auch dann wirksam, wenn zur Zeit des Prozesses beide Parteien einen allgemeinen inländischen Gerichtsstand haben (anders wohl BGH NJW-RR 2005, 929). Umgekehrt wird eine nach § 38 ZPO unzulässige Prorogation nicht allein dadurch wirksam, dass eine der Parteien ihren allgemeinen inländischen Gerichtsstand nach Abschluss der Vereinbarung ins Ausland verlegt. Für diesen Fall kann nur durch eine Prorogation nach § 38 Abs 3 Nr 2 ZPO vorgesorgt werden (vgl näher Wieczorek/Schütze/Hausmann, ZPO [3. Aufl 2010] § 38 Rn 79 ff). Die internationale Prorogation nach § 38 Abs 2 ZPO steht jedermann offen; ein Schutz von Versicherungsnehmern, Verbrauchern oder Arbeitnehmern nach dem Vorbild von Art 25 Abs 4 Brüssel Ia-VO findet nach autonomem Prozessrecht – bedauerlicherweise – bisher nicht statt.

IV. Abschluss und materielle Wirksamkeit internationaler Gerichtsstandsvereinbarungen

1. Gerichtsstandsvereinbarung nach Art 25 Brüssel Ia-VO

a) Zustandekommen (Konsens)

aa) Autonome Auslegung

Nach Art 25 Abs 1 Brüssel Ia-VO müssen die Parteien über die gerichtliche Zuständigkeit eine „Vereinbarung" getroffen haben. Der Begriff der (Gerichtsstands-) Vereinbarung ist dabei – ebenso wie der Begriff Vertrag in Art 7 Nr 1 Brüssel Ia-VO (dazu Rn 92 ff) – **autonom**, dh ohne Rückgriff auf nationales Privat- oder Prozessrecht – auszulegen (EuGH Rs C-519/19 – *Ryanair*, RIW 2021, 44 Rn 38 mAnm Staudinger NZV 2021, 39; BGH RIW 2021, 453 Rn 28; OLG Frankfurt BeckRS 2025, 8149 Rn 51; Rauscher/Mankowski, Brüssel Ia-VO [5. Aufl 2021] Art 25 Rn 216 f; ebenso schon zu Art 23 Brüssel I-VO/LugÜ 2007 EuGH Rs C-222/15 – *Hőszig*, EuZW 2016, 635 Rn 29; EuGH Rs C-543/10 – *Refcomp*, IPRax 2013, 552 Rn 21 mAnm Weller 501; BGHZ 171, 141 Rn 25 = NJW 2007, 2036; BGH NJW 2015, 2584 Rn 31 = BB 2015, 1418 mAnm Mankowski; schwz BG 31. 7. 2013, unalex CH-520; Hoge Raad 15. 5. 2008, unalex NL-912; OLG Stuttgart BeckRS 2015, 12064 Rn 93 = RIW 2015, 762 mAnm Mankowski; Kropholler/vHein, EuZPR [9. Aufl 2011] Art 23 Brüssel I-VO Rn 18, 23; ferner zu Art 17 EuGVÜ EuGH Rs 214/89 – *Powell Duffryn*, Slg 1992 I 1745 Rn 13 f = IPRax 1993, 32 mAnm Koch 19; BGH IPRax 1997, 416 mAnm Koch 405; öst OGH ZfRvgl 2001, 113; OLG Dresden IPRspr 1999 Nr 115; Jayme/Kohler IPRax 1992, 346 [353]; Rauscher IPRax 1992, 143 f; Karré-Abermann ZEuP 1994, 142 [143]; Stöve 12 ff; Kubis IPRax 1999, 10 [12]; Kröll ZZP 113 [2000] 135 [143 ff]; mit Einschränkungen auch Saenger ZZP 110 [1997] 477 [483 f]; **aA** noch OLG Düsseldorf NJW-RR 1989, 1331 [1332] und IHR 2004 108 Rn 40 ff; OLG Saarbrücken NJW 1992, 987 [988]; OLG Celle IPRax 1997, 417 [418] m **abl** Anm Koch 405 f; Staehelin 177). Auf diese Weise soll sichergestellt werden, dass eine Willenseinigung der Parteien tatsächlich vorliegt (EuGH Rs C-543/10 – *Refcomp*, IPRax 2013, 552 Rn 28 mAnm Weller 501). Das Zustandekommen einer Gerichtsstandsvereinbarung iSv Art 25 Brüssel Ia-VO bestimmt sich daher vorrangig nach europäischem Einheitsrecht (EuGH Rs C-116/02 – *Gasser*, Slg 2003 I 14721 Rn 51 = IPRax 2004, 243 mAnm Grothe 205; **aA** [Feststellung der Einigung nach dem als Vertragsstatut maßgeblichen nationalen Recht] Schlosser/Hess/Schlosser, EuZPR [5. Aufl 2021] Art 25 Rn 3). 407

Daran hat auch die im Zuge der Reform eingeführte Gesamtverweisung in Art 25 Abs 1 S 1 Brüssel Ia-VO auf das Recht am *forum prorogatum* hinsichtlich der „materiellen Wirksamkeit" der Gerichtsstandsvereinbarung nichts geändert (EuGH Rs C-519/19 – *Ryanair*, NJW-RR 2021, 240 Rn 38 = NZV 2021, 36 mAnm Staudinger). Denn die Reichweite dieser – als Einwendung gegen eine bereits zustande gekommene Gerichtsstandsvereinbarung formulierten – Verweisung ist auf Gründe beschränkt, die zur materiellen Unwirksamkeit dieser Vereinbarung führen; die Verweisung bezieht sich also **nicht auf das Zustandekommen eines Konsenses** der Parteien (EuGH Rs C-519/19 – *Ryanair*, RIW 2021, 44 Rn 41, 50; BGH RIW 2021, 453 Rn 28; OLG Frankfurt BeckRS 2025, 8149 Rn 51; OLG München IWRZ 2025, 157 [159] mAnm vWestphalen; Lenaerts/Stapper RabelsZ 78 [2014] 252 [282]; Magnus IPRax 2016, 521 [524]; Rauscher/Mankowski, Brüssel Ia-VO [5. Aufl 2021] Art 25 Rn 63 ff; MünchKommZPO/Gottwald Art 25 Rn 14; Musielak/Voit/Stadler/Krüger, ZPO [22. Aufl 2025] Art 25 Rn 4; Stein/Jonas/Thole, ZPO [23. Aufl 2022] Art 25 Rn 39 ff; Magnus/Mankowski/Magnus [2. Aufl 2022] Art 25 Rn 79a; Peiffer/Peiffer, in: Geimer/Schütze, IRV Art 25 Rn 86; Geimer/Schütze/Geimer, EuZVR [4. Aufl 2020] Art 25 Rn 75; 408

Schlosser/Hess/Schlosser, EuZPR [5. Aufl 2021] Art 25 Rn 3; **aA** [unter Hinweis af den ErwG 20] Thomas/Putzo/Nordmeier, ZPO [46. Aufl 2025] Art 25 Rn 5; s a Rn 420 f; Wieczorek/Schütze/Weller, ZPO [4. Aufl 2015] Art 25 Rn 19, der nur noch von einem „autonomen Mindeststandard" neben dem von Art 25 Abs 1 Brüssel Ia-VO berufenen Recht am *forum porogatum* ausgeht).

408a Diese Auffassung hat der EuGH zuletzt in der Entscheidung *SIL/Agora* vom 27. 2. 2025 nachdrücklich bestätigt. Danach verweist die Brüssel Ia-VO für die Definition und Reichweite des Begriffs „materiell nichtig" nicht auf das Recht der Mitgliedstaaten. Vielmehr ist auch dieser Begriff in der gesamten Union **autonom und einheitlich** auszulegen. Danach ist er eng zu interpretieren und bezieht er sich nur „auf die allgemeinen Gründe für die Nichtigkeit eines Vertrages..., dh insbes. auf Willensmängel wegen Irrtums, arglistigen Verhaltens oder Nötigung sowie Geschäftsunfähigkeit, die im Unterschied zu den spezifischen Voraussetzungen für die Wirksamkeit von Gerichtsstandsvereinbarungen nicht durch die Brüssel Ia-VO, sondern durch das Recht des Mitgliedstaats geregelt werden, dessen Gerichte bestimmt sind." Demgegenüber gehört die Frage, ob die Parteien die Zuständigkeit eines Gerichts oder der Gerichte eines Mitgliedstaats wirksam „vereinbart" haben, wie der EuGH ausdrücklich klarstellt, zu den durch Art 25 Abs 1 Brüssel Ia-VO selbst aufgestellten materiellenVoraussetzungen, deren Vorliegen nicht nach dem nationalen Recht des als zuständig vereinbarten Mitgliedstaats festzustellen ist, sondern im Wege autonomer europäischer Auszulegung (EuGH Rs C-537/23 – *SIL/Agora*, NJW 2025, 1933 Rn 30 ff mAnm Becker und Anm Rieländer EuZW 2025, 179; s a Rn 416 ff).

Die Anforderungen an das wirksame Zustandekommen (einschließlich der Form) einer Gerichtsstandsvereinbarung beurteilen sich auch dann, wenn letztere sich auf einen dem **CISG** unterliegenden Kaufvertrag bezieht, gemäß Art 4 S 2 CISG nach dem dafür maßgeblichen Recht des Forumstaates, vor deutschen Gerichten daher vorrangig nach Art 25 Brüssel Ia-VO (BGH NJW 2015, 2584 Rn 56; Staudinger/Magnus [2025] Art 11 CISG Rn 7).

409 Da Art 25 Abs 1 Brüssel Ia-VO vor allem sicherstellen soll, dass **Zuständigkeitsvereinbarungen nicht unbemerkt Inhalt des Vertrages** werden, müssen beide Vertragsparteien ihr tatsächlich zugestimmt haben und diese Zustimmung muss klar und deutlich zum Ausdruck gebracht worden sein (EuGH Rs C-358/21 – *Tilman SA*, NJW 2023, 33 Rn 38 f; EuGH Rs C-519/19 – *Ryanair*, RIW 2021, 44 Rn 41 mAnm Thon IPRax 2022, 239; zu Art 23 Brüssel I-VO EuGH Rs C-366/13 – *Profit Investment*, EuZW 2016, 419 Rn 27; EuGH Rs C-543/10 – *Refcomp*, EuZW 2013, 316 Rn 27; BGH RIW 2021, 453 Rn 29; BGHZ 167, 83 [86] = NJW 2006, 1672; OLG Oldenburg IHR 2008, 112 [117]; ebenso schon zu Art 17 EuGVÜ EuGH Rs 24/76 – *Colzani*, Slg 1976, 1831 Rn 7 = RIW 1977, 104 mAnm G Müller 163; EuGH Rs 150/80 – *Elefanten Schuh*, Slg 1981, 1671 Rn 23 = IPRax 1982, 234 mAnm Leipold 222; EuGH Rs C-106/95 – *MSG/Les Gravières Rhénanes*, Slg 1997 I 932, 940 Rn 14 = NJW 1997, 1431 = JZ 1997, 839 mAnm Koch; OLG Dresden IPRspr 1999 Nr 115; OLG Düsseldorf RIW 2001, 63). Einer ausdrücklichen Abrede bedarf es freilich zu diesem Zwecke nicht; vielmehr reicht die *stillschweigende Vereinbarung* eines Gerichtsstands grundsätzlich aus (BGH NJW 1994, 2699; BGH NJW 1996, 1819 = IPRax 1997, 416 mAnm Koch 405; Kropholler/vHein, EuZPR [9. Aufl 2011] Art 23 Brüssel I-VO Rn 25 mwNw). Dies gilt vor allem im Rahmen einer zwischen den Parteien unterhaltenen *laufenden Geschäftsbeziehung* (vgl OLG München RIW 1989, 901 = ZZP 103 [1990] 84 mAnm H Schmidt; Geimer/Schütze/Geimer, EuZVR [4. Aufl 2020] Art 25 Rn 79 f).

Die uneingeschränkte Zustimmung zu einem die Gerichtsstandsvereinbarung enthaltenden Angebot reicht in jedem Fall aus (BGH NJW 2015, 2584 Rn 35).

Verwenden die Parteien sich **widersprechende Gerichtsstandsklauseln** in ihren AGB, **410** die jeweils die Form des Art 25 Abs 1 S 3 Brüssel Ia-VO erfüllen, so heben diese sich gegenseitig auf; es bleibt dann bei den gesetzlichen Zuständigkeiten nach Art 4 ff Brüssel Ia-VO (OLG Hamburg TranspR 2002, 111; LG Gießen IHR 2003, 276). Führen die in den AGB beider Vertragsparteien enthaltenen Gerichtsstandsklauseln hingegen zur Zuständigkeit des gleichen Gerichts, so kann offen bleiben, welche AGB wirksam einbezogen wurden (OLG Köln EuLF 2006 II, 94 [95]).

bb) Konsens und Formerfordernisse

Zwar regelt Art 25 Abs 1 S 3 Brüssel Ia-VO nach seinem Wortlaut nur **Formerfordernisse** für Gerichtsstandsvereinbarungen, die systematisch von den Anforderungen an die materielle Willenseinigung zu unterscheiden sind (Geimer/Schütze/Geimer, EuZVR [4. Aufl 2020] Art 25 Rn 101). Deshalb kann eine Gerichtsstandsvereinbarung trotz nachweislicher Einigung der Parteien über den Gerichtsstand an der Nichteinhaltung der Form des Art 25 Abs 1 S 3 Brüssel Ia-VO scheitern (Kröll ZZP 113 [2000] 135 [144]). Den Formvorschriften können freilich dann, wenn eine solche Einigung fraglich ist, durchaus auch Kriterien für eine autonome Interpretation des Begriffs der „Vereinbarung" entnommen werden (öst OGH 29. 8. 2000, unalex AT-177; Rauscher ZZP 104 [1991] 271 [278 ff]; Kropholler/vHein, EuZPR [9 Aufl 2011] Art 23 Brüssel I-VORn 18, 23). Eine Willenseinigung der Parteien über den Gerichtsstand wird nämlich – nur schwer widerleglich – *vermutet*, wenn die Formerfordernisse des Art 25 Abs 1 S 3 Brüssel Ia-VO beobachtet worden sind (EuGH Rs C-222/15 – *Hõszig*, EuZW 2016, 635 Rn 38; OLG Frankfurt BeckRS 2025, 8149 Rn 50; OLG Saarbrücken IPRax 2018, 61 Rn 64 mAnm G Schulze 26; Freitag, in: FS Magnus [2014] 419 [424 f]; MünchKommZPO/Gottwald Art 25 Rn 16). Diese **Konsensvermutung** gilt insbesondere dann, wenn das Verhalten der Parteien einem Handelsbrauch in dem Bereich des internationalen Handels entspricht, in dem die Parteien tätig sind, sofern sie diesen Handelsbrauch kennen oder kennen müssen (EuGH Rs C-106/95 – *MSG/Les Gravières Rhénanes*, Slg 1997 I 932, 940 Rn 19 f = NJW 1997, 1431 = RIW 1997, 415 mAnm Holl = JZ 1997, 839 mAnm Koch = ZZP Int 1997, 161 mAnm Huber = IPRax 1999, 31 mAnm Kubis 10; EuGH Rs C-159/97 – *Trasporti Castelletti*, Slg 1999 I 1597 Rn 19 ff = IPRax 2000, 119 mAnm Girsberger 87 = EuZW 1999, 444 mAnm Hass = ZZP Int 1999, 233 mAnm Adolphsen; EuGH Rs C-366/13 – *Profit Investment*, EuZW 2016, 419 Rn 40 mAnm Müller). Bezieht man die auf das nationale Recht gerichtete Verweisung in Art 25 Abs 1 S 1 HS 2 Brüssel Ia-VO indessen mit dem EuGH nur auf die materielle Wirksamkeit ieS, dh nicht auch auf das Zustandekommen der Willenseinigung (Rn 420), so dürfte diese Vermutung auch unter der Brüssel Ia-VO fortgelten (Rauscher/Mankowski, Brüssel Ia-VO [5. Aufl 2021] Art 25 Rn 214; Zöller/Geimer, ZPO [35. Aufl 2024] Art 25 Rn 21; **aA** Thomas/Putzo/Nordmeier, ZPO [46. Aufl 2025] Art 25 Rn 5 aE unter Hinweis auf ErwG 20; zweifelnd auch Wieczorek/Schütze/Weller, ZPO [4. Aufl 2015] Art 25 Rn 25 und 46).

cc) Schranken der autonomen Auslegung

Den in Art 25 Abs 1 S 3 Brüssel Ia-VO normierten Formvorschriften sind allerdings **412** nur **Mindestanforderungen** an den materiellen Tatbestand einer Vereinbarung zu entnehmen. Im Übrigen entschied man bisher über deren Zustandekommen im Geltungsbereich von Art 23 Brüssel I-VO nach dem vom IPR des Forums für anwendbar erklärten nationalen Recht (BGHZ 171, 141 Rn 25 = NJW 2007, 2036; öst OGH ZfRvgl

2001, 231; schwz BG 31. 7. 2013, unalex CH-520 und BGE 124 III 134 [139 f]; Rauscher ZZP 104 [1991] 271 [280 ff]; Gottwald, in: FS Henckel [1995] 295 [302 f]; Saenger ZZP 110 [1997] 477 [482 ff]; Kröll ZZP 113 [2000] 135 [147 f]; **aA** Jayme/Kohler IPRax 1992, 346; Stöve 20 ff). Nach der jeweiligen *lex causae* wurden insbesondere solche Voraussetzungen einer wirksamen Willenseinigung beurteilt, die – wie etwa die Geschäftsfähigkeit der Parteien, der Zugang und die Bindungswirkung von Willenserklärungen und die Folgen von Willensmängeln oder Fragen der Stellvertretung – in Art 23 Brüssel I-VO auch nicht ansatzweise geregelt waren (vgl zur Stellvertretung BGH NJW 2015, 2584 Rn 49; schwz BG 5. 9. 2016, unalex CH-605; LG Essen RIW 1992, 227 [229]; ferner M J Schmidt RIW 1992, 175; Karré-Abermann ZEuP 1994, 138 [148]; Staehelin 148 ff). Daran kann unter Geltung von Art 25 Brüssel Ia-VO nur insoweit festgehalten werden, als diese Fragen nicht vom Begriff der „materiellenWirksamkeit" und damit von der Verweisung auf das Recht am *forum prorogatum* in Art 25 Abs 1 S 1 Brüssel Ia-VO erfasst werden (Rauscher/Mankowski, Brüssel Ia-VO [5. Aufl 2021] Art 25 Rn 237 ff; Thomas/Putzo/Nordmeier, ZPO [46. Aufl 2025] Art 25 Rn 5; Schlosser/Hess/Schlosser, EuZPR [5. Aufl 2021] Art 25 Rn 31; Peiffer/Peiffer, in: Geimer/Schütze, IRV Art 25 Rn 92 ff; s a Rn 420 ff).

413 Hingegen haben schärfere oder mildere Anforderungen der *lex causae* an den Begriff der „Vereinbarung" selbst – namentlich für die **Einbeziehung von Gerichtsstandsklauseln in AGB** – im Geltungsbereich von Art 25 Abs 1 Brüssel Ia-VO außer Betracht zu bleiben (schwz BG 31. 7. 2013, unalex CH-520; dazu Rn 392 ff, bes Rn 394). Deshalb kann auch die Frage, ob eine in **fremdsprachigen AGB** enthaltene Gerichtsstandsklausel wirksam vereinbart worden ist, nur mit Hilfe von aus Art 25 Brüssel Ia-VO selbst zu entwickelnden Kriterien und nicht durch Rückgriff auf nationales Recht beantwortet werden (Magnus/Mankowski/Magnus, Brussels Ibis [2. Aufl 2022] Art 25 Rn 86; **aA** OLG Hamm IPRax 1991, 324 mAnm Kohler 299; Schlosser/Hess/Schlosser, EuZPR [5. Aufl 2021] Rn 3 aE). Danach kommt die Gerichtsstandsklausel nur dann wirksam zustande, wenn der Hinweis auf die Einbeziehung der AGB in der Verhandlungssprache oder in einer sonst dem Vertragspartner verständlichen Sprache erfolgt (OLG Frankfurt NJW-RR 2003, 784; OLG Hamm IHR 2006, 84; öst OGH IHR 2009, 126 [127]; Rauscher/Mankowski, Brüssel Ia-VO [5. Aufl 2021] Art 25 Rn 229 mwNw). Etwas anderes kann gelten, wenn der Vertragspartner des Verwenders die AGB trotz seiner mangelnden Sprachkenntnisse gegengezeichnet hat (OLG Hamm IPRax 2007, 125 mAnm Spellenberg 98). War der Einbeziehungshinweis für den Vertragspartner des Verwenders verständlich, so muss er sich eine in den AGB enthaltene Gerichtsstandsklausel nach hM auch dann entgegenhalten lassen, wenn die AGB selbst in einer anderen, für ihn nicht verständlichen Sprache abgefasst sind, sofern er eine uneingeschränkte Annahmeerklärung abgegeben hat (BGH IPRax 1991, 326 m krit Anm Kohler 299; OLG Hamm NJW-RR 1995, 189; OLG Köln EuLF 2006 II 94 [95]; öst OGH RIW 2005, 475 und IHR 2009, 126 [127] mwNw; zust Rauscher/Mankowski, Brüssel Ia-VO [5. Aufl 2021] Art 25 Rn 230. Kropholler/vHein, EuZPR [9 Aufl 2011 Art 23 Brüssel I-VO Rn 37. Zur Kritik Staudinger/Hausmann [2021] Art 10 Rom I-VO Rn 122 mwNw).

dd) Statutarische Gerichtsstandsklauseln

414 Auch die in der Satzung eines Vereins oder einer Aktiengesellschaft enthaltene Gerichtsstandsklausel stellt eine „Vereinbarung" iSv Art 25 Abs 1 Brüssel Ia-VO dar, die für sämtliche Mitglieder bzw Aktionäre verbindlich ist (EuGH Rs 214/89 – *Powell Duffryn*, Slg 1992 I 1745 Rn 16 f = IPRax 1993, 32 mAnm Koch 19; LG München I NZG 2007, 255; krit Jayme/Kohler IPRax 1992, 350 f). Dies gilt selbst dann, wenn der Aktionär, dem gegenüber die Gerichtsstandsklausel geltend gemacht wird, gegen die Annahme dieser Klausel gestimmt hat. Denn durch seinen Beitritt zur Gesellschaft hat er sich damit einverstanden erklärt, dass ihn sämtliche Bestimmungen der Gesellschaftssatzung sowie die im Einklang mit ihr und dem anwendbaren nationalen Recht gefassten Beschlüsse der Gesellschaftsorgane binden. Andernfalls könnte für Rechtsstreitigkeiten aus dem Gesellschaftsverhältnis kein einheitlicher Gerichtsstand begründet werden; dies verstieße aber gegen den Grundsatz der Rechtssicherheit, welcher mit der Regelung in Art 25 Brüssel Ia-VO verwirklicht werden sollte (EuGH NJW 1992, 1671 Rn 18 ff; Rauscher/Mankowski, Brüssel Ia-VO [5. Aufl 2021] Art 25 Rn 309 ff; zur Form einer solchen statutarischen Gerichtsstandsklausel s Rn 449). Lediglich für Gerichtsstandsklauseln in *trust*-Bedingungen wird gem Art 25 Abs 3 Brüssel Ia-VO auf das Erfordernis einer Vereinbarung verzichtet. Gerichtsstandsklauseln in Satzungen einer AG oder in Gesellschaftsverträgen einer GmbH oder einer Personengesellschaft erfassen aber nur gesellschaftsinterne Streitigkeiten, nicht dagegen Klagen von Anlegern wegen Täuschung oder unzureichender Information bei der Anlage (Mormann AG 2011, 10 [15]; Magnus/Mankowski/Magnus, Brussels Ibis [2. Aufl 2022] Art 25 Rn 135).

ee) Trust-Bedingungen

415 Schriftlich niedergelegte *trust*-Bedingungen, welche die Zuständigkeit eines Gerichts oder der Gerichte eines Mitgliedstaats für Klagen gegen einen Begründer, *trustee* oder Begünstigten des *trust* regeln, haben nach Art 25 Abs 3 Brüssel Ia-VO die gleiche Wirkung wie eine Gerichtsstandsvereinbarung nach Art 25 Abs 1 Brüssel Ia-VO, wenn es sich um Beziehungen zwischen diesen Personen oder ihre Rechte oder Pflichten im Rahmen des *trust* handelt. Die Vorschrift bezieht sich also nur auf Streitigkeiten **aus dem Innenverhältnis** des *trust*. Die Sonderregelung wurde eingeführt, weil ein *trust* nach englischem Recht nicht durch Vertrag begründet zu werden braucht, sondern auch durch einseitiges Rechtsgeschäft entstehen kann (Schlosser-Bericht Rn 178; MünchKommZPO/Gottwald Art 25 Rn 23). Für diesen Fall wird auf die nach Art 25 Abs 1 Brüssel Ia-VO notwendige Willenseinigung zwischen den Parteien verzichtet; die einseitige Gerichtsstandsbestimmung entfaltet also Wirkungen gegenüber Dritten (Gebauer IPRax 2001, 471; Rauscher/Mankowski, Brüssel Ia-VO [5. Aufl 2021] Art 25 Rn 298 ff). Weiterhin stellt die Vorschrift klar, dass die in *trust*-Bedingungen enthaltene Gerichtsstandsklausel auch dann gegen den *trustee* oder den Begünstigten des *trust* wirkt, wenn diese ihr nicht in der Form des Art 25 Abs 1 Brüssel Ia-VO zugestimmt haben. Die Schranken des Art 25 Abs 4 Brüssel Ia-VO gelten jedoch auch für Gerichtsstandsvereinbarungen in *trust*-Bedingungen.

b) Materielle Wirksamkeit

aa) Begriff

416 Der aus Art 5 HGÜ übernommene Begriff der „materiellen Wirksamkeit“ ist in der gesamten Union **autonom und einheitlich** auszulegen und bezieht sich – wie der EuGH klargestellt hat – nur auf die allgemeinen Gründe für die Nichtigkeit eines Vertrages, insbesondere auf **Willensmängel** wegen Irrtums, arglistigen Verhaltens oder Nötigung sowie auf Geschäftsunfähigkeit. Danach wird nur in sehr engem Umnfang auf das nationale Recht am *forum prorogatum* verwiesen. Dieses gilt – wie gezeigt – insbesondere *nicht* für das wirksame Zustandekommen einer Gerichtsstandsvereinbarung, dh für die Anforderungen an eines diesbezügliche Einigung der Parteien (Rn 408a). Darüber hinaus handelt es sich auch bei der behaupteten **Ungenauigkeit oder Unausgewogenheit** einer Gerichtsstandsvereinbarung nicht um As-

pekte von deren materieller Nichtigkeit. Denn die hinreichende Bestimmtheit des Rechtsverhältnisses, auf das sich die Gerichtsstandsvereinbarung bezieht, wird in Art 25 Abs 1 Brüssel Ia-VO ausdrücklich vorausgesetzt und ist deshalb im Wege autonomer Auslegung dieser Vorschrift festzustellen (dazu Rn 472 ff). Gleiches gilt für die Frage der Ausgewogenheit einer Gerichtsstandsvereinbarung, für die Art 25 Abs 4 iVm Art 15, 19 und 23 Brüssel Ia-VO – und nicht das nationale Recht im Staat des prorogierten Gerichts – den Maßstab vorgibt (EuGH Rs C-537/23 – *SIL/Agora*, NJW 2025, 1933 Rn 41 ff mAnm Becker und Anm Rieländer EuZW 2025, 179; dazu auch Rn 480, 490a). Auch die im nationalen Recht eines Mitgliedstaats aufgestellte Voraussetzung, wonach eine Gerichtsstandsvereinbarung zwischen natürlichen Personen nur gültig ist, wenn der betreffende Rechtsstreit mit der wirtschaftlichen und beruflichen Tätigkeit dieser Personen zusammenhängt, betrifft nicht die materielle Wirksamkeit der Gerichtssstsndfsvereinbarung, weil es sich nicht um einen für alle Verträge geltenden Nichtigkeitsgrund handelt (EuGH Rs C-399/24 – *A/B*, EuZW 2026, 109 Rn 37 f).

bb) Verweisung auf das Recht am forum prorogatum

416a Da Gerichtsstandsvereinbarungen ausdrücklich aus dem sachlichen Anwendungsbereich der Rom I-VO ausgenommen sind (Art 1 Abs 2 lit e Rom I-VO), wandten die Gerichte der Mitgliedstaaten bisher ganz unterschiedliches Recht auf die von Art 23 Brüssel I-VO nicht geregelten Aspekte der materiellen Wirksamkeit einer Gerichtsstandsvereinbarung an (vgl Gebauer, in: FS vHoffmann [2011] 577 [580 f]; unalexKomm/Hausmann Brüssel I-VO Art 23 Rn 52 mwNw). Um die hieraus resultierende Rechtsunsicherheit zu beseitigen, enthält Art 25 Abs 1 Brüssel Ia-VO hierfür – nach dem Vorbild von Art 5 Abs 1, 6 lit a HGÜ (Simotta, in: FS Schütze [2015] 541; Magnus/Mankowski/Magnus, Brussels Ibis [2. Aufl 2022] Art 25 Rn 79a) – nunmehr eine **einheitliche Kollisionsnorm**. Danach beurteilt sich die materielle Wirksamkeit einer Gerichtsstandsvereinbarung vor den Gerichten aller Mitgliedstaaten nach dem Recht desjenigen Mitgliedstaats, dessen Gerichte in der Vereinbarung als zuständig bezeichnet worden sind (*forum prorogatum*; vgl EuGH Rs C-519/19 – *Ryanair*, NJW-RR 2021, 240 Rn 49 ff = NZV 2021, 36 mAnm Staudinger; Weller ZZPInt 19 [2014] 251 [254]; Basedow, in: FS Magnus [2014] 337 [341]; Magnus, in: FS Martiny [2014] 785 [790 f]; Nunner-Krautgasser ZZP 127 [2014] 461 [473 ff]; Pfeiffer ZZP 127 [2014] 409 [417]; Nordmeier RIW 2016, 331 [335]). Dieses Recht ist nicht nur von dem vereinbarten Gericht, sondern auch von einem derogierten Gericht anzuwenden, vor dem Klage mit der Behauptung erhoben wird, die Gerichtsstandsvereinbarung sei nicht wirksam getroffen worden. Denn für diesen Fall hat auch das derogierte Gericht die materielle Wirksamkeit der Gerichtsstandsvereinbarung eigenständig zu prüfen, solange das prorogierte Gericht nicht angerufen wird (vgl aber zur eingeschränkten Prüfungskompetenz des Gerichts am *forum derogatum* nach Art 31 Abs 2, 3 Brüssel Ia-VO Rn 512 ff).

417 Das Recht am *forum prorogatum* gilt nach dem ErwG 20 – in Anlehnung an Art 5 Abs 1, letzter HS, 6 lit a HGÜ – „einschließlich des Kollisionsrechts"; es handelt sich also aus der Sicht des in einem Mitgliedstaat angerufenen derogierten Gerichts um eine **Gesamtverweisung** (Pohl IPRax 2013, 109 [111]; Grohmann ZIP 2015, 16 [19]; Musielak/Voit/Stadler/Krüger, ZPO [22. Aufl 2025] Art 25 Rn 5; Rauscher/Mankowki, Brüssel Ia-VO [5. Aufl 2021] Art 25 Rn 45 ff). Wird daher ein deutsches Gericht angerufen, obwohl die Zuständigkeit der Gerichte in Mailand vereinbart ist, so ist über die materielle Wirksamkeit der Gerichtsstandsvereinbarung nicht nach italienischem Sachrecht zu entscheiden. Vielmehr hat das deutsche Gericht im ersten Schritt das einschlägige italie-

nische Kollisionsrecht zu ermitteln, aus dem sich auch eine *Rückverweisung* auf deutsches oder eine Weiterverweisung auf das Recht eines dritten Staates ergeben kann. Diese Lösung ist zu bedauern, denn das Kollisionsrecht für die Beurteilung der materiellen Wirksamkeit von Gerichtsstandsvereinbarungen ist in der EU nicht vereinheitlicht und in den meisten Mitgliedstaaten nicht gesetzlich geregelt. Insbesondere eine unmittelbare Anwendung der Rom I-VO scheidet im Hinblick auf deren Art 1 Abs 2 lit e aus. Aus Gründen der mit der neuen Kollisionsnorm angestrebten größeren Rechtssicherheit bezüglich der materiellen Wirksamkeit von Gerichtsstandsvereinbarungen wäre daher eine Sachnormverweisung vorzuziehen gewesen. Die Gesamtverweisung stellt die Praxis nämlich vor erhebliche Schwierigkeiten, die bei Anordnung einer Sachnormverweisung vermieden worden wären (zu Recht krit auch Rauscher/Mankowski, Brüssel Ia-VO [5. Aufl 2021] Art 25 Rn 48 ff).

Für den Fall, dass ein als zuständig vereinbartes deutsches Gericht über die materielle Wirksamkeit der Gerichtsstandsvereinbarung zu entscheiden hat, fehlt bisher auch im deutschen IPR eine gesetzliche Regelung. Die hM tendiert bisher zu einer analogen Anwendung der Art 3 ff Rom I-VO und unterwirft die Gerichtsstandsvereinbarung dem Recht, das für den Hauptvertrag gilt, dessen Bestandteil sie ist oder auf den sie sich bezieht (vgl vHein RIW 2013, 97 [105]; Magnus, in: FS Martiny [2014] 785 [794 f]; Staudinger/Steinrötter JuS 2015, 1 [4]; Magnus/Mankowski/Magnus, Brussels Ibis [2. Aufl 2022] Art 25 Rn 81a; Musielak/Voit/Stadler/Krüger, ZPO [22. Aufl 2025] Art 25 Rn 5). Dagegen spricht freilich der in Art 25 Abs 5 Brüssel Ia-VO nunmehr ausdrücklich betonte Grundsatz der Autonomie der Gerichtsstandsvereinbarung sowie der Umstand, dass Gerichtsstandsvereinbarungen in Art 1 Abs 2 lit e Rom I-VO aus dem sachlichen Anwendungsbereich dieser Verordnung ausgeschlossen werden. Ferner stimmen auch die kollisionsrechtlichen Interessen der Parteien in Bezug auf den Hauptvertrag einerseits, die Gerichtsstandsvereinbarung andererseits nicht notwendig überein. Schließlich eignet sich Art 4 Abs 1–3 Rom I-VO nicht zur Bestimmung des auf eine isolierte Gerichtsstandsvereinbarung anwendbaren Rechts. Daher sollte die materielle Wirksamkeit von Gerichtsstandsvereinbarungen vor deutschen Gerichten eigenständig angeknüpft werden. Maßgebend sollte in erster Linie ein von den Parteien ausdrücklich gewähltes Recht sein. Fehlt es – wie im Regelfall – an einer ausdrücklich für die Gerichtsstandsvereinbarung getroffenen Rechtswahl, besteht deren engste Verbindung zu dem Recht des Staates, dessen Gerichte als zuständig vereinbart worden sind. Bei Prorogation eines deutschen Gerichts gilt daher deutsches Recht, auch wenn der Hauptvertrag ausländischem Recht untersteht (LG Frankfurt aM IPRax 2023, 290 mAnm Geimer 251; Reithmann/Martiny/Hausmann, IVR [9. Aufl 2021] Rn 7.50; Hk-ZPO/Dörner [10. Aufl 2023] Art 25 Rn 15; zur parallelen Argumentation zum Statut der Schiedsvereinbarung BGH SchiedsVZ 2021, 97 Rn 50; dazu näher Rn 560 ff). 418

cc) Vermutung

Aus der Formulierung von Abs 1 S 1 HS 2 („es sei denn“) folgt, dass eine *Vermutung* für die materielle Wirksamkeit der Gerichtsstandsvereinbarung spricht, die von demjenigen zu widerlegen ist, der sich auf ihre Unwirksamkeit beruft (Alio NJW 2014, 2395 [2398]; Simotta, in: FS Schütze [2015] 541 [543]; Weller GPR 2012, 34 [41]; Rauscher/Mankowski, Brüssel Ia-VO [5. Aufl 2021] Art 25 Rn 56; MünchKommZPO/Gottwald Art Rn 16). Die Vermutungswirkung hindert das angerufene Gericht jedoch nicht, die Wirksamkeit der Vereinbarung von Amts wegen zu prüfen (Magnus, in: FS Martiny [2014] 785 [796]; Peiffer/Peiffer, in: Geimer/Schütze, IRV Art 25 Rn 114). 419

dd) Reichweite des nationalen Rechts

420 Die Verweisung auf das nationale Recht gilt nach Art 25 Abs 1 S 1 Brüssel Ia-VO **nur für die materielle Wirksamkeit** der Gerichtsstandsvereinbarung. Diese ist einerseits von der formellen Wirksamkeit und sonstigen Zulässigkeitsvoraussetzungen der Prorogation zu unterscheiden, die – wie die hinreichende Bestimmtheit oder der Schutz von Verbrauchern, Versicherungs- und Arbeitnehmern – in der Verordnung selbst durch einheitliches Sachrecht geregelt sind (vgl Art 25 Abs 1 S 3 und Abs 4 Brüssel Ia-VO). Die materielle Wirksamkeit der Gerichtsstandsvereinbarung ist aber andererseits auch – ähnlich wie in Art 10 Rom I-VO – von der Frage ihres Zustandekommens, dh vom **Vorliegen einer Willenseinigung** der Parteien über das zuständige Gericht für die Entscheidung von Streitigkeiten aus dem geschlossenen Vertrag, zu trennen. Denn aus den Materialien zur Neufassung der Brüssel Ia-VO ergeben sich keine Hinweise darauf, dass durch Art 25 Abs 1 Brüssel Ia-VO von der etablierten EuGH-Rechtsprechung zur autonomen Auslegung des Zustandekommens von Gerichtsstandsvereinbarungen (dazu Rn 407 ff) abgewichen, insbesondere die Indizwirkung der Einhaltung der Form nach Art 25 Abs 1 S 3 Brüssel Ia-VO für einen Konsens der Parteien aufgegeben werden sollte (Gebauer, in: FS vHoffmann [2011] 577 [587]; Freitag, in: FS Magnus [2014] 419 [428]; Magnus/Mankowski/Magnus, Brussels Ibis [2. Aufl 2022] Art 25 Rn 79a; dazu schon Rn 408 f mwNw). Das Gebot der einheitlichen Auslegung von Brüssel Ia-VO und Rom I-VO (ErwG 7 zur Rom I-VO) spricht vielmehr dafür; den Begriff der materiellen Wirksamkeit in Art 25 Abs 1 Brüssel Ia-VO ähnlich restriktiv auszulegen wie in Art 10 Abs 1 Rom I-VO, der ebenfalls zwischen dem Zustandekommen und der materiellen Wirksamkeit deutlich unterscheidet (dazu näher Staudinger/Hausmann [2021] Art 10 Rom I-VO Rn 13 f). Das nationale (Kollisions-)Recht am *forum prorogatum* gilt danach insbesondere für die Voraussetzungen und Folgen von **Willensmängeln**, zB Anfechtungsgründe (Magnus, in: FS Martiny [2014] 785 [793]; Nunner-Krautgasser ZZP 127 [2014] 461 [476]; Simotta, in: FS Schütze [2015] 541 [542]; Magnus/Mankowski/Magnus, Brussels Ibis [2. Aufl 2022] Art 25 Rn 81c, 81g). Es ist auch für die Feststellung von solchen Voraussetzungen einer Gerichtsstandsvereinbarung maßgeblich, von denen die Parteien deren Geltung im Rahmen ihrer Vertragsfreiheit zusätzlich abhängig gemacht haben (vgl Dörner/Staudinger IPRax 1999, 338 [341] zur Kaufmannseigenschaft).

421 Der Begriff der materiellen Wirksamkeit in Art 25 Abs 1 S 1 Brüssel Ia-VO ist jedoch insofern **enger** als in Art 10 Rom I-VO, als er sich nicht auf Fragen des Verstoßes gegen nationale gesetzliche Schranken von Gerichtsstandsvereinbarungen (zB §§ 134, 138 BGB oder Eingriffsnormen) bezieht. Denn anerkanntes Ziel schon der Art 17 EuGVÜ/Art 23 Brüssel I-VO war es gerade, die Gültigkeit der Prorogation im Interesse der Planungssicherheit der Parteien ohne Rücksicht auf entgegenstehende Prorogations- oder Derogationsverbote des nationalen Rechts zu gewährleisten (dazu Rn 392 ff); diese Errungenschaft sollte aber durch die Neufassung des Art 25 Brüssel Ia-VO keinesfalls preisgegeben werden (Weller, in: FS Schütze [2014] 705 [709]; Freitag, in: FS Magnus [2014] 419 [429 f]; Peiffer/Peiffer, in: Geimer/Schütze, IRV Art 25 Brüssel Ia-VO Rn 99; **aA** MünchKommZPO/Gottwald Art 25 Rn 18 aE). Das nach Art 25 Abs 1 Brüssel Ia-VO maßgebende nationale Recht ist jedoch in Übereinstimmung mit dem Unionsrecht und insbesondere mit der Richtlinie (EG) 93/13 über missbräuchliche Klauseln in Verbraucherverträgen auszulegen (EuGH Rs C-519/19 – *Ryanair*, NJW-RR 2021, 240 Rn 51 ff = NZV 2021, 36 mAnm Staudinger).

Die Verweisung auf das Recht des prorogierten Gerichts in Art 25 Abs 1 S 1, HS 2 Brüssel Ia-VO bezog sich jedoch nach bisher hL nicht auf Fragen der **Geschäftsfähigkeit** natürlicher Personen, weil diese nach Art 1 Abs 2 lit a Rom I-VO ausdrücklich aus dem Anwendungsbereich jener Verordnung ausgenommen sind. Es handle sich vielmehr um eine gesondert anzuknüpfende Teilfrage, die vom – prorogierten wie derogierten – deutschen Gericht auch unter Geltung der Brüssel Ia-VO weiterhin gesondert nach Art 7 Abs 2 EGBGB nF anzuknüpfen sei (Magnus, in: FS Martiny [2014] 785 [793]; Rauscher/Mankowski, Brüssel Ia-VO [5. Aufl 2021] Art 25 Rn 69; Magnus/Mankowski/Magnus, Brussels Ibis [2. Aufl 2022] Art 25 Rn 84; MünchKommZPO/Gottwald Art 25 Rn 20). Der EuGH hat allerdings zuletzt auch die Geschäftsunfähigkeit als einen Aspekt des autonom auszulegenden Begriffs der „materiellen Nichtigkeit"angesehen (EuGH Rs C-537/23 – *SIL/Agora*, NJW 2025, 1933 Rn 36; ebenso Simotta, in: FS Schütze [2015] 541 [543, 546]; Nordmeier RIW 2016, 331 [335]; Musielak/Voit/Stadler/Krüger, ZPO [22. Aufl 2025] Art 25 Rn 5; Wieczorek/Schütze/Weller, ZPO [4. Aufl 2015] Art 25 Rn 45). Demgegenüber werden Fragen der rechtsgeschäftlichen, gesetzlichen oder organschaftlichen **Stellvertretung** grundsätzlich von der Verweisung in Art 25 Abs 1 S 1 HS 2 Brüssel Ia-VO nicht erfasst (vHein RIW 2012, 97 [105]; M Weller GPR 2012, 33 [41]; Simotta, in: FS Schütze [2014] 541 [543]; Domej RabelsZ 78 [2014] 508 [527]). Dies gilt jedoch nur für diejenigen Fragen, die die Zulässigkeit der Stellvertretung betreffen und deshalb dem *Vertragsstatut* unterliegen (dazu Reithmann/Martiny/Hausmann, IVR [9. Aufl 2021] Rn 6.445 ff). Hingegen sind Erteilung, Auslegung und Umfang der Vollmacht zum Abschluss einer Gerichtsstandsvereinbarung auch im Geltungsbereich von Art 25 Brüssel Ia-VO von deutschen Gerichten nach dem Vollmachtsstatut des Art 8 EGBGB zu beurteilen (Gebauer, in: FS vHoffmann [2011] 577 [585]; Rauscher/Mankowski, Brüssel Ia-VO [5. Aufl 2021] Art 25 Rn 72; Magnus/Mankowski/Magnus, Brussels Ibis [2. Aufl 2022] Art 25 Rn 84; ebenso zu Art 23 Brüssel I-VO BGH NJW 2015, 2584 Rn 49; öst OGH 3. 8. 2004, unalex AT-73). Denn eine gespaltene Anknüpfung von Geschäftsfähigkeits- und Vollmachtsfragen bei Abschluss des Hauptvertrages einerseits, der Gerichtsstandsvereinbarung andererseits würde zu erheblichen Widersprüchen führen. **422**

Schließlich enthält Art 25 Abs 1 S 1, HS 2 Brüssel Ia-VO auch keine Regelung für das Zustandekommen und die materielle Wirksamkeit **reiner Derogationsvereinbarungen**, weil es in diesem Fall an einem zur Ermittlung des anwendbaren Rechts heranzuziehenden *forum prorogatum* fehlt. Insoweit bleibt es daher beim Grundsatz der autonomen Auslegung (Rn 407 ff). Allerdings sind die ausdrücklichen Derogationsschranken in Art 15, 19 und 23 Brüssel Ia-VO zu beachten (Geimer/Schütze/Geimer, EuZVR [4. Aufl 2020] Art 25 Rn 141). **423**

c) Autonomie der Gerichtsstandsvereinbarung

Sowohl das Zustandekommen wie die materielle Wirksamkeit der Gerichtsstandsvereinbarung sind unabhängig davon zu prüfen, ob der **Hauptvertrag**, auf den sich die Vereinbarung bezieht, seinerseits zustande gekommen und/oder materiell wirksam ist; dies gilt auch dann, wenn die Gerichtsstandsklausel in diesen Hauptvertrag integriert ist (sog *doctrine of separability*, vgl Geimer/Schütze/Geimer, EuZVR [4. Aufl 2020] Art 25 Rn 94). Der EuGH hatte diese Autonomie der Gerichtsstandsvereinbarung gegenüber dem Hauptvertrag schon unter Geltung des EuGVÜ zu Recht betont (EuGH Rs 269/95 – *Benincasa*, Slg 1997 I 3767 Rn 25 = JZ 1998, 896 mAnm Mankowski; zust BGHZ 167, 83 Rn 15 = NJW 2006, 1672). Sie wird seit der Reform der Brüssel I-VO im Verordnungstext – in Anlehnung an Art 3 lit d HGÜ – ausdrücklich hervorgehoben; eine Ände- **424** rung in der Sache ist hiermit jedoch nicht verbunden (Rauscher/Mankowski, Brüssel Ia-VO [5. Aufl 2021] Art 25 Rn 109 ff). Nach dem neu eingefügten Art 25 Abs 5 S 2 Brüssel Ia-VO ist eine Gerichtsstandsvereinbarung, die Teil eines Vertrages ist, daher wie bisher als eine von den übrigen Vertragsbestimmungen unabhängige Vereinbarung zu behandeln (Weller ZZPInt 19 [2014] 251 [259 ff]). Ihre Gültigkeit kann daher nicht mit der Begründung in Frage gestellt werden, dass der (Haupt-)Vertrag nach dem Vertragsstatut nicht gültig sei. Vielmehr soll das vereinbarte Gericht im Zweifel gerade auch Streitigkeiten über die Wirksamkeit des Hauptvertrages entscheiden (KG IPRspr 2018 Nr 250; LG München I GRUR Int 2009, 527). Daher bleibt eine Gerichtsstandsvereinbarung auch nach der Kündigung oder sonstigen Beendigung eines schuldrechtlichen Vertrags wirksam, selbst wenn sie in der gleichen Urkunde enthalten ist (BGH NJW 2019, 1300 Rn 23; OLG München IWRZ 2025, 157 [160 f] mAnm vWestphalen; Zöller/Geimer, ZPO [35. Aufl 2024] Art 25 Rn 40). Diese Grundsätze gelten auch im deutschen autonomen Prozessrecht (Geimer, IZPR [9. Aufl 2024] Rn 1674a).

d) Auslegung von Gerichtsstandsvereinbarungen

425 Bei der Auslegung einer Gerichtsstandsvereinbarung ist in erster Linie der von den Parteien gewählte Wortlaut und der dem Wortlaut zu entnehmende objektiv erklärte Parteiwille zu berücksichtigen (BGH NJW 2015, 2584 Rn 34; BGH, NJW 2015, 409 Rn 11; BGH GRUR 2011, 946 Rn 18; BGHZ 150, 32 [37] = NJW 2002, 3248). War der Wortlaut nicht eindeutig, so wurde die Auslegung bisher meist ergänzend dem **Statut des Hauptvertrages** unterworfen (vgl BGH NJW 2019, 1300 Rn 25 [„Wikingerhof"]; BGH NJW 1997, 397 [399] = IPRax 1999, 367 mAnm Dörner/Staudinger 338; schwz BG 17. 7. 2012, unalex CH-511; OLG Frankfurt WRP 2015, 1255; High Court London [QB Div] 16. 4. 2003 – *Evialis v SIAT*, unalex UK-34; Kubis IPRax 1999, 10 [12]; Rauscher/Mankowski, Brüssel Ia-VO [5. Aufl 2021] Art 25 Rn 119, jeweils mwNw). Demgegenüber sollte sie soweit als möglich anhand des Wortlauts, des Zwecks und der Systematik des Art 25 Brüssel Ia-VO erfolgen (OLG Dresden IPRspr 1999 Nr 115; Magnus/Mankowski/Magnus, Brussels Ibis [2. Aufl 2022] Art 25 Rn 143; Kropholler/vHein, EuZPR [9. Aufl 2011] Art 23 Brüssel I-VO Rn 18; **aA** Schlosser/Hess/Schlosser, EuZPR [5. Aufl 2021] Art 25 Rn 37). Denn das autonom zu beurteilende Zustandekommen der Gerichtsstandsvereinbarung und ihr durch Auslegung zu bestimmender Inhalt lassen sich nur schwer voneinander trennen (OLG Frankfurt BeckRS 2025, 8149 Rn 48 ff, 51). Allerdings lassen sich der Vorschrift zB keine Anhaltspunkte für die Beantwortung der Frage entnehmen, welche Ansprüche von einer wirksam geschlossenen Gerichtsstandsvereinbarung erfasst werden. Insbesondere gilt der Grundsatz, dass Gerichtsstandsvereinbarungen eng auszulegen sind, nur für die (Form-)Voraussetzungen ihres Zustandekommens (dazu Rn 433), nicht für ihre sachliche Reichweite. Insoweit ist daher ergänzend das nach Art 25 Abs 1 S 1 Brüssel Ia-VO als **Prorogationsstatut** maßgebliche nationale Recht, das vom IPR am vereinbarten Gerichtsort zur Anwendung berufen wird, heranzuziehen (wie hier Magnus, in: FS Martiny [2014] 785 [796]; Heinze RabelsZ 75 [2012] 581 [585 f]; Nagel/Gottwald, IZPR [9. Aufl 2025] Rn 3.288; Wieczorek/Schütze/Weller, ZPO [4. Aufl 2015] Art 25 Rn 21 ff; Stein/Jonas/Thole, ZPO [23. Aufl 2022] Art 25 Rn 138; Peiffer/Peiffer, in: Geimer/Schütze, IRV Art 25 Rn 112; näher zur objektiven Reichweite von Gerichtsstandsvereinbarungen Rn 493 ff). Ein davon abweichendes Statut des Hauptvertrages sollte hingegen nach der Neufassung außer Betracht bleiben (OLG Frankfurt BeckRS 2025, 8149 Rn 51; **aA** aber zuletzt wieder BGH RIW 2021, 453 Rn 20; MünchKommZPO/Gottwald Art 25 Rn 22). In jedem Fall ist die Auslegung einer Gerichtsstandsvereinbarung zur Bestimmung der in ihren Geltungsbereich fallenden Rechtsstreitigkeiten Sache des nationalen Gerichts, vor dem sie geltend gemacht wird (EuGH Rs 214/89 – *Powell Duffryn*, NJW 1992, 1671 Rn 37 = IPRax 1993, 32 mAnm Koch 19; EuGH Rs 269/95 – *Benincasa*, Slg 1997 I 3767 Rn 25 = JZ 1998, 896 mAnm Mankowski; EuGH Rs C-352/13 – *CDC Hydrogen Peroxide*, EuZW 2015, 584 Rn 67 = IPRax 2016, 36 mAnm W H Roth 318).

2. Gerichtsstandsvereinbarung nach § 38 ZPO

a) Rechtsnatur

Im autonomen Prozessrecht hängt die Bestimmung des Statuts der Gerichtsstands- **426** vereinbarung eng mit dem Streit um deren Rechtsnatur zusammen. Während die Rechtsprechung die Gerichtsstandsvereinbarung als einen „materiellrechtlichen Vertrag über prozessrechtliche Beziehungen" wertet, dessen Zustandekommen sich nach bürgerlichem Recht richtet (BGHZ 49, 384 [386 f] = NJW 1968, 1233; BGHZ 57, 72 [75] = NJW 1972, 391 mAnm Geimer und Schmidt-Salzer; BGHZ 59, 23 [26 f] = NJW 1972, 1622 mAnm Geimer = AWD 1972, 416 mAnm vHoffmann; dazu Geimer, IZPR [9. Aufl 2024] Rn 1778 mwNw), hat sich in der neueren Literatur zu Recht die Qualifikation der Gerichtsstandsvereinbarung als **Prozessvertrag** durchgesetzt (vgl Hausmann, in: FS W Lorenz [1991] 361; Stein/Jonas/Bork, ZPO [23. Aufl 2014] § 38 Rn 50; Zöller/Schultzky, ZPO [35. Aufl 2024] § 38 Rn 4; Thomas/Putzo/Hüsstege, ZPO [46. Aufl 2025] vor § 38 Rn 2; Geimer, IZPR [9. Aufl 2024] Rn 1677; G Roth ZZP 93 [1980] 163 f mwNw). Denn die Vereinbarung zielt auch dann, wenn sie vor Entstehung eines Rechtsstreits getroffen wird, ausschließlich auf einen *prozessualen Erfolg* ab. Sie begründet keine schuldrechtliche Verpflichtung der Parteien, vor einem bestimmten Gericht zu klagen oder nicht zu klagen, sondern führt die Zuständigkeit oder Unzuständigkeit dieses Gerichts von sich aus herbei. Dementsprechend sind nicht nur die prozessuale Zulässigkeit und die Wirkungen, sondern auch die Form von Gerichtsstandsvereinbarungen, durch welche die internationale Zuständigkeit der *deutschen* Gerichte begründet oder ausgeschlossen wird, zwingend nach deutschem Prozessrecht zu beurteilen (vgl BGH NJW 1986, 1438 mAnm Geimer = IPRax 1987, 168 mAnm G Roth 141; BGH NJW 1989, 1431 [1432] = IPRax 1990, 41 mAnm Schack 19; ebenso OLG Bamberg RIW 1989, 221 [222] = IPRax 1990, 105 mAnm Prinzing 83; OLG Saarbrücken NJW-RR 1989, 828; ebenso zuletzt OLG Schleswig BeckRS 2025, 3155 Rn 51 mwNw). Demgegenüber verbleibt es hinsichtlich des Zustandekommens und der materiellen Wirksamkeit bei der Geltung der *lex causae*, weil § 38 ZPO von einer „Vereinbarung" spricht, ohne für ihr Zustandekommen nähere Bestimmungen zu treffen (BGHZ 49, 384 [387]; BGH NJW 1997, 2885 [2886]; OLG Schleswig BeckRS 2025, 3155 Rn 51; OLG Frankfurt IPRax 1998, 35 [36]; OLG Saarbrücken NJW 2000, 670 [671]; Stein/Jonas/Bork, ZPO [23. Aufl 2014] § 38 Rn 51; Gottwald, in: FS Henckel [1995] 295 [299 ff]; Hausmann, in: FS W Lorenz [1991] 359 [362]). Weder der Wortlaut noch die Entstehungsgeschichte des § 38 Abs 1 ZPO rechtfertigen eine Auslegung iS einer einseitig auf deutsches materielles Recht verweisenden Kollisionsnorm (zutr Stöve 90 ff).

b) Anknüpfungsgrundsätze

Treffen die Parteien die Gerichtsstandsvereinbarung – wie im Regelfall – als Teil des **427** schuldrechtlichen Hauptvertrages, so geht die hM in Deutschland traditionell von einer **akzessorischen Anknüpfung** aus (vgl BGH NJW 1971, 323 mAnm Geimer; BGHZ 59, 23 [27] = NJW 1972, 1622 mAnm Geimer; BGH NJW 1997, 397 [399] = IPRax 1999, 367 mAnm Dörner/Staudinger 338; BGH NJW 1997, 2885 [2886] = IPRax 1998, 470 mAnm Gottwald/Baumann 445; BAGE 125, 24 Rn 25 = RIW 2008, 644; OLG Hamburg RIW 1986, 462; OLG Rostock RIW 1997, 1042 [1043]; OLG Frankfurt IPRax 1999, 247 [250] mAnm Hau 233; OLG Saarbrücken NJW

2000, 670 [671]; SCHACK, IZVR [9. Aufl 2025] Rn 557; KROPHOLLER, Hdb IZVR I Rn 482 ff, dazu GOTTSCHALK/BRESSLER ZEuP 2007, 56 [57] mwNw). Das wirksame Zustandekommen einer kombinierten Rechts- und Gerichtswahlklausel wird daher gemäß Art 3 Abs 5 Rom I-VO iVm Art 10 Abs 1 Rom I-VO nach dem gewählten Recht beurteilt (vgl BGHZ 99, 207 [209 f] = IPRax 1988, 26 mAnm BASEDOW 15; BGH NJW 1989, 1431 = IPRax 1990, 41 mAnm SCHACK 19; BGH NJW 1997, 397 = ZZP 110 [1997] 353 mAnm PFEIFFER; OLG Bamberg IPRax 1990, 105 mAnm PRINZING 83; OLG München IPRax 1991, 46 [48] mAnm GEIMER 31). Bei Fehlen einer ausdrücklichen oder stillschweigenden Rechtswahl soll über das wirksame Zustandekommen der Gerichtsstandsvereinbarung dementsprechend das von Art 4 Rom I-VO zur Anwendung berufene Recht, idR also das Wohnsitz- oder Niederlassungsrecht der Partei entscheiden, welche die für den Hauptvertrag charakteristische Leistung erbringt (vgl zu Art 28 EGBGB OLG Karlsruhe NJW-RR 1993, 567 [568]; OLG Rostock RIW 1997, 1042 [1043]; OLG Frankfurt NJOZ 2004, 2690). Ist die Gerichtsstandsklausel in einem *Verbraucher- oder Arbeitsvertrag* enthalten, so sollen für ihr Zustandekommen im Falle einer Rechtswahl zusätzlich, im Fall der objektiven Anknüpfung allein die (zwingenden) Vorschriften des Rechts am gewöhnlichen Aufenthaltsort des Verbrauchers bzw am gewöhnlichen Arbeitsort maßgebend sein (vgl Art 6, 8 Rom I-VO).

428 Da Gerichtsstandsvereinbarung und Hauptvertrag ganz unterschiedliche Zwecke verfolgen, können sie freilich durchaus auch **unterschiedlichen Rechten** unterliegen (SCHACK IPRax 1990, 19; GEIMER, IZPR [9. Aufl 2024] Rn 1677; STÖVE 92 ff; vHOFFMANN/THORN, IPR [9. Aufl 2007] § 3 Rn 78). Die Parteien können insbesondere für die Gerichtsstandsvereinbarung eine vom Statut des Hauptvertrages abweichende Rechtswahl treffen (G ROTH ZZP 93 [1980] 165), und zwar auch stillschweigend durch ihr Verhalten im Prozess (OLG Bremen RIW 1985, 894 [895]). Eine **eigenständige Bestimmung des Prorogationsstatuts** liegt insbesondere dann nahe, wenn die Gerichtsstandsvereinbarung nicht als Bestandteil des Hauptvertrages, sondern nachträglich oder für mehrere Verträge, die unterschiedlichen Rechten unterliegen, getroffen wird (GEIMER NJW 1971, 391). Für diesen Fall dürfte dem Recht am gewählten Gerichtsort auch im Rahmen der objektiven Anknüpfung stärkeres Gewicht zukommen als den für den Hauptvertrag maßgeblichen Kriterien des Art 4 Abs 1 und 2 Rom I-VO (allg für selbstständige Anknüpfung an das Recht des prorogierten Gerichts auch vHOFFMANN/THORN, IPR [9. Aufl 2007] § 3 Rn 79; offen lassend BGH NJW 1997, 397 [399]). Dies gilt umso mehr, nachdem sich auch der europäische Gesetzgeber in Art 25 Abs 1 Brüssel Ia-VO für eine Anknüpfung der materiellen Wirksamkeit von Gerichtsstandsvereinbarungen an das Recht des vereinbarten Forums entschieden hat (Rn 416 ff).

c) Reichweite des Prorogationsstatuts

429 Nach dem Prorogationsstatut beurteilt sich – entsprechend Art 10 Abs 1 Rom I-VO (dazu STAUDINGER/HAUSMANN [2021] Art 10 Rom I-VO Rn 15 ff) – vor allem das **Zustandekommen** einer internationaler Gerichtsstandsvereinbarungen, dh die Anforderungen an eine diesbezügliche vertragliche Einigung mit Ausnahme der Form. Das Prorogationsstatut entscheidet insbesondere darüber, ob eine in AGB enthaltene Gerichtsstandsklausel Gegenstand einer Willenseinigung zwischen den Parteien war (BGHZ 99, 207 [209 ff] = NJW 1987, 1145; BGH NJW 1989, 1431 [1432]; OLG Koblenz NJW-RR 1988, 1401). Eine **Einbeziehungskontrolle** nach §§ 305 ff BGB findet daher nur statt, wenn entweder deutsches Recht Vertragsstatut ist oder wenn sich der Schutz des deutschen Rechts nach Art 6 Abs 2, 8 Abs 1 Rom I-VO ausnahmsweise gegenüber einem gewählten ausländischen Vertragsstatut durchsetzt (zu Einzelheiten vgl Staudinger/Hausmann [2021] Art 10 Rom I-VO Rn 80 ff und Reithmann/Martiny/Hausmann, IVR [9. Aufl 2021] Rn 3124 ff). Für die Einbeziehung einer Gerichtsstandsklausel in AGB durch schlüssiges Verhalten, insbesondere durch *Schweigen* (zB auf ein kaufmännisches Bestätigungsschreiben), ist jedoch entsprechend Art 10 Abs 2 Rom I-VO auch bei Maßgeblichkeit deutschen Rechts als Prorogationsstatut auf das Aufenthaltsrecht desjenigen Rücksicht zu nehmen, dessen Verhalten rechtsgeschäftliche Bedeutung beigemessen werden soll (OLG München IPRax 1991, 46 [49 f]; OLG Karlsruhe NJW-RR 1993, 567 [568 f]; Stöve 95 f; dazu allg Staudinger/Hausmann [2021] Art 10 Rom I-VO Rn 90 ff mwNw). Das zuvor Gesagte gilt auch für das wirksame Zustandekommen einer Gerichtsstandsvereinbarung in einem dem **CISG** unterliegenden Kaufvertrag; die Art 14 ff CISG finden insoweit – anders als auf den Abschluss einer Schiedsvereinbarung (dazu Rn 550c, d) – keine Anwendung (BGH NJW 2015, 2584 Rn 56).

Das Prorogationsstatut bestimmt ferner über die **Auslegung** (vgl BGH WM 1996, 2295 [2298]; BGH NJW 1997, 397 [399] = IPRax 1999, 367 mAnm Dörner/Staudinger 338, jeweils mwNw) und die **materielle Wirksamkeit** einer Gerichtsstandsvereinbarung. Dies betrifft etwa die Voraussetzungen und Rechtsfolgen einer Anfechtung aufgrund von *Willensmängeln* sowie die Frage der Nichtigkeit der Prorogation wegen Gesetzes- oder Sittenverstoßes (vgl näher Staudinger/Hausmann [2021] Art 10 Rom I-VO Rn 23); insoweit kommen die §§ 119 ff, 134, 138 BGB also grundsätzlich nur bei deutscher *lex causae* zur Anwendung. Auch die Frage, ob formularmäßige Gerichtsstandsklauseln im internationalen Rechtsverkehr einer *Inhaltskontrolle* unterliegen, beurteilt sich in erster Linie nach dem Prorogationsstatut. Eine Inhaltskontrolle am Maßstab von § 307 Abs 2 Nr 1 BGB iVm §§ 12 ff ZPO kommt allerdings nicht nur bei Geltung deutschen Prorogationsstatuts in Betracht (vgl dazu BGH NJW 1983, 1320 [1322]; BGH NJW 1987, 2867; OLG Karlsruhe NJW 1996, 2041; Stöve 100; dazu näher Reithmann/Martiny/Hausmann, IVR [9. Aufl 2021] Rn 3134 ff), sondern in Verbraucherverträgen auch aufgrund der Sonderanknüpfung nach Art 6 Abs 2 Rom I-VO und Art 46b EGBGB (Gottwald/Baumann IPRax 1998, 445 [446]). **430**

Dem Prorogationsstatut wurde bisher auch entnommen, ob das Zustandekommen einer wirksamen Gerichtsstandsvereinbarung von der **Gültigkeit des Hauptvertrages** abhing (**aA** Kropholler, Hdb IZVR I Rn 480: *lex fori*). Nach deutschem Recht war dies nicht der Fall, weil die Gerichtsstandsvereinbarung im Zweifel gerade auch für einen Streit über die Wirksamkeit des Hauptvertrages gelten sollte (Jayme IPRax 1989, 362; Gottwald, in: FS Henckel [1995] 295 [303]; Geimer, IZPR [9. Aufl 2024] Rn 1719). Art 25 Abs 5 Brüssel Ia-VO ordnet diese Rechtsfolge nunmehr – unabhängig vom Prorogationsstatut – kraft europäischen Rechts verbindlich an (s a BGH NJW 2019, 1300 Rn 23). Daher gilt § 139 BGB insoweit auch bei deutschem Vertragsstatut nicht mehr (Alio NJW 2014, 2395 [2398]). **431**

V. Die Form internationaler Gerichtsstandsvereinbarungen

1. Die Formalternativen nach Art 25 Abs 1 S 3 Brüssel Ia-VO

a) Allgemeines

Die Formerfordernisse von Gerichtsstandsvereinbarungen ergeben sich im Geltungsbereich der Brüssel Ia-VO mittels **autonomer Interpretation** aus deren Art 25 Abs 1 **432**

S 3 Brüssel Ia-VO (Schack, IZVR [9. Aufl 2025] Rn 585; Geimer/Schütze/Geimer, EuZVR [4. Aufl 2020] Art 25 Rn 15, 97; Magnus/Mankowski/Magnus, Brussels Ibis [2. Aufl 2022] Art 25 Rn 88). Nationale Formvorschriften (zB §§ 126 ff BGB; Art 1341 ital CC) bleiben mithin insoweit außer Betracht (EuGH Rs 24/76 – *Colzani*, Slg 1976, 1831 Rn 11 = NJW 1977, 494; EuGH Rs 25/76 – *Segoura*, Slg 1976, 1851 Nr 7 = NJW 1977, 495; EuGH Rs C-159/97 – *Trasporti Castelletti*, Slg 1999 I 1636 Rn 37 f; BGH NJW 2001, 1731 = IPRax 2002, 124 mAnm Kröll 113; OLG Karlsruhe RIW 2001, 621; zust Kohler IPRax 1983, 269; Killias 149 f; Stöve 8 f; Rauscher/Mankowski, Brüssel Ia-VO [5. Aufl 2021] Art 25 Rn 123; vgl auch Rn 393, 396 mwNw). Wegen der Autonomie der Gerichtsstandsvereinbarung (Rn 424) gilt auch eine für den Hauptvertrag vorgeschriebene strengere Form (zB notarielle Beurkundung) nicht für die Gerichtsstandsvereinbarung (MünchKommZPO/Gottwald Art 25 Brüssel Ia-VO Rn 28; Peiffer/Peiffer, in: Geimer/Schütze, IRV Art 25 Rn 138; **aA** Schlosser/Hess/Schlosser, EuZPR [5. Aufl 2021] Art 25 Rn 17); den Parteien steht es aber frei, schärfere Formanforderungen zu vereinbaren.

433 Da durch eine Gerichtsstandsvereinbarung von den in der Verordnung festgelegten gesetzlichen Gerichtsständen und den ihnen zugrunde liegenden Wertungen der Zuständigkeitsinteressen abgewichen wird, sind die Formerfordernisse in Art 25 Abs 1 S 3 Brüssel Ia-VO grundsätzlich **eng auszulegen**; ihre Einhaltung soll nämlich gewährleisten, dass die Einigung der Parteien über den Gerichtsstand tatsächlich feststeht (EuGH C-358/21 –*Tilman SA*, NJW 2023, 33 Rn 36; EuGH Rs C-64/17 – *Saey Home & Garden*, ZIP 2018, 1754 Rn 24 f; EuGH Rs C-436/16 – *Leventis*, NZG 2018, 226 Rn 39 = IPRax 2018, 55 mAnm Schlosser 22; BGH RIW 2021, 453 Rn 29; BGH NJW 2019, 76 Rn 23; schwz BG 1. 7. 2013, unalex CH-502; OLG Stuttgart NJW 2013, 83 [87]; OLG Düsseldorf IHR 2012, 237; OLG Celle RIW 2010, 164 [165]; OLG Karlsruhe NJOZ 2009, 2282 [2284]; Kropholler/vHein, EuZPR [9. Aufl 2011] Art 23 Brüssel I-VO Rn 38; krit dazu Schlosser/Hess/Schlosser, EuZPR [5. Aufl 2021] Art 25 Rn 16, 18; ebenso schon zu Art 17 EuGVÜ EuGH Rs 71/83 – *Tilly Russ*, Slg 1984, 2417 Rn 14 = RIW 1984, 909 mAnm Schlosser = IPRax 1985, 152 mAnm Basedow 133; EuGH Rs 221/84 – *Berghoefer*, Slg 1985, 2699 Rn 1 = RIW 1985, 736; EuGH Rs C-106/95 – *MSG/Les Gravières Rhénanes*, Slg 1997 I 932 Rn 14 = RIW 1997, 416 mAnm Holl; BGH NJW 2001, 1731; BGH NJW 1996, 1819 = IPRax 1997, 416 mAnm Koch 405; BGH NJW 1994, 2699).

434 Die Einhaltung der in Art 25 Abs 1 S 3 Brüssel Ia-VO vorgeschriebenen Form dient daher nicht lediglich Beweiszwecken, sondern auch der Rechtssicherheit; ihre Beachtung ist demgemäß materielle **Voraussetzung für die Wirksamkeit** der Gerichtsstandsvereinbarung (EuGH Rs 24/76 – *Colzani*, Slg 1976, 1831 Rn 8; BGH NJW 2019, 76 Rn 23 mAnm Roth IPRax 2019, 397; Geimer/Schütze/Geimer, EuZVR [4. Aufl 2020] Art 25 Rn 102; Kropholler/vHein, EuZPR [9. Aufl 2011] Art 23 Brüssel I-VO Rn 32; zweifelnd Kröll IPRax 2002, 113 [115 f]). Die **Beweislast** für die Formgültigkeit der Gerichtsstandsvereinbarung obliegt vor dem prorogierten Gericht dem Kläger, vor dem derogierten Gericht dem Beklagten (öst OGH ZfRvgl 2006, 70 [71]; Schlosser/Hess/Schlosser, EuZPR [5. Aufl 2021] Art 25 Rn 16 aE; unalex-Komm/Hausmann, Brüssel I-VO Art 23 Rn 61 mwNw). Maßgebender Zeitpunkt für die Einhaltung der Form ist die Klageerhebung (öst OGH IHR 2007, 243 [248]; Magnus/Mankowski/Magnus, Brussels Ibis [2. Aufl 2022] Art 25 Rn 92).

435 Die Formerfordernisse des Art 25 Abs 1 S 3 Brüssel Ia-VO gelten freilich nicht für bloße **Vereinbarungen über den Erfüllungsort**. Haben die Parteien also den Erfüllungsort nach dem auf den Vertrag anwendbaren innerstaatlichen Recht wirksam vereinbart, so wird hierdurch die Gerichtszuständigkeit nach Art 7 Nr 1 Brüssel Ia-VO ohne Rücksicht darauf begründet, ob die Formvorschriften des Art 25 Abs 1 Brüssel Ia-VO beachtet worden sind (EuGH Rs 56/79 – *Zelger*, Slg 1980, 89 Rn 5 = WM 1980, 720 mAnm Schütze = IPRax 1981, 89 mAnm Spellenberg 75; BGH NJW 1985, 560 [561]; öst OGH 15. 1. 2002, unalex AT-598; ital Cass 22. 1. 2002, unalex IT-13; OLG Hamm IPRax 1986, 104 m krit Anm Schack 82; OLG Dresden IPRax 2000, 121 mAnm Haubold 91; krit Killias 20 f; dazu schon Rn 117). Etwas anderes hat freilich dann zu gelten, wenn die Parteien die *Zuständigkeit des Gerichts* am Erfüllungsort vereinbart haben; denn dann handelt es sich um eine Gerichtsstandsvereinbarung, die an Art 25 Abs 1 S 3 Brüssel Ia-VO zu messen ist (OLG München RIW 1989, 901 [902] = ZZP 1990, 84 mAnm H Schmidt). Dem Formzwang dieser Vorschrift unterliegen ferner sog „abstrakte“ Erfüllungsortsvereinbarungen, die keinen tatsächlichen Leistungsort festlegen, sondern nur zuständigkeitsrechtlich wirken sollen (vgl EuGH Rs C-106/95 – *MSG/Les Gravières Rhénanes*, Slg 1997 I 932 Rn 31 ff = RIW 1997, 416; BGH NJW-RR 1998, 755; Saenger ZZP 110 [1997] 477 [493 f]; dazu Rn 119 mwNw).

Art 25 Brüssel Ia-VO regelt schließlich nur die Vereinbarung der Zuständigkeit staatlicher Gerichte; auf **Schiedsvereinbarungen** ist die Vorschrift weder direkt (vgl Art 1 Abs 2 lit d Brüssel Ia-VO iVm ErwG 12; dazu näher Rn 28 f) noch entsprechend anwendbar (BGH RIW 1979, 910; zur Form internationaler Schiedsvereinbarungen s Rn 587 ff). Insbesondere begründet eine Schiedsvereinbarung keine konkludente Gerichtsstandvereinbarung zugunsten der staatlichen Gerichte am vereinbarten Schiedsort, auch nicht für einstweilige Maßnahmen (öst OGH IPRax 2003, 64 mAnm Reiners 79; Zöller/Geimer, ZPO [35. Aufl 2024] Art 25 Rn 56). **436**

b) Schriftliche Vereinbarung

aa) Grundsatz

Der schriftliche Abschluss einer Gerichtsstandsvereinbarung iSv Art 25 Abs 1 S 3 lit a Fall 1 Brüssel Ia-VO erfordert, dass die Willenserklärungen beider Parteien schriftlich niedergelegt sind und ihren Urheber erkennen lassen. Dagegen ist eine Unterzeichnung oder gar eine *eigenhändige Unterschrift* beider Parteien nicht zwingend erforderlich, wenn deren Identität feststeht (BGH RIW 2017, 229 Rn 27 ff, 32 mwNw; öst OGH JBl 2001, 117 [119] = unalex AT-233; schwz BG 13. 5. 2005, BGE 131 III 398 [401]; span Trib Supremo 27. 5. 2008, unalex ES- 331; OLG Saarbrücken IPRax 2018, 61 Rn 66 mAnm G Schulze 26; OLG Koblenz NJW-RR 2010, 1004; Rauscher/Mankowski, Brüssel Ia-VO [5. Aufl 2021] Art 25 Rn 127 ff; Zöller/Geimer, ZPO [35. Aufl 2024] Art 25 Rn 13; Schlosser/Hess/Schlosser, EuZPR [5. Aufl 2021] Art 25 Rn 19; **aA** OLG Köln IHR 2014, 155 [156]; OLG Karlsruhe NJOZ 2009, 2282 [2284]; Musielak/Voit/Stadler/Krüger, ZPO [22. Aufl 2025] Art 25 Rn 9; Hk-ZPO/Dörner [10. Aufl 2023] Art 25 Rn 24; einschränkend auch ital Cass Riv dir int priv proc 2005, 111 [113] und 2006, 447 [449]). Liegt die Gerichtsstandsvereinbarung in Textform vor, so werden die Ziele der Formvorschrift in Art 25 Abs 1 lit a Brüssel Ia-VO vielmehr schon dann erreicht, wenn die Identität der am Vertrag Beteiligten sowie die Authentizität und Echtheit ihrer in der Vertragsurkunde fixierten Erklärungen feststehen; der Nachweis hierfür kann insbesondere durch die beiderseitige Vollziehung des Vertrags erbracht werden (BGH RIW 2017, 229 Rn 29 ff). Bei Telegrammen, Fernschreiben oder Telekopien wird allgemein auf die Unterschrift verzichtet, sofern nur die Identität des Erklärenden feststeht (BGH IPRax 2002, 124 mAnm Kröll 113; OLG Saarbrücken IPRax 2018, 26 mAnm G Schulze; OLG Koblenz NJW-RR 2010, 1004; Geimer/Schütze/Geimer, EuZVR [4. Aufl 2020] Art 25 Rn 105; MünchKommZPO/Gottwald Art 25 Rn 30). Gleiches gilt **437** auch im elektronischen Geschäftsverkehr (vgl Art 25 Abs 2 Brüssel Ia-VO; dazu Rn 447 f).

438 Die schriftliche Vereinbarung des Gerichtsstands kann in einer von beiden Teilen unterzeichneten Vertragsurkunde enthalten sein (vgl dazu BGHZ 167, 83 [86 f] = NJW 2006, 1672; frz Cass 12. 12. 2006, unalex FR-418), kann sich aber – abweichend von § 126 Abs 2 BGB – auch aus getrennten Schriftstücken, also einem **Briefwechsel** oder einem Austausch von Fernschreiben/Telekopien ergeben, sofern in dem Antwortschreiben auf das die Gerichtsstandsvereinbarung enthaltende Angebot erkennbar Bezug genommen wird (BGH ZInsO 2014, 739 Rn 9 [zum LugÜ 2007]; BGH NJW 2001, 1731; BGH NJW 1994, 2699 [2700] = JR 1995, 456 mAnm Dörner; OLG Saarbrücken IPRax 2018, 61 Rn 67 mAnm G Schulze 26; OLG Stuttgart RIW 2015, 762; OLG Karlsruhe NJOZ 2009, 2282 [2284] und RIW 2001, 621 [622]; OLG Hamburg IPRax 1997, 419 [420]; öst OGH JBl 2001, 117 [119]; Geimer/Schütze/Geimer, EuZVR [4. Aufl 2020] Art 25 Rn 104; Rauscher/Mankowski, Brüssel Ia-VO [5. Aufl 2021] Art 25 Rn 131; Sieg RIW 1998, 102 [103]). Die mündliche Annahme eines per e-mail übermittelten Angebots, das die Gerichtsstandsklausel enthält, genügt jedoch der Form des Art 25 Abs 1 S 3 lit a Brüssel Ia-VO nicht (BGH NJW 2019, 76 = IPRax 2019, 426 mAnm H Roth 397 Rn 25 ff); ebenso wenig die Annahme durch ein nicht unterschriebenes Telefax (OLG Stuttgart RIW 2015, 762 Rn 105).

439 Einer ausdrücklichen Vereinbarung über den Gerichtsstand bedarf es nicht; vielmehr genügt die **pauschale Annahme eines Angebots**, das eine Gerichtsstandsklausel enthält (BGH ZInsO 2014, 739 Rn 10; BGH NJW 1996, 1819 = IPRax 1997, 416 mAnm Koch 405; Kropholler/vHein, EuZPR [9. Aufl 2011] Art 23 Brüssel I-VO Rn 33 mwNw). Eine schlichte Zahlungsaufforderung oder eine nachvertragliche Rechnung stellen allerdings keine schriftliche Annahmeerklärung einer in den AGB des Vertragspartners enthaltenen Gerichtsstandsklausel dar, auch wenn auf diese im Angebotsschreiben verwiesen wurde (OLG Karlsruhe IPRspr 2002 Nr 131b). Eine schriftliche Erklärung nur derjenigen Partei, zu deren Lasten die Gerichtsstandsvereinbarung getroffen wird, reicht zwar grundsätzlich nicht aus (ital Cass 27. 9. 2006, unalex IT-206; BGH EuLF 2004, 230; OLG Stuttgart RIW 2015, 762 Rn 108; OLG Karlsruhe NJOZ 2009, 2282 [2284]; OLG Celle IHR 2010, 81 und NJW-RR 2004, 757; LG Landshut IHR 2008, 184 [185]; Magnus/Mankowski/Magnus, Brussels Ibis [2. Aufl 2022] Art 25 Rn 95). Allerdings dürfen die Anforderungen an die schriftliche Erklärung der durch die Gerichtsstandsvereinbarung begünstigten Partei nicht überspannt werden, weil der Zweck der Formvorschrift – Schutz der schwächeren Partei vor der unbemerkten Vereinbarung eines sie belastenden Gerichtsstands (vgl EuGH Rs C-116/02 – *Gasser*, Slg 2003 I 14721 Rn 50) – dies nicht verlangt. Die fehlende Unterschrift der durch die Gerichtsstandsvereinbarung begünstigten Partei schadet daher dann nicht, wenn ihre Identität feststeht (öst OGH 23. 1. 2013, unalex AT-831; öst OGH 28. 4. 2000, unalex AT-233; Kröll IPRax 2002, 113 ff; Furche WM 2004, 205 ff; Schlosser/Hess/Schlosser, EuZPR [5. Aufl 2021] Art 25 Rn 19). Demgegenüber verlangt die deutsche Rechtsprechung die Einhaltung der Schriftform grundsätzlich auch für die Erklärung der durch die Gerichtsstandsvereinbarung begünstigten Vertragspartei (BGH ZInsO 2014, 739 Rn 9; BGH RIW 2004, 938; BGH NJW 2001, 1731 [1732]; OLG Stuttgart RIW 2015, 762 Rn 108 mAnm Mankowski; OLG Karlsruhe NJOZ 2009, 2282 [2284]; ebenso ital Cass ZEuP 2008, 165 [LS m krit Anm Rüfner]; wie hier aber zuletzt BGH RIW 2017, 229 Rn 27 ff: wechselseitige Vertragsdurchführung reicht für die Einhaltung der Schriftform einer nur von einer Partei unterschriebenen Gerichtsstandsvereinbarung aus).

Die formgültig nach Art 25 Abs 1 S 3 lit a Brüssel Ia-VO zustande gekommene Gerichtsstandsvereinbarung erfasst im Zweifel auch spätere nur mündlich vereinbarte **Vertragsänderungen bzw -verlängerungen** und Vergleiche. Gleiches gilt für Rechtsstreitigkeiten, die aus einer im Anschluss an die Kündigung eines Vertrages mündlich vereinbarten Fortsetzung des Vertragsverhältnisses zu unveränderten Bedingungen entspringen (BGH NJW 2019, 1300 Rn 24: Darlehensvertrag). 440

bb) Allgemeine Geschäftsbedingungen

Die Schriftform kann grundsätzlich auch durch eine ausdrückliche Bezugnahme im Vertragstext auf AGB gewahrt werden, die eine Gerichtsstandsklausel enthalten (EuGH Rs 24/76 – *Colzani*, Slg 1976, 1831 Rn 10 = NJW 1977, 494; BGH EuZW 1992, 514 [516] mAnm Geimer; OLG Stuttgart RIW 2015, 762; OLG Dresden RIW 1999, 968 [969]; OLG Hamm NJW 1990, 652; öst OGH 22. 1. 2009, unalex AT-751; öst OGH JBl 2000, 121; schwz BG 1. 7. 2013, unalex CH-502; ital Cass 20. 3. 2008, unalex IT-361; Sieg RIW 1998, 102; Saenger, in: FS Sandrock [1999] 811 ff; zu Einzelfällen aus der Praxis vgl Reithmann/Martiny/Hausmann, IVR [9. Aufl 2021] Rn 7.71 ff). Ob die in AGB enthaltene Gerichtsstandsklausel formwirksam in den Vertrag einbezogen wurde, ist nicht nach dem auf die materielle Wirksamkeit des Vertrages anwendbaren nationalen Recht, sondern verordnungsautonom allein nach Art 25 Brüssel Ia-VO zu beurteilen (Dostal EuZW 2018, 944 [949]; Schlosser/Hess/Schlosser, EuZPR [5. Aufl 2021] Art 25 Rn 20; Thomas/Putzo/Nordmeier, ZPO [46. Aufl 2025] Art 25 Rn 12). Der erforderliche Hinweis auf die AGB kann nur aufgrund der zwischen den Parteien entstandenen Gepflogenheiten (Art 25 Abs 1 S 3 lit b Brüssel Ia-VO; dazu Rn 454 ff) entfallen (frz Cass Rev crit 1996, 731 mAnm Gaudemet-Tallon), ferner im kaufmännischen Rechtsverkehr, wenn die AGB branchenüblich sind und deshalb auch dem Vertragspartner des Verwenders bekannt sein mussten (Art 25 Abs 1 S 3 lit c Brüssel Ia-VO; dazu Rn 457 ff). Auf die Gerichtsstandsvereinbarung selbst muss weder eigens hingewiesen werden, noch braucht sie im Klauseltext besonders hervorgehoben zu werden (frz Cass 23. 1. 2008, D 2008, 490 = unalex FR-404 mAnm Spellenberg IPRax 2010, 464; Supreme Court England 26. 2. 2007 – *7 E Communications v Vertex Antennentechnik*, unalex UK-359; OLG Saarbrücken IPRax 2018, 61 Rn 68 mAnm G Schulze 26; Zöller/Geimer, ZPO [35. Aufl 2024], Art 25 Rn 23a; Stein/Jonas/Thole, ZPO [23. Aufl 2022] Art 25 Rn 63; MünchKommZPO/Gottwald Art 25 Rn 32; ebenso schon zu Art 17 EuGVÜ BGH WM 1989, 1941; BayObLG RIW 2001, 699; OLG Karlsruhe RIW 2001, 621 [622]; OLG Düsseldorf RIW 2001, 63 [64]; OLG Hamm IPRax 1991, 324 [325] mAnm Kohler 299; OLG Koblenz RIW 1987, 144 [146] = IPRax 1987, 308 mAnm Schwarz 291). 441

Nach dem Normzweck des Art 25 Abs 1 S 3 lit a, 1. Fall Brüssel Ia-VO ist ausschlaggebend, dass der andere Vertragsteil von der in AGB enthaltenen Gerichtsstandsklausel bei üblicher Sorgfalt Kenntnis nehmen konnte und damit gewährleistet ist, dass er sich mit dem Gerichtsstand tatsächlich einverstanden erklärt hat. Dies ist nur der Fall, wenn auf die AGB **im Vertragstext hinreichend deutlich Bezug genommen** wurde (EuGH Rs C-222/15 – *Hõszig*, EuZW 2016, 635 Rn 39 f; OLG Dresden RIW 1999, 968 [969]; unalexKomm/Hausmann, Brüssel I-VO Art 23 Rn 67 mwNw). Die bloße Übergabe oder Beifügung der AGB – ohne Bezugnahme auf diese im Vertragstext – reicht daher ebenso wenig aus wie der Abdruck auf der Rückseite der Vertragsurkunde oder gar auf der Rückseite von Rechnungen (EuGH Rs C-173/18 – *Saey Home & Garden*, ZIP 2018, 1754 Rn 28 f; EuGH Rs 25/76 – *Segoura*, Slg 1976, 1851 Rn 8 ff = NJW 1977, 495; OLG Düsseldorf IHR 2004, 108 m Aufs Herber 117; OLG Hamburg RIW 1984, 916 = IPRax 1985, 281 mAnm Samtleben 261; LG Köln RIW 1988, 644 = IPRax 1989, 290 mAnm Schwenzer 274; Kropholler/vHein, 442

EuZPR [9 Aufl 2020] Art 23 Brüssel I-VO Rn 35; unalexKomm/Hausmann, Brüssel I-VO Art 23 Rn 72 mwNw). Ist die Gerichtsstandsvereinbarung **im Emissionsprospekt von Schuldverschreibungen** enthalten, so wird dem Schriftformerfordernis nach Art 25 Abs 1 lit a Brüssel Ia-VO nur genügt, wenn in dem von den Parteien auf dem Primärmarkt unterzeichneten Vertrag die Übernahme dieser Klausel erwähnt oder ausdrücklich auf den Prospekt Bezug genommen wird (EuGH Rs C-366/13 – *Profit Investment*, EuZW 2016, 419 Rn 29 mAnm Müller; Geimer/Schütze/Geimer, EuZVR [4. Aufl 2020] Art 25 Rn 106b; zur Drittwirkung einer solchen Gerichtsstandsklausel s Rn 510).

443 Erfolgen **Angebot und Annahme in verschiedenen Urkunden**, so muss der Offerent im Text seines schriftlich angenommenen Angebots ausdrücklich auf die AGB hingewiesen haben, sodass der Empfänger dem Hinweis bei *Anwendung normaler Sorgfalt* nachgehen kann (EuGH Rs 24/76 – *Colzani*, Slg 1976, 1831 Rn 12; öst OGH 10. 1. 2006, unalex AT-263 und 1. 3. 2011, unalex AT-714; OLG Köln IHR 2014, 155 [156] und NJW 1988, 2182; OLG Celle RIW 1985, 571 [572] = IPRax 1985, 284 mAnm Duintjer Tebbens 262; HandelsG Zürich SZIER 1995, 34 mAnm Volken; Kropholler/vHein, EuZPR [9 Aufl 2011] Art 23 Brüssel I-VO Rn 36). Ausreichend ist aber auch die Bezugnahme auf ein **vorangegangenes Angebotsschreiben**, das seinerseits auf die eine Gerichtsstandsklausel enthaltenden AGB hingewiesen hatte (Zöller/Geimer, ZPO [35. Aufl 2024] Art 25 Rn 25). Wird hingegen erstmals in der Annahmeerklärung oder einer Auftragsbestätigung auf die AGB Bezug genommen, so muss der Anbietende bzw Empfänger der in den AGB der Gegenseite enthaltenen Gerichtsstandsklausel noch schriftlich zustimmen (BGH NJW 1994, 2699 [2700]; OLG Saarbrücken NJOZ 2012, 923; OLG Stuttgart IPRax 2009, 64 mAnm Hau 44; OLG Karlsruhe IPRspr 2006 Nr 111; Magnus/Mankowski/Magnus, Brussels Ibis [2. Aufl 2022] Art 25 Rn 98). Eine nur stillschweigende oder mittelbare Verweisung auf einen früheren Schriftverkehr (vgl Zöller/Geimer, ZPO [35. Aufl 2024] Art 25 Rn 23b, 26) reicht hingegen ebenso wenig aus wie die widerspruchslose Ausführung des Vertrages (frz Cass 6. 2. 2010, unalex FR-194; ital Cass 20. 4. 2004, unalex IT-215; OLG Karlsruhe IPRspr 2002 Nr 131b; Stürner ZEuP 2012, 353). Auch durch die Verweisung der Vertragsparteien auf ihre jeweils eigenen AGB, die voneinander abweichende Gerichtsstandsklauseln enthalten, wird ein Gerichtsstand nach Art 25 Brüssel Ia-VO nicht wirksam vereinbart (Cour de Cassation 22. 2. 2017, unalex FR-2517; Gerichtshof Den Haag ZIP 2017, 1973 mAnm Seggwisse/Faber; Thomas/Putzo/Nordmeier, ZPO [46. Aufl 2025] Art 25 Rn 12 aE).

444 Weiterhin müssen die AGB dem Vertragspartner grundsätzlich **bei Vertragsschluss tatsächlich vorgelegen** haben (EuGH Rs C-222/15 – *Hőszig*, EuZW 2016, 635 Rn 39 f; OGH 24. 9. 2019, unalex AT-1238); sie müssen also zB auf der Rückseite der Vertragsurkunde oder auf dem beigefügten Formular abgedruckt oder dem Vertragspartner des Verwenders aus einem früheren Geschäft bekannt sein (OLG Saarbrücken IPRax 2018, 61 Rn 69 mAnm G Schulze 26; unalexKomm/Hausmann Brüssel I-VO Art 23 Rn 74 m ausf Nachw). Dessen bloße Möglichkeit, sich den Text zu verschaffen, reicht auch im Verkehr zwischen Kaufleuten idR nicht aus (schwz BG 1. 7. 2013, unalex CH-502; OLG München NJW-RR 2011, 1169; MünchKommZPO/Gottwald Art 25 Rn 32). Denn das Einverständnis mit der Geltung der AGB bringt in diesem Falle nicht mit der von Art 25 Abs 1 S 3 lit a, 1. Fall Brüssel Ia-VO geforderten Klarheit zum Ausdruck, dass es sich auch auf eine in den AGB enthaltene Gerichtsstandsklausel erstreckt (frz Cass 23. 2. 1994, unalex FR-266; OLG Stuttgart NJW 2013, 83 [87]; OLG Celle NJW-RR 2010, 136 [137]; OLG Oldenburg IHR 2008, 112 [117]; OLG Düsseldorf RIW 2001, 63 [64 f]; OLG Karlsruhe RIW 2001, 621 [622]; LG Landshut IHR 2008, 184 [185]; Kropholler/vHein, EuZPR [9 Aufl 2011] Art 23 Brüssel I-VO Rn 35; **aA** Schlosser/Hess/

Schlosser, EuZPR [5. Aufl 2021] Art 25 Rn 20). Etwas anderes kann jedoch gelten, wenn auf die schon bei früheren Geschäften zwischen den Parteien verwandten AGB verwiesen wird (frz Cass 18. 1. 2017, unalex FR-2504 und 31. 3. 2010, unalex FR-1114; OLG Köln TranspR 1999, 454; Schlosser/Hess/Schlosser, EuZPR [4. Aufl 2015] Art 25 Rn 20) oder wenn es sich um allgemein bekannte Standardbedingungen einer bestimmten Branche handelt (Rauscher/Mankowski, Brüssel Ia-VO [5. Aufl 2021] Art 25 Rn 140). Auch wenn der Vertragspartner des Verwenders den Text der AGB ohne Mühe zur Kenntnis nehmen kann – wie insbesondere bei einem deutlichen Hinweis des Verwenders auf seine **im Internet zugänglichen AGB** (vgl EuGh Rs C-358/21 – *Tilman SA*, NJW 2023, 33 Rn 51 ff; dazu Rn 448) – ist der Form des Art 25 Abs 1 S 3 lit a Fall 1 Brüssel Ia-VO genügt (wie hier schwz BG 1. 7. 2013, IHR 2014, 254; OLG Dresden EuLF 2009 II, 68 [70], jeweils zum LugÜ; Saenger ZEuP 2000, 666 [668]; Peiffer/Peiffer, in: Geimer/Schütze, IRV Art 25 Rn 162 f; **aA** aber öst OGH 24. 1. 2008, unalex AT-384; OLG Celle RIW 2010, 164 [165] mAnm Jungemeyer; OLG Düsseldorf RIW 2001, 63; Zöller/Geimer, ZPO [35. Aufl 2024] Art 25 Rn 22; Kropholler/vHein, EuZPR [9 Aufl 2011] Art 23 Brüssel I-VORn 35; dazu auch Rn 448).

Zumindest der Hinweis auf die AGB muss in einer für den Vertragspartner des Verwenders **verständlichen Sprache** (zB in der Vertrags- oder Verhandlungssprache) abgefasst sein (allgM, vgl OLG Hamm NJOZ 2015, 1369 [1371]; OLG Frankfurt NJW-RR 2003, 704 [705]; Staudinger/Hausmann [2021] Art 10 Rom I-VO Rn 120 f); gleiches sollte aber auch für den Text der AGB selbst gelten (dazu näher unalexKomm/Hausmann Brüssel I-VO Art 23 Rn 73; **aA** OLG Köln IHR 2006, 147; OLG Hamm IPRax 1991, 326). Der übliche **Kleindruck** von AGB steht der wirksamen Einbeziehung einer Gerichtsstandsklausel hingegen nicht entgegen. Ist die Klausel allerdings völlig unleserlich oder ist sie an einer Stelle im Vertragstext oder den AGB versteckt, wo mit ihr nicht zu rechnen ist (zB in einer Fußzeile), so ist die Schriftform nach Art 25 Abs 1 lit a Fall 1 Brüssel Ia-VO nicht gewahrt (öst OGH 24. 4. 2013, unalex AT-892 und 26. 5. 2011, unalex AT-733; frz Cass com 27. 2. 1996, 732 mAnm Gaudemet-Tallon; OLG Hamburg IPRax 2019, 527 mAnm Mayer 496; OLG Hamm IPRspr 2011 Nr 190; OLG Köln TranspR 1999, 454; Schlosser/Hess/Schlosser, EuZPR [5. Aufl 2021] Art 25 Rn 20a). Eine formularmäßige Bestätigung des Vertragspartners, die AGB gelesen und verstanden zu haben, ist für die Beurteilung seiner Kenntnis von einer in den AGB enthaltenen Gerichtsstandsklausel nach Art 25 Brüssel Ia-VO ohne Bedeutung (BGH NJW 1996, 1819 = IPRax 1997, 416 mAnm Koch 405). **445**

Werden die AGB dem anderen Teil erst **nach Vertragsschluss übermittelt**, so kann nicht davon ausgegangen werden, dass dieser sich auch mit der in den AGB enthaltenen Gerichtsstandsklausel einverstanden erklären wollte. Deshalb ist die bloße Erwähnung der AGB in einer **Rechnung** nach einem nur mündlichen Vertragsschluss nicht ausreichend (EuGH Rs C-64/17 – *Saey Home & Garden*, ZIP 2018, 1754 Rn 32; dazu Dostal EuZW 2018, 944 und 983; Mankowski EWiR 2018, 381). Die Schriftform ist ferner auch dann nicht gewahrt, wenn die auf der Rückseite abgedruckten oder dem Vertrag beigefügten AGB die Gerichtsstandsklausel nicht unmittelbar enthalten, sondern insoweit auf ein weiteres – nicht beigefügtes – Klauselwerk Bezug nehmen (OLG Köln IPRspr 2011 Nr 215; Rauscher ZZP 104 [1991] 271 [288]; MünchKommZPO/Gottwald Art 25 Rn 31; Rauscher/Mankowski, Brüssel Ia-VO [5. Aufl 2021] Art 25 Rn 146; **aA** OLG München RIW 1987, 998 = IPRax 1987, 307 mAnm E Rehbinder 289). **446**

Art 25 Abs 1 S 3 lit a Brüssel Ia-VO bezieht sich allerdings allein auf die Formerfordernisse für die wirksame Einbeziehung der in den AGB enthaltenen Gerichts- **446a** standsklausel (Dostal EuZW 2018, 944 [949]); Soweit hingegen deren **materiell-rechtliche Wirkungen** – zB für Schadenersatzansprüche wegen der Klage einer Partei in einem derogierten Gerichtsstand (dazu Rn 520 ff) – zu beurteilen sind, richtet sich die Wirksamkeit der Einbeziehung nach dem Prorogationsstatut, dh bei Geltung deutschen Rechts nach §§ 305 Abs 2 und 3, 305a und 305 c Abs 1 BGB (BGH NJW 2020, 399 Rn 23). Ob die AGB im Übrigen Bestandteil des Hauptvertrages geworden sind, ist schließlich nach dem auf diesen Vertrag nach Art 3 ff Rom I-VO anwendbaren innerstaatlichen Recht zu entscheiden (OLG Koblenz RIW 1987, 144 [146]; Kohler IPRax 1983, 266 [269]; dazu näher Staudinger/Hausmann [2021] Art 10 Rom I-VO Rn 80 ff).

cc) Elektronische Übermittlung

447 Die an eine elektronische Gerichtsstandsvereinbarung zu stellenden Anforderungen sind ebenfalls *autonom* im Lichte der E-Commerce-Richtlinie 2000/31/EG v 8. 6. 2000 (ABl 2000 Nr L 178, 1) zu bestimmen; auf die Einhaltung des § 126a BGB kommt es also nicht an (OLG Köln IHR 2015, 60; Schlosser/Hess/Schlosser, EuZPR [4. Aufl 2015] Art 25 Rn 29). Elektronische Übermittlungen, die eine Unterschrift nicht ermöglichen, erfüllen gemäß Art 25 Abs 2 Brüssel Ia-VO die Schriftform, sofern sie eine dauerhafte Aufzeichnung der Gerichtsstandsvereinbarung zulassen (EuGH Rs C-358/21 – *Tilman SA*, NJW 2023, 33 Rn 43 f; ital Cass 10. 9. 2009, unalex IT-455; OLG Dresden EuLF 2009 II, 68 [70] zu Art 17 LugÜ 1988; Zöller/Geimer ZPO [35. Aufl 2024] Art 25 Rn 14; Magnus/Mankowski/Magnus, Brussels Ibis [2. Aufl 2022] Art 25 Rn 130), ihren Urheber erkennen lassen und in Textform ausgedruckt werden können (BGH ZEuP 2015, 159 mAnm Magnus; OLG Köln IHR 2015, 60). Dies trifft insbesondere auf den Austausch von E-Mails zu (BGH NJW 2015, 2584 Rn 44; KG BeckRs 2018, 14615 Rn 16); ausreichend ist auch, dass die Gerichtsstandsvereinbarung in einem Anhang zu einer e-mail übermittelt wird (OLG Köln IHR 2015, 60). Einer Verschlüsselung oder elektronischen Signatur bedarf es nicht, weil dies den elektronischen Rechtsverkehr erheblich erschweren würde (BGH ZInsO 2014, 739). Die mündliche Annahmeerklärung des per e-mail übermittelten Angebots, das die Gerichtsstandsklausel enthält, durch den Empfänger reicht hingegen nicht aus (BGH NJW 2019, 76 Rn 26 ff).

448 Bei einem **Vertragsschluss im Internet** muss allerdings die Möglichkeit zum jederzeitigen Ausdruck oder zur sonstigen dauerhaften Speicherung der Gerichtsstandsvereinbarung (zB in einer Mailbox, auf einem USB-Stick, einer Diskette oder auf der Festplatte) bestehen; die bloße Anzeige auf dem Bildschirm reicht nicht aus (vgl Art 10 Abs 3 E-Commerce-Richtlinie; näher Rauscher/Mankowski, Brüssel Ia-VO [5. Aufl 2021] Art 25 Rn 197 ff; Geimer/Schütze/Geimer, EuZVR [4. Aufl 2020] Art 25 Rn 105c). Ein tatsächlicher Ausdruck muss allerdings – anders als nach Art 3 lit c (ii) HGÜ – nicht erfolgen. Für die Einbeziehung einer in AGB enthaltenen Gerichtsstandsklausel beim elektronischen Vertragsschluss gilt das zur Schriftform Gesagte (Rn 441 ff) entsprechend, dh auf die AGB muss in der e-mail oder auf der Website deutlich hingewiesen werden und es muss die Möglichkeit zu ihrem Ausdruck eröffnet werden (High Court Dublin 26. 2. 2010 – *Ryan Air v Billigfluege.de*, unalex IE-47). Nach Ansicht des EuGH genügt auch das sog *click-wrapping*-Verfahren der elektronischen Form des Art 25 Abs 2 Brüssel Ia-VO, wenn das Ausdrucken und Speichern des Textes der die Gerichtsstandsvereinbarung enthaltenden AGB vor Abschluss des Vertrages möglich ist (EuGH Rs C-322/14 – *El Majdoub*, NJW 2015, 2171 Rn 39 = EuZW 2015, 565 m zust Anm Wurmnest; EuGH Rs C-519/19 – *Ryanair*, RIW 2021, 44 Rn 39; BGH RIW 2015, 596; zust Wieczorek/Schütze/Weller, ZPO [4. Aufl 2015] Art 25 Rn 33; **aA** AG Geldern NJW-RR 2011, 1503; Rau-

SCHER/MANKOWSKI, Brüssel Ia-VO [5. Aufl 2021] Art 25 Rn 204). Das tatsächliche Anklicken des Feldes, in dem das Einverständis mit den AGB zu erklären ist, ist nicht erforderlich. Die in AGB enthaltene Gerichtsstandsklausel ist vielmehr wirksam vereinbart, wenn auf sie in einem schriftlich abgeschlossenen Vertrag durch Angabe des Hyperlinks zu einer Website hingewiesen wird, über die es möglich ist, diese Allgemeinen Geschäftsbedingungen zur Kenntnis zu nehmen, herunterzuladen und auszudrucken; einer Aufforderung derjenigen Partei, der diese Klausel entgegengehalten wird, die AGB durch Anklicken eines Feldes auf dieser Website zu akzeptieren, bedarf es nicht (EuGH Rs C- 358/21 – *Tilman SA*, NJW 2023, 33 Rn 51 f mAnm FINKELMEIER 36; dazu CAPAUL GPR 2023, 222).

dd) Vereins- oder Gesellschaftssatzung

An die Form von Gerichtsstandsvereinbarungen in Satzungen können nach Ansicht 449 des EuGH nicht die gleichen strengen Anforderungen gestellt werden wie an die Form von Gerichtsstandsvereinbarungen in Schuldverträgen. Vereins- oder Gesellschaftssatzungen bedürfen in den Rechtsordnungen aller Mitgliedstaaten wegen ihrer besonderen Tragweite der Schriftform. Die Mitglieder/Gesellschafter sind sich dabei im Klaren darüber, dass sie an die Satzung und an solche Satzungsänderungen gebunden sind, welche die Organe des Vereins bzw der Gesellschaft in Übereinstimmung mit dem anwendbaren nationalen Recht und der Satzung vornehmen. Dies gilt auch für eine in der Satzung enthaltene Gerichtsstandsklausel. Wird die Satzung daher an einem den Aktionären zugänglichen Ort, etwa dem Sitz der Gesellschaft, hinterlegt oder ist sie in einem öffentlichen Register einsehbar, so genügt dies – unabhängig von der Art und Weise des Aktienerwerbs – zur Erfüllung der Formerfordernisse nach Art 25 Abs 1 S 3 lit a Brüssel Ia-VO (EuGH Rs 214/89 – *Powell Duffryn*, Slg 1992 I 1745 Rn 25 ff = NJW 1992, 1671 = IPRax 1993, 32 mAnm KOCH 19; vgl dazu OLG Koblenz RIW 1993, 141 und BGH NJW 1994, 51 f; ferner LG München I AG 2007, 255).

c) Schriftliche Bestätigung einer mündlichen Vereinbarung

aa) Mündliche Vereinbarung

Nach Art 25 Abs 1 S 3 lit a, 2. Fall Brüssel Ia-VO genügt für die Formgültigkeit einer 450 Gerichtsstandsvereinbarung auch eine mündliche Vereinbarung, wenn diese anschließend von einer Partei schriftlich bestätigt worden ist. Die Vorschrift hat allerdings nach der Auflockerung der Formstrenge durch Einführung der Formalternativen in lit b und lit c nur noch geringe praktische Bedeutung (SCHLOSSER/HESS/SCHLOSSER, EuZPR [5. Aufl 2021] Art 25 Rn 21). Die sog **halbe Schriftlichkeit** setzt voraus, dass sich die Parteien bereits bei dem mündlichen Vertragsschluss gerade auch über den Gerichtsstand geeinigt haben (EuGH Rs 71/83 – *Tilly Russ*, Slg 1984, 2417 Rn 17; BGH BeckRS 2017, 102068 Rn 18 = RIW 2017, 229; OLG Saarbrücken IPRspr 2011 Nr 214; OLG Karlsruhe NJOZ 2009, 2282 [2284 f]; OLG Stuttgart NJOZ 2008, 2648 Rn 22 = IPRax 2009, 64 mAnm HAU 44; OLG Hamburg IPRax 1997, 419 [420]; HEISS ZfRvgl 2000, 202 [207]; MAGNUS/MANKOWSKI/MAGNUS, Brussels Ibis Art 25 Rn 103). Diese Willensübereinstimmung erfordert zwar keine ausdrückliche Vereinbarung (OLG Saarbrücken IHR 2008, 55); sie muss jedoch klar und deutlich zum Ausdruck gekommen sein (KROPHOLLER/vHEIN, EuZPR [9 Aufl 2011] Art 23 Brüssel I-VO Rn 42; KILLIAS 167 mwNw). Bloße Vorgespräche, in denen die Gerichtsstandsvereinbarung unverbindlich diskutiert wurde, reichen nicht (BGH NJW 2001, 1731; OLG Karlsruhe NJOZ 2009, 2282 [2284 f]). Ist die Gerichtsstandsklausel daher in **AGB** enthalten, so müssen diese dem Vertragspartner bereits bei dem mündlichen Vertragsschluss vorgelegen haben (BGH NJW 1996, 1819 = IPRax 1997, 416 mAnm KOCH

405; BGH NJW 1994, 2699 [2700]; OLG Düsseldorf IHR 2012, 237; OLG Hamm NJW 1990, 652; Saenger ZEuP 2000, 656 [670]; Rauscher/Mankowski, Brüssel Ia-VO [5. Aufl 2021] Art 25 Rn 158). Hingegen enthält die mündlich erklärte Bereitschaft, zu den AGB des Vertragspartners abschließen zu wollen, noch keine Unterwerfung unter eine in diesen AGB möglicherweise enthaltene Gerichtsstandsklausel. Werden die AGB daher erstmals der schriftlichen Auftragsbestätigung beigelegt, so muss die schriftliche Bestätigung des mündlichen Vertragsschlusses von der anderen Partei *schriftlich angenommen* werden (EuGH Rs 25/76 – *Segoura*, Slg 1976, 1851 Rn 12 = NJW 1977, 495; BGH NJW 1992, 2448 = EuZW 1992, 515 mAnm Geimer; OLG Dresden IPRax 2000, 121 mAnm Haubold 91).

451 Auch im kaufmännischen Rechtsverkehr führt also das **Schweigen auf ein Bestätigungsschreiben**, dem erstmals eine Gerichtsstandsklausel beigefügt ist, nicht zur Fiktion einer mündlichen Einigung über den Gerichtsstand nach Art 25 Abs 1 S 3 lit a Fall 2 Brüssel Ia-VO (EuGH Rs 25/76– *Segoura*, Slg 1976, 1851 Rn 12; OLG Köln NJW 1988, 2182; OLG Hamm NJW 1990, 652; Kropholler/vHein, EuZPR [9. Aufl 2011] Art 23 Brüssel I-VO Rn 45). Gleiches gilt für das Schweigen des Käufers auf eine *Auftragsbestätigung*, in der auf die AGB des Verkäufers verwiesen wird, die eine Gerichtsstandsklausel enthalten (OLG Stuttgart IPRax 2009, 64 mAnm Hau 44). Die Formwirksamkeit der Gerichtsstandsvereinbarung kann sich in diesem Fall nur aus den zwischen den Parteien – zB im Rahmen laufender Geschäftsbeziehungen – bestehenden *Gepflogenheiten* (lit b) oder aus einem internationalen Handelsbrauch (lit c) ergeben. Die Form des Art 25 Abs 1 S 3 lit a Fall 2 Brüssel Ia-VO wird hingegen auch im Rahmen **laufender Geschäftsbeziehungen** nur durch eine schriftliche Bestätigung erfüllt, der nachweislich eine mündliche Einigung der Parteien vorausgegangen war (vgl BGH NJW 1994, 2699 = EWiR 1994, 985 mAnm Mankowski). Deshalb reicht es nicht aus, wenn eine Partei regelmäßig Bestätigungsschreiben oder Rechnungen mit einer *nur rückseitig abgedruckten* Gerichtsstandsklausel verwendet, ohne jemals ausdrücklich auf diese (bzw die eine solche enthaltenden AGB) hingewiesen zu haben (BGH NJW 1994, 2699; OLG Stuttgart IHR 2011, 236; OLG Hamm NJW 1990, 612; OLG Hamburg RIW 1984, 916; Kropholler/vHein, EuZPR [9. Aufl 2011] Art 23 Brüssel I-VO Rn 43; unalexKomm/Hausmann, Brüssel I-VO Art 23 Rn 83 mwNw; großzügiger Schlosser/Hess/Schlosser, EuZPR [5. Aufl 2021] Art 25 Rn 23). Ebenso wenig kommt eine Gerichtsstandsvereinbarung dadurch zustande, dass eine Vertragspartei in einer Auftragsbestätigung auf nicht beigefügte AGB verweist, die eine Gerichtsstandsklausel enthalten (OLG Dresden IPRax 2000, 121 mAnm Haubold 91: Hinweis eines deutschen Spediteurs auf Geltung der ADSp). Den Anforderungen des Art 25 Abs 1 S 3 lit a Fall 2 Brüssel Ia-VO wird hingegen genügt, wenn der Verwender der AGB seinen Vertragspartner während der Verhandlungen ausdrücklich auf die in seinen AGB enthaltene *Gerichtsstandsklausel* hingewiesen hat; die mündliche Zuständigkeitsvereinbarung muss dann lediglich noch schriftlich bestätigt werden (OLG Köln TranspR 1999, 454; Geimer/Schütze/Geimer, EuZVR [4. Aufl 2020] Art 25 Rn 89).

bb) Schriftliche Bestätigung

452 Die schriftliche Bestätigung einer mündlich getroffenen Gerichtsstandsvereinbarung erfüllt die Formerfordernisse des Art 25 Abs 1 S 3 lit a Fall 2 Brüssel Ia-VO nur dann, wenn ihr Inhalt mit der vorher erzielten Einigung übereinstimmt. Die **Beweislast** hierfür trägt diejenige Vertragspartei, die sich auf die Gerichtsstandsvereinbarung beruft, dh idR der Kläger (OLG Köln NJW 1988, 2182; Killias 168; Hau IPRax 1999, 24; Geimer/Schütze/Geimer, EuZVR [4. Aufl 2020] Art 25 Rn 113; **aA** Ebenroth ZVerglRW

1978, 161 [182]; Schlosser EWiR 1997, 359: Beweislastumkehr, wenn die Bestätigung unwidersprochen bleibt). Dieser Beweis kann allerdings **auch durch Zeugen** geführt werden (Geimer IPRax 1986, 85 [87]). Ist die Gerichtsstandsklausel erstmalig in einer *Auftragsbestätigung* enthalten, so ist eine erneute schriftliche Bestätigung der anderen Seite notwendig, die das ausdrückliche Einverständnis mit der Gerichtsstandsvereinbarung erkennen lässt; das bloße Unterlassen eines Widerspruchs genügt nicht (EuGH Rs 25/76 – *Segoura*, Slg 1976, 1851 Rn 8 ff; BGH NJW 1994, 2699 [2700]; OLG Karlsruhe IPRspr 2002 Nr 131 b; Kropholler/vHein, EuZPR [9. Aufl 2011] Art 23 Brüssel I-VO Rn 44). Auf die konkludente Annahme eines schriftlichen Angebots ist Art 25 Abs 1 S 3 lit a Fall 2 Brüssel Ia-VO auch nicht entsprechend anwendbar (zutr Hass IPRax 2000, 494 [495] gegen LG Berlin IPRax 2000, 526; Thomas/Putzo/Nordmeier, ZPO [46. Aufl 2025] Art 25 Rn 13 aE; Rauscher/Mankowski, Brüssel Ia-VO [5. Aufl 2021] Art 25 Rn 156). An **Form und Inhalt** der Bestätigung sind die gleichen Anforderungen zu stellen wie an einen beiderseits schriftlichen Vertrag (dazu Rn 437 ff; vgl Kropholler/vHein, EuZPR [9. Aufl 2011] Art 23 Brüssel I-VO Rn 46). Es genügt daher in jedem Falle die Bezugnahme auf eine Vertragsurkunde, in welcher die Gerichtsstandsabrede an herausgehobener Stelle außerhalb des Formulartexts eingefügt war (BGHZ 116, 77 [81] = IPRax 1992, 372 mAnm Hess 358). Ausreichend ist aber auch eine ausdrückliche Bezugnahme auf AGB, in denen die Gerichtsstandsklausel enthalten ist, oder eine Bestätigung per E-Mail (Geimer/Schütze/Geimer, EuZVR [4. Aufl 2020] Art 25 Rn 109), nicht hingegen eine bloße Zahlungsaufforderung (OLG Karlsruhe IPRspr 2002 Nr 131b). Ein Hinweis auf die Gerichtsstandsklausel selbst ist in der schriftlichen Bestätigung nicht erforderlich (BGH EuZW 1992, 125; Schlosser/Hess/Schlosser, EuZPR [5. Aufl 2021] Art 25 Rn 22).

Die schriftliche Bestätigung muss nicht notwendig durch diejenige **Vertragspartei** erfolgen, der die Zuständigkeitsvereinbarung entgegengehalten werden soll; vielmehr genügt auch eine Bestätigung derjenigen Partei, die sich auf den Abschluss der mündlichen Gerichtsstandsvereinbarung beruft (EuGH Rs 221/84 – *Berghoefer*, Slg 1985, 2699 Rn 16 = RIW 1985, 736; BGHZ 116, 77 [82] = NJW 1986, 2196; schwz BG 21. 11. 2007, unalex CH-248; ital Cass 3. 1. 2007, unalex IT-227; OLG München RIW 1999, 621; Kropholler/vHein, EuZPR [9. Aufl 2011] Art 23 Brüssel I-VO Rn 47 f mwNw). Bei einer Gerichtsstandsvereinbarung zugunsten Dritter genügt auch die schriftliche Bestätigung durch den (am Prozess nicht beteiligten) Vertragspartner (EuGH Rs 210/83 – *Gerling*, Slg 1983, 2503 Rn 20 = IPRax 1984, 259 mAnm Hübner 237; Geimer NJW 1985, 533). Die Frage, innerhalb welcher **Frist** die mündliche Einigung über den Gerichtsstand schriftlich bestätigt werden muss, ist nicht durch einen Rückgriff auf nationales Recht (zB § 147 Abs 2 BGB), sondern autonom unter Berücksichtigung von Treu und Glauben in jedem Einzelfall zu entscheiden (Hau IPRax 1999, 24 [25]; Geimer/Schütze/Geimer, EuZVR [4. Aufl 2020] Art 25 Rn 110). Danach ist ein hinreichender zeitlicher Zusammenhang mit dem Vertragsschluss erforderlich (OLG Düsseldorf IPRax 1999, 38; Schlosser/Hess/Schlosser, EuZPR [5. Aufl 2021] Art 25 Rn 22). Die Einhaltung der Form nach Art 25 Abs 1 S 3 lit a Fall 2 Brüssel Ia-VO wird durch einen **Widerspruch** gegen die Bestätigung nicht ausgeschlossen; der Widerspruch kann jedoch Zweifel an der erforderlichen mündlichen Einigung über den Gerichtsstand wecken (Geimer/Schütze/Geimer, EuZVR [4. Aufl 2020] Art 25 Rn 114; Kropholler/vHein, EuZPR [9 Aufl 2011] Art 23 Brüssel I-VO Rn 49). **453**

d) Vertragsschluss nach den Parteigepflogenheiten

Art 25 Abs 1 S 3 lit b Brüssel Ia-VO lässt neben der vollen und der halben Schriftform auch jede sonstige „Form, welche den Gepflogenheiten entspricht, die zwischen **454** den Parteien entstanden sind", genügen. Damit soll die Rechtsprechung des EuGH zur Formgültigkeit von Gerichtsstandsvereinbarungen bei **laufenden Geschäftsbeziehungen** der Vertragspartner auf eine klare gesetzliche Grundlage gestellt werden. Nach Ansicht des EuGH war nämlich die schriftliche Bestätigung eines mündlichen Vertragsschlusses unter erstmaliger Beifügung der (eine Gerichtsstandsklausel enthaltenden) AGB zur Wahrung der Form des Art 17 Abs 1 EuGVÜ dann ausreichend, wenn sich der mündlich geschlossene Vertrag in laufende Geschäftsbeziehungen einfügte, die zwischen den Parteien auf der Grundlage dieser AGB bestanden (Rn 451). Der Empfänger der schriftlichen Bestätigung verstieße bei dieser Sachlage gegen Treu und Glauben, wenn er das Zustandekommen einer Gerichtsstandsvereinbarung mit dem Argument leugnete, es fehle an einer schriftlichen Annahmeerklärung seinerseits (EuGH Rs 25/76 – *Segoura*, Slg 1976, 1851 Rn 11; ital Cass Riv dir int priv proc 1996, 302 [309]). Diese Grundsätze gelten im Rahmen von Art 25 Abs 1 S 3 lit b Brüssel Ia-VO fort. Auch diese Formalternative ist *autonom* auszulegen, sodass die Feststellung einer Gepflogenheit nicht von dem auf den Vertrag anwendbaren Recht abhängt (BGH NJW-RR 2005, 150 = IPRax 2005, 338 mAnm Hau 301). Gepflogenheiten iSv lit b können jedoch nur zu einer Erweiterung, nicht zu einer Einschränkung der Formgültigkeit von Gerichtsstandsvereinbarungen führen (frz Cass 4. 11. 2010, unalex Fr-2126).

455 Die Annahme einer laufenden Geschäftsbeziehung bzw einer „Gepflogenheit" erfordert eine gewisse **Häufigkeit von Vertragsabschlüssen**, denen jeweils die AGB mit der Gerichtsstandsklausel zugrunde gelegen haben (vgl OLG Stuttgart NJW 2013, 83 [86]: drei vorangegangene Vertragsschlüsse reichen aus; ferner OLG Karlsruhe NJOZ 2009, 2282 [2285]; OLG Köln RIW 1988, 555 [557]; OLG Celle RIW 1985, 571 = IPRax 1985, 284 mAnm Duintjer Tebbens 262; App Paris Rev crit 1992, 793; Burgstaller JBl 1998, 691 [692]; Schlosser/Hess/Schlosser, EuZPR [4. Aufl 2015] Art 25 Rn 23; großzügiger OLG Dresden EuLF 2009 II, 68 [70]: zwei vorangegangene geschäftliche Kontakte reichen aus; assen bereits ein vorangegangenes Geschäft ausreichen). Eine einzige vorausgegangene Bestellung oder einzelne isolierte Geschäfte auf der Grundlage der AGB genügen jedoch nicht (ital Cass 15. 2. 2005, unalex IT-187; **aA** Rauscher/Mankowski, Brüssel Ia-VO [5. Aufl 2021] Art 25 Rn 167; Wieczorek/Schütze/Weller, ZPO [4. Aufl 2015] Art 25 Rn 31). Maßgebender Zeitpunkt für die Feststellung einer „Gepflogenheit" ist nicht die Einreichung der Klage, sondern der Vertragsschluss (OLG Stuttgart NJW 2013, 83 [86]; OLG Karlsruhe IPRspr 2002 Nr 131b; Hau IPRax 2005, 301 [304]; Rauscher/Mankowski, Brüssel Ia-VO [5. Aufl 2021] Art 25 Rn 166).

456 Die Formalternative des Art 25 Abs 1 S 3 lit b Brüssel Ia-VO setzt voraus, dass die Parteien sich zumindest zu Beginn ihrer Geschäftsbeziehung **einmal über die Geltung der Gerichtsstandsklausel ausdrücklich geeinigt** haben (OLG Stuttgart NJW 2013, 83 [86 f]; OLG Köln IHR 2014, 155 [156] = IPRspr 2011 Nr 215; OLG Celle NJW-RR 2010, 136 [138]; OLG Hamm NJOZ 2006, 520 [522]; Hau IPRax 2005, 301 [304]; Stein/Jonas/Wagner, ZPO [23. Aufl 2022 Art 25 Rn 74). Nur wenn diese Einigung bewiesen wird, kann bezüglich nachfolgender Geschäfte auf die Feststellung eines erneuten Konsenses der Parteien verzichtet werden (OLG Stuttgart IHR 2011, 236; OLG Zweibrücken IPRspr 1983 Nr 142; OLG Düsseldorf TranspR 1981, 26; Rauscher/Mankowski, Brüssel Ia-VO [5. Aufl 2021] Art 25 Rn 165). Gepflogenheiten können also nur die Form, nicht jedoch die Einigung ersetzen (BGH RIW 2021, 44 Rn 35; BGH EuLF 2004, 129 = IPRax 2005, 338 mAnm Hau 301; OLG Köln IPRspr 2011 Nr 215; LG Landshut IHR 2008, 184 [186]; Mankowski RIW 2005, 561 [567]). Die Einigung muss allerdings nicht ausdrücklich zustande kommen; sie kann sich vielmehr auch aus einer langjährigen gleichförmigen Praxis des Vertragsschlusses ergeben (OLG Stuttgart IPRax 2009, 64 [66 f] mAnm Hau 44). Allein die wiederholte widerspruchslose Entgegennahme von Auftragsbestätigungen oder Bezahlung von Rechnungen mit rückseitig abgedruckten AGB, die eine Gerichtsstandsklausel enthalten, begründet jedenfalls dann noch keine „Gepflogenheit" iSv Art 25 Abs 1 S 3 lit b Brüssel Ia-VO, wenn der Verwender auf die Geltung der AGB nicht deutlich hingewiesen hat (BGH NJW-RR 2004, 1292 mAnm Hau IPRax 2005, 301; BGH NJW 1994, 2699 [2700]; OLG Hamburg IPRax 2019, 527 mAnm Mayer 496; OLG Hamm IHR 2006, 84; OLG Düsseldorf IHR 2005, 108 mAufs Herber 117; Rauscher/Mankowski, Brüssel Ia-VO [5. Aufl 2021] Art 25 Rn 174; **aA** offenbar BGH RIW 2003, 220 [222] = EuLF 2004, 130). Daran fehlt es, wenn die Gerichtsstandsklausel jeweils nur versteckt in der Fußzeile von Auftragsbestätigungen oder Rechnungen abgedruckt war (öst OGH 3. 4. 2019, unalex AT-1214). Auch eine solche einseitige Bezugnahme reicht jedoch nicht aus, wenn nicht nachgewiesen werden kann, dass beide Parteien ihre Vertragsbeziehungen insgesamt den AGB unterstellen wollten und sie danach auch tatsächlich abgewickelt haben (BGH EuLF 2004, 230 = IPRax 2005, 338 mAnm Hau 301). Maßgeblich ist also die tatsächliche Entstehung einer Vertragspraxis, die von einer grundsätzlichen Einigkeit der Parteien über die Geltung der Gerichtsstandsklausel für die in ihrer Geschäftsbeziehung abzuschließenden Geschäfte getragen war und in der diese Einigkeit in der Folge mit einem hohen Maß an Beständigkeit über einen längeren Zeitraum hinweg ihren Ausdruck gefunden hat (BGH NJW 2015, 2584 Rn 58 f).

e) Vertragsschluss gemäß internationalen Handelsbräuchen

aa) Internationale Handelsbräuche

Nach Art 25 Abs 1 S 3 lit c Brüssel Ia-VO sind Gerichtsstandsvereinbarungen auch **457**
dann wirksam, wenn sie im internationalen Handel in einer Form geschlossen werden, „die einem Handelsbrauch entspricht, den die Parteien kannten oder kennen mussten, und den Parteien von Verträgen dieser Art in dem betreffenden Geschäftszweig allgemein kennen und regelmäßig beachten". Mit dieser Formerleichterung war vor allem eine Korrektur der restriktiven EuGH-Rechtsprechung zum Tatbestandsmerkmal der „Vereinbarung" in Art 17 Abs 1 EuGVÜ 1968 bezweckt. Denn im internationalen Handel muss der Vertragsschluss „aus Gründen der Kalkulation auf der Grundlage der momentan gegebenen Marktpreise rasch durch Auftragsbestätigung unter Einbeziehung von Bedingungswerken möglich sein" (Schlosser-Bericht Rn 79; M J Schmidt RIW 1992, 176). Dieses Ziel würde aber verfehlt, wenn Art 25 Abs 1 S 3 lit c Brüssel Ia-VO als bloße Formvorschrift verstanden würde. Die Berücksichtigung der internationalen Handelsbräuche ist deshalb in gewissem Umfang bereits auf die **materielle Willenseinigung** zu beziehen. Die Einhaltung der vorgeschriebenen Form indiziert also zugleich das Zustandekommen einer tatsächlichen Willenseinigung (EuGH Rs C-106/95 – *MSG/Les Gravières Rhénanes*, Slg 1997 I 932 Rn 17 f = RIW 1997, 415 mAnm Holl; Stöve 12 ff; Saenger ZZP 110 [1997] 477 [488 ff]; dazu schon Rn 411). Den internationalen Handelsbräuchen ist also auch zu entnehmen, welche Anforderungen an den Begriff der „Vereinbarung" in Art 25 Abs 1 S 1 Brüssel Ia-VO zu stellen sind (LG Essen RIW 1992, 227 [228]; G Roth ZZP 93 [1980] 156 [162]; Basedow IPRax 1985, 137; Rauscher ZZP 104 [1991] 271 [288 ff]; Kröll ZZP 113 [2000] 135 [143 ff]; MünchKommZPO/Gottwald Art 25 Rn 47; **aA** Schlosser/Hess/Schlosser, EuZPR [5. Aufl 2021] Art 25 Brüssel Ia-VO Rn 24b). Besteht also in dem betreffenden Geschäftszweig des internationalen Handels ein das Zustandekommen von Gerichtsstandsvereinbarungen betreffender Handelsbrauch, der den Parteien bekannt ist oder als ihnen bekannt gelten

muss, so wird auch die nach Art 25 Abs 1 S 1 Brüssel Ia-VO erforderliche Einigung der Vertragsparteien über den Gerichtsstand **vermutet** (EuGH Rs C-358/21 – *Tilman SA*, NJW 2023, 33 Rn 57; EuGH Rs C-159/97 – *Trasporti Castelletti*, Slg 1999 I 1597 Rn 19 ff = IPRax 2000, 119 mAnm Girsberger 87 = ZZPInt 4 [1999] 243 mAnm Adolphsen; Saenger ZZP 110 [1997] 477 [488 ff]; dazu schon Rn 411). Voraussetzung ist allerdings, dass die Gerichtsstandsvereinbarung in einer Weise in die Geschäftsbeziehung eingeführt wurde, die einem solchen Handelsbrauch entspricht (BGH RIW 2021, 44 Rn 34).

458 Der Begriff der „Handelsbräuche" ist weder nach der *lex fori*, noch nach der *lex causae*, sondern **autonom** zu qualifizieren (EuGH Rs C-366/13 – *Profit Investment*, EuZW 2016, 419 Rn 43 mAnm Müller; EuGH Rs C-159/97 – *Trasporti Castelletti*, Slg 1999 I 1597 Rn 25; EuGH Rs C-106/95 – *MSG/Les Graviéres Rhénanes*, Slg 1997 I 932 Rn 17 Rn 23 = IPRax 1999, 31 mAnm Kubis 10;; Kohler IPRax 1987, 201 [204]; Girsberger IPRax 2000, 87 [90]; Staehelin 60 f). Danach kommt es allein auf die *faktische* Gebräuchlichkeit einer bestimmten Form, nicht aber – wie nach § 346 HGB – auf die formelle Kaufmannseigenschaft der Parteien an (OLG Hamburg TranspR 1993, 25 [27]; OLG Celle IPRax 1997, 417 [418]; Schlosser RIW 1984, 911 [913]; Kropholler/vHein, EuZPR [9. Aufl 2011] Art 23 Brüssel I-VO Rn 54). Ob ein Handelsbrauch besteht, lässt sich auch nicht für den internationalen Handelsverkehr im Allgemeinen, sondern nur für den **Geschäftszweig** bestimmen, in dem die Vertragsparteien tätig sind (EuGH Rs C-358/21 – *Tilman SA*, NJW 2023, 33 Rn 57 [zum LugÜ 2007]; EuGH Rs C-366/13 – *Profit Investment*, EuZW 2016, 419 Rn 45 mAnm Müller; EuGH Rs C-106/95 – *Trasporti Castelletti*, Rn 25; Kröll ZZP 113 [2000] 135 [154]; Magnus/Mankowski/Magnus, Brussels Ibis [2. Aufl 2022] Art 25 Rn 119). Maßgebend ist, dass die in diesem Geschäftszweig tätigen Kaufleute ein bestimmtes Verhalten allgemein und regelmäßig befolgen (EuGH Rs C-358/21 – *Tilman SA*, NJW 2023, 33 Rn 57; EuGH Rs C-159/97 – *Trasporti Castelletti*, Slg 1999 I 1597 Rn 26 f; BGH NJW 2019, 76 Rn 33 mAnm H Roth IPRax 2019, 397). Erforderlich ist also eine tatsächliche ständige Übung in einem bestimmten Verkehrskreis (vgl OLG Celle IPRax 1997, 417 [418 f]; Stöve 51 ff), deren Feststellung dem zuständigen nationalen Gericht obliegt.

459 Der **Nachweis** eines solchen Handelsbrauchs ist zwar grundsätzlich von derjenigen Partei zu führen ist, die sich auf ihn beruft (öst OGH 3. 4. 2019, unalex AT-1214 und 24. 1. 2018, unalex AT-1150; frz Cass 8. 4. 2009, unalex FR-1050; ital Cass 15. 2. 2005, unalex IT-187; OLG Hamburg IPRax 1997, 420 mAnm Koch 405; Rauscher/Mankowski, Brüssel Ia-VO [5. Aufl 2021] Art 25 Rn 186). Das angerufene deutsche Gericht hat der Behauptung einer Partei, eine bestimmte Form der Gerichtsstandsvereinbarung entspreche unter Kaufleuten in dem betreffenden Geschäftszweig des internationalen Handelsverkehrs einem Handelsbrauch iSd Art 25 Abs 1 S 3 lit c Brüssel Ia-VO im Rahmen der von Amts wegen durchzuführenden Prüfung der internationalen Zuständigkeit dabei grundsätzlich nachzugehen; es ist dabei von Beweisanträgen unabhängig und kann im Wege des **Freibeweises** vorgehen (BGH NJW 2019, 76 Rn 34 mAnm Roth IPRax 2019, 397).

460 **Indiz** für einen solchen Handelsbrauch kann sein, dass eine bestimmte Praxis von den Kaufleuten derjenigen Länder befolgt wird, die in dem betreffenden Geschäftszweig des internationalen Handelsverkehrs eine führende Stellung einnehmen (EuGH Rs C-159/97 – *Trasporti Castelletti*, Slg 1999 I 1597 Rn 27). Der Nachweis eines solchen Handelsbrauchs kann auch dadurch erleichtert werden, dass Vordrucke von Formularen oder Allgemeinen Geschäftsbedingungen auf ihn Bezug nehmen, die von Fachverbänden oder -organisationen eines bestimmten Geschäftszweiges bereitgehalten werden; allerdings kann eine bestimmte Form der Publizität nicht systematisch verlangt werden. Die Qualifikation eines bestimmten – allgemein und regelmäßig befolgten – Verhaltens als Handelsbrauch wird auch nicht dadurch in Frage gestellt, dass dieses Verhalten vor Gericht beanstandet wird (EuGH Rs C-159/97 – *Trasporti Castelletti*, Slg 1999 I 1597 Rn 27–30; Kropholler/vHein, EuZPR [9. Aufl 2011] Art 23 Brüssel I-VO Rn 56). Die Allgemeinen Deutschen Spediteurbedingungen **(ADSp)** gelten im internationalen Rechtsverkehr jedoch nicht als Handelsbrauch (OLG Dresden IPRax 2000, 121 [122] mAnm Haubold 91; zu deren Einbeziehung in den Vertrag näher Staudinger/Hausmann [2021] Art 10 Rom I-VO Rn 87a, b).

International ist ein Handelsbrauch dann, wenn er sich **im internationalen Handelsverkehr**, dh bei grenzüberschreitenden Transaktionen (Kröll ZZP 113 [2000] 135 [152 f]) entwickelt hat. Nicht erforderlich ist hingegen, dass ein entsprechender Handelsbrauch in allen oder den meisten Mitgliedstaaten der Verordnung besteht (EuGH Rs C-366/13 – *Profit Investment*, EuZW 2016, 419 Rn 45 mAnm Müller; EuGH Rs C-159/97 – *Trasporti Castelletti*, Slg 1999 I 1597 Rn 19 ff; Girsberger IPRax 2000, 87 [89]; Kropholler/vHein, EuZPR [9.. Aufl 2011] Art 23 Brüssel I-VO Rn 55). Bei divergierenden Handelsbräuchen (zB am Sitz des Verkäufers und des Käufers) kommt es nicht auf eine kumulative Einhaltung aller einschlägigen Bräuche an; vielmehr reicht es aus, wenn am (Wohn-)Sitz einer der Prorogationsparteien für internationale Geschäfte ein entsprechender Handelsbrauch besteht (OLG Köln NJW 1988, 2192; OLG Düsseldorf RIW 1990, 579; Kohler Dir comm int 1990, 611 [620]; Stöve 66 ff; Geimer/Schütze/Geimer, EuZVR [4. Aufl 2020] Art 25 Rn 124). Teilweise wird auf eine Geltung des Handelsbrauchs in den Wohnsitzstaaten der Parteien auch ganz verzichtet, sofern dieser nur im internationalen Handel der betreffenden Branche von einer qualifizierten Mehrheit der betroffenen Verkehrskreise anerkannt ist (Huber ZZP Int 2 [1997] 168 [173]; Rauscher/Mankowski, Brüssel Ia-VO [5. Aufl 2021] Art 25 Rn 184). Dem Schutz der anderen Vertragspartei kann durch die Kriterien der Kenntnis (bzw des Kennenmüssens) und der Branchenüblichkeit ausreichend Rechnung getragen werden (Trunk 48; Kröll ZZP 113 [2000] 135 [154]; Thomas/Putzo/Nordmeier, ZPO [46. Aufl 2025] Art 25 Rn 16; Wieczorek/Schütze/Weller, ZPO [4. Aufl 2015] Art 25 Rn 32 dazu Rn 467 f). 461

Internationalem Handelsbrauch entspricht es in den meisten Branchen, dass Kaufleute bei grenzüberschreitenden Vertragsschlüssen **AGB** zugrunde legen, in denen die Gerichte am Sitz des Verwenders für zuständig erklärt werden (LG Essen RIW 1992, 227 f; LG Münster RIW 1992, 230; einschränkend OLG Oldenburg IHR 2008, 112 [118]); dies gilt namentlich auch für international tätige **Spediteure** (vgl Ziff 30. 3 ADSp 2017; ebenso zu § 65b ADSp aF OLG Düsseldorf RIW 1990, 782; OLG Hamburg TranspR 2001, 300). Wird daher im Vertragsangebot ausdrücklich auf die AGB hingewiesen, die eine Gerichtsstandsklausel enthalten, so wird diese durch die pauschale Annahme des Vertragsangebots kraft internationalen Handelsbrauchs Vertragsinhalt (Supreme Court Ireland 12. 5. 2005 – *Leo Laboratories v Crompton BV*, unalex IE-10; vgl auch LG Hamburg BeckRS 2018, 50297 Rn 11). Auch eine auf der Rückseite eines Frachtscheins für einen multi-modalen Transport abgedruckte Gerichtsstandsklausel entspricht internationalem Handelsbrauch, selbst wenn sie nur vom Beförderer unterzeichnet wurde (ital Cass 7. 9. 2016, unalex IT-763). 462

Hingegen besteht kein internationaler Handelsbrauch, demzufolge auch die einem **Vertragsangebot** nur beigefügten oder auf der Rückseite von Warenbestellungen ab- 463 gedruckten AGB einschließlich der darin enthaltenen Gerichtsstandsklausel vom Empfänger durch schlüssiges Verhalten oder bloßes Schweigen angenommen werden (ital Cass 29. 1. 2002, Riv dir int priv proc 2002, 701 [706 ff]; OLG Oldenburg IHR 2008, 112; OLG Düsseldorf RIW 2001, 63 [65]; OLG Dresden IPRax 2000, 121; OLG Hamburg IPRax 1997, 419 mAnm Koch 405).

464 Darüber hinaus kann insbesondere das **Schweigen auf ein kaufmännisches Bestätigungsschreiben** kraft internationalen Handelsbrauchs als Zustimmung zu einer darin (bzw in den in Bezug genommenen AGB) enthaltenen Gerichtsstandsklausel zu werten sein (EuGH Rs C-106/95 – *MSG/Les Graviéres Rhénanes*, Slg 1997 I 932 Rn 25; ebenso speziell für die Rheinschifffahrt OLG Nürnberg TranspR 1998, 414; BGH RIW 1997, 871= IPRax 1999, 34 mAnm Kubis 10; ähnlich schon früher OLG Köln NJW 1988, 2182; zust Geimer/Schütze/Geimer, EuZVR [4. Aufl 2020] Art 25 Rn 121; Stöve 146; Staehelin 94 ff; zweifelnd M J Schmidt RIW 1992, 173 [178 f]; **aA** Schlosser/Hess/Schlosser, EuZPR [5. Aufl 2021] Art 25 Rn 27). Dagegen reicht allein der mangelnde Widerspruch gegen die in einer **Auftragsbestätigung** oder den ihr beigefügten AGB enthaltene Gerichtsstandsklausel für ihre Einbeziehung nach Art 25 Abs 1 S 3 lit c Brüssel Ia-VO nicht aus, weil ein solcher Handelsbrauch nicht existiert (BGH NJW 1994, 2699 [2700]; OLG Karlsruhe OLGR 2006, 714 [718] und NJOZ 2009, 2282 [2285]; OLG Dresden IPRax 2000, 121 [122] mAnm Haubold 91; MünchKommZPO/Gottwald Art 25 Rn 49). Auf die großzügigere Haltung des deutschen Rechts in dieser Frage kommt es für die Auslegung des europäischen Prozessrechts nicht an (Koch IPRax 1997, 405 [406]).

465 Ebenso wenig gibt es einen internationalen Handelsbrauch, demzufolge die bloße **Durchführung des Vertrages** das schlüssige Einverständnis mit einer Gerichtsstandsklausel in AGB beinhaltet, die dem Vertragsangebot beigefügt waren (OLG Hamburg IPRax 1997, 419 [420] m zust Anm Koch 405). Deshalb dürfte auch die wiederholte widerspruchslose **Bezahlung von Rechnungen**, die einen vorgedruckten Hinweis auf den Gerichtsstand enthalten, in den meisten Branchen nicht ohne weiteres als Einverständnis mit diesem Gerichtsstand zu werten sein (öst OGH 8. 9. 2009, unalex AT-647; OLG Frankfurt IPRspr 2004 Nr 94a [Viehkauf]; OG Basel BJM 2001, 15 [23 f]; Mankowski EWiR 1995, 577 [578]; Saenger ZZP 110 [1997] 491 f; großzügiger insoweit EuGH Rs C-106/95 – *MSG/Les Graviéres Rhénanes*, Slg 1997 I 932 Rn 25; BGH RIW 1997, 871; Stöve 171 ff; Zöller/Geimer, ZPO [35. Aufl 2024] Art 25 Rn 31; MünchKommZPO/Gottwald Art 25 Rn 51 f). Auch die englische Praxis, wonach aus einer Rechtswahl für die Hauptsache auf eine Gerichtsstandsvereinbarung geschlossen werden kann, wird nicht als internationaler Handelsbrauch anerkannt (Schlosser-Bericht Rn 175; MünchKommZPO/Gottwald Art 25 Rn 48; **aA** Volken SchwJbIntR 1987, 97 [109]).

466 Die Aufnahme einer Gerichtsstandsklausel in einen **Emissionsprospekt** von Schuldverschreibungen kann als eine internationalem Handelsbrauch entsprechende Form iSv Art 25 Abs 1 lit c Rom I-VO angesehen werden, die es ermöglicht, die Zustimmung der Person zu vermuten, der die Klausel entgegengehalten werden soll, sofern nachgewiesen wird, dass zum einen die im betreffenden Geschäftszweig tätigen Wirtschaftsteilnehmer beim Abschluss derartiger Verträge allgemein und regelmäßig ein solches Verhalten zeigen und zum anderen entweder die Parteien zuvor untereinander oder mit anderen im betreffenden Geschäftszweig tätigen Parteien regelmäßige Handelsbeziehungen unterhielten oder das in Rede stehende Verhalten hinreichend

bekannt ist, um als ständige Übung angesehen werden zu können (EuGH Rs C-366/13 – *Profit Investment*, EuZW 2016, 419 Rn 38 ff, 51 mAnm Müller).

bb) Kenntnis der Parteien

Auch die Einhaltung einer im internationalen Handel gebräuchlichen Form genügt **467** freilich nur dann, wenn die Parteien den betreffenden Handelsbrauch „kannten oder kennen mussten" und wenn ferner „Parteien von Verträgen dieser Art in dem betreffenden Geschäftszweig" diesen Handelsbrauch „allgemein kennen und regelmäßig beachten". Auch diese subjektive Voraussetzung ist von derjenigen Partei zu beweisen, die sich auf das Bestehen eines solchen Handelsbrauchs beruft (öst OGH 22. 1. 2020, unalex AT-1252). Diese Formulierung lehnt sich an Art 9 Abs 2 des Wiener UN-Kaufrechts an, dessen Auslegung auch zum Verständnis von Art 25 Abs 1 S 3 lit c Brüssel Ia-VO beitragen kann (vgl etwa Staudinger/Magnus [2025] Art 9 CISG Rn 20 ff). Von der erforderlichen Kenntnis der Parteien ist jedenfalls dann auszugehen, wenn diese „untereinander oder mit anderen in dem betreffenden Geschäftszweig tätigen Vertragspartnern schon früher Geschäftsbeziehungen angeknüpft hatten" oder wenn „in diesem Geschäftszweig ein bestimmtes Verhalten bei Abschluss einer bestimmten Art von Verträgen allgemein und regelmäßig befolgt wird", sodass es als ständige Übung angesehen werden kann (EuGH Rs C-106/95 – *MSG/Les Graviéres Rhénanes*, Slg 1997 I 932 Rn 24 f). Darüber hinaus dürfte es aber auch genügen, dass der Handelsbrauch nur im Wohnsitzstaat derjenigen Partei besteht, der die Zuständigkeitsvereinbarung entgegengehalten werden soll, sofern ihn auch die andere Partei gekannt hat (J Schmidt RIW 1992, 173 [177 f]; Holl/Kessler RIW 1995, 457 [459]). Die Übersendung einer nicht in der Verhandlungssprache verfassten „Ladevereinbarung" durch den Hauptfrachtführer ohne deutlichen Hinweis auf die darin enthaltene Vereinbarung eines Gerichtsstands an dessen Sitz reicht nicht dafür aus, dass der Empfänger einen diesbezüglichen Handelsbrauch kennen musste (öst OGH 22. 1. 2020, unalex AT-1252).

Das Schweigen auf ein kaufmännisches Bestätigungsschreiben kann daher als Ein- **468** verständnis mit einer darin enthaltenen Gerichtsstandsklausel angesehen werden, wenn der Empfänger **nach seinem Aufenthaltsrecht** mit einer solchen Bewertung seines Schweigens rechnen musste (so OLG Köln NJW 1988, 2182 [2183]; OLG Düsseldorf RIW 1990, 577 [579]; Stöve 121 ff; Kröll ZZP 113 [2000] 135 [156 f]; Kropholler/vHein, EuZPR [9.. Aufl 2011] Art 23 Brüssel I-VO Rn 61). Die Unterhaltung langjähriger Geschäftsbeziehungen unter Verwendung von AGB kann aber zur Folge haben, dass der Vertragspartner des Verwenders sich auch die Kenntnis eines Handelsbrauchs zurechnen lassen muss, der nur im Wohnsitz-/Sitzstaat des Verwenders gilt (LG Münster RIW 1992, 230; **aA** M J Schmidt RIW 1992, 173 [178 f]; vgl auch vWestphalen NJW 1994, 2113 [2119]). Das bloße Bestehen eines entsprechenden Handelsbrauchs nach dem auf die Vertragsbeziehungen anwendbaren Recht reicht hingegen – schon im Hinblick auf Art 10 Abs 2 Rom I-VO (dazu Staudinger/Hausmann [2021] Art 10 Rom I-VO Rn 43 ff) – nicht aus (EuGH Rs C-106/95 – *MSG/Les Graviéres Rhénanes* – Slg 1997 I 932 Rn 24 f; **aA** Schlosser/Hess/Schlosser, EuZPR [5. Aufl 2021] Art 25 Rn 27).

cc) Konnossement

Erleichtert hat schon die Brüssel Ia-VO aF ferner den formgültigen Abschluss von **469** Gerichtsstandsvereinbarungen in Konnossementen. Unter Geltung des EuGVÜ 1968 hatte der EuGH deren Sonderbehandlung noch ausdrücklich abgelehnt und die Einhaltung der vollen oder halben Schriftlichkeit iSv Art 17 Abs 1 S 2 EuGVÜ gefordert

(EuGH Rs 71/83 – *Tilly Russ*, Slg 1984, 2417 Rn 16 = RIW 1984, 909 mAnm Schlosser = IPRax 1985, 152 mAnm Basedow 133). Wurde das Konnossement also – wie üblich – nur vom Verfrachter, nicht aber vom Konnossementsberechtigten unterschrieben, so war eine darin enthaltene Gerichtsstandsklausel formnichtig; etwas anderes galt nur, wenn das Konnossement im Rahmen laufender Geschäftsbeziehungen zwischen Verfrachter und Befrachter ausgestellt worden war (vgl Mankowski, Seerechtliche Vertragsverhältnisse im IPR [1995] 249 ff mwNw). Bereits seit Inkrafttreten des EuGVÜ 1978 entsprach die auf der Rückseite eines Konnossements abgedruckte Gerichtsstandsklausel indessen einem **internationalen Handelsbrauch**, der jedem am Seehandelsverkehr Beteiligten bekannt ist oder bekannt sein muss. Im Verhältnis zwischen Verfrachter und erstem Konnossementsberechtigten (Befrachter) erfüllt diese Gerichtsstandsklausel daher regelmäßig die Voraussetzungen des Art 25 Abs 1 S 3 lit c Brüssel Ia-VO (BGHZ 171, 141 Rn 26 = NJW 2007, 2036 [2037 f]; OLG Stuttgart TranspR 2004, 406 [407] mAnm Herber; OLG Hamburg TranspR 1993, 25; öst OGH 8. 7. 2009, unalex AT-632; frz Cass 23. 9. 2014, unalex FR-2398 und 19. 11. 2013, unalex FR-1475; ital Cass 17. 1. 2005, unalex IT-278; Stöve 169; Rabe TranspR 2000, 389 [393]; vWerder TranspR 2005, 112; Mankowski, Seerechtliche Vertragsverhältnisse im IPR [1995] 274 f; unalexKomm/Hausmann, Brüssel I-VO Art 23 Rn 110 mwNw; vgl auch EuGH Rs C-159/97 – *Trasporti Castelletti*, Slg 1999 I 1636 Rn 22 ff). Erforderlich ist allerdings, dass die Gerichtsstandsklausel auch tatsächlich auf dem Konnossement abgedruckt ist; die bloße Verweisung im Konnossement auf die in der Charterparty abgedruckten AGB, die erst die Gerichtsstandsklausel enthalten, reicht nicht aus, es sei denn, ein entsprechender Handelsbrauch wird nachgewiesen (frz Cass 27. 6. 1995, unalex FR-263; OLG Köln TranspR 1999, 454 [456]; Schlosser/Hess/Schlosser, EuZPR [5. Aufl 2021] Art 25 Rn 28; **aA** OLG Celle IPRax 1997, 417 mAnm Koch 405). Zur Bindung von weiteren Konossementsempfängern an die Gerichtsstandsklausel s Rn 509.

2. Die Form internationaler Gerichtsstandsvereinbarungen nach § 38 ZPO

470 Im autonomen Recht ist die Formgültigkeit der Gerichtsstandsvereinbarung nicht als Frage ihres materiellen Zustandekommens zu werten, sodass es nach Art 11 Abs 1 und 2 EGBGB wahlweise auf das Geschäftsrecht oder auf das Recht des Abschlussortes ankäme (so aber OLG Koblenz RIW 1987 144 [145] = IPRax 1987, 308 mAnm Schwarz 291; Wirth NJW 1978, 463); vielmehr geht es um einen Aspekt der *prozessualen Zulässigkeit* der Vereinbarung. Aus diesem Grund richtet sich die Formwirksamkeit der vorprozessualen Prorogation oder Derogation deutscher Gerichte ausschließlich nach § 38 ZPO (BGHZ 116, 77 [80] = IPRax 1992, 377 mAnm Hess 358; OLG Düsseldorf IPRax 1999, 38 [40]; G Roth ZZP 93 [1980] 164; E Lorenz IPRax 1985, 257 f; Geimer, IZPR [8. Aufl 2019] Rn 1624; Stöve 106 f; vgl auch schon Rn 427 f). Demgemäß bedürfen vorprozessuale Vereinbarungen, durch welche die internationale Zuständigkeit der deutschen Gerichte begründet oder ausgeschlossen wird, im **nicht-kaufmännischen Rechtsverkehr** auch dann der Schriftform nach § 38 Abs 2 ZPO, wenn für das Zustandekommen der Vereinbarung ausländisches Recht gilt und dieses eine bestimmte Form nicht vorschreibt (BAG NJW 1984, 1320 = IPRax 1985, 276 mAnm E Lorenz 256; BGH NJW 1989, 1431 [1432] = IPRax 1990, 41 mAnm Schack 19; OLG Bamberg IPRax 1990, 105 mAnm Prinzing 83). Für die Prorogation *ausländischer* Gerichte ist dementsprechend auf die *lex fori* des prorogierten ausländischen Gerichts abzustellen (vgl Hausmann, in: FS W Lorenz [1991] 375 f; **aA** wohl BGH NJW 1989, 1431). Da § 38 Abs 2 S 2 ZPO dem Art 17 Abs 1 S 2 EuGVÜ 1968 nachgebildet worden ist, sind die vom EuGH entwickelten Anforderungen an die volle oder halbe Schriftlichkeit der Vereinbarung entsprechend heranzuziehen

(BGHZ 116, 77 [81 f]; Kropholler Hdb IZVR I Rn 506; Geimer, IZPR [9. Aufl 2024] Rn 1623; E Lorenz IPRax 1985, 259). Im **kaufmännischen Rechtsverkehr** ist die internationale Prorogation *deutscher* Gerichte hingegen auch dann formfrei wirksam ist, wenn die für das Zustandekommen der Vereinbarung maßgebliche Rechtsordnung hierfür eine bestimmte Form vorschreibt (OLG Bremen RIW 1985, 894; OLG Saarbrücken NJW-RR 1989, 828; Geimer, IZPR [9. Aufl 2024] Rn 1675).

VI. Die Zulässigkeit internationaler Gerichtsstandsvereinbarungen

1. Anwendbares Recht

Die prozessuale Zulässigkeit internationaler Gerichtsstandsvereinbarungen ist im 471
Geltungsbereich der Brüssel Ia-VO scharf von deren materieller Wirksamkeit zu unterscheiden und bemisst sich ausschließlich nach Art 25 Brüssel Ia-VO; ein Rückgriff auf Zulässigkeitsschranken des nationalen Rechts ist insoweit ausgeschlossen (Rn 392 ff). Demgegenüber entscheidet über die prozessrechtlichen Wirkungen einer internationalen Gerichtsstandsvereinbarung im **autonomen Recht** die *lex fori* des angerufenen Gerichts. Auf den Standpunkt des in der Sache anwendbaren Rechts *(lex causae)* oder des Rechts am Abschlussort der Vereinbarung *(lex loci actus)* kommt es insoweit nicht an (Thomas/Putzo/Hüsstege, ZPO [46. Aufl 2025] vor § 38 Rn 7; Geimer, IZPR [9. Aufl 2024] Rn 1675, 1741 ff). Außerhalb des Anwendungsbereichs von Art 25 Brüssel Ia-VO, des LugÜ 2007, des HGÜ und sonstiger Staatsverträge auf besonderen Rechtsgebieten bestimmen daher ausschließlich die §§ 38, 40 ZPO darüber, wann deutsche Gerichte eine internationale **Prorogation** anzunehmen haben (BGHZ 59, 23 [26 f] = NJW 1972, 1622 mAnm Geimer; OLG Karlsruhe NJW-RR 1993, 567 [568]; Stein/Jonas/Bork, ZPO [23. Aufl 2014] § 38 Rn 23). Wird hingegen in einem inländischen Verfahren die vereinbarte ausschließliche Zuständigkeit eines ausländischen Gerichts geltend gemacht, so ist zunächst zu prüfen, ob die darin liegende **Derogation** der internationalen Zuständigkeit der deutschen Gerichte nach deutschem Zivilprozessrecht (§§ 38, 40 ZPO) zulässig ist (BGHZ 49, 124 [126] = NJW 1968, 356; BGH NJW 1986, 1438 m zust Anm Geimer = IPRax 1987, 168 m zust Anm G Roth 141; BGH NJW 1989, 1431 [1432] = IPRax 1990, 41 mAnm Schack 19; BGHZ 123, 380 [382] = NJW 1994, 262; BGH NJW 1997, 2885 [2886]; OLG Frankfurt IPRax 1999, 247 [250] und NJOZ 2004, 2690; OLG Hamm RIW 1999, 787; ebenso zuletzt OLG Schleswig BeckRS 2025, 3155 Rn 51). Da die Parteien die Gerichtsstandsvereinbarung im Zweifel aber nur als Einheit wollen, hat das deutsche Gericht auch die Annahmebereitschaft des vereinbarten ausländischen Gerichts nach dem dort geltenden Prozessrecht festzustellen (OLG Schleswig BeckRS 2025, 3155 Rn 51; Stein/Jonas/Bork, ZPO [24. Aufl 2024] § 38 Rn 24).

2. Hinreichende Bestimmtheit

a) Bestimmtes Rechtsverhältnis

Nach Art 25 Abs 1 S 1 Brüssel Ia-VO muss sich die Gerichtsstandsvereinbarung auf 472
eine bereits entstandene oder auf eine „künftige, aus einem bestimmten Rechtsverhältnis entspringende Rechtsstreitigkeit" beziehen; eine damit übereinstimmende Regelung enthält das autonome Recht in § 40 Abs 1 ZPO. Damit soll „die Geltung einer Gerichtsstandsvereinbarung auf die Rechtsstreitigkeiten eingeschränkt werden, die ihren Ursprung in dem Rechtsverhältnis haben, anlässlich dessen die Vereinbarung geschlossen wurde" (so schon EuGH Rs 214/89 – *Powell Duffryn*, Slg 1992 I 1745

Rn 30 ff = IPRax 1993, 32 mAnm Koch 19; Vorlage: OLG Koblenz RIW 1989, 739 = EWiR 1989, 885 mAnm Geimer; ebenso zuletzt wieder EuGH Rs C-595/17 – *Apple Inc*, NJW 2019, 349 Rn 21 f = JZ 2019, 139 mAnm Mankowski; EuGH Rs C-222/15 – *Hőszig*, EuZW 2016, 635 Rn 33; EuGH Rs C-352/13 – *CDC Hydrogen Peroxide*, EuZW 2015, 584 Rn 68 mAnm Harms/Sanner/Schmidt = IPRax 2016, 362 mAnm W H Roth 318; BGH RIW 2021, 578 Rn 51; BGH RIW 2021, 453 Rn 18; dazu G Wagner ZVglRW 114 [2015] 494 [505]; Heinze, in: FS Ahrens [2016] 521 [526]; Weitbrecht SchiedsVZ 2018, 159). Daher scheidet die Erstreckung der in den Einzelkaufverträgen enthaltenen Gerichtsstandsklausel auf den zugrunde liegenden Rahmenvertrag (zB einen Vertragshändlervertrag) idR aus (OLG Bamberg IPRax 2015, 154 Rn 44 ff mAnm Wais 127). Auf diese Weise soll verhindert werden, dass die wirtschaftlich stärkere Vertragspartei der schwächeren mit einer einzigen umfassenden Klausel auch für Streitigkeiten aus noch nicht vorhersehbaren künftigen Verträgen einen Gerichtsstand aufzwingt (Kropholler/vHein, EuZPR [9. Aufl 2011] Art 23 Brüssel I-VO Rn 69; Geimer/Schütze/Geimer, EuZVR [4. Aufl 2020] Art 25 Rn 158b). Daher erfasst eine Klausel, die sich nur in abstrakter Weise auf Rechtsstreitigkeiten aus Vertragsverhältnissen bezieht, nicht einen Rechtsstreit, in dem ein Vertragspartner aus deliktischer Haftung wegen seiner **Beteiligung an einem rechtswidrigen Kartell** belangt wird, weil dem geschädigten Unternehmen diese Beteiligung im Zeitpunkt seiner Zustimmung zur Gerichtsstandsklausel nicht bekannt war und deshalb nicht davon ausgegangen werden kann, dass der Kartellverstoß auf den Vertragsverhältnissen beruht (EuGH Rs C-352/13 – *CDC Hydrogen Peroxide*, EuZW 2015, 584 Rn 69 f; OLG München IPRax 2021, 164 m krit Anm Eichel 143). Etwas anderes gilt nur, wenn die Parteien die Reichweite der Gerichtsstandsvereinbarung auch auf solche Ansprüche ausdehnen wollten; dies kann auch stillschweigend geschehen und kann sich auch auf künftige Vorsatztaten beziehen (EuGH Rs C-352/13 – *CDC Hydrogen Peroxide*, EuZW 2015, 584 Rn 71).

473 An die Bestimmtheit der erfassten Rechtsverhältnisse sind jedoch **keine überzogenen Anforderungen** zu stellen. Sie ist in Zweifelsfällen durch Auslegung zu ermitteln, die dem nationalen Gericht obliegt (EuGH Rs C-352/13 – *CDC Hydrogen Peroxide*, EuZW 2015, 584 Rn 67; EuGH EuZW 2015, 584 Rn 68; BGH WM 2021, 1444 Rn 52; BGH NJW 2019, 1300 Rn 25; dazu Rn 425 mwNw). Wenn die Vereinbarung auch für andere Streitigkeiten als das ursprüngliche Vertragsverhältnis wirksam sein soll, so muss das diesen anderen Streitigkeiten zugrunde liegende Rechtsverhältnis im Zeitpunkt der Einigung über die Zuständigkeit lediglich nach Art und Gegenstand bereits hinreichend bestimmbar sein; bestehen braucht es hingegen zu dieser Zeit noch nicht (Kropholler/vHein, EuZPR [9. Aufl 2011] Art 23 Brüssel I-VO Rn 70). Es genügt, wenn nach dem Inhalt der Gerichtsstandsklausel der Wille der Parteien feststeht, für möglichst alle Ansprüche aus einem Rechtsverhältnis eine Gerichtsstandskonzentration zu erzwingen; erfasst werden daher auch Ansprüche, die erst nach Abschluss der Gerichtsstandsvereinbarung zur Entstehung gelangen (BGH NJW 2019, 1300 Rn 32 f). Die in internationalen Verträgen häufig verwandte Formulierung, wonach sich die Gerichtsstandsklausel auf *„all claims and disputes arising out of or in connection with this contract“* beziehen soll, ist daher bestimmt genug (Rauscher/Mankowski, Brüssel Ia-VO [5. Aufl 2021] Art 25 Rn 281; vgl auch OLG München IWRZ 2025, 157 [158] mAnm vWestphalen).

474 Darüber hinaus muss es aber auch ausreichen, wenn sich die Gerichtsstandsvereinbarung auf alle Verträge bezieht, die im Rahmen laufender Geschäftsbeziehungen auf der Grundlage eines **Rahmenvertrages** – etwa mit einem Vertragshändler (OLG Oldenburg IPRax 1999, 458 mAnm Kindler/Haneke 435; Schlosser/Hess/Schlosser, EuZPR

[4. Aufl 2015] Art 25 Rn 13; Geimer/Schütze/Geimer, EuZVR [4. Aufl 2020] Art 25 Rn 158a; Kropholler/vHein, EuZPR [9. Aufl 2011] Art 23 Brüssel I-VO Rn 70) oder einem Makler (OLG München RIW 1999, 621 Rn 29 f) – zustande kommen. Auch für sonstige Dauerschuldverhältnisse (zB ein Gesellschafts-, Versicherungs- oder Kontokorrentverhältnis) können Gerichtsstandsvereinbarungen im Vorhinein wirksam getroffen werden (vgl OLG München ZZP 103 [1990] 84 [87] mAnm H Schmidt und RIW 1999, 621; Geimer, IZPR [9. Aufl 2024] Rn 1682 f). Die in der *Satzung einer Gesellschaft* enthaltene Gerichtsstandsklausel ist hinreichend bestimmt, wenn sie dahin auszulegen ist, dass sie sich auf Rechtsstreitigkeiten zwischen der Gesellschaft und den Gesellschaftern als solchen bezieht (EuGH Rs 214/89 – *Powell Duffryn*, Slg 1992 I 1745). Dies ist der Fall, wenn die Klausel für „alle Streitigkeiten mit der Gesellschaft und deren Organen" den Gerichtsstand am Gesellschaftssitz vorsieht (BGHZ 123, 347 [349 ff] = EWiR 1994, 49 mAnm Bork gegen OLG Koblenz RIW 1993, 141). Unwirksam sind hingegen Gerichtsstandsvereinbarungen, die ganze *Kategorien von Klagen* erfassen sollen, etwa alle künftigen Rechtsstreitigkeiten zwischen den Parteien oder alle Streitigkeiten aus der bestehenden Geschäftsverbindung (sog **Globalvereinbarung**). Die in einem Anlageberatungsvertrag enthaltene Gerichtsstandsklausel erstreckt sich daher nicht auf Pflichtverletzungen im Rahmen des parallel geschlossenen Auftrags zur Konto- und Depotführung (OLG Stuttgart RIW 2015, 762 Rn 111 ff).

b) Bestimmtes Gericht

Sowohl nach Art 25 Abs 1 Brüssel Ia-VO als auch nach § 38 ZPO muss sich ferner das zuständige Gericht mit hinreichender Bestimmtheit aus der getroffenen Vereinbarung ergeben. Dieses Erfordernis der Genauigkeit des zuständigen Gerichts, das Voraussetzung für die Wirksamkeit einer Gerichtsstandsvereinbarung ist, ist aber nicht als ein Kriterium ihrer „materiellen Nichtigkeit" nach dem von Art 25 Abs 1 Brüssel Ia-VO bezeichneten nationalen Recht zu prüfen, sondern anhand autonomer Kriterien, die sich aus der Auslegung der Vorschrift durch den EuGH ergeben (EuGH Rs C-537/23 – *SIL/Agora*, NJW 2025, 1933 Rn 47). Die Vereinbarung muss danach allerdings nicht notwendig so formuliert sein, dass sich das zuständige Gericht bereits aufgrund ihres Wortlauts bestimmen lässt. Vielmehr genügt es, wenn die Klausel die *objektiven Bedingungen* nennt, über die sich die Parteien zum Zwecke der Bestimmung des Gerichts oder der Gerichte, die über ihre bereits entstandenen oder künftigen Rechtsstreitigkeiten entscheiden sollen, geeinigt haben. Diese Kriterien müssen aber so genau festgelegt sein, dass das angerufene Gericht zumindest aufgrund der Umstände des jeweiligen Falles feststellen kann, ob es zuständig ist oder nicht (EuGH Rs C-537/23 – *SIL/Agora*, NJW 2025, 1933 Rn 45; EuGH Rs C-222/15 – *Hőszig*, EuZW 2016, 635 Rn 43 f; EuGH Rs C-387/98 – *Coreck Maritime*, Slg 2000 I 9337 Rn 14 f = NJW 2001, 501; ital Cass 20. 2. 2007, unalex IT-213; öst OGH 1. 12. 2004, unalex AT-69 und EuLF 2009 II, 61; OLG München IWRZ 2025, 157 [158] mAnm vWestphalen; vgl auch OLG Celle NJW-RR 2004, 575: „Internationales Handelsgericht Brüssel"). So genügt die Vereinbarung des Gerichts am *Erfüllungsort*, sofern sich dieser aus dem Vertrag oder den wirksam einbezogenen AGB ermitteln lässt (OLG München ZZP 103 [1990] 84; Schlosser/Hess/Schlosser, EuZPR [4. Aufl 2015] Art 25 Rn 12). Auch die Benennung einer Stadt genügt (EuGH Rs C-222/15 – *Hőszig*, EuZW 2016, 635 Rn 45 ff: „Paris"). 475

Zulässig ist ferner die **Vereinbarung von alternativen oder Wahlgerichtsständen** (OLG München IWRZ 2025, 157 [159] mAnm vWestphalen; OLG Hamm IPRax 2007, 125 mAnm Spellenberg 98; Thomas/Putzo/Nordmeier, ZPO [46. Aufl 2025] Art 25 Rn 8), wobei das Wahl- 476 recht im Zweifel dem Kläger zusteht (OLG Frankfurt OLGR 2000, 71). Die Parteien können etwa die Zuständigkeit von ihrer Rolle im künftigen Prozess abhängig machen (sog reziproke Gerichtsstandsklausel). So können zwei in verschiedenen Staaten wohnende Vertragsparteien vereinbaren, dass jede – unter Ausschluss der besonderen Gerichtsstände nach Art 7 und 8 Brüssel Ia-VO (bzw §§ 20 ff ZPO) – nur vor den Gerichten ihres Heimatstaates verklagt werden kann (EuGH Rs 23/78 – *Meeth*, Slg 1978, 2133 Rn 5 = RIW 1978, 814; BGH NJW 1979, 2477 [2478]; öst OGH 1. 12. 2004, unalex AT-69; OLG Koblenz RIW 1993, 934 [935]; Kropholler/vHein, EuZPR [9 Aufl 2011] Art 23 Brüssel I-VO Rn 73). Aber auch eine Prorogation der Gerichte am Wohnsitz bzw Sitz des jeweiligen *Klägers* ist zulässig (öst OGH IPRax 2004, 261; App Bordeaux 6. 9. 2005, unalex FR-1146; Geimer/Schütze/Geimer, EuZVR [4. Aufl 2020] Art 25 Rn 170; vgl zu Art 17 EuGVÜ: OLG München EuLF 2000/01, 136 mAnm Simons; ital Cass 13. 12. 1994, unalex IT-378; frz Cass civ Rev crit 1981, 134 mAnm Gaudemet-Tallon; LG Frankfurt aM RIW 1986, 543; zu § 38 ZPO: BGH NJW-RR 1986, 1311). Schließlich kann dem Kläger auch die Auswahl zwischen mehreren für zuständig erklärten Gerichten überlassen (OLG München RIW 1986, 381 [382] = IPRax 1985, 341 mAnm Jayme/Haack 323; OLG Hamm IPRax 2007, 125 mAnm Spellenberg 98; Geimer, IZPR [9. Aufl 2024] Rn 1660 f) oder das Recht eingeräumt werden, neben dem vereinbarten ein anderes Gericht anzurufen, das nach Art 4 ff Brüssel Ia-VO (bzw §§ 12 ff ZPO) international zuständig ist (Kropholler/vHein, EuZPR [9. Aufl 2011] Art 23 Brüssel I-VO Rn 72; **aA** OLG Köln IPRspr 1991 Nr 165). Eine Einschränkung gilt allerdings nach autonomem Recht im Rahmen des **§ 38 Abs 3 ZPO**; denn mit dem dort normierten Erfordernis einer „ausdrücklichen“ Vereinbarung ist die Verabredung von Alternativ- oder Wahlgerichtsständen nicht vereinbar. In jedem Falle unzulässig ist hingegen eine Abrede, die einer Partei die freie Wahl des Gerichtsstands überlässt (OLG München IWRZ 2025, 157 [1598] mAnm vWestphalen; OLG Hamm IPRax 2007, 125 mAnm Spellenberg 98; OLG Karlsruhe OLGZ 1973, 479; Rauscher/Mankowski, Brüssel Ia-VO [5. Aufl 2021] Art 25 Rn 294; Zöller/Geimer, ZPO [35. Aufl 2024] Rn 37b).

477 Die Parteien können sich nach dem Wortlaut des Art 25 Abs 1 Brüssel Ia-VO („Gerichte eines Mitgliedstaats“) auch auf die **Vereinbarung der internationalen Zuständigkeit** eines bestimmten Vertragsstaates beschränken (BGH WM 2021, 1444 Rn 74; LG Frankfurt aM IPRax 2023, 290 mAnm Geimer 251). Die örtliche Zuständigkeit ergibt sich dann aus dem nationalen Verfahrensrecht des prorogierten Staates (EuGH Rs C-222/15 – *Hõszig*, EuZW 2016, 635 Rn 48; öst OGH 25. 8. 2017, unalex AT-1134; öst OGH 6. 7. 2011, unalex AT-734; 5. 5. 2002, IPRax 2004, 259 mAnm Oberhammer 264; Geimer IPRax 2023, 251 [253]; Rauscher/Mankowski, Brüssel Ia-VO [5. Aufl 2021] Art 25 Rn 288 f; Kropholler/vHein, EuZPR [9. Aufl 2011] Art 23 Brüssel I-VO Rn 76; ebenso zum autonomen Recht BGH AWD 1968, 189; Geimer, IZPR [9. Aufl 2024] Rn 1753 mwNw). Sieht dieses Recht eine örtliche Zuständigkeit nicht vor, so sind die Vorschriften des international zuständigen Staates über die örtliche Ersatzzuständigkeit heranzuziehen, um die Gerichtsstandsvereinbarung nicht leerlaufen zu lassen. Denn der prororogierte Mitgliedstaat ist verpflichtet, das nationale Recht so auszulegen, dass es danach das Gericht feststellen oder bestimmen kann, das örtlich und sachlich zuständig ist (EuGH C-94/14 – *Flight Refund*, IPRax 2017, 277 Rn 67 mAnm Gruber 259; dazu Klöpfer/Wendelstein JZ 2017, 101; ferner Schlosser/Hess/Schlosser, EuZPR [5. Aufl 2021] Art 25 Rn 14; Zöller/Geimer, ZPO [35. Aufl 2024] Art 25 Rn 1b, 5; Kropholler/vHein, EuZPR [9. Aufl 2011] Art 23 Brüssel I-VO Rn 78; **aA** [Unwirksamkeit der Vereinbarung] Schack, IZVR [9. Aufl 2025] Rn 556). Eine solche Zuständigkeit ist für Zivil- und Handelssachen in Deutschland bei dem Gericht, bei dem der Kläger seinen allgemeinen Gerichtsstand hat, ansonsten – analog §§ 15 Abs 1 S 2, 27 Abs 2

ZPO – am Sitz der Bundesregierung in Berlin begründet (MünchKommZPO/Gottwald Art 25 Rn 67). Ferner kommt eine *Gerichtsstandsbestimmung* in entsprechender Anwendung von § 36 ZPO in Betracht (vgl Wieczorek/Schütze/Hausmann, ZPO [3. Aufl 2010] § 36 Rn 77). Ist die örtliche Zuständigkeit kraft nationalen Rechts bei bestimmten Gerichten konzentriert (zB nach § 689 Abs 3 ZPO für Mahnverfahren), so soll die Gerichtsstandsvereinbarung als Prorogation des gesetzlich bestimmten Gerichts auszulegen sein (BGH IPRax 1994, 447 m krit Anm Pfeiffer 421).

3. Keine ausschließliche Zuständigkeit

Nach Art 25 Abs 4 Brüssel Ia-VO ist die Derogation von ausschließlichen Zuständig- 478
keiten iSv Art 24 Brüssel Ia-VO unwirksam. Dieses Derogationsverbot gilt ohne weiteres für eine von Art 24 Brüssel Ia-VO abweichende – ausschließliche oder fakultative – Wahl der Gerichte in einem anderen *Mitgliedstaat* der Verordnung (vgl etwa AG München ZMR 1991, 183 mAnm Busl 167; LG Frankfurt aM IPRax 1992, 241 [243]; dazu Rn 65), dürfte aber darüber hinaus auch auf die Vereinbarung einer *drittstaatlichen* Zuständigkeit zu erstrecken sein (Magnus/Mankowski/Magnus, Brussels Ibis [2. Aufl 2022] Art 25 Rn 133). Art 25 Abs 4 iVm Art 24 Brüssel Ia-VO schränkt die Prorogationsfreiheit allerdings lediglich in Bezug auf die *internationale* Zuständigkeit ein. Eine Bestimmung darüber, welches Gericht in dem nach Art 24 Brüssel Ia-VO international zuständigen Staat *örtlich* zuständig sein soll, können die Parteien daher frei treffen, soweit das innerstaatliche Verfahrensrecht dieses Staates nicht entgegensteht (Geimer/Schütze/Geimer, EuZVR [4. Aufl 2020] Art 25 Rn 160; Kropholler/vHein, EuZPR [9 Aufl 2011] Art 23 Brüssel I-VO Rn 85).

Nach dem **autonomen deutschen Verfahrensrecht** (§ 40 Abs 2 S 1 Alt 2 ZPO) begrün- 479
det ein ausschließlicher inländischer Gerichtsstand zugleich die ausschließliche internationale Zuständigkeit der deutschen Gerichte (BGHZ 49, 124 [127] = ZZP 82 [1969] 302 mAnm Walchshöfer; Stein/Jonas/Bork, ZPO [23. Aufl 2014] § 40 Rn 11). Demgegenüber steht die von einem *ausländischen* Gericht in Anspruch genommene ausschließliche Zuständigkeit einer wirksamen Prorogation inländischer Gerichte grundsätzlich nicht entgegen (BGH AWD 1969, 115 [116]; OLG Köln OLGZ 1986, 210 [213]; Stein/Jonas/Bork, ZPO [23. Aufl 2014] § 40 Rn 11).

4. Schutz von Versicherungsnehmern, Verbrauchern und Arbeitnehmern

Eine Derogation der im 3.–5. Abschnitt der Brüssel Ia-VO abschließend geregelten 480
Zuständigkeiten in Versicherungs-, Verbraucher-, und Arbeitssachen ist zum Schutz der schwächeren Vertragspartei nur in engen Grenzen zulässig. Von dem Grundsatz, dass Versicherungsnehmer, Verbraucher und Arbeitnehmer grundsätzlich nur in ihrem Wohnsitzstaat verklagt werden können (Art 14 Abs 1, 18 Abs 2, 22 Abs 1 Brüssel Ia-VO), darf im Wege der Vereinbarung nur nach Maßgabe der Art 15, 19 und 23 Brüssel Ia-VO abgewichen werden, dh namentlich wenn die Vereinbarung nach Entstehung der Streitigkeit getroffen wird (vgl zu Arbeitssachen BAG IPRspr 2010 Nr 206) oder wenn sie die Klagemöglichkeiten des geschützten Personenkreises erweitert (vgl Rn 187 ff, 252 f, 287 f). Auf diese Vorschriften nimmt Art 25 Abs 4 Brüssel Ia-VO ausdrücklich Bezug (vgl zu Verbrauchersachen nach Art 17 Abs 3 iVm Art 15 EuGVÜ OLG Köln ZIP 1989, 838 ff; LG Berlin IPRax 1992, 243 [244]; ferner OLG Koblenz RIW 1987, 144 [145 f] = IPRax 1987, 308 mAnm Schwarz 291; LG Darmstadt NJW-RR 1994, 684 = IPRax 1995, 318

mAnm THORN 294). Wird hiergegen verstoßen, ist die Gerichtsstandsvereinbarung unwirksam, auch wenn die geschützte Partei am vereinbarten Gerichtsstand klagt (OLG Köln ZIP 1989, 838; zu Art 17 Abs 5 LugÜ 1988 auch LAG Köln 26. 9. 2006 – 9 Sa 540/06; **krit** dazu WIECZOREK/SCHÜTZE/WELLER, ZPO [4. Aufl 2015] Art 25 Rn 41). Darüber hinaus müssen freilich die allgemeinen Zulässigkeitsvoraussetzungen für Gerichtsstandsvereinbarungen nach Art 25 Abs 1 Brüssel Ia-VO, insbesondere die Formerfordernisse nach S 3 auch in Versicherungs-, Verbraucher- und Arbeitssachen eingehalten werden (SCHLOSSER-Bericht Rn 161; MünchKommZPO/GOTTWALD Art 25 Rn 69). Der Schutzzweck des Art 25 Abs 4 Brüssel Ia-VO verbietet auch die **Prorogation der Gerichte von Drittstaaten**, wenn der beklagte Versicherungsnehmer, Verbraucher oder Arbeitnehmer seinen Wohnsitz in einem Mitgliedstaat hat (EuGH Rs C-154/11 – *Mahamdia*, NZA 2012, 936 Rn 66 = IPRax 2013, 572 mAnm MARTINY 536; OLG Dresden IPRax 2006, 131 mAnm vHEIN 16; RAUSCHER/MANKOWSKI, Brüssel Ia-VO [5. Aufl 2021] Art 25 Rn 22; KROPHOLLER/vHEIN, EuZPR [9. Aufl 2011] Art 23 Brüssel I-VO Rn 83). Schließlich kommen Gerichtsstandsklauseln in Verbraucherverträgen, die nicht im einzelnen ausgehandelt worden sind und die dem Gericht, in dessen Bezirk sich der Sitz des Unternehmers befindet, eine ausschließliche Zuständigkeit zuweisen, als missbräuchlich im Sinne von Art 3 Abs 3 der Klauselrichtlinie 93/13/EWG anzusehen sein (EuGH Rs C-519/19 – *Ryanair*, NJW-RR 2021, 240 Rn 57 ff = NZV 2021, 36 mAnm STAUDINGER; Rn 395).

481 **Das deutsche autonome Zivilverfahrensrecht** kennt Sonderregelungen für die Prorogation zum Schutz der schwächeren Vertragspartei nur eingeschränkt in *Verbrauchersachen* (§§ 29c ZPO, 27 Abs 2 FernUSG; dazu Rn 255 f); hingegen sieht es für Gerichtsstandsvereinbarungen in Arbeitsverträgen keine Schranken vor. Die Vereinbarung eines ausländischen Gerichtsstands soll nur dann unwirksam sein, wenn es „im Einzelfall zum Schutz des Arbeitnehmers geboten ist, dass der Rechtsstreit vor deutschen Gerichten geführt wird" (BAG NJW 1979, 1119 = JZ 1979, 646 mAnm GEIMER; vgl auch schon BAGE 19, 164 = SAE 1967, 267 mAnm WEITNAUER; BAGE 22, 410 = AWD 1970, 577 mAnm TRINKNER). Ob diese schon vor Inkrafttreten der Gerichtsstandsnovelle entwickelte BAG-Rechtsprechung zur „Einzelfallschutzklausel" noch fortgilt (so BIRK SAE 1979, 122 [124]; VOLLKOMMER RdA 1974, 206 [213 f]) oder durch die Neuregelung in § 38 Abs 2 ZPO verdrängt worden ist (so BEITZKE RIW 1976, 7 [8 f]; SCHACK, IZVR [9. Aufl 2025] Rn 566), ist ungeklärt. Jedenfalls sollte einer Derogation deutscher Arbeitsgerichte die Anerkennung immer dann versagt werden, wenn dem Arbeitnehmer hierdurch der Schutz des nach Art 8 Rom I-VO zwingend anwendbaren deutschen Arbeitsrechts entzogen wird (vgl näher WIECZOREK/SCHÜTZE/HAUSMANN, ZPO [3. Aufl 2010] § 38 Rn 68 ff). Weitergehend sprechen gute Gründe dafür, das Fehlen spezifischer Schranken für die Zulässigkeit von Gerichtsstandsvereinbarungen in Arbeitssachen nach autonomem Recht als planwidrige Lücke zu begreifen, die im Wege richterlicher Rechtsfortbildung durch eine analoge Anwendung von Art 25 Abs 4 iVm Art 23 Brüssel Ia-VO zu schließen ist (vgl FRANZEN RIW 2000, 86 f).

5. Weitergehende Missbrauchskontrolle nach der Brüssel Ia-VO?

482 Nach Ansicht des EuGH kann die Wirksamkeit einer Gerichtsstandsvereinbarung nur anhand von Erwägungen geprüft **werden**, die im Zusammenhang mit den Erfordernissen des Art 25 Brüssel Ia-VO, insbesondere dem Erfordernis einer tatsächlichen, klar und deutlich zum Ausdruck gekommenen Willenseinigung der Parteien, stehen. Deshalb könne ein berechtigtes Interesse (zB des AGB-Verwenders) an dem

gewählten Gerichtsstand oder eine sonstige Kontrolle der „Angemessenheit" einer Gerichtsstandsklausel nicht verlangt werden (EuGH Rs C-159/37 – *Trasporti Castelletti*, Slg 1999 I 1597 Rn 51; BGH NJW 2015, 2584 Rn 43). Die Autonomie der Gerichtsstandsvereinbarung (Rn 424) schließt es insbesondere aus, dass diese von der Sittenwidrigkeit des Hauptvertrags infiziert wird (LG Mainz WM 2005, 2319). Die Prorogationsfreiheit gilt nach der Brüssel Ia-VO grundsätzlich auch für **kartellrechtliche Streitigkeiten** (OLG Schleswig BeckRS 2025, 3155 Rn 72; Wagner ZVglRWiss 114 [2015] 494 [505]; Heinze, in: FS Ahrens [2016] 521 [526[; Weitbrecht SchiedsVZ 2018, 159). Deshalb ist bei Schadensersatzklagen wegen Verstoßes gegen Art 102 AEUV (Missbrauch einer marktbeherrschenden Stellung) eine in Lieferverträgen enthaltene Gerichtsstandsklausel regelmäßig zu berücksichtigen, auch wenn sie zur Derogation eines nach Art 7 Nr 2 oder Art 8 Nr 1 Brüssel Ia-VO international zuständigen Gerichts führt. Damit hat der EuGH der Entwicklung zuständigkeitsrechtlicher Eingriffsnormen auch zur Durchsetzung unionsrechtlicherr Zwecke eine Absage erteilt (s a Rn 496).

Zu den in Art 25 Abs 1 Brüssel Ia-VO ausdrücklich genannten Erfordernissen ge- **483**
hört jedoch die wirksame **„Vereinbarung"** des Gerichtsstands. Damit setzt aber eine wirksame Gerichtsstandsvereinbarung voraus, dass die Willensbildung der Parteien nicht durch Zwang oder die Ausnutzung wirtschaftlicher Macht einer Seite beeinflusst worden ist. Der im autonomen deutschen Prozessrecht aus §§ 138 BGB, 1025 Abs 2 ZPO aF entwickelte Rechtsgedanke liesse sich daher auch für eine europäische Missbrauchskontrolle fruchtbar machen (vgl H Roth IPRax 1992, 67 [68]; Kröll ZZP 113 [2000] 135 [150 f]; Leible/Röder RIW 2007, 481 ff; Kropholler/vHein, EuZPR [9. Aufl 2011] Art 23 Brüssel I-VO Rn 89). Dagegen sprticht freilich der vom EuGH in diesem Zusammenhang stark betonte Gedanke der Rechtssicherheit (LG Mainz WM 2005, 2319 [2323]; Weigel/Blankenheim WM 2006, 664 [666 f]; Gottschalk/Bressler ZEuP 2007, 56 [75 ff]; Rauscher/Mankowski, Brüssel Ia-VO [5. Aufl 2021] Art 25 Rn 74 ff; Wieczorek/Schütze/Weller, ZPO [4. Aufl 2015] Art 25 Rn 49). Unberührt bleibt jedoch die Missbrauchskontrolle von Gerichtsstandsklauseln in AGB am Maßstabe der **EG-Richtlinie 93/13 über missbräuchliche Klauseln in Verbraucherverträgen** v 5. 4. 1993 (dazu Rn 395).

6. Derogationsschranken nach deutschem autonomen Verfahrensrecht

Weitere Schranken werden im autonomen deutschen Verfahrensrecht insbesondere **484**
einer *Derogation* der internationalen Zuständigkeit deutscher Gerichte gezogen. Diese ist allerdings nach hM nicht schon dann unwirksam, wenn das Urteil des als ausschließlich vereinbarten ausländischen Gerichts – zB wegen fehlender Verbürgung der Gegenseitigkeit (§ 328 Abs 1 Nr 5 ZPO) – **in Deutschland nicht anerkannt und vollstreckt** werden kann (BGHZ 49, 124 [129] = NJW 1968, 356 [Iran]; BGH NJW 1971, 325 mAnm Geimer [Südkorea]; BGH NJW 1971, 985 mAnm Geimer 1525 [Thailand]; OLG Koblenz IPRax 1984, 267 m zust Anm Schütze 246 [Liechtenstein]; OLG Saarbrücken NJW-RR 1989, 828 [Mali]; Geimer, IZPR [9. Aufl 2024] Rn 1765; Schack, IZVR [9. Aufl 2025] Rn 562, jeweils mwNw; **aA** [Verletzung des Anspruchs auf Justizgewährung] Gottwald/Baumann IPRax 1998, 445 ff). Anders liegt es aber, wenn schon der Prozess vor dem ausländischen Gericht nicht durchgeführt werden kann. Denn die Gerichtsstandsvereinbarung soll nach dem Willen der Parteien nicht dazu führen, den Rechtsschutz durch staatliche Gerichte gänzlich auszuschließen (Kropholler Hdb IZVR I Rn 561 f; Stein/Jonas/Bork, ZPO [23. Aufl 2014] § 38 Rn 24). Dies trifft etwa zu, wenn das vereinbarte ausländische Gericht die Prorogation nicht annimmt und auch eine gesetzliche Zuständigkeit im

Staat des vereinbarten Gerichts nicht eröffnet ist (BGH AWD 1974, 221 mAnm vHoffmann = ZZP 88 [1975] 318 mAnm Walchshöfer; OLG Koblenz IPRax 2006, 469 mAnm Weller 444; Geimer, IZPR [9. Aufl 2024] Rn 1763, 1782; Schack, IZVR [9. Aufl 2025] Rn 561) oder wenn die Rechtsverfolgung vor dem gewählten ausländischen Gericht aus *tatsächlichen Gründen* – zB Krieg, Bürgerkrieg, Stillstand der Rechtspflege – unmöglich oder dem Kläger unzumutbar ist (BAG NJW 1979, 1119 = JZ 1979, 647 mAnm Geimer [Beirut]; LAG Frankfurt RIW 1982, 524 [Teheran]; LG Köln IPRspr 2000 Nr 122 [Irak]; Kropholler, Hdb IZVR I Rn 568 f). Eine wirksame Derogation der deutschen internationalen Zuständigkeit scheitert schließlich auch dann, wenn vor dem prorogierten ausländischen Gericht ein geordnetes, elementaren rechtsstaatlichen Grundsätzen entsprechendes Verfahren nicht gewährleistet ist (BGH AWD 1974, 221 mAnm vHoffmann = ZZP 88 [1975] 318 mAnm Walchshöfer [Thailand]; OLG Hamburg AWD 1973, 690 [Ukraine]; LAG Hamburg IPRspr 1980 Nr 137 A [Iran]; OLG Frankfurt IPRax 1999, 247 [250] mAnm Hau 232 [Irak]; Geimer, IZPR [9. Aufl 2024] Rn 1764).

485 Eine weitere Schranke wird der Derogation der deutschen internationalen Zuständigkeit nach hM durch international **zwingende inländische Normen** iSv Art 9 Rom I-VO gezogen, wenn die Wahl eines ausländischen Gerichtsstands iVm der Wahl ausländischen Rechts im Ergebnis zur Nichtbeachtung dieser zwingenden Vorschriften führt (G Roth IPRax 1985, 198 ff; Kropholler, Hdb IZVR I Rn 540). Demgemäß haben deutsche Gerichte Gerichtsstandsvereinbarungen die Anerkennung versagt, wenn für Streitigkeiten aus **Börsentermingeschäften** ausländische Gerichte für ausschließlich zuständig erklärt wurden, die den Termineinwand (§§ 53, 61 BörsG aF) nicht beachteten (BGH NJW 1984, 2037 = IPRax 1985, 216 mAnm G Roth 198). Nach der Neuregelung der Finanztermingeschäfte in §§ 37d ff WpÜG spielt diese Prorogationsschranke keine Rolle mehr. Die Vereinbarung einer ausschließlichen Zuständigkeit ausländischer Gerichte wird ferner auch in **Seefrachtverträgen** nach dem Schutzzweck des § 662 HGB als unwirksam erachtet, wenn hierdurch die zwingende Haftung des Konnossementsverfrachters nach den Haager oder Visby-Regeln zu Lasten des deutschen Empfängers ausgeschaltet wird (vgl BGH NJW 1983, 2772 = IPRax 1985, 27 mAnm Trappe 8; OLG Bremen RIW 1985, 894; Mankowski TranspR 1988, 410 [419 f] mwNw).

485a Auch eine Derogation der internationalen Zuständigkeit deutscher **Kartellgerichte** wird insoweit nach § 40 Abs 2 Nr 2 ZPO ausgeschlossen, als sie zur Umgehung international zwingender Vorschriften des deutschen Kartellrechts (vgl § 185 Abs 2 S 1 iVm §§ 19 ff GWB) führen würde (vgl im Verhältnis zum Vereinigten Königreich nach dem Brexit OLG Frankfurt BeckRS 2025, 8149 Rn 65 ff; OLG Schleswig BeckRS 2025, 3155 Rn 72 ff; Thole NZKart 2022, 303 [308] und NZKart 2024, 66). Diese Tendenz, eine Entscheidung des prorogierten ausländischen Gerichts nicht erst abzuwarten, sondern bereits die Derogation wegen der befürchteten Nichtanwendung deutscher Eingriffsnormen als unwirksam zu erachten, wird zwar zu Recht kritisiert (vgl Geimer, IZPR [9. Aufl 2024] Rn 1770; Schack, IZVR [9. Aufl 2025] Rn 565; Schlosser, in: FS Steindorff [1990] 1380). Von dieser Möglichkeit haben deutsche Gerichte jedoch auch noch in jüngerer Zeit Gebrauch gemacht um zwingendem EU-Recht – in Fortentwicklung der Rechtsprechung des EuGH (Rs C-381/98 – *Ingmar*, IPRax 2001, 225) – zur Durchsetzung zu verhelfen (OLG München IPRax 2007, 322 mAnm Rühl 294). Demgegenüber ist die in einem Handelsvertretervertrag enthaltene Vereinbarung eines Gerichtsstands in einem Drittstaat außerhalb der Handelsvertreter-Richtlinie unbedenklich (KG BeckRS 2025, 19010 Rn 26 ff):

VII. Die Wirkungen internationaler Gerichtsstandsvereinbarungen

1. Ausschließliche oder fakultative Zuständigkeit

a) Art 25 Brüssel Ia-VO

Um bereits im Zeitpunkt des Vertragsschlusses Klarheit über das anzurufende Gericht zu schaffen, hatte eine Zuständigkeitsvereinbarung nach Art 17 Abs 1 EuGVÜ die ausschließliche Zuständigkeit des prorogierten Gerichts zur Folge. Sie verdrängte sowohl die allgemeine Wohnsitzzuständigkeit nach Art 2 EuGVÜ als auch die besonderen Zuständigkeiten nach Art 5 und 6 EuGVÜ (EuGH Rs 24/76 – *Colzani*, Slg 1976, 1831 [Nr 7] = NJW 1977, 494; EuGH Rs 22/85 – *Anterist*, Slg 1986, 1951 Rn 12 = IPRax 1987, 105 mAnm Gottwald 81; BGH NJW 1988, 646; OLG Stuttgart OLGR 2009, 717; OLG Hamm RIW 2000, 382). Dem Interesse einer Vertragspartei, zusätzlich an weiteren Gerichtsständen klagen zu können, diente insbesondere die in Art 17 Abs 4 EuGVÜ ausdrücklich eingeräumte Möglichkeit der einseitig begünstigenden Gerichtsstandsvereinbarung (dazu Rn 490 ff). In der Brüssel I-VO wurde die Ausschließlichkeit des vereinbarten Gerichtsstands zwar abgeschwächt; denn nach Art 23 Abs 1 S 2 Brüssel I-VO waren die vereinbarten Gerichte nur noch dann ausschließlich zuständig, wenn die Parteien nichts anderes vereinbart hatten (öst OGH 8. 7. 2009, unalex AT-73; LG Berlin IPRspr 2004, Nr 124; Kropholler/vHein, EuZPR [9. Aufl 2011] Art 23 Brüssel I-VO Rn 90). Daran hat sich unter der Brüssel Ia-VO nichts geändert; auch nach geltendem Recht begründet die Prorogation daher – anders als zB im Common Law – im Interesse der Rechtssicherheit **im Zweifel die ausschließliche Zuständigkeit** des vereinbarten Gerichts (Art 25 Abs 1 S 2 Brüssel Ia-VO; EuGH Rs C-222/15 – *Hőszig*, EuZW 2016, 635 Rn 28; EuGH Rs C-322/14 – *El Majdoub*, EuZW 2015, 565 Rn 24; BGH RIW 2021, 453 Rn 16; OLG Hamm IPRspr 2017 Nr 244; OLG Brandenburg IPRspr 2014 Nr 176; Zöller/Geimer, ZPO [35. Aufl 2024] Art 25 Rn 1a, 42; Rauscher/Mankowski, Brüssel Ia-VO [5. Aufl 2021] Art 25 Rn 338) und verdrängt damit die gesetzlichen Zuständigkeiten nach Art 4, 7 und 8 Brüssel Ia-VO (vgl zu Art 5 Nr 3 Brüssel I-VO OLG Stuttgart IPRspr 2010 Nr 184 a; zu Art 6 Nr 1 Brüssel I-VO frz Cass 9. 2. 2011, unalex FR-2182 und 20. 6. 2006, unalex FR-324; Hoge Raad 24. 9. 1999, unalex NL-16). Dies gilt auch dann, wenn der Wortlaut der Gerichtsstandsvereinbarung keinen Hinweis auf die gewollte Ausschließlichkeit enthält (vgl BGH NJW 2020, 399 Rn 38 f zur Klausel „*Bonn shall be the place of jurisdiction*"). Indiz für eine gewollte Ausschließlichkeit des Gerichtsstands ist insbesondere eine parallele Rechtswahl zugunsten des Rechts am *forum prorogatum* (BGH NJW 2020, 399 Rn 40; OLG Hamm RIW 2000, 382). 486

Die Parteien sind allerdings aufgrund der ihnen nach Art 25 Brüssel Ia-VO eingeräumten Vertragsfreiheit nicht gehindert, einen Gerichtsstand zu vereinbaren, der nur **konkurrierend** neben die übrigen Zuständigkeiten der Verordnung treten soll (MünchKommZPO/Gottwald Art 25 Rn 81; ebenso schon zu Art 17 LugÜ 1988 BGH IPRax 1999, 246 m krit Anm Schulze 229, zu Art 17 EuGVÜ OLG Dresden IPRspr 1999 Nr 106b; Jayme/Haack IPRax 1985, 323; Kohler IPRax 1986, 342; zu Art 23 Brüssel I-VO OLG Köln IHR 2007, 200; Aud Prov Barcelona 5. 3. 2009, unalex ES- 396; Heinig 175 ff; unalexKomm/Hausmann Brüssel I-VO Art 23 Rn 124 mwNw). Diese Vereinbarung muss zwar nicht ausdrücklich getroffen werden; wegen der Ausschließlichkeitsvermutung muss ein hierauf gerichteter Wille der Parteien allerdings in der Vereinbarung *deutlich* zum Ausdruck kommen (OLG 487

Stuttgart IPRspr 2010 Nr 184a; KROPHOLLER/vHEIN, EuZPR [9. Aufl 2011] Art 23 Brüssel I-VORn 92). Hierfür reicht es nicht aus, dass die Parteien eine von der *lex fori* des vereinbarten Gerichts abweichende Rechtswahl getroffen haben (OLG Hamburg NJW 2004, 3126). Die Vermutung der Ausschließlichkeit erlangt nach neuem Recht insbesondere für die Kompetenz-Kompetenz des prorogierten Gerichts nach Art 31 Abs 2 Brüssel Ia-VO Bedeutung (Rn 515). Beweispflichtig für die Nicht-Ausschließlichkeit des vereinbarten Gerichtsstands ist diejenige Partei, die an einem derogierten Gerichtsstand klagt (OLG Hamm IPRspr 2017 Nr 244; OLG Hamburg NJW 2004, 3126 [3127 f]).

b) Autonomes deutsches Verfahrensrecht

488 Demgegenüber ist nach deutschem autonomen Prozessrecht jeweils anhand der Umstände und der Interessenlage der Beteiligten durch Auslegung zu ermitteln, ob diese die vereinbarte Zuständigkeit als ausschließliche gewollt haben (BGH NJW 2015, 1118 Rn 21 ff = IPRax 2018, 205 mAnm GEBAUER 172; BayObLG NZBau 2020, 442 Rn 39; GEIMER, IZPR [8. Aufl 2019] Rn 1736; SCHACK, IZVR [9. Aufl 2025] Rn 570, jeweils mwNw). Auch wenn durch die Gerichtsstandsvereinbarung zugleich die internationale Zuständigkeit geregelt wird, spricht eine Vermutung weder für noch gegen die Ausschließlichkeit (BGHZ 59, 116 [118 f] = NJW 1972, 1671 mAnm GEIMER 2179; BGH RIW 1998, 964 [965] = IPRax 1999, 246 mAnm G Schulze 229; OLG München RIW 1986, 381 = IPRax 1985, 341 mAnm JAYME/HAACK 323; OLG Bamberg NJW-RR 1989, 372 = IPRax 1990, 105 mAnm PRINZING 83; GEIMER, IZPR [9. Aufl 2024] Rn 1768; KROPHOLLER, Hdb IZVR I Rn 583 f; **aA** THOMAS/PUTZO/HÜSSTEGE, ZPO [46. Aufl 2025] vor § 38 Rn 8). **Für die Ausschließlichkeit** eines vereinbarten Gerichtsstands kann die Beteiligung eines staatlichen Unternehmens (BGHZ 49, 124 [130] = NJW 1968, 336) sowie eine parallel getroffene Rechtswahl für den Hauptvertrag sprechen (vgl OLG München NJW 1987, 2186; OLG Düsseldorf RIW 1990, 220 [221]). Wird ein Gerichtsstand „für alle Streitfälle" vereinbart, so ist idR die Auslegung gerechtfertigt, dass das prorogierte Gericht jedenfalls für Ansprüche gegen die am vereinbarten Gerichtsort ansässige Vertragspartei ausschließlich zuständig sein soll (so BGH NJW 2015, 1118 Rn 22; BGH NJW 1973, 422 mAnm GEIMER; BGH RIW 1997, 778 [779]; OLG München NJW 1987, 2186; OLG Koblenz RIW 1997, 328; SCHACK, IZVR [9. Aufl 2025] Rn 570; **aA** WEYLAND, in: GS Arens [1993] 420). Deshalb begründen auch die üblichen Konnossementsklauseln eine ausschließliche Zuständigkeit am Hauptsitz des Verfrachters (BGH NJW 1971, 985 mAnm GEIMER 1525). Auch die Vereinbarung der Zuständigkeit am Sitz des jeweiligen *Beklagten* wirkt im Zweifel ausschließlich, weil ihr nur für diesen Fall eigenständige Bedeutung zukommt (vgl BGH IPRspr 1983 Nr 196; BGH RIW 1997, 778 [779]; WEYLAND, in: GS Arens [1993] 420). Gleiches gilt für die Prorogation eines neutralen Forums (PFEIFFER IPRax 1998, 17 [21 f]).

489 **Gegen die Ausschließlichkeit** des vereinbarten Gerichtsstands kann insbesondere sprechen, dass das Urteil des prorogierten ausländischen Gerichts im Inland nicht anerkennungs- und vollstreckungsfähig ist (vgl BGHZ 49, 124 [129]; BGH AWD 1968, 189; OLG Hamburg RIW 1983, 124 [126]; GEIMER JZ 1979, 648 f; KROPHOLLER, Hdb IZVR I Rn 554). Ferner hat der Kläger häufig ein Interesse daran, den Prozess nicht nur vor den vereinbarten Gerichten seines Heimatstaates, sondern auch im Wohnsitzstaat des Beklagten führen zu dürfen, um rascher in dessen dort belegenes Vermögen vollstrecken zu können; aus diesem Grunde tendiert die Praxis im Zweifel zur Annahme einer nur fakultativen Zuständigkeit der Gerichte am vereinbarten Wohnsitz des jeweiligen *Klägers* (vgl BGHZ 59, 116 [119 f]; OLG München RIW 1986, 381; OLG Bamberg NJW-RR 1989, 372; OLG Frankfurt IPRax 1998, 35 [36]; WEYLAND, in: GS Arens [1993] 420 f).

2. Asymmetrische Gerichtsstandsvereinbarungen

Art 17 Abs 4 EuGVÜ ließ ausdrücklich den Abschluss von Zuständigkeitsvereinbarungen „nur zugunsten einer Partei“ zu. Danach war das prorogierte Gericht nur für Klagen einer Partei ausschließlich zuständig, während die begünstigte Partei die Möglichkeit behielt, stattdessen auch an jedem anderen Gerichtsstand nach Art 2 ff EuGVÜ zu klagen (Kohler IPRax 1986, 340, 342 f; Gottwald IPRax 1987, 81 [82]). Art 17 Abs 4 EuGVÜ ist allerdings in Art 25 Brüssel Ia-VO nicht übernommen worden. Ob die den Parteien in Abs 1 S 2 eingeräumte Möglichkeit, auch nicht-ausschließliche Gerichtsstände zu vereinbaren, weiterhin das Recht zur Vereinbarung eines Gerichtsstands umfasst, der nur zugunsten einer Partei ausschließlich wirkt, war lange Zeit umstritten. So hat die französische *Cour de Cassation* eine Gerichtsstandsvereinbarung, die nur einer Partei die Wahl zwischen dem in dieser bestimmten Gericht und anderen nach der Brüssel I-VO zuständigen Gerichten eingeräumt hatte, während die andere Partei nur im prorogierten Gerichtstand klagen konnte, als mit den Zielsetzungen des Art 23 Brüssel I-VO für unvereinbar und deshalb unwirksam erklärt (frz Cass 26. 9. 2012, unalex FR-1391; dazu Niggemann IPRax 2014, 194). Zur Begründung hat sich das Gericht vor allem auf die Unzulässigkeit einer *„condition potestative“* nach französischem Vertragsrecht berufen. 490

Ein solcher Rückgriff auf nationales Recht mit dem Ziel, Gerichtsstandsvereinbarungen für unwirksam zu erklären, obwohl diese den Anforderungen des Art 25 Brüssel Ia-VO genügen, ist jedoch ebenso wenig zulässig wie eine Missbrauchskontrolle zum Schutz der schwächeren Vertragspartei, die über Art 25 Abs 4 Brüssel Ia-VO iVm Art 15, 19 oder 23 Brüssel Ia-VO hinausgeht. Dies hat der EuGH inzwischen klargestellt und betont, dass die Wirksamkeit einer Gerichtsstandsvereinbarung im Hinblick auf ihre behauptete Unausgewogenheit nicht anhand der Kriterien für ihre „materielle Nichtigkeit“ iSv Art Art 25 Abs 1 Brüssel Ia-VO zu prüfen ist, sondern anhand *autonomer* Kriterien, die sich aus der Auslegung dieser Vorschrift selbst ergeben (EuGH Rs C-537/23 – *SIL/Agora*, NJW 2025, 1933 Rn 51 mAnm Becker; dazu Rn 416). Art 25 Brüssel Ia-VO zieht aber der Vereinbarung von Gerichten in Mitgliedstaaten der EU nach Abs 4 nur Schranken, sofern sie in Versicherungs-, Verbraucher- oder Arbeitssachen gegen die Art 15, 19 oder 23 Brüssel Ia-VO verstößt oder eine ausschließliche Zuständigkeit nach Art 24 Brüssel Ia-VO derogiert. Daneben bleibt eine Überprüfung einer in AGB enthaltenen asymmetrischen Gerichtsstandsklausel zu Lasten eines Verbrauchers allenfalls am Maßstab der Klauselrichtlinie 93/13 EG möglich (OLG Bamberg BeckRS 2018, 29192 Rn 40 f; dazu Rn 395). Aus dem nationalen Recht eines Mitgliedstaats abgeleitete weitergehende Schranken sind auch für asymmetrische Gerichtsstandsvereinbarungen nicht anzuerkennen. Dafür spricht insbesondere der in diesem Zusammenhang vom EuGH hochgehaltene **Grundsatz der Privatautonomie**, zumal es der benachteiligten Vertragspartei eher entgegenkommt, wenn ihr Vertragspartner sich aufgrund einer solchen Klausel dafür entscheidet, nicht an seinem eigenen Sitz, sondern am Wohnsitz der benachteiligten Partei zu klagen (vgl zuletzt EuGH Rs C-537/23 – *SIL/Agora*, NJW 2025, 1933 Rn 54 ff, 64; ebenso schon zuvor OLG München IWRZ 2025, 157 [159] mAnm vWestphalen; Hausmann EuLF 2013, 37 [42 f]; Ostendorf IHR 2024, 221 [228]; Lehmann/Grimm ZEuP 2013, 891 ff; Freitag, in: FS Magnus [2014] 419 ff; Heinig 177 f; Schlosser/Hess/Schlosser, EuZPR [4. Aufl 2015] Art 25 Rn 33; Zöller/Geimer, ZPO [35. Aufl 2024] Art 25 Rn 3a; Kropholler/vHein, EuZPR [9. Aufl 2011] Art 23 Brüssel I-VO Rn 93). Auch dem Erfordernis der Bestimmtheit und Vorhersehbarkeit des zu- 490a ständigen Gerichts wird durch eine solche Klausel genügt (Lehmann/Grimm ZEuP 2013, 891 [901]; Rauscher/Mankowski, Brüssel Ia-VO [5. Aufl 2021] Art 25 Rn 343 ff). In ihrer jüngeren Rechtsprechung hat daher auch die *Cour de cassation* asymmetrische Gerichtsstandsklauseln wieder als wirksam erachtet (frz Cass 11. 5. 2017, unalex FR-2526).

490b Dies gilt allerdings nur, wenn Gerichte in einem Mitgliedstaat der EU (oder einem Vertragsstaat des LugÜ 2008) vereinbart wurden. Demgegenüber vestößt eine asymmetrische Gerichtsstandsvereinbarung zugunsten eines **drittstaatlichen Gerichts** gegen die Brüssel Ia-VO. Sie würde nämlich die in den Erwägungsgründen 15 und 16 dieser Verordnung genannten Ziele der Vorhersehbarkeit, der Transparenz und der Rechtssicherheit missachten, da es das Unionsrecht dann für sich genommen nicht erlauben würde, die zuständigen Gerichte zu bezeichnen; deren Bestimmung hinge vielmehr gegebenenfalls von der Anwendung der Vorschriften des internationalen Privatrechts von Drittländern ab (EuGH Rs C-537/23 – *SIL/Agora*, NJW 2025, 1933 Rn 60).

491 Ob die vereinbarte Klausel nur zugunsten einer Partei wirken soll, ist im Wege der **Auslegung** zu ermitteln. Deutsche Gerichte haben es insoweit genügen lassen, dass eine Partei durch die Klausel *objektiv* begünstigt wurde, indem zB der Wohnsitzgerichtsstand des Klägers vereinbart worden war (LG Gießen IPRax 1984, 160 m zust Anm Jayme; LG Bonn IPRax 1983, 243 m zust Anm Jayme; OLG Saarbrücken RIW 1984, 478 [479] mAnm Tosi-Hesse; OLG München RIW 1999, 621; Schwarz IPRax 1987, 292). Der EuGH hat eine solche extensive Auslegung des Art 17 Abs 4 EuGVÜ mit Recht verworfen. Der Begünstigungswille müsse sich vielmehr „klar aus dem Wortlaut der Gerichtsstandsvereinbarung oder aus der Gesamtheit der dem Vertrag zu entnehmenden Anhaltspunkte oder der Umstände des Vertragsschlusses" ergeben (EuGH Rs 22/85 – *Anterist*, Slg 1986, 1951 Rn 16 f = EWiR 1986, 793 mAnm Geimer = IPRax 1987, 105 mAnm Gottwald 81; zust BGH RIW 1998, 964 = IPRax 1999, 246 mAnm Schulze 229; öst OGH IPRax 2011, 273 mAnm Markus/Arnet 283; OLG Köln OLGR 2004, 65; OLG Koblenz RIW 1987, 144 [147]; Tosi-Hesse RIW 1984, 480; Kohler IPRax 1986, 344 f). Diese Voraussetzungen sieht der Gerichtshof etwa bei Vereinbarungen als erfüllt an, „welche die Partei, zu deren Gunsten sie getroffen wurden, ausdrücklich nennen", sowie bei solchen, die „zwar angeben, vor welchen Gerichten jede Partei die andere verklagen muss, die aber einer von ihnen insoweit eine größere Wahlmöglichkeit einräumen" (EuGH Rs 22/85 – *Anterist*, Slg 1986, 1951 Rn 15; vgl auch BGH NJW 1987, 3080 [3081]; LG Berlin RIW 1996, 960 [961]). Die bloße Durchsetzung einer neutral formulierten Gerichtsstandsvereinbarung durch eine Partei bei den Vertragsverhandlungen dürfte hingegen nicht ausreichen (OLG Köln OLGR 2004, 65; Zöller/Geimer, ZPO [35. Aufl 2024] Art 25 Rn 44; Schulze IPRax 1999, 229 ff gegen BGH IPRax 1999, 246). Gleiches gilt für die Ergänzung der Vereinbarung des Wohnsitzgerichtsstands einer Partei durch die Vereinbarung des Rechts an diesem Gerichtsstand als Vertragsstatut, denn diese Rechtswahl kann auch im Interesse der anderen Partei liegen (öst OGH 8. 7. 2009, unalex AT-634 = IPRax 2011, 273 mAnm Markus/Arnet 283; **aA** OLG München RIW 1999, 621 [622]; OLG Dresden EuLF 2009 II, 68 [70]). Die Verordnung sieht einseitig begünstigende Gerichtsstandsvereinbarungen namentlich zum Schutze von Versicherungsnehmern, Verbrauchern und Arbeitnehmern vor (dazu Rn 187, 252, 287).

492 Demgegenüber lässt die deutsche Rechtsprechung zu **§ 38 ZPO** bereits die **objektive Begünstigung** einer Vertragspartei ausreichen. Insbesondere Gerichtsstandsklauseln in AGB sollen danach grundsätzlich den Verwender begünstigen und primär nach seiner Interessenlage auszulegen sein; deshalb belasse eine Klausel in AGB, die als Gerichtsstand den Sitz des Verwenders vorsieht, diesem das Recht, den anderen Vertragsteil auch vor dessen Heimatgerichten in Anspruch zu nehmen (BGHZ 59, 116 [119 f]; BGH NJW 1973, 422; OLG München KTS 1982, 313; OLG Bamberg RIW 1989, 221 [223]; zust Weyland, in: GS Arens [1993] 425). Ob hieran im Lichte der EuGH-Rechtsprechung zu Art 17 Abs 4 EuGVÜ weiter festgehalten werden kann, erscheint allerdings fraglich (Pfeiffer IPRax 1998, 17 [20]; gegen eine Auslegung von Gerichtsstandsklauseln zugunsten des AGB-Verwenders auch Gottwald/Baumann IPRax 1998, 445 [447]).

3. Objektive Reichweite der Vereinbarung

Die Frage nach der objektiven Reichweite von Gerichtsstandsvereinbarungen stellt **493** sich insbesondere dann, wenn Schadensersatzansprüche einer Partei sowohl auf vertragliche wie auch auf außervertragliche, insbesondere deliktische oder bereicherungsrechtliche Anspruchsgrundlagen oder auf *culpa in contrahendo* gestützt werden. In diesem Falle ist durch **Auslegung** zu ermitteln, ob die Gerichtsstandsvereinbarung unter Berücksichtigung der Gesamtumstände auch die gerichtliche Durchsetzung von solchen Ansprüchen umfassen sollte. Diese Auslegung obliegt allerdings nicht dem EuGH, sondern ist allein Sache des angerufenen **nationalen Gerichts** (EuGH Rs C-214/89 – *Powell Duffryn*, Slg 1992 I 1745 Rn 37; EuGH Rs C-269/95 – *Benincasa*, Slg 1997 I 3767 Rn 31 = RIW 1997, 775; EuGH Rs C-352/13 – *CDC Hydrogen Peroxide*, EuZW 2015, 584 Rn 67; EuGH Rs C-595/17 – *Apple Inc*, WuW 2018, 630 Rn 21; öst OGH 9. 9. 2002, unalex AT-45; High Court London [QBD] 4. 4. 2007 – *Hewden Tower Cranes Ltd v Wolffkran GmbH*, unalex UK-397). Da Art 23 Brüssel I-VO hierfür keine Maßstäbe bot, haben die Gerichte der Mitgliedstaaten bisher überwiegend das auf den Hauptvertrag anzuwendende Recht und die in diesem Recht anerkannten Auslegungskriterien in entsprechenderAnwendung von Art 12 Abs 1 lit a Rom I-VO zugrunde gelegt (BGH RIW 2021, 453 Rn 20; BGH NJW 2019, 1300 Rn 25; BGHZ 134, 127 = IPRax 1999, 367 mAnm Dörner/Staudinger 338; schwz BG 17. 7. 2012, unalex CH-511; High Court London 6. 11. 2009 – *Skype Technologies SA v Joltid Ltd*, unalex UK-387 Rn 14; Magnus/Mankowski/Magnus, Brussels Ibis [2. Aufl 2022] Art 25 Rn 143; Schlosser/Hess/Schlosser, EuZPR [5. Aufl 2021] Art 25 Rn 37). Hingegen betont Art 25 Brüssel Ia-VO in seinem Abs 5 noch stärker als bisher die Autonomie der Gerichtsstandsvereinbarung und enthält in Abs 1 S 1 für deren materielle Wirksamkeit eine ausdrückliche Verweisung auf das Recht am vereinbarten Gerichtsort (Rn 416 ff). Es liegt daher nahe, auch die Auslegung der Gerichtsstandsvereinbarung an dem vom Kollisionsrecht am prorogierten Gerichtsstand für die materielle Wirksamkeit der Vereinbarung zur Anwendung berufenen Recht zu orientieren; denn auf diese Weise wird wegen des durch die Verordnungen Rom I und Rom II vereinheitlichten Kollisionsrechts in den Mitgliedstaaten Entscheidungseinklang erzielt (Wurmnest, in: FS Magnus [2024] 567 [574]; Rauscher/Mankowski, Brüssel Ia-VO [5. Aufl 2021] Art 25 Rn 360;**aA** [Recht des Hauptvertrags] aber weiterhin BGH RIW 2021, 453 Rn 20; Wieczorek/Schütze/Weller, ZPO [4. Aufl 2015] Art 25 Rn 22; s a Rn 425 mwNw).

Dem Interesse der Parteien entspricht zumeist eine *weite* Auslegung der Gerichts- **494** standsvereinbarung, dh eine Erstreckung auf alle Ansprüche, die einen engen Zusammenhang mit dem geschlossenen Vertrag aufweisen (frz Cass 18. 1. 2017, unalex FR-2506 [Schadensersatzansprüche wegen „*rupture brutale*“ eines Vertragshändlervertrags]; Supreme Court London 18. 6. 2009, unalex UK-425; Rauscher/Mankowski, Brüssel Ia-VO [5. Aufl 2021] Art 25 Rn 358). Daher ist im Zweifel anzunehmen, dass sich eine für vertragliche Ansprüche getroffene Gerichtsstandsvereinbarung auch auf konkurrierende **deliktische Ansprüche** einer Vertragspartei erstreckt, wenn zwischen der unerlaubten Handlung und einer Vertragsverletzung ein hinreichend enger Zusammenhang besteht; denn andernfalls könnte die als ausschließlich gewollte Prorogation vom Kläger leicht unterlaufen werden (OLG Brandenburg IPRspr 2014 Nr 176; OLG Karlsruhe ZMR 2007, 929; OLG Stuttgart RIW 1991, 333 = IPRax 1992, 86 mAnm H Roth 67; OLG München RIW 1989, 901 [902] = ZZP 103 [1991] 84 [88 f] mAnm H Schmidt = IPRspr 1989 Nr 186; LG Berlin IPRax 2005, 261 [LS] mAnm Jayme; LG München NJOZ 2004, 1029; zust Vischer, in: FS Jayme [2004] 993 ff; Zöller/Geimer, ZPO [35. Aufl 2024] Art 25 Rn 39; Schlosser/Hess/Schlosser, EuZPR [5. Aufl 2021] Art 25 Rn 38; MünchKommZPO/Gottwald Art 25 Rn 81; Rauscher/Mankowski, Brüssel Ia-VO [5. Aufl 2021] Art 25 Rn 362; zur Rechtsprechung anderer Mitgliedstaaten vgl Reithmann/Martiny/Hausmann, IVR [9. Aufl 2021] Rn 7.145 mwNw in Fn 1). Wollten die Parteien dem vereinbarten Gericht eine möglichst umfassende Zuständigkeit für Ansprüche aus der bestehenden Rechtsbeziehung einräumen, so versperrt die Gerichtsstandsvereinbarung auch den Deliktsgerichtsstand nach Art 7 Nr 2 Brüssel Ia-VO (OLG Stuttgart NJW-RR 2004, 1581; Court of Appeal 27. 6. 2001 – *Maimann v Maimann*, unlex UK-106; **aA** für eine ausdrücklich auf vertragliche Ansprüche beschränkte enge Gerichtsstandsvereinbarung LG Düsseldorf RIW 2011, 810 mAnm vHein).

495 Dies gilt auch für **Ansprüche aus unlauterem Wettbewerb**, die im Rahmen eines Handelsvertreter- oder Vertragshändlervertrages geltend gemacht werden (frz Cass 12. 5. 2010, unalex FR-1135). Demgegenüber erstreckt sich eine Gerichtsstandsvereinbarung für Streitigkeiten aus einem Vertrag im Zweifel nicht auf Ansprüche, die ihren Grund in einem Betrug oder einer sonstigen unerlaubten Handlung einer Partei bereits bei Vertragsschluss haben (OLG Hamburg RIW 1982, 669), und auch regelmäßig nicht auf **künftige Vorsatztaten** (EuGH Rs C-352/13 – *CDC Hydrogen Peroxide*, EuZW 2015, 584 Rn 68 ff = IPRax 2016, 36 mAnm W H Roth 318). Auch für eine Auslegung einer Gerichtsstandsvereinbarung, die zu einer Aufspaltung der internationalen Zuständigkeit nach Anspruchsgrundlagen führen würde, bedarf es besonderer Anhaltspunkte (OLG München BeckRS 2017, 121060 Rn 46).

496 Bei **kartellrechtlichen Streitigkeiten** ist zu unterscheiden: Bezieht sich eine Gerichtsstandsklausel nur in abstrakter Weise auf Rechtsstreitigkeiten aus Vertragsverhältnissen, so erfasst sie einen Rechtsstreit, in dem ein Vertragspartner aus deliktischer Haftung wegen seiner **Teilnahme an einem rechtswidrigen Kartell** belangt wird, nicht. Bei Schadensersatzklagen wegen Verstoßes gegen Art 101 AEUV führt eine Gerichtsstandsvereinbarung daher nur zur Derogation des Deliktsgerichtsstand in Art 7 Nr 2 Brüssel Ia-VO, wenn sie sich auch auf Streitigkeiten wegen einer Zuwiderhandlung gegen das Wettbewerbsrecht bezieht (EuGH Rs C-352/13 – *CDC Hydrogen Peroxide*, EuZW 2015, 584 Rn 69 f mAnm Harms/Sanner/Schmidt). Demgegenüber ist die Anwendung einer in dem zwischen den Parteien geschlossenen Vertrag enthaltenen Gerichtsstandsklausel auf eine auf Art 102 AEUV gestützte Schadensersatzklage eines Händlers gegen seinen Lieferanten nicht allein aus dem Grund ausgeschlossen, dass sie sich nicht ausdrücklich auf Streitigkeiten im Zusammenhang mit der Haftung wegen eines Verstoßes gegen das Wettbewerbsrecht bezieht; denn der **Missbrauch einer marktbeherrschenden Stellung** durch ein Unternehmen kann sich auch in den vertraglichen Beziehungen und über die Vertragsbedingungen manifestieren (EuGH Rs C-595/17 – *Apple Sales International*, NJW 2019, 349 Rn 26 ff mAnm Seggewisse EuZW 2019, 81, Mankowski JZ 2019, 141 und Sirakova/Westhoven IPRax 2019, 493). Die Wirksamkeit der

Gerichtsstandsvereinbarung hängt im letzteren Fall auch nicht davon ab, dass zuvor ein Verstoß gegen das Wettbewerbsrecht durch eine nationale oder europäische Behörde festgestellt worden ist (EuGH C-595/17 – *Apple Sales International*, NJW 2019, 349 Rn 36). Eine in AGB enthaltene Gerichtsstandsklausel, nach der eine Zuständigkeit nur „für aus dem Vertrag entstehende Streitigkeiten" bestimmt wurde, erfasst jedoch Ansprüche wegen Missbrauchs einer marktbeherrschenden Stellung nur dann, wenn deutliche Anhaltspunkte dafür bestehen, dass die Vertragsparteien die sachliche Reichweite der Gerichtsstandsvereinbarung auch auf solche vom Vertrag unabhängigen Ansprüche erstrecken wollten (BGH RIW 2021, 453 Rn 24 f).

Grundsätzlich erfasst eine Gerichtsstandsklausel auch Streitigkeiten über die **Rückabwicklung fehlgeschlagener Vertragsschlüsse**, mag es sich nach der maßgeblichen *lex causae* – wie zB nach deutschem Recht (§ 812 BGB) – auch um gesetzliche Ansprüche handeln (Rauscher/Mankowski, Brüssel Ia-VO [5. Aufl 2021] Art 25 Rn 363, 368; **aA** Magnus/Mankowski/Magnus, Brussels Ibis [2. Aufl 2022] Art 25 Rn 140, 153). Da Gerichtsstandsklauseln nach dem Parteiwillen – wie Schiedsklauseln (§ 1040 Abs 1 S 2 ZPO; dazu Rn 580) – in ihrer Wirksamkeit nicht von dem Hauptvertrag, für den sie geschlossen wurden, abhängen sollen (Art 25 Abs 5 Brüssel Ia-VO; dazu Rn 424), kann auch eine auf die Nichtigkeit des Hauptvertrages gerichtete Feststellungsklage nur vor dem prorogierten Gericht erhoben werden, denn die mit Art 25 Brüssel Ia-VO angestrebte Rechtssicherheit bezüglich des Gerichtsstands wäre erheblich gefährdet, wenn eine Partei die Gerichtsstandsvereinbarung schon mit der Begründung zu Fall bringen könnte, der Hauptvertrag sei nach der *lex causae* unwirksam (EuGH Rs C-269/95 – *Benincasa*, Slg 1997 I 3767 Rn 29 ff = RIW 1997, 775; BGHZ 167, 83 [86 f] = NJW 2006, 1672; OGH 28. 3. 2018, unalex AT-1161; KG BeckRs 2018, 14615 Rn 15 = IPRspr 2018 Nr 250; OLG Bamberg IHR 2013, 253 [255]; LG Mainz WM 2005, 2319; Mankowski JZ 1998, 898 [899 f]; Geimer/Schütze/Geimer, EuZVR [4. Aufl 2020] Art 25 Rn 94; Schlosser/Hess/Schlosser, EuZPR [5. Aufl 2021] Art 25 Rn 39; Kropholler/vHein, EuZPR [9. Aufl 2011] Art 23 Brüssel I-VO Rn 91). Etwas anderes gilt nur, wenn der Nichtigkeitsgrund (zB Geschäftsunfähigkeit einer Partei) ausnahmsweise auch auf die Gerichtsstandsvereinbarung durchschlägt. 497

Setzen die Parteien das Vertragsverhältnis nach einer Kündigung aufgrund einer neuen (mündlichen) Vereinbarung unverändert fort, so gilt die im Vertrag enthaltene Gerichtsstandsvereinbarung weiter (BGH NJW 2019, 1300 Rn 24). Die Frage, ob die in einem zeitlich befristeten Hauptvertrag enthaltene Gerichtsstandsklausel im Falle einer **Vertragsverlängerung** fortwirkt, soll sich hingegen nach der Rechtsprechung des EuGH nach nationalem Recht beurteilen (EuGH Rs C-313/85 – *Iveco*, Slg 1986, 3353 Rn 7 f = NJW 1987, 2155); sie wird in der Praxis regelmäßig positiv beantwortet (vgl frz Cass 5. 4. 2016, unalex FR-2471). 498

Darüber hinaus bezieht sich eine Gerichtsstandsvereinbarung nach dem Parteiwillen auch auf Ansprüche aus ***culpa in contrahendo*** (Supreme Court London 18. 6. 2009 – *UBS v HSH Nordbank*, unalex UK-425 [arglistige Täuschung beim Vertragsschluss]) sowie wegen der Verletzung von Pflichten aus einem **Vorvertrag** (LG Berlin IPRspr 2004 Nr 124). Demgegenüber ist durch Auslegung im Einzelfall festzustellen, ob die für einen Vertrag getroffene Gerichtsstandsvereinbarung sich auch auf **Ansprüche aus weiteren Verträgen** erstreckt, die zwischen den gleichen Parteien in engem zeitlichen und/oder wirtschaftlichen Zusammenhang mit diesem Vertrag abgeschlossen wurden, aber ihrerseits keine Gerichtsstandsvereinbarung enthalten. Die Praxis der Mitgliedstaaten ist 499 diesbezüglich bisher eher zurückhaltend (vgl öst OGH 23. 7. 2013, unalex AT-907; öst OGH 28. 10. 1997, unalex AT-127; frz Cass 12. 12. 1989, Rev crit 1990, 358 mAnm Gaudemet-Tallon = Clunet 1991, 158 mAnm Huet; ital Cass 17. 2. 2017, unalex IT-719 und 14. 6. 2007, unalex IT-230; Aud Prov Madrid 6. 11. 2001, unalex ES- 374; High Court London 13. 5. 1994 – *Ocarina Marine v Marcard Stein & Co*, unalex UK-217; vgl aber auch OLG Köln IHR 2013, 68; OLG Celle NJW-RR 2004, 757). Daher wird etwa der Hersteller durch eine im **Vertragshändlervertrag** enthaltene Gerichtsstandsklausel nicht daran gehindert, ausstehende Kaufpreisforderungen gegen den Händler aus einzelnen Liefergeschäften vor den nach Art 4 ff Brüssel Ia-VO zuständigen Gerichten einzuklagen (App Versailles 30. 11. 2000, unalex FR-232; vgl auch OLG München RIW 1999, 621). Umgekehrt gilt die in die einzelnen Lieferverträge einbezogene Gerichtsstandsklausel grundsätzlich nicht für Klagen aus dem Händlervertrag (Supreme Court [Irland] 21. 12. 2000 – *Bio Medical Research v Delatex*, unalex IE-39; frz Cass 29. 10. 1985, unalex FR 175; OLG Bamberg IPRax 2015, 154 Rn 44 f mAnm Wais 127; Rauscher/Mankowski, Brüssel Ia-VO [5. Aufl 2021] Art 25 Rn 369; vgl aber auch frz Cass 19. 3. 2008, unalex FR-533; öst OGH 7. 2. 2007, unalex AT-347). Auch erstreckt sich die in einem Konto- und Depotführungsvertrag mit einer Bank enthaltene Gerichtsstandsvereinbarung nicht ohne weiteres auf Streitigkeiten aus einem Anlageberatungsvertrag (OLG Stuttgart BeckRS 2015, 12064 Rn 111 f).

500 Konflikte zwischen **sich widersprechenden Gerichtsstandsklauseln** in verschiedenen Teilverträgen eines komplexen Vertragswerks sind so zu lösen, wie es den Interessen vernünftig denkender Vertragsparteien entspricht (vgl dazu näher Supreme Court London 18. 6. 2009 – *UBS v HSH Nordbank*, unalex UK-425; Rauscher/Mankowski, Brüssel Ia-VO [5. Aufl 2021] Art 25 Rn 371 ff mwNw). Auch eine enge Gerichtsstandsklausel, die sich nach ihrem Wortlaut nur auf Ansprüche „aus dem Vertrag", dh auf Streitigkeiten über dessen Auslegung und Durchführung, bezieht, erfasst im Zweifel auch Streitigkeiten über die Beendigung und Rückabwicklung dieses Vertrages, soweit hierfür die Feststellung der Nicht- oder Schlechterfüllung von Vertragspflichten vorausgesetzt wird (Aud Prov Madrid 22. 2. 2010, unalex ES- 466; Schlosser/Hess/Schlosser, EuZPR [5. Aufl 2021] Art 25 Rn 39; **aA** frz Cass civ 27. 2. 1996, Rev crit 1996, 736 mAnm Gaudemet-Tallon). Dies gilt erst recht, wenn die Gerichtsstandsklausel weit gefasst ist (vgl frz Cass 6. 3. 2007, unalex FR-441; frz Cass 12. 5. 2010, unalex FR-1135).

501 Eine Gerichtsstandsklausel erstreckt sich grundsätzlich auf die Gewährung von Rechtsschutz durch staatliche Gerichte in jeglicher Form, also nicht nur auf Leistungs-, sondern auch auf *Feststellungs- und Gestaltungsklagen*. Darüber hinaus ist das prorogierte Gericht im Zweifel auch für Maßnahmen des **einstweiligen Rechtsschutzes** international zuständig (App Orléans Rev crit 2003, 326 mAnm Ancel; Magnus/Mankowski/Magnus, Brussels Ibis [2. Aufl 2022] Art 25 Rn 377; Geimer, IZPR [9. Aufl 2024] Rn 1755a). Hingegen bezieht sich die Derogationswirkung einer Gerichtsstandsvereinbarung im Zweifel nicht auf Maßnahmen des einstweiligen Rechtsschutzes (Rauscher/Mankowski, Brüssel Ia-VO [5. Aufl 2021] Art 25 Rn 378; Kropholler/vHein, EuZPR [9. Aufl 2011] Art 23 Brüssel I-VO Rn 103; **aA** Geimer/Schütze/Geimer, EuZVR [4. Aufl 2020] Art 25 Rn 192).

502 Für die gebotene **Prüfungsintensität** lassen sich aus Art 25 Brüssel Ia-VO keine autonomen Maßstäbe gewinnen; hierüber entscheidet das angerufene – prorogierte oder derogierte – Gericht vielmehr nach seiner eigenen *lex fori*. Nach deutschem Recht ist hierfür die schlüssige Darlegung des Anspruchs durch die Klägerin erforderlich, aber auch ausreichend (BGHZ 124, 237 [240 f]; BGHZ 133, 240 [243]; BGH RIW 2004, 228; Krophol-

LER/vHEIN, EuZPR [9. Aufl 2011] Art 23 Brüssel I-VO Rn 69; MünchKommZPO/GOTTWALD Art 25 Rn 84).

4. Drittwirkungen der Prorogation

a) Grundsatz

Im internationalen Geschäftsverkehr sind Gerichtsstandsklauseln häufig nur dann von Nutzen, wenn sie auch für und gegen Dritte wirken, obwohl diese Dritten an der Willensbildung und der Einhaltung der Formvorschriften nicht beteiligt wurden. Die Frage, welche Wirkungen ein Gerichtsstandsvereinbarung gegenüber Dritten hat, und welches Recht über diese Frage entscheidet, ist allerdings in Art 25 Brüssel Ia-VO nicht geregelt (EuGH Rs C-345/22 – *Maersk/Allianz*, IPRax 2025, 262 Rn 42 mAnm KRANZHÖFER 231). Die Drittwirkung betrifft insbesondere nicht die materielle Wirksamkeit der Gerichtsstandsvereinbarung iSv Art 25 Abs 1 Brüssel Ia-VO, für die auf das nationale Recht am *forum prorogatum* verwiesen wird; ihre Voraussetzungen sind vielmehr autonom aus Art 25 Brüssel Ia-VO zu entwickeln. (EuGH 25. 4. 2024 – C-345/22 *Maersk/Allianz*, IPRax 2025, 262 Rn 53). Nach der Rechtsprechung des EuGH lässt Art 25 Abs 1 Brüssel Ia-VO eine solche Drittwirkung grundsätzlich nicht zu (EuGH Rs C-595/17– *Apple Sales International*, NJW 2019, 349 Rn 22). Vielmehr muss der Dritte **der Vereinbarung grundsätzlich zugestimmt** haben, damit sie ihm entgegengehalten werden kann (EuGH Rs C-682/23 – *E.B./K.P.*, BeckRS 2025, 28053 Rn 33; EuGH Rs C-64/17 – *Saey Home & Garden*, ZIP 2018, 1754 Rn 30; EuGH C-436/16 – *Leventis*, NZG 2018, 226 Rn 35 = IPRax 2018, 55 mAnm SCHLOSSER 22; EuGH Rs C-352/13 – *CDC Hydrogen Peroxide*, EuZW 2015, 584 Rn 64 mAnm HARMS/SANNER/SCHMIDT; EuGH Rs C-543/10 – *Refcomp*, EuZW 2013, 316 Rn 29 mAnm MOEBUS 319 und WELLER IPRax 2013, 501; BGH NJW 2019, 2780 Rn 30; DOSTAL EuZW 2018, 944; GEIMER, IZPR [9. Aufl 2024] Rn 1723 ff; MünchKommZPO/GOTTWALD Art 25 Rn 60). Ferner muss auch die vorgeschriebene Form gerade zwischen den Parteien des Rechtsstreits eingehalten werden. Von mehreren Streitgenossen auf Kläger- oder Beklagtenseite sind daher nur diejenigen an eine Gerichtsstandsvereinbarung gebunden, die sie auch unterzeichnet haben (Court of Appeal 19. 7. 1991 – *Dresser UK Ltd v Falcongate Freight*, unalex UK-154; ital Cass 5. 5. 2006, unalex IT-207; RAUSCHER/MANKOWSKI, Brüssel Ia-VO [5. Aufl 2021] Art 25 Rn 384; **aA** MAGNUS/MANKOWSKI/MAGNUS, Brussels Ibis [2. Aufl 2022] Art 25 Rn 158). Dementsprechend wirkt etwa eine Gerichtsstandsklausel, die vom Hauptunternehmer mit dem Kunden vereinbart wurde, nicht gegen einen Subunternehmer mit eigener Rechtspersönlichkeit (App Paris ECC 1988, 291; KROPHOLLER/vHEIN, EuZPR [9. Aufl 2011] Art 23 Brüssel I-VO Rn 63). Ebenso wenig gilt der zwischen einem Angestellten und einem Konzernunternehmen vereinbarte Gerichtsstand für Streitigkeiten dieses Angestellten mit einem anderen Konzernunternehmen (frz Cass 8. 3. 2005, unalex FR-227). Eine Drittwirkung wird vielmehr nur dann anerkannt, wenn der Dritte eindeutig in die Geltung der Vereinbarung einbezogen wurde und ihr zugestimmt hat (OLG Dresden IPRspr 1999 Nr 115; OLG Köln NJW-RR 1998, 1350). 503

Die vorgenannten Grundsätze gelten auch dann, wenn die im Ursprungsvertrag enthaltene Gerichtsstandsvereinbarung nach Maßgabe der *lex causae* automatisch gegen Dritte wirkt, die in die vertraglichen Rechte einer Vertragspartei eingetreten sind, wie dies etwa im Rahmen einer **Vertragskette** *(„chaine de contrats")* nach französischem Recht der Fall ist. Dem Endkäufer, der Gewährleistungsansprüche gegen den Hersteller geltend machen möchte, kann eine Gerichtsstandsvereinbarung, die der Hersteller mit einem Vorerwerber in der Vertragskette getroffen hatte, daher nicht 504 entgegengehalten werden; etwas anderes gilt nur dann, wenn der Letzterwerber der Klausel tatsächlich zugestimmt hat (EuGH Rs C-543/10 – *Refcomp*, EuZW 2013, 316 Rn 29 ff, 41 mAnm Moebus = IPRax 2013, 552 mAnm Weller 501; dazu die Abschlussentscheidung frz Cass 11. 9. 2013, unalex FR-1467; ebenso schon früher frz Cass civ 18. 10. 1994, Rev crit 1995, 721 mAnm Sinay-Cytermann; frz Cass civ 23. 3. 1999, Rev crit 2000, 224 mAnm Leclerc; **aA** noch frz Cass 17. 11. 2010, EuLF 2010 II 116 = unalex FR-2123; ferner Gaudemet-Tallon [7. Aufl 2018] Rn 161; Gebauer IPRax 2001, 471 [474 f]; Wieczorek/Schütze/Weller, ZPO [4. Aufl 2015] Art 25 Rn 38; dazu ausf Rauscher/Mankowski, Brüssel Ia-VO [5. Aufl 2021] Art 25 Rn 389 ff). Mit dieser Auslegung knüpft der EuGH an seine Rechtsprechung an, mit der er die von der französischen *lex causae* vorgenommene vertragliche Qualifikation der Rechtsbeziehung zwischen Hersteller und Letztabnehmer für die Zwecke des europäischen Zivilprozessrechts zurückgewiesen hat (EuGH Rs C-26/91 – *Handte*, Slg 1992 I 3967 Rn 16; zu Recht krit zu dieser Begründung Weller IPRax 2013, 501 [503 f]).

b) Ausnahmen

505 Eine Ausnahme galt nach bisher nicht nur in Deutschland ganz hM für die **Rechtsnachfolger** einer Partei, die ihrerseits eine formgültige Gerichtsstandsvereinbarung getroffen hatte, und zwar gleichermaßen für Gesamt- wie Einzelrechtsnachfolger (Erben, Zessionare; vgl KG BeckRs 2018, 14615 Rn 14 = IPRspr 2018 Nr 250; OLG Stuttgart NJW 2013, 83; OLG Hamburg IHR 2008, 108; frz Cass 1. 3. 2007, unalex FR-1110; ital Cass 5. 5. 2006, unalex IT-207; Jungermann 74 ff, 193 ff; Schlosser/Hess/Schlosser, EuZPR [5. Aufl 2021] Art 25 Rn 43; Geimer/Schütze/Geimer, EuZVR [4. Aufl 2020] Art 25 Rn 200 f; MünchKomm-ZPO/Gottwald Art 25 Rn 55; Wieczorek/Schütze/Weller, ZPO [4. Aufl 2015] Art 25 Rn 37; ebenso schon zu Art 17 EuGVÜ BayObLG BB 2001, 1498; vgl auch OLG Rostock RIW 1997, 1042 [1043] zur Bindung des gewillkürten Prozessstandschafters; unalexKomm/Hausmann Brüssel I-VO Art 23 Rn 131 mwNw). Daher war der Rechtsnachfolger auch nach autonomem deutschen Verfahrensrecht an eine nach § 38 Abs 1 ZPO zwischen Vollkaufleuten getroffene Gerichtsstandsvereinbarung gebunden, auch wenn er selbst nicht dem prorogationsbefugten Personenkreis angehörte (OLG Köln NJW-RR 1992, 571). Die Frage, ob Rechtsnachfolge eingetreten war, wurde dabei nicht nach dem Prorogationsstatut, sondern nach der für die jeweilige Drittbeziehung maßgeblichen *lex causae* beurteilt (zB nach dem Erbstatut oder dem Zessionsstatut; vgl öst OGH 5. 6. 2007, unalex AT-375; frz Cass 4. 6. 2009, unalex FR-1067; High Court London 7. 2. 2008 – *Knorr Bremse Systems v Haldex Brake Products*, unalex UK-399; Mankowski IPRax 1996, 427 [430 f]; Gebauer IPRax 2001, 471 ff). Über die Gültigkeit einer Forderungsabtretung oder einer Legalzession war daher in allen Mitgliedstaaten einheitlich nach Art 14, 15 Rom I-VO zu entscheiden (Staudinger/Hausmann [2021] Art 14 Rom I-VO Rn 29 ff und Art 15 Rom I-VO Rn 1 ff).

505a Die Geltung und Reichweite dieser Ausnahme ist allerdings inzwischen **durch den EuGH in Frage gestellt** worden. Denn nach Ansicht des Gerichtshofs kann eine Fluggesellschaft eine ausschließliche Gerichtsstandsvereinbarung, die in einem zwischen ihr und einem Fluggast geschlossenen Beförderungsvertrag enthalten ist, einer Inkassogesellschaft, an die der Fluggast seine Forderung (auf Ausgleichsleistung nach der Verordnung [EG] Nr 261/2004) abgetreten hat, grundsätzlich nicht entgegenhalten. Etwas anderes gelte nur dann, wenn die Inkassogesellschaft nach dem in der Sache anwendbaren nationalen Recht in alle ursprünglichen Rechte und Pflichten des Fluggasts eingetreten sei (EuGH Rs C-519/19 – *Ryanair*, NJW-RR 2021, 240 Rn 42 ff = NZV 2021, 36 mAnm Staudinger; dazu Mankowski RIW 2021, 397; Rieländer EuZW 2021, 391; zu Recht krit dazu Geimer RIW 2021, 261 ff; Thon IPRax 2022, 236 [240 ff]). Nicht mehr ausreichend soll es danach also sein, dass der Rechtsnachfolger – wie üblicherweise bei der Zession – nur in die *Rechte* des Zedenten eingetreten ist. Damit verstößt der EuGH aber gegen den rechtsvergleichend weithin anerkannten Grundsatz, dass der Schuldner durch eine Forderungsabtretung ohne seine Zustimmung keine Nachteile erleiden darf (Thon IPRax 2022, 236 [242]; ein solcher Nachteil ist aber auch der Verlust des mit dem Zedenten vereinbarten Gerichtsstands.

Der EuGH hat daher seine zuvor zitierte Rechtsprechung zur mangelnden Drittwirkung von Gerichtsstandsvereinbarungen in Fällen der Zession zuletzt noch einmal verdeutlicht und darauf hingewiesen, dass diese eher auf den Schutz des nicht am Vertrag beteiligten Dritten abzielt als auf den Schutz der ursprünglichen Vertragsparteien. Daher könne sich ein Dritter als Zessionar einer Schadensersatzforderung, die auf die Nichterfüllung eines Vertrags zurückgeht, der eine Gerichtsstandsklausel enthält, gegenüber dem ursprünglichen Vertragspartner als Schuldner der abgetretenen Forderung für eine Klage zur Geltendmachung dieser Forderung auch ohne Zustimmung des Schuldners auf diese Klausel berufen. Denn andernfalls könnte der Schuldner nach der Abtretung geltend machen, nicht mehr durch die Gerichtsstandsvereinbarung gebunden zu sein, die er mit dem Zedenten geschlossen hatte. Voraussetzung sei allerdings, dass die Abtretung der Forderung nach dem auf den Vertrag anwendbaren nationalen Recht in seiner Auslegung durch das zudtändige mitgliedstaatliche Gerichte nicht nur zum Übergang der Forderung in das Vermögen des Zessionars geführt habe, sondern auch zum Übergang der an die Forderung geknüpften Rechte, einschließlich des Rechts, sich auf eine Gerichtsstandsvereinbarung zu berufen, die in dem Vertrag enthalten ist. Dies gelte nur dann nicht, wenn die ursprünglichen Vertragsparteien ausdrücklich vereinbart hätten, dass ihnen diese Klausel bei einer Abtretung einer Forderung aus diesem Vertrag nicht entgegengehalten werden kann (EuGH Rs C-682/23 – *E.B./K.P.*, BeckRS 2025, 28053 Rn 35 ff, 56). **505b**

Das insoweit anwendbare Recht soll **nach dem IPR des angerufenen Gerichts** – und nicht nach dem IPR des Staates, dessen Gerichte in der Gerichtsstandsklausel als zuständig bestimmt worden sind – zu ermitteln sein (EuGH Rs C-519/19 – *Ryanair*, NJW-RR 2021, 240 Rn 47; EuGH Rs C-345 ff/22 – *Maersk A/S*, BeckRS 2024, 8430 Rn 54 mAnm Albrecht GPR 2024, 267). Hingegen ist die Bindung des Rechtsnachfolgers an die Gerichtsstandsvereinbarung nicht davon abhängig, dass auch er ihr zugestimmt oder überhaupt von ihr Kenntnis hatte (High Court London [QBD] 12. 10. 2000 – *Glencore International v Metro Trading International*, unalex UK-266; vgl auch frz Cass 13. 3. 2013, unalex Fr-2352; Rauscher/Mankowski, Brüssel Ia-VO [5. Aufl 2021] Art 25 Rn 387). Die Wirksamkeit der Gerichtsstandsvereinbarung ist vielmehr auch in Fällen der Rechtsnachfolge ausschließlich **im Verhältnis der ursprünglichen Parteien** zu beurteilen (öst OGH 5. 6. 2007, unalex AT-375; Magnus/Mankowski/Magnus, Brussels Ibis [2. Aufl 2022] Art 25 Rn 161). Dies gilt insbesondere für die Einhaltung der Formvorschriften nach Art 25 Abs 1 und 2 Brüssel Ia-VO; für Abs 1 lit c ist daher entscheidend, ob die ursprünglichen Parteien einen entsprechenden Handelsbrauch kannten oder kennen mussten (EuGH 16. 3. 1999 Rs C-159/97 – *Coreck Maritime*, Slg 1999 I 1597 Rn 42; **aA** Rabe TranspR 2000, 380 [391] ff). **505c**

Eine internationale Gerichtsstandsvereinbarung im Vertrag einer **Personengesellschaft** gilt auch für die einzelnen Gesellschafter (vgl zu § 38 ZPO BGH NJW 1981, 2644 [2646] und OLG Bamberg IPRax 1990, 105 [106]). Ferner binden Gerichtsstandsvereinbarungen in der Satzung einer **Kapitalgesellschaft** (AG, GmbH) auch die einzelnen **506**

Gesellschafter (EuGH Rs 214/89 – *Powell Duffryn*, Slg 1992 I 1756 Rn 16 ff = NJW 1992, 1671; RAUSCHER/MANKOWSKI, Brüssel Ia-VO [5. Aufl 2021] Art 25 Rn 309; dazu Rn 414). Demgegenüber ist der Organvertreter einer Gesellschaft weder an dem von letzterer mit einer anderen Gesellschaft vereinbarten Gerichtsstand gerichtspflichtig, noch kann er sich auf diese Gerichtsstandsvereinbarung berufen, um die Zuständigkeit eines Gerichts für die Entscheidung über eine Schadensersatzklage zu bestreiten, mit der er für unerlaubte Handlungen in Ausübung seiner Organpflichten zur Verantwortung gezogen werden soll (EuGH Rs C-436/16 – *Leventis*, NZG 2018, 226 Rn 43 = IPRax 2018, 55 mAnm SCHLOSSER 22). Der vom Gemeinschuldner vereinbarte Gerichtsstand ist hingegen auch für den **Insolvenzverwalter** verbindlich (Court of Appeal 21. 12. 1993 – *In re Leyland DAF Ltd*, unalex UK-220; dazu VORPEIL RIW 1994, 1055; ferner ital Cass 14. 4. 2008, unalex IT-360; MünchKommZPO/GOTTWALD Art 25 Rn 55).

507 Auch die in einem **Vertrag zugunsten Dritter** enthaltene Gerichtsstandsklausel wirkt für und gegen den Dritten (OLG Köln OLGR 2004, 65; frz Cass 13. 11. 2013, unalex FR-1476; GEBAUER IPRax 2001, 471 [472]; SCHLOSSER/HESS/SCHLOSSER, EuZPR [5. Aufl 2021] Art 25 Rn 43; RAUSCHER/MANKOWSKI, Brüssel Ia-VO [5. Aufl 2021] Art 25 Rn 386). Schließlich ist auch derjenige, der befreiend die Schuld eines anderen übernimmt, an den vom bisherigen Schuldner mit dem Gläubiger vereinbarten Gerichtsstand gebunden (BGH WM 2011, 307; öst OGH IHR 2008, 40 [41]); hingegen besteht im Fall der kumulativen Schuldübernahme **(Schuldbeitritt)** kein schutzwürdiges Interessedes Gläubigers an einer Wirkung der Gerichtsstandsvereinbarubng zu Lasten des Übernehmers (öst OGH IHR 2008, 40 [44]; **aA** OLG Hamburg IHR 2008, 108 [1110]). Die subjektive Reichweite des Schuldbeitrittsist vielmehr gemäß Art 4 bs 1 Rom I-VO nach dem Recht am gewöhnlichen Aufenthalt des Beitretenden zu beurteilen (vgl STAUDINGER/HAUSMANN [2021] Anh zu Art 16 Rom I-VO Rn 3a).

508 Eine erweiterte Drittwirkung gilt nach der Brüssel Ia-VO für Gerichtsstandsvereinbarungen in Versicherungsverträgen und in Konnossementen. So ergibt sich aus Art 15 Nr 2 Brüssel Ia-VO, dass Gerichtsstandsvereinbarungen in **Versicherungsverträgen** auch zugunsten eines vom Versicherungsnehmer verschiedenen Versicherten oder Begünstigten getroffen werden können. Der mit dieser Vorschrift bezweckte Schutz der begünstigten Dritten würde freilich verfehlt, wenn diese Dritten jeweils persönlich am Abschluss der Gerichtsstandsvereinbarung mitwirken müssten. Aus diesem Grunde bedarf es einer solchen Beteiligung am Zustandekommen der Gerichtsstandsvereinbarung nicht; diese ist vielmehr schon dann formwirksam, wenn die Formerfordernisse des Art 25 Abs 1 S 3 Brüssel Ia-VO nur im Verhältnis zwischen dem Versicherer und dem Versicherungsnehmer eingehalten worden sind und die Zustimmung des Versicherers klar und deutlich zum Ausdruck gekommen ist (EuGH Rs 210/83 – *Gerling*, Slg 1983, 2503 Rn 20 = IPRax 1984, 259 mAnm HÜBNER 237; App Aix en-Provence IPRax 1996, 427 [430 ff] mAnm MANKOWSKI).

509 Entsprechend wirkt die zwischen dem Befrachter und dem Verfrachter wirksam nach Art 25 Brüssel Ia-VO getroffene und in ein **Konnossement** eingefügte Gerichtsstandsvereinbarung jedenfalls dann gegenüber dem Drittinhaber des Konnossements, wenn dieser nach dem anwendbaren nationalen Recht in die Rechte und Pflichten des Befrachters aus dem Seefrachtvertrag eingetreten ist; auch in diesem Fall bedarf es also einer Zustimmung des Dritten zu der wirksam in den ursprünglichen Vertrag eingefügten Gerichtsstandsklausel nicht (grundlegend EuGH Rs 71/83 – *Tilly*

Russ, Slg 1984, 2417 Rn 24 ff = RIW 1984, 909 mAnm Schlosser = IPRax 1985, 152 mAnm Basedow 133; ferner EuGH Rs C-159/97 – *Trasporti Castelletti*, Slg 1999 I 1597 Rn 41 f = IPRax 2000, 119 mAnm Girsberger 87; dazu Rabe TranspR 2000, 389 ff; EuGH Rs C-345/22 – *Maersk/Allianz*, IPRax 2025, 262 Rn 50 mAnm Kranzhöfer 231). Das anwendbare Recht ist dabei nach dem IPR des angerufenen Gerichts zu bestimmen (EuGH Rs C-345/22 – *Maersk/Allianz*, IPRax 2025, 262 Rn 51; dazu Reithmann/Martiny/Hausmann, IVR [9. Aufl 2021] Rn 7.139). Ist der am ursprünglichen Vertrag nicht beteiligte Dritte – wie im Regelfall der Konnossementsempfänger (vgl Schlosser/Hess/Schlosser, EuZPR [5. Aufl 2021] Art 25 Rn 44) – *nicht* in die Rechte und Pflichten einer der ursprünglichen Parteien eingetreten, hat das angerufene Gericht im Hinblick auf Art 25 Abs 1 Brüssel Ia-VO zu prüfen, ob er der ihm entgegengehaltenen Gerichtsstandsklausel nachträglich zugestimmt hat (EuGH Rs C-387/98 – *Coreck Maritime*, NJW 2001, 501 Rn 26 f = EuLF 2000, 213; EuGH Rs C-345/22 – *Maersk/Allianz*, IPRax 2025, 262 Rn 51). Eine solche Zustimmung des Konnossementsempfängers, deren Vorliegen allein am Maßstab des Art 25 Brüssel Ia-VO zu prüfen ist (EuGH Rs C-378/98 – *Coreck Maritime*, NJW 2001, 501 Rn 26), ergibt sich freilich – wegen der großen Verbreitung von Gerichtsstandsklauseln in Konnossementen – idR aus einem **internationalen Handelsbrauch** iSv Art 25 Abs 1 S 3 lit c Brüssel Ia-VO (BGHZ 171, 141 Rn 29 = NJW 2007, 2036; LG Bremen TranspR 2014, 199; LG Hamburg IPRspr 2008 Nr 125; Kropholler/vHein, EuZPR [9. Aufl 2011] Art 23 Brüssel I-VO Rn 67; Geimer/Schütze/Geimer, EuZVR [4. Aufl 2020] Art 25 Rn 202; **aA** Rauscher/Mankowski, Brüssel Ia-VO [5. Aufl 2021] Art 25 Rn 326), so dass im Regelfall offen bleiben kann, ob der Empfänger in die Rechte und Pflichten des Befrachters eingetreten ist oder diese originär erworben hat. Dies gilt freilich nicht für Gerichtsstandsklauseln in Seefrachtbriefen (OLG Stuttgart TranspR 2004, 406 [410] m zust Anm Herber) und auch nicht für die Bindung sonstiger Dritter (zB des Reeders, BGHZ 171, 141 Rn 32). Eine Vorschrift des nationalen Rechts, die vom Eintritt eines Dritten in alle Rechte und Pflichten des Befrachters die Gerichtsstandsvereinbarung ausnimmt, ist mit dem Unionsrecht nicht vereinbar (EuGH Rs C-345/22 – *Maersk/Allianz*, IPRax 2025, 262 Rn 56 ff mAnm Kranzhöfer 231).

Den für Gerichtsstandsklauseln in Konossementen entwickelten Grundsatz, dass die- **510**
se auch gegen solche Dritte wirken, die der Gerichtstandsklausel zwar nicht zugestimmt haben, die aber nach dem anwendbaren nationalen Recht in die Rechte und Pflichten einer der ursprünglichen Vertragsparteien eingetreten sind, hat der EuGH inzwischen verallgemeinert (EuGH Rs C-352/13 – *CDC Hydrogen Peroxide*, EuZW 2015, 584 Rn 65 mAnm Harms/Sanner/Schmidt). Deshalb kann auch eine Gerichtsstandsklausel in einem **Emissionsprospekt** von Schuldverschreibungen, der vom Emittenten der fraglichen Wertpapiere erstellt wurde, einem Dritten, der die Wertpapiere von einem Finanzmittler (Intermediär) erworben hat, entgegengehalten werden, wenn zum einen nachgewiesen wird, dass die Klausel im Verhältnis zwischen dem Emittenten und dem Finanzmittler (als erstem Zeichner der Wertpapiere) wirksam geworden ist, zum anderen, dass der Dritte durch die Zeichnung der in Rede stehenden Wertpapiere auf dem Sekundärmarkt in die nach dem anwendbaren nationalen Recht mit diesen Wertpapieren verbundenen Rechte und Pflichten des Finanzmittlers eingetreten ist und schließlich, dass der betreffende Dritte die Möglichkeit hatte, von dem die Klausel enthaltenden Prospekt Kenntnis zu erlangen (EuGH Rs C-366/13 – *Profit Investment*, EuZW 2016, 419 Rn 31 ff, 36 mAnm Müller). Scheidet ein Eintritt des Dritten in die Rechte und Pflichten aus dem Ursprungsvertrag aus, weil diese erloschen sind, und macht der Dritte deshalb Bereicherungsansprüche geltend, so kann er sich auf

die in dem Vertrag enthaltene Gerichtsstandsklausel nicht berufen (BGH NJW 2019, 2780 Rn 31).

VIII. Prozessuale Behandlung internationaler Gerichtsstandsvereinbarungen

1. Klage vor dem prorogierten Gericht

511 Das prorogierte Gericht eines Mitgliedstaats, das von einer Partei angerufen wird, hat an Hand der zuvor beschriebenen Voraussetzungen des Art 25 Brüssel Ia-VO für das Zustandekommen, die materielle Wirksamkeit und die Form zu prüfen, ob die Vereinbarung wirksam ist. Ist dies der Fall, so hat es seine internationale Zuständigkeit zur Streitentscheidung festzustellen. Ein Ermessen – etwa nach Maßgabe der englischen *forum non conveniens*-Lehre – hat das Gericht insoweit nicht (EuGH Rs C-281/02 – *Owusu*, Slg 2005 I 1383 Rn 37). Hält es die Gerichtsstandsvereinbarung hingegen für unwirksam, so hat es die Klage wegen mangelnder internationaler Zuständigkeit abzuweisen, soweit es nicht auch kraft Gesetzes nach Art 4, 7 ff Brüssel Ia-VO international zuständig ist. Auch das klageabweisende Prozessurteil ist dann in allen anderen Mitgliedstaaten anzuerkennen; deren Gerichte sind daher an die in diesem Urteil enthaltene Feststellung gebunden, dass es an einer gültigen Gerichtsstandsvereinbarung fehlt (Geimer/Schütze/Geimer, EuZVR [4. Aufl 2020] Art 25 Rn 213).

2. Klage vor dem derogierten Gericht

512 Klagt eine Partei entgegen der Vereinbarung vor dem derogierten Gericht eines Mitgliedstaats, so prüft dieses das Vorliegen und die Wirksamkeit der Vereinbarung, solange nicht auch das prorogierte Gericht angerufen wird, **nur auf Rüge des Beklagten** (Magnus/Mankowski/Magnus, Brussels Ibis [2. Aufl 2022] Art 25 Rn 173; Thomas/Putzo/Nordmeier, ZPO [46. Aufl 2025] Art 25 Rn 26; Reithmann/Martiny/Hausmann, IVR [9. Aufl 2021] Rn 7.159). Dies gilt auch bei Vereinbarung der Zuständigkeit der Gerichte eines Drittstaats (EuGH C-175/15 – *Taser International*, EuZW 2016, 558 Rn 24; dazu Koechel GPR 2016, 204; Gebauer GPR 2016, 245). Lässt der Beklagte sich also nicht gemäß Art 26 Brüssel Ia-VO rügelos auf das Verfahren ein und hält das Gericht die Gerichtsstandsvereinbarung für wirksam, so hat es sich für unzuständig zu erklären (Art 28 Abs 1 Brüssel Ia-VO). Hält es sie für unwirksam, sich selbst aber für zuständig, so wird das Verfahren ohne Rücksicht auf die Gerichtsstandsvereinbarung vor dem derogierten Gericht fortgesetzt (MünchKommZPO/Gottwald Art 25 Rn 87). Wird ein derogiertes Gericht eines Mitgliedstaats hingegen erst nach Rechtshängigkeit des Verfahrens im *forum prorogatum* angerufen, so hat es das Verfahren nach der allgemeinen Regel des Art 29 Abs 1 Brüssel Ia-VO von Amts wegen auszusetzen, bis die Zuständigkeit des prorogierten Gerichts feststeht; im letzteren Fall hat sich das derogierte Gericht dann nach Art 29 Abs 3 Brüssel Ia-VO für unzuständig zu erklären (vgl Rauscher/Leible, Brüssel Ia-VO [5. Aufl 2021] Art 29 Rn 38 ff; Kropholler/vHein, EuZPR [9. Aufl 2011] Art 23 Brüssel I-VO Rn 97).

513 Diese Grundsätze galten nach der Brüssel I-VO auch dann, wenn ein derogiertes Gericht in einem anderen Mitgliedstaat **zeitlich vor dem prorogierten Gericht angerufen** wurde. Auch in diesem Fall war also das angerufene derogierte Gericht zur Prüfung verpflichtet, ob seine Zuständigkeit durch die Gerichtsstandsvereinbarung ausgeschlossen war oder nicht; es war hingegen nicht berechtigt, das Verfahren auszuset-

zen, um dem prorogierten Gericht die Möglichkeit zu geben, verbindlich über die Wirksamkeit der Gerichtsstandsvereinbarung zu entscheiden. Eine Kompetenz-Kompetenz des prorogierten Gerichts bestand insoweit nicht (EuGH Rs C-116/02 – *Gasser*, Slg 2003 I 14721 Rn 41 ff = IPRax 2004, 243 mAnm Grothe 205; öst OGH 25. 2. 1999, unalex AT-404). Daher hatte auch das später angerufene *prorogierte* Gericht das Verfahren auszusetzen, bis das zuerst angerufene *derogierte* Gericht über seine Zuständigkeit entschieden hatte (ital Cass 15. 2. 2007, unalex IT-224; LG Bonn RIW 2004, 460; Heinig 210 ff mwNw). Entsprach die Gerichtsstandsvereinbarung den Anforderungen des Art 23 Brüssel I-VO, so hatte sich das derogierte Gericht auf entsprechende Rüge des Beklagten für unzuständig zu erklären (Kropholler/vHein, EuZPR [9. Aufl 2011] Art 23 Brüssel I-VO Rn 96). Hielt das zuerst angerufene derogierte Gericht die Gerichtsstandsvereinbarung hingegen für **unwirksam** und sich selbst nach Art 2 ff Brüssel Ia-VO für international zuständig, so setzte es das Verfahren fort. Für diesen Fall hatte sich das später angerufene prorogierte Gericht auch dann nach Art 27 Abs 2 Brüssel I-VO für unzuständig zu erklären, wenn es die Gerichtsstandsvereinbarung seinerseits für wirksam hielt (öst OGH 25. 2. 1999, ZfRvgl 1999, 150 [151]). Denn nach Ansicht des EuGH war das prorogierte Gericht „in keinem Fall besser als das zuerst angerufene Gericht in der Lage, über die Zuständigkeit zu befinden“ (EuGH Rs C-116/02 – *Gasser*, Slg 2003 I 14721 Rn 48).

Damit belohnte der EuGH im Ergebnis diejenige Partei, die sich über die getroffene **514** Gerichtsstandsvereinbarung hinweggesetzt und Klage vor dem derogierten Gericht eines anderen Mitgliedstaats erhoben hatte. Hierdurch sicherte sich der Kläger insbesondere dann prozesstaktische Vorteile, wenn die Klage in einem Mitgliedsstaat erhoben wurde, dessen Gerichte bekanntermaßen sehr langsam arbeiten („Torpedoklage“). Auch Versuchen englischer Parteien, die Fortsetzung des Verfahrens vor dem derogierten Gericht mit Hilfe von *antisuit injunctions* zu verbieten, hat der EuGH eine Absage erteilt (EuGH Rs C-185/07 – *Allianz/West Tankers*, Slg 2009 I 663 Rn 28 ff [Schiedsklausel]). In der Literatur wurde daher – in Anlehnung an die frühere englische Gerichtspraxis (Court of Appeal 10. 11. 1993 – *Continental Bank NA v Aeokos Cia Naviera SA*, [1994] 1 WLR 588; unalexKomm/Hausmann Brüssel I-VO Art 23 Rn 147 mwNw) – vorgeschlagen, *de lege ferenda* den Prioritätsgrundsatz des Art 27 Brüssel I-VO in Fällen eines ausschließlich vereinbarten Gerichtsstands einzuschränken (Magnus/Mankowski ZVglRW 2010, 1 [13 f]). Dieser Anregung ist der europäische Gesetzgeber im Zuge der Reform der Brüssel I-VO gefolgt und hat dies im **ErwG 22** zur Neufassung ausführlich begründet.

Um die Wirksamkeit von ausschließlichen Gerichtsstandsvereinbarungen zu verbes- **515** sern und missbräuchliche Prozesstaktiken zu vermeiden, stellt **Art 31 Abs 2 Brüssel Ia-VO** daher klar, dass im Falle der Vereinbarung einer ausschließlichen Zuständigkeit des Gerichts eines Mitgliedstaats die Gerichte anderer Mitgliedstaaten – vorbehaltlich einer rügelosen Einlassung des Beklagten nach Art 26 Brüssel Ia-VO – in der Sache nicht mehr entscheiden dürfen, sobald das prorogierte Gericht wegen desselben Anspruchs zwischen denselben Parteien angerufen wird. Der Beklagte in dem Verfahren vor dem derogierten Gericht hat daher jederzeit – auch noch in der Rechtsmittelinstanz (Domej RabelsZ 78 [2014] 508 [533]; Rauscher/Leible, Brüssel Ia-VO [5. Aufl 2021] Art 31 Rn 6) – die Möglichkeit, dieses Gericht zur Aussetzung des Verfahrens zu zwingen, indem er nachträglich das prorogierte Gericht anruft. Welche Anforderungen in diesem Fall an die Behauptung des Beklagten vom Vorliegen einer abweichenden Gerichtsstandsvereinbarung zu stellen sind, beurteilt sich nach der *lex fori* des jeweils angerufenen Gerichts (Rauscher/Leible, Brüssel Ia-VO [5. Aufl 2021] Art 31 Rn 15; vgl dazu auch Domej RabelsZ 78 [2014] 508 [535]). Hält das prorogierte Gericht die Gerichtsstandsvereinbarung für wirksam und bejaht es aus diesem Grunde seine internationale Zuständigkeit, so wird das Prioritätsprinzip des Art 29 Abs 1 Brüssel Ia-VO durchbrochen; das derogierte Gericht hat sich dann gemäß Art 31 Abs 3 Brüssel Ia-VO zugunsten des vereinbarten Gerichts für unzuständig zu erklären und die Klage abzuweisen, auch wenn das Verfahren vor dem derogierten Gericht zuerst rechtshängig war (vgl Alio NJW 2014, 2395 [2399]; Rauscher/Leible, Brüssel Ia-VO [5. Aufl 2021] Art 31 Rn 17).

515a Das prorogierte Gericht ist zur Fortsetzung des bei ihm später anhängig gemachten Verfahrens aber auch dann berechtigt, wenn das früher angerufene derogierte Gericht sein Verfahren noch nicht ausgesetzt hat (ErwG 22 S 5; Zöller/Geimer, ZPO [35. Aufl 2024] Art 31 Rn 26). Die Frage, ob dies auch dann gilt, wenn das derogierte Gericht seine Zuständigkeit bereits in einer Zwischenentscheidung festgestellt hat oder ob das später angerufene prorogierte Gericht diese Zwischenentscheidung nach Art 36 Brüssel Ia-VO anzuerkennen hat, hat der BGH dem EuGH zur Vorabentscheidung vorgelegt (BGH ZIP 2025, 820 mAnm Würdinger). Art 31 Abs 2 Brüssel Ia-VO ist auch anwendbar, wenn die Zuständigkeit des prorogierten Gerichts durch eine **asymmetrische Gerichtsstandsvereinbarung** (dazu Rn 490 ff) begründet wurde, wenn also durch die Vereinbarung eine ausschließliche Zuständigkeit des später angerufenen Gerichts zulasten der vor dem erstbefassten Gericht klagenden Partei vereinbart wurde (BGH ZIP 2021, 1514 Rn 62 ff = RIW 2021, 678 mAnm Bernard; High Court London 3. 2. 2017 – *Commerzbank AG/Liquimar*, unalex UK-1488; Freitag, in: FS U Magnus [2014] 419 [431]; Abendroth WM 2017, 1786, 1791; E/M Pfeiffer, in: Geimer/Schütze, IRV Art 31 Rn 14; Geimer/Schütze/Geimer, EuZVR [4. Aufl 2015] Art 31 Rn 22; Schlosser/Hess/Schlosser, EuZPR [5. Aufl 2021] Art 31 Rn 2).

515b Hat das derogierte Gericht sich allerdings unter Außerachtlassung einer wirksam nach Art 25 Brüssel Ia-VO getroffenen Gerichtstandsvereinbarung für zuständig erklärt und in der Sache entschieden, so folgt aus Art 45 Abs 1 lit a und e Ziff ii Brüssel Ia-VO, dass dem ergangenen Urteil in anderen Mitgliedstaaten aus diesem Grunde die Anerkennung nicht versagt werden darf (EuGH Rs C-90/22 – *Rhenus Logistics*, IWRZ 2024, 241 = IPRax 2025, 496).

3. Widerklage

516 Da der Gerichtsstand der Widerklage (Art 8 Nr 3 Brüssel Ia-VO) in Art 25 Abs 4 Brüssel Ia-VO nicht für derogationsfest erklärt wird, kann er grundsätzlich durch eine Zuständigkeitsvereinbarung ausgeschlossen werden (Rauscher/Mankowski, Brüssel Ia-VO [5. Aufl 2021] Art 25 Rn 376; Kropholler/vHein, EuZPR [9. Aufl 2011] Art 23 Brüssel I-VO Rn 98; vgl zum bisherigen Recht Kohler IPRax 1983, 272; OLG Koblenz RIW 1993, 934 [935]). Gleiches gilt auch im autonomen deutschen Prozessrecht (vgl zu § 33 ZPO BGHZ 52, 30 [36] = NJW 1969, 1536; BGH NJW 1981, 2644 = ZZP 96 [1983] 364 mAnm Pfaff; BGH NJW-RR 1987, 228 [229]; Wieczorek/Schütze/Hausmann, ZPO [3. Aufl 2010] § 38 Rn 96 mwNw). Ob die Parteien durch eine Prorogation auch die gesetzliche Zuständigkeit für Widerklagen einschränken wollten, ist – trotz der Vermutung zugunsten der Ausschließlichkeit von Gerichtsstandsvereinbarungen (Rn 486 f) – im Wege der *Auslegung* der getroffenen Gerichtsstandsvereinbarung zu ermitteln. Im Regelfall wird dies dem vermutlichen Parteiwillen nicht entsprechen (Gottwald IPRax 1986, 10 f; Saenger ZZP 110 [1997] 477 [496]; Geimer/Schütze/Geimer, EuZVR [4. Aufl 2020] Art 25 Rn 195; **aA** OLG Saarbrücken IHR 2008, 55; öst OGH 30. 3. 2000, unalex AT-203; Schlosser/Hess/Schlosser, EuZPR [4. Aufl 2015] Art 25 Rn 40; Rauscher/Mankowski, Brüssel Ia-VO [5. Aufl 2021] Art 25 Rn 376). Der in einem derogierten Gerichtsstand belangte Beklagte ist daher im Zweifel nicht gezwungen, seine Widerklage am vereinbarten Gerichtstand zu erheben. Die Widerklage kann in jedem Fall am *forum derogatum* erhoben werden, wenn der Kläger sich dort rügelos nach Art 26 Brüssel Ia-VO auf die Widerklage einlässt (OLG Koblenz RIW 1993, 934 [935]).

4. Prozessaufrechnung

Ähnliche Erwägungen wie für die Widerklage gelten auch für die Prozessaufrechnung, obwohl diese bloßes **Verteidigungsmittel** ist. Danach hindern Art 25 Brüssel Ia-VO und § 38 ZPO ein für den Hauptanspruch als ausschließlich zuständig bestimmtes Gericht nicht daran, die Aufrechnung mit einer *konnexen* Gegenforderung zu berücksichtigen, wenn dies mit dem Wortlaut und Sinn der Gerichtsstandsklausel vereinbar ist. Dies gilt auch dann, wenn für die klageweise Geltendmachung der zur Aufrechnung gestellten Gegenforderung die *ausschließliche* Zuständigkeit der Gerichte eines anderen (Mitglied-)Staates vereinbart ist (Kropholler/vHein, EuZPR [9. Aufl 2011] Art 23 Brüssel I-VO Rn 99; ebenso zu Art 17 EuGVÜ EuGH Rs 23/78 – *Meeth*, Slg 1978, 2133 Rn 9 = RIW 1978, 814; Dageförde RIW 1990, 873 [878]; **aA** aber zu § 38 ZPO BGH NJW 2015, 1118 Rn 19 ff, 25 m krit Anm Gebauer IPRax 2018, 172). Eine Gerichtsstandsvereinbarung schließt aber auch die Aufrechnung mit *inkonnexen* Gegenforderungen am *forum derogatum* nicht zwingend aus; denn das Erfordernis der Konnexität ist als materielle Aufrechnungsvoraussetzung allein der vom IPR des Forums – in den Mitgliedstaaten einheitlich nach Art 17 Rom I-VO – bestimmten *lex causae* zu entnehmen (vgl EuGH Rs 48/84 – *Spitzley/Sommer* – Slg 1985, 787 Rn 25 = IPRax 1986, 27 mAnm Gottwald 10). 517

Zulässig ist die Aufrechnung nach deutschem Recht jedenfalls mit rechtskräftig festgestellten oder **unstreitigen Forderungen** (MünchKommZPO/Gottwald Art 25 Brüssel Ia-VO Rn 91). Ob hingegen im deutschen Erkenntnisverfahren mit einer *streitigen* Forderung, für deren klageweise Geltendmachung die ausschließliche internationale Zuständigkeit eines ausländischen Gerichts vereinbart wurde, aufgerechnet werden kann, ist unter Berücksichtigung aller Umstände des Einzelfalles durch Auslegung zu ermitteln. Während die Rechtsprechung die Vereinbarung eines ausschließlichen Gerichtsstands in einem anderen (Mitglied-)Staat bisher zumeist als vertragliches Aufrechnungsverbot vor dem derogierten deutschen Gericht gewertet hat (BGHZ 60, 85 [90 f] = NJW 1973, 421; BGH NJW 1979, 2477 [2478]; BGH NJW 1981, 2644 [2645]; BGH NJW 2015, 1118 [1119] = IPRax 2018, 205 mAnm Gebauer 172; OLG München IPRax 2019, 314 mAnm Brand 294; OLG Hamm RIW 1999, 787; OLG Köln IPRspr 2003 Nr 147; Kropholler, Hdb IZVR I Rn 590 ff), sollte man ohne besondere Anhaltspunkte aus einer Gerichtsstandsvereinbarung kein prozessuales Aufrechnungsverbot ableiten (zutr LG Berlin IPRax 1998, 97 [99]; Gebauer IPRax 2018, 172 [176 f] und 1998, 79 [83]; Gottwald IPRax 1986, 10 ff; Busse MDR 2001, 729 [732]; Geimer, IZPR [9. Aufl 2024] Rn 1777 ff; Schlosser/Hess/Schlosser, EuZPR [4. Aufl 2015] Art 25 Rn 35; Rauscher/Mankowski, Brüssel Ia-VO [5. Aufl 2021] Art 25 Rn 382; Reithmann/Martiny/Hausmann, IVR [9. Aufl 2021] Rn 7.163 ff mwNw). 518

5. Streitverkündung

519 Auf die Zulässigkeit der vor einem derogierten Gericht hat eine Gerichtsstandsvereinbarung hingegen keinen Einfluss; maßgebend ist vielmehr die *lex fori* des angerufenen Gerichts (vgl MANSEL ZZP 109 [1996] 61 ff; RAUSCHER/MANKOWSKI, Brüssel Ia-VO [5. Aufl 2021] Art 25 Rn398).

IX. Schadensersatz wegen Verletzung einer internationalen Gerichtsstandsvereinbarung*

1. Allgemeines

520 Während die Verletzung einer ausschließlichen Gerichtsstandsvereinbarung durch Klage vor einem derogierten Gericht eines anderen Staats im Ausland schon seit längerem durch Schadensersatzpflichten sanktioniert wurde (vgl E PEIFFER 431 ff), haben deutsche Gerichte einen solchen Anspruch bisher nicht gewährt. Dagegen wurde insbesondere eingewandt, die Begründung einer materiell-rechtlichen Verpflichtung durch eine Gerichtsstandsvereinbarung lasse sich allein mit dem Bedürfnis für einen Schadensersatzanspruch nicht rechtfertigen. Außerdem könne ein solcher Schadensersatzanspruch ohne primären Unterlassungsanspruch nicht begründet werden. Gerichtsstandsvereinbarungen hätten nur prozessuale, hingegen grundsätzlich keine materiell-rechtlichen Wirkungen. Allein aus ihrem Abschluss auf einen materiellen Haftungswillen der Vertragsparteien zu schließen, sei unzulässig. Hierfür bedürfe es vielmehr konkreter Anhaltspunkte dafür, dass der Gerichtsstandsvereinbarung eine entsprechende wirtschaftliche Bedeutung beigemessen worden sei. Demgegenüber hat sich der **BGH** nunmehr in einer Grundsatzentscheidung vom 17. 10. 2019 erstmals auch für eine Schadensersatzsanktion der Verletzung einer ausschließlichen internationalen Gerichtsstandsvereinbarung ausgesprochen (BGHZ 223, 269 = NJW 2020, 399 mAnm WAIS = EuZW 2020, 143 mAnm ANTOMO = IWRZ 2020, 39 mAnm GRAF vWESTPHALEN = RIW 2020, 64 mAnm MANKOWSKI = JZ 2020, 797 mAnm MÄSCH = BB 2019, 3023 mAnm UNSELD = IPRax 2020, 459 mAnm COLBERG 426).

520a Der Vereinbarung einer schadensersatzbewehrten Verpflichtung, ein bestimmtes Gericht anzurufen, steht die **Rechtsnatur der Gerichtsstandsvereinbarung** nicht entgegen. Dies gilt unabhängig davon, ob man diese mit der ständigen Rechtsprechung des BGH (BGHZ 49, 384 [386] = NJW 1968, 1233; BGH NJW 1986, 1438 [1439]; BGH NJW 1989, 1431 [1432]; BGH NJW 1997, 2885 [2886]; BGH NJW 2020, 399 Rn 26 mwNw) als *materiellrechtlichen Vertrag über prozessrechtliche Beziehungen* oder aber mit der im zivilprozessualen Schrifttum vorherrschenden Ansicht (vgl STEIN/JONAS/BORK, ZPO [23. Aufl 2014] § 38 Rn 50; REITHMANN/MARTINY/HAUSMANN, IVR [9. Aufl 2021] Rn 7.7; ZÖLLER/SCHULTZKY, ZPO [35. Aufl 2024], § 38 Rn 4, 52, jeweils mwNw) als *Prozessvertrag* wertet. Denn auch nach der von der Rechtsprechung bevorzugten Qualifikation ist es den Parteien im Rahmen der

* **Schrifttum**: ANTOMO, Schadensersatz wegen Verletzung einer internationalen Gerichtsstandsvereinbarung? (2017); COLBERG, Schadensersatz wegen Verletzung von Gerichtsstandsvereinbarungen, IPRax 2020, 426; PEIFFER, Schutz gegen Klagen im forum derogatum (2013); PEIFFER/WEILER Schadensersatz wegen Verletzung von Gerichtsstands- und Schiedsvereinbarungen, Teil 1 – RIW 2020, 321 und Teil 2 – RIW 2020, 641; RIELÄNDER, Schadensersatz wegen Klage vor einem aufgrund Gerichtsstandsvereinbarung unzuständigen Gericht, RabelsZ 84 (2020) 548.

Vertragsfreiheit ohne weiteres möglich, neben der Regelung rein prozessualer (Verfügungs-)Wirkungen ergänzende materiell-rechtliche Verpflichtungen zu vereinbaren (Gebauer, in: FS Kaissis [2012] 267 [276]; Schröder, in: FS Kegel [1987] 523 [530]; Gottwald, in: FS Henckel [1995] 295 [307]). Andererseits schließt es auch die Einordnung als Prozessvertrag nicht aus, dass die Parteien daneben – ausdrücklich oder stillschweigend – materiell-rechtliche Verpflichtungen vereinbaren (allgA, vgl Antomo 400; Gebauer, in: FS Kaissis [2012], 267 [275]; Pfeiffer, in: Liber amicorum W Lindacher [2007] 77 [80]; Rosenberg/Schwab/Gottwald, ZPO [18. Aufl 2018] § 37 Rn 24). Auch der Umstand, dass ein (gerichtlich durchsetzbarer) **Hauptanspruch auf Unterlassung** der Klage vor einem derogierten Gericht nicht wirksam vereinbart werden kann, steht einem auf Verletzung dieser Unterlassungspflicht gestützten Schadensersatzanspruch nicht entgegen. Denn auch Verstöße gegen unselbständige, nicht einklagbare Nebenpflichten sind jedenfalls nach deutschem Recht (§ 241 Abs 1 und 2 BGB) schadensersatzbewehrt (BGH NJW 2020, 399 Rn 29).

Der BGH (NJW 2020, 399 Rn 21) hat die Frage, ob sich das Bestehen und der Inhalt **520b**
vertraglicher Sekundäransprüche wegen Verletzung einer Gerichtsstandsvereinbarung nach der *lex fori* des angerufenen Gerichts, dem Prorogationsstatut des Art 25 Abs 1 S 1, 2. HS Brüssel Ia-VO oder dem Statut des Hauptvertrages richtet, auf den sich die Gerichtsstandsvereinbarung bezieht, offengelassen, weil jede dieser Anknüpfungen zum deutschen Recht führte. Vorzugswürdig ist eine **Anknüpfung an das Prorogationsstatut**, weil die verletzte Pflicht ihren Grund im Abschluss der Gerichtsstandsvereinbarung, nicht des Hauptvertrags, hat (wie hier Gebauer, in: FS Kaissis [2012] 267 [282]; Mankowski RIW 2010, 70 [71]; Rauscher/Mankowski, Brüssel Ia-VO [5. Aufl 2021] vor Art 4 Rn 62; Antomo 382 f mwNw). Außerdem begünstigt die Anwendung des eigenen Rechts durch das vereinbarte Gericht eine schnelle und richtige Entscheidung über die eigene Zuständigkeit (Colberg IPRax 2020, 426 [427]). Maßgebend ist daher das Recht des Mitgliedstaates, dessen Gerichte in der Vereinbarung als ausschließlich zuständig bestimmt worden sind. Dies gilt unabhängig davon, ob das vereinbarungswidrig angerufene Gericht seinen Sitz auch in einem Mitgliedstaat der EU oder in einem Drittstaat hat. Im Übrigen ist aber zwischen diesen beiden Fällen zu differenzieren.

2. Vereinbarungswidrige Klage in einem Drittstaat

Bei Vereinbarung eines deutschen Gerichts und der hieraus nach Art 25 Abs 1 S 1, 2. **521**
HS Brüssel Ia-VO folgenden Geltung deutschen Rechts als Prorogationsstatut hat diejenige Vertragspartei, die vor einem derogierten Gericht in einem Drittstaat verklagt wird, gegen den dortigen Kläger einen Schadensersatzanspruch gemäß § 280 Abs 1 BGB auf Ersatz der ihr in dem dortigen Verfahren entstandenen Anwaltskosten, soweit diese – wie nach der *American rule of costs* – vom unterlegenen Kläger nicht erstattet werden müssen. Denn der Kläger hatte sich verpflichtet, Ansprüche aus dem geschlossenen Vertrag ausschließlich vor dem vereinbarten deutschen Gericht geltend zu machen. Diese Pflicht hat er durch die Klage vor dem drittstaatlichen Gericht schuldhaft verletzt (§ 280 Abs 1 BGB); daher hat er die dem Beklagten durch seine Rechtsverteidigung entstandenen Kosten zu ersetzen (§ 249 Abs 1 BGB; zu weiteren ersatzfähigen Kosten Mankowski RIW 2010, 70 [71]; Rauscher/Mankowski, Brüssel Ia-VO [5. Aufl 2021] Art 25 Rn 413 ff). Dies gilt unabhängig davon, ob es sich bei der Gerichtsstandsvereinbarung um eine Allgemeine Geschäftsbedingung oder um eine In-

dividualvereinbarung der Parteien handelt (BGH NJW 2020, 399 Rn 22). Auch eine in dem drittstaatlichen Verfahren ergangene Kostenentscheidung stünde, selbst wenn sie anerkennungsfähig wäre, einem weitergehenden materiell-rechtlichen Schadensersatzanspruch vor deutschen Gerichten nicht entgegen (Antomo 370 ff; Peiffer 455; Colberg IPRax 2020, 426 [427]).

3. Vereinbarungswidrige Klage in einem EU-Mitgliedstaat

522 Fraglich ist allerdings, ob sich die zu einer vereinbarungswidrigen Klage in den USA entwickelte Argumentation des BGH auch auf den Fall der Klage vor einem derogierten Gericht eines anderen Mitgliedstaats der Verordnung übertragen lässt oder ob ihr die Unvereinbarkeit von gerichtlich angeordneten Prozessführungsverboten (sog *anti-suit-injunctions*) mit der Brüssel Ia-VO (dazu EuGH Rs C-159/02 – *Turner/Grovit*, EuZW 2004, 568 Rn 25 ff [zum EuGVÜ]; EuGH Rs C-185/04 – *West Tankers*, NJW 2009, 1655 Rn 29 ff [zur Brüssel I-VO]; Rauscher/Mankowski, Brüssel Ia-VO [5. Aufl 2021] Vorbem zu Art 4 Rn 49 ff mwNw) entgegensteht (zu diesbezüglichen Bedenken Mankowski IPRax 2009, 23 [29]; Rauscher/Mankowski, Brüssel Ia-VO [5. Aufl 2021] Art 25 Rn 406 ff; Stein/Jonas/Wagner, ZPO [22. Aufl 2003] Art 23 Brüssel I-VO Rn 148). Grund für die Unzulässigkeit von *anti-suitinjunctions* ist der **Grundsatz des gegenseitigen Vertrauens**. Aus diesem folgt, dass die Zuständigkeitsregeln der Verordnung, die allen Gerichten der Mitgliedstaaten gemeinsam sind, von jedem dieser Gerichte mit gleicher Sachkenntnis ausgelegt und angewandt werden können und dass die Nachprüfung der Zuständigkeit eines Gerichts durch das Gericht eines anderen Mitgliedstaats nicht gestattet ist (EuGH Rs C-159/02 – *Turner/Grovit*, EuZW 2004, 568 Rn 24; EuGH Rs C-185/04 – *West Tankers*, NJW 2009, 1655 Rn 30). Damit ist jedenfalls eine *Primärpflicht zur Unterlassung* der Klageerhebung vor einem derogierten Gericht im Geltungsbereich der Verordnung nicht zu begründen. Ferner hat auch eine schadensersatzrechtliche Sanktion einer solchen Klage dann auszuscheiden, wenn das angerufene derogierte Gericht die Gerichtsstandsvereinbarung für unwirksam und seine internationale Zuständigkeit deshalb für gegeben erachtet hat. Denn auch in diesem Fall würde die Zusprechung von Schadensersatz gegen das Verbot der Überprüfung einer Annahme der internationalen Zuständigkeit durch das Gericht im Erststaat (vorbehaltlich von Art 45 Abs 1 lit c Brüssel Ia-VO) und gegen das Verbot einer *révision au fond* (Art 52 Brüssel Ia-VO) verstoßen (Peiffer/Peiffer, in: Geimer/Schütze, IRV Art 25 Rn 298 f).

522a Dies schließt jedoch die Annahme einer *sekundären Schadensersatzpflicht* wegen Verletzung einer ausschließlichen Gerichtsstandsvereinbarung auch im Geltungsbereich der Brüssel Ia-VO nicht notwendig aus, wenn das derogierte Gericht die dort erhobene Klage – wie im Regelfall – seinerseits wegen Unzuständigkeit für unzulässig hält oder bereits als unzulässig abgewiesen hat. Zwar würde das einen solchen Schadensersatz zusprechende prorogierte Gericht damit *incidenter* auch die Unzuständigkeit des abredewidrig angerufenen Gerichts feststellen; insoweit ist jedoch zu berücksichtigen, dass dem prorogierten Gericht vom Zeitpunkt seiner Anrufung an gemäß Art 31 Abs 2 Brüssel Ia-VO ohnehin die Kompetenz-Kompetenz zur Entscheidung über die Wirksamkeit der Gerichtsstandsvereinbarung zusteht (Rn 515). Ferner steht ein im prorogierten Gerichtsstand ergehendes Schadensersatzurteil der Anerkennung eines vom derogierten Gericht in der Hauptsache erlassenen Urteils auch bei der gebotenen weiten Auslegung des Begriffs der „Unvereinbarkeit" in Art 45 Abs 1 lit c Brüssel Ia-VO nicht entgegen (so auch Gebauer, in: FS Kaissis [2012],

267 [279]; Peiffer/Peiffer, in: Geimer/Schütze IRV Art 25 Rn 301 ff). Im Übrigen ist die praktische Bedeutung einer Schadensersatzsanktion für die Verletzung einer Gerichtsstandsvereinbarung durch Anrufung des derogierten Gerichts eines anderen Mitgliedstaats im Geltungsbereich der Brüssel Ia-VO wesentlich geringer als im Fall der Anrufung eines drittstaatlichen Gerichts, weil der Beklagte die Fortsetzung des Verfahrens vor dem derogierten Gericht – und damit die Entstehung dortiger Gerichts- und Anwaltskosten – nach Art 31 Abs 2 Brüssel Ia-VO jederzeit durch Anrufung des prorogierten Gerichts unterbinden kann.

D. Internationale Schiedsvereinbarungen

Schrifttum

Zum älteren Schrifttum vgl Staudinger/Hausmann (2011) Verfahrensrecht für Internationale Verträge.

1. Internationale Handelsschiedsgerichtsbarkeit

a) Allgemein

Aden, Internationale Handelsschiedsgerichtsbarkeit (2. Aufl 2003)
Arfazadeh, Ordre public et arbitrage international à l'épreuve de la mondialisation (2005)
Ashford, Handbook on International Commercial Arbitration (2. Aufl 2014)
Balthasar (Hrsg), International Commercial Arbitration: International Conventions, Country Reports and Comparative Analysis (2. Aufl 2021)
Barth/Wegen, International Arbitration in Germany (2015)
Barber, Objektive Schiedsfähigkeit und ordre public in der internationalen Schiedsgerichtsbarkeit (1994)
Van den Berg, International Handbook on Commercial Arbitration. 3 Bde (1993)
Berger, Internationale Wirtschaftsschiedsgerichtsbarkeit (1992)
ders, Aufgaben und Grenzen der Parteiautonomie in der internationalen Wirtschaftsschiedsgerichtsbarkeit, RIW 1994, 12
ders, Die Aufrechnung im Internationalen Schiedsverfahren, RIW 1998, 426
ders, Private Dispute Resolution in International Business (2006)
ders, Alllgemeine Rechtsgrundsätze in der internationalen Wirtschaftsschiedsgerichtsbarkeit, in: FS vHoffmann (2011) 914
Beulker, Introduction to Arbitration – Swiss and International Perspectives (Basel 1999)
ders, Die Eingriffsnormenproblematik im internationalen Schiedsverfahren (2005)
Böckstiegel, Recht und Praxis der Schiedsgerichtsbarkeit der internationalen Handelskammer (1994)
ders (Hrsg), Acts of State and Arbitration (1997)
ders, Die Anerkennung der Parteiautonomie in der internationalen Schiedsgerichtsbarkeit, in: FS Schütze (1999) 141
ders, Beweiserhebung im internationalen Schiedsverfahren (2000)
ders, Die Beteiligung Dritter an Schiedsverfahren (2005)
ders, Zu gegenwärtign Persspektiven der deutschen und intrnationalen Schiedsgerichtsbarkeit, in: FS Elsing (2015) 29
Böckstiegel/Kröll/Nacimiento, Arbitration in Germany (2007)
Boog, Die Durchsetzung einstweiliger Maßnahmen in internationalen Schiedsverfahren aus schweizerischer Sicht mit rechtsvergleichenden Aspekten (2011)
Borges, Doppelexequatur von Schiedssprüchen (1997)
ders, Doppelexequatur von Schiedssprüchen in der EuGVVO, IHR 2006, 206
Born, International Commercial Arbitration, 3 Bde (2. Aufl 2014)

ders, International Arbitration, Law and practice (2. Aufl 2016)
BREDER, Die Verzahnung der Brüssel Ia-VO mit der Schiedsgerichtsbarkeit bei Parallelverfahren (2020)
BREKOULAKIS, Third parties in international commercial arbitration (2010)
BÜHRING/ULE, Arbitration and Mediation in International Business (2. Aufl 2006)
CAMPBELL, The Model Law Approach to International Commercial Arbitration (2024)
CARBONNEAU, The law and practice of arbitration (7. Aufl 2020)
CENTNER, Iura novit curia in internationalen Schiedsverfahren (2019)
CHEDLY, L'efficacité de l'arbitrage commercial international, RdC 400 (2018) 9
CRAIG/PARK/PAULSSON, International Chamber of Commerce Arbitration (3. Aufl 2000)
DROBNIG, Internationale Schiedsgerichtsbarkeit und wirtschaftsrechtliche Eingriffsnormen, in: FS Kegel (1987) 95
FERRARI, Forum shopping in the international commercial arbitration context (2013)
FERRARI/KRÖLL (Hrsg), Conflict of Laws in International Arbitration (2011)
FERRARI/ROSENFELD, International Commercial Arbitration (2021)
FOUCHARD, Droit de l'arbitrage – Droit du commerce international (2007)
FOUCHARD/GAILLARD, Traité de l'arbitage commercial international (1996)
GENTINETTA, Die lex fori internationaler Handelsschiedsgerichte (1973)
GESSNER, Anerkennung und Vollstreckung von Schiedssprüchen in den USA und in Deutschland (2001)
GIRSBERGER/VOSER, International Arbitration (3. Aufl 2016)
GLOSSNER/BREDOW/BÜHLER, Das Schiedsgericht in der Praxis (4. Aufl 2001)
GÖSSLING, Europäisches Kollisionsrecht und internationale Schiedsgerichtsbarkeit (2019)
GOLA/GÖTZ/STAEHLIN/GRAF, Institutional Arbitration (2009)
GOODE, The Role of the Lex Loci Arbitri in International Commercial Arbitration, ArbInt 2001, 19
GOTTWALD, Internationae Schiedsgerichtsbarkeit (1997)
GRIGERA NAÓN, Choice of Law Problems in International Commercial Arbitration (1992)
GÜNTER, Internationale Schiedsgerichtsbarkeit und Insolvenz (2011)
HAAS, Die Anerkennung und Vollstreckung ausländischer und internationaler Schiedssprüche (1991)
ders, Das Verhältnis von schiedsgerichtlichem und staatlichem vorläufigen Rechtsschutz, ZZPInt 17 (2012) 347
HABSCHEID, Schiedsgerichtsbarkeit und Europäische Menschenrechtskonvention, in: FS Henckel (1995) 341
HAMMER, Überprüfung von Schiedsverfahren durch staatliche Gerichte in Deutschland (2018)
HANDORN, Das Sonderkollisionsrecht der deutschen internationalen Schiedsgerichtsbarkeit (2005)
HANOTIAU, L'arbitrabilité, Rec des cours 296 (2002) 25
HELLER, Der verfassungsrechtliche Rahmen der privaten internationalen Schiedsgerichtsbarkeit (Wien 1996)
HENN, Schiedsverfahrensrecht (3. Aufl 2000)
HORN, Zwingendes Recht in der internationalen Schiedsgerichtsbarkeit, SchiedsVZ 2008, 209
JAYME, Internationale Schiedsgerichtsbarkeit für Streitigkeiten aus Bank- und Börsengeschäften, IPRax 2000, 157
JORDANS, Schiedsgerichte bei Termingeschäften und Anlegerschutz (2007)
JUNKER, Deutsche Schiedsgerichte und IPR, in: FS Sandrock (2000) 443
KAUFMANN-KOHLER/RIGOZZI, Arbitrage international (2. Aufl 2011)
KILGUS, Zur Anerkennung und Vollstreckung englischer Schiedssprüche in Deutschland (1995)
KOHL, Vorläufiger Rechtsschutz in internationalen Handelsschiedsverfahren (1990)
ders, Das „Gebot überparteilicher Rechtspflege" und der deutsche schiedsrechtliche ordre public, NJW 1987, 1105
KREINDLER/WOLFF/RIEDER, Commercial Arbitration in Germany (2016)
KULPA, Das anwendbare (materielle) Recht im internationalen Handelsschiedsverfahren (2005)

LACHMANN, Handbuch für die Schiedsgerichtspraxis (3. Aufl 2008)
LACKABY/PARTASIDES/REDFERN/HUNTER, Law and Practice on International Commercial Arbitration (5. Aufl 2009)
LEHMANN, Die Schiedsfähigkeit wirtschaftsrechtlicher Streitigkeiten als transnationales Rechtsprinzip (2003)
LEW/MISTELIS/KRÖLL, Comparative International Commercial Arbitration (2003)
LIONNET/LIONNET, Handbuch der internationalen und nationalen Schiedsgerichtsbarkeit (3. Aufl 2005)
LÖRCHER, Neue Verfahren der internationalen Streiterledigung in Wirtschaftssachen (2001)
LOWENFELD, International Litigation and Arbitration (3. Aufl 2006)
MASSURAS, Dogmatische Strukturen der Mehrparteienschiedsgerichtsbarkeit (1998)
MOSES, The Principles and Practice of International Commercial Arbitration (2008)
MÜLLER/RIGOZZI, New Developments in International Arbitration (2012)
NEDDEN/HERZBERG, ICC-SchO – DIS-SchO – Praxiskommentar zu den Schiedsgerichtsordnungen (2014)
NEWMAN/HILL, The Leading Arbitrators' Guide to International Arbitration (2004)
OBERHAMMER (Hrsg), Schiedsgerichtsbarkeit in Zentraleuropa (2005)
PETROCHILOS, Procedural law in international arbitration (2004)
POUDRET/BESSON, Droit comparé de l'arbitrage international (3. Aufl 2014)
QUINKE, Börsenschiedsvereinbarungen und prozessualer Anlegerschutz (2005)
ders, Schiedsverfahren und Eingriffsnormen, SchiedsVZ 2007, 247
RACINE, L'arbitrage commercial international et l'ordre public (Paris 1999)
RAESCHKE-KESSLER, Die internationale Schiedsgerichtsbarkeit, ein Motor für transnationales Verfahrensrecht, in: FS Schlosser (2005) 713
RAESCHKE-KESSLER/BERGER, Recht und Praxis des Schiedsverfahrens (4. Aufl 2007)
REDFERN/HUNTER, Law and Practice of International Commercial Arbitration (4. Aufl 2004)
RENSMANN, Anationale Schiedssprüche (1997)
RUBINO-SAMMARTANO, International Arbitration Law (3. Aufl 2014)
SAMUEL, Jurisdictional Problems in International Commercial Arbitration and Practice (2001)
SANDERS (Hrsg), International Handbook on Commercial Arbitration (Loseblatt)
ders, Arbitration, in: IntEncyclCompL XVI Chapter 12 (1996)
SANDROCK, Die objektive Anknüpfung von Verträgen nach § 1051 Abs 2 ZPO, RIW 2000, 321
SCHIFFER, Wirtschaftsschiedsgerichtsbarkeit (1999)
SCHLOSSER, Die objektive Schiedsfähigkeit des Streitgegenstandes – eine rechtsvergleichende und internationalrechtliche Studie, in: FS Fasching (1988) 405
ders, Das Recht der internationalen privaten Schiedsgerichtsbarkeit (2. Aufl 1989)
SCHROEDER, Die Lex Mercatoria Arbitralis (2007)
SCHÜTZE, Schiedsgericht und Schiedsverfahren (5. Aufl 2012)
ders (Hrsg), Institutionelle Schiedsgerichtsbarkeit (2. Aufl 2006)
ders, Ausgewählte Probleme des deutschen und internationalen Schiedsverfahrensrechts (2006)
SCHÜTZE/TSCHERNING/WAIS, Handbuch des Schiedsverfahrens (2. Aufl 1990)
SCHWAB/WALTER, Schiedsgerichtsbarkeit (7. Aufl 2005)
SEONG-UNG, Die Bestimmung des anwendbaren materiellen Rechts in der internationalen Handelsschiedsgerichtsbarkeit nach § 1051 ZPO (2004)
SOLOMON, Die Verbindlichkeit von Schiedssprüchen in der internationalen privaten Schiedsgerichtsbarkeit (2007)
SPIEGEL, Kartellprivatrecht in der internationalen Handelsschiedsgerichtsbarkeit (2000)
STEGER, Die Präklusion von Versagungsgründen bei der Vollstreckung ausländischer Schiedssprüche (2015)
UNGEHEUER, Die Beachtung von Eingriffsnormen in der internationalen Handelsschiedsgerichtsbarkeit (1996)
G WAGNER, Prozessverträge – Parteiautonomie im Verfahrensrecht (1997)
P WAGNER, Abstimmungsfragen zwischen Inter-

nationalem Insolvenzrecht und Internationaler Schiedsgerichtsbarkeit (2007)
WEIGAND/BAUMANN/HAAS/KAHLERT, (Hrsg), Practitioner's Handbook on International Arbitration (3. Aufl 2019)
WEIHE, Der Schutz der Verbraucher im Recht der Schiedsgerichtsbarkeit (2005)
WEINTRAUB, International Litigation and Arbitration (2006)
CH WOLF, Die institutionelle Handelsschiedsgerichtsbarkeit (1992).

b) New Yorker UN-Übereinkommen von 1958

ARFAZADEH, Arbitrability under the New York Convention: the Lex Fori Revisited, JIntArb 2001, 73
VAN DEN BERG, The New York Arbitration Convention of 1958 (1981)
BERTHEAU, Das New Yorker Abkommen vom 10. 6. 1958 über die Anerkennung und Vollstreckung ausländischer Schiedssprüche (1965)
BLESSING (Hrsg), The New York Convention of 1958 (1996)
DESHPANDE, „Foreign Awards" in the 1958 New York Convention, JIntArb 1992, 51
GAILLARD/DI PIETRO (Hrsg), Enforcement of Arbitration Agreements and International Arbitral Awards – The New York Convention in Practice (2008)
HARRIS, The „Public Policy" Exception to Enforcement of International Arbitration Awards under the New York Convention, JIntArb 2007, 9
HESS, Sportgerichtsbarkeit im Lichte der New Yorker Konvention, ZZPInt 3 (1998) 457
KAPLAN, The writing requirement as expressed in the New York convention and commercial practice, ArbInt 1996, 27
KLEIN, La Convention de New York pour la reconnaissance et l'exécution des sentences arbitrales étrangères, SchwJZ 1961, 239 und 247
KRÖLL, 50 Jahre UN-Übereinkommen, SchiedsVZ 2009, 40
ders, 50 Jahre UN-Übereinkommen über die Anerkennung und Vollstreckung ausländischer Schiedssprüche – Standortbestimmung und Zukunftsperspektive, SchiedsVZ 2009, 40
KRONKE/NACIMIENTO/OTTO/PORT, Recognition and Enforcement of Foreign Arbitral Awards: A Global Commentary on the New York Convention (2010)
KUNER, The Public Policy Exception to the Enforcement of Foreign Arbitral Awards in the U.S. and West-Germany under the New York Convention, JIntArb 1990, 71
KÜHN, Aktuelle Fragen zur Anwendung der New Yorker Konvention von 1958 im Hinblick auf die Anerkennung und Vollstreckung ausländischer Schiedssprüche – Eine Betrachtung der deutschen Rechtsprechung, SchiedsVZ 2009, 53
LEDERER, Article II(2) of the New York Convention and Modern Means of Electronic Communication: Are Letters and Telegrams an Archaic Relic from the Past?, SchiedsVZ 2017, 245
DI PIETRO/PLATTE, Enforcement of International Arbitration Awards: The New York Convention of 1958 (London 2001)
POUDRET/COTTIER, Remarques sur l'application de l'article II de la convention de New York, Bull. ASA 1995, 383
PRYLES, Foreign Awards and the New York Convention, ArbInt 1993, 259
RENSMANN, Wo ergehen Schiedssprüche nach dem New Yorker Übereinkommen? (Hiscox v Outhwaite), RIW 1991, 911
SHEN WIE, Rethinking the New York Convention (2013)
TRITTMANN, New York Convention. An Article-by-Article Commentary (2. Aufl 2019)
WEI, Rethinking the New York Convention (2013)
WOLFF (Hrsg), New York Convention, Commentary (2. Aufl 2019).
Vgl ferner die laufende Kommentierung der Rechtsprechung zum UNÜ durch VAN DEN BERG im Yearbook for Commercial Arbitration.

c) Europäisches Übereinkommen von 1961

GENTINETTA, Das Verhältnis des Europäischen Übereinkommens über die internationale Handelsschiedsgerichtsbarkeit von 1961 zu anderen multilateralen Abkommen auf dem Gebiet der privaten Schiedsgerichtsbarkeit, SchwJbIntR 25 (1968) 149
HASCHER, European Convention on International Commercial Arbitration of 1961, YCA XXXVI (2011)
KAISER, Das Europäische Übereinkommen über

die internationale Handelsschiedsgerichtsbarkeit vom 21. 4. 1961 (Diss Zürich 1967)
KLEIN, La Convention européenne sur l'arbitrage commercial international, Rev crit 1962, 621 (deutsche Neubearbeitung: ZZP 76 [1963] 342)
KRÖLL, The European Convention of International Commercial Arbitration – the Tale of a Sleeping Beauty, Austrian Arbitration Yearbook 2013, 3
MEZGER, Das Europäische Übereinkommen über die Handelsschiedsgerichtsbarkeit, RabelsZ 29 (1965) 231
MOLLER, Der Vorrang des UN-Übereinkommens über Schiedsgerichtsbarkeit vor dem Europäischen Übereinkommen über Handelsschiedsgerichtsbarkeit, EWS 1996, 297
ders, Schiedsverfahrensnovelle und Europäisches Übereinkommen über die internationale Handelsschiedsgerichtsbarkeit, NZG 2000, 57
TARZIA, Controllo arbitrale e controllo giudiziario della competenza dell'arbitro secondo la Convenzione europea sull' arbitrato commerciale internazionale, Riv dir proc 1974, 321.
Vgl ferner die laufende Kommentierung der Rechtsprechung zum EuÜ durch HASCHER im Yearbook for Commercial Arbitration.

d) UNCITRAL Modellgesetz

BROCHES, Commentary on the UNCITRAL Model Law on International Commercial Arbitration (1990)
CALAVROS, Das UNCITRAL-Modellgesetz über die Internationale Handelsgerichtsbarkeit (1988)
GRANZOW, Das UNCITRAL-Modellgesetz über die internationale Handelsschiedsgerichtsbarkeit von 1985 (Diss München 1987)
HUSSLEIN-STICH, Das UNCITRAL-Modellgesetz über die internationale Handelsschiedsgerichtsbarkeit (1990)
HOLTZMANN/NEUHAUS, A Guide to the UNCITRAL Model Law on International Commercial Arbitration (1989)
JAEGER, Die Umsetzung des UNCITRAL-Modellgesetzes über die internationale Handelsschiedsgerichtsbarkeit im Zuge nationaler Reformen (2001).

2. Internationale Schiedsvereinbarungen

J M AHRENS, Die subjektive Reichweite internationaler Schiedsvereinbarungen und ihre Erstreckung in der Unternehmensgruppe (2001)
ALEXANDER, Gerichtsstands- und Schiedsstandsvereinbarungen im E-Commerce sowie außergerichtliche Streitbeilegung (2006)
ASHFORD, The Proper Law of the Arbitration Agreement, Arb. 85:3 (2019), 276
BÄLZ/STROMPFE, Asymmetrische Streitbeilegungsklaseln in internationalen Wirtschaftsverträgen: Zulässigkeit, Grenzen, Gestaltungsmöglichkeiten, SchiedsVZ 2017, 157
vBAUM, Die prozessuale Modifizierung von Wertpapieren durch Gerichtsstands- und Schiedsvereinbarungen (1998)
BECKMANN, Statutarische Schiedsklauseln im deutschen Recht und internationalen Kontext (2007)
BERGER, „Sitz des Schiedsgerichts" oder „Sitz des Schiedsverfahrens"?, RIW 1993, 8
ders, Zur Geltung einer Schiedsabrede kraft Handelsbrauchs, DZWir 1993, 466
BERNARDINI, The Arbitration Clause of an International Contract, JIntArb 1992, 45
BLASCHCZOK, Die kartellrechtliche Zulässigkeit von Schiedsvereinbarungen, IPRax 2025, 24
BLESSING, Arbitration Agreements – Multifold Critical Aspects (1994)
ders, Drafting an Arbitration Clause, Bull ASA 1994, 32
ders, Extension of the Scope of an Arbitration Clause to Non-Signatories, Bull ASA 1994, 151
BÖCKSTIEGEL, Abschluss von Schiedsverträgen durch konkludentes Handeln oder Stillschweigen, in: FS Bülow (1981) 1
BOND, How to Draft an Arbitration Clause, JIntArb 1989, 65
BORK, Der Begriff der objektiven Schiedsfähigkeit (§ 1025 ZPO), ZZP 100 (1987) 249
BORN, International Arbitration and Forum Selection Agreements: Drafting and Enforcing (4. Aufl 2013)
BUDIN, Les clauses arbitrales internationales bipartites, multipartites et spéciales de l'arbitrage „ad hoc" et institutionnel (1993)
BUSSE, Die Bindung Dritter an Schiedsvereinbarungen, SchiedsVZ 2005, 118
COESTER-WALTJEN, Einige Überlegungen zu

Schiedsgerichtsvereinbarungen und ihrer Wirksamkeit, in: Liber amicorum Siehr (2010) 595
Coipel-Cordonnier, Les conventions d'arbitrage et d'élection de for en droit international privé (1999)
Colberg, Der Schutz der Schiedsvereinbarung (2019)
Czempiel/Kurth, Schiedsvertrag und Wechselforderung im deutschen und internationalen Privatrecht, NJW 1987, 2118
Czernich, Österreich: Das auf die Schiedsvereinbarung anwendbare Recht, SchiedsVZ 2015, 181
Czernich/Geimer (Hrsg), Streitbeilegungsklauseln im Internationalen Vertragsrecht (2017)
Ebbing, Zur Schiedsfähigkeit von Börsengeschäften und Börsentermingeschäften, WM 1999, 1264
Eichel, Inhaltskontrolle von AGB-Schiedsklauseln im internationalen Handelsverkehr, IPRax 2010, 219
Epping, Die Schiedsvereinbarung im internationalen privaten Rechtsverkehr nach der Reform des deutschen Schiedsverfahrensrechts (1999)
Fouchard, Clauses abusives en matière de l'arbitrage, Rev arb 1995, 147
Fremuth/Wolf, Die Schiedsvereinbarung im Zessionsfall (2004)
Friedland, Arbitration clauses for international contracts (2004)
Frohloff, Verletzung von Schiedsvereinbarungen (2017)
Gaja, Forma dell'accordo arbitrale e riconoscimento del lodo straniero secondo la Convenzione di New York, Riv dir int priv proc 1991, 321
Gebauer, Zur subjektiven Reichweite von Schieds- und Gerichtsstandsvereinbarungen, in: FS Schütze (2015) 95
Geimer, Das Schiedsvereinbarungsstatut in der Anerkennungsperspektive, IPRax 2006, 233
Gildeggen, Internationale Schieds- und Schiedsverfahrensvereinbarungen in Allgemeinen Geschäftsbedingungen vor deutschen Gerichten (1991)
Girsberger, The Effects of Assignment on Arbitration Agreements, Liber amicorum Siehr (2010) 723
Girsberger, Form und Konsens bei Schiedsvereinbarungen, in: FS Kren Kostkiewicz (2018) 363
Girsberger/Hausmaninger, Assignment of Rights and Agreement to Arbitrate, 8 Arb Int 1992, 121
Girsberger/Ruch, Pathological arbitration clauses, Liber amicorum Bergsten (2011) 123
Goutal, La clause compromissoire dans les connaissements, Rev arb 1996, 605
Graffi, Die Ungültigkeit des Schiedsvertrages wegen Formfehlern bei der Vollstreckung des Schiedsspruchs nach dem New Yorker UN-Übereinkommen: die Orientierung der italienischen Schiedsgerichtsbarkeit, TranspR 1998, 177
Haas, Zur formellen und materiellen Wirksamkeit des Schiedsvertrages, IPRax 1993, 382
W Habscheid/E Habscheid, Wegfall einer internationalen Schiedsinstitution, Schiedsvertrag und Schiedsrichtervertrag, JZ 1994, 945
Hahnkämper, Neue Regeln für Schiedsvereinbarungen, SchiedsVZ 2006, 65
Hanefeld/Wittinghofer, Schiedsklauseln in Allgemeinen Geschäftsbedingungen, SchiedsVZ 2005, 217
Hascher, Recognition and Enforcement of Judgments on the Existence and Validity of an Arbitration Clause under the Brussels Convention, ArbInt 1997, 33
Hau, Durchsetzung von Zuständigkeits- und Schiedsvereinbarungen mittels Prozessführungsverboten im EuGVÜ, IPRax 1996, 44
ders, Grenzen der Beachtlichkeit von Schieds- und Gerichtsstandsvereinbarungen nach lex fori und Vereinbarungsstatut, IPRax 1999, 232
Hausmann, Einheitliche Anknüpfung internationaler Gerichtsstands- und Schiedsvereinbarungen, in: FS W Lorenz (1991) 359
Heinig, Grenzen von Schiedsgerichtsvereinbarungen im EuZPR (2011)
Henn, Grenzen der Wahl des schiedsgerichtlichen Verfahrensrechts und Nationalität des Schiedsspruches, JbPraxSch 3 (1989) 31
Hochbaum, Missglückte internationale Schiedsvereinbarungen (Diss Münster 1995)
Hollweg, Schiedsvereinbarungen und Strohmanngesellschaften (1997)
vHoutte, Consent to Arbitration through

Agreement to Printed Contracts: the Continental Experience, ArbInt 2000, 1
vHÜLSEN, Die Gültigkeit von internationalen Schiedsvereinbarungen (1973)
IRIBERRI, El convenio arbitral en el arbitraje comercial internacional (Madrid 1997)
JARVIN, Zur Abtretung von Rechten aus einem Vertrag mit Schiedsklausel, BB 1998 Beil Nr 9 S 12
JORDANS, Schiedsgerichte bei Termingeschäften und Anlegerschutz (2007)
JOSEPH, Jurisdiction and Arbitration Agreements and their Enforcement (2005)
JÜRSCHIK, Die Ausdehnung der Schiedsvereinbarung auf konzernzugehörige Unternehmen (2011)
KAPLAN, Is the Need for Writing as Expressed in the New York Convention and the Model Law Out of Step with Commercial Practice?, Arb Int 12 (1996) Nr 1, 27
KAUFMANN-KOHLER, Arbitration Agreements in Online Business to Business Transactions, in: FS Böckstiegel (2001) 355
KIERDORF, Das auf internationale Gerichtsstands- und Schiedsvereinbarungen anwendbare Recht (2024)
KOCH, The CISG as the Law Applicable to Arbitration Agreements?, in: FS Kritzer (2008) 267
KÖNIG, Zur Bestimmung des Schiedsvertragsstatuts bei fehlender Gesetzesgrundlage nach Inkrafttreten der Rom I-Verordnung, SchiedsVZ 2012, 129
KOEPP/TURNER, A Massive Fire and a Mass of Confusion: Enka v Chubb and the Need for a Fresh Approach to the Choice of Law Governing the Arbitration Agreement JIntArb. 38:3 (2021), 377
KOOPS/NICKEL, Die kollisionsrec htliche Anknüpfung der Scheidsverein barung, RIW 2021, 711
KOUSSOULIS, Zur Dogmatik des auf die Schiedsvereinbarung anwendbaren Rechts, in: FS Schlosser (2005) 415
KOWALKE, Die Zulässigkeit von internationalen Gerichtsstands-, Schiedsgerichts- und Rechtswahlklauseln bei Börsentermingeschäften (2002)
KRÖLL, Die Schiedsvereinbarung im Verfahren zur Anerkennung und Vollstreckbarerklärung ausländischer Schiedssprüche ZZP 117 (2004) 453
ders, Zur kollisionsrechtlichen Behandlung von Schiedsvereinbarungen – Rechtsfragen der subjektiven Reichweite, IPRax 2016, 43
LANDROVE, Assignment and Arbitration (2009)
LINDACHER, Schiedsklauseln und Allgemeine Geschäftsbedingungen im internationalen Handelsverkehr, in: FS Habscheid (1989) 167
MÄSCH, Schiedsvereinbarungen mit Verbrauchern, in: FS Schlosser (2005) 529
MAGNUS, Sonderkollisionsnorm für das Statut von Gerichtsstands- und Schiedsvereinbarungen?, IPRax 2016, 521
MALLMANN, Die Bedeutung der Schiedsvereinbarung im Verfahren zur Anerkennung und Vollstreckbarerklärung ausländischer Schiedssprüche, SchiedsVZ 2004, 152
MARTENS, Wirkungen der Schiedsvereinbarung und des Schiedsverfahrens auf Dritte (2005)
MAYER, Die Überprüfung internationaler Schiedsvereinbarungen durch staatliche Gerichte, Bull ASA 1996, 361
MENTIS, Schranken prozessualer Klauseln in AGB (1994)
MICHAELIS, Der Schutz der Schiedsvereinbarung – Eine rechtsvergleichende Untersuchung zu Schadensersatzansprüchen wegen Verletzung des Schiedsvertrags (2019)
MILES/GOH, A Principled Approach Towards the Law Governing Arbitration Agreements, in: FS Pryles (2018) 385
MISTELIS/BREKOULAKIS (Hrsg), Arbitrability: International & Comparative Principles (2009)
MOHS, Drittwirkung von Schieds- und Gerichtsstandsvereinbarungen (2006)
NAUMANN, Englische anti-suit injunctions zur Durchsetzung von Schiedsvereinbarungen (2008)
NIEDERMAIER, Schiedsgerichtsbarkeit und Finanztermingeschäfte – Anlegerschutz durch § 37h WpHG und andere Instrumente, SchiedsVZ 2012, 177
ders, Schieds- und Schiedsverfahrensvereinbarungen in strukturellen Ungleichgewichtslagen (2013)
NIENABER, Negotiating Arbitration Clauses with U.S. Companies, SchiedsVZ 2005, 273

NIKLAS, Die subjektive Reichweite von Schiedsvereinbarungen (2008)
NOLTING, Mangelnde Feststellung des für Formwirksamkeit der Schiedsklausel und Schiedsfähigkeit maßgeblichen Rechts, IPRax 1987, 349
OBERHAMMER, Fakultative Schiedsklauseln, RdW 2000, 134
OPPETIT, La clause arbitrale par référence, Rev arb 1990, 551
OTTO, Das Schriftformerfordernis bei internationalen Schiedsvereinbarungen, IPRax 2003, 333
POUDRET, Le droit applicable à la convention d'arbitrage, in: ASA Special Series Nr 8 (1994) 23
ders, La clause arbitrale par référence selon la Convention de New York et l'art 6 du Concordat sur l'arbitrage, Mélanges Flattet (1985) 523
QIU, A Comparative Analysis of the Approaches used to determine the Four Laws of Commercial Arbitration, Arb 86:1 (2020), 50
RAHMANN, Ausschluss staatlicher Gerichtsbarkeit – Eine rechtsvergleichende Untersuchung des Rechts der Gerichtsstands- und Schiedsvereinbarungen in der BRD und den USA (1984)
RECHBERGER, Evergreen: Gültigkeit der Schiedsklausel, in: FS Schlosser (2005) 733
RÜSSMANN/TIMÁR, The laws applicable to the arbitration agreement, in: FS Kaissis (2012) 837
SAMTLEBEN, Wirksamkeit von Schiedsklauseln bei grenzüberschreitenden Börsentermingeschäften, ZEuP 1999, 974
ders, Schiedsgerichtsbarkeit und Finanztermingeschäfte – Der Schutz der Anleger vor der Schiedsgerichtsbarkeit durch § 37h WpHG, IPRax 2011, 469
SANDROCK, „Ex aequo et bono" – und „amiable composition"-Vereinbarungen: ihre Qualifikation, Anknüpfung und Wirkungen, JbPraxSch 2 (1988) 120
ders, Arbitration Agreements and Groups of Companies, in: FS Lalive (1993) 625
ders, Die Erstreckung von Schiedsvereinbarungen auf Staaten, RIW 2012, 9
SCHLOSSER, Schiedsklauseln in Allgemeinen Geschäftsbedingungen, ZEuP 1994, 682
ders, Rechtswahlvereinbarung für den Hauptvertrag auch gültig für die Schiedsvereinbarung?, IPRax 2020, 222
K SCHMIDT, Schiedsklauseln in Konnossementen unter einer Charterparty, in: FS Herber (1999) 281
SCHULZ/NIEDERMAIER, Unwirksame Schiedsklausel in Franchiseverträgen durch Wahl des Tagungsorts im Ausland, SchiedsVZ 2009, 196
SCHÜTZE, Zur Wirksamkeit von internationalen Schiedsvereinbarungen und zur Wirkungserstreckung ausländischer Schiedssprüche über Ansprüche aus Börsentermingeschäften, JbPraxSch 1 (1987) 94
ders, Die verkannte Funktion der Schiedsvereinbarung im internationalen Zivilprozessrecht, IPRax 2006, 442
ders, Kollisionsrechtliche Probleme der Schiedsvereinbarung, insbesondere der Erstreckung ihrer Bindungswirkung auf Dritte, SchiedsVZ 2014, 274
SCHWENZER/BEIMEL, Das auf die Schiedsvereinbarung anwendbare Recht, IWRZ 2021, 51
SEONG-UNG, Die Bestimmung des anwendbaren materiellen Rechts in der internationalen Handelsschiedsgerichtsbarkeit nach § 1051 ZPO (2004)
SIEG, Internationale Gerichtsstands- und Schiedsklauseln in AGB, RIW 1998, 102
SPIEKER, Schiedsvereinbarungen in AGB im Bereich des nicht-kaufmännischen Verkehrs, ZIP 1999, 2138
STÜRNER/WENDELSTEIN, Das Schiedsvereinbarungsstatut bei vertraglichen Streitigkeiten, IPRax 2014, 473
TARAWALI/GERARDY, The Law Governing the Arbitration Agreement – A Fresh Look at an Old Debate after the UK Supreme Court's Enka Judgment and Recent Clarification by the German Federal Court of Justice, SchiedsVZ 2021, 208
THÖNISSEN, Die Wirksamkeit von Schiedsvereinbarungen in Deutschland und den USA, ZZPInt 23 (2018) 31
THORN/NICKEL, The Effect of Overriding Mandatory Rules on Arbitration Agreements, Eur Int Arb Rev 7:1 (2018) 43
THÜMMEL, Die Schiedsvereinbarung zwischen Formenzwang und favor validitatis – Anmerkungen zu § 1031 ZPO, in: FS Schütze (1999) 935
TODD, Incorporation of Arbitration Clauses into Bills of Lading, JBL 1997, 331

Trappe, Zur Schiedsgerichtsklausel im Konnossement, in: FS Herber (1999) 305
Vollmer, Kartell-Schiedsklauseln in internationalen Wirtschaftsverträgen, GRUR 1986, 589
Wächter, Kollisionsrechtliche Aspekte der Schiedsvereinbarung am Beispiel der „Husten-Affäre“, SchiedsVZ 2018, 294
ders, Die Schiedseinrede bei Auslandsberührung (2020)
ders, Das Kollisionsrecht der Schiedsvereinbarung, SchiedsVZ 2023, 21
Wackenhuth, Ersetzbarkeit der Formerfordernisse des Art 2 Abs 2 des UN-Übereinkommens durch Klageerhebung und rügelose Einlassung vor dem Schiedsgericht, RIW 1985, 568
ders, Die Schriftform für Schiedsvereinbarungen nach dem UN-Übereinkommen und Allgemeine Geschäftsbedingungen, ZZP 99 (1986) 445
Walder, Die Vollmacht zum Abschluss einer Schiedsabrede, insbes im internationalen Verhältnis, in: FS Keller (1989) 677
Weller, Keine Berücksichtigung ausländischer Eingriffsnormen bei der Wirksamkeitsprüfung der Schiedsvereinbarung nach § 1030 ZPO, IPRax 2016, 48
Wörle, Die internationale Effektivität von Schiedsvereinbarungen (2014)
Wyler, La convention d'arbitrage en droit du sport, ZSR 1997, 45.

I. Internationale Handelsschiedsgerichtsbarkeit

1. Bedeutung

Schiedsvereinbarungen haben Gerichtsstandsvereinbarungen inzwischen im internationalen Geschäftsverkehr in erheblichem Umfang verdrängt. Die **Vorteile**, die eine schiedsrichterliche Streiterledigung gegenüber einem Verfahren vor den staatlichen Gerichten bereits in Inlandsfällen hat, wie zB die Abkürzung der Verfahrensdauer durch Beschränkung auf eine Instanz, die Diskretion des Verfahrens, die spezielle Sachkunde der Schiedsrichter, die Freiheit der Verfahrensausgestaltung und die Kostenvorteile (vgl Diedrich JuS 1998, 158 f; Schwab/Walter Kap 1 Rn 8), werden im internationalen Rechtsverkehr noch erheblich verstärkt. So können die Parteien etwa Schiedsrichter mit besonderen Kenntnissen des ausländischen und internationalen Privatrechts bestellen und damit die mit der Einholung von Sachverständigengutachten verbundenen Kosten und Verzögerungen vermeiden. Die Freiheit der Verfahrensausgestaltung hat im internationalen Bereich ferner den Vorzug, dass das Erfordernis einer förmlichen Zustellung von Schriftstücken an im Ausland wohnende Verfahrensbeteiligte entfällt. Darüber hinaus können die Parteien sich für das Verfahren vor dem Schiedsgericht auf eine bestimmte Sprache einigen und Schiedsrichter bestellen, die dieser Sprache kundig sind; damit erübrigt sich die im Verfahren vor staatlichen Gerichten notwendige Übersetzung von Urkunden in die Gerichtssprache und die Zuziehung von Dolmetschern für die Anhörung von Beteiligten, die der Gerichtssprache nicht mächtig sind (Schütze Rn 18 ff; Lachmann Rn 368 f). Auch haben die Parteien in die Streiterledigung durch von ihnen selbst ausgewählte kompetente Schiedsrichter häufig größeres Vertrauen als in den Spruch eines ausländischen staatlichen Gerichts. Vor allem aber ist die Durchsetzung von Schiedssprüchen im internationalen Rechtsverkehr in weit größerem Umfang staatsvertraglich gewährleistet als die Vollstreckung von Urteilen staatlicher Gerichte. Denn während die Vollstreckung deutscher Zahlungsurteile derzeit nur in den Mitgliedstaaten der Brüssel Ia-VO, den Vertragsstaaten des LugÜ 2007 und des HGÜ sowie aufgrund bilateraler Übereinkommen weiterhin im Verhältnis zu Israel und Tunesien gewährleistet ist, gilt das UN-Übereinkommen über die Anerkennung und Vollstreckung 523 ausländischer Schiedssprüche vom 10. 6. 1958 (dazu Rn 525 ff) derzeit in mehr als 160 Staaten. Darüber hinaus werden Schiedssprüche von den im internationalen Handel tätigen Unternehmen ganz überwiegend freiwillig erfüllt (vgl RAESCHKE-KESSLER/BERGER Rn 51). Aus diesem Grund enthalten heute ca 80–90 % aller grenzüberschreitenden Wirtschaftsverträge eine Schiedsvereinbarung (vgl BERGER RIW 1994, 12).

2. Rechtsquellen

524 Das Recht der internationalen Schiedsgerichtsbarkeit wird heute in erheblichem Umfang von multi- und bilateralen Staatsverträgen beherrscht, die das nationale Kollisions- und Verfahrensrecht der Vertragsstaaten verdrängen.

a) Multilaterale Staatsverträge

aa) UN-Übereinkommen von 1958

525 Das bedeutendste multilaterale Regelungsinstrument der internationalen Handelsschiedsgerichtsbarkeit ist heute das UN-Übereinkommen über die Anerkennung und Vollstreckung ausländischer Schiedssprüche **(UNÜ)** vom 10. 6. 1958 (BGBl 1961 II 122; zur Entstehungsgeschichte STEIN/JONAS/SCHLOSSER, ZPO [23. Aufl 2014] Anh § 1061 Rn 3), das für die Bundesrepublik Deutschland am 28. 9. 1961 in Kraft getreten ist (BGBl 1962 II 102; zum Ratifikationsstand vgl JAYME/HAUSMANN [22. Aufl 2024] Nr 240 in Fn 1). Das Übereinkommen vereinheitlicht insbesondere die Voraussetzungen, unter denen ausländische Schiedssprüche in den Vertragsstaaten anerkannt und vollstreckt werden können; es ersetzt insoweit das Genfer Abkommen zur Vollstreckung ausländischer Schiedssprüche vom 26. 9. 1927 (RGBl 1930 II 1068) und das Genfer Protokoll über die Schiedsklauseln im Handelsverkehr vom 24. 9. 1923 (RGBl 1925 II 47). Zu diesem Zweck regelt das Übereinkommen auch Fragen der Form und des zulässigen Inhalts von Schiedsvereinbarungen, und zwar auch schon im Erkenntnisverfahren (näher Rn 547 f). Die Sachnormen des Übereinkommens erübrigen in wichtigen Fragen den Rückgriff auf das Kollisionsrecht (GEIMER, IZPR [9. Aufl 2024] Rn 3702).

bb) Europäisches Übereinkommen von 1961

526 Das Europäische Übereinkommen über die internationale Handelsschiedsgerichtsbarkeit **(EuÜ)** vom 21. 4. 1961 (BGBl 1964 II 426) ist für die Bundesrepublik Deutschland am 25. 1. 1965 in Kraft getreten (BGBl 1965 II 107; zum Ratifikationsstand vgl JAYME/HAUSMANN [22. Aufl 2024] Nr 241 in Fn 1). Es wurde vor allem im Interesse einer Verbesserung der Handelsbeziehungen zwischen West- und Osteuropa beschlossen (vgl zur Entstehungsgeschichte KLEIN ZZP 76 [1963] 344 f; KAISER 16 ff; STEIN/JONAS/SCHLOSSER, ZPO [23. Aufl 2014] Anh § 1061 Rn 386 ff). Es ergänzt das UN-Übereinkommen, dem sämtliche Vertragsstaaten des EuÜ ebenfalls beigetreten sind, insbesondere durch Regeln über das Verfahren vor dem Schiedsgericht und gewährleistet ausdrücklich die rechtliche Verbindlichkeit von Schiedsvereinbarungen, die das ständige Schiedsgericht einer Organisation für zuständig erklären. Das EuÜ wird ergänzt durch die **Pariser Vereinbarung** vom 17. 12. 1962 (BGBl 1964 II 449), die im Verhältnis der westlichen Vertragsstaaten des EuÜ gewisse Kompetenzen auf die staatlichen Gerichte zurücküberträgt.

cc) Übereinkommen auf besonderen Rechtsgebieten

527 Während die vorgenannten Staatsverträge das Recht der privaten Schiedsgerichtsbarkeit für handelsrechtliche Streitigkeiten jeder Art regeln, hat die Bundesrepublik Deutschland auch Staatsverträge abgeschlossen, die eine schiedsgerichtliche Streiter-

ledigung nur auf eng begrenzten Rechtsgebieten vorsehen. Zu erwähnen sind insbesondere:

- das Genfer Übereinkommen über den Beförderungsvertrag im internationalen Straßengüterverkehr (CMR) vom 19. 5. 1956 (Art 33; BGBl 1961 II 1919)
- das Montrealer Übereinkommen zur Vereinheitlichung bestimmter Vorschriften über die Beförderung im internationalen Luftverkehr (MÜ) vom 28. 5. 1999 (Art 34; BGBl 2004 II 459)
- das Washingtoner Übereinkommen zur Beilegung von Investitionsstreitigkeiten zwischen Staaten und Angehörigen anderer Staaten vom 18. 3. 1965 (Art 36–63; BGBl 1964 II 369).

b) Bilaterale Staatsverträge

Die Bundesrepublik Deutschland hat ferner auch bilaterale Abkommen geschlossen, **528** die Fragen der internationalen Handelsschiedsgerichtsbarkeit betreffen (dazu Geimer, IZPR [8. Aufl 2019] Rn 3710 ff). Diese Abkommen regeln zwar in erster Linie die Voraussetzungen der gegenseitigen Anerkennung und Vollstreckung von Schiedssprüchen; sie enthalten zT jedoch auch besondere Vorschriften über die Anerkennung von Schiedsvereinbarungen. Zu nennen sind insbesondere:

- der deutsch-amerikanische Freundschafts-, Handels- und Schifffahrtsvertrag vom 29. 10. 1954 (Art VI Abs 2; BGBl 1956 II 488)
- der deutsch-tunesische Vertrag über die gegenseitige Anerkennung und Vollstreckung gerichtlicher Entscheidungen in Zivil- und Handelssachen sowie die Handelsschiedsgerichtsbarkeit vom 19. 7. 1966 (Art 47–50; BGBl 1969 II 890).

Das deutsch-sowjetische Abkommen über allgemeine Fragen des Handels und der Seeschifffahrt vom 25. 4. 1958 (Art 8; BGBl 1959 II 222), das auch nach Auflösung der UdSSR im Verhältnis zur Russischen Föderation und weiteren GUS-Staaten fortgalt, ist am 20. 12. 2000 außer Kraft getreten (Bek v 7. 12. 2001, BGBl 2002 II 40).

c) UNCITRAL-Modellgesetz

Am 21. 6. 1985 beschloss die United Nations Commission on International Trade **529** Law (UNCITRAL) den Entwurf eines Modellgesetzes über die Internationale Handelsschiedsgerichtsbarkeit (UN-ModG), der von der Vollversammlung am 11. 12. 1985 gebilligt wurde (vgl zur Entstehungsgeschichte des Gesetzes Holtzmann/Neuhaus 9 ff; Granzow 51 ff; Calavros 1 ff). Das UN-ModG ist als Sondergesetz für die *internationale* Handelsschiedsgerichtsbarkeit konzipiert. Es regelt die Wirksamkeit von Schiedsvereinbarungen und die Schiedseinrede vor staatlichen Gerichten, die Konstituierung des Schiedsgerichts und die Durchführung des schiedsrichterlichen Verfahrens, sowie die Aufhebung, Anerkennung und Vollstreckung von Schiedssprüchen (vgl zum Inhalt des UN-ModG näher Calavros 10 ff; Granzow 55 ff; Husslein-Stich 6 ff; ferner den Kommentar von Holtzmann/Neuhaus). Das UN-ModG entwickelt die Konzeption des New Yorker Übereinkommens unter Berücksichtigung der UNCITRAL-Schiedsverfahrensregeln von 1976 fort. Durch die mit dem Modellgesetz angestrebte Harmonisierung der nationalen Schiedsverfahrensgesetze soll die Wahl des Schiedsorts an Bedeutung verlieren und die Vollstreckung von Schiedssprüchen im In- und Ausland erleichtert werden (vgl Berger, Neues Recht der Schiedsgerichtsbarkeit 7 ff; Granzow 49 ff; Epping 2 ff).

d) Autonomes deutsches Schiedsverfahrensrecht

530 Das weitgehend noch aus dem 19. Jahrhundert stammende deutsche Schiedsverfahrensrecht im 10. Buch der ZPO ist durch das **Gesetz zur Neuregelung des Schiedsverfahrensrechts vom 22. 12. 1997** (BGBl 1997 I 3224) der modernen Entwicklung auf dem Gebiet der Schiedsgerichtsbarkeit angepasst worden. Ziel der Neuregelung war es vor allem, den bisherigen deutschen Standortnachteil für internationale Schiedsverfahren gegenüber Ländern mit modernen Schiedsgesetzen zu beseitigen und die Bundesrepublik Deutschland zu einem attraktiven Austragungsort für internationale Schiedsstreitigkeiten zu machen. Zu diesem Zweck hat der Gesetzgeber weitgehend das UN-ModG über die internationale Handelsschiedsgerichtsbarkeit von 1985 in die ZPO übernommen und das Verfahren betreffend die Aufhebung und Vollstreckung von Schiedssprüchen wesentlich vereinfacht. Das deutsche Reformgesetz beschränkt sich allerdings – abweichend vom UN-ModG – nicht auf die *internationale* Schiedsgerichtsbarkeit, sondern bevorzugt eine einheitliche Regelung, die gleichermaßen für internationale wie für nationale Schiedsverfahren gilt (vgl zu den Gründen Schlosser RIW 1994, 723; Schumacher, in: FS Glossner [1994] 344 f). Ferner zieht das neue deutsche Schiedsrecht auch seinen sachlichen Anwendungsbereich weiter als das UN-ModG; denn es gilt nicht nur für Schiedsverfahren auf dem Gebiet des Handels- und Wirtschaftsrechts, sondern für die schiedsrichterliche Entscheidung aller schiedsfähigen privatrechtlichen Streitigkeiten (vgl § 1031 Abs 5 ZPO zu Schiedsverfahren mit Beteiligung von Verbrauchern; dazu Rn 622).

3. Der Anwendungsbereich der Staatsverträge und die Abgrenzung zum autonomen Recht

a) UN-Übereinkommen

531 Das UNÜ regelt seinen Anwendungsbereich in Art I allein für die **Anerkennung und Vollstreckung von Schiedssprüchen**. Der autonom zu qualifizierende Begriff „Schiedsspruch“ (dazu OLG Frankfurt BeckRS 2024, 14959 Rn 7; Haas ZEuP 1999, 355 [356] und ZVglRWiss 114 [2015], 516 [519]; Schlosser Rn 766; MünchKommZPO/Adolphsen Art 1 UNÜ Rn 3) erfasst nur vollstreckungsfähige, nicht hingegen rein schuldrechtlich wirkende Schiedssprüche (BGH NJW 1982, 1224 = IPRax 1982, 143 m **abl** Anm Wenger 135; BayObLG RIW 2003, 385; Schwab/Walter Kap 42 Rn 4; **aA** ital Cass Foro it 1083 I 736 und YbComArb XVIII [1993] 427). Auf Schiedsvergleiche findet das UNÜ nur Anwendung, wenn der Vergleichsinhalt in einen Schiedsspruch mit vereinbartem Wortlaut (vgl § 1053 ZPO) übernommen wurde (Weigand/Baumann/Haas/Kahlert Rn 21.109; MünchKommZPO/Adolphsen Art I UNÜ Rn 4). Verfahrensleitende Verfügungen *(procedural orders)* sind keine Schiedssprüche iSv Art I UNÜ, weil sie den Rechtsstreit noch nicht entscheiden, sondern eine Entscheidung nur vorbereiten (OLG Frankfurt BeckRS 2024, 14959 Rn 9).

aa) Territoriale Abgrenzung

532 Nach Art I Abs 1 S 1 UNÜ hängt die Anwendbarkeit des Übereinkommens in erster Linie davon ab, dass die Anerkennung und Vollstreckung des Schiedsspruchs in einem anderen Staat beantragt wird als in demjenigen, in welchem er erlassen wurde (vgl BGHZ 104, 178 = IPRax 1989, 228 mAnm Wenger 210; BGH IPRax 2001, 580 mAnm Sand-

ROCK 550; BGH WM 2004, 703; öst OGH RIW 1995, 773; MünchKommZPO/ADOLPHSEN Art I UNÜ Rn 14). **„Ergangen"** ist der Schiedsspruch an dem Ort, den die Parteien, die von ihnen gewählte Schiedsorganisation oder die Schiedsrichter als „Sitz" des Schiedsgerichts festgelegt haben (BG Bull ASA 1997, 329 ff; BERGER RIW 1993, 8 [10 ff]). Dieser Sitz des Schiedsgerichts, der in Zweifelsfällen autonom in Anlehnung an Art 20 UN-ModG (= § 1043 ZPO) auszulegen ist (EPPING 18), bestimmt die Nationalität des Schiedsspruchs auch dann, wenn die Schiedsrichter ihn an einem anderen Ort unterschrieben oder verkündet haben (MANN, in: FS Oppenhoff [1985] 215 [223 f]; BÜHLER IPRax 1987, 253; RENSMANN RIW 1991, 911 ff; WEIGAND/BAUMANN/HAAS/KAHLERT Rn 21.35; **aA** *Outhwaite v Hiscox* [HL; 1991] YbComArb XVII [1992] 599; VAN DEN BERG 294 f; GILDEGGEN 132 f). Ohne Einfluss auf die Anwendbarkeit des UNÜ nach Art I Abs 1 S 1 ist es hingegen, nach welchem Recht das Schiedsverfahren durchgeführt wurde (SCHWAB/WALTER Kap 42 Rn 2; STEIN/JONAS/SCHLOSSER, ZPO [23. Aufl 2014] Anh § 1061 Rn 28) oder welchem Recht die Schiedsvereinbarung untersteht (**aA** insoweit *National Thermal Power Corp v Singer Co* [Sup Ct India; 1992] YbComArb XVIII [1993] 403 [409 ff]; dazu PHADNIS/OTTO RIW 1994, 475 f). Unerheblich sind auch (Wohn-)Sitz oder Nationalität der Parteien (ital Cass YbComArb IV [1979] 284; SCHWAB/WALTER Kap 42 Rn 3; näher REITHMANN/MARTINY/HAUSMANN, IVR [9. Aufl 2021] Rn 7.236 f mwNw).

bb) Prozessuale Abgrenzung

Nach seinem Art I Abs 1 S 2 erfasst das UNÜ auch solche Schiedssprüche, die zwar 533
im Vollstreckungsstaat erlassen wurden, aber dort deshalb nicht als „inländische" gelten, weil das Schiedsgericht *ausländisches Verfahrensrecht* zugrunde gelegt hat. Damit nimmt das UNÜ Rücksicht auf die sog **prozessuale Theorie**, welche die Nationalität eines Schiedsspruchs allein vom angewandten Verfahrensrecht abhängig macht (vgl VAN DEN BERG 24; BERTHEAU 45; MünchKommZPO/ADOLPHSEN Art I UNÜ Rn 12). Diese Theorie wurde bis zur Reform des Schiedsverfahrensrechts von 1997 namentlich von der deutschen Rechtsprechung befolgt (vgl BGHZ 21, 365 [367 ff]; BGH NJW 1986, 1436; BGHZ 104, 178 = NJW 1998, 3090 [3091]; BGH IPRax 2001, 580 mAnm SANDROCK 550; OLG Düsseldorf EWiR 2000, 795 mAnm KRÖLL). Durch Art 1 Abs 1 S 2 UNÜ war deshalb sichergestellt, dass ein Schiedsspruch, den ein Schiedsgericht mit Sitz in Deutschland nach ausländischem Verfahrensrecht gefällt hatte, im Inland nach Maßgabe des UNÜ für vollstreckbar erklärt werden konnte. Demgegenüber kann es aufgrund des heute in § 1025 Abs 1 ZPO verankerten Territorialitätsprinzips künftig zu Schiedssprüchen, die im Inland nach dem Recht eines anderen (Vertrags-)Staates ergehen, nicht mehr kommen (WINKLER/WEINAND BB 1998, 597 f; GEIMER, IZPR [9. Aufl 2024] Rn 3714); Art I Abs 1 S 2 UNÜ ist damit für die Bundesrepublik Deutschland gegenstandslos geworden (MünchKommZPO/ADOLPHSEN Art I UNÜ Rn 12). Von Schiedsgerichten mit Sitz (§ 1043 ZPO) in Deutschland erlassene Schiedssprüche sind nicht mehr nach dem UNÜ, sondern nach § 1060 ZPO zu vollstrecken.

cc) Territorialitätsvorbehalt

Nach Art I Abs 1 UNÜ ist die Anwendbarkeit des Übereinkommens nicht auf die 534
Anerkennung und Vollstreckung von Schiedssprüchen beschränkt, die in einem anderen *Vertragsstaat* ergangen sind (öst OGH RIW 1995, 773). Allerdings räumt Art I Abs 3 S 1 UNÜ den Vertragsstaaten das Recht ein, die Anwendung des Übereinkommens auf solche Schiedssprüche zu begrenzen. Diesen sog Territorialitätsvorbehalt haben ca die Hälfte aller Vertragsstaaten erklärt (vgl die Übersicht bei JAYME/HAUSMANN [22. Aufl 2024] Nr 240 Fn 6; dazu näher MünchKommZPO/ADOLPHSEN Art I Rn 20).

Da § 1061 ZPO für die Anerkennung und Vollstreckung ausländischer Schiedssprüche ohne Einschränkungen auf die Vorschriften des UNÜ verweist, so dass auch die Anerkennung von Schiedssprüchen aus Nichtvertragsstaaten in Deutschland nur noch nach Maßgabe von Art V UNÜ versagt werden kann, hat die Bundesrepublik Deutschland den auch von ihr zunächst eingelegten Vorbehalt mit Wirkung v 31. 8. 1998 zurückgenommen (BGBl 1999 II 7; dazu BGH IPRax 2001, 580 [581]). Die Vollstreckung des in einem anderen Vertragsstaat nach dem (Verfahrens-)Recht eines Nichtvertragsstaats gefällten Schiedsspruchs scheitert aber nicht daran, dass der Schiedsstaat den Territorialitätsvorbehalt erklärt hat (Schlosser Rn 69; **aA** van den Berg 26 f; Bertheau 51; Gildeggen 32 f; anders wenn der Schiedsstaat den Gegenseitigkeitsvorbehalt erklärt hat, vgl MünchKommZPO/Adolphsen Art I UNÜ Rn 23).

dd) Handelssachenvorbehalt

535 In Art I Abs 3 S 2 UNÜ werden die Vertragsstaaten weiterhin ermächtigt, den Geltungsbereich des Übereinkommens auf die Anerkennung von Schiedssprüchen zu beschränken, die in handelsrechtlichen Streitigkeiten ergangen sind. Diesen Vorbehalt hat bisher ca ein Drittel der Vertragsstaaten, nicht aber die Bundesrepublik Deutschland eingelegt (vgl die Übersicht bei Jayme/Hausmann [22. Aufl 2024] Nr 240 Fn 7). Vor deutschen Gerichten ist das Übereinkommen daher auch auf die Anerkennung von Schiedssprüchen in Verbraucherstreitigkeiten anzuwenden (MünchKommZPO/Adolphsen Art II UNÜ Rn 23). Über die Qualifikation einer Streitigkeit als „Handelssache“ entscheidet nach dem ausdrücklichen Wortlaut des Art I Abs 3 S 2 UNÜ das innerstaatliche Recht des Staates, der den Vorbehalt erklärt hat (öst OGH IPRax 2000, 429 [431] mAnm Haas 432; Schlosser Rn 73 f). Die Vertragsstaaten, die den Vorbehalt erklärt haben, gehen jedoch idR von einem weiten Begriff der Handelssachen aus (Stein/Jonas/Schlosser, ZPO [23. Aufl 2014] Anh § 1061 Rn 38 mwNw).

b) Europäisches Übereinkommen

536 Anders als das UNÜ geht das EuÜ bei der Bestimmung seines Anwendungsbereichs nicht vom Schiedsspruch, sondern von der **Schiedsvereinbarung** aus und erfasst Schiedssprüche nach seinem Art I Abs 1 lit b nur, wenn sie auf der Grundlage einer nach dem Übereinkommen wirksam getroffenen Schiedsvereinbarung ergangen sind (Schlosser Rn 88; Geimer, IZPR [9. Aufl 2024] Rn 3703). Demgemäß können Streitigkeiten auf dem Gebiet des grenzüberschreitenden Handels auch dann in den Anwendungsbereich des Übereinkommens einbezogen werden, wenn das Schiedsverfahren in einem Nichtvertragsstaat und nach dessen Verfahrensrecht durchgeführt wird (vgl ital Cass YbComArb IX [1984] 418; Schwab/Walter Kap 42 Rn 15).

aa) Sitz der Parteien in verschiedenen Vertragsstaaten

537 Nach Art I Abs 1 lit a EuÜ setzt die Anwendbarkeit des Übereinkommens voraus, dass die Parteien der Schiedsvereinbarung ihren **gewöhnlichen Aufenthalt** bei Vertragsschluss **in verschiedenen Vertragsstaaten** haben; bei Gesellschaften und juristischen Personen kommt es stattdessen auf den effektiven Verwaltungssitz – nicht den Satzungssitz (vgl Hascher YbComArb XVII [1992] 711 [715]; MünchKommZPO/Adolphsen Art I EuÜ Rn 2) – an. Ist die Vereinbarung von einer *Zweigniederlassung* abgeschlossen worden, so muss diese nach Art 1 Abs 2 lit c EuÜ in einem Vertragsstaat begründet sein. Haben die Parteien ihren Sitz in demselben Staat oder hat auch nur eine Partei ihren Sitz in einem Nichtvertragsstaat, so findet das Übereinkommen keine Anwendung (vgl OLG Düsseldorf IPRspr 1971 Nr 161; OLG Köln RIW 1992, 760; Hascher YbComArb

XXXVI [2011] 507 [509] mwNw). Dies gilt auch dann, wenn das Schiedsverfahren in einem Vertragsstaat stattfindet (van den Berg 94; Schwab/Walter Kap 42 Rn 15).

bb) Streitigkeit aus internationalen Handelsgeschäften

Die Schiedsvereinbarung muss ferner Streitigkeiten aus internationalen Handelsgeschäften betreffen. Der Begriff des „internationalen Handelsgeschäfts" iSv Art I Abs 1 lit a EuÜ ist – anders als der Begriff „Handelssachen" in Art I Abs 3 S 2 UNÜ (dazu Rn 535) – nicht nach nationalem Recht, sondern *autonom* zu qualifizieren, um die einheitliche Bestimmung des sachlichen Anwendungsbereichs des Übereinkommens in allen Vertragsstaaten sicherzustellen (App Lyon Clunet 1991, 1000 mAnm Kahn; Kaiser 57; Schlosser Rn 89; Wackenhuth ZZP 99 [1986] 445 [449]; Schwab/Walter Kap 42 Rn 14; Hascher YbComArb XVII [1992] 711 [716 f] mwNw; **aA** [lex fori-Qualifikation] Klein ZZP 76 [1963] 346). Da das Übereinkommen die Streitschlichtung durch internationale Schiedsgerichte erleichtern will, ist der Begriff *weit* auszulegen. Er erfasst – über § 343 Abs 1 HGB hinaus – jedes Geschäft, das auf eine grenzüberschreitende Leistung von Sachen, Kapital oder Diensten gegen Entgelt gerichtet ist (BGHZ 77, 32 [36 f] = IPRax 1981, 53 mAnm Samtleben 43; vHülsen 37; Stein/Jonas/Schlosser, ZPO [23. Aufl 2014] Anh § 1061 Rn 391); nicht erforderlich ist, dass die Leistung in einem Vertragsstaat des EuÜ erbracht wird (MünchKommZPO/Adolphsen Art I EuÜ Rn 6). Weiterhin muss zumindest ein Geschäftspartner in beruflicher, satzungsmäßiger oder amtlicher Eigenschaft beteiligt gewesen sein (Schwab/Walter Kap 42 Rn 14; MünchKommZPO/Adolphsen Art I EuÜ Rn 7). Hingegen müssen die Parteien keine Kaufleute iSv §§ 1 ff HGB sein. Darüber hinaus dürfte das EuÜ auf *Verbraucherverträge* iSv Art 6 Rom I-VO insgesamt nicht anwendbar sein (Reithmann/Martiny/Hausmann, IVR [9. Aufl 2021] Rn 7.252; Gildeggen 94 zu Art 29 EGBGB aF). Erfasst werden schließlich auch *gesetzliche Ansprüche* (zB aus unerlaubter Handlung, culpa in contrahendo oder ungerechtfertigter Bereicherung), sofern sie in einem hinreichend engen Zusammenhang mit dem geschlossenen Handelsgeschäft stehen (vHülsen 93; MünchKommZPO/Adolphsen Art I EuÜ Rn 8). **538**

c) Autonomes deutsches Schiedsverfahrensrecht

Das nationale Kollisions- und Verfahrensrecht für internationale Schiedsverfahren kommt nur noch zur Anwendung, wenn die Schiedsvereinbarung nicht in den – sachlichen, räumlichen oder zeitlichen – Anwendungsbereich von multi- oder bilateralen Staatsverträgen auf diesem Gebiet fällt. Es behält darüber hinaus eine gewisse Bedeutung aufgrund der in den Staatsverträgen enthaltenen Öffnungsklauseln (Art VII Abs 1 UNÜ, Art X Abs 7 EuÜ), soweit es die Anerkennung von Schiedsvereinbarungen oder Schiedssprüchen gegenüber der staatsvertraglichen Regelung begünstigt (Meistbegünstigung, dazu Rn 543 f). Im früheren deutschen Schiedsverfahrensrecht fehlte eine Regelung des räumlichen Anwendungsbereichs. Daraus wurde überwiegend gefolgert, dass die Parteien in der Wahl des anzuwendenden Schiedsverfahrensrechts frei seien; demgemäß konnte ein in Deutschland stattfindendes Schiedsverfahren – unter Ausschluss der zwingenden Normen des deutschen Rechts – ausländischem Recht unterworfen werden (vgl BGH NJW 1986, 1436; Schlosser Rn 230, 459). Demgegenüber sind heute nach § 1025 Abs 1 ZPO die Vorschriften des 10. Buches der ZPO nur noch anzuwenden, wenn der Ort des Schiedsverfahrens in Deutschland liegt. Damit hat der Reformgesetzgeber von 1997 das **strikte Territorialitätsprinzip** des Art 1 Abs 2 UN-ModG übernommen (vgl Winkler/Weinand BB 1998, 598 ff; Kronke RIW 1998, 260 f; Berger DZWiR 1998, 46 f; Schütze Rn 250; Zöller/Geimer, **539**

ZPO [35. Aufl 2024] § 1025 Rn 1 ff). Die Wahl ausländischen Schiedsverfahrensrechts ist daher nur noch kraft materiell-rechtlicher Verweisung in den Grenzen der zwingenden Bestimmungen des deutschen Rechts zulässig (BT-Drucks 13/5274, 31). Dieser Grundsatz wird allerdings durch eine Reihe von Ausnahmen durchbrochen, die teilweise weiter reichen als nach dem UN-ModG (vgl § 1025 Abs 2–4, 1032, 1033, 1050 ZPO; dazu Epping 9 ff). Ferner gilt das Territorialitätsprinzip des § 1025 Abs 1 ZPO nach dem ausdrücklichen Willen des Gesetzgebers nur für *inländische* Schiedsverfahren; die für ein im Ausland durchgeführtes Schiedsverfahren nach der dortigen *lex fori* zulässige Wahl deutschen Schiedsverfahrensrechts wird mithin auch in Deutschland anerkannt (BT-Drucks 13/5274, 31).

d) Konkurrenzen

540 Konkurrenzprobleme ergeben sich einerseits immer dann, wenn eine Schiedsvereinbarung in den persönlichen und/oder sachlichen Anwendungsbereich mehrerer (multi- oder bilateraler) Staatsverträge fällt. Andererseits ist zu bestimmen, wie weit der Vorrang der Staatsverträge vor dem autonomen Recht der Vertragsstaaten jeweils reicht. Dabei ist wie folgt zu unterscheiden:

aa) UN-Übereinkommen – Europäisches Übereinkommen

541 Zwischen diesen beiden Übereinkommen kommt es nur selten zu Überschneidungen, weil das UNÜ vor allem die Anerkennung und Vollstreckung ausländischer Schiedssprüche regelt, während das EuÜ vornehmlich ergänzende Bestimmungen über das Schiedsverfahren enthält. In den verbleibenden Konfliktfällen sind zunächst die Öffnungsklauseln in Art VII Abs 1 UNÜ und in Art X Abs 7 EuÜ zu beachten, die sicherstellen sollen, dass kein Staat durch seinen Beitritt zum UNÜ/EuÜ zu Völkerrechtsverletzungen gegenüber anderen Staaten verpflichtet wird (van den Berg 92; Schlosser Rn 133; MünchKommZPO/Adolphsen Art VII UNÜ Rn 7; Weigand/Baumann/Haas/Kahlert Rn 21.526)). Im Übrigen gilt auch im Verhältnis UNÜ-EuÜ die Grundregel **„lex posterior derogat legi priori"**, wenn beide Übereinkommen in den beteiligten Staaten gelten (OLG München IPRspr 2009 Nr 2732; Schwab/Walter Kap 42 Rn 27, 34 f; MünchKommZPO/Adolphsen Art VII UNÜ Rn 8; **aA** Moller EWS 1996, 297 [298 f]). Daraus folgt etwa, dass die Einhaltung der Form einer Schiedsvereinbarung nach Maßgabe des später in Kraft getretenen EuÜ genügt, auch wenn die Schriftform nach Art II Abs 2 UNÜ nicht gewahrt wurde (BGH WM 1970, 1050; OLG München SchiedsVZ 2010, 50 [51 f]; van den Berg 97; Haas IPRax 1993, 382 [383]; Mallmann SchiedsVZ 2004, 152 [156]). Insoweit bedarf es keines Rückgriffs auf den Meistbegünstigungsgrundsatz in Art VII Abs 1 UNÜ (Schwab/Walter Kap 42 Rn 27; **aA** OLG Köln RIW 1993, 499 = IPRax 1993, 399 m **abl** Anm Haas 382). Ist hingegen der Schiedsstaat dem UNÜ später als dem EuÜ beigetreten (wie zB Jugoslawien, Luxemburg und die Türkei), so kann das EuÜ über Art VII Abs 1 UNÜ dennoch zur Anwendung gelangen, soweit es die Anerkennung der Schiedsvereinbarung – zB hinsichtlich der Formgültigkeit gem Art I Abs 2 lit a EuÜ (dazu Rn 607 f) – begünstigt (Wackenhuth ZZP 99 [1986] 445 [451]; Schwab/Walter Kap 42 Rn 36; zu weiteren Konkurrenzproblemen vgl Reithmann/Martiny/Hausmann, IVR [9. Aufl 2021] Rn 7.257 f).

bb) Multilaterale und bilaterale Übereinkommen

542 Konkurrenzprobleme stellen sich aus deutscher Sicht vor allem zwischen dem UNÜ einerseits und dem bilateralen Staatsvertrag mit den USA (Rn 528) andererseits. Grundsätzlich hat das UNÜ als *lex posterior* Vorrang vor den zweiseitigen Verträgen,

soweit es die Anerkennung von Schiedsvereinbarungen und Schiedssprüchen erleichtert (MünchKommZPO/Adolphsen Art VII UNÜ Rn 11). Aufgrund des Meistbegünstigungsprinzips in Art VII Abs 1, 2. Alt UNÜ behält Art VI Abs 2 des deutsch-amerikanischen Vertrages jedoch insofern Bedeutung, als er seinerseits die Anerkennung von Schiedsvereinbarungen oder Schiedssprüchen im Vergleich zum UNÜ begünstigt (Schwab/Walter Kap 42 Rn 30; vgl idS auch – zum deutsch-belgischen Abk vom 30.6.1958 – BGHZ 71, 131 [133 ff] = NJW 1978, 1744; ebenso zum deutsch-sowjetischen Handels- und Seeschiffahrtsübk v 25. 4. 1958 BayObLG BB 2000 Beil 12, 10 mAnm Lachmann). Praktische Bedeutung erlangt der Meistbegünstigungsgrundsatz insbesondere für die Anerkennung von *Schiedsklauseln*, weil der deutsch-amerikanische Vertrag – abweichend von Art II Abs 2 UNÜ – die Einhaltung der Schriftform nicht zwingend vorschreibt.

cc) Staatsverträge und autonomes Recht

Soweit die staatsvertraglichen Vorschriften mit dem autonomen Recht der Vertrags- **543**
staaten konkurrieren, gilt im Anwendungsbereich des UNÜ der **Meistbegünstigungsgrundsatz** des Art VII Abs 1 UNÜ; dieser ist von den Gerichten der Vertragsstaaten von Amts wegen zu beachten (BGH WM 2004, 703; Stein/Jonas/Schlosser, ZPO [23. Aufl 2014] Anh § 1061 Rn 384). Danach berührt das UNÜ nicht das Recht des Schiedsklägers, die Anerkennung und Vollstreckung eines ausländischen Schiedsspruchs nach dem ihm günstigeren nationalen Recht des Exequaturstaates zu verlangen. Im Vollstreckungsverfahren vor deutschen Gerichten konnte sich der Kläger daher früher alternativ auf § 1044 ZPO aF stützen, sofern diese Vorschrift die Anerkennung begünstigte (BGH NJW 1976, 1591; BGH NJW 1984, 2763 = IPRax 1985, 158 mAnm Schlosser 141; OLG Hamm RIW 1994, 1052 [1053]). Im Zuge der Reform des deutschen Schiedsverfahrensrechts ist die Möglichkeit einer erleichterten Anerkennung und Vollstreckung ausländischer Schiedssprüche nach Maßgabe des autonomen Rechts indessen entfallen. § 1061 ZPO verweist vielmehr insoweit heute in vollem Umfang auf die Vorschriften des UNÜ, die mithin – vorbehaltlich vorrangiger anderer staatsvertraglicher Vorschriften – die Anerkennung und Vollstreckung ausländischer Schiedssprüche auch dann als nationales Recht regeln, wenn der Anwendungsbereich des Staatsvertrags nicht eröffnet ist.

Obwohl sich der Meistbegünstigungsgrundsatz nach dem Wortlaut von Art VII **544**
Abs 1 UNÜ nur auf die Anerkennung bzw Vollstreckung von Schiedssprüchen bezieht, kommt ihm Bedeutung auch für die **Wirksamkeit von Schiedsvereinbarungen** zu. Diese ist allerdings im *Exequaturverfahren* vor deutschen Gerichten stark eingeschränkt; denn als Vorfrage für die Anerkennung und Vollstreckung eines ausländischen Schiedsspruchs in Deutschland beurteilt sich jedenfalls die (Form-)Gültigkeit einer Schiedsvereinbarung wegen der Verweisung in § 1061 ZPO auf das UNÜ grundsätzlich nach dessen Art II Abs 2 (Epping 104 ff [111 f]; dazu näher Rn 558 f). Eine nur nach dem anwendbaren nationalen Recht (form-)gültige Schiedsvereinbarung ist jedoch im *Einredeverfahren* vor dem staatlichen Gericht aufgrund der Meistbegünstigungsregel des Art VII Abs 1 UNÜ auch dann anzuerkennen, wenn sie den Anforderungen des Art II Abs 2 UNÜ nicht genügt, weil nur auf diese Weise Rechtsschutzlücken vermieden werden können (BGH SchiedsVZ 2021, 97 Rn 23 ff; BGHZ 187, 226 Rn 5 ff = JR 2011, 444 mAnm Elsing; van den Berg 87; Schlosser Rn 160; Weigand/Haas Art VII UNÜ Rn 1; MünchKommZPO/Adolphsen Art II UNÜ Rn 18; dazu näher Rn 603 ff, 611). Zu dem im Rahmen des Meistbegünstigungsgrundsatzes zu berücksichtigenden schiedsfreundlicheren nationalen Recht gehören dabei nicht nur die Bestimmungen

der §§ 1025 ff ZPO, sondern auch die nationalen Kollisionsnormen und das danach als Statut der Schiedsvereinbarung berufene (ausländische) Recht (BGH NJW 2005, 3499 [3500]; BGH SchiedsVZ 2014, 151 Rn 31 = IPRax 2016, 63 mAnm Kröll 43; BGH SchiedsVZ 2021, 97 Rn 26; Wächter SchiedsVZ 2018, 294 [298]).

II. Die internationale Schiedsvereinbarung

1. Begriff

545 Das deutsche Schiedsverfahrensrecht enthält – in Anlehnung an Art 7 Abs 1 UN-ModG – eine Legaldefinition der „Schiedsvereinbarung" in § 1029 Abs 1 ZPO. Danach ist Schiedsvereinbarung „eine Vereinbarung der Parteien, alle oder einzelne Streitigkeiten, die zwischen ihnen in Bezug auf ein bestimmtes Rechtsverhältnis vertraglicher oder nichtvertraglicher Art entstanden sind oder künftig entstehen, der Entscheidung durch ein Schiedsgericht zu unterwerfen", dh es muss der **Rechtsweg zu den staatlichen Gerichten ausgeschlossen** werden (BGH SchiedsVZ 2023, 362 Rn 15; BayObLG SchiedsVZ 2024, 170 Rn 16 u SchiedsVZ 2021, 240 Rn 32 ff, 37; Thomas/Putzo/Nordmeier, ZPO [46. Aufl 2025] § 1029 Rn 3). Die Absichtserklärung, eine schiedsgerichtliche Streiterledigung anzustreben, ist noch keine Schiedsvereinbarung (BGH SchiedsVZ 2016, 42; OLG Oldenburg IPRspr 2014 Nr 271). Die bloße Möglichkeit, gegen einen Schiedsspruch einen Rechtsbehelf zum staatlichen Gericht einlegen zu können, berührt die Gültigkeit der Schiedsvereinbarung allerdings nicht (BGH NJW-RR 2007, 1511 Rn 18 ff). Während das frühere Schiedsverfahrensrecht vom „Schiedsvertrag" sprach (vgl §§ 1025 ff ZPO aF) verwendet das geltende Recht den Begriff „Vertrag" nur im Zusammenhang mit dem Hauptvertrag (vgl §§ 1029 Abs 2, 1031 Abs 3, 1040 Abs 1, 1051 Abs 4 ZPO); der bisherige „Schiedsvertrag" wird hingegen durchgängig als **„Schiedsvereinbarung"** bezeichnet. Diese kann sich – in Übereinstimmung mit Art II Abs 1 UNÜ – sowohl auf bereits entstandene Streitigkeiten *(„compromis")* wie auf künftig entstehende Streitigkeiten *(„clause compromissoire")* beziehen. Nach § 1029 Abs 2 ZPO kann eine Schiedsvereinbarung als selbständige Vereinbarung **(„Schiedsabrede")** oder als Klausel in einem Vertrag **(„Schiedsklausel")** geschlossen werden. Allerdings ist auch die Schiedsklausel vom Schicksal des Hauptvertrages im Übrigen grundsätzlich unabhängig (vgl § 1040 Abs 1 S 2 ZPO; dazu näher Rn 580). Die Schiedsvereinbarung ist insbesondere von bloßen **Verfahrensvereinbarungen** abzugrenzen (BGHZ 202, 168 = NJW 2014, 3652 Rn 15; BayObLG SchiedsVZ 2024, 170 Rn 18; dazu Rn 591); einer Regelung von Einzelheiten des Verfahrens bedarf es zur Annahme einer wirksamen Schiedsvereinbarung grundsätzlich nicht, da diese durch die gesetzlichen Vorschriften ersetzt werden können (OLG Stuttgart BeckRS 2025, 23448 Rn 29; Zöller/Geimer [35. Aufl 2024] § 1029 Rn 31; MünchKommZPO/Münch [6. Aufl 2022] § 1042 Rn 91). Ferner ist die Schiedsvereinbarung auch vom Schiedsrichtervertrag, vom Schiedsgutachtenvertrag und von Mediationsvereinbarungen zu unterscheiden (dazu näher Reithmann/Martiny/Hausmann, IVR [9. Aufl 2021] Rn 7.212 ff; Thomas/Putzo/Nordmeier, ZPO [46. Aufl 2025] Vorb 4 ff zu § 1029).

2. Rechtsnatur

546 Die deutsche Rechtsprechung wertet die Schiedsvereinbarung – ebenso wie die Gerichtsstandsvereinbarung (Rn 426) – als einen „materiell-rechtlichen Vertrag über prozessrechtliche Beziehungen", dessen Zustandekommen sich nach bürgerlichem

Recht richtet (BGHZ 23, 198 [200] = NJW 1957, 589; BGHZ 40, 320 [322] = NJW 1964, 591; zust Wieczorek/Schütze/Schütze, ZPO [4. Aufl 2015] § 1029 Rn 5; Musielak/Voit/Voit, ZPO [22. Aufl 2025] § 1029 Rn 3; Thomas/Putzo/Nordmeier, ZPO [46. Aufl 2025] § 1029 Rn 1). Demgegenüber befürwortet das zivilprozessuale Schrifttum zu Recht eine **prozessuale Qualifikation** der Schiedsvereinbarung. Denn deren charakteristische Wirkung besteht darin, dass sie einerseits ein Verfahren zur Streitschlichtung vorsieht, das mit einem urteilsgleichen Spruch endet; andererseits schließt sie den Zugang zur ordentlichen Gerichtsbarkeit aus und schafft eine prozesshindernde Einrede (Hausmann, in: FS W Lorenz [1991] 359 [361]; König IPRax 2012, 129; Wagner 578 ff; Nagel/Gottwald, IZVR [9. Aufl 2025] Rn 18.16; Stein/Jonas/Schlosser, ZPO [23. Aufl 2014] § 1029 Rn 2; Schwab/Walter Kap 7 Rn 37; Zöller/Geimer, ZPO [35. Aufl 2024] § 1029 Rn 15 ff mwNw). Auch der BGH bezeichnet die Schiedsvereinbarung deshalb neuerdings ausdrücklich als „Unterfall des Prozessvertrages“ (vgl BGHZ 99, 143 [147] = NJW 1987, 651; ebenso öst OGH RIW 1999, 789 mAnm Seidl-Hohenveldern; OLG Koblenz SchiedsVZ 2005, 260 [261]; LG München I SchiedsVZ 2014, 100 [105]).

3. Rechtsquellen

a) Staatsverträge

Während das EuÜ seinen sachlichen und räumlichen Anwendungsbereich in Bezug **547** auf Schiedsvereinbarungen in Art I Abs 1 lit a EuÜ ausdrücklich bestimmt (dazu Rn 536 ff), erweist sich die Anwendung des UNÜ auf Schiedsvereinbarungen vor allem deshalb als schwierig, weil Art II UNÜ deren Anerkennung anordnet, ohne die erforderliche Beziehung der Schiedsvereinbarung zur Rechtsordnung eines Vertragsstaats zu definieren. Ist über die Wirksamkeit der Schiedsvereinbarung als *Vorfrage* im Verfahren über die Anerkennung des auf ihrer Grundlage ergangenen Schiedsspruchs zu entscheiden (vgl Art V Abs 1 lit a UNÜ), so erfasst das Übereinkommen alle Schiedsvereinbarungen, die anerkennungspflichtigen Schiedssprüchen zugrunde liegen (Bertheau 27 f; Weigand/Baumann/Haas/Kahlert Rn 21.124; Stein/Jonas/Schlosser, ZPO [23. Aufl 2014] Anh § 1061 Rn 28; MünchKommZPO/Adolphsen Art II UNÜ Rn 5). Daraus kann indes nicht gefolgert werden, Art II UNÜ gelte in früheren Verfahrensstadien uneingeschränkt, namentlich auch für Schiedsvereinbarungen, die keinerlei Auslandsbezug aufweisen (van den Berg 63; Schlosser Rn 76). Im **Einredeverfahren** vor staatlichen Gerichten soll – im Hinblick auf die vom UNÜ bezweckte Erleichterung der Streiterledigung im internationalen Handelsverkehr – nach verbreiteter Ansicht *jeder internationale Zuschnitt* einer Vertragsbeziehung (zB ausländischer Wohnsitz/Sitz einer Partei oder ausländischer Erfüllungsort von Vertragspflichten) zur Anwendbarkeit des Übereinkommens auf Schiedsvereinbarungen ausreichen, auch wenn der Schiedsort im Inland liegt (so öst OGH JBl 1974, 629 f = YbComArb I [1976] 183; öst OGH IPRax 2006, 268; frz Cass Rev arb 1990, 134; App Versailles Rev arb 1991, 296; LG Hamburg RIW 1978, 124; vHülsen 46 f; van den Berg 61 ff; Gentinetta 286 ff; im Erg auch schwz BG BGE 110 II, 54). Dementsprechend wendet die US-amerikanische Rechtsprechung das UNÜ bei hinreichendem Auslandsbezug sogar dann an, wenn das Schiedsverfahren in den USA als dem späteren Vollstreckungsstaat stattfindet (vgl *Corcoran v AIG Inc* [Sup Ct NY; 1989] YbComArb XV [1990] 586 [591 f]; dazu Reithmann/Martiny/Hausmann, IVR [9. Aufl 2021] Rn 7.243 ff).

Demgegenüber erscheint es im Interesse einer einheitlichen Bestimmung des An- **548** wendungsbereichs für Schiedsvereinbarungen und Schiedssprüche vorzugswürdig, die Anwendung von Art II UNÜ auf solche Schiedsvereinbarungen zu beschränken, die – aus der Sicht des staatlichen (Einrede-)Gerichts – zu Schiedssprüchen führen können, die dann ihrerseits als „ausländische" im Gerichtsstaat nach dem UNÜ anerkennungspflichtig wären (BGH SchiedsVZ 2021, 97 Rn 20; BGH RIW 2010, 879 [881] und RiW 2010, 885 [886]; OLG Hamm BB 1995, Beil Nr 14, S 21; HandelsG Zürich ZEuP 1994, 682 [683] m zust Anm Schlosser; Wackenhuth ZZP 99 [1986] 445 [448]; Nolting IPRax 1987, 349 [350]; Kröll SchiedsVZ 2009, 40 [42]; Gildeggen 37; MünchKommZPO/Adolphsen Art II UNÜ Rn 6). Deutsche Gerichte haben Art II UNÜ daher grundsätzlich nur anzuwenden, wenn der **Ort des Schiedsverfahrens im Ausland** liegt oder im Zeitpunkt der Entscheidung noch nicht feststeht, aber mit der Bestimmung eines ausländischen Schiedsorts gerechnet werden muss (Schwab/Walter Kap 42 Rn 10; Epping 20 f mwNw; vgl auch schwz BG BGE 121 III 38 [44]; BGE 122 III 139 [141 ff]; Kröll SchiedsVZ 2009, 40 [42 f]; zum Einfluss der Vorbehalte Reithmann/Martiny/Hausmann, IVR [9. Aufl 2021] Rn 7.247 f).

b) Autonomes deutsches Schiedsverfahrensrecht

549 Folgt man dieser Auslegung von Art II UNÜ, so ergibt sich daraus zugleich, dass für die Anwendung des autonomen deutschen Schiedsverfahrensrechts auf Schiedsvereinbarungen nur insoweit Raum ist, als Art II UNÜ nicht eingreift. Die §§ 1029 ff ZPO sind daher – vorbehaltlich der Geltung des UNÜ – nur dann noch anzuwenden, wenn der **Schiedsort im Inland** belegen ist und schließen damit die im UNÜ diesbezüglich bestehende Lücke (Epping 21 f). Dies hat Bedeutung insbesondere für die von Art II Abs 2 UNÜ zT stark abweichenden Formerfordernisse nach § 1031 ZPO, die daher bei Vereinbarung eines ausländischen Schiedsorts keine Anwendung finden, soweit nicht die Meistbegünstigungsregel des Art VII Abs 1 UNÜ eingreift (dazu Rn 603 f, 611 ff).

III. Die Anknüpfung internationaler Schiedsvereinbarungen

550 Die Frage, welchem Recht eine internationale Schiedsvereinbarung unterliegt, ist gerade in jüngster Zeit wieder Gegenstand höchstrichterlicher Entscheidungen sowohl in Deutschland (BGH SchiedsVZ 2021, 97 Rn 51 ff) wie in Frankreich (Cass civ 28. 9. 2022 – n° 20-20.260) und England (Enka Insaat Ve Sanayi AS v OOO Insurance Company Chubb [2020] United Kingdom Supreme Court [UKSC] 38 [2020] 1 WLR 4117 mAnm Ostendorf IWRZ 2021, 38) gewesen, die auch in der Literatur starken Widerhall ausgelöst haben (vgl Wächter SchiedsVZ 2023. 21 ff mwNw). Neben das eigentliche Statut der Schiedsvereinbarung treten dabei weitere Statute, die bestimmte Aspekte aus ihm herauslösen, nämlich insbesondere das Formstatut sowie die Statute der subjektiven und der objektiven Schiedsfähigkeit (Wächter SchiedsVZ 2023, 21 [22]). Im Mittelpunkt steht indessen vor allem das allgemeine Statut der Schiedsvereinbarung, das ihr Zustandekommen, ihre materielle Wirksamkeit und ihre Auslegung beherrscht.

1. Keine vom nationalen Recht losgelöste Anknüpfung

550a Einer kollisionsrechtlichen Anknüpfung der Schiedsvereinbarung bedarf es freilich überhaupt nur, wenn kein einheitliches „anationales" Vertragsrecht der Schiedsvereinbarung existierte, das kraft eigener Geltungskraft jedem nationalen Sachrecht vorgeht. Diese Sicht herrscht seit der Entscheidung *Dalico* (Cass Rev arb 1994, 16) insbesondere in der französischen Rechtsprechung vor. Danach ist unabhängig von jedem staatlichen Recht allein der übereinstimmende Parteiwille für den Abschluss einer Schiedsvereinbarung maßgeblich, wie die französische *Cour des Cassation* erst unlängst im Fall Kabab-Ji (Cass civ 28. 9. 2022 – n° 20-20.260; ebenso schon Cass civ 7. 6. 2006, YCA XXXII [2007] 290 [293]) wieder bekräftigt hat. Die Parteiautonomie wird nur durch zwingendes französisches Recht und den ordre public international eingeschränkt. Staatliches Kollisions- und Sachrecht kommt nur ausnahmsweise zur Anwendung, wenn die Parteien dies ausdrücklich vereinbart haben. Aus deutscher Perspektive ist ein universal geltendes allgemeines Vertragsrecht für Schiedsvereinbarungen ohne jede positiv-rechtliche Verankerung indes schon mit verfassungsrechtlichen Grundsätzen nicht zu vereinbaren (Wächter SchiedsVZ 2023, 21 [22]).

2. Staatsverträge und nationales Kollisionsrecht

Im deutschen Recht bedarf es vielmehr zur Bestimmung des anwendbaren Rechts auf Schiedsvereinbarungen des **Rückgriffs auf das Kollisionsrecht**, soweit nicht bestimmte Einzelaspekte ihres Zustandekommens und ihrer Wirksamkeit – wie insbesondere ihre Formgültigkeit (vgl dazu Rn 587 ff)– durch staatsvertragliches Einheitsrecht geregelt sind. Insoweit ist danach zu unterscheiden, ob die Schiedsvereinbarung in den Anwendungsbereich der einschlägigen schiedsrechtlichen Staatsverträge, nämlich des UNÜ oder des EuÜ, fällt oder nach autonomem IPR/IZPR anzuknüpfen ist. **550b**

Eine Sonderanknüpfung gilt allerdings für die Einbeziehung einer Schiedsvereinbarung in einen **dem CISG unterliegenden Kaufvertrag**; denn das Zustandekommen der materiellen Einigung zwischen den Vertragsparteien bestimmt sich dann auch hinsichtlich der Schiedsvereinbarung nach Art 14–24 CISG. Dies gilt jedenfalls dann, wenn mangels Einhaltung der Form des Art II Abs 2 UNÜ nach dem Meistbegünstigungsgrundsatz des Art VII UNÜ auf das nationale Sach- oder Kollisionsrecht abzustellen ist. Die Anwendbarkeit der Vertragsschlussregeln des CISG folgt dann aus dessen Art 19 Abs 3, wonach eine abweichende Streitbeilegungsklausel in der Annahmeerklärung als wesentliche Änderung der Bedingungen des Angebots gilt und das Zustandekommen des Kaufvertrags verhindert. Im Umkehrschluss müssen insoweit übereinstimmende Parteierklärungen eine solche Klausel zum Bestandteil des Vertrags werden lassen. Bestätigt wird dies durch Art 81 Abs 1 S 2 CISG. Danach berührt die Vertragsaufhebung nicht die Bestimmungen des Vertrags über die Beilegung von Streitigkeiten. Diese Norm wäre überflüssig, wenn Schiedsklauseln schon gar nicht Teil des Vertragsbandes nach dem CISG wären (BGH SchiedsVZ 2021 97 Rn 34 ff, 37; Schroeter, in Schlechtriem/Schwenzer/Schroeter, CISG [7. Aufl 2019] Vorbem zu Art 14–24 Rn 50 ff; Schwenzer/Tebel, in: FS Magnus, [2014] 319 [329]; Magnus, in: FS Kritzer [2008] 303 [310]; BeckOK-BGB/Saenger [1. 8. 2025] Art 4 CISG Rn 19; BeckOGK/Buchwitz [1. 2. 2026] Art 14 CISG Rn 27, jeweils mwNw; **aA** noch OLG Frankfurt IHR 2021,155 [158]). **550c**

Die Einbeziehung von AGB in einen dem CISG unterliegenden Vertrag richtet sich nach den für diesen geltenden Vertragsabschlussvorschriften (Art 14, 18 CISG). Allerdings enthält das CISG keine besonderen Regeln für die Einbeziehung standardisierter Geschäftsbedingungen in den Vertrag. Es ist deshalb durch Auslegung nach Maßgabe von Art 8 CISG zu ermitteln, ob die AGB einschließlich der in ihnen enthaltenen Schiedsvereinbarung wirksam einbezogen worden sind. Das kann sich schon aufgrund der Verhandlungen zwischen den Parteien, der zwischen ihnen bestehenden Gepflogenheiten oder der internationalen Gebräuche ergeben (Art 8 Abs 3 CISG). Im Übrigen ist darauf abzustellen, wie eine „vernünftige Person der gleichen **550d**

Art wie die andere Partei" das Angebot aufgefasst hätte (Art 8 Abs 2 CISG; vgl BGH SchiedsVZ 2021, 97 Rn 41; BGHZ 149, 113 [116 f]). Hierfür ist es erforderlich, dass dem Erklärungsgegner der Text der AGB übersandt oder anderweitig zugänglich gemacht wird (BGHZ 149, 113 [117]; Magnus ZEuP 2017, 140 [154 f]; **aA** noch OLG Hamburg, IHR 2014, 12 [14]). Anders als nach autonomem deutschen AGB-Recht wird dem Erklärungsgegner bei Geltung des CISG auch im Rechtsverkehr zwischen Unternehmen nach den Geboten des guten Glaubens eine diesbezügliche Erkundigungspflicht nicht zugemutet (BGHZ 149, 113 [116 ff] = NJW 2002, 370; BGH NJW-RR 2021, 376 Rn 43 f).

a) UN-Übereinkommen

aa) Analoge Anwendung von Art V Abs 1 lit a UNÜ im Einredeverfahren

551 Findet das UNÜ Anwendung, so beurteilt sich die Anknüpfung der Schiedsvereinbarung nach dessen Art V Abs 1 lit a. Danach unterliegt ihre Gültigkeit vorrangig dem von den Parteien gewählten Recht, hilfsweise dem Recht des Landes, in dem der Schiedsspruch ergangen ist. Die Vorschrift bezieht sich ihrem Wortlaut nach allerdings nur auf die Anknüpfung der Schiedsvereinbarung im Rahmen des **Verfahrens zur Anerkennung und Vollstreckung** eines ausländischen Schiedsspruchs (vgl dazu BGH WM 1976, 435; Otto IPRax 2003, 233 [234]). Für die vorausgehenden Verfahrensstadien fehlt es hingegen an einer ausdrücklichen kollisionsrechtlichen Regelung. Umstritten ist daher insbesondere, nach welchem Recht über die Gültigkeit der Schiedsvereinbarung in der *Einredesituation* zu entscheiden ist. Würde man den Anwendungsbereich von Art V Abs 1 lit a UNÜ auf die Anknüpfung der Schiedsvereinbarung im Rahmen des Anerkennungs- und Vollstreckungsverfahrens beschränken, bestünde allerdings die Gefahr, dass eine Schiedsvereinbarung im Einredeverfahren nach dem autonomen Kollisionsrecht der *lex fori* für wirksam erachtet wird und deshalb zur Unzuständigkeit des staatlichen Gerichts führt, dem anschließend ergehenden Schiedsspruch aber die Anerkennung versagt werden könnte, weil das Anerkennungsgericht nach dem von Art V Abs 1 lit a UNÜ für maßgeblich erklärten Recht die Unwirksamkeit der Schiedsvereinbarung feststellt.

551a Um einander derart widersprechende Entscheidungen über die Gültigkeit einer Schiedsvereinbarung in den verschiedenen Verfahrensstadien zu vermeiden, empfiehlt sich daher eine **entsprechende Anwendung des Art V Abs 1 lit a UNÜ** bereits im Einredeverfahren, sofern die Schiedsvereinbarung zu einem Schiedsspruch iSv Art 1 Abs 1 UNÜ führen wird (vgl idS vHülsen 99 f; Gildeggen 135 ff; Ostendorf SchiedsVZ 2010, 234 [241]; Kröll IPRax 2016, 43 [46]; Schlosser Rn 246, 251; Schlosser IPRax 2020, 222 [223 f]; Epping 40 f; Nagel/Gottwald, IZPR [9. Aufl 2025] Rn 18.25; Zöller/Geimer, ZPO [35. Aufl 2024] § 1029 Rn 17a; Schwab/Walter Kap 43 Rn 2; Stein/Jonas/Schlosser, ZPO [23. Aufl 2014] Anh § 1061 Rn 68; zust öst OGH JBl 1974, 629; öst OGH 26. 4. 2006 YbComArb XXXII [2007] 266 [268 f]; schwz BG 21. 3. 1995 Bull ASA 1996, 255 [260]; belg Cass 15. 10. 2004 YbComArb XXXI [2006] 587 [593 f]; App Genova 3. 2. 1990 YbComArb XVII [1992] 542; **aA** Sieg RIW 1998, 102 [105]; krit auch Stürner/Wendelstein IPRax 2014, 473 [475]). Die deutsche Rechtsprechung hat freilich diesen Vorrang der Kollisionsnormen des UNÜ im Einredeverfahren lange Zeit nicht beachtet, sondern insoweit die Kollisionsnormen des internationalen Vertragsrechts (Art 27 ff EGBGB aF, Art 3 ff Rom I-VO) auch auf Schiedsvereinbarungen angewandt (vgl noch BGH SchiedsVZ 2016, 218 [225]; dazu näher Rn 553, 560 ff mwNw). Demgegenüber hat sich der BGH zuletzt der hier vertretenen Auffassung ausdrücklich angeschlossen; auch er ermittelt daher nunmehr das Schiedsvereinbarungsstatut im Anwendungsbereich des UNÜ schon im Einredeverfahren in entsprechender Anwendung von Art V Abs 1 lit a UNÜ, um einen Gleichlauf der Anknüpfung in allen Verfahrensstadien und damit internationalen Entscheidungseinklang zu erreichen (BGH SchiedsVZ 2021, 97 Rn 50 ff; BGH NJW 2025, 896 Rn 20; OLG Köln BeckRS 2025, 28175 Rn 29; ebenso schon zuvor OLG Düsseldorf BeckRS 2017, 140328 Rn 35 = SpuRt 2018, 73; OLG München SchiedsVZ 2014, 262 [264] Rn 23; LG München I SchiedsVZ 2014, 100 [105]; MünchKommZPO/Münch § 1029 Rn 35 f; zust zuletzt auch der UK Supreme Court im Fall *Kabab-Ji* [2021] UKSC 48 [35], wo er es als „unlogisch" bezeichnet hat, wenn sich das Statut der Schiedsvereinbarung allein durch das Ergehen des Schiedsspruchs ändere).

bb) Rechtswahl

Art V Abs 1 lit a UNÜ bekräftigt den **Grundsatz der Parteiautonomie**: Die Parteien **552** haben daher das Recht, das für das Zustandekommen und die Wirkungen einer Schiedsvereinbarung maßgebende Recht frei zu wählen. Der Rechtswahlfreiheit sind – sieht man vom *ordre public*-Vorbehalt nach Art VAbs 2 lit b UNÜ ab – im UNÜ **keine Schranken** gezogen. Sie ist insbesondere nicht durch das Erfordernis eines tatsächlichen Bezugs der Schiedsvereinbarung zum gewählten Recht eingeschränkt; die Parteien dürfen vielmehr auch ein „neutrales" Recht wählen (Gildeggen 127 ff; Schlosser Rn 231; MünchKommZPO/Adolphsen Art V UNÜ Rn 23; Reithmann/Martiny/Hausmann, IVR [9. Aufl 2021] Rn 7.265). Dies kann auch ein anderes Recht als das für das Schiedsverfahren maßgebliche Recht sein; dies folgt schon daraus, dass das UNÜ selbst die Schiedsvereinbarung und das Schiedsverfahren bei Fehlen einer Rechtswahl unterschiedlichen Rechten unterwirft (vgl Art V Abs 1 lit a und lit d; zust Bertheau 86; Schlosser Rn 216; Schwab/Walter Kap 43 Rn 1; Gildeggen 129 f).

Eine ausdrückliche Rechtswahl für die Schiedsvereinbarung wird in der Praxis nur **553** selten getroffen (vgl aber OLG Karsruhe SchiedsVZ 2025, 91 [93]); zu beachten ist jedoch auch eine **stillschweigende Rechtswahl** (Bertheau 72; vHülsen 101; Gildeggen 126; Epping 50 f; Stein/Jonas/Schlosser, ZPO [23. Aufl 2014] Anh § 1061 Rn 157; Weigand/Baumann/Haas/Kahlert Rn 21.383). Allerdings kann die für den Hauptvertrag getroffene ausdrückliche Rechtswahl idR nicht als eine stillschweigende Rechtswahl in Bezug auf die Schiedsvereinbarung gewertet werden, wenn das gewählte (Haupt-)Vertragsstatut nicht mit der *lex fori* des Schiedsgerichts übereinstimmt; denn Hauptvertrag und Schiedsvereinbarung verfolgen ganz unterschiedliche Zwecke (van den Berg 293; Gildeggen 127; Berger 117; Schulz/Niedermaier SchiedsVZ 2009, 196 [198]; Stein/Jonas/Schlosser, ZPO [23. Aufl 2014] Anh § 1061 Rn 157; Reithmann/Martiny/Hausmann, IVR [9. Aufl 2021] Rn 7.264 mwNw; vgl auch *Deutsche Schachtbau- und Tiefbohr GmbH v Ras Al Khaimah National Oil* [CA; 1987] YbComArb XIII [1988] 522). Die deutsche Rechtsprechung beurteilt demgegenüber das Zustandekommen und die Gültigkeit einer Schiedsvereinbarung im Einredeverfahren bisher auch im Anwendungsbereich des UNÜ grundsätzlich nach dem für den Hauptvertrag gewählten Recht (vgl BGH SchiedsVZ 2014, 151 [152]; BGH RIW 1976, 449 [450]; OLG München SchiedsVZ 2014, 262 [264]; OLG Hamm SchiedsVZ 2014, 38 [42]; OLG Hamburg RIW 1989, 574 [575 f]; ferner zu Verbraucherverträgen BGH NJW 2012, 49; zur Rechtswahl in Franchiseverträgen OLG Dresden IHR 2008, 119 f mAnm Kraayvanger = IPRax 2010, 219 mAnm Eichel 219; ebenso *National Thermal Power Corp v Singer Co* [SupCt India; 1992] YbComArb XVIII [1993] 403 [404 ff]; zust vHülsen 101 f; Bertheau 34; Born 455; vgl dazu auch Rn 560 ff). Die besseren Argumente sprechen allerdings für eine akzessorische Anknüpfung der Schiedsvereinbarung an das Schiedsverfahrensstatut (dazu näher Rn 561 ff).

cc) Objektive Anknüpfung

554 In Ermangelung einer Rechtswahl wird die Wirksamkeit der Schiedsvereinbarung im Rahmen des *Anerkennungs- und Vollstreckungsverfahrens* gem Art V Abs 1 lit a UNÜ nach dem Recht des Landes beurteilt, in dem der Schiedsspruch ergangen ist (OLG Frankfurt IPRspr 2009 Nr 275; OLG Hamm RIW 1997, 962; öst OGH IPRax 2006, 268 m zust Anm Geimer 233; span Trib Supremo v 10. 2. 1984, YbComArb X [1985] 493; Hof Den Haag 4. 8. 1993 YbComArb XIX [1994] 703 [706]; Weigand/Baumann/Haas/Kahlert Rn 21.384, MünchKommZPO/Adolphsen Art V UNÜ Rn 24; zur Bestimmung des Schiedsorts s Rn 532). Für die objektive Anknüpfung der Schiedsvereinbarung im Verfahren vor dem *Schiedsgericht* oder dem staatlichen *Einredegericht* kommt es entsprechend auf den Ort an, an dem der Schiedsspruch ergehen *soll* (BGH SchiedsVZ 2021, 97 Rn 52, 55; BGH NJW 2025, 896 Rn 20; LG München I SchiedsVZ 2014, 100 [105]; zust Pfeiffer SchiedsVZ 2014, 161 [163]; schwz BG 21. 3. 1995, Bull ASA 1996, 255 = YbComArb XXII [1997] 800; ital Cass 15. 12. 1985, Foro it 1983 I, 2200 = YbComArb [1985], 464; Schwab/Walter Kap 43 Rn 1 aE). Dies ist auch bei Vereinbarung eines ICC-Schiedsgerichts nicht notwendig der Sitz des Schiedsgerichtshofs der ICC in Paris, sondern der vertraglich vereinbarte Schiedsort. Ist der Schiedsort im Zeitpunkt der Entscheidung über die Gültigkeit der Schiedsvereinbarung noch nicht bekannt, so ist – mangels einer Regelung im UNÜ – entsprechendArt VI Abs 2 lit c EuÜ auf das autonome Kollisionsrecht der *lex fori* zurückzugreifen (BGH SchiedsVZ 2014, 152 Rn 23 [zu Art 14 Abs 2 Rom I-VO]; BGH SchiedsVZ 2011, 46 Rn 32 = IPRax 2011, 499 m zust Anm Samtleben 469; vHülsen 104 f; Gildeggen 135 ff; Epping 91; Moller NZG 2000, 57 [59]; Stein/Jonas/Schlosser, ZPO [23. Aufl 2014] Anh § 1061 Rn 71; **aA** [Anwendung der *lex fori]* König SchiedsVZ 2012, 129 [133]; dazu Rn 560 ff).

dd) Verbraucherstreitigkeiten

555 Der Vorrang der staatsvertraglichen Kollisionsnorm in Art V Abs 1 lit a UNÜ vor dem nationalen Kollisionsrecht gilt auch in Verbraucherstreitigkeiten (Stein/Jonas/Schlosser, ZPO [23. Aufl 2014] Anh § 1061 Rn 68). Abweichend davon legte der BGH die Kollisionsregeln der deutschen *lex fori* im Einredeverfahren auch dann zugrunde, wenn ein Schiedsort in einem anderen Mitgliedstaat des UNÜ (zB in den USA) vereinbart war. Auch in diesem Fall war daher nicht das Recht des vereinbarten ausländischen Schiedsorts nach Art V Abs 1 lit a UNÜ maßgebend; vielmehr wurde das Statut der Schiedsvereinbarung im Wege der (unmittelbaren oder entsprechenden) Anwendung des internationalen Schuldvertragsrechts ermittelt. Praktische Bedeutung hatte diese abweichende Anknüpfung insbesondere, wenn deutsche Anleger als Verbraucher **Börsentermingeschäfte mit US-amerikanischen Brokerhäusern** abgeschlossen hatten, die eine Schiedsvereinbarung zugunsten eines US-amerikanischen Börsenschiedsgerichts enthielten (vgl dazu BGH WM 2010, 2025 Rn 35 = IPRax 2011, 499 m insoweit zust Anm Samtleben 469; BGH WM 2010, 2032 Rn 29 = GWR 2010, 582 mAnm P Wagner; BGH RIW 2011, 321 Rn 24 = SchiedsVZ 2011, 157 mAnm Spetzler; BGH RIW 2011, 426 Rn 26; zur Kritik Rn 565 ff). Dem kann freilich allenfalls dann zugestimmt werden, wenn die Parteien – wie im Regelfall – keine Rechtswahl für die Schiedsvereinbarung getroffen haben und außerdem im Zeitpunkt der Beurteilung durch das staatliche Einredegericht noch nicht feststeht, in welchem Land der Schiedsort liegt. Wurde hingegen ein Schiedsort in einem anderen Vertragsstaat des UNÜ vereinbart, so beurteilt sich das Zustandekommen und die materielle Wirksamkeit der Schiedsvereinbarung bereits im Einredeverfahren vor deutschen Gerichten entsprechend Art V Abs 1 lit a UNÜ allein nach dem dortigen Recht, wenn die Parteien hierfür keine abweichende Rechtswahl getroffen haben. Denn das UNÜenthält keine dem Art 6 Abs 2

Rom I-VO entsprechende Kollisionsnorm (Wächter SchiedsVZ 2023, 21 [24]). Dieser Auffassung folgt inzwischen auch der BGH, nachdem er klargestellt hat, dass es insoweit an einer planwidrigen Regelungslücke in der Rom I-VO fehle, die entgegen Art 1 Abs 2 lit e Rom I-VO mit den Kollisionsregeln dieser Verordnung ausgefüllt werden könnte (BGH SchiedsVZ 2021, 97 Rn 50 f).

b) Europäisches Übereinkommen

Das EuÜ enthält in Art VI Abs 2 eine mit Art V Abs 1 lit a UNÜ weitgehend übereinstimmende Kollisionsnorm. Auch danach unterliegen Schiedsvereinbarungen in erster Linie dem von den Parteien (ausdrücklich oder stillschweigend) gewählten Recht (lit a), wobei für die Annahme einer am Statut des Hauptvertrags orientierten stillschweigenden Rechtswahl das zuvor zum UNÜ Gesagte entsprechend gilt (Hascher YbComArb XVII [1992], 732 f). In Ermangelung einer Rechtswahl gilt das Recht des Landes, in dem der Schiedsspruch ergehen soll (lit b). Haben die Parteien mithin den Schiedsort in ihrer Vereinbarung bereits bestimmt, so gilt das dortige Recht (vgl BGHZ 77, 32 [37] = NJW 1980, 2022; OLG Hamburg RIW 1992, 938; OLG Hamburg RIW 1996, 510). Ist hingegen zur Zeit der Entscheidung über die Gültigkeit der Schiedsvereinbarung noch nicht voraussehbar, in welchem Staat der Schiedsspruch ergehen wird, so gilt hilfsweise das Kollisionsrecht der *lex fori* (lit c; Stein/Jonas/Schlosser, ZPO [23. Aufl 2014] Anh § 1061 Rn 420). Diese Kollisionsregeln sind nicht nur von staatlichen Gerichten (zB im Einredeverfahren), sondern auch von Schiedsgerichten zu beachten, die nach Art VI Abs 3 EuÜ über die Gültigkeit einer Schiedsvereinbarung zu befinden haben (MünchKommZPO/Adolphsen Art VI EuÜ Rn 7). 556

3. Autonomes deutsches Schiedsverfahrensrecht

Das deutsche Recht enthält – anders als etwa das schweizerische Recht (Art 178 Abs 2 IPRG) – keine ausdrückliche allgemeine Kollisionsnorm für die Anknüpfung von Schiedsvereinbarungen. Da die Schiedsvereinbarung kein materiell-rechtlicher Vertrag, sondern ein Prozessvertrag ist (Rn 546), ferner gegenüber dem Hauptvertrag autonom ist (§ 1040 Abs 1 S 2 ZPO), gelten insoweit grundsätzlich nicht die für den Hauptvertrag maßgeblichen Kollisionsnormen der Rom I-VO (vgl Art 1 Abs 2 lit e Rom I-VO) bzw des § 1051 ZPO, sondern **eigene Normen des IZPR** (Epping 44; Wagner 351; Geimer IPRax 2006, 233 f; Zöller/Geimer, ZPO [35. Aufl 2024] § 1029 Rn 1, 17a, 107, 109 f; MünchKommZPO/Münch § 1029 Rn 29, 34; Reithmann/Martiny/Hausmann, IVR [9. Aufl 2021] Rn 7.270 ff). Insoweit ist danach zu unterscheiden, ob das Schiedsverfahren im Inland oder im Ausland stattfindet, und ob das deutsche staatliche Gericht mit der Frage des Zustandekommens und der materiellen Wirksamkeit der Schiedsvereinbarung bereits im Einredeverfahren oder erst im Aufhebungs- bzw Vollstreckungsverfahren betreffend einen in- oder ausländischen Schiedsspruch befasst wird. 557

a) Verfahren vor dem Exequaturgericht

Die Reform des deutschen Schiedsverfahrensrechts von 1997 hat die Möglichkeit der Anerkennung und Vollstreckung ausländischer Schiedssprüche außerhalb der Vorschriften des UNÜ beseitigt (vgl § 1061 ZPO). Damit gelten auch für die Anknüpfung der einem ausländischen Schiedsspruch zugrunde liegenden Schiedsvereinbarung im Exequaturverfahren heute ausschließlich die Kollisionsnormen des UNÜ; dies auch dann, wenn der ausländische Schiedsstaat dem UNÜ nicht beigetreten ist (Schwab/Walter Kap 43 Rn 6; Epping 45 f; dazu Rn 551 ff; anders noch zum früheren Recht 558

BGHZ 236, 277 = SchiedsVZ 2023, 228 Rn 56 f [Anwendung von Art 27 ff EGBGB aF]). Danach sind primär die Sachnormen des von den Parteien gewählten Rechts und in Ermangelung einer Rechtswahl die Sachnormen des ausländischen Schiedsstaates anzuwenden (OLG München SchiedsVZ 2014, 262 [264]; Epping 50; Zöller/Geimer, ZPO [35. Aufl 2024] § 1029 Rn 107 ff; MünchKommZPO/Adolphsen Art V UNÜ Rn 24). Eine damit übereinstimmende Kollisionsregel enthält das deutsche Schiedsverfahrensrecht in § 1059 Abs 2 Nr 1 lit a ZPO für das Verfahren der Aufhebung und der Vollstreckbarerklärung eines inländischen Schiedsspruchs (dazu Reithmann/Martiny/Hausmann, IVR [9. Aufl 2021] Rn 7.272).

559 Im Rahmen des **Meistbegünstigungsgrundsatzes** nach Art VII UNÜ setzt sich freilich das nationale Kollisionsrecht des Anerkennungsstaates gegenüber Art V Abs 1 lit a UNÜ durch, wenn es die Anerkennung begünstigt (BGH NJW 2005, 3499 = IPRax 2006, 266 [268] mAnm Geimer 233; BGH RIW 2011, 82 Rn 12 = SchiedsVZ 2010, 332; Quinke SchiedsVZ 2011, 169). Die Verweisung des § 1061 Abs 1 Satz 1 ZPO geht also bezüglich der in Art VII Abs 1 UNÜ ausgesprochenen Rückverweisung auf das innerstaatliche Recht nicht etwa ins Leere (so aber Mallmann SchiedsVZ 2004, 152 [156]). Der Meistbegünstigungsgrundsatz ist vielmehr dahin zu verstehen, dass er – unter Durchbrechung der Rückverweisung des nationalen deutschen Rechts auf das UNÜ – die Anwendung weniger strenger nationaler Sachvorschriften auf die Frage der Gültigkeit der dem ausländischen Schiedsspruch zugrundeliegenden Schiedsvereinbarung erlaubt. Dies gilt insbesondere für die **Formvorschriften** in § 1031 Abs 2–4 ZPO (BGH RIW 2011, 82 Rn 6 ff; Kröll ZZP 2004, 453 [477 f]; MünchKommZPO/Adolphsen Art II UNÜ Rn 18; Stein/Jonas/Schlosser, ZPO [23. Aufl 2014] Anh § 1061 Rn 109, 378; Zöller/Geimer, ZPO [35. Aufl 2024] § 1031 Rn 25; Lachmann Rn 2564; dazu Rn 603 ff, 611). Demgegenüber hat der Meistbegünstigungsgrundsatz auf dem Gebiet der Anknüpfung der Schiedsverein barung keine Bedeutung, wenn man im autonomen Kollisionsrecht – wie nachfolgend vertreten (Rn 562) – insoweit § 1059 Abs 2 Nr 1 lit a ZPO entsprechend anwendet, weil diese Anknüpfung mit jener in Art V Abs 1 lit a UNÜ übereinstimmt (vgl Wächter SchiedsVZ 2023, 21 [24 f], der von konvergenten Kollisionsnormen spricht).

b) Verfahren vor dem Einredegericht

aa) Rom I-VO contra Schiedsverfahrensrecht

560 Über das Zustandekommen und die materielle Wirksamkeit einer Schiedsvereinbarung haben die deutschen Gerichte in Verfahren, in denen der Beklagte die Schiedseinrede erhoben hatte, bis zur Reform des Schiedsverfahrensrechts von 1997 in entsprechender Anwendung der Vorschriften des **internationalen Schuldvertragsrechts** entschieden (BGHZ 40, 320 [323]; BGHZ 49, 384 [386]; BGH NJW-RR 1993, 1519 [1520]; zust vHülsen 108 ff; Gildeggen 157 f; Schlosser Rn 244, 385; Sieg RIW 1998, 102 [106]; dazu Reithmann/Martiny/Hausmann, IVR [9. Aufl 2021] Rn 7.273 mwNw). Daran hat die deutsche Rechtsprechung auch nach 1997 festgehalten. Dementsprechend wurde – in Ermangelung einer ausdrücklich für die Schiedsvereinbarung getroffenen Rechtswahl – grundsätzlich das **für den Hauptvertrag maßgebliche Recht** auch auf das Zustandekommen und die materielle Wirksamkeit der für diesen Vertrag getroffenen Schiedsvereinbarung angewandt, weil diese mit dem ihr zugrundeliegenden Hauptvertrag regelmäßig die engste Verbindung aufweise (Art 27 ff EGBGB aF analog; vgl BGH NJW 2005, 3499 [3500 f] = IPRax 2006, 266 m krit Anm Geimer 233; ebenso zuletzt noch BGH IPRax 2020, 238 Rn 12 f und öst OGH IPRax 2020, 240 Rn 60 ff, jeweils m krit Anm Schlosser 222; OLG Frankfurt SchiedsVZ 2020, 185 Rn 32; zust Schütze Rn 93; Kronke RIW 1998, 257 [258]; Lachmann Rn 268 f; Stürner/Wendelstein IPRax 2014, 473 [475 ff]). Ebenso hat der XI. Zivilsenat des BGH wiederholt zur Vereinbarung der New Yorker Börsenschiedsgerichte in **Termingeschäften deutscher Anleger** entschieden (vgl BGH SchiedsVZ 2011, 46 Rn 30; BGH WM 2010, 2032 Rn 26 = RIW 2011, 885 mAnm Wagner GWR 2010, 582; BGH RIW 2011, 321 Rn 24 = SchiedsVZ 2011, 157 mAnm Spetzler; BGH RIW 2011, 426 Rn 26; BGH NJW-RR 2011, 1287 Rn 19; BGH NJW-RR 2011, 1350 Rn 38; BGH NJW-RR 2012, 49).

Ein Rückgriff auf nationales Kollisionsrecht ist auf dem Gebiet des internationalen **561** Schuldvertragsrechts indessen seit Inkrafttreten der **Rom I-VO** ausgeschlossen. Aber auch die Verordnung selbst ist – wie Art 1 Abs 2 lit e Rom I-VO ausdrücklich klarstellt – **auf Schiedsvereinbarungen nicht anzuwenden** (OLG Düsseldorf SpuRt 2018, 73 Rn 33; OLG Hamm SchiedsVZ 2014, 38, 41 f; Epping 45 f; Schmidt-Ahrendts/Höttler SchiedsVZ 2011, 267 [272 f]; König SchiedsVZ 2012, 129 [131]; Wächter SchiedsVZ 2023, 21 [23 f]; Zöller/Geimer, ZPO [35. Aufl 2024] § 1029 Rn 107 ff; Stein/Jonas/Schlosser, ZPO [23. Aufl 2014] § 1029 Rn 109; Schwab/Walter Kap 43 Rn 6; ebenso die hM zu Art 36 Abs 1 lit a [i] UN-ModG, vgl Holtzmann/Neuhaus 803; Granzow 94 f; Husslein-Stich 49; ebenso schon zum EVÜ Epping 46; Hau IPRax 1999, 232 [234]). Der EU-Gesetzgeber ging insoweit davon aus, dass das Recht der Schiedsvereinbarungen auf internationaler Ebene – also insbesondere durch das UNÜ und das EuÜ – bereits zufriedenstellend geregelt sei. Mit dieser *ratio* des Ausschlusses von Schiedsvereinbarungen aus dem Anwendungsbereich der Rom I-VO wäre aber auch eine *analoge* Anwendung der Art 3 ff Rom I-VO auf Schiedsvereinbarungen oder deren akzessorische Anknüpfung an das Statut des Hauptvertrags nur schwerlich vereinbar (zutr Stürner/Wendelstein IPRax 2014, 473 [475]; **aA** aber Schütze SchiedsVZ 2014, 274 [275]; für begrenzte Zulässigkeit einer Analogie auch weiterhin MünchKommZPO/Münch § 1029 Rn 37). In diesem Sinne hat auch der **BGH** zuletzt klargestellt, dass es insoweit an einer planwidrigen Regelungslücke fehle, die durch eine analoge Anwendung der Rom I-VO auf Schiedsvereinbarungen geschlossen werden könnte (BGH SchiedsVZ 2021, 97 Rn 50 f; ebenso OLG Karsruhe SchiedsVZ 2022, 291 Rn 25).

Die insoweit seit Inkrafttreten der Rom I-VO bestehende Gesetzeslücke ist dadurch **562** zu schließen, dass **§ 1059 Abs 2 Nr 1 lit a ZPO** – ebenso wie dies für Art V Abs 1 lit a UNÜ weithin anerkannt ist (dazu Rn 551) – von den deutschen staatlichen Gerichten bereits **im Einredeverfahren entsprechend** angewandt wird, wenn es um die Bestimmung des auf das Zustandekommen und die materielle Gültigkeit der Schiedsvereinbarung anwendbaren Rechts geht (MünchKommZPO/Münch § 1029 Rn 34). Danach ist im Rahmen eines *Aufhebungsverfahrens* über die Gültigkeit der Schiedsvereinbarung „nach dem Recht, dem die Parteien sie unterstellt haben oder, falls die Parteien hierüber nichts bestimmt haben, nach deutschem Recht" zu entscheiden. Die gleiche Anknüpfung ist in § 1060 Abs 2 ZPO für die *Vollstreckbarerklärung* inländischer Schiedssprüche maßgeblich. Das Interesse am internationalen Entscheidungseinklang gebietet es daher, **Schiedsvereinbarungen möglichst in allen Verfahrensstadien nach den gleichen Kollisionsregeln** anzuknüpfen (Epping 32, 46; Zöller/Geimer, ZPO [35. Aufl 2024] § 1029 Rn 109; Reithmann/Martiny/Hausmann, IVR [9. Aufl 2021] Rn 7.275). Dies gilt auch im Verfahren nach § 1032 Abs 2 ZPO, in dem über die (Un-)Zulässigkeit des schiedsrichterlichen Verfahrens entschieden wird. Als speziellere verfahrensrechtliche Kollisionsnorm hat § 1059 Abs 2 Nr 1 lit a ZPO mithin in allen Verfahrensstadien Vorrang vor den für den Hauptvertrag maßgebenden schuldvertraglichen Kollisionsnormen der Rom I-VO (OLG Düsseldorf BeckRS 2017, 140328 Rn 35 = SpuRt

2018, 73; Nagel/Gottwald, IZPR [9. Aufl 2025] Rn 18.25). Diese Anknüpfung trägt auch der Autonomie der Schiedsvereinbarung gegenüber dem Hauptvertrag sowie ihrer Rechtsnatur als Prozessvertrag (dazu Rn 546) besser Rechnung. Außerdem stimmt sie im Ergebnis mit den neueren Entwicklungen auf dem Gebiet der internationalen Gerichtsstandsvereinbarungen überein, die wegen der vergleichbaren Interessenlage auch für Schiedsvereinbarungen von Bedeutung sind. Denn sowohl das HGÜ 2005 (Art 5 Abs 1 HGÜ) als auch die Brüssel Ia-VO (Art 25 Abs 1 S 1 HS 2 EuGVVO) verweisen für die Fragen der materiellen Wirksamkeit einer Gerichtsstandsvereinbarung nicht auf das Recht, das den zugrundeliegenden Hauptvertrag beherrscht, sondern knüpfen diese materiellen Aspekte gesondert an das Recht des vereinbarten Gerichts (*forum prorogatum*; dazu Rn 416 ff) an, dem im internationalen Schiedsrecht das Recht am vereinbarten Schiedsorts entspricht. Es steht zu erwarten, dass auch der BGH nach seiner Grundsatzentscheidung zugunsten einer analogen Anwendung von Art V Abs 1 lit a UNÜ im Einredeverfahren dieser Auffassung folgen wird, wenn das Schiedsvereinbarungsstatut ausnahmweise nach autonomem Recht zu bestimmen ist. In der Sache führt diese prozessuale Anknüpfung freilich meist zu ähnlichen Ergebnissen wie eine schuldvertragliche Anknüpfung. Insbesondere handelt es sich in beiden Fällen um eine **Sachnormverweisung** (OLG Karlsruhe SchiedsVZ 2025, 91 [93]; MünchKommZPO/Münch § 1029 Rn 34; Zöller/Geimer, ZPO [35. Aufl 2024] § 1029 Rn 111; Wächter SchiedsVZ 2023, 21 [24]; Epping 47 f mwNw).

bb) Rechtswahl

563 Nach § 1059 Abs 2 Nr 1a ZPO gilt – ebenso wie im staatsvertraglich vereinheitlichten Kollisionsrecht (vgl Rn 552 f, 556) – der **Grundsatz der Parteiautonomie**. Die Parteien sind mithin – wie schon bisher (vgl Schlosser Rn 230, 249 ff; Gildeggen 160 ff) – berechtigt, das auf eine Schiedsvereinbarung anzuwendende Recht durch Rechtswahl zu bestimmen (Epping 44 ff; Moller NZG 200, 57 [60]; Geimer, IZPR [9. Aufl 2024] Rn 3786; OLG Düsseldorf BeckRS 2017, 140328 Rn 36 = SpuRt 2018, 73). Da es an einer auf die Schiedsvereinbarung bezogenen ausdrücklichen Rechtswahl in der Praxis regelmäßig fehlt, wird das Statut der Schiedsvereinbarung zumeist mit Hilfe des *stillschweigenden Parteiwillens* bestimmt. Da indes die Anknüpfung an den Schiedsort der typischen Interessenlage der Parteien einer Schiedsvereinbarung Rechnung tragen und die Gerichte von der schwierigen Suche nach deren objektivem Schwerpunkt entlasten möchte (Schmidt-Ahrendts/Höttler SchiedsVZ 2011, 267 [273]; Stein/Jonas/Schlosser, ZPO [23. Aufl 2014] § 1029 Rn 108 mwNw), sind an eine abweichende konkludente Rechtswahl **strenge Anforderungen** zu stellen. Sie muss sich – ähnlich wie nach Art 3 Abs 1 S 2 Rom I-VO für Schuldverträge – „mit hinreichender Sicherheit" aus den Umständen des Falles ergeben (Epping 51). Am hierfür erforderlichen Erklärungsbewusstsein der Parteien fehlt es regelmäßig, wenn eine konkludente Wahl deutschen Rechts allein aus dem **Prozessverhalten** entnommen wird (so aber – zum früheren Recht – BGHZ 40, 320 [324]; BGHZ 50, 191 [193] OLG München SpuRt 2000, 64). Denn der mangelnde Widerspruch der Parteien gegen die Anwendung deutschen Schiedsverfahrensrechts im Einredeprozess vor einem deutschen Gericht kann auch darauf beruhen, dass die kollisionsrechtliche Fragestellung schlicht übersehen wurde. Darüber hinaus gefährdet die großzügige Annahme einer konkludenten Rechtswahl durch Prozessverhalten den internationalen Entscheidungseinklang (vHülsen 102 f; Epping 51 f; MünchKommZPO/Münch § 1029 Rn 36; anders bei entsprechendem richterlichen Hinweis, vgl OLG Hamm SchiedsVZ 2014, 38 [42]).

Nach verbreiteter Auffassung soll sich insbesondere eine **im Hauptvertrag enthaltene Rechtswahlklausel** kraft stillschweigenden Parteiwillens auch auf die in den gleichen Vertrag integrierte Schiedsklausel erstrecken; ein solcher Wille folge ohne weiteres aus der räumlichen und zeitlichen Nähe von Hauptvertrag und Schiedsvereinbarung (vgl zum geltenden Recht OLG Frankfurt SchiedsVZ 2025, 80 [85]; OLG Hamm SchiedsVZ 2014, 38 [42]; OLG München SchiedsVZ 2014, 262 [264] = IHR 2014, 12 mAnm GABER; OLG Thüringen 13. 1. 2011 YbCommArb XXXVII [2012] 220 [221 f]; OLG Hamburg SchiedsVZ 2003, 284 [287]; OLG München SpuRT 2001, 56; OLG Düsseldorf RIW 1996, 239; ebenso schon vor der Reform des deutschen Schiedsverfahrensrechts von 1997: BGHZ 40, 320 [323] = NJW 1964, 591; BGHZ 51, 255 [256] = NJW 1969, 750 = ZZP 82 [1969] 475 mAnm KORNBLUM; BAG DB 1975, 63 = AP Nr 7 zu § 38 ZPO mAnm E LORENZ; OLG Hamburg RIW 1979, 482 [484 f] mAnm MEZGER; OLG München RIW 1990, 585 [586]; OLG Düsseldorf RIW 1996, 239; vHÜLSEN 101; SANDROCK JZ 1986, 372 f; WAGNER 371 f; HAAS IPRax 1993, 382 [384]). Der XI. Zivilsenat des BGH gelangte für **Schiedsklauseln in Verbraucherverträgen** zum gleichen Ergebnis im Wege einer objektiven Anknüpfung, weil die Schiedsvereinbarung mit dem Hauptvertrag regelmäßig die engste Verbindung iSv Art 28 EGBGB aF aufweise (vgl BGH RIW 2010, 879 Rn 30 f und RIW 2010, 885 Rn 26 f). Dem ist zuzustimmen, wenn die Parteien für den Hauptvertrag und das Schiedsverfahren das gleiche Recht gewählt haben (OLG Hamburg RIW 1979, 482 [484 f] mAnm MEZGER; OLG Düsseldorf RIW 1996, 239) oder zumindest den Schiedsort in dem Land gewählt haben, dessen Recht auf den Hauptvertrag anwendbar sein soll (OLG München SchiedsVZ 2014, 262 [264] = IPRax 2016, 66 Rn 37 mAnm M WELLER 48; OLG Hamburg 24. 3. 2003 YbComArb XXX [2005] 509 [516]). **564**

Findet das Schiedsverfahren allerdings nicht in dem Staat statt, dessen Recht auf den Hauptvertrag anwendbar ist, kann idR keine Rede davon sein, dass die Rechtswahl sich „mit hinreichender Sicherheit" aus den Bestimmungen des Vertrages oder aus den Umständen des Falles ergibt (OLG München IPRspr 2000 Nr 182b; Aud Prov Barcelona XXXV YbComArb [2010] 452; KOUSSOULIS, in: FS Schlosser [2005] 415 [421]; EPPING 56; GEIMER, IZPR [9. Aufl 2024] Rn 3724 f, 3790; ZÖLLER/GEIMER, ZPO [35. Aufl 2024] § 1029 Rn 112; MünchKommZPO/MÜNCH § 1029 Rn 38). Dagegen spricht vor allem, dass zwischen Schiedsvereinbarung und Schiedsverfahren ein innerer Zusammenhang besteht, so dass es bei einem Auseinanderfallen von Schiedsvereinbarungs- und Schiedsverfahrensstatut zu Störungen des inneren Entscheidungseinklangs kommen kann (STEIN/JONAS/SCHLOSSER, ZPO [23. Aufl 2014] § 1029 Rn 108; vgl dazu die Beispiele zum neuen deutschen Schiedsverfahrensrecht bei EPPING 54 f), während ein Parteiinteresse an einer einheitlichen Anknüpfung von Hauptvertrag und Schiedsvereinbarung nicht erkennbar ist, denn der Zweck des Hauptvertrages als Austauschvertrag unterscheidet sich wesentlich vom Zweck der Schiedsvereinbarung, die lediglich die Art und Weise der Streitbeilegung festlegt (KRONKE RIW 1998, 257 [258]; MünchKommZPO/MÜNCH § 1029 Rn 41 f). Der wünschenswerte Gleichklang von Schiedsvereinbarungs- und Schiedsverfahrensstatut legt es vielmehr nahe, nicht nur eine ausdrückliche Wahl des auf das Schiedsverfahren anwendbaren Rechts (vgl idS BGH SchiedsVZ 2019, 355 Rn 13), sondern auch die **Bestimmung des Schiedsortes** durch die Parteien zugleich als stillschweigende Wahl des Statuts der Schiedsvereinbarung zu werten (BGH NJW 2025, 896 Rn 21; ebenso schon BGH NJW 1998, 2452 = IPRax 1999, 104 mAnm SCHÜTZE 87; ferner OLG Frankfurt SchiedsVZ 2013, 119 [122]; OLG Saarbrücken ZInsO 2018, 1041; im Erg auch OLG München SchiedsVZ 2014, 262 [264]; ferner GILDEGGEN 160 f; BERGER 117; THORN IPRax 1997, 98 [103]; KOUSSOULIS, in: FS Schlosser [2005] 415 [425]; SCHMIDT-AHRENDTS/HÖTTLER SchiedsVZ 2011, 267 [273 f]; KÖNIG SchiedsVZ 2012, 129 [132 f]; LACHMANN Rn 269 f; GEIMER, IZPR [9. Aufl 2024] § 1029 Rn 3788 f; NAGEL/GOTTWALD, **565**

IZPR [9. Aufl 2025] § 1029 Rn 18.25; STEIN/JONAS/SCHLOSSER, ZPO [23. Aufl 2014] § 1029 Rn 108; MUSIELAK/VOIT/VOIT, ZPO [22. Aufl 2025] § 1029 Rn 28; MünchKommZPO/MÜNCH § 1029 Rn 38; EPPING 54 ff mwNw; ebenso in den Niederlanden RB Rotterdam YbComArb XXII [1997] 752 [756]; in Schweden Högsta Domstolen 27. 10. 2000, BB 2001 Beil 6 S 7 [9]; in Singapur *FirstLink Investemnt Corp v GT Payment* [2014] SGHCR 12). Dies gilt insbesondere dann, wenn die Parteien ein institutionelles Schiedsgericht vereinbart haben, dessen Schiedsordnung auf einem nationalen Verfahrensrecht aufbaut (vgl OLG Hamburg RIW 1979, 482 [484] m zust Anm MEZGER und RIW 1992, 938 [Schiedsgericht des Warenvereins der Hamburger Börse eV]; Schiedsgericht Hamburger Freundschaftliche Arbitrage RIW 1999, 394). Nicht ausreichend ist es hingegen, wenn erst das Schiedsgericht den Schiedsort bzw das anwendbare Verfahrensrecht bestimmt (SCHLOSSER Rn 251; ZÖLLER/GEIMER, ZPO [35. Aufl 2024] § 1029 ZPO Rn 117).

566 Jedenfalls erstreckt sich eine ausdrückliche **Wahl des auf das Schiedsverfahren anzuwendenden Rechts** idR auch auf das Statut der Schiedsvereinbarung (BGH SchiedsVZ 2019, 355 Rn 13 = IPRax 2020, 238 mAnm SCHLOSSER 222; ebenso die englische Rspr, vgl ferner GEIMER IPRax 2006, 233 [234]; ZÖLLER/GEIMER, ZPO [35. Aufl 2024] § 1029 Rn 111 SCHACK, IZVR [9. Aufl 2025] Rn 1421; **aA** ELSING, in: FS vWestphalen [2010] 109 [118]: Anwendung der deutschen *lex fori*; krit auch STÜRNER/WENDELSTEIN IPRax 2014, 473 [478 f]). So hat der englische **Court of appeal** im Jahr 2012 die Schiedsvereinbarung in einem Streit über Versicherungspolicen zwischen brasilianischen Parteien nach englischem Recht beurteilt, weil die Parteien den Schiedsort London und die Geltung englischen Schiedsverfahrensrechts vereinbart hätten. Die ausdrückliche Wahl brasilianischen Rechts in der Hauptsache ändere daran nichts, denn deren Zweck sei *„unrelated to that of dispute resolution"* (Court of Appeal 16. 5. 2012 – *Sulamérica Cia Nacional de Seguros SA v Enesa Engenharia SA*, YbComArb XXXVII [2012] 464 ff; s a High Court [QBD] 28. 7. 1999 – XL *Insurance Ltd v Owens Corning*, YbComArb XXI [2001], 869 [878 ff]). Eine abweichende Auffassung hat allerdings für das englische Common Law zuletzt wieder der **UK Supreme Court** in der Sache *Enka* vertreten. Danach soll in Ermangelung einer ausdrücklichen Rechtswahl für eine Schiedsvereinbarung, die Teil eines Vertrages ist, regelmäßig das ausdrücklich für diesen Vertrag gewählte Recht gelten. Die Bestimmung eines Schiedsortes, der in einer anderen Rechtsordnung als in derjenigen belegen ist, deren Recht ausdrücklich für den Vertrag gewählt wurde, reiche für sich genommen nicht aus, um die Vermutung zu widerlegen, dass sich die ausdrückliche Rechtswahl in diesem Vertrag auch auf die Schiedsklausel erstreckt. Das Recht am Schiedsort kann sich in einem solchen Fall nach Ansicht des Supreme Court nur dann durchsetzen, wenn entweder das Kollisionsrecht am Schiedsort eine Bestimmung enthält, wonach die Schiedsvereinbarung durch das Recht am Schiedsort beherrscht wird oder wenn ein erhebliches Risiko besteht, dass die Schiedsvereinbarung nach dem für den Hauptvertrag gewählten Recht nichtig wäre (*Enka Insaat Ve Sanayi AS* v *OOO Insurance Company Chubb* [2020] United Kingdom Supreme Court [UKSC] 38, [2020] 1 WLR 4117 mAnm OSTENDORF IWRZ 2021, 38; zust SCHERER/JENSEN IPRax 2021, 177; WÄCHTER ZEuP 2021, 7; WÄCHTER SchiedsVZ 2023, 21 [26]).

567 Bis zur Reform von 1997 wurde die Parteiautonomie für Schiedsvereinbarungen in **Verbraucher- und Arbeitsverträgen** zT in entsprechender Anwendung der Art 29 Abs 1, 30 Abs 1 EGBGB aF durch die zwingenden Vorschriften zum Schutz von Verbrauchern bzw Arbeitnehmern beschränkt, die im Aufenthaltsstaat des Verbrauchers bzw im Staat des gewöhnlichen Arbeitsorts galten (vgl GILDEGGEN 165). Demgemäß

wurden Schiedsvereinbarungen mit inländischen Verbrauchern trotz Vereinbarung ausländischen Rechts der Einbeziehungs- und Inhaltskontrolle nach Maßgabe des deutschen AGB-Gesetzes unterworfen (vgl OLG Düsseldorf IPRax 1997, 115 und 118 m krit Anm Thorn 98 [104 f]: Vereinbarung eines englischen Schiedsgerichts für Börsentermingeschäfte in Vertrag mit inländischem Verbraucher verstößt als „überraschend" gegen § 3 AGBG [= § 305c Abs 1 BGB]). Ferner wurde auch § 1027 Abs 1 ZPO aF als verbraucherschützende Vorschrift unter Berufung auf Art 29 Abs 3 S 2 EGBGB gegen das ausländische Statut der Schiedsvereinbarung durchgesetzt (BGH IPRspr 1998 Nr 209 A). An dieser Rechtsprechung hat der XI. Zivilsenat des BGH auch nach der Reform des deutschen Schiedsverfahrensrechts von 1997 festgehalten und hat jedenfalls Art 29 EGBGB aF zum Schutz deutscher Anleger analog auf Schiedsklauseln in Brokerverträgen mit US-amerikanischen Geschäftspartnern angewandt (vgl BGH WM 2010, 2025 Rn 32 = IPRax 2011, 499 mAnm Samtleben 469, dazu auch Rn 616).

Da § 1059 Abs 2 Nr 1 lit a ZPO der Parteiautonomie uneingeschränkt Raum gibt, ist **567a** dieser Weg zum Schutz deutscher Verbraucher vor der Vereinbarung eines ausländischen Schiedsgerichts über Art 6 Rom I-VO nach geltendem Recht versperrt, zumal Art 1 Abs 2 lit e Rom I-VO die Anwendung dieser Verordnung auf Schiedsvereinbarungen ausdrücklich ausschließt. Dem Schutz von Verbrauchern wird stattdessen bei Vereinbarung eines **inländischen Schiedsortes** durch die verschärften Formerfordernisse in § 1031 Abs 5 ZPO Rechnung getragen, die durch Rechtswahl nicht abdingbar sind (Rn 616, 622). Bei Vereinbarung eines **ausländischen Schiedsorts** wird dieser Schutz durch eine Inhaltskontrolle der Schiedsklausel nach dem auf ihr Zustandekommen anwendbaren ausländischen Recht (dazu Rn 575), durch die Sonderanknüpfung der subjektiven Schiedsfähigkeit (dazu Rn 634), sowie letztlich durch einen Rückgriff auf die Vorbehaltsklausel analog Art V Abs 2 lit b UNÜ bzw § 1059 Abs 1 lit b ZPO (dazu Rn 635) gewährleistet (Reithmann/Martiny/Hausmann, IVR [9. Aufl 2021] Rn 7.284 ff).

cc) Objektive Anknüpfung

In Ermangelung einer (ausdrücklichen oder stillschweigenden) Rechtswahl der Par- **568** teien wurden Schiedsvereinbarungen schon bisher zumeist nicht akzessorisch an das Statut des Hauptvertrages, sondern an das **Recht des vereinbarten Schiedsortes** angeknüpft (vgl BGHZ 55, 162 [164] = NJW 1971, 986; OLG Hamburg VersR 1982, 894; Gildeggen 171 f; Schlosser Rn 254). Dies galt jedenfalls dann, wenn die Schiedsvereinbarung zeitlich nach dem Hauptvertrag abgeschlossen wurde und Vorschriften über das Verfahren und die Bildung des Schiedsgerichts enthielt oder wenn sie für eine Vielzahl von Verträgen getroffen wurde, die unterschiedlichen Rechten unterlagen (vgl näher Reithmann/Martiny/Hausmann, IVR [9. Aufl 2021] Rn 7.287). § 1059 Abs 2 Nr 1 lit a ZPO erklärt demgegenüber für das Aufhebungsverfahren nunmehr das **deutsche Recht** für maßgeblich; dies ist im Hinblick auf den Territorialitätsgrundsatz des § 1025 Abs 1 ZPO konsequent. In entsprechender Anwendung von § 1059 Abs 2 Nr 1 lit a ZPO ist über die Gültigkeit einer Schiedsvereinbarung aber auch schon **im Einredeverfahren** nach deutschem Recht zu befinden, wenn die Parteien einen *Schiedsort im Inland* bestimmt haben (im Erg ebenso BGH NJW 2025, 896 Rn 21; BGH IPRax SchiedsVZ 2019, 355 Rn 12 = IPRax 2020, 238 mAnm Schlosser 222; OLG Saarbrücken ZInsO 2018, 1041; OLG Düsseldorf BeckRS 2017, 140328 Rn 35 = SpuRt 2018, 73; OLG München SchiedsVZ 2014, 262 Rn 37 = IPRax 2016, 66 mAnm M Weller 48; Lachmann Rn 269; Epping 46; Schütze SchiedsVZ 2014, 274 [275]; MünchKommZPO/Münch § 1029 Rn 41 f; Zöller/Geimer, ZPO [35. Aufl 2024] § 1029 Rn 17a; Musielak/Voit/Voit, ZPO [22. Aufl 2025] § 1029 Rn 28). Entsprechend ist bei *auslän-*

dischem Schiedsort das dortige Recht maßgeblich. Während sich dies nach richtiger Ansicht aus der entsprechenden Anwendung von Art V Abs 1 lit a UNÜ ergibt (BGH SchiedsVZ 2021, 97 Rn 50 f, 55; Rn 551, 554), gelangte die deutsche Rechtsprechung bis 2016 mit Hilfe der analogen Anwendung des internationalen Schuldvertragsrechts (Art 28 EGBGB aF/Art 4 Abs 4 Rom I-VO) zum gleichen Ergebnis (BGH NJW 2016, 2266 Rn 68 = SchiedsVZ 2016, 218 – *„Pechstein"*).

569 Wie die Schiedsvereinbarung anzuknüpfen ist, wenn noch nicht feststeht, in welchem Land das Schiedsgericht tagen wird, hat der BGH bisher offengelassen (BGH SchiedsVZ 2021, 97 Rn 56). Hier kommt in Ermangelung einer Rechtswahl die entsprechende Anwendung von Art 4 Abs 4 Rom I-VO in Betracht; die „engste Verbindung" der Schiedsvereinbarung besteht dann idR zu dem auf den Hauptvertrag anzuwendenden Recht (OLG Düsseldorf SpuRt 2018, 73 Rn 36; Schmidt-Ahrendts/Höttler SchiedsVZ 2011, 267 [274]; Wächter SchiedsVZ 2023, 21 [26]); Gildeggen 172; Epping 46 f; Geimer, IZPR [9. Aufl 2024] Rn 3791; Stein/Jonas/Schlosser, ZPO [23. Aufl 2014] Anh § 1061 Rn 71; MünchKommZPO/Münch § 1025 Rn 41 f; vgl auch BGH RIW 2010, 879, 882 [Rn 32] und RIW 2010, 885, 887 Rn 28; **aA** Stürner/Wendelstein IPRax 2014, 473 [479]). Schiedsklauseln in Verbraucherverträgen können dann analog Art 6 Rom I-VO auch dem Recht am gewöhnlichen Aufenthalt des Verbrauchers unterworfen werden (BGH WM 2010, 2025 Rn 32 = IPRax 2011, 499 mAnm Samtleben IPRax 2011, 469; **aA** [*lex fori* des staatlichen Einredegerichts] König SchiedsVZ 2012, 129 [132 f]). Diese Anknüpfung endet allerdings, sobald der Schiedsort feststeht – mit der Folge eines möglichen Statutenwechsels (Geimer, IZPR [9. Aufl 2024] Rn 3789). Wird die Schiedseinrede hingegen auf die Vereinbarung eines Schiedsgerichts gestützt, das *im Ausland* zusammentreten soll, so findet das autonome Kollisionsrecht keine Anwendung; es gilt dann – vorbehaltlich vorrangiger Staatsverträge – Art V Abs 1 lit a UNÜ, der auf das Sachrecht am vereinbarten Schiedsort verweist (BGH SchiedsVZ 2021, 97 Rn 50 f; König SchiedsVZ 2012, 129 ff; Stein/Jonas/Schlosser, ZPO [23. Aufl 2014] § 1029 Rn 108; anders freilich die Rechtsprechung des BGH zu Schiedsvereinbarungen deutscher Anleger mit New Yorker Brokerhäusern; dazu Rn 563 ff).

dd) Einheitsrechtliche Schranken

570 Die Geltung des nach § 1059 Abs 2 Nr 1 lit a ZPO bestimmten Statuts der Schiedsvereinbarung wird allerdings durch das Einheitsrecht eingeschränkt. Nach Art II Abs 3 UNÜ hat das Gericht die Parteien auf Antrag einer Partei nur dann auf das Schiedsverfahren zu verweisen, „sofern es nicht feststellt, dass die Vereinbarung hinfällig, unwirksam oder nicht erfüllbar ist". Die Tatbestandsmerkmale dieser Vorschrift können allenfalls insoweit vertragsautonom ausgelegt werden, als den Gerichten der Vertragsstaaten damit die Befugnis genommen ist, völlig aus dem Rahmen fallende Unwirksamkeitsgründe anzuerkennen (Schlosser Rn 248; Epping 41 f; MünchKommZPO/Adolphsen Art II UNÜ Rn 29; für Annahme einer weitergehenden „presumtion in favor of arbitration" insbesondere die US-amerikanische Rechtsprechung, vgl dazu Reithmann/Martiny/Hausmann, IVR [9. Aufl 2021] Rn 7.415 f mwNw). Insoweit wird der Rahmen für die Auslegung der aus Art II Abs 3 UNÜ übernommenen Begriffe „hinfällig, unwirksam oder nicht erfüllbar" auch in § 1032 Abs 1 ZPO durch das Konventionsrecht gezogen (Epping 47; MünchKommZPO/Adolphsen Art II UNÜ Rn 29).

c) Verfahren vor dem Schiedsgericht

571 Ein internationales Schiedsgericht ist nach verbreiteter Auffassung nicht an die Kollisionsnormen seines Sitzrechts gebunden, weil es – anders als für ein staatliches Gericht – an einer vorgegebenen *lex fori* fehlt, als deren Bestandteil die Kollisionsnormen anzuwenden wären (vgl in England See 46 [3] Arbitration Act 1996; in Frankreich Art 1496 NCPC; in Italien Art 834 Cpc; zust in Deutschland SANDROCK RIW 1992, 785 [787]; BERGER 352 ff; KRONKE RIW 1998, 257 [262]; MARTINY, in: FS Schütze [1999] 529 [530 f], jeweils mwNw; **aA** WIECZOREK/SCHÜTZE/SCHÜTZE, ZPO [4. Aufl 2015] § 1034 Rn 14). Schiedsgerichten kommt vielmehr bei der Festlegung der maßgeblichen Anknüpfungskriterien ein Ermessensspielraum zu (SANDROCK RIW 1992, 785 [789 ff]; SCHLOSSER RIW 1994, 723 [727], jeweils mwNw). Ausgangspunkt muss freilich auch für ein internationales Schiedsgericht der Grundsatz der Parteiautonomie sein; insoweit ist auch eine Rechtswahl zulässig, die sich auf die Festlegung des vom Schiedsgericht anzuwendenden *Kollisionsrechts* beschränkt (dazu STAUDINGER/HAUSMANN [2021] Art 20 Rom I-VO Rn 10 ff). In der Praxis orientieren sich internationale Schiedsgerichte idR an solchen Anknüpfungskriterien, die in den betroffenen Kollisionsrechten – der Heimatstaaten der Parteien, des Vertragsschwerpunkts sowie des Schiedslandes – übereinstimmend gelten („Konkordanz"; vgl SANDROCK RIW 1992, 785 [794] mwNw). Ergänzend greift man auf die in Staatsverträgen oder sonstigem Einheitsrecht kodifizierten Anknüpfungsprinzipien, zB auf den Grundsatz der „engsten Verbindung" (Art 4 Abs 4 Rom I-VO) zurück (vgl SCHLOSSER RIW 1994, 773 [775 ff] mwNw). Im Zweifel stellt man auf das am vereinbarten Schiedsort geltende Recht ab, auch wenn dies vom Statut des Hauptvertrages abweicht (vgl REITHMANN/MARTINY/HAUSMANN, IVR [9. Aufl 2021] Rn 7.290 mit Beispielen aus der Schiedspraxis).

An dieser Auffassung kann freilich seit der Reform des deutschen Schiedsverfah- **572**
rensrechts von 1997 nur noch für im Ausland tagende Schiedsgerichte festgehalten werden. Liegt der Schiedsort hingegen **in Deutschland**, so hat das Schiedsgericht auf Grund des zwingend geltenden Territorialitätsprinzips (§ 1025 Abs 1 ZPO) die Vorgaben des deutschen Schiedsverfahrensrechts auch auf dem Gebiet des Kollisionsrechts zu beachten. Dies gilt nicht nur für die Bestimmung des auf den Hauptvertrag anzuwendenden Rechts, wo das Schiedsgericht an § 1051 ZPO gebunden ist (dazu REITHMANN/MARTINY/HAUSMANN, IVR [9. Aufl 2021] Rn 7.447 ff), sondern auch hinsichtlich der Ermittlung des Statuts der Schiedsvereinbarung. In Deutschland tagende Schiedsgerichte sollten sich daher bereits im Rahmen der Entscheidung über ihre Zuständigkeit an der in § 1059 Abs 1 ZPO enthaltenen Kollisionsregel orientieren, um der Gefahr einer späteren Aufhebung des Schiedsspruchs zu begegnen (so auch die Gesetzesbegründung zu § 1040 ZPO, BT-Drucks 13/5274, 43; MünchKommZPO/MÜNCH § 1029 Rn 34 ff).

4. Reichweite des Statuts der Schiedsvereinbarung

Dem Statut der Schiedsvereinbarung kommt sowohl im Recht der Staatsverträge wie **573**
im autonomen IZPR eine **Auffangfunktion** zu: Es gilt mithin nur für diejenigen Aspekte einer internationalen Schiedsvereinbarung, die nicht – wie zB ihre Formgültigkeit oder ihre hinreichende Bestimmtheit – durch staatsvertragliche Sachnormen einheitlich geregelt sind (dazu Rn 587 ff, 625 f) oder die – wie zB die objektive und subjektive Schiedsfähigkeit – durch staatsvertragliche oder autonome Kollisionsnormen gesondert angeknüpft werden (dazu Rn 629 ff). Das Statut der Schiedsvereinbarung beherrscht daher vor allem die Fragen ihres Zustandekommens, ihrer materiellen Wirksamkeit und ihrer Auslegung.

a) Zustandekommen und materielle Wirksamkeit

aa) Staatsvertragliche Regelungen

574 Das Statut der Schiedsvereinbarung nach Art V Abs 1 lit a UNÜ bzw Art VI Abs 2 EuÜ entscheidet im Anwendungsbereich dieser Übereinkommen insbesondere über die Frage des Zugangs der sie begründenden Willenserklärungen sowie über das Vorliegen von **Willensmängeln** (KG OLGR 1996, 65 [70]; öst OGH SchiedsVZ 2005, 54 m zust Anm Schumacher, van den Berg 290 ff; Stein/Jonas/Schlosser, ZPO [23. Aufl 2014] Anh § 1061 Rn 72). Auch den Formerfordernissen in Art II Abs 2 UNÜ bzw Art I Abs 2 EuÜ sind – ähnlich wie nach Art 25 Abs 1 Brüssel Ia-VO (dazu Rn 411) – gewisse Mindestanforderungen für eine autonome Auslegung des Merkmals der „Vereinbarung" zu entnehmen (Gildeggen 141; Epping 136 ff; offfenlassend BGH SchiedsVZ 2021, 97 Rn 37). Danach ist ein materieller Konsens über die Einbeziehung einer in AGB enthaltenen Schiedsklausel nur anzunehmen, wenn der Vertragspartner des Verwenders bei Unterzeichnung der Vertragsurkunde oder mit Zugang der auf die AGB verweisenden Vertragserklärungen eine zumutbare Möglichkeit der Kenntnisnahme von der Schiedsklausel hatte. Im Hinblick auf den Zweck der staatsvertraglichen Formvorschriften, die Zustimmung des Vertragspartners zu der in AGB enthaltenen Schiedsklausel normativ sicherzustellen (dazu Rn 589 ff), verdrängen diese alle – über Art V Abs 1 lit a UNÜ bzw Art VI Abs 2 EuÜ anwendbaren – Vorschriften des nationalen Rechts, die eine **Abschlusskontrolle von Schiedsklauseln** in AGB ermöglichen. Aus diesem Grund sind die §§ 305 Abs 2, 305c Abs 1 BGB auf das Zustandekommen von Schiedsvereinbarungen im Geltungsbereich des UNÜ/EuÜ nicht anwendbar, auch wenn deutsches Recht als Schiedsvereinbarungsstatut vereinbart ist (Gildeggen 140 ff; Epping 140 f; MünchKommZPO/Adolphsen Art II UNÜ Rn 17). Etwas anderes gilt nur dann, wenn Art II UNÜ im Hinblick auf den Grundsatz der Meistbegünstigung keine Anwendung findet. Auch auf die Frage, ob die AGB nach dem Statut des Hauptvertrages überhaupt wirksam in diesen einbezogen worden sind, kommt es – im Hinblick auf die Autonomie der Schiedsklausel – insoweit nicht an (BGH SchiedsVZ 2021, 97 Rn 60; ebenso Epping 136 gegen HandelsG Zürich ZEuP 1994, 682 [683]; Schlosser ebenda 693).

575 Demgegenüber bleibt eine **Inhaltskontrolle von formularmäßigen Schiedsklauseln** unter dem Gesichtspunkt einer unangemessenen Benachteiligung einer Partei im Geltungsbereich des UNÜ/EuÜ – anders als im Recht der Gerichtsstandsvereinbarungen nach Art 25 Brüssel Ia-VO (Rn 312 f) – nach nationalem Recht (zB nach § 307 BGB) zulässig (van den Berg 288; Gildeggen 142; Epping 141; Eichel IPRax 2010, 219 [221]; Schwab/Walter Kap 44 Rn 9; Stein/Jonas/Schlosser, ZPO [23. Aufl 2014] Anh § 1061 Rn 73; dazu Rn 578 f). Das von Art V Abs 1 lit a UNÜ bzw Art VI Abs 2 EuÜ bestimmte Statut der Schiedsvereinbarung entscheidet auch darüber, welchen Einfluss die Unwirksamkeit des Hauptvertrages auf die in ihm enthaltene Schiedsklausel hat (dazu näher Rn 580) und ob die Unwirksamkeit von Teilen einer Schiedsklausel zu ihrer Gesamtnichtigkeit führt (vgl App Paris Rev arb 1990, 863). Eine Sonderanknüpfung *vorkonsensualer Elemente* – wie sie nach Art 10 Abs 2 Rom I-VO für Schuldverträge vorgeschrieben ist (dazu Staudinger/Hausmann [2021] Art 10 Rom I-VO Rn 43 ff) – findet hingegen im Rahmen der Beurteilung des Zustandekommens einer Schiedsvereinbarung nach dem UNÜ bzw EuÜ nicht statt, weil die Art V Abs 1a UNÜ/Art VI Abs 2 EuÜ insoweit abschließend sind (Gildeggen 134 f; Epping 161; **aA** Holl IPRax 1997, 103 f; Stein/Jonas/Schlosser, ZPO [23. Aufl 2014] Anh § 1061 Rn 72).

bb) Autonomes deutsches Schiedsverfahrensrecht

Im deutschen Recht wurde das Zustandekommen einer **kombinierten Rechtswahl- und Schiedsvereinbarung** früher gemäß Art 27 Abs 4 iVm Art 31 Abs 1 EGBGB dem für den Hauptvertrag gewählten Recht unterstellt (OLG Hamburg RIW 1989, 574 = EWiR 1989, 933 mAnm Bredow; OLG München RIW 1990, 585; Gildeggen 159 f). Auch § 1059 Abs 2 Nr 1 lit a ZPO betont insoweit den Primat der Parteiautonomie. Erforderlich sind freilich hinreichende und eindeutige Anhaltspunkte für einen Willen der Parteien, die Schiedsvereinbarung dem gleichen Recht wie den Hauptvertrag zu unterstellen (vgl Rn 564 f); ansonsten gilt das Recht am vereinbarten Schiedsort auch für das Zustandekommen der Schiedsvereinbarung (Geimer, IZPR [9. Aufl 2024] Rn 3789) und in entsprechender Anwendung von Art 3 Abs 5 Rom I-VO für die damit verbundene Rechtswahlvereinbarung (Epping 57). Ist die Schiedsvereinbarung nach dem gewählten Recht unwirksam, so entscheidet dieses Recht auch, ob daraus die Nichtigkeit der mit ihr verbundenen Rechtswahlklausel folgt (OLG Hamm RIW 1995, 681 f). Enthält der Vertrag **sowohl eine Gerichtsstands- wie eine Schiedsklausel**, so wird die Gerichtsstandsklausel idR dahin ausgelegt, dass sie auf die den staatlichen Gerichten vorbehaltenen Aspekte des Rechtsstreits beschränkt ist (vgl BGH NJW-RR 2017, 1719 [1720]; OLG Frankfurt SchiedsVZ 2020, 185 Rn 35 ff mAnm Ebert IWRZ 2019, 267). 576

Das Statut der Schiedsvereinbarung bestimmt auch darüber, ob eine **Schiedsvereinbarung in AGB** Gegenstand einer Willenseinigung der Parteien war. Eine Einbeziehungskontrolle nach Maßgabe des deutschen Rechts (vgl §§ 305 ff BGB) findet mithin nicht statt, wenn die Schiedsvereinbarung ausländischem Recht unterliegt (Epping 142 ff). Eine in AGB enthaltene Schiedsklausel ist im kaufmännischen Rechtsverkehr jedoch grundsätzlich nicht „überraschend" iSv § 305c Abs 1 BGB (OLG Frankfurt NJOZ 2007, 5712); anders kann es bei Verwendung der AGB gegenüber Verbrauchern liegen (vgl dazu Berger ZBB 2003, 77 [89 f]). Auch die Frage, ob eine Schiedsvereinbarung, die in einem **kaufmännischen Bestätigungsschreiben** enthalten ist, durch das bloße Schweigen des Empfängers wirksam zustande kommen kann, beurteilt sich primär nach dem Statut der Schiedsvereinbarung. Da aber § 1031 Abs 2 ZPO ausdrücklich den formgültigen Abschluss von Schiedsvereinbarungen durch Schweigen einer Partei zulässt (vgl Rn 504), muss sichergestellt werden, dass der Schweigende nicht an einem Verhalten festgehalten wird, dessen rechtliche Relevanz er nach seinem Aufenthaltsrecht nicht erkennen konnte; insoweit ist daher Art 10 Abs 2 Rom I-VO auf Schiedsvereinbarungen entsprechend anzuwenden (Epping 160 ff; ebenso schon früher BGH RIW 1970, 417; Mezger RIW 1984, 649; dazu allg Staudinger/Hausmann [2021] Art 10 Rom I-VO Rn 43 ff). Dem Aufenthaltsrecht des Schweigenden ist auch zu entnehmen, ob die Schiedsklausel „überraschend" (vgl § 305c Abs 1 BGB) ist (Holl IPRax 1997, 104). 577

Das Statut der Schiedsvereinbarung entscheidet ferner über deren **materielle Wirksamkeit**. Da die Staatsverträge nur wenige Unwirksamkeitsgründe regeln (dazu Rn 625 f, 629 f, 634), kommt dem nationalen Recht insoweit besondere Bedeutung zu (Schwab/Walter Kap 44 Rn 25). Es gilt insbesondere für die Beurteilung von *Willensmängeln* (zB Irrtum, Arglist, Drohung) und ihrer Rechtsfolgen (zB Anfechtung; vgl Schack, IZVR [9. Aufl 2025] Rn 1424; Geimer, IZPR [9. Aufl 2024] Rn 3791) sowie für die Nichtigkeit wegen Gesetzes- oder Sittenverstoßes (vgl MünchKommZPO/Münch § 1034 Rn 14; Lachmann Rn 595). Räumt die Schiedsvereinbarung einer Partei ein Übergewicht bei der Zusammensetzung des Schiedsgerichts ein, so führt dies allerdings nicht 578 mehr zu ihrer Nichtigkeit, sondern nur noch zur Korrekturmöglichkeit nach § 1034 Abs 2 ZPO (vgl BGH SchiedsVZ 2007, 163 [164]; Schütze Rn 122; Schwab/Walter Kap 9 Rn 12).

579 Das Statut der Schiedsvereinbarung ist ferner für die **Inhaltskontrolle von AGB** maßgebend (vgl BGHZ 115, 324 [325 f] = NJW 1992, 575 m krit Anm Schumann 2065 = EwiR 1992, 721 m krit Anm Teske; MünchKommZPO/Münch § 1029 Rn 22 ff; Reithmann/Martiny/Hausmann, IVR [9. Aufl 2021] Rn 7.309 f mwNw). Während AGB-Schiedsklauseln im internationalen *kaufmännischen* Rechtsverkehr grundsätzlich unbedenklich sind (BGH NJW 2025, 896 Rn 31; BGHZ 162, 9 Rn 26 = NJW 2005, 1125; BGH NJW-RR 2007, 1466 Rn 15 = SchiedsVZ 2007, 163; Lenkaitis/Löwisch ZIP 2009, 441 [448]; Zöller/Geimer, ZPO [35. Aufl 2024] § 1031 Rn 33; einschränkend aber OLG Dresden IPRax 2010, 241 mAnm Eichel 219 [zur Vereinbarung eines New Yorker Schiedsgerichts in einem Franchisevertrag zwischen europäischen Parteien]; ferner OLG Bremen MDR 2009, 465), können **Schiedsklauseln in einem Verbrauchervertrag** gegen § 307 BGB verstoßen, wenn sie den Verbraucher in verfahrens- oder materiell-rechtlicher Hinsicht im Vergleich zur Durchführung eines Verfahrens vor staatlichen Gerichten unangemessen benachteiligen (vgl Raeschke-Kessler/Berger Rn 249 ff, bes 260). In diesem Zusammenhang ist auch die Richtlinie 92/13 EWG über missbräuchliche Klauseln in Verbraucherverträgen v 29. 4. 1993 (ABl 1993 L 95, 29) zu beachten, die nach lit a des Anhangs auch die Geltung von Schiedsklauseln einschränkt (vgl dazu EuGH Rs C-168/05 – *Mostaza Claro*, SchiedsVZ 2007, 46 mAnm Wagner; EuGH Rs C-40/08 – *Asturcom*, SchiedsVZ 2010, 110; Hilbig SchiedsVZ 2010, 74 ff). Diese sind daher missbräuchlich und unwirksam, wenn sie gegen das Transparenzgebot verstoßen oder den Verbraucher anderweitig unangemessen benachteiligen (vgl zu Gerichtsstandsvereinbarungen EuGH Rs C-519/19 – *Ryanair*, NJW-RR 2021, 240 Rn 57 ff; dazu Rn 395 mwNw). Wird eine Partei jedoch nur durch die Gestaltung des Schieds*verfahrens* benachteiligt, so ist allein die Schiedsverfahrensvereinbarung Gegenstand der Inhaltskontrolle (Eichel IPRax 2010, 219 [221 ff]; zur Unterscheidung zwischen Schieds- und Verfahrensvereinbarung auch Rn 591).

580 Dem Statut der Schiedsvereinbarung ist schließlich zu entnehmen, welchen Einfluss die **Nichtigkeit des Hauptvertrages** auf die Schiedsvereinbarung hat (Schlosser Rn 190; Epping 24 ff). Nach deutschem Sachrecht schlagen Gründe, die zur Nichtigkeit des Hauptvertrages führen, nur ausnahmsweise auf die Schiedsvereinbarung durch; im Regelfall geht der Parteiwille dahin, dass das Schiedsgericht auch darüber entscheiden soll, ob der Hauptvertrag wirksam ist und welche Folgen (zB Rückabwicklungsansprüche) sich aus seiner möglichen Unwirksamkeit ergeben (§ 1040 Abs 1 S 2 ZPO; vgl BGH SchiedsVZ 2017, 103 Rn 17; BayObLG SchiedsVZ 2025, 153 [155]; OLG Hamm SchiedsVZ 2014, 38 [43]; OLG Koblenz SchiedsVZ 2005, 260; Epping 24; Lachmann Rn 532; Zöller/Geimer, ZPO [35. Aufl 2024] § 1040 Rn 3; Schwab/Walter Kap 4 Rn 16 f mwNw; ebenso schon vor der Reform BGH NJW 1991, 2215 f = IPRax 1992, 382 mAnm Samtleben 362; OLG Hamburg IPRspr 1999 Nr 178). Dieser Grundsatz der *„separability of the arbitration agreement"* bzw der *„autonomie de la clause compromissoire"* hat sich auch in anderen Rechtsordnungen heute weitgehend durchgesetzt (vgl für England Court of appeal 28. 1. 1993 – *Harbour Assurance Co v Kansas General Int Assurance*, YbComArb XX [1995] 771; House of Lords 27. 10. 2007 – *Privalov v Fiona Trust Holding Corp*, YbComArb [2007] 654 [661 ff]; für Frankreich die Grundsatzentscheidung Cass civ 20. 3. 1993, Clunet 1994, 432 mAnm Gaillard und Loquin 692 = Rev crit 1994, 683 mAnm P Mayer = Rev arb 1994, 116 mAnm Gaudemet-Tallon *[„Dalico"]*; ferner Cass civ 28. 5. 2002 Rev crit 2002, 758 mAnm Coipel-Cordonnier; App Paris Rev arb 1995, 275 m krit Anm SCHLOSSER ZZP Int 1996, 450; für Indien Supreme Court 16. 8. 1984 – *Renusagar Power Co Ltd v General Electric Co*, YbComArb XIII [1988] 431 [434 ff]; für die USA *Belship Navigation Inc v Sealift Inc* [SDNY 1998], YbComArb XXI [1996] 799 [805 ff]). Er wird auch in Art 6 Abs 4 der ICC-Schiedsordnung 2021 ausdrücklich betont. Die Autonomie der Schiedsvereinbarung gilt auch im Verhältnis zu den im gleichen Vertrag enthaltenen **Vereinbarungen über das Schiedsverfahren**. Die Unwirksamkeit einer solchen Verfahrensvereinbarung erstreckt sich daher nur ausnahmsweise auf die Schiedsvereinbarung (BGH NJW 2025, 896 Rn 34).

b) Auslegung und objektive Reichweite

aa) Staatsvertragliche Regelungen

Nach dem Statut der Schiedsvereinbarung ist weiterhin die objektive Reichweite einer Schiedsvereinbarung zu beurteilen, dh die Entscheidung darüber, ob der geltend gemachte Streitpunkt von ihr noch erfasst wird (WÄCHTER SchiedsVZ 2021, 21 [27]; VAN DEN BERG 150 ff). Insoweit kann zwar weder dem UNÜ noch dem EuÜ eine allgemeine Auslegungsmaxime entnommen werden, wonach Schiedsvereinbarungen im Zweifel weit auszulegen sind (SCHLOSSER Rn 420 mwNw; **aA** OLG Hamburg RIW 1989, 574 sowie insbesondere die US-amerikanische Rechtsprechung, vgl iS einer *„strong federal policy in favor of arbitration" Mitsubishi Motors Corp v Soler Chrysler-Plymouth Inc* [Sup Ct; 1985] YbComArb XI [1986] 555 [557 ff]). Die Gerichte der Vertragsstaaten tendieren freilich dazu, Schiedsklauseln auch auf **gesetzliche Ansprüche** auszudehnen, die im Zusammenhang mit der Vertragsdurchführung entstanden sind, wie zB Ansprüche aus *Delikt* (vgl REITHMANN/MARTINY/HAUSMANN, IVR [9. Aufl 2021] Rn 7.298 m ausf Nachw; einschränkend aber BGH NJW-RR 1991, 432 = IPRax 1992, 240 mAnm VOLLKOMMER 207), Ansprüche aus der (zB bereicherungsrechtlichen) *Rückabwicklung* eines unwirksamen Vertrages oder aus *culpa in contrahendo* (REITHMANN/MARTINY/HAUSMANN, IVR [9. Aufl 2021] Rn 7.297 mwNw). Ferner gilt die im Grundvertrag enthaltene Schiedsklausel im Zweifel auch für Vereinbarungen über eine **Vertragsverlängerung** sowie für Ergänzungsverträge (SCHLOSSER Rn 421; REITHMANN/MARTINY/HAUSMANN, IVR [9. Aufl 2021] Rn 7.300 m ausf Nachw). 581

bb) Autonomes deutsches Schiedsverfahrensrecht

Auch im autonomen deutschen Recht ist über die objektive Reichweite einer Schiedsvereinbarung – entsprechend § 1059 Abs 2 Nr 1 lit a ZPO – nach dem Statut der Schiedsvereinbarung zu entscheiden (BGHZ 136, 277 Rn 54 = SchiedsVZ 2023, 228; OLG München SchiedsVZ 2014, 262 Rn 37 = IPRax 2016, 66 mAnm M WELLER 48; OLG München RIW 1990, 585; OLG Düsseldorf RIW 1996, 239; EPPING 39; SCHLOSSER Rn 420; SCHACK, IZVR [9. Aufl 2025] Rn 1422; GEIMER, IZPR [9. Aufl 2024] Rn 3806). Die deutsche Praxis neigt dabei grundsätzlich zu einer schiedsfreundlichen weiten Auslegung (BGH NJW-RR 2002, 387; OLG München SchiedsVZ 2014, 262 [264] und NJW 2005, 832; OLG Hamm BB 2000, 1159 [1161]; OLG Hamburg RIW 1989, 574 [578] = EWiR 1989, 933 mAnm BREDOW; BERGER RIW 1993, 702 [707 f]; SCHLOSSER Rn 390; GEIMER, IZPR [8. Aufl 2019] Rn 3807; LACHMANN Rn 472 ff). Dies gilt jedenfalls dann, wenn die Parteien die Schiedsvereinbarung weit gefasst haben, indem sie nicht nur Streitigkeiten „aus dem Vertrag", sondern auch solche, die nur „im Zusammenhang mit dem Vertrag" stehen, der staatlichen Gerichtsbarkeit entzogen haben (vgl BGH NJW 1994, 136 [137] = JZ 1994, 370 mAnm SCHÜTZE; OLG Hamburg RIW 1989, 574 [578]; RAESCHKE-KESSLER/BERGER Rn 282 ff). Auch nach autonomem Recht erfassen Schiedsvereinbarungen daher grundsätzlich Ansprüche aus **unerlaubten Handlungen**, soweit diese mit Vertragsverletzungen konkurrieren (BGHZ 102, 199 [201] = NJW 1988, 1215; OLG München SchiedsVZ 2014, 262 Rn 37 = IPRax 2016, 66 mAnm M WELLER 48; 582

OLG Düsseldorf NJW 1983, 2149 f; OLG Hamburg RIW 1989, 574 [578]; Zöller/Geimer, ZPO [35. Aufl 2024] § 1029 Rn 80; Stein/Jonas/Schlosser, ZPO [23. Aufl 2014] § 1029 Rn 38 mwNw). Bei **Wettbewerbsverstößen** dürfte die jüngere Rechtsprechung des EuGH zu Gerichtsstandsvereinbarungen (dazu Rn 495 f) entsprechend heranzuziehen sein (vgl zur Erstreckung einer allgemein gehaltenen Schiedsklausel auf kartellrechtliche Schadensersatzansprüche LG Dortmund IPRax 2018, 617 mAnm Wolf 594). Auf Vorsatztaten bezieht sich die Schiedsvereinbarung aber idR nicht (Geimer, in: FS Martiny [2014] 711 [731; **aA** aber LG Dortmund IPRax 2018, 617 Rn 27; Wurmnest, in: FS Magnus [2014] 567 [581]). Auch deliktische Ansprüche außerhalb des Vertrages stehender *Dritter* werden von einer Schiedsklausel nur dann erfasst, wenn dies in der Vereinbarung hinreichend deutlich zum Ausdruck gekommen ist (BGH WM 1991, 384 [386] = IPRax 1992, 240 mAnm Vollkommer 207; krit dazu Raeschke-Kessler/Berger Rn 289 f).

583 Auch die Einbeziehung von **Wechselforderungen** in den Anwendungsbereich einer Schiedsklausel entspricht bei Geltung deutschen Schiedsvereinbarungsstatuts grundsätzlich dem zu vermutenden Parteiwillen, weil das Schiedsgericht auch über mögliche Einreden aus dem Grundgeschäft gegen die Wechselforderung entscheiden soll (BGH NJW 1994, 136 = JZ 1994, 370 mAnm Schütze; OLG Hamburg RIW 1992, 938 mAnm Schmidt RIW 1993, 639; Lachmann Rn 491 f; **aA** OLG Düsseldorf NJW 1983, 2149 f). Ein Verzicht des Gläubigers auf die Durchsetzung der Wechselforderung im Wechselprozess (§§ 602 ff ZPO) ist mit dem Abschluss einer Schiedsvereinbarung allerdings nicht verbunden; vielmehr hat erst das Nachverfahren vor dem Schiedsgericht stattzufinden (BGH NJW 1994, 136; Schwab/Walter Kap 7 Rn 16; Stein/Jonas/Schlosser, ZPO [23. Aufl 2014] § 1029 Rn 42; Musielak/Voit/Voit, ZPO [22. Aufl 2025] § 1032 Rn 5; **aA** OLG Frankfurt NJW 1986, 2202; OLG München RIW 1990, 585 f). Gleiches gilt auch für den Scheckprozess, nicht aber für den gewöhnlichen Urkundenprozess (BGHZ 165, 376 [380 ff] = NJW 2006, 279; Lachmann Rn 495).

c) Maßnahmen des einstweiligen Rechtsschutzes

aa) Staatsvertragliche Regelungen

584 Welche Kompetenzen staatliche Gerichte auf dem Gebiet des einstweiligen Rechtsschutzes haben, richtet sich im Geltungsbereich des UNÜ nicht nach der *lex fori* des angerufenen Gerichts. Maßgebend ist vielmehr das nach Art V Abs 1 lit a UNÜ auf die Schiedsvereinbarung anwendbare Recht, weil nur so die Sperrwirkung der Schiedsvereinbarung gegenüber einer Zuständigkeit staatlicher Gerichte in allen Vertragsstaaten einheitlich bestimmt werden kann (Stein/Jonas/Schlosser, ZPO [23. Aufl 2014] Anh § 1061 Rn 84). Das UNÜ selbst hindert jedenfalls Maßnahmen des einstweiligen Rechtsschutzes durch staatliche Gerichte nicht (vgl House of Lords 21. 1. 1993 – *Channel Group Ltd v Balfour Beauty Construction Ltd*, 3 WLR 262; dazu Karrer IPRax 1994, 56 f; Schlosser ZZP 99 [1986] 241 ff mwNw). Für den Geltungsbereich des EuÜ stellt Art VI Abs 4 EuÜ klar, dass die Beantragung einstweiliger Maßnahmen beim staatlichen Gericht nicht als Unterwerfung der Hauptsache unter die staatliche Gerichtsbarkeit gewertet werden kann (Stein/Jonas/Schlosser, ZPO [23. Aufl 2014] Anh § 1061 Rn 430). Der Antragsteller ist mithin nicht gehindert, in einem späteren Hauptsacheverfahren vor dem staatlichen Gericht die Schiedseinrede zu erheben (vgl Bandel 267 ff; MünchKommZPO/Adolphsen Art VI EuÜ Rn 20). Andererseits wird die Beantragung einstweiliger Maßnahmen beim staatlichen Gericht auch durch die Schiedsvereinbarung nicht ausgeschlossen. Hingegen ist die Frage, ob derartige Maßnahmen auch vom Schiedsgericht getroffen werden können, weder im UNÜ noch im EuÜ geregelt; maßgebend bleibt insoweit das anwendbare nationale Verfahrensrecht.

bb) Autonomes deutsches Schiedsverfahrensrecht

Ob dem Schiedsgericht die Ermächtigung zur Anordnung von Maßnahmen des einstweiligen Rechtsschutzes verliehen worden ist, muss auch im autonomen deutschen Recht der Schiedsvereinbarung im Wege der – ggf ergänzenden – Vertragsauslegung entnommen werden. Auch hierfür gelten die Auslegungsgrundsätze des Statuts der Schiedsvereinbarung, während das jeweilige Verfahrensstatut darüber entscheidet, ob und ggf mit welchem Inhalt ein Schiedsgericht einstweiligen Rechtsschutz gewähren darf. Seit dem 1. 1. 1998 sind Schiedsgerichte mit Sitz in Deutschland gem § 1041 Abs 1 ZPO auch zum Erlass von Maßnahmen des einstweiligen Rechtsschutzes ermächtigt, sofern die Parteien nichts anderes vereinbart haben (vgl dazu näher Raeschke-Kessler/Berger Rn 587 ff). Diese Ermächtigung hindert die Parteien freilich nicht, stattdessen beim staatlichen Gericht vorläufige oder sichernde Maßnahmen in Bezug auf den Streitgegenstand zu beantragen (vgl § 1033 ZPO). Hierfür zuständiges Gericht der Hauptsache nach § 919 ZPO ist das Gericht, das für die Vollstreckbarerklärung des zu erwartenden Schiedsspruchs zuständig wäre (OLG Hamburg RIW 1996, 857 mwNw). Nach neuem Recht ist dies das örtlich zuständige Oberlandesgericht (§§ 1060 Abs 1 Nr 4, 1062 Abs 1 Nr 4 ZPO). Im Interesse der Effektivität einstweiligen Rechtsschutzes wurde die Schiedseinrede in Verfahren des einstweiligen Rechtsschutzes vor staatlichen Gerichten bereits nach bisherigem Recht nicht beachtet (Wieczorek/Schütze, ZPO § 1025 aF Rn 73); das geltende Recht stellt dies in § 1033 ZPO ausdrücklich klar und lässt nach hM abweichende Parteiabsprachen nicht zu (OLG Düsseldorf SchiedsVZ 2024, 262 [264]; OLG Frankfurt BeckRS 2013, 10147 Rn 9; MünchKommZPO/Münch § 1033 Rn 20; Schwab/Walter Kap 7 Rn 12; Musielak/Voit/Voit, ZPO [22. Aufl 2025] § 1033 Rn 3). 585

d) Beendigung der Schiedsvereinbarung

Auch die Frage, unter welchen Voraussetzungen eine Schiedsvereinbarung wegfällt oder erlischt, bestimmt sich nach dem Statut der Schiedsvereinbarung. Als Beendigungsgrund kommt insbesondere eine *Kündigung* der Schiedsvereinbarung aus wichtigem Grund in Betracht (vgl zum deutschen Recht Zöller/Geimer ZPO [35. Aufl 2024] § 1029 Rn 97 ff; ferner OLG Hamburg RIW 1996, 510 [511 f]). Darüber hinaus kann eine Schiedsvereinbarung auch dadurch unwirksam werden, dass die von den Parteien bestimmte Schiedsinstitution wegfällt (vgl BGHZ 125, 7 = NJW 1994, 1008 = ZZP 107 [1994] 533 mAnm Walter/Hauck = JZ 1994, 945 mAnm Habscheid). Lediglich soweit die Schiedsvereinbarung durch die Verwirklichung *prozessualer* Tatbestände weggefallen sein kann (zB durch Versäumung von Fristen zur Erhebung der Schiedseinrede, vgl Art 5 EuÜ), ist die *lex fori* des angerufenen staatlichen Gerichts maßgebend (Wackenhuth KTS 1985, 635 ff). Demgegenüber beurteilt sich die Qualifikation von Schiedsklagefristen (iS von materiellen Ausschlussfristen oder von prozessualen Klagefristen) wiederum nach dem Statut der Schiedsvereinbarung (vgl BGH RIW 1976, 449 f; van den Berg 317). 586

IV. Die Form internationaler Schiedsvereinbarungen

1. Allgemeines

587 Die Form von Schiedsvereinbarungen beurteilt sich in erster Linie nach **internationalem Einheitsrecht**, nämlich im Geltungsbereich des UNÜ nach dessen Art II Abs 2, im Geltungsbereich des EuÜ nach dessen Art I Abs 2. Da vor allem Art II Abs 2 UNÜ die Vereinheitlichung der in den Vertragsstaaten an eine Schiedsvereinbarung zu stellenden Formerfordernisse bezweckt, werden im territorialen Anwendungsbereich des UNÜ Formvorschriften des nationalen Rechts, die – wie zB § 1031 Abs 5 ZPO – **schärfere Formanforderungen** stellen, vollständig verdrängt (vgl BayObLGZ 1998, 219; OLG Hamm RIW 1995, 681; Bertheau 36; van den Berg 179; Wackenhuth ZZP 99 [1986] 445 [552]; Kröll SchiedsVZ 2009, 40 [45]; Weigand/Baumann/Haas/Kahlert Rn 21.143; MünchKommZPO/Adolphsen Art II UNÜ Rn 17; Thorn IPRax 1997, 98 [103] gegen OLG Düsseldorf IPRax 1997, 115 ff und 118 ff; Reithmann/Martiny/Hausmann, IVR [9. Aufl 2021] Rn 7.319 mwNw zur Rspr anderer Vertragsstaaten; s auch Rn 611 ff). Dies gilt nicht nur im Rahmen der Anerkennung und Vollstreckung ausländischer Schiedssprüche, sondern auch im Einredeverfahren vor deutschen staatlichen Gerichten, wenn die Schiedsvereinbarung zu einem nach dem UNÜ anzuerkennenden Schiedsspruch iSv Art I Abs 1 UNÜ führen kann (BGHZ 184, 365 Rn 25 = IPRax 2011, 499 mAnm Samtleben 469; BGH RIW 2010, 885 Rn 19; OLG Hamm SchiedsVZ 2014, 38 [43]; BGH NJW-RR 2011, 1350 Rn 29 = RIW 2012, 81; OLG München RIW 1996, 854; Schütze Rn 131). Für eine Prüfung der Formgültigkeit der von einem New Yorker Brokerhaus mit einem deutschen Anleger getroffenen Schiedsvereinbarung zugunsten eines New Yorker Börsenschiedsgerichts am Maßstab des § 1031 Abs 5 ZPO ist daher kein Raum, wenn die Schiedsvereinbarung der Form des Art II Abs 2 UNÜ genügt. Der Hinweis auf den Meistbegünstigungsgrundsatz (dazu Rn 603 ff) trägt insoweit nicht, weil § 1031 Abs 5 ZPO nicht geringere, sondern schärfere Anforderungen an die Form der von einem Verbraucher getroffenen Schiedsvereinbarung stellt als Art II Abs 2 UNÜ (wie hier Musielak/Voit/Voit, ZPO [22. Aufl 2025] § 1031 Rn 18; Stein/Jonas/Schlosser, ZPO [23. Aufl 2014] Anh § 1061 Rn 55, 380; zur Ausnahme bei nach Art II Abs 2 UNÜ *formnichtigen* Schiedsvereinbarungen s aber Rn 616).

2. Art II Abs 2 UNÜ

a) Auslegung und Normzweck

588 Art II Abs 2 UNÜ macht die Gültigkeit einer Schiedsvereinbarung – vorbehaltlich der Meistbegünstigungsregel in Art VIIAbs 1 UNÜ (dazu Rn 603 ff) – zwingend von der Wahrung der dort normierten Formerfordernisse abhängig. Dies gilt gleichermaßen im **Verfahren der Anerkennung und Vollstreckung** ausländischer Schiedssprüche (Bertheau 27 f; Stein/Jonas/Schlosser, ZPO [23. Aufl 2014] Anh § 1061 Rn 42; Weigand/Baumann/Haas/Kahlert Rn 21.124; MünchKommZPO/Adolphsen Art II UNÜ Rn 5; insoweit ist das deutsche Gericht weder an die tatsächlichen Feststellungen noch an die rechtliche Bewertung des ausländischen Schiedsgerichts zum Vorliegen einer wirksamen Schiedsvereinbarung gebunden, vgl BGHZ 162, 9 = SchiedsVZ 2005, 95 mAnm Bach und Huber; OLG Celle SchiedsVZ 2004, 165 [166]; YbComArb XXXII [2007] 372 [379]) wie im **Einredeverfahren** vor staatlichen Gerichten, wenn die Schiedsabrede zu einem anerkennungsfähigen Schiedsspruch iSv Art 1 Abs 1 UNÜ führen kann (vgl zuletzt BGH SchiedsVZ 2021, 97 Rn 20; ebenso schon BGH NJW-RR 2011, 548 Rn 25 = IPRax 2011, 499 mAnm Samtleben 469; BGH RIW 2010, 885 Rn 19;

OLG Hamm SchiedsVZ 2014, 38 [43]; BGH WM 1993, 2121 [2122] 4; BGH NJW 1987, 3193 = IPRax 1989, 163 mAnm Samtleben 148). **Beweispflichtig** für das Zustandekommen einer formwirksamen Schiedsabrede ist *im Einredeverfahren* der Antragsgegner (BGHZ 184, 365 Rn 22 = IPRax 2011, 497 mAnm Engert/Groh IPRax 2011, 458; BGH SchiedsVZ 2011, 157 Rn 25), im *Verfahren der Anerkennung und Vollstreckung* eines ausländischen Schiedsspruchs hingegen der Antragsteller (BGH NJOZ 2018, 947 Rn 17; BayObLG RIW 2003, 383 [384]; OLG Köln BeckRS 2015, 118105 Rn 37; OLG München SchiedsVZ 2009, 340; OLG Celle SchiedsVZ 2004, 165 [167]; OLG Rostock IPRax 2002, 401 [405] mAnm Kröll IPRax 2002, 384; **aA** Kröll SchiedsVZ 2004, 113 [120]). Durch die vorgeschriebene Schriftform soll sichergestellt werden, dass die Parteien sich über die Schiedsklausel tatsächlich geeinigt haben.

Die nach Art II Abs 2 UNÜ an die „schriftliche Vereinbarung“ zu stellenden Anforderungen sind im Interesse einer einheitlichen Beurteilung in allen Vertragsstaaten **589** **autonom** unter Berücksichtigung von Sinn und Zweck der Vorschrift und nicht unter Bezugnahme auf nationales Recht zu bestimmen (van den Berg 173 ff; Schlosser Rn 370; Schwab/Walter Kap 44 Rn 7; zust auch die Gerichtspraxis der Vertragsstaaten, vgl BGH NJW 1976, 1591; OLG Schleswig RIW 2000, 706 mAnm Werder; schwz BG 7. 10. 1984, BGE 110 II, 54 und 5. 1. 1985, BGE 111 Ib, 253; Reithmann/Martiny/Hausmann, IVR [9. Aufl 2021] Rn 7.327 ff m ausf wNw). Nach Art II Abs 2 UNÜ ist die Einhaltung der vollen (doppelten) Schriftform erforderlich; die schriftliche Bestätigung einer mündlichen Vereinbarung durch eine Partei – wie sie gem Art 25 Abs 1 S 3 lit a Brüssel Ia-VO und § 38 Abs 2 ZPO für internationale Gerichtsstandsvereinbarungen (dazu Rn 450 ff) und gemäß § 1031 Abs 2 ZPO auch für Schiedsvereinbarungen nach autonomem Recht (dazu Rn 619) genügt – reicht also nicht aus (BGH NJW-RR 2011, 548 Rn 27 = SchiedsVZ 2011, 46; BayObLG RIW 2003, 383 [384]; Gildeggen 60 f; Epping 65; Stein/Jonas/Schlosser, ZPO [23. Aufl 2014] Anh § 1061 Rn 95). Die Schriftform muss auch im *kaufmännischen* Rechtsverkehr beobachtet werden. Anders als nach Art 25 Abs 1 S 3 lit c Brüssel Ia-VO (dazu Rn 457 ff) und § 1031 Abs 2 ZPO (dazu Rn 619) kann sie auch durch die Geltung abweichender Handelsbräuche nur ausnahmsweise ersetzt werden (van den Berg 221; Gildeggen 51; MünchKommZPO/Adolphsen Art II UNÜ Rn 20); auch zwischen den Parteien bestehende abweichende „Gepflogenheiten“ führen zu keiner Formerleichterung (Zöller/Geimer, ZPO [35. Aufl 2024] § 1031 Rn 22).

Das Schriftformerfordernis in Art II Abs 2 UNÜ hat nicht nur Beweisfunktion, sondern bezweckt primär die **Warnung vor Übereilung** (Wackenhuth ZZP 99 [1985] 453 f; **590** Gildeggen 53 ff; vgl auch Lindacher, in: FS Habscheid [1989] 167 f). Mit diesem Schutzzweck ist der Abschluss mündlicher oder stillschweigender Schiedsvereinbarungen grundsätzlich nicht vereinbar (van den Berg 206; Schwab/Walter Kap 44 Rn 8). Andererseits steht Art 2 Abs 2 UNÜ einer differenzierenden Auslegung, die an die Formgültigkeit von Schiedsvereinbarungen im Rechtsverkehr mit *Verbrauchern* strengere Maßstäbe anlegt als im kaufmännischen Verkehr, nicht entgegen (Gildeggen 57 ff; vgl idS auch schwz BGE 110 II 54 [59]; 122 III 139 [143 ff]). Ist die Schiedsvereinbarung in **Allgemeinen Geschäftsbedingungen** (AGB) enthalten, so soll durch das Schriftformerfordernis in Art II Abs 2 UNÜ sichergestellt werden, dass die Parteien sich über die Schiedsklausel tatsächlich geeinigt haben (Lindacher, in: FS Habscheid [1989] 167 f; Wackenhuth ZZP 99 [1986] 445 [454]; van den Berg 173).

Der Formzwang gilt auch im Anwendungsbereich des UNÜ freilich nur für die ei- **591** gentliche *Schiedsvereinbarung*, nicht für ergänzende **Vereinbarungen über das Schieds-**

verfahren (vgl zu dieser Unterscheidung öst OGH IPRax 1989, 302 [303] mAnm Heller 315; Schlosser Rn 257 ff; Gildeggen 17 ff, 85; **aA** Lachmann Rn 343). Die Frage, welche Abreden notwendige Bestandteile einer Schiedsvereinbarung sind und deshalb der Form des Art II Abs 2 UNÜ bedürfen, ist wiederum im Wege autonomer Qualifikation zu entscheiden (Gildeggen 87 ff; **aA** Schlosser Rn 388). Danach ist Inhalt der Schiedsvereinbarung iSv Art II UNÜ allein die Unterwerfung der Parteien unter die Entscheidungskompetenz eines Schiedsgerichts; demgegenüber beurteilt sich die Form zusätzlicher Vereinbarungen – etwa über die Zusammensetzung und Konstituierung des Schiedsgerichts oder die Gestaltung des Schiedsverfahrens – nicht nach Art II Abs 2, sondern nach dem Verfahrensstatut des Art V Abs 1 lit d UNÜ.

b) Schriftlichkeit

aa) Grundsätze

592 Art II Abs 2 UNÜ unterscheidet zwei Formalternativen, nämlich die von beiden Parteien unterzeichnete Vertragsurkunde einerseits und den Austausch von Briefen oder Telegrammen andererseits. Nach der ersten Alternative ist die Schriftform gewahrt, wenn der Vertrag von beiden Parteien handschriftlich unterzeichnet wird; eine mechanische Unterschriftsleistung (Faksimile) genügt nicht (Stein/Jonas/Schlosser, ZPO [23. Aufl 2014] Anh § 1061 Rn 97; **aA** vHülsen 54). An die Unterschrift werden allerdings keine hohen Anforderungen gestellt (vgl ital Cass 11. 9. 1979, YbComArb VI [1981] 230 [231 f]: *„minimum of individuality which cannot be automatically reproduced by others“*). Eine gesonderte Abzeichnung der Schiedsabrede – wie sie zB Art 1341 Abs 2 ital CC für sog lästige Klauseln vorsieht – ist nicht erforderlich; vielmehr genügt die beiderseitige Unterzeichnung des Gesamtvertrages, der eine solche Schiedsklausel enthält (schwz BG 12. 1. 1989 YbComArb XV [1990] 509 [511]; ital Cass 11. 7. 1992, YbComArb XXII [1997] 715 [720]; van den Berg 192; Epping 63; MünchKommZPO/Adolphsen Art II UNÜ Rn 14). Ausreichend ist auch die im schriftlichen Vertrag enthaltene Verweisung auf einen früher geschlossenen Vertrag, der seinerseits die Schiedsklausel enthält (schwz BG 7. 2. 1984, BGE 110 II 54 [57 ff]; App Genève YbComArb XXIII [1998] 764; Stein/Jonas/Schlosser, ZPO [23. Aufl 2014] Anh § 1061 Rn 97). Die einseitige Unterzeichnung durch diejenige Partei, die sich auf die Schiedsklausel beruft, erfüllt die Form des Art II Abs 2 UNÜ hingegen nicht (BGH RIW 2010, 879 Rn 27 und RIW 2010, 885 Rn 21; ital Cass 18. 9. 1978 YbComArb IV [1979] 296 [300]; Stein/Jonas/Schlosser, ZPO [23. Aufl 2014] Anh § 1061 Rn 97). Die Unterschrift der anderen Partei kann aber noch während des schon laufenden Schiedsverfahrens nachgeholt werden (zB durch Unterzeichnung der *„Terms of Reference“*, vgl Kröll ZZP 117 [2004] 453 [482]; Mallmann SchiedsVZ 2004, 152 [158]).

593 Wird der Vertrag hingegen durch einen **Austausch von Dokumenten** (zB von Briefen) geschlossen, so ist eine handschriftliche Unterzeichnung entbehrlich (schwz BG 16. 1. 1995 BGE 121 III 38 [45]; van den Berg 194; Epping 63 f; Schwab/Walter Kap 44 Rn 7; Stein/Jonas/Schlosser, ZPO [23. Aufl 2014] Anh § 1061 Rn 100). Aus diesem Grunde wird der Schriftform des Art II Abs 2 UNÜ auch bei Verwendung moderner Kommunikationsformen im **elektronischen Geschäftsverkehr** genügt, wenn es zu einer automatisierten schriftlichen Niederlegung des übermittelten Textes kommt und der Absender erkennbar ist (vgl zum Vertragsschluss durch Telex öst OGH 17. 11. 1971, JBl 1974, 629 [630]; schwz BG 5. 11. 1985, BGE 111 I b 253 [255] und 16. 1. 1995, BGE 121 III 38 [43]; van den Berg 204; Wackenhuth ZZP 99 [1986] 464 f; ebenso für Vertragsschluss per Telefax OLG Hamburg NJW-RR 1999, 1738; frz Cass civ 9. 11. 1993, YbComArb XX [1995] 660; Lindacher, in: FS Habscheid [1989] 167 [170 f]). Daher können Schiedsvereinbarungen heute auch durch den

Austausch von E-Mails oder via Internet formwirksam nach Art II Abs 2 UNÜ geschlossen werden (allgM, vgl OLG Stuttgart RdTW 2018, 434 Rn 32; Stein/Jonas/Schlosser, ZPO [23. Aufl 2014] Anh § 1061 Rn 101; Schwab/Walter Kap 44 Rn 7; Weigand/Baumann/Haas/Kahlert Rn 21.164; Reithmann/Martiny/Hausmann, IVR [9. Aufl 2021] Rn 7.330 f mwNw). Die Form des Art II Abs 2 UNÜ wird ferner auch dadurch gewahrt, dass nur *ein einziges Dokument* zwischen den Parteien ausgetauscht wird (Stein/Jonas/Schlosser, ZPO [23. Aufl 2014] Anh § 1061 Rn 100), indem zB ein nicht unterschriebenes Vertragsangebot oder Bestätigungsschreiben vom Empfänger unterzeichnet und zurückgeschickt wird (vgl OLG Bremen BeckRS 2019, 51634 Rn 28; LG Zweibrücken 11. 1. 1978, YbComArb IV [1979] 262 [263]; OG Basel 3. 6. 1971, YbComArb IV [1979] 309 [310]; öst OGH 21. 2. 1978, YbComArb X [1985] 418 [419]). In jedem Fall erforderlich ist jedoch ein **Schriftwechsel**, sodass die einseitige schriftliche Bestätigung einer mündlichen Absprache (OLG Frankfurt IPRax 2008, 517 mAnm Schlosser 497) oder die einseitige Zusendung eines Vertragstextes (BayObLGZ 2002, 392 [395]; OLG Düsseldorf IHR 2015, 18; OLG München SchiedsVZ 2010, 50 [51]; OLG Rostock IPRax 2002, 401 Rn 57 ff mAnm Kröll 384) oder von AGB mit einer darin enthaltenen Schiedsklausel (BGH RIW 2010, 879 Rn 27) keinesfalls genügt. Gleiches gilt, wenn die Schiedsklausel nicht in dem gewechselten Schriftverkehr selbst enthalten ist, sondern nur in einem von einer Seite nachträglich an die andere übermittelten Merkblatt (vgl BGH IPRax 2011, 499 Rn 26 f m zust Anm Samtleben 469 [470]; BGH NZG 2010, 1351 Rn 20 f = RIW 2010, 885).

Demgegenüber reicht es aus, wenn beide Parteien in ihrer schriftlichen Korrespon- **594**
denz auf eine früher mündlich getroffene Schiedsvereinbarung oder ein nur einseitig (oder gar nicht) unterschriebenes Schriftstück Bezug nehmen, das die Schiedsklausel enthält (OLG Hamburg NJW-RR 1999, 1738; Stein/Jonas/Schlosser, ZPO [23. Aufl 2014] Anh § 1061 Rn 96 aE; Epping 64). Enthält allerdings erstmalig die Annahme des Vertragsangebots oder die Auftragsbestätigung die Schiedsklausel, so bedarf es notwendig einer schriftlichen Reaktion des Anbietenden (BGH SchiedsVZ 2021, 97 Rn 22; Wackenhuth ZZP 99 [1986] 445 [455]; Schlosser Rn 380; MünchKommZPO/Adolphsen Art II UNÜ Rn 15; Gildeggen 61). Die Antwort des Empfängers muss zwar nicht ausdrücklich auf die in der Offerte oder der Auftragsbestätigung enthaltene Schiedsklausel Bezug nehmen (OG Basel 5. 7. 1994, YbComArb XXI [1998] 685 [686]; van den Berg 199; Stein/Jonas/Schlosser, ZPO [23. Aufl 2014] Anh § 1061 Rn 100; Gildeggen 51 f), sie muss jedoch auch die **Schiedsklausel decken** (OLG Köln BeckRS 2011, 5670 = IPRspr 2010 Nr 309; OLG München SchiedsVZ 2010, 50 [51]; Wackenhuth ZZP 99 [1986] 445 [460 f]; Schwab/Walter Kap 44 Rn 8). Enthält eine schriftliche Bestellung daher eine Schiedsklausel, so wird diese nach Art II Abs 2 UNÜ bereits dadurch wirksam vereinbart, dass der Verkäufer mit einer *Rechnung* antwortet, die auf die Kauforder Bezug nimmt (App Firenze 8. 10. 1977, YbComArb IV [1979] 289 [290 f]; **aA** ital Cass 10. 3. 2000, Foro it 2000 I 2226). Die Form des Art II Abs 2 UNÜ ist auch dann gewahrt, wenn Angebot und Annahmeerklärung inhaltlich voneinander abweichende Schiedsklauseln enthalten, die zB Schiedsorte in unterschiedlichen Ländern vorsehen; denn insoweit handelt es sich um bloße Verfahrensvereinbarungen, auf die sich Art II Abs 2 UNÜ nicht bezieht (vgl *Podar Brothers v ITAD Associates, Inc* [4th Cir; 1981] YbComArb VII [1982] 379; Gildeggen 80; MünchKommZPO/Adolphsen Art II UNÜ Rn 15 aE; Weigand/Baumann/Haas/Kahlert Rn 21.183). Enthält das Angebot eine Schiedsklausel, die Annahmeerklärung hingegen eine *Gerichtsstandsklausel*, dann wird weder die eine noch die andere Vertragsinhalt (vgl zu Art I Abs 2 EuÜ AG Singen RIW 1985, 73; Gildeggen 79 ff; **aA** ital Cass 10. 1. 1984, Riv dir int priv proc 1985, 351). In keinem Fall genügt die mündliche oder stillschweigende Annahme eines die

Schiedsklausel enthaltenden schriftlichen Vertragsangebots zur Einhaltung der Form des Art II Abs 2 UNÜ (OLG Frankfurt BeckRS 2012, 17801; zu weiteren Einzelheiten vgl Reithmann/Martiny/Hausmann, IVR [9. Aufl 2021] Rn 7.331–336 mwNw zur ausländischen Rechtspraxis).

bb) Bezugnahme auf AGB

595 Die Form des Art II Abs 2 UNÜ kann auch dann gewahrt sein, wenn die Schiedsklausel lediglich in den **Allgemeinen Geschäftsbedingungen** einer Partei enthalten ist. Hierzu ist nicht erforderlich, dass diese AGB in den Text der beiderseits unterschriebenen Vertragsurkunde integriert sind. Vielmehr genügt auch die bloße Bezugnahme im Text der Vertragsurkunde oder in den ausgetauschten Schreiben auf die AGB, wenn der Verwender auf die in den AGB enthaltene Schiedsklausel im Vertragsangebot oder einer Auftragsbestätigung ausdrücklich hingewiesen hatte (sog *specific reference*; vgl OLG München RIW 1996, 853 [855]; Schlosser Rn 379; Schwab/Walter Kap 44 Rn 7; Weigand/Baumann/Haas/Kahlert Art II UNÜ Rn 21.174). Darüber hinaus reicht aber auch die allgemeine Bezugnahme auf AGB, die eine Schiedsklausel enthalten (sog *general reference*) dann aus, wenn der Vertragspartner des Verwenders deutlich auf die Geltung der AGB hingewiesen wurde und außerdem in der Lage war, von ihrem Inhalt – und damit auch von der Schiedsklausel – im Zeitpunkt des Vertragsschlusses Kenntnis zu nehmen OLG Karlsruhe SchiedsVZ 2025, 91 [95]; OLG Stuttgart IHR 2017, 236 Rn 33; ital Cass 16. 6. 2011, YbComArb XXXVII [2012] 255 f; van den Berg 208 ff; Stein/Jonas/Schlosser, ZPO [23. Aufl 2014] Anh § 1061 Rn 113; MünchKommZPO/Adolphsen Art II UNÜ Rn 19; dazu Reithmann/Martiny/Hausmann, IVR [9. Aufl 2021] Rn 7.337 ff mwNw).

596 Um die Form des Art II Abs 2 UNÜ zu wahren, muss die von den Parteien unterzeichnete Urkunde oder müssen die gewechselten Schreiben also einen **ausdrücklichen Hinweis auf die AGB** enthalten, weil nur dann für die andere Vertragspartei hinreichend deutlich wird, dass diese einschließlich der Schiedsklausel Vertragsbestandteil sein sollen (OLG München SchiedsVZ 2009, 340). Das bloße kommentarlose Mitverschicken der AGB erfüllt also die Schriftform nach Art II Abs 2 UNÜ nicht (Wackenhuth ZZP 99 [1986] 445 [456; Schlosser Rn 380; MünchKommZPO/Adolphsen Art II UNÜ Rn 19; Gildeggen 62 ff); ebenso wenig genügt der nachträgliche Hinweis einer Partei, der geschlossene Vertrag sei wie ein früherer auf der Basis ihrer AGB zustande gekommen (frz Cass civ 25. 2. 1986, Clunet 113 [1986] 735 mAnm Jacquet; Stein/Jonas/Schlosser, ZPO [23. Aufl 2014] Anh § 1061 Rn 113). Verwendet eine Partei verschiedene AGB, so muss der Einbeziehungshinweis auch eindeutig erkennen lassen, welche AGB Vertragsinhalt werden sollen (App Genève 16. 12. 1988, YbComArb XVI [1991] 612). Ein besonderer Hinweis auf die in den AGB enthaltene *Schiedsklausel selbst* ist hingegen nicht erforderlich (Wackenhuth ZZP 99 [1986] 445 [458]; einschränkend Lindacher, in: FS Habscheid [1989] 167 [171]). Verweisen beide Parteien jeweils auf ihre eigenen AGB, so werden diese nicht Vertragsbestandteil, soweit sie sich bzgl der Streiterledigung widersprechen (OLG Frankfurt IPRax 2008, 517 mAnm Schlosser 497).

597 Der Schutzzweck des Art II Abs 2 UNÜ erfordert außer dem ausdrücklichen Hinweis auf die AGB weiterhin dass der Vertragspartner des Verwenders eine ausreichende **Möglichkeit zur Kenntnisnahme** von der formularmäßigen Schiedsklausel hatte (frz Cass 21. 11. 2006, YbComArb XXXII [2007] 294). Daher müssen die AGB dem anderen Teil weiterhin spätestens *beim Vertragsschluss* übergeben oder übersandt werden, dh sie müssen entweder auf der Rückseite der Vertragsurkunde bzw des An-

gebots abgedruckt (BayObLG RIW 1998, 965 [966]; OLG Schleswig RIW 2000 706 [707]; span Trib Supremo 10. 2. 1984, YbComArb X [1985] 493) oder der Vertragserklärung als Anlage beigefügt sein (BGH NJW 1976, 1591; STEIN/JONAS/SCHLOSSER, ZPO [23. Aufl 2014] Anh § 1061 ZPO Rn 113). Die bloße Bezugnahme auf die AGB genügt also dann nicht, wenn diese der beiderseits unterschriebenen Vertragsurkunde oder den ausgetauschten Schreiben nicht beilagen (BGH IPRax 1985, 158 mAnm SCHLOSSER 141; OLG München RIW 1996, 854 f; OLG Köln RIW 1993, 499 = IPRax 1993, 399 mAnm HAAS 382; OLG Frankfurt IHR 2007, 42; frz Cass civ 11. 10. 1989, Rev arb 1990, 134 m zust Anm KESSEDJIAN; ital Cass 19. 5. 2009, YbComArb XXXIV [2009] 649; SCHWAB/WALTER Kap 44 Rn 9; SCHLOSSER ZEuP 1994, 692 f; SIEG RIW 1998, 102 [106]), es sei denn, es wird im Hauptvertrag besonders auf die in den AGB enthaltene *Schiedsklausel* hingewiesen (schwz BG 7. 2. 1984, BGE 110 II 54; VAN DEN BERG 218; LINDACHER, in: FS Habscheid [1989] 167 [173]) oder der Empfänger hat sich ausdrücklich mit der Geltung der AGB einverstanden erklärt (OLG Stuttgart RdTW 2018, 434 Rn 34).

Wurden die AGB dem Vertragspartner allerdings bereits bei früherer Gelegenheit – 598
zB im Rahmen **laufender Geschäftsbeziehungen** – übermittelt, so ist die erneute Mitversendung der AGB entbehrlich (schwz BG 19. 1. 1995, BGE 121 III 38 [45 f]; App Genève 11. 12. 1997, Bull ASA 1997, 667; span Trib Supremo 30. 1. 1986, YbComArb XIII [1988] 512 [513]; VAN DEN BERG 220 f; GILDEGGEN 70 f; STEIN/JONAS/SCHLOSSER, ZPO [23. Aufl 2014] Anh § 1061 Rn 113 mwNw); einer ausdrücklichen Bezugnahme auf die AGB bedarf es freilich auch in diesem Fall (OLG Celle 18. 9. 2003, YbComArb XXX [2005] 536 [538]; Hof Den Haag 17. 2. 1984, YbComArb X [1985] 485 [486]; GILDEGGEN 76 f). Schließlich müssen die AGB **in der Verhandlungs- oder Vertragssprache** oder einer sonstigen dem Empfänger geläufigen Sprache abgefasst sein; eine Obliegenheit des Empfängers, fremdsprachige AGB übersetzen zu lassen, besteht nach Art II Abs 2 UNÜ grundsätzlich nicht (vgl HandelsG Zürich ZEuP 1994, 682 mAnm SCHLOSSER; GILDEGGEN 81 f; dazu allg STAUDINGER/HAUSMANN [2021] Art 10 Rom I-VO Rn 119 ff).

Auf eine Übersendung kann auch dann verzichtet werden, wenn die Schiedsklausel in 599
AGB oder Formularverträgen enthalten ist, die **in einer bestimmten Branche weit verbreitet** und deshalb branchenangehörigen Kaufleuten bekannt sind (VAN DEN BERG 231 ff; SCHLOSSER Rn 379; vgl – zum Standardvertrag der *„Grain und Feed Trade Association"* – App Venezia 26. 4. 1980, YbComArb VII [1982] 340; HandelsG Zürich YbComArb XVIII [1993] 442; ferner App Paris Clunet 1996, 110 mAnm LOQUIN). Demgegenüber wahrt die schriftliche Bezugnahme einer Vertragspartei auf ihre – der anderen Seite nicht übermittelten – *eigenen AGB* die Form nach Art II Abs 2 UNÜ auch dann nicht, wenn AGB der in dieser Branche tätigen Unternehmen regelmäßig Schiedsklauseln enthalten (frz Cass civ 11. 10. 1989, YbComArb XV [1990] 447 [448]; **aA** die Vorinstanz App Paris Rev arb 1987, 482 mAnm KESSEDJIAN = Clunet 1987, 934 mAnm LOQUIN). Etwas anderes gilt nur dann, wenn zwischen den Parteien laufende Geschäftsbeziehungen bestehen oder wenn die von einer Seite in Bezug genommenen AGB der anderen Seite sonst nachweislich bekannt waren (SCHLOSSER ZEuP 1994, 892; WEIGAND/BAUMANN/HAAS/KAHLERT Rn 21.175; vgl auch frz Cass civ 9. 11. 1993, Rev arb 1994, 108 mAnm KESSEDJIAN = Clunet 1994, 690 mAnm LOQUIN).

cc) Schranken

Da Art II Abs 2 UNÜ – anders als § 1031 Abs 2 ZPO (dazu Rn 619) – Einschränkun- 600
gen des Formzwangs aufgrund internationaler Handelsbräuche oder der Verkehrssitte nicht vorsieht, genügt die Bezugnahme auf eine Schiedsklausel in einem **kaufmän-**

nischen Bestätigungsschreiben dem Schriftformerfordernis auch dann nicht, wenn damit eine nachweislich mündlich zwischen Kaufleuten geschlossene Schiedsvereinbarung bestätigt wird (vHülsen 58; Wackenhuth ZZP 99 [1986] 445 [464]; Schlosser Rn 380; Gildeggen 77 ff; MünchKommZPO/Adolphsen Art II UNÜ Rn 19 aE; einschränkend aber Hanseatisches OLG Hamburg SchiedsVZ 2009, 71). Erst recht kann das bloße Schweigen auf ein kaufmännisches Bestätigungsschreiben das Schriftformerfordernis nach Art II Abs 2 UNÜ nicht erfüllen (OLG München SchiedsVZ 2009, 340; OLG Frankfurt IPRspr 2009 Nr 275; ital Cass 25. 1. 1991, YbComArb XVII [1992] 554; Reithmann/Martiny/Hausmann, IVR [9. Aufl 2021] Rn 7.344 mwNw). Gleiches gilt für sonstige Formen der stillschweigenden Annahme, etwa die Erfüllung des Hauptvertrages, der die Schiedsklausel enthält (van den Berg 198; Berger 104 f). Diese Rigorosität des Formzwangs nach Art II Abs 2 UNÜ wird heute zu Recht als nicht mehr zeitgemäß kritisiert (vgl Kröll SchiedsVZ 2009, 40 [45 ff] mwNw).

601 Eine Formerleichterung wird im UNÜ auch für Schiedsklauseln in **Konnossementen** nicht zugestanden; insoweit gelten vielmehr die allgemeinen Regeln über die Bezugnahme auf AGB, die eine Schiedsklausel enthalten. Daher steht die bloße Entgegennahme des einseitig vom Verfrachter unterzeichneten Konnossements durch den Empfänger (oder weitere Indossatare) dem Austausch von Briefen iSv Art II Abs 2 UNÜ nicht gleich. Eine Bindung an die Schiedsklausel, die nur in rückseitig abgedruckten AGB oder in den Bestimmungen der Charter Party enthalten ist, auf die im Konnossement verwiesen wird, wird vielmehr – anders als nach § 1031 Abs 4 ZPO aF (dazu Rn 621) – erst dadurch begründet, dass der Empfänger des Konnossements in einem nachfolgenden Schriftstück auf dessen Bedingungen Bezug nimmt (frz Cass civ 4. 6. 1989, Rev arb 1990, 616; ital Cass 22. 12. 2000, YbComArb XXVII [2002] 506 f; Gildeggen 72 ff; Stein/Jonas/Schlosser, ZPO [23. Aufl 2014] Anh § 1061 Rn 118; Epping 65 ff mwNw; **aA** schwz BG 7. 2. 1984, BGE 110 II 54 f; dazu Reithmann/Martiny/Hausmann, IVR [9. Aufl 2021] Rn 7.345 f mwNw). Eine Ausnahme gilt – abweichend von § 522 Abs 1 S 2 HGB nF – nur dann, wenn in der Inkorporationsklausel des Konnossements ausdrücklich auf die Schiedsklausel in der Charter Party hingewiesen wird (ital Cass 1. 3. 2002, Riv dir int priv proc 2003, 1047). Art 2 Abs 2 UNÜ tritt allerdings im Verhältnis der Vertragsstaaten des Hamburger UN-Übereinkommens über den Gütertransport zur See von 1978 hinter dessen Art 22 Abs 2 zurück (Schlosser Rn 269; Gildeggen 74 ff).

c) Heilung von Formmängeln

602 Da das UNÜ keine Heilungs- oder Präklusionsvorschriften enthält, ist über die Frage, ob eine Heilung formnichtiger Schiedsvereinbarungen durch das Verhalten der Parteien im Schiedsverfahren in Betracht kommt, im Geltungsbereich des UNÜ *autonom* nach dem Sinn und Zweck des Art II Abs 2 zu entscheiden (van den Berg 185; Epping 82; Schwab/Walter Kap 44 Rn 10; Haas IPRax 1993, 383 [384]). Dabei muss die Überlegung den Ausschlag geben, dass Parteien, die durch Klageerhebung und **rügelose Einlassung** vor dem Schiedsgericht den Vollzug ihrer formnichtigen Schiedsvereinbarung angezeigt haben, der Schutz- und Warnfunktion des Art II Abs 2 UNÜ nicht mehr bedürfen (BayObLG RIW 2003, 383 [384]; OLG München SchiedsVZ 2013, 64; OLG Hamburg NJW-RR 1999, 1738; öst OGH IPRax 2006, 496 [500] mAnm Spickhoff 522; Stein/Jonas/Schlosser, ZPO [23. Aufl 2014] Anh § 1061 Rn 106 Musielak/Voit/Voit, ZPO [22. Aufl 2025] § 1031 Rn 18). Das Verbot widersprüchlichen Verhaltens – als ein dem UNÜ innewohnendes Rechtsprinzip – ist damit auch im Rahmen des Art II Abs 2 UNÜ zu beachten; eines Rückgriffs auf das Verfahrensrecht am jeweiligen Schiedsort bedarf es insoweit nicht (OLG Schleswig RIW 2000, 706 [707 f] mAnm Werder; OLG Hamburg YbComArb IV [1979] 266 [267]; schwz BG 5. 11. 1985, BGE 111 I b 253; van den Berg 185; Wackenhuth RIW 1985, 568 [569 f]; Haas IPRax 1993, 383 [384]; Schwab/Walter Kap 44 Rn 10; MünchKommZPO/Adolphsen Art II UNÜ Rn 21; Stein/Jonas/Schlosser, ZPO [23. Aufl 2014] Anh § 1061 Rn 110). Darüber hinaus kann es derjenigen Partei, die selbst die Schiedsvereinbarung ordnungsgemäß unterschrieben hat, nach diesem Rechtsgedanken nicht gestattet sein, sich im Schiedsverfahren oder im Einredeverfahren vor dem staatlichen Gericht auf die Formnichtigkeit zu berufen (ital Cass 6. 7. 1982, YbComArb XVI [1991] 588 [590]; vgl auch BGH RIW 2010, 879, 881 Rn 28 und BGH RIW 2010, 885 Rn 22; anders bei widersprüchlichem Verhalten der Parteien, vgl BGH GWR 2010, 582 Rn 29 mAnm P Wagner). Andererseits schließt die Berufung auf die Schiedsklausel in einem Verfahren vor staatlichen Gerichten auch die spätere Geltendmachung von deren Formnichtigkeit im Schiedsverfahren aus (OLG Celle IPRspr 2007 Nr 218; Stein/Jonas/Schlosser, ZPO [23. Aufl 2014] Anh § 1061 Rn 110 aE).

d) Meistbegünstigung

Im Gegensatz zu Art I Abs 2 EuÜ legt Art II Abs 2 UNÜ auch die **Mindestanforderungen** fest, die an die Formgültigkeit einer Schiedsvereinbarung zu stellen sind, 603
und schließt damit grundsätzlich auch die Anwendung nationaler Formvorschriften aus, die mildere Formerfordernisse vorsehen (van den Berg 179; Walter RIW 1982, 693 [699]; Weigand/Haas Art 2 UNÜ Rn 24; Stein/Jonas/Schlosser, ZPO [23. Aufl 2014] Anh § 1061 Rn 50; zust OLG Schleswig RIW 2000, 706 [707]). Allerdings ermöglicht der in Art VII Abs 1 UNÜ normierte **Grundsatz der Meistbegünstigung** die Anerkennung von Schiedsvereinbarungen, die – obwohl nicht schriftlich iSv Art II Abs 2 UNÜ geschlossen – den Formerfordernissen des anwendbaren nationalen Rechts genügen; denn durch das Übereinkommen soll die internationale Anerkennung von Schiedsvereinbarungen und Schiedssprüchen erleichtert, nicht erschwert werden (Schwab/Walter Kap 44 Rn 12; MünchKommZPO/Adolphsen Art II UNÜ Rn 18). Eine Schiedsvereinbarung, die zwar der Schriftform des Art II Abs 2 UNÜ entbehrt, aber den Formerfordernissen des anwendbaren nationalen Rechts genügt, ist demnach insbesondere **im Einredeverfahren** vor staatlichen deutschen Gerichten als formgültig zu behandeln (BGH SchiedsVZ 2021, 97 Rn 25 f; BGH NJW-RR 2011, 548 Rn 22 = SchiedsVZ 2011, 46; BGH NJW-RR 2012, 49 Rn 18; BGH NJW-RR 2011, 1350 Rn 37 = SchiedsVZ 2011, 46; BGH NJW 2005, 3499 [3500]; OLG Frankfurt SchiedsVZ 2020, 185 Rn 34 und IPRspr 2009 Nr 276; App Versailles 23. 1. 1991, Rev arb 1991, 291 [296] mAnm Kessedijan; Kröll ZZP 117 [2004] 453 [473 ff]; Kühn SchiedsVZ 2009, 53 [54]; Epping 117 ff; Stein/Jonas/Schlosser, ZPO [23. Aufl 2014] Anh § 1061 Rn 109, 378; **aA** Haas SchiedsVZ 2011, 289 [297]). In diesem Verfahren kann daher die Schiedseinrede auch im Anwendungsbereich des UNÜ vor deutschen Gerichten in entsprechender Anwendung von Art VII Abs 1 HS 2 UNÜ auf eine Schiedsvereinbarung gestützt werden, die zwar nicht nach Art II Abs 2 UNÜ, wohl aber zB nach § 1031 Abs 2 oder 3 ZPO formgültig ist (BGH SchiedsVZ 2021, 97 Rn 26 ff; OLG Bremen BeckRS 2019, 51634 Rn 30; OLG Celle YbComArb XXXII [2007] 372 [378 f]; Haas SchiedsVZ 2011, 289 [296]; Schack, IZVR [9. Aufl 2025] Rn 1431; ebenso schon zu § 1027 Abs 2 ZPO aF BGH NJW 1993, 1798 = DZWiR 1993, 465 mAnm Berger 468; BGH NJW-RR 1993, 1519; krit MünchKommZPO/Münch § 1031 Rn 24: „systemwidrig").

Da § 1061 ZPO für die **Anerkennung und Vollstreckung eines ausländischen Schiedsspruchs** in Deutschland pauschal auf das UNÜ zurückverweist, wurden ausländische 604
Schiedssprüche jedoch zT nach dem 1. 1. 1998 nicht mehr anerkannt und vollstreckt,

wenn die ihnen zugrunde liegende Schiedsvereinbarung der Form des Art II Abs 2 UNÜ nicht genügte; daran änderte auch die Einhaltung der Form des § 1031 ZPO nichts (BayObLG RIW 2003, 383 [384]; zust MOLLER NZG 1999, 143 [145 f]; OTTO IPRax 2003, 333 [335]; MALLMANN SchiedsVZ 2004, 152 [155 f]; MUSIELAK/VOIT/VOIT, ZPO [22. Aufl 2025] § 1031 Rn 18). Dies widerspricht indessen sowohl dem Zweck des Meistbegünstigungsgrundsatzes in Art VII Abs 1 UNÜ wie den Intentionen des deutschen Reformgesetzgebers von 1997, der durch den Verzicht auf eine eigenständige Anerkennungsregelung in § 1061 ZPO die Anerkennung ausländischer Schiedssprüche nicht erschweren wollte. Daher ist die Anerkennung und Vollstreckung ausländischer Schiedssprüche in Deutschland aber – unter Durchbrechung der Rückverweisung in § 1061 ZPO auf das UNÜ – auch dann zulässig, wenn diese auf der Grundlage einer Schiedsvereinbarung ergangen sind, die zwar nicht nach Art II Abs 2 UNÜ, wohl aber nach dem insoweit großzügigeren nationalen Recht formwirksam geschlossen wurde (BGHZ 187, 126 Rn 5 ff = SchiedsVZ 2010, 332 m krit Anm QUINKE SchiedsVZ 2011, 169 [171 ff]; OLG Karlsruhe SchiedsVZ 2025, 91 [95]; OLG Düsseldorf IHR 2015, 18; KG SchiedsVZ 2011, 287 mAnm SPETZLER; NIEDERMAIER SchiedsVZ 2012, 177 [180 ff]; MünchKommZPO/ADOLPHSEN Art II UNÜ Rn 18; ZÖLLER/GEIMER, ZPO [35. Aufl 2024] § 1031 Rn 25 und § 1061 Rn 2; STEIN/JONAS/SCHLOSSER, ZPO [23. Aufl 2014] Anh § 1061 Rn 379; SCHWAB/WALTER Kap 44 Rn 12 f; krit hingegen QUINKE SchiedsVZ 2011, 169 [171 ff]). Der BGH hat daher zu Recht einen englischen Schiedsspruch in Deutschland für vollstreckbar erklärt, obwohl die ihm zugrundeliegende Schiedsvereinbarung die Schriftform nach Art II Abs 2 UNÜ nicht gewahrt hatte, jedoch in einem kaufmännischen Bestätigungsschreiben enthalten und deshalb nach deutschem Sachrecht (§ 1031 Abs 2 ZPO) formwirksam war (BGHZ 187, 126 Rn 5 ff = JR 2011, 444 m zust Anm ELSING).

605 Der Grundsatz der Meistbegünstigung erstreckt sich auch auf das nationale **Kollisionsrecht des Anerkennungsstaates** und dessen Verweisung auf ein für die Beurteilung der Gültigkeit der Schiedsvereinbarung günstigeres ausländisches Recht. Unterliegt die Schiedsvereinbarung daher nach dem IPR des Anerkennungsstaates einem ausländischen Recht, das liberalere Formvorschriften enthält als Art II Abs 2 UNÜ, so setzt sich dieses Recht gemäß Art VII Abs 1 UNÜ gegen die strengere Form nach Art II Abs 2 UNÜ durch (BGH NJW 2005, 3499 = IPRax 2006, 266 mAnm GEIMER 233 [Lediglich auf Rechnungen abgedruckter Hinweis auf AGB, die eine Schiedsklausel enthalten, reicht für die Anerkennung eines ausländischen Schiedsspruchs aus, wenn das als Statut der Schiedsvereinbarung maßgebliche niederländische Recht dies für die formwirksame Einbeziehung der Schiedsklausel genügen lässt]; ferner OLG Rostock IPRax 2002, 401 m krit Anm KRÖLL 384; OLG München SchiedsVZ 2009, 340; WÄCHTER SchiedsVZ 2018, 294 [298]; KRÖLL ZZP 117 [2004] 453 [478]). Entsprechendes gilt auch für die Berücksichtigung der vom inländischen Kollisionsrecht zur Anwendung berufenen günstigeren ausländischen Formvorschriften **im Einredeverfahren** vor deutschen Gerichten (BGH SchiedsVZ 2021, 97 Rn 25, 46 [Niederlande]; BGH SchiedsVZ 2014, 151 Rn 31 [Indien]; BGH WM 2010, 2032 Rn 29 = GWR 2010, 582 mAnm P WAGNER [Österreich]; vgl auch OLG Düsseldorf SpuRt 2018, 73 Rn 55).

3. Art I Abs 2 EuÜ

606 Auch das EuÜ macht in Art I Abs 2 lit a seine Anwendbarkeit vom Abschluss einer formgültigen Schiedsvereinbarung abhängig. Die Vorschrift wird darüber hinaus allgemein im Sinne einer Verpflichtung der Vertragsstaaten interpretiert, Schiedsvereinbarungen, die den Formanforderungen des Übereinkommens entsprechen, auch

anzuerkennen. Der auf einer solchen Schiedsvereinbarung beruhende Schiedsspruch kann daher in den Vertragsstaaten des UNÜ nach Maßgabe dieses Übereinkommens auch dann anerkannt und vollstreckt werden, wenn die Form des Art II Abs 2 UNÜ nicht eingehalten ist (BGH AWD 1970, 417 [418]; Haas IPRax 1993, 382 [383]; Wackenhuth ZZP 99 [1986] 445 [450 f]; van den Berg 92 f; Mallmann SchiedsVZ 2004, 152 [154]; Weigand/Baumann/Haas/Kahlert Rn 21.253; MünchKommZPO/Adolphsen Art II UNÜ Rn 23; **aA** Gildeggen 98 f; Moller NZG 1999, 143 [145]). Da das EuÜ ebenfalls die Anerkennung von Schiedsvereinbarungen erleichtern will, steht es allerdings jedem Vertragsstaat, der zugleich dem UNÜ angehört, im Hinblick auf Art X Abs 7 EuÜ frei, Schiedsvereinbarungen in allen Verfahrensstadien aufgrund des Meistbegünstigungsgrundsatzes in Art VII Abs 1 UNÜ auch dann als formgültig zu erachten, wenn allein die Form des vom *nationalen Kollisionsrecht* zur Anwendung berufenen Rechts eingehalten ist. Das EuÜ ist auf solche Vereinbarungen allerdings dann insgesamt nicht anwendbar (OLG Hamburg RIW 1979, 482 [483] mAnm Mezger; vHülsen 64 f; Gildeggen 89; Stein/Jonas/Schlosser, ZPO [23. Aufl 2014] Anh § 1061 Rn 399 aE).

a) Schriftlichkeit

607 Die Formanforderungen nach Art I Abs 2 lit a, 1. HS EuÜ entsprechen Art II Abs 2 UNÜ (Klein ZZP 76 [1963] 346; Gildeggen 102). Fernschreiben sind Briefen ausdrücklich gleichgestellt (vgl ital Cass 15. 10. 1992, YbComArb XX [1995] 1061); auf den Austausch von Mitteilungen im **elektronischen Verkehr**, die eine schriftliche Niederlegung des Inhalts ermöglichen (Telefax, E-Mails), ist die Bestimmung entsprechend anzuwenden (Hascher YbComArb XVII [1992] 711 [720]; Stein/Jonas/Schlosser, ZPO [23. Aufl 2014] Anh § 1061 Rn 399). Für die Einbeziehung von Schiedsklauseln in AGB gilt das zu Art II Abs 2 UNÜ Gesagte (Rn 595 ff) entsprechend (vgl BGHZ 77, 32 [37] = NJW 1980, 2022; MünchKommZPO/Adolphsen Art I EuÜ Rn 14). Die schriftliche Zustimmung zur Schiedsklausel kann auch noch nachträglich – zB im Prozess vor dem Schiedsgericht oder vor dem staatlichen Gericht – erklärt werden (vgl BGH NJW 1983, 1267 [1269] = IPRax 1984, 148 mAnm Timmermann 136; OLG Köln RIW 1992, 760; MünchKommZPO/Adolphsen Art I EuÜ Rn 11). Ebenso wie Art II Abs 2 UNÜ verdrängt Art I Abs 2 lit a EuÜ *strengere* Formvorschriften des nationalen Rechts der Vertragsstaaten (BGH NJW 1983, 1267 [1269]; Cass [Italien] 15. 10. 1992, YbComArb XX [1995] 1061). Eine formnichtige Schiedsvereinbarung kann aber durch rügelose Einlassung geheilt werden (Art V EuÜ; vgl öst OGH IPRax 2006, 496 mAnm Spickhoff 522).

b) Günstigeres Landesrecht

608 Abweichend von Art II Abs 2 UNÜ ist die Einhaltung der Schriftform im Rahmen des EuÜ allerdings **nicht zwingend** vorgeschrieben; es reicht vielmehr nach Art I Abs 2 lit a, 2. HS EuÜ aus, wenn die Schiedsvereinbarung den Formerfordernissen „der nationalen Rechte“ entspricht. Abzustellen ist insoweit auf die Rechte derjenigen Vertragsstaaten, in denen die Parteien bei Abschluss der Schiedsvereinbarung ihren *gewöhnlichen Aufenthalt* bzw Sitz hatten (Kaiser 40; Gildeggen 103 f; Schlosser Rn 376; MünchKommZPO/Adolphsen Art I EuÜ Rn 13; Epping 68 mwNw). Da über die Formgültigkeit der Schiedsvereinbarung bereits bei Vertragsschluss Klarheit herrschen muss, kann es auf das Recht des Staates, in dem das Schiedsverfahren stattfindet oder auf die *lex fori* des staatlichen Gerichts im Einrede- bzw Vollstreckungsverfahren nicht ankommen (**aA** noch Klein ZZP 76 [1963] 346; Bertheau 117). Dabei gilt der **Grundsatz des „strengeren Rechts“**, dh die nicht schriftlich iSv Art I Abs 2 lit a 1. HS EuÜ geschlossene Schiedsvereinbarung ist nach dem Übereinkommen nur anzuer-

kennen, wenn sie nach den nationalen Rechten *beider Vertragspartner* formgültig ist (BGH AWD 1970, 417 [418]; BayObLG RIW 2003, 383 [384]; OLG München SchiedsVZ 2010, 50 [51]; Kaiser 39 f, 107 f; Schwab/Walter Kap 44 Rn 14; Gildeggen 105). Die Wahrung der Form nach dem Statut der Schiedsvereinbarung genügt hingegen nicht (BayObLG RIW 2002, 383 [384]; Stein/Jonas/Schlosser, ZPO [23. Aufl 2014] Anh § 1061 Rn 399; **aA** OLG Köln RIW 1993, 499 = IPRax 1993, 399 m **abl** Anm Haas 382; Schwab/Walter Kap 44 Rn 14).

4. Autonomes deutsches Schiedsverfahrensrecht

a) Anknüpfung

609 Bei der kollisionsrechtlichen Beurteilung der Form von Schiedsvereinbarungen nach dem autonomen deutschen Schiedsverfahrensrecht ist seit der Reform von 1997 danach zu unterscheiden, ob ein Schiedsort im Inland oder im Ausland vereinbart wurde.

aa) Inländisches Schiedsverfahren

610 Die bisher hM beurteilte die Formwirksamkeit von Schiedsvereinbarungen nach den für Schuldverträge geltenden Kollisionsregeln der *lex fori*. Danach waren Schiedsvereinbarungen aus der Sicht eines deutschen Einrede- oder Vollstreckungsgerichts gem Art 11 Abs 1–3 EGBGB formgültig, wenn entweder die Form des Statuts der Schiedsvereinbarung oder aber die Form des Rechts am Abschlussort beachtet worden war. Der von Art 11 Abs 1 EGBGB bezweckte *favor negotii* hatte mithin zur Folge, dass sich ein ausländisches Geschäfts- oder Ortsrecht gegenüber der Regelung in § 1027 ZPO aF immer dann durchsetzte, wenn dort *geringere* Anforderungen an die Formgültigkeit von Schiedsvereinbarungen gestellt wurden (vgl BGHZ 71, 131 [137] = NJW 1978, 1744; BGH WM 1993, 2121; OLG Hamburg RIW 1989, 574 f; vHülsen 66 f; Basedow JbPraxSch I [1987] 12 f; Schlosser Rn 363 ff). An dieser Auffassung wird zT auch noch nach der Reform des deutschen Schiedsverfahrensrechts festgehalten (vgl Kronke RIW 1998, 257 [259]; Thümmel, in: FS Schütze [1999] 935 [940 f]; Schwab/Walter Kap 44 Rn 17; Anders/Gehle, ZPO [84. Aufl 2026] § 1031 Rn 2; Schütze Rn 131). Sie ist freilich für die Fälle, in denen ein *inländischer* Schiedsort vereinbart wurde, mit dem in § 1025 Abs 1 ZPO verankerten strikten **Territorialitätsprinzip** (dazu Rn 539) nicht mehr vereinbar. Auf dem Boden dieser Auffassung steht auch der deutsche Reformgesetzgeber, der einer für die Schiedsvereinbarung getroffenen Rechtswahl der Parteien im Aufhebungsverfahren (vgl § 1059 Abs 2 Nr 1 lit a ZPO) in Bezug auf die Formgültigkeit der Schiedsvereinbarung keine Bedeutung beimisst (vgl BT-Drucks 13/5274, 36). Die einseitige Kollisionsnorm des § 1025 Abs 1 ZPO verdrängt daher in Bezug auf inländische Schiedsverfahren als *lex specialis* den Art 11 EGBGB (Winkler/Weinand BB 1998, 597 [601]; Hausmann, in: FS Stoll [2001] 593 [597]; Schmidt-Ahrendts/Höttler SchiedsVZ 2011, 267 [274]; Wächter SchiedsVZ 2021, 21 [28]; Epping 95; Zöller/Geimer, ZPO [35. Aufl 2024] § 1031 Rn 1; MünchKommZPO/Münch § 1031 Rn 22 f; Lachmann Rn 269; Stein/Jonas/Schlosser, ZPO [23. Aufl 2014] § 1031 Rn 35). Danach haben deutsche Gerichte mithin eine Schiedsvereinbarung nach autonomem Schiedsverfahrensrecht in jedem Verfahrensstadium als ungültig zu behandeln, wenn die Formerfordernisse des § 1031 ZPO nicht erfüllt sind (BGH NJW 2017, 3723 Rn 19; OLG Hamburg IPRspr 2016 Nr 312).

bb) Ausländisches Schiedsverfahren

611 Liegt der Schiedsort im Ausland, so haben deutsche Gerichte die Form der Schiedsvereinbarung sowohl im Einrede- wie im Vollstreckungsverfahren grundsätzlich nach internationalem Einheitsrecht, dh entweder nach Art II Abs 2 UNÜ oder nach Art I Abs 2 EuÜ zu beurteilen. Für das autonome Kollisions- und Sachrecht auf dem Gebiet der Form von Schiedsvereinbarungen bleibt hiernach aufgrund der **Meistbegünstigungsregel** des Art VII Abs 1 UNÜ bzw des Art X Abs 7 EuÜ nur Raum, soweit die Formerfordernisse des anwendbaren nationalen Rechts hinter dem Einheitsrecht zurückbleiben (vgl BGHZ 184, 365 Rn 29 = RIW 2010, 879 und RIW 2010, 885 Rn 23 ff; BGH NJW 2005, 3499 [3450 f] = IPRax 2006, 266 [267 f] mAnm Geimer 233; KG SchiedsVZ 2011, 287 mAnm Spetzler; OLG Rostock IPRax 2002, 401 mAnm Kröll 384; Epping 114 ff; Stein/Jonas/Schlosser, ZPO [23. Aufl 2014] § 1031 Rn 35). Die Formgültigkeit einer Schiedsvereinbarung beurteilt sich auch in einem dem CISG unterliegenden Kaufvertrag nach den Spezialvorschriften wie in Art II Abs 2 UNÜ oder § 1031 ZPO. Deshalb kommt auch im Rahmen der Meistbegünstigung eine Anwendung der Formfreiheit des Art 11 S 1 CISG nicht in Betracht (BGH SchiedsVZ 2021, 97 Rn 38; Schwenzer/Tebel, in: FS Magnus [2014] 319 [327 ff]),

Über die Anknüpfung der Form von Schiedsvereinbarungen bei ausländischem Schiedsort herrscht in Ermangelung einer ausdrücklichen Kollisionsnorm keine Einigkeit. Überwiegend wird – wie früher – eine alternative Anknüpfung in direkter oder entsprechender Anwendung von **Art 11 EGBGB** befürwortet; danach wäre § 1031 ZPO immer anwendbar, wenn die Schiedsvereinbarung entweder deutschem Recht unterliegen würde oder in Deutschland abgeschlossen worden wäre (so BGH SchiedsVZ 2021, 97 Rn 47; BGH SchiedsVZ 2014, 151 Rn 131; BGH NJW 2005, 3499 [3500 f]; KG SchiedsVZ 2011, 285 [286 f] mAnm Spetzler; Kröll ZZP 117 [2004] 453 [474]; Wächter SchiedsVZ 2021, 21 [28]; Schütze SchiedsVZ 2014, 274 [275]; Samtleben IPRax 2011, 469 [470 f]; Schwab/Walter Kap 44 Rn 17; Zöller/Geimer, ZPO [35. Aufl 2024] § 1031 ZPO Rn 1; Stein/Jonas/Schlosser, ZPO [23. Aufl 2014] Anh § 1061 Rn 109). Bei Distanzverträgen würde nach Art 11 Abs 2 EGBGB die Einhaltung der Form nach dem Recht eines der Staaten ausreichen, in denen sich die Schiedsparteien bei Abschluss der Schiedsvereinbarung befunden haben (vgl KG IPRspr 2010 Nr 300a). Die auf Schuldverträge zugeschnittene Anknüpfung widerspricht indes der Qualifikation der Schiedsvereinbarung als Prozessvertrag (Rn 546) und der Regelung der Form von Schiedsvereinbarungen im Prozessrecht. Darüber hinaus beschwört sie die Gefahr herauf, dass das deutsche Einredegericht die Schiedsvereinbarung nach einem der von Art 11 EGBGB alternativ zur Anwendung berufenen Rechte für formwirksam hält, während das Schiedsgericht unter Zugrundelegung des – uU zwingend anzuwendenden – Verfahrensrechts der ausländischen *lex fori* später zum gegenteiligen Ergebnis gelangt (Epping S 121 ff). 612

Diese Argumente sowie eine Harmonisierung mit der Anknüpfung der Form von internationalen Gerichtsstandsvereinbarungen, die heute im autonomen deutschen Verfahrensrecht einhellig als ein Problem der prozessualen Zulässigkeit einer Derogation der internationalen Zuständigkeit deutscher Gerichte begriffen und deshalb ausschließlich nach § 38 ZPO beurteilt wird (BGHZ 116, 77 [80] = IPRax 1992, 377 mAnm Hess 361; OLG Düsseldorf NJW-RR 1998, 1145 = IPRax 1999, 38 mAnm Hau IPRax 1999, 24), könnten dafür sprechen, auch die Form von Schiedsvereinbarungen der jeweiligen **lex fori**, im Einredeverfahren vor deutschen staatlichen Gerichten also stets entweder dem staatsvertraglichen Einheitsrecht (Art II Abs 2 UNÜ, Art I Abs 2 EuÜ) oder dem deutschen Prozessecht (§ 1031 ZPO) zu unterwerfen (vgl idS bis zur Reform von 1997 Hausmann, in: FS W Lorenz [1991] 359 [376 ff]; Gildeggen 176 f; Schack RabelsZ 38 [1994] 50). Soweit das deutsche Recht aber – wie in § 1031 Abs 2–4 ZPO – *geringere* Form- 613 erfordernisse aufstellt als Art II Abs 2 UNÜ, besteht auch bei dieser Anknüpfung die Gefahr, dass der Schiedseinrede des Beklagten vor dem deutschen Gericht stattgegeben, die Schiedsklage aber vom Schiedsgericht wegen Formungültigkeit der Schiedsvereinbarung nach der ausländischen *lex fori* nicht angenommen wird (abl zur Anwendung der *lex fori* daher Epping 121 f; Zöller/Geimer, ZPO [35. Aufl 2024] § 1031 Rn 3; MünchKommZPO/Münch § 1031 Rn 24).

614 Vorzuziehen ist daher ein allseitiger Ausbau der in § 1025 Abs 1 ZPO nur einseitig formulierten Kollisionsnorm, dh eine Anwendung des **Rechts am Sitz des vereinbarten ausländischen Schiedsgerichts**. Die in der Vereinbarung eines ausländischen Schiedsortes liegende Wahl des dortigen Verfahrensrechts umfasst also auch die Frage der Form der Schiedsvereinbarung, soweit diese im Schiedsstaat verfahrensrechtlich geregelt ist (Epping 122; Reithmann/Martiny/Hausmann, IVR [9. Aufl 2021] Rn 7.362; zust auch MünchKommZPO/Münch § 1031 Rn 27; s auch High Court 28. 7. 1999 – *XL Insurance Ltd v Owens Corning* [QBD], YbComArb XXVI [2001] 869 [878 ff]; **aA** aber KG IPRspr 2010 Nr 300a). Wird die Schiedseinrede vor dem zuständigen deutschen staatlichen Gericht allerdings bereits zu einem Zeitpunkt erhoben, zu dem der **Schiedsort noch nicht bestimmt** ist, so bleibt nur der Rückgriff auf die allgemeine Kollisionsregel für die Form von Rechtsgeschäften in Art 11 EGBGB (BGH IPRax 2011, 499 Rn 26; zust Samtleben IPRax 2011, 469 [471]; Epping 96 f, 123, 227; MünchKommZPO/Münch § 1031 Rn 28; Musielak/Voit/Voit, ZPO [22. Aufl 2025] § 1031 Rn 17).

615 Mit Hilfe der vorgenannten Anknüpfungen kann freilich das Anliegen, **inländische Verbraucher** mit Hilfe der verschärften Formerfordernisse des § 1031 Abs 5 ZPO vor der Geltung von Schiedsklauseln in internationalen Verträgen zu schützen, jedenfalls dann nicht erreicht werden, wenn die Vereinbarung eines Schiedsgerichts mit Sitz im Ausland nach Art II Abs 2 UNÜ **formgültig** vereinbart wurde. Denn für diesen Fall wird § 1031 Abs 5 ZPO in vollem Umfang durch Art II Abs 2 UNÜ verdrängt (BayObLGZ 1998, 219 = RIW 1998, 965 dazu Rn 587). Aus Art 6 Rom I-VO ergibt sich nichts anderes (MünchKommZPO/Münch § 1031 Rn 24 aE; Samtleben IPRax 2011, 469 [475]; **aA** zu Unrecht BGH IPRspr 1998 Nr 209), weil einerseits die vorrangige staatsvertragliche Sachnorm des Art II Abs 2 UNÜ zwingend die Anerkennung von nur privatschriftlich geschlossenen Schiedsvereinbarungen auch im nicht-kaufmännischen Verkehr fordert, andererseits Art 1 Abs 2 lit e Rom I-VO einer Anwendung der Vorschrift auf Schiedsvereinbarungen entgegensteht. Lediglich bei Wertpapiergeschäften von Verbrauchern kann der erforderliche Schutz über § 101 WpHG gewährleistet werden (dazu Rn 634).

616 Ist die Schiedsvereinbarung hingegen nach Art II Abs 2 UNÜ **formnichtig**, so ist der Weg zur Anwendung nationalen Rechts nach dem Grundsatz der Meistbegünstigung (Art VII Abs 1 HS 2 UNÜ) nicht nur eröffnet, wenn das nationale Recht mildere Formvorschriften vorsieht (dazu Rn 603 ff), sondern auch dann, wenn es eine **strengere Form als Art II Abs 2 UNÜ** vorschreibt. Der BGH hat für diesen Fall den Schutz deutscher Verbraucher bei Termingeschäften mit New Yorker Brokern wiederholt mit Hilfe von § 1031 Abs 5 ZPO durchgesetzt. Zur Begründung hat er sich auf Art 29 EGBGB aF berufen. Hätten die Parteien keine Rechtswahl getroffen, so sei diese Formvorschrift über Art 29 Abs 3 S 2 EGBGB aF entsprechend anzuwenden, wenn der Verbraucher seinen gewöhnlichen Aufenthalt im Inland habe (BGH NJW-RR 2011, 548 Rn 35 = IPRax 2011, 499 mAnm Samtleben 469; BGH WM 2010, 2032 Rn 29 = GWR 2010, 582

mAnm P Wagner; BGH RIW 2011, 321 Rn 24 f, 27 = SchiedsVZ 2011, 157 mAnm Spetzler; BGH RIW 2011, 406 Rn 26 = ZIP 2011, 1215; BGH NJW-RR 2011, 844 Rn 29; ebenso zu österreichischen Verbrauchern BGH RIW 2010, 885 Rn 29). Die Schiedsabrede selbst sei zwar kein Verbrauchervertrag iSv Art 29 Abs 1 EGBGB aF, so dass eine unmittelbare Anwendung dieser Kollisionsnorm auf Schiedsvereinbarungen ausscheide. Beziehe sich die Schiedsabrede aber auf Rechtsstreitigkeiten aus oder im Zusammenhang mit einem Verbrauchervertrag, so sei die **analoge Anwendung** der Vorschrift geboten, weil sonst eine mit dem Verbraucherschutz nicht zu vereinbarende formfreie Unterwerfung inländischer Verbraucher unter die Jurisdiktion ausländischer Schiedsgerichte möglich wäre. Daran ändere sich auch dann nichts, wenn die Schiedsvereinbarung zugleich die Wahl ausländischen Rechts enthalte (BGH NJW-RR 2012, 49 Rn 19, 24; BGH NJW-RR 2011, 1287 Rn 19, 24). Obwohl Art 1 Abs 2 lit e Rom I-VO eine Anwendung der Kollisionsregeln des internationalen Vertragsrechts auf Schiedsvereinbarungen grundsätzlich ausschließt, erscheint diese Analogie auch unter Geltung der Verordnung vertretbar; so dass die verschärften Formanforderungen des § 1031 Abs 5 ZPO über Art 11 Abs 4 S 2 Rom I-VO zum Schutz deutscher Verbraucher durchgesetzt werden können (so auch OLG Düsseldorf SpuRt 2018, 73 Rn 55; Steinbrück LMK 2011, 322740; Wächter SchiedsVZ 2021, 21 [28]; MünchKommZPO/Münch § 1031 Rn 24; Musielak/Voit/Voit, ZPO [22. Aufl 2025] § 1031 Rn 17; vgl auch Hausmann, in: FS vHoffmann [2011] 971 [984]).

Demgegenüber unterliegt die Formgültigkeit einer Schiedsvereinbarung auch in einem dem **CISG** unterliegenden Kaufvertrag den Spezialvorschriften wie in Art II Abs 2 UNÜ oder § 1031 ZPO. Deshalb kommt auch im Rahmen des Meistbegünstigungsgrundsatzes eine Anwendung der Formfreiheit des Art 11 S 1 CISG nicht in Betracht (BGH SchiedsVZ 2021, 97 Rn 38; Schwenzer/Tebel, in: FS Magnus [2014] 319 [327 ff]),

b) Die Formvorschriften in § 1031 ZPO

aa) Allgemeines

Der deutsche Gesetzgeber hat die Form von Schiedsvereinbarungen in § 1031 ZPO – **617** im Schwerpunkt der Reform des Schiedsverfahrensrechts – in Anlehnung an Art 34 UN-ModG neu gefasst. Danach bedarf eine Schiedsvereinbarung heute auch im nicht-kaufmännischen Rechtsverkehr grundsätzlich **nur der Schriftform**. Das Erfordernis der Niederlegung der Schiedsklausel in einer besonderen Urkunde wird nach § 1031 Abs 5 ZPO nur noch für Schiedsvereinbarungen in *Verbraucherverträgen* aufrechterhalten. Auf der anderen Seite verschärft die Neufassung die Formanforderungen im kaufmännischen Rechtsverkehr, weil die nach früherem Recht bestehende Möglichkeit eines mündlichen oder stillschweigenden Abschlusses der Schiedsvereinbarung nicht übernommen wurde (vgl Zöller/Geimer, ZPO [35. Aufl 2024] § 1031 Rn 5). § 1031 Abs 1 ZPO knüpft insoweit an die staatsvertraglichen Formvorschriften in Art II Abs 2 UNÜ bzw Art I Abs 2 EuÜ an (Rn 587 ff). In Abweichung von diesen wie von Art 7 Abs 2 UN-ModG sieht das deutsche Recht in § 1031 Abs 2–4 ZPO allerdings Ausnahmen vom Erfordernis der „doppelten“ Schriftlichkeit vor (vgl näher MünchKommZPO/Münch § 1031 Rn 32 ff).

bb) Schriftform

Ist Gegenstand der Schiedsvereinbarung ein Vertrag, bei dessen Abschluss die Betei- **618** ligten zu einem Zweck gehandelt haben, der ihrer gewerblichen oder beruflichen Tätigkeit (vgl § 14 BGB) zugerechnet werden kann, so ist die Schriftform nach § 1031 Abs 1 ZPO – in Übereinstimmung mit Art II Abs 2 UNÜ – gewahrt, wenn die

Schiedsvereinbarung entweder in einem beiderseits unterzeichneten Schriftstück (§ 126 BGB) oder in einem **Schriftwechsel** bzw einer anderen Form der Nachrichtenübermittlung enthalten ist, die einen Nachweis der getroffenen Vereinbarung sicherstellt (vgl OLG Brandenburg IPRax 2003, 349). Dies ist nicht nur bei den ausdrücklich erwähnten Schreiben (vgl OLG Hamburg BB 1999 Beil Nr 4 S 13 [15]), Fernkopien (Telefax) und Telegrammen, sondern auch beim Austausch von **E-Mails** (OLG Celle 14. 12. 2006, YbComArb XXXII [2007] 372 [379]; Schwab/Walter Kap 5 Rn 4) und beim Vertragsschluss **per Internet** gewährleistet, sofern die Nachrichten zum Beweis der Schiedsvereinbarung abgespeichert werden (Moller NZG 2000, 57 [58]; Raeschke-Kessler/Berger Rn 226). Eine persönliche Unterschrift wird nicht verlangt, sodass die Unterzeichnung durch einen – auch formlos – Bevollmächtigten ausreicht (Zöller/Geimer, ZPO [33. Aufl 2020] § 1031 Rn 6). Die Schriftform wird auch insoweit durch die elektronische Form (§§ 126 Abs 3, 126a BGB) ersetzt. Eine für den Hauptvertrag vorgeschriebene weitergehende Form (zB notarielle Beurkundung (§ 126 Abs 4 BGB) muss aufgrund der Autonomie der Schiedsvereinbarung nicht eingehalten werden (BGHZ 69, 260 [263]), reicht jedoch in jedem Fall aus. Wegen der Einzelheiten kann auf die Ausführungen zu Art II Abs 2 UNÜ (Rn 592 ff) verwiesen werden.

cc) Verkehrssitte

619 Abweichend von Art II Abs 2 UNÜ lässt **§ 1031 Abs 2 ZPO** die Einhaltung der Schriftform durch eine Partei genügen, sofern das Schweigen der anderen nach der „Verkehrssitte" als Zustimmung zu dem schriftlichen Angebot anzusehen ist. Zur Beantwortung der Frage, ob eine solche „Verkehrssitte", dh ein Handelsbrauch (§ 246 HGB), besteht, gilt das zu Art 25 Abs 1 S 3 lit c Brüssel I-VO Gesagte (dazu Rn 457 ff) entsprechend. Durch die Vorschrift soll eine Schiedsvereinbarung insbesondere durch **Schweigen auf ein kaufmännisches Bestätigungsschreiben** wirksam geschlossen werden können (BT-Drucks 13/5274, 36; Epping 73 ff; Lachmann Rn 347; Stein/Jonas/Schlosser, ZPO [23. Aufl 2014] § 1031 Rn 10 mwNw; vgl KG SchiedsVZ 2011, 287 mAnm Spetzler; OLG Hamburg SchiedsVZ 2009, 71), wie dies schon bisher unter Kaufleuten nach § 1027 Abs 2 ZPO aF anerkannt war (vgl BGHZ 7, 187 [189 ff]; BGH AWD 1970, 417 [419]). Da zumindest einseitige Schriftlichkeit gefordert wird, genügt die *Branchenüblichkeit* schiedsgerichtlicher Streiterledigung oder ein entsprechender Handelsbrauch allein – anders als bisher (vgl BGH NJW 1993, 1798 = DZWir 1993, 465 mAnm Berger) – allerdings für die Annahme einer formgültigen Schiedsvereinbarung kraft Handelsbrauchs nicht mehr aus (BGH SchiedsVZ 2017, 323 Rn 21; Epping 77; Schütze Rn 127; Lachmann Rn 323; Raeschke-Kessler/Berger Rn 229; MünchKommZPO/Münch § 1031 Rn 34; **aA** Schwab/Walter Kap 5 Rn 10; Stein/Jonas/Schlosser, ZPO [23. Aufl 2014] § 1031 Rn 10). Ferner ist in jedem Fall der Zugang des von einer Partei übermittelten Schriftstücks erforderlich (OLG Brandenburg IPRax 2003, 349 [351] mAnm Otto 333). Abweichend von Art 25 Abs 1 S 3 lit b Brüssel Ia-VO (dazu Rn 454 ff) erkennt § 1031 ZPO auch die zwischen den Parteien entstandenen „Gepflogenheiten" nicht als eigenständige Formalternative an, soweit diese nicht als „Verkehrssitte" anerkannt sind (Epping 77 f). Das Schweigen auf die erst auf der Rechnung abgedruckte Schiedsklausel genügt der Form des § 1031 ZPO daher auch dann nicht, wenn es einer ständigen Übung in den Geschäftsbeziehungen der Parteien entsprach (Epping 77 f).

dd) Allgemeine Geschäftsbedingungen

620 In **§ 1031 Abs 3 ZPO** wird klargestellt, dass auch die vertragliche Bezugnahme auf ein Schriftstück, das die Schiedsklausel enthält, der Form genügen kann. Damit soll insbesondere der im Handelsverkehr verbreiteten Praxis Rechnung getragen werden, in Verträgen auf **Allgemeine Geschäftsbedingungen** zu verweisen, die eine Schiedsklausel enthalten. Voraussetzung hierfür ist zum einen, dass das verweisende Schriftstück (zB ein Vertragsangebot oder eine Auftragsbestätigung) den Formerfordernissen der Absätze 1 oder 2 genügt (MünchKommZPO/Münch § 1031 Rn 38). Zum anderen muss der in diesem Schriftstück enthaltene Verweis die **Schiedsklausel zum Vertragsbestandteil** machen. Wie nach Art II Abs 2 UNÜ (Rn 596) bedarf es hierzu keines ausdrücklichen Hinweises auf die in den AGB enthaltene Schiedsklausel; es genügt vielmehr eine globale Bezugnahme, die nach deutschem Recht (§§ 145 ff, 305 ff BGB) geeignet ist, diese AGB in den geschlossenen Vertrag einzubeziehen (vgl BGH NJW 2025, 896 Rn 23; BGH SchiedsVZ 2021, 97 Rn 31; BGH NJW-RR 2007, 1719; OLG Köln IPRspr 2010 Nr 309; BayObLG NJW-RR 1999, 644 [645]; Stein/Jonas/Schlosser, ZPO [23. Aufl 2014] § 1031 Rn 13; zu Einzelheiten s auch Staudinger/Hausmann [2021] Art 10 Rom I-VO Rn 80 ff). Daran fehlt es, wenn eine Partei die Geltung von AGB der Gegenseite durch eine „Abwehrklausel" ausschließt (OLG Frankfurt IHR 2007, 42). Auch das bloße Schweigen auf die in einer übersandten Rechnung abgedruckte Schiedsklausel reicht nicht aus (OLG Frankfurt BeckRS 2012, 17801).Die besondere Form des § 305 Abs 2 BGB ist im Rechtsverkehr zwischen Kaufleuten bzw Unternehmern nicht einzuhalten; im Falle der Beteiligung von Verbrauchern findet § 1031 Abs 3 ZPO aber ohnehin keine Anwendung (vgl § 1031 Abs 5 ZPO). Nur ausnahmsweise wird eine Schiedsklausel in Verträgen zwischen Unternehmern als „überraschend" iSv § 305c Abs 1 BGB gewertet werden können (Schwab/Walter Kap 5 Rn 13). Die inhaltliche Gültigkeit und Kontrolle von Schiedsklauseln in AGB ist von der Formgültigkeit iSv § 1031 Abs 3 ZPO zu trennen (Raeschke-Kessler/Berger Rn 236 f; **aA** Schütze Rn 104). Sie beurteilt sich nach dem auf die Schiedsvereinbarung anwendbaren materiellen Recht (dazu Rn 574, 579). Nach deutschem Recht (§ 307 BGB) stellt eine Schiedsklausel idR keine unangemessene Benachteiligung des Vertragspartners dar (vgl OLG Hamm SchiedsVZ 2014, 38 [44]; Schwab/Walter Kap 5 Rn 14).

Ob eine in AGB enthaltene Schiedsklausel materiell wirksam in den Vertrag einbe- **620a** zogen wurde, beurteilt sich nicht nach § 1031 Abs 3 ZPO, sondern nach den hierfür entwickelten Grundsätzen des deutschen Vertragsrechts. Eine Rechtswahl der Parteien bleibt bei der Prüfung des nationalen Sachrechts im Rahmen des Meistbegünstigungsgrundsatzes unberücksichtigt (BGH SchiedsVZ 2021, 97 Rn 28 ff, 32 aE; Stein/Jonas/Schlosser, ZPO [23. Aufl 2014] § 1031 Rn 13). Sind die AGB einem Kaufvertrag über Waren beigefügt, der in den Anwendungsbereich des **UN-Kaufrechts** fällt, so bestimmt sich auch die Einbeziehung der Schiedsvereinbarung in diesen Kaufvertrag nach den auf dessen Zustandekommen vorrangig anzuwendenden Vorschriften der Art 14 ff CISG. Der Grundsatz der Autonomie der Schiedsvereinbarung steht einer solchen Anwendung des CISG auf die Frage des materiell wirksamen Zustandekommens von Schiedsvereinbarungen nicht entgegen (BGH SchiedsVZ 2021, 97 Rn 33 ff, 37; OLG Stuttgart IHR 2016, 236; Schwenzer/Tebel, in: FS Magnus [2014] 319 [329]; Schroeter, in: Schlechtriem/Schwenzer/Schroeter, CISG [7. Aufl 2019] Vorbem zu Art 14–24 CISG Rn 50 ff mwNw) Die Anwendung des CISG ist allerdings auf das in Art 14 ff geregelte Zustandekommen einer materiellen Einigung über die in AGB enthaltene Schiedsklausel beschränkt; hinsichtlich der Form der Schiedsklausel verbelibt es hingegen bei § 1031 ZPO, sodass der Grundsatz der Formfreiheit des Art 11 S 1 CISG insoweit keine Anwendung findet (BGH SchiedsVZ 2021, 97 Rn 38; Schwenzer/Tebel, in: FS Magnus [2014] 319 [327 ff]).

ee) Konnossement

621 Die Form von Schiedsklauseln in Konnossementen ist nach der Streichung von § 1031 Abs 4 ZPO durch Gesetz v 20. 4. 2013 (BGBl 2013 I 831) mit Wirkung v 25. 4. 2013 in § 522 Abs 1 S 3 HGB geregelt. Danach hat der Verfrachter weiterhin die Möglichkeit, allein durch die Begebung eines von ihm einseitig ausgestellten und unterzeichneten Konnossements an einen Dritten eine Schiedsvereinbarung formgerecht abzuschließen. Diese muss allerdings – abweichend vom bisherigen Recht – im Konnossement selbst enthalten sein, wobei ein Abdruck der sie enthaltenden AGB auf der Rückseite des Konnossements genügt. Die bloße Aufnahme einer **Inkorporationsklausel** in das Konnossement, in der ausdrücklich auf die erst im Chartervertrag (vgl § 557 HGB) enthaltene Schiedsklausel Bezug genommen wird, reicht hingegen nach geltendem Recht nicht mehr (BT-Drucks 17/10309, 143; Zöller/Geimer, ZPO [33. Aufl 2020] § 1031 Rn 11). Eine allgemeine Verweisung auf die Bedingungen des Chartervertrags, die eine Schiedsklausel enthielten, war schon unter § 1031 Abs 4 ZPO ebenso wenig ausreichend wie nach Art 2 Abs 2 UNÜ (Lachmann Rn 350; Raeschke-Kessler/Berger Rn 238; Stein/Jonas/Schlosser, ZPO [23. Aufl 2014] § 1031 Rn 15 ff). Da § 522 Abs 1 S 3 HGB als „Sonderregelung für Konnossemente" konzipiert ist, findet § 1031 ZPO keine ergänzende Anwendung. Es gilt also für Schiedsklauseln in Konnossementen weder die weitergehende Formerleichterung nach Abs 3, noch ist die Einhaltung der Form nach Abs 1 und 2 erforderlich, so dass es auch nicht der Feststellung einer entsprechenden „Verkehrssitte" bedarf (Epping 79).

ff) Verbraucherverträge

622 Da die Vereinbarung schiedsgerichtlicher Streiterledigung auch bei grenzüberschreitenden Verbrauchergeschäften – zB im elektronischen Handel oder bei Börsengeschäften an ausländischen Terminbörsen (dazu BGH NJW 1991, 2215 = IPRax 1992, 382 mAnm Samtleben 362; OLG Düsseldorf IPRax 1997, 115 und 118 mAnm Thorn 98; vgl ferner die Rspr des XI. Zivilsenats des BGH zu Börsentermingeschäften deutscher Anleger an der New Yorker Börse seit Sommer 2010; dazu Rn 555, 564 ff) – an Bedeutung zunimmt, enthält **§ 1031 Abs 5 ZPO** eine besondere **Schutzvorschrift für Verbraucher**. Der Verbraucherbegriff bestimmt sich für die Zwecke dieser Vorschrift nach § 13 BGB. Danach sind auch Bank- und Börsengeschäfte, die der Pflege des eigenen Vermögens dienen, Verbrauchergeschäfte, ohne dass es auf die Höhe der getätigten Umsätze ankommt (BGH NJW-RR 2011, 548, st Rspr). Maßgebend ist die Verbrauchereigenschaft im Zeitpunkt des Abschlusses der Schiedsvereinbarung; daher bedürfen Schiedsvereinbarungen in Verträgen von sog *Existenzgründern*, die durch den Vertragsschluss die Unternehmereigenschaft iSv § 14 BGB erwerben, nicht der Form des § 1031 Abs 5 ZPO (BGHZ 162, 243 [246 ff] = NJW 2005, 1273; OLG Düsseldorf NJW 2004, 3192; näher zum Verbraucherbegriff in § 1031 Abs 5 ZPO MünchKommZPO/Münch § 1031 Rn 54 ff).

623 Um Verbrauchern die Risiken, die mit einem Verzicht auf den Rechtsschutz vor staatlichen Gerichten verbunden sind, hinreichend deutlich vor Augen zu führen, muss die Schiedsvereinbarung in einer von den Parteien **eigenhändig unterzeichneten Urkunde** enthalten sein (S 1), so dass – abweichend von § 1031 Abs 1 Alt 2 ZPO – der Austausch von Dokumenten nicht ausreicht; erforderlich ist vielmehr die Einhaltung der Schriftform iSv § 126 BGB, die lediglich durch die elektronische Form nach § 126a BGB ersetzt werden kann (Zöller/Geimer, ZPO [35. Aufl 2024] § 1031 Rn 36; Lachmann Rn 352; Schütze Rn 125). Darüber hinaus darf diese Urkunde andere Vereinbarungen als solche, die sich auf das schiedsrichterliche Verfahren beziehen, nicht ent-

halten (**Trennungsgebot**, S 2). Die Vorschrift lehnt sich damit eng an § 1027 Abs 1 ZPO aF an. Danach ist zwar nicht erforderlich, dass die Schiedsvereinbarung auf einem gesonderten Blatt steht, sofern sie nur hinreichend vom Hauptvertrag abgesetzt ist. Außerdem reicht auch die ausdrückliche Bezugnahme auf die – zB in AGB oder einem anderen Vertrag enthaltene – Schiedsvereinbarung oder auf eine Schiedsgerichtsordnung aus, nicht hingegen die globale Verweisung auf AGB, die eine solche Schiedsklausel enthalten (Thomas/Putzo/Nordmeier, ZPO [46. Aufl 2025] § 1031 Rn 9; Zöller/Geimer, ZPO [35. Aufl 2024] § 1031 Rn 37). Durch *notarielle Beurkundung* wird die Form des § 1031 Abs 5 ZPO in jedem Fall gewahrt (S 2 HS 2); das Trennungsgebot gilt insoweit also nicht (BGH SchiedsVZ 2007, 163 [164]; OLG München MDR 2008, 943).

gg) Heilung von Formmängeln

§ 1031 Abs 6 ZPO ordnet schließlich die Heilung von Formmängeln der Schiedsvereinbarung durch die rügelose Einlassung auf die schiedsgerichtliche Verhandlung zur Hauptsache an. Dabei ist unerheblich, ob sich die Parteien bewusst waren, dass durch ihre rügelose Einlassung die Zuständigkeit des Schiedsgerichts begründet wird (BGHZ 48, 35 [45] = NJW 1967, 2057; Zöller/Geimer, ZPO [35. Aufl 2024] § 1031 Rn 42). Die bloße Mitwirkung an der Bildung des Schiedsgerichts ist allerdings noch keine rügelose Einlassung (vgl § 1040 Abs 2 S 2 ZPO; BGH WM 1987, 1084 [1085]; zu weiteren Einzelheiten Schwab/Walter Kap 5 Rn 5 f; Reithmann/Martiny/Hausmann, IVR [9. Aufl 2021] Rn 7.381 f). Die Vorschrift enthält keine eigenständige Formvariante; vielmehr ersetzt das Verhandeln zur Hauptsache das Formerfordernis. Der allgemeinen Präklusionsvorschrift des § 1040 Abs 2 ZPO kommt daneben nur eine untergeordnete Bedeutung zu (vgl Epping 90 ff; **aA** Stein/Jonas/Schlosser, ZPO [23. Aufl 2014] § 1031 Rn 28). 624

V. Die Zulässigkeit internationaler Schiedsvereinbarungen

1. Hinreichende Bestimmtheit

a) Staatsvertragliche Regelungen

Ähnlich wie die Form regelt das **UNÜ** auch die Bestimmtheitserfordernisse einer internationalen Schiedsvereinbarung in Art II Abs 1 durch international vereinheitlichtes Sachrecht, das unabhängig von kollisionsrechtlichen Verweisungen autonom unter Beachtung von Sinn und Zweck des UNÜ auszulegen ist (allgM, vgl van den Berg 173 ff; Schwab/Walter Kap 44 Rn 7; Stein/Jonas/Schlosser, ZPO [23. Aufl 2014] Anh § 1061 Rn 50). Damit unerfahrenen Parteien nicht die Möglichkeit zur Anrufung staatlicher Gerichte für eine unabsehbare Vielzahl künftiger Streitigkeiten abgeschnitten wird, muss sich die Schiedsvereinbarung auf ein „bestimmtes Rechtsverhältnis" beziehen; insoweit ergeben sich in der Sache kaum Abweichungen gegenüber der Regelung in § 1029 Abs 1 ZPO (dazu Rn 627 f). Nach dem ausdrücklichen Wortlaut des Art II Abs 1 UNÜ kann die schiedsrichterliche Entscheidungsbefugnis auch auf nichtvertragliche Ansprüche (zB aus Geschäftsführung ohne Auftrag, Bereicherung oder Delikt) erstreckt werden (MünchKommZPO/Adolphsen Art II UNÜ Rn 8; Weigand/Baumann/Haas/Kahlert Rn 21.140). 625

Davon abweichend enthält das **EuÜ** keine Beschränkung auf Streitigkeiten aus einem bestimmten Rechtsverhältnis; es ist vielmehr nach seinem Art I Abs 1 auf alle Schiedsvereinbarungen anwendbar, die „zum Zwecke der Regelung von bereits entstandenen oder künftig entstehenden Streitigkeiten aus internationalen Handels- 626 geschäften" geschlossen werden. Damit kann eine Schiedsvereinbarung also für Streitigkeiten aus mehreren oder sogar sämtlichen künftig abzuschließenden internationalen Handelsgeschäften zwischen den Parteien getroffen werden (vHÜLSEN 32 f; GILDEGGEN 92; SCHLOSSER Rn 372; MOLLER NZG 2000, 57 [58]). Ein Rückgriff auf schärfere Bestimmtheitsanforderungen der jeweiligen *lex causae* (zB § 1029 Abs 1 ZPO) ist insoweit unzulässig (vgl – zu § 1026 ZPO aF – BGHZ 77, 32 [37]; MEZGER RabelsZ 29 [1965] 243; vHÜLSEN 33; STEIN/JONAS/SCHLOSSER, ZPO [23. Aufl 2014] Anh § 1061 Rn 401). Ist der Anwendungsbereich sowohl des UNÜ wie des EuÜ eröffnet, so können Schiedssprüche auch dann nach Maßgabe des UNÜ anerkannt und vollstreckt werden, wenn die zugrunde liegende Schiedsvereinbarung den Bestimmtheitserfordernissen des Art II Abs 1 UNÜ nicht genügt (vgl STEIN/JONAS/SCHLOSSER, ZPO [23. Aufl 2014] Anh § 1061 Rn 401; MünchKommZPO/ADOLPHSEN Art I EuÜ Rn 9).

b) Autonomes deutsches Schiedsverfahrensrecht

627 Ebenso wie nach Art II Abs 1 UNÜ ist eine Schiedsvereinbarung nach § 1029 Abs 1 ZPO nur wirksam, wenn sie sich auf alle oder einzelne Streitigkeiten bezieht, die zwischen den Parteien „in Bezug auf ein bestimmtes Rechtverhältnis vertraglicher oder nicht vertraglicher Art entstanden sind oder künftig entstehen". Danach kennzeichnet die international übliche Formulierung *„all disputes arising out of or in connection with this contract"* den Kreis der erfassten Streitigkeiten hinreichend (OLG Hamburg RIW 1989, 574 [575 f]). Ferner darf sich die Schiedsvereinbarung auch auf eine Vielzahl von Einzelgeschäften beziehen, sofern diese ihre Grundlage in einem *Rahmenvertrag* haben (BGH KTS 1964, 104; STEIN/JONAS/SCHLOSSER, ZPO [23. Aufl 2014] § 1029 Rn 27 mwNw). Zu unbestimmt und daher unwirksam ist hingegen etwa eine Schiedsvereinbarung über „alle Streitigkeiten aus der Geschäftsverbindung" oder „alle Streitigkeiten aus künftigen Leistungen" (MünchKommZPO/MÜNCH § 1029 Rn 91; SCHWAB/WALTER Kap 3 Rn 15 f mwNw).

628 Für die **Anknüpfung der Bestimmtheitserfordernisse** gilt das zur Form Gesagte (vgl Rn 609 ff) entsprechend. § 1029 Abs 1 ZPO ist in Verfahren vor deutschen staatlichen Gerichten daher ohne Rücksicht darauf anzuwenden, ob das Statut der Schiedsvereinbarung strengere oder mildere Anforderungen an die Bestimmtheit der Schiedsabrede stellt, sofern der *Schiedsort im Inland* liegt; denn es handelt sich insoweit um eine **prozessuale Schranke** der Zulässigkeit schiedsgerichtlicher Streiterledigung, die im Hinblick auf das Territorialitätsprinzip (§ 1025 Abs 1 ZPO) bereits im Einredeverfahren zu beachten ist (vgl idS schon zum bisherigen Recht HAUSMANN, in: FS W Lorenz [1991] 374; RAHMANN 41 f). In gleicher Weise richtet sich auch die Frage, ob die Parteien das *Schiedsgericht* hinreichend bestimmt bezeichnet haben, nicht nach dem Statut der Schiedsvereinbarung, sondern nach dem Verfahrensstatut; bei Vereinbarung eines deutschen Schiedsortes gelten daher §§ 1034 ff ZPO (zu den hiernach zu stellenden Anforderungen zuletzt OLG München NJOZ 2018, 1791; OLG Bamberg SchiedsVZ 2010, 279 [280] mwNw). Liegt der *Schiedsort* hingegen *im Ausland*, so sollte in allseitiger Anwendung von § 1025 ZPO auf das dortige Recht abgestellt werden.

2. Objektive Schiedsfähigkeit

a) Staatsvertragliche Regelungen

629 Die objektive Schiedsfähigkeit wurde im Rahmen des **UNÜ** früher überwiegend *kumulativ* sowohl nach Art V Abs 1 lit a als auch nach Art V Abs 2 lit a angeknüpft; danach war eine Schiedsvereinbarung also nur dann wirksam, wenn der Gegenstand sowohl nach dem Statut der Schiedsvereinbarung als auch nach der *lex fori* des staatlichen Einrede- oder Vollstreckungsgerichts schiedsfähig war (so Bertheau 37 f; vHülsen 135 f; Haas 256 f; Bork/Stöve 58 f). Die Anwendung des Statuts der Schiedsvereinbarung nach Art V Abs 1 lit a UNÜ überzeugt freilich dann nicht, wenn der Hauptvertrag einem „neutralen" Recht untersteht, das keinen hinreichenden Bezug zum Vertragsgegenstand hat. Vorzuziehen ist daher die Ansicht, die in der *lex-fori*-Anknüpfung des Art V Abs 2 lit a UNÜ eine *abschließende* kollisionsrechtliche Regelung der objektiven Schiedsfähigkeit des Streitgegenstandes sieht. Danach ist die objektive Schiedsfähigkeit im **Vollstreckungsverfahren** allein nach dem materiellen Recht des Vollstreckungsstaates zu beurteilen (OLG Hamm IPRax 1985, 218 mAnm Walter/Wackenhuth 200; App Genua YbComArb XXI [1996] 594 [599 f] zum Irak-Embargo; Geimer, IZPR [9. Aufl 2024] Rn 3811; Schwab/Walter Kap 44 Rn 1; Stein/Jonas/Schlosser, ZPO [23. Aufl 2014] Anh § 1061 Rn 75; Kröll SchiedsVZ 2009, 40 [45]; Hausmann, in: FS W Lorenz [1991] 359 [370 f]; Epping 204 ff; **aA** [Statut der Schiedsvereinbarung kraft materieller Qualifikation der objektiven Schiedsfähigkeit] Barber 185 ff). Dieses Recht entscheidet also darüber, ob die mangelnde objektive Schiedsfähigkeit der Vollstreckung eines ausländischen Schiedsspruchs überhaupt entgegensteht (MünchKommZPO/Adolphsen Art V UNÜ Rn 67).

Hat ein staatlicher Richter bereits **im Einredeverfahren** über die objektive Schiedsfähigkeit zu befinden, so ist entsprechend die *lex fori* des Einredegerichts maßgebend (van den Berg 152; Schlosser Rn 299 f; Schwab/Walter Kap 44 Rn 1; Thorn IPRax 1997, 98 [102 f]; Weigand/Baumann/Haas/Kahlert Rn 21.205; MünchKommZPO/Adolphsen Art II UNÜ Rn 11; Kröll SchiedsVZ 2009, 40 [44 f]; Epping 210 ff mwNw; zust App Bologna 21. 12. 1991 YbComArb XVIII [1993] 422 [423 f]; für eine Kumulation aber zuletzt wieder Wächter SchiedsVZ 2023, 21 [30]). In der Rechtsprechung der Vertragsstaaten wird die Anwendung von Art V Abs 2 lit a UNÜ freilich auch heute zT noch auf die Vollstreckung ausländischer Schiedssprüche beschränkt; hingegen wird die objektive Schiedsfähigkeit im Einredeverfahren entweder nach dem Statut der Schiedsvereinbarung beurteilt (so insbes die belgische Praxis, vgl Cass 15. 10. 2004 YbComArb XXXI [2006] 587 [593 f]; Trib comm Bruxelles Rev arb 1995, 311 [315 f]; dazu Verbist 22 [5] J Int Arb 428 ff mwNw) oder im Wege vertragsautonomer Auslegung dem Art II Abs 1 UNÜ („capable of settlement by arbitration") entnommen (so die Praxis der US-amerikanischen Gerichte, vgl *Meadows Indemnity Co Ltd v Baccala & Shoop Insurance Services, Inc* [EDNY; 1991] YbComArb XVII [1992] 686 [689 ff]; Reithmann/Martiny/Hausmann, IVR [9. Aufl 2021] Rn 7.387 mwNw). Auch im Anwendungsbereich des **EuÜ** wird die Schiedsfähigkeit zT noch kumulativ nach Art VI Abs 2 S 1 und S 2 angeknüpft (so noch BGHZ 77, 32 [39]). Die einheitliche Anknüpfung nach der *lex fori* des angerufenen Gerichts verdient jedoch auch hier den Vorzug (Stein/Jonas/Schlosser, ZPO [23. Aufl 2014] Anh § 1061 Rn 401; Hascher YbComArb XVII [1992] 711 [733 f]; MünchKommZPO/Adolphsen Art VI EuÜ Rn 12). 630

b) Autonomes deutsches Schiedsverfahrensrecht

aa) Anknüpfung

Im autonomen deutschen Schiedsverfahrensrecht verweist § 1061 Abs 1 ZPO nunmehr für die Anerkennung und Vollstreckung ausländischer Schiedssprüche ausdrücklich auf Art V UNÜ. Daher gilt für die Anknüpfung der objektiven Schiedsfähigkeit im Vollstreckungsverfahren Art V Abs 2 lit a UNÜ. Demgegenüber wurde eine Sonderanknüpfung der objektiven Schiedsfähigkeit im Einredeverfahren bisher überwiegend abgelehnt; maßgebend sei insoweit das Statut der Schiedsvereinbarung 631 (vHülsen 146; Schütze/Tscherning/Wais Rn 563). Richtigerweise ist auch insoweit danach zu unterscheiden, ob das Schiedsverfahren im In- oder Ausland stattfindet. Liegt der **Schiedsort im Inland**, so folgt aus dem Territorialitätsprinzip des § 1025 Abs 1 ZPO, dass deutsche Gerichte die objektive Schiedsfähigkeit stets nach § 1030 ZPO zu beurteilen haben (OLG München SchiedsVZ 2014, 262 Rn 40 f = IPRax 2016, 66 mAnm M Weller 48; MünchKommZPO/Münch § 1030 Rn 22; Zöller/Geimer [35. Aufl 2024] § 1030 ZPO Rn 24; Stein/Jonas/Schlosser [23. Aufl 2014] § 1030 ZPO Rn 30; **aA** Samtleben ZZP Int 16 [2011] 425 [446]). Dem entspricht es, dass § 1059 Abs 2 Nr 2 lit a ZPO die mangelnde Schiedsfähigkeit des Streitgegenstands nach *deutschem* Recht ausdrücklich als Aufhebungsgrund für einen *inländischen* Schiedsspruch anerkennt. Die Einführung dieses – stets von Amts wegen zu berücksichtigenden – Aufhebungsgrundes erklärt sich aus dem modernen Verständnis der objektiven Schiedsfähigkeit im deutschen Sachrecht. Das hiernach bestehende Rechtsprechungsmonopol der deutschen staatlichen Gerichte für nach § 1030 ZPO nicht schiedsfähige Streitigkeiten (dazu Rn 633) können die Parteien auch nicht dadurch unterlaufen, dass sie die Schiedsvereinbarung ausländischem Recht unterstellen (vgl idS bereits vor der Reform Hausmann, in: FS W Lorenz [1991] 359 [370 ff]; Schlosser Rn 304). Aus diesem Grunde hat § 1059 Abs 2 Nr 2a ZPO Vorrang vor der für die Gültigkeit der Schiedsvereinbarung allgemein geltenden Kollisionsnorm in § 1059 Abs 2 Nr 1a ZPO (vgl BR-Drucks 211/96, 185 f; Raeschke-Kessler/Berger Rn 165; MünchKommZPO/Münch § 1030 Rn 22; Schwab/Walter Kap 24 Rn 31; Stein/Jonas/Schlosser, ZPO [23. Aufl 2014] § 1030 Rn 30; **aA** Schütze Rn 119). Ebenso wie Art V Abs 2 lit a UNÜ ist auch § 1059 Abs 2 Nr 2a ZPO bereits im Einredeverfahren vor dem staatlichen Gericht entsprechend anzuwenden (Epping 202 f; Zöller/Geimer, ZPO [35. Aufl 2024] § 1030 Rn 26).

632 Liegt der **Schiedsort im Ausland**, so sollte die objektive Anknüpfung der Schiedsfähigkeit im Einredeverfahren vor deutschen staatlichen Gerichten ebenfalls ausschließlich nach der *lex fori,* dh nach § 1030 ZPO, beurteilt werden (so BAG RIW 2008, 644; Epping 202 f; Zöller/Geimer, ZPO [35. Aufl 2024] § 1030 ZPO Rn 26; MünchKommZPO/Münch § 1030 Rn 23 f; Stein/Jonas/Schlosser, ZPO [23. Aufl 2014] § 1030 Rn 30).

bb) Deutsches Sachrecht (§ 1030 ZPO)

633 Schiedsvereinbarungen sind nach § 1030 ZPO nur dann unzulässig, wenn sich der Staat im Interesse besonders schutzwürdiger Rechtsgüter ein Rechtsprechungsmonopol vorbehalten hat, sodass niemand außer dem staatlichen Richter berechtigt sein soll, den angestrebten Rechtszustand herbeizuführen: weder die Parteien durch Vergleich noch ein Schiedsgericht durch Schiedsspruch (vgl Bork ZZP 101 [1987] 249 [272]; zust BGH NJW 1991, 2215 [2216] = IPRax 1992, 382 mAnm Samtleben 362; BGHZ 132, 278 [282 ff] = NJW 1996, 1753). Da ein Interesse an einer ausschließlichen staatlichen Rechtsprechung im Wesentlichen nur für nichtvermögensrechtliche Ansprüche besteht, wird in § 1030 Abs 1 S 1 ZPO – nach dem Vorbild von Art 177 Abs 1 schwz IPRG – die grundsätzliche **Schiedsfähigkeit von vermögensrechtlichen Ansprüchen** festgelegt (vgl näher Raeschke-Kessler/Berger Rn 160 ff; Lachmann Rn 279 ff; Zöller/Geimer, ZPO [35. Aufl 2024] § 1030 Rn 1; Epping 191 ff). Daraus folgt, dass Vorschriften über Verfügungs-, Vergleichs- oder Verzichtsverbote, wie sie insbesondere im Handels- und Gesellschaftsrecht (zB § 89b HGB; §§ 50, 302 Abs 2 AktG und §§ 9b, 43 Abs 3 S 2 GmbHG) bestehen, die Schiedsfähigkeit der zugrunde liegenden vermögensrechtlichen Ansprüche nicht ausschließen (Schütze Rn 117). Demgegenüber sind **nichtvermögensrechtliche Ansprüche** nach § 1030 Abs 1 S 2 ZPO nur insoweit schiedsfähig, als die Parteien berechtigt sind, über den Streitgegenstand einen Vergleich zu schließen. Ferner sind auch **Beschlussmängelstreitigkeiten** in Kapitalgesellschaften nach deutschem Recht heute grundsätzlich schiedsfähig, wenn das schiedsgerichtliche Verfahren die aus dem Rechtsstaatsprinzip folgenden Mindeststandards an Mitwirkungsrechten für alle der Schiedsvereinbarung unterworfenen Gesellschafter wahrt (BGHZ 180, 221 Rn 10 ff = NJW 2009, 1962; OLG Frankfurt RIW 2011, 334 [335]; dazu näher MünchKommZPO/Münch § 1030 Rn 38 ff mwNw).

3. Subjektive Schiedsfähigkeit

In Bezug auf die subjektive Schiedsfähigkeit enthält das UNÜ keine eigenständige **634** sachliche Regelung, sondern eröffnet in Art V Abs 1 lit a ausdrücklich den Rückgriff auf das nationale Recht, das für die Parteien „persönlich maßgebend" ist. Zur Bestimmung dieses Rechts sind daher die Kollisionsnormen heranzuziehen, die aus der Sicht des mit der Wirksamkeit der Schiedsvereinbarung befassten Gerichts maßgebend sind (Lehmann SchiedsVZ 2003, 219 [224]; Schwab/Walter Kap 44 Rn 18; Stein/Jonas/Schlosser, ZPO [23. Aufl 2014] Anh § 1061 Rn 77; MünchKommZPO/Adolphsen Art V UNÜ Rn 20). In Deutschland wird die subjektive Schiedsfähigkeit daher seit dem 1. 1. 2023 dem von Art 7 Abs 2 S 1 EGBGB bezeichneten Personalstatut, also – abweichend vom bisherigen Recht – nicht mehr dem durch die Staatsangehörigkeit bestimmten Heimatrecht, sondern dem Recht am gewöhnlichen Aufenthalt der jeweiligen Schiedspartei unterworfen (vgl dazu näher Staudinger/Hausmann [2024] Art 7 EGBGB Rn 60 ff). Allerdings ist eine Rückverweisung dieses Rechts auf das Recht, dem die Person angehört, nach Art 4 Abs 1 EGBGB zu beachten. Als eine Beschränkung der subjektiven Schiedsfähigkeit ist insbesondere **§ 101 WpHG** (früher: § 37h WpHG aF) einzuordnen, wonach Schiedsvereinbarungen über künftige Rechtsstreitigkeiten aus Wertpapierdienstleistungen oder Finanztermingeschäften nur verbindlich sind, wenn beide Vertragsteile Kaufleute oder juristische Personen des öffentlichen Rechts sind (BGHZ 184, 365 Rn 20 f; BGH NJW-RR 2011, 548 Rn 22 = IPRax 2011, 499 mAnm Samtleben 469; BGH SchiedsVZ 2011, 157 Rn 20; Reithmann/Martiny/Hausmann, IVR [9. Aufl 2021] Rn 7.405; Zöller/Geimer, ZPO [35. Aufl 2024] § 1029 Rn 19). Auf die Unverbindlichkeit der Schiedsvereinbarung nach § 101 WpHG können sich daher alle Nicht-Kaufleute mit gewöhnlichem Aufenthalt in Deutschland berufen; auf das Statut der Schiedsvereinbarung kommt es insoweit nicht an. Dies gilt auch im Anwendungsbereich des UNÜ (BGH NJW-RR 2011, 548 Rn 22).

4. Eingriffsnormen und ordre public

a) Staatsvertragliche Regelungen

Das UNÜ spricht die Frage der inhaltlichen Gültigkeit einer Schiedsvereinbarung **635** nur in Art II Abs 3 an. Danach kann die Schiedseinrede nur auf eine Schiedsvereinbarung gestützt werden, die nicht „hinfällig, unwirksam oder unerfüllbar" ist. Durch diese Regelung wird den Gerichten der Vertragsstaaten die Befugnis entzogen, völlig aus dem Rahmen fallende Nichtigkeitsgründe eines nationalen Rechts unter die Begriffe *„null and void, inoperative or incapable of being performed"* zu subsumieren (Schlosser Rn 248; MünchKommZPO/Adolphsen Art II UNÜ Rn 30). Würde ein nationales Recht daher etwa aus der Unwirksamkeit des Hauptvertrages zwingend auf die Nichtigkeit der Schiedsvereinbarung schließen wollen, so wäre dies mit Art II Abs 3 UNÜ nicht vereinbar (Schlosser Rn 248; Zöller/Geimer, ZPO [35. Aufl 2024] § 1029 Rn 1).

Ebenso wenig reicht die bloße Befürchtung, dass das Schiedsgericht aufgrund einer von den Parteien getroffenen kombinierten Schieds- und Rechtswahlklausel zwingende Normen des Rechts am Sitz des staatlichen Einredegerichts nicht anwenden werde, für die Annahme der Nichtigkeit der Schiedsklausel nach Art II Abs 3 UNÜ aus (vgl *Riley v Kingsley* [10th Cir; 1992] YbComArb XIX [1994] 775 [778]). Im Ausland wird die Vorschrift zum Teil noch restriktiver interpretiert. Namentlich die amerikanische Rechtsprechung, die von einer *„presumption in favor of arbitration"* ausgeht, beschränkt die Bedeutung von Art II Abs 3 UNÜ auf Fälle von *„duress, mistake or fraud"* sowie auf Verstöße gegen *„fundamental policies of the forum State"* (vgl *Podar Bros v ITAD Associates*, Inc [4th Cir; 1981] YbComArb VII [1982] 379; Reithmann/Martiny/Hausmann, IVR [9. Aufl 2021] Rn 7.389, 7.415 mwNw). Innerhalb des durch Art 2 Abs 3 UNÜ gezogenen Rahmens bestimmt hingegen das von Art V Abs 1 lit a UNÜ zur Anwendung berufene nationale Recht sowohl im Vollstreckungs- wie im Einredeverfahren über die Wirksamkeit einer Schiedsvereinbarung (Schlosser Rn 247). Entsprechend hat das Einredegericht auch über die objektive Schiedsfähigkeit sowie über einen möglichen Verstoß der Schiedsvereinbarung gegen den *ordre public* gemäß Art V Abs 2 lit a und b UNÜ nach seinem eigenen Recht zu befinden (MünchKommZPO/Adolphsen Art II UNÜ Rn 11, 32).

b) Autonomes deutsches Schiedsverfahrensrecht

aa) Ordre-public-Verstoß

636 Nach autonomem deutschen Schiedsverfahrensrecht kann die Anerkennung einer nach dem ausländischen Schiedsverfahrensstatut gültigen Schiedsvereinbarung auch am ordre-public-Vorbehalt scheitern. Dies folgt für das Verfahren zur Vollstreckbarerklärung ausländischer Schiedssprüche aus der Verweisung in § 1061 ZPO auf Art V Abs 2 lit b UNÜ, für das Aufhebungsverfahren aus § 1059 Abs 2 Nr 2 lit b ZPO. Zu einer Kontrolle von Schiedsvereinbarungen am Maßstab der inländischen öffentlichen Ordnung ist aber auch das *Einredegericht* berechtigt, um widersprüchliche Entscheidungen im Einrede- und im Aufhebungs- bzw Vollstreckungsverfahren zu vermeiden. Das bisherige Recht hatte den deutschen ordre public in § 1025 Abs 2 ZPO aF dahin konkretisiert, dass Schiedsvereinbarungen unwirksam waren, wenn eine Partei ihre wirtschaftliche oder soziale Überlegenheit dazu ausgenutzt hatte, den anderen Teil zu ihrem Abschluss zu nötigen. Demgegenüber hat der Reformgesetzgeber auf die Übernahme dieser sog „Überlegenheitsklausel" verzichtet. Das neue Recht beschränkt sich vielmehr darauf, eine ausgewogene Zusammensetzung des Schiedsgerichts sicherzustellen (vgl § 1034 Abs 2 ZPO). Unter der Prämisse einer Gleichbehandlung der Parteien sowohl bei der Bildung des Schiedsgerichts als auch bei der Durchführung des schiedsrichterlichen Verfahrens wird der Abschluss einer Schiedsvereinbarung nicht mehr als Benachteiligung einer Partei erachtet, weil nach heutigem Verständnis der Rechtsschutz der Parteien durch ein Schiedsgericht in gleicher Weise wie durch ein staatliches Gericht gewährleistet ist. Eine Schiedsklausel in einem Verbrauchervertrag kann allerdings – ebenso wie eine Gerichtsstandsvereinbarung (Rn 395) – **missbräuchlich iS der Klauselrichtlinie 93/13/EWG** v 5. 4. 1993 sein; dies ist von den Gerichten der Mitgliedstaaten sogar im Verfahren der Anerkennung und Vollstreckung eines ausländischen Schiedsspruchs von Amts wegen zu prüfen, sofern das Recht des Anerkennungsstaates eine *ordre public*-Kontrolle des Schiedsspruchs zulässt (EuGH Rs C-40/08 – *Asturcom Telecomunicaciones*, SchiedsVZ 2010, 110 [113]; dazu Hilbig SchiedsVZ 2010, 74 ff).

bb) Verstoß gegen Eingriffsnormen

Eingriffsnormen iSv Art 9 Rom I-VO (dazu Staudinger/Magnus [2021] Art 9 Rom I-VO Rn 45 ff) stellen die objektive Schiedsfähigkeit des Streitgegenstandes nicht grundsätzlich in Frage, weil bei Abschluss der Schiedsvereinbarung idR nicht vorhersehbar ist, ob sich die Schiedsrichter an das zwingende Recht halten werden oder nicht (vHülsen 121; Stein/Jonas/Schlosser, ZPO [23. Aufl 2014] § 1030 Rn 30). Die deutsche Praxis hat freilich vor allem im Zusammenhang mit **Termingeschäften deutscher Anleger** an ausländischen Börsen einen anderen Standpunkt vertreten; danach konnte die Zuständigkeit eines ausländischen Schiedsgerichts nicht wirksam vereinbart werden, wenn die Schiedsvereinbarung in Verbindung mit einer Rechtswahlklausel dazu führte, dass einem deutschen Anleger der Termineinwand nach § 52 BörsG aF (BGH NJW 1987, 3193 = IPRax 1989, 163 mAnm Samtleben 148; BGH WM 1987, 1353) oder der Differenzeinwand nach §§ 764, 762 Abs 1 BGB (OLG Frankfurt RIW 1986, 902) abgeschnitten wurde. Bereits seit der Novellierung des Börsengesetzes von 1989 verstieß eine Schiedsabrede, die einem börsentermingeschäftsfähigen inländischen Anleger den **Differenzeinwand** nahm, freilich nicht mehr gegen den *ordre public* (vgl BGH RIW 1991, 420 = IPRax 1992, 380 mAnm Samtleben 362); dies war auch im Einredeverfahren vor deutschen Gerichten zu beachten (BGH WM 1993, 2121). Darüber hinaus ist auch die zwischen einem nicht börsentermingeschäftsfähigen Inländer und einem ausländischen Broker-Unternehmen getroffene Schiedsvereinbarung jedenfalls dann wirksam, wenn die Zuständigkeit eines *deutschen Schiedsgerichts* und die Anwendung deutschen Rechts vereinbart wird (BGH NJW 1991, 2215 = IPRax 1992, 382 mAnm Samtleben 362; BGH NJW 2005, 1125 [1127] mAnm Wagner/Quinke JZ 2005, 932). 637

Demgegenüber hielt die Rechtsprechung an der Nichtigkeit von Schiedsvereinbarungen, die – verbunden mit einer Wahl ausländischen Rechts – einem deutschen Anleger den **Termineinwand** vor dem vereinbarten Schiedsgericht abschnitten, noch länger fest (vgl zuletzt OLG Düsseldorf IPRax 1997, 115 und 118; OLG Düsseldorf IPRspr 2011 Nr 296). Darin kommt allerdings ein unangebrachtes Misstrauen gegenüber ausländischen Schiedsgerichten zum Ausdruck. Dem Schutz des deutschen Anlegers wird im Regelfall Genüge getan, wenn der ausländische Schiedsspruch im Vollstreckbarerklärungsverfahren am Maßstab des deutschen *ordre public* kontrolliert wird (vgl Schlosser, in: FS Steindorff [1990] 1350 [1379]; Thorn IPRax 1997, 98 [102 f]; Bork/Stöve, Schiedsgerichtsbarkeit bei Börsentermingeschäften [1992] 41 ff mwNw). Eine Ausnahme kommt lediglich in Betracht, wenn bereits bei der Entscheidung über die Schiedseinrede vor dem staatlichen deutschen Gericht mit Sicherheit feststeht, dass sich das vereinbarte ausländische Schiedsgericht über deutsche Eingriffsnormen iSv Art 9 Rom I-VO hinwegsetzen wird (vgl zu einer Gerichtsstandsvereinbarung OLG München IPRax 2007, 332 mAnm Rühl 294; noch restriktiver Zöller/Geimer, ZPO [35. Aufl 2024] § 1029 Rn 56; **aA** aber Thorn/Nickel IPRax 2018, 541 [545]). 638

In jüngster Zeit hat sich die deutsche Schiedspraxis insbesondere mit dem Einfluss **kartellrechtlicher Eingriffsnormen** auf die Gültigkeit von Schiedsvereinbarungen beschäftigt. So hatte sich der BGH in seiner bekannten Pechstein-Entscheidung mit der Frage zu befassen, ob die Wirksamkeit einer Schiedsvereinbarung deshalb zu verneinen war, weil das vereinbarte Schiedsgericht seine marktbeherrschende Stellung iSv § 19 GWB aF missbraucht hatte. Das Gericht beurteilte diese Frage nach deutschem Recht, weil es um den Missbrauch einer marktbeherrschenden Stellung gegenüber einer in Deutschland ansässigen Person gehe, die sich iSv § 130 Abs 2 639

GWB (= § 185 Abs 2 GWB nF) in Deutschland ausgewirkt habe, auch wenn sie außerhalb des Geltungsbereichs des GWB veranlasst worden sei. Als Eingriffsnorm der *lex fori* setze sich § 19 GWB aF nach Art 34 EGBGB aF (heute: Art 9 Abs 2 Rom I-VO) auch gegenüber einem hiervon abweichenden Schiedsvereinbarungsstatut durch (BGHZ 210, 202 Rn 44 = NJW 2016, 2266 mAnm HEERMANN 2224 = IPRax 2016, 458 mAnm THORN/LASTHAUS 426). Im konkreten Fall hat der BGH allerdings einen Verstoß gegen § 19 GWB aF verneint.

VI. Die Wirkungen internationaler Schiedsvereinbarungen

1. Einredewirkung

a) Art II Abs 3 UNÜ

640 Das UNÜ regelt die Einredewirkung in Art II Abs 3 durch eine *vereinheitlichte Sachnorm*. Danach sind die im Einredeverfahren angerufenen Gerichte der Vertragsstaaten verpflichtet, die Parteien auf das schiedsrichterliche Verfahren zu verweisen, sofern eine Partei dies beantragt. Diese Regelung bedarf freilich notwendig der Ergänzung durch nationales Recht. Dies gilt etwa für die Frage, in welcher Form und bis zu welchem Zeitpunkt die Schiedseinrede erhoben werden kann; insoweit ist das Verfahrensrecht des angerufenen Gerichts maßgeblich (BGH NJW 2001, 2176; schwz BG 22. 5. 1985, BGE 111 Ia 107; VAN DEN BERG 137 ff). Im Geltungsbereich des EuÜ sind allerdings vorrangig die vereinheitlichten Präklusionsfristen in Art V Abs 1 und 2 EuÜ zu beachten (vgl dazu MünchKommZPO/ADOLPHSEN Art V EuÜ Rn 2 ff). Darüber hinaus ist auch die Qualifikation des Begriffs der „Verweisung" dem nationalen Verfahrensrecht überlassen (vgl SCHLOSSER Rn 401; SCHWAB/WALTER Kap 45 Rn 1). Dieses kann daher – wie das deutsche Recht (§ 1032 Abs 1 ZPO) – eine Prozessabweisung verfügen, sich aber auch nach dem Vorbild des Common Law mit einer bloßen Aussetzung des Verfahrens („stay of court proceedings") bis zur Entscheidung des Schiedsgerichts begnügen. Eine eigentliche Verweisung auf das schiedsgerichtliche Verfahren wird hingegen vom UNÜ nicht verlangt; Art 2 Abs 3 UNÜ hindert die Gerichte der Vertragsstaaten lediglich an einer Sachentscheidung, solange das Schiedsverfahren noch durchgeführt werden kann.

b) Autonomes deutsches Schiedsverfahrensrecht

641 Soweit keine staatsvertragliche Regelung eingreift, bestimmt die *lex fori* des angerufenen staatlichen Gerichts – und nicht das Statut der Schiedsvereinbarung – über Form, Zeitpunkt und Wirkung der Einrede (OLG Düsseldorf RIW 1996, 776 [777] = IPRax 1997, 118 mAnm THORN 98; OLG Frankfurt IPRax 1999, 247 [251] mAnm HAU 232). In einem Einredeverfahren vor deutschen Gerichten gilt daher § 1032 ZPO (GEIMER, IZPR [9. Aufl 2024] Rn 3732 f). Danach wird die Abweisung der Klage als unzulässig angeordnet, wenn sie eine Angelegenheit betrifft, die Gegenstand einer wirksamen Schiedsvereinbarung ist, und wenn der Beklagte sich im Prozess auf die Schiedsvereinbarung beruft. Die Schiedseinrede greift auch gegenüber einer *Vollstreckungsabwehrklage* durch, wenn die mit ihr geltend gemachte Einwendung der Schiedsvereinbarung unterliegt (BGHZ 99, 143 [146 f] = ZZP 100 [1987] 456 mAnm K H SCHWAB). Auch wenn die Schiedsklage bereits erhoben ist, wird die Rechtshängigkeit vor dem Schiedsgericht im Verfahren vor dem staatlichen Gericht jedoch nicht von Amts wegen berücksichtigt. Die erforderliche Rüge der Unzuständigkeit des staatlichen Gerichts ist vor deutschen Gerichten nach § 1032 Abs 1 ZPO vor Beginn der mündlichen Verhandlung

vorzubringen; auf die Einhaltung einer vom Gericht gesetzten Klageerwiderungsfrist kommt es nicht an (BGH SchiedsVZ 2021, 97 Rn 17). Die Rüge greift nicht durch, wenn die Schiedsvereinbarung ungültig oder undurchführbar ist; gleiches gilt, wenn sie (zB durch wirksame Kündigung) erloschen bzw nachträglich aufgehoben worden ist, wenn das Schiedsgericht sich bereits für unzuständig erklärt hat (vgl OLG Düsseldorf RIW 1996, 239 [240]) oder wenn die Schiedsvereinbarung nur alternativ zu einer Gerichtsstandsvereinbarung getroffen wurde (OLG Bremen BeckRS 2019, 40197 Rn 16). Schließlich darf die Schiedseinrede vom Beklagten nicht arglistig oder treuwidrig erhoben werden.

2. Drittwirkungen

Zur Frage der subjektiven Reichweite einer Schiedsvereinbarung, dh zur Bestimmung der an eine solche Vereinbarung gebundenen Personen, enthalten weder das UNÜ noch das EuÜ eine Regelung. Insoweit ist daher auf das *autonome* Schiedsverfahrensrecht der Vertragsstaaten zurückzugreifen. Nach deutschem Schiedsverfahrensrecht entscheidet über die Drittwirkung der Schiedsvereinbarung in erster Linie deren Auslegung (BGH NJW-RR 2011, 350 Rn 23 ff). Führt diese zu keinem eindeutigen Ergebnis, so entscheidet die Rechtsprechung nach Maßgabe des **auf die Schiedsvereinbarung anwendbaren Rechts** (BGHZ 236, 277 Rn 54 = IPRax 2024, 390 Rn 55 ff mAnm Steinbrück 366; BGH IPRax SchiedsVZ 2019, 355 Rn 11 = IPRax 2020, 238 mAnm Schlosser 222; BGH SchiedsVZ 2014, 151 Rn 20 f = IPRax 2016, 63 mAnm Kröll 43; OLG Frankfurt SchiedsVZ 2025, 80 [85]; OLG Saarbrücken ZInsO 2018, 1041; OLG Düsseldorf RIW 1996, 239; zust MünchKommZPO/Münch § 1029 Rn 43; Schwab/Walter Kap 44 Rn 24). 642

Vorzuziehen ist demgegenüber die Anwendung desjenigen Rechts, welches auf die Rechtsbeziehungen anwendbar ist, die zwischen einer Schiedsvertragspartei und dem potenziell an die Schiedsvereinbarung gebundenen Dritten bestehen (Stein/Jonas/Schlosser ZPO [23. Aufl 2014] Anh § 1061 Rn 85). Demgemäß sind etwa das **Erbstatut** bei Universalrechtsnachfolge (Wächter SchiedsVZ 2023, 21 [27]), das **Gesellschaftsstatut** für die Bindung der Gesellschafter oder das **Insolvenzstatut** für die Bindung des Insolvenzverwalters an eine von der Gesellschaft bzw vom Gemeinschuldner getroffene Schiedsvereinbarung maßgebend (vgl näher Reithmann/Martiny/Hausmann, IVR [9. Aufl 2021] Rn 7.431; Schütze SchiedsVZ 2014, 274 [276 f] mwNw). Bei Einzelrechtsnachfolge gilt das **Zessionsstatut**, das auch in Bezug auf Schiedsvereinbarungen in entsprechender Anwendung von Art 14 Rom I-VO zu bestimmen ist. Aus Art 14 Abs 2 Rom II-VO folgt aber, dass sich der Inhalt eines Schuldverhältnisses durch die Abtretung grundsätzlich nicht ändert und daher auch das maßgebliche Recht das Gleiche bleiben soll. Dies rechtfertigt es, die Frage, ob im Rahmen der Abtretungs- und Prozessführungsermächtigungserklärung eine Schiedsbindung auf den Zessionar übergegangen ist, nach dem für die Schiedsvereinbarung geltenden Recht zu beurteilen. Dem Schuldner bleibt damit das für sein Verhältnis zum Zedenten maßgebliche Recht, dem er aufgrund der Schiedsvereinbarung unterworfen ist, erhalten (BGH SchiedsVZ 2014, 151 Rn 23 f = IPRax 2016, 63 mAnm Kröll 43; OLG Hamburg RIW 1989, 574 = EWiR 1989, 933 mAnm Bredow). 643

Nach **deutschem Sachrecht** erstreckt sich eine Schiedsvereinbarung insbesondere auf die *Rechtsnachfolger* der Parteien sowie auf Gesellschafter von Personengesellschaften (Müller/Keilmann SchiedsVZ 2007, 113 [115 ff]; Schütze SchiedsVZ 2014, 274 [276 f] 644 mwNw; MünchKommZPO/Münch § 1029 Rn 49 ff); ferner ist der Insolvenzverwalter grundsätzlich an eine vom Schuldner vor Eröffnung des Insolvenzverfahrens getroffene Schiedsvereinbarung gebunden (BGH SchiedsVZ 2008, 148 [150]; Heydn SchiedsVZ 2010, 182 ff). Von internationalen Schiedsgerichten werden Schiedsvereinbarungen darüber hinaus vor allem im Rahmen von **Konzernverbindungen** kraft Zurechnungsdurchgriffs auf weitere Konzerngesellschaften erstreckt, um den Problemen der Mehrparteienschiedsgerichtsbarkeit auszuweichen (vgl zu dieser *„group of companies doctrine"* die ICC-Schiedssprüche Nr 4131, Clunet 1983, 899 und Nr 6519, Clunet 1991, 1065, jeweils mAnm Derains; zust MünchKommZPO/Münch § 1029 Rn 57; Stein/Jonas/Schlosser ZPO [23. Aufl 2014] § 1029 Rn 79; Gross SchiedsVZ 2006, 194 [195 f]). Die deutsche Praxis steht einer solchen Erstreckung jedoch zurecht ablehnend gegenüber (vgl BGHZ 236, 177 Rn 67 = EuZW 2023, 901 Rn 67 mAnm Fabig = SchiedsVZ 2023, 228 mAnm Niedermaier/Weiler; OLG Frankfurt SchiedsVZ 2025, 80 [85]; Nagel/Gottwald, IZPR [9. Aufl 2025] Rn 18.81; Zöller/Geimer ZPO [35. Aufl 2024] § 1029 Rn 72; Musielak/Voit/Voit, ZPO [22. Aufl 2025] § 1029 Rn 8; Müller/Keilmann, SchiedsVZ 2007, 113 [116 ff]). Demgegegnüber wirkt die in einem **Vertrag zugunsten Dritter** enthaltene Schiedsklausel auch für und gegen den Drittbegünstigten (OLG Frankfurt SchiedsVZ 2025, 80 [85]; vgl auch zur Wirkung einer vom Versicherungsnehmer vereinbarten Schiedsklausel zugunsten des Versicherten BGH SchiedsVZ 2019, 355 Rn 16). Einer weitergehende Drittwirkung nach ausländischem Schiedsvereinbarungsstatut als nach deutschem Recht verstößt nicht gegen den deutschen *ordre public* (BGH SchiedsVZ 2014, 151 Rn 29 = IPRax 2016, 63 mAnm Kröll 43).

3. Schadensersatz

645 Ebenso wie Gerichtsstandsvereinbarungen entfalten auch Schiedsvereinbarungen nicht nur prozessuale, sondern auch materiell-rechtliche Wirkungen. Diese ergeben sich aus dem Statut der Schiedsvereinbarung. Das nach Art V Abs 1 lit a UNÜ bzw analog § 1059 Abs 2 Nr 1 lit a ZPO ermittelte Recht entscheidet daher auch darüber, ob eine Vertragspartei, die entgegen einer wirksam getroffenen Schiedsvereinbarung die staatlichen Gerichte anruft, der anderen Vertragspartei die dieser entstehenden Gerichts- und Anwaltskosten zur Verteidigung vor dem staatlichen Gericht zu ersetzen hat, soweit sie der abredewidrig verklagten Partei nicht bereits durch das staatliche Gericht zugesprochen worden sind. Eine Vertragspartei, die entgegen einer wirksam getroffenen Schiedsvereinbarung die staatlichen Gerichte anruft, hat der anderen Vertragspartei daher die dieser entstehenden Gerichts- und Anwaltskosten zur Verteidigung vor dem staatlichen Gericht zu ersetzen, soweit sie der abredewidrig verklagten Partei nicht bereits durch das staatliche Gericht zugesprochen worden sind (Wächter SchiedsVZ 2023, 21 [27]). Soweit danach deutsches Recht gilt, dürfte die jüngste Rechtsprechung des BGH zur schadensersatzrechtlichen Sanktionierung der Verletzung internationaler Gerichtsstandsvereinbarungen (BGHZ 223, 269 = NJW 2020, 399 mAnm Wais; dazu näher Rn 520 ff) auch auf Schiedsvereinbarungen zu übertragen sein (dazu näher Colberg, Der Schutz der Schiedsvereinbarung [2019] 187 ff mwNw).

Sachregister

Die Zahlen beziehen sich auf die Randnummern.

J. von Staudingers Kommentar zum Bürgerlichen Gesetzbuch mit Einführungsgesetz und Nebengesetzen

Übersicht vom 15. 7. 2026

Die Übersicht informiert über die Erscheinungsjahre der Neubearbeitungen der Kommentierungen (= Gesamtwerk STAUDINGER).

Die Übersicht ist zugleich ein Vorschlag für das Aufstellen des „Gesamtwerk STAUDINGER“ (insbesondere für solche Bände, die nur eine Sachbezeichnung haben). Es wird empfohlen, die Austauschbände chronologisch neben den überholten Bänden einzusortieren, um bei Querverweisungen auf diese schnell Zugriff zu haben. Bei Platzmangel sollten die ausgetauschten Bände an anderem Ort in gleicher Reihenfolge verwahrt werden.

	Neubearbeitungen				
Buch 1. Allgemeiner Teil					
Einl BGB; §§ 1–14; VerschG	2004	2013	2018	2024	
§§ 21–79a	2005	2019	2023		
§§ 80–89	2017				
§§ 90–124; 130–133	2012	2017	2021		
§§ 125–129; BeurkG	2012	2017	2023		
§§ 134–138	2003	2011	2017	2021	2024
§§ 139–163	2003	2010	2015	2020	2025
§§ 164–240a	2004	2009	2014	2019	2024
Buch 2. Recht der Schuldverhältnisse					
§§ 241–243	2005	2009	2015	2019	2024
§§ 244–248; PrKG	2016	2021	2024		
§§ 249–254	2005	2017	2021		
§§ 255–304	2004	2009	2014	2019	2025
§§ 305–310; UKlaG	2006	2013	2019	2022	2025
Anh zu §§ 305–310			2019	2022	2025
§§ 311, 311a–c	2012	2018	2023		
§§ 312–312m	2012	2019	2024		
§§ 313, 314	*2028*				
§§ 315–326	2004	2009	2015	2020	2026
§§ 327–327u	2023				
§§ 328–345	2009	2015	2020		
§§ 346–354	2022				
§§ 355–361	2026				
§§ 362–396	2006	2011	2016	2022	2026
§§ 397–432	2005	2012	2017	2022	
§§ 433–480	2004	2013			
§§ 433–448			2023		
§§ 449–473; 480–487			2024		
Wiener UN-Kaufrecht (CISG)	1999	2005	2013	2018	2025
§§ 488–490; 607–609	2010	2015	2025		
§§ 491–512	2004	2012			
§§ 516–534	2005	2013	2021	2026	
§§ 535–556g	2011	2014	2018	2021	2024
§§ 557–580a; Anh AGG	2011	2014	2018	2021	2024
Leasing	2004	2014	2018	2023	
§§ 581–606	2005	2013	2018	2024	
§§ 607–610 (siehe §§ 488–490; 607–609)	./.				
§§ 611–613	2011	2016	2020	2022	2025
§§ 613a–619a	2011	2016	2019	2022	2025
§§ 620–630	2012	2016	2019	2022	2025
§§ 630a–630h	2021				
§§ 631–650h; §§ 650p–650t	2024				
§§ 650i–650o; §§ 650u–650v	2025				
§§ 651a–651y	2003	2011	2016	2024	
§§ 652–661a	2020	2026			
§§ 662–675b	2017				
§§ 675c–676c	2012	2020			
§§ 677–704	2015	2020	2025		
§§ 705–740	2003				
§§ 741–764	2002	2008	2015	2021	
§§ 765–778	2013	2020	2025		
§§ 779–811	2002	2009	2015		
§§ 779–782				2020	2026
§§ 809–811				2023	
§§ 812–822	1999	2007			
§§ 823 A–D	2017				
§§ 823 E–I, 824, 825	2009	2021			
§§ 826–829; ProdHaftG	2003	2009	2014	2018	2021
§§ 830–838	2002	2008	2012	2018	2022
§§ 839, 839a	2007	2013	2020	2026	
§§ 840–853	2007	2015	2023		
AGG	2018	2020			
UmweltHR	2002	2010	2017		
Buch 3. Sachenrecht					
§§ 854–882	2000	2007	2012	2018	2025
§§ 883–888	2002	2008	2013	2020	2026
§§ 889–902	2019	2025			
§§ 903–924	2002	2009	2016	2020	2025

§§ 925–984; Anh §§ 929 ff	2004	2011	2017	2020	
§§ 985–1011	1999	2006	2013	2019	2023
ErbbauRG	2021	2026			
§§ 1018–1112	2025				
§§ 1113–1203	2002	2009	2015	2019	
§§ 1204–1296; §§ 1–84 SchiffsRG	2002	2009	2019		
§§ 1–17 WEG	2018	2023			
§§ 18–49 WEG	2018	2023			

Buch 4. Familienrecht

§§ 1297–1352	2007	2012	2015	2018	2023
LPartG	2010				
§§ 1353–1362	2007	2012	2018	2024	
§§ 1363–1390	2017	2026			
§§ 1408–1563	2018	2023			
§§ 1564–1568b	2004	2010	2018	2024	
§§ 1569–1586b	2014				
§§ 1587–1588; VAHRG	2004				
§§ 1589–1600d	2000	2004	2011		
§§ 1601–1615n	2000	2018	2022		
§§ 1616–1625	2007	2015	2020	2026	
§§ 1626–1633; §§ 1–11 RKEG	2007	2015	2020		
§§ 1638–1683	2004	2009	2016	2020	
§§ 1684–1717	2006	2014	2018	2023	
§§ 1741–1772	2007	2019	2023		
§§ 1773–1895	2004	2014	2020		
§§ 1896–1921	2006	2013	2017		

Buch 5. Erbrecht

§§ 1922–1966	2000	2008	2017		
§§ 1967–2063	2002	2010	2016	2020	
§§ 2018–2063					2025
§§ 2064–2196	2003	2013	2019		
§§ 2087–2196				2026	
§§ 2197–2228	2003	2012	2016	2021	
§§ 2229–2302	2022				
§§ 2303–2345	2015	2021			
§§ 2346–2385	2010	2016			
§§ 2346–2352			2022		
§§ 2353–2370			2023		

EGBGB

Einl EGBGB; Art 1, 2, 50–218	2005	2013	2018	2025	
Art 219–232	2016				
Art 233–248	2016				

EGBGB/Internationales Privatrecht

Einl IPR	2012	2019	2024		
Art 3–6	2013				
Art 3–4		2019	2025		
Art 7–12, 47, 48	2007	2013	2019	2024	
IntGesR	1998	2024			
Art 13–17b	2003	2010			
Art 18; Vorbem A + B zu Art 19	2003				
Haager Unterhaltsprotokoll (HUP)		2016	2021		
Vorbem C–H zu Art 19	2009				
EU-VO u Übk z Schutz v Kindern		2018			
IntVerfREhe 2	2016				
IntVerfREhe (Brüssel IIb-VO)	2015	2023			
Art 19–24	2008	2014	2019	2022	
Art 25, 26	2000	2007			
Art 1–10 Rom I-VO	2011	2016	2021		
Art 11–29 Rom I-VO; Art 46b, c; IntVertrVerfR	2011	2016	2021		
IntVersDevR				2026	
IntVertrVerfR				2026	
Art 1–3; 10–14 Rom II-VO	2023				
Art 38–42	2001				
IntWirtschR	2006	2010	2015	2019	2023
Art 43–46	2015				

Eckpfeiler des Zivilrechts	2014	2018	2020	2022	2024

Demnächst erscheinen

§§ 249–254				2026	
UmweltHR				2026	
§§ 2303–2345				2026	

Verlag Dr. Otto Schmidt und Walter de Gruyter Verlag OHG
Genthiner Str. 13, 10785 Berlin, Telefon (030) 2 60 05-0, E-Mail staudinger@degruyterbrill.com

FSC
www.fsc.org
MIX
Papier | Fördert gute Waldnutzung
FSC® C083411

Kolibri 360 GmbH
Ferdinand-Jühlke-Straße 7
99095 Erfurt, Deutschland
produktsicherheit@kolibri360.de